ENSEIGNEMENT PRIMAIRE

ENSEIGNEMENT SECONDAIRE CLASSIQUE ET MODERNE

GÉOGRAPHIE-ATLAS

DU

COURS SUPÉRIEUR

Nº 133.

PUBLICATIONS GÉOGRAPHIQUES SCOLAIRES

PAR UNE RÉUNION DE PROFESSEURS

55 RÉCOMPENSES

dont 2 grands prix, 20 médailles d'or et 15 diplômes d'honneur

aux Expositions internationales et Congrès géographiques depuis 1871

Paris (1875, 1878, 1900); Londres (1871, 1884); Liége (1905)

Vienne, Rio de Janeiro, Nouvelle-Orléans, Bruxelles, Anvers, Cologne, Berne, Chicago, etc.

Prix décerné par la Société de Géographie de Paris (1896).

Cours honoré de plusieurs souscriptions des gouvernements de France, Belgique, Russie, Italie, Suisse, Canada.

I. — LIVRES OU MANUELS

136. **Méthodologie de Géographie** (Livre du maître), in-12, avec cartes, 250 p.
498, 499, 500. **Trois notices-questionnaires** sur les grandes cartes murales : Mappemonde, France, Europe (Livre du maître).
137. **Cours élémentaire de Géographie.** Texte, in-18, 72 pages avec 10 cartes et 60 gravures.
141. **Cours moyen de Géographie**, illustré, in-16, 160 pages.
141 *bis*. **Paris et le département de la Seine**, in-16, 32 pages et 28 grav.
143. **Cours supérieur de Géographie**, illustré, in-16, 390 pages.
244. **France et Colonies**, enseignement secondaire, in-12, illustré, 460 pages.
247. **La France illustrée**, in-8°, 672 pages.
248. **Géographie des Colonies françaises**, in-12, 200 pages.
249 *a*. **L'Europe**, enseignement secondaire, in-12, illustré, 270 pages.
249 *b*. **Le Monde moins l'Europe**, enseignement secondaire, in-12, illustré, 290 pages.
250. **La Terre illustrée**, in-8°, 670 pages.
251. **La Terre dans son ensemble**, in-12, 370 pages.
251 *bis*. **Géographie physique du Globe**, illustrée, in-8°, 200 pages.
501. **La France pittoresque du Nord**, in-8°, 368 pages.
502. **La France pittoresque de l'Est**, —
503. **La France pittoresque de l'Ouest**, —
504. **La France pittoresque du Midi**, —
505. **La France coloniale illustrée**, —

II. — CAHIERS CARTOGRAPHIQUES

511. **N° 1. La France et le Globe**, Cours élémentaire (25 cartes).
512. **N° 2. La France et le Globe**, Cours moyen (26 cartes).
513. **N° 3. La France et ses Colonies**, Cours supérieur (26 cartes).
514. **N° 4. Contrées de l'Europe**, Cours supérieur (18 cartes).
515. **N° 5. L'Asie, l'Afrique, l'Amérique et l'Océanie**, Cours sup. (27 cartes).

III. — GÉOGRAPHIE-ATLAS (TEXTE ET CARTES EN REGARD)

125. **Géographie-Atlas du Cours préparatoire**, petit in-4°, 36 pages.
127. **Géographie-Atlas du Cours élémentaire**, in-4°, 32 pages.
128. *La même* (Livre du maître).
130. **Géographie-Atlas du Cours moyen**, in-4°, 64 pages.
131. *La même* (Livre du maître).
133. **Géographie-Atlas du Cours supérieur**, in-4°, 160 pages.

IV. — ATLAS (CARTES SANS TEXTE)

139. **Le Tour du Monde en images**, album géographique, 225 gravures.
140 **Atlas (B), de 30 cartes et 100 illustrations.**
142. **Atlas (C), de 50 cartes et 300 illustrations.**
252. **Atlas (D), de 100 cartes**, enseignement secondaire.
253. **Atlas général (E), de 150 cartes**, dont 50 pour l'Histoire universelle et l'Histoire de France.

V. — GRANDES CARTES MURALES ÉCRITES (2 m. × 1 m. 80)

521. **Mappemonde avec Planisphère commercial.**
522. **France politique**, pour toutes les classes.
523. **France hypsométrique et historique** (pour les classes supérieures).
525. **Europe politique**, nouvelle édition, 1913 (pour toutes les classes).
526. **Europe hypsométrique** (pour les classes supérieures).

VI. — PETITES CARTES MURALES ÉCRITES (1 m. 25 × 1 m. 10)

535. **France par bassins.**
536. **France physique.**
537. **France politique.**
539. **France régionale.**
540. **Mappemonde.**
542. **Palestine.**
543. **Europe du Cours élémentaire.**
544. **Europe du Cours moyen.**
545. **Europe du Cours supérieur.**
546. **Europe physique.**
547. **Asie.**
548. **Afrique.**
549. **Amérique du Nord.**
550. **Amérique du Sud et Océanie.**

VII. — CARTES MURALES DOUBLE FACE (1 m. 25 × 1 m. 10)

ÉCRITES AU RECTO, MUETTES AU VERSO

554. **France par bassins.**
555. **France physique.**
556. **France politique.**
557. **France, chemins de fer et voies navigables.**
558. **France régionale et France géologique.**
559. **Mappemonde et Planisphère.**
560. **Palestine.**
561. **Europe du Cours élémentaire.**
562. **Europe du Cours moyen.**
563. **Europe du Cours supérieur et Europe physique.**
564. **Asie.**
565. **Afrique.**
566. **Amérique du Nord.**
567. **Amérique du Sud et Océanie.**

VIII. — CARTES DOUBLES DES ÉTATS EUROPÉENS (1 m. 20 × 0 m. 95)

1re SÉRIE — 12 CARTES PHYSIQUES ET POLITIQUES ÉCRITES (En 6 feuilles)

568. **France et Espagne.**
569. **Allemagne et Autriche.**
570. **Angleterre et Russie.**
571. **Italie et Balkanie.**
572. **Belgique, Pays-Bas, Scandinavie.**
573. **Suisse et Europe générale.**

2e SÉRIE — 8 CARTES POLITIQUES ÉCRITES (en 4 feuilles)

574. **France et Espagne.**
575. **Allemagne et Autriche.**
576. **Angleterre et Russie.**
577. **Italie et Balkanie.**

3e SÉRIE — 8 CARTES POLITIQUES MUETTES (en 4 feuilles)

578. **France et Espagne.**
579. **Allemagne et Autriche.**
580. **Angleterre et Russie.**
581. **Italie et Balkanie.**

4e SÉRIE — 8 CARTES PHYSIQUES ÉCRITES ET POLITIQUES MUETTES (En 8 feuilles)

582. **France.**
583. **Espagne.**
584. **Allemagne.**
585. **Autriche.**
586. **Angleterre.**
587. **Russie.**
588. **Italie.**
589. **Balkanie.**

IX. — CARTES MURALES MUETTES (1 m. 25 × 1 m.)

590. **France par bassins.**
591. **France hydrographique.**
592. **France politique.**
593. **France hypsométrique.**
594. **France géologique.**
595. **Palestine.**
596. **Planisphère.**
597. **Europe du Cours élémentaire.**
598. **Europe du Cours moyen.**
601. **Asie.**
602. **Afrique.**
603. **Amérique du Nord.**
604. **Amérique du Sud et Océanie.**

X. — ARTICLES DIVERS

606. **France physique et administrative.**
610. **Rose des Vents.**
613. **Tableau-Carte ardoisé de la France et de l'Europe**, pour exercices cartographiques.
614. **Tableau-Carte de la France** (seule).
616. **Ardoise cartographique** : France et Europe.- 617. France.- 618. Europe
620. **Panorama géographique**, feuille coloriée (1 m. 40 × 1 m. 10).
622. **Paysage en relief**, résumant les accidents géographiques. En plâtre-staff, peint à l'huile (0 m. 60 × 0 m. 70).
623. **Paysage en relief.** Réduction du précédent.
624. **Relief submersible**, pour la démonstration du système des courbes de niveau.

ENSEIGNEMENT PRIMAIRE

ENSEIGNEMENT SECONDAIRE CLASSIQUE ET MODERNE

GÉOGRAPHIE-ATLAS

DU

COURS SUPÉRIEUR

N° 133.

PUBLICATIONS GÉOGRAPHIQUES SCOLAIRES

PAR UNE RÉUNION DE PROFESSEURS

55 RÉCOMPENSES

dont 2 grands prix, 20 médailles d'or et 15 diplômes d'honneur
aux Expositions internationales et Congrès géographiques depuis 1871
Paris (1875, 1878, 1900); Londres (1871, 1884); Liége (1905)
Vienne, Rio de Janeiro, Nouvelle-Orléans, Bruxelles, Anvers, Cologne, Berne, Chicago, etc.
Prix décerné par la Société de Géographie de Paris (1896).

Cours honoré de plusieurs souscriptions des gouvernements de France, Belgique, Russie, Italie, Suisse, Canada.

I. — LIVRES OU MANUELS

136. **Méthodologie de Géographie** (Livre du maître), in-12, avec cartes, 250 p.
498, 499, 500. **Trois notices-questionnaires** sur les grandes cartes murales : Mappemonde, France, Europe (Livre du maître).
137. **Cours élémentaire de Géographie.** Texte, in-18, 72 pages avec 10 cartes et 60 gravures.
141. **Cours moyen de Géographie**, illustré, in-16, 160 pages.
141 *bis*. **Paris et le département de la Seine**, in-16, 32 pages et 28 grav.
143. **Cours supérieur de Géographie**, illustré, in-16, 396 pages.
244. **France et Colonies**, enseignement secondaire, in-12, illustré, 460 pages.
247. **La France illustrée**, in-8°, 672 pages.
248. **Géographie des Colonies françaises**, in-12, 200 pages.
249 *a*. **L'Europe**, enseignement secondaire, in-12, illustré, 270 pages.
249 *b*. **Le Monde moins l'Europe**, enseignement secondaire, in-12, illustré, 290 pages.
250. **La Terre illustrée**, in-8°, 670 pages.
251. **La Terre dans son ensemble**, in-12, 370 pages.
251 *bis*. **Géographie physique du Globe**, illustrée, in-8°, 200 pages.
501. **La France pittoresque du Nord**, in-8°, 368 pages.
502. **La France pittoresque de l'Est**, —
503. **La France pittoresque de l'Ouest**, —
504. **La France pittoresque du Midi**, —
505. **La France coloniale illustrée**, —

II. — CAHIERS CARTOGRAPHIQUES

511. **N° 1. La France et le Globe**, Cours élémentaire (25 cartes).
512. **N° 2. La France et le Globe**, Cours moyen (26 cartes).
513. **N° 3. La France et ses Colonies**, Cours supérieur (26 cartes).
514. **N° 4. Contrées de l'Europe**. Cours supérieur (18 cartes).
515. **N° 5. L'Asie, l'Afrique, l'Amérique et l'Océanie**, Cours sup. (27 cartes).

III. — GÉOGRAPHIE-ATLAS (TEXTE ET CARTES EN REGARD)

125. **Géographie-Atlas du Cours préparatoire**, petit in-4°, 36 pages.
127. **Géographie-Atlas du Cours élémentaire**, in-4°, 32 pages.
128. *La même* (Livre du maître).
130. **Géographie-Atlas du Cours moyen**, in-4°, 64 pages.
131. *La même* (Livre du maître).
133. **Géographie-Atlas du Cours supérieur**, in-4°, 160 pages.

IV. — ATLAS (CARTES SANS TEXTE)

139. **Le Tour du Monde en images**, album géographique, 225 gravures.
140. **Atlas (B), de 30 cartes et 100 illustrations.**
142. **Atlas (C), de 50 cartes et 300 illustrations.**
252. **Atlas (D), de 100 cartes**, enseignement secondaire.
253. **Atlas général (E), de 150 cartes**, dont 50 pour l'Histoire universelle et l'Histoire de France.

V. — GRANDES CARTES MURALES ÉCRITES (2 m. × 1 m. 80)

521. **Mappemonde avec Planisphère commercial.**
522. **France politique**, pour toutes les classes.
523. **France hypsométrique et historique** (pour les classes supérieures).
525. **Europe politique**, nouvelle édition, 1913 (pour toutes les classes).
526. **Europe hypsométrique** (pour les classes supérieures).

VI. — PETITES CARTES MURALES ÉCRITES (1 m. 25 × 1 m. 10)

535. **France par bassins.**
536. **France physique.**
537. **France politique.**
539. **France régionale.**
540. **Mappemonde.**
542. **Palestine.**
543. **Europe** du Cours élémentaire.
544. **Europe** du Cours moyen.
545. **Europe** du Cours supérieur.
546. **Europe physique.**
547. **Asie.**
548. **Afrique.**
549. **Amérique du Nord.**
550. **Amérique du Sud et Océanie.**

VII. — CARTES MURALES DOUBLE FACE (1 m. 25 × 1 m. 10)

ÉCRITES AU RECTO, MUETTES AU VERSO

554. **France par bassins.**
555. **France physique.**
556. **France politique.**
557. **France, chemins de fer et voies navigables.**
558. **France régionale et France géologique.**
559. **Mappemonde et Planisphère.**
560. **Palestine.**
561. **Europe** du Cours élémentaire.
562. **Europe** du Cours moyen.
563. **Europe** du Cours supérieur et **Europe physique.**
564. **Asie.**
565. **Afrique.**
566. **Amérique du Nord.**
567. **Amérique du Sud et Océanie.**

VIII. — CARTES DOUBLES DES ÉTATS EUROPÉENS (1 m. 20 × 0 m. 95)

1re SÉRIE — 12 CARTES PHYSIQUES ET POLITIQUES ÉCRITES (En 6 feuilles)

568. **France et Espagne.**
569. **Allemagne et Autriche.**
570. **Angleterre et Russie.**
571. **Italie et Balkanie.**
572. **Belgique, Pays-Bas, Scandinavie.**
573. **Suisse et Europe générale.**

2e SÉRIE — 8 CARTES POLITIQUES ÉCRITES (en 4 feuilles)

574. **France et Espagne.**
575. **Allemagne et Autriche.**
576. **Angleterre et Russie.**
577. **Italie et Balkanie.**

3e SÉRIE — 8 CARTES POLITIQUES MUETTES (en 4 feuilles)

578. **France et Espagne.**
579. **Allemagne et Autriche.**
580. **Angleterre et Russie.**
581. **Italie et Balkanie.**

4e SÉRIE — 8 CARTES PHYSIQUES ÉCRITES ET POLITIQUES MUETTES (En 8 feuilles)

582. **France.**
583. **Espagne.**
584. **Allemagne.**
585. **Autriche.**
586. **Angleterre.**
587. **Russie.**
588. **Italie.**
589. **Balkanie.**

IX. — CARTES MURALES MUETTES (1 m. 25 × 1 m.)

590. **France par bassins.**
591. **France hydrographique.**
592. **France politique.**
593. **France hypsométrique.**
594. **France géologique.**
595. **Palestine.**
596. **Planisphère.**
597. **Europe** du Cours élémentaire.
598. **Europe** du Cours moyen.
601. **Asie.**
602. **Afrique.**
603. **Amérique du Nord.**
604. **Amérique du Sud et Océanie.**

X. — ARTICLES DIVERS

606. **France physique et administrative.**
610. **Rose des Vents.**
613. **Tableau-Carte ardoisé de la France et de l'Europe**, pour exercices cartographiques.
614. **Tableau-Carte de la France** (seule).
616. **Ardoise cartographique** : France et Europe.- 617. France.- 618. Europe
620. **Panorama géographique**, feuille coloriée (1 m. 40 × 1 m. 10).
622. **Paysage en relief**, résumant les accidents géographiques. En plâtre-staff, peint à l'huile (0 m. 60 × 0 m. 70).
623. **Paysage en relief.** Réduction du précédent.
624. **Relief submersible**, pour la démonstration du système des courbes de niveau.

PUBLICATIONS GÉOGRAPHIQUES DES MÊMES AUTEURS

55 Récompenses aux Expositions internationales.

CERTIFICAT D'HONNEUR : ANVERS ET LONDRES, 1871. — MÉDAILLES DE 1re CLASSE : PARIS, 1872; VIENNE, 1873; CONGRÈS DE PARIS, 1875
Médailles d'or ou Diplômes d'honneur : à Paris, 1878; à Rio-de-Janeiro, 1883; à Londres et à Toulouse, 1884
à Anvers et à la Nouvelle-Orléans, 1885; à Bruxelles et à Barcelone, 1888
à Cologne, 1889; à Berne, 1891; à Chicago, 1893; à Anvers, 1894; à Bruxelles, 1897
Médaille d'honneur DE LA SOCIÉTÉ D'ENCOURAGEMENT AU BIEN, PARIS, 1892
Grande Médaille DU PRIX CH. GRAD, DÉCERNÉE PAR LA SOCIÉTÉ DE GÉOGRAPHIE DE PARIS, 1896
MÉDAILLES D'OR ET PARTICIPATION AU GRAND PRIX A PARIS, 1900, ET A LIÉGE, 1905

CONSEILS MÉTHODOLOGIQUES

Nous recommandons avant tout à MM. les Professeurs la lecture de la MÉTHODOLOGIE DE GÉOGRAPHIE, par F. I. C. (édition de 1884), et les développements donnés dans les ÉLÉMENTS DE PÉDAGOGIE PRATIQUE (1902).

C'est là que le maître trouvera les moyens de préparer la *géographie de sa localité*, celle par laquelle il faut commencer logiquement d'après la méthode généralement admise aujourd'hui.

Il y trouvera également l'exposé des *principes didactiques*, qui font le bon enseignement, des avis sur l'emploi des différents objets qui composent le matériel géographique, sur la manière de conduire les exercices de topographie locale, etc.

Nous nous bornerons à rapporter ici de cette MÉTHODOLOGIE ou livre du maître quelques avis succincts, qu'il est bon d'avoir toujours sous les yeux pour n'en pas perdre le souvenir.

I. Facultés intellectuelles et sensitives auxquelles s'adresse l'enseignement de la Géographie.

La GÉOGRAPHIE, ayant pour but une *description*, est préalablement une *science d'observation*.

Que faut-il donc pour bien observer et bien décrire?

L'observation de la nature et des phénomènes naturels suppose :

1. La *vue* des objets, ou l'exercice de l'*œil* (de là l'importance des *leçons de choses*, dites *d'intuition*, et des leçons préalables de Géographie locale);
2. L'*attention* de l'esprit; la *volonté* (nécessité du travail personnel de l'élève);
3. Le *raisonnement* et le *jugement*, qui discutent les causes et en déduisent les conséquences;
4. La *sensibilité*, ou le *cœur*, qui s'émeut au spectacle du vrai et du beau (descriptions, narrations, lectures);
5. La *mémoire*, qui retient les notions acquises (étude par cœur);
6. L'*imagination*, qui supplée au défaut de la vision réelle des objets (usage des cartes et des images);
7. L'exercice de la *main*, qui retrace l'image des objets pour en garder plus fidèlement le souvenir (tracés cartograph.);
8. On peut ajouter la *parole du maître*, qui doit diriger les exercices en général (exposition de la leçon, etc.).

Tel est le tableau succinct des facultés mises en jeu par l'enseignement de la Géographie, et dont le double but est *l'éducation* en général et *l'acquisition de la science*.

Mais, pour que cet enseignement atteigne ce but éducatif, il faut qu'il repose sur les principes didactiques que nous résumerons ici, en renvoyant pour le détail au MANUEL DE PÉDAGOGIE.

II. Principes didactiques.

1. *Le maître doit montrer qu'il prend intérêt à ce qu'il fait, et doit bien préparer ses leçons.*
2. *Son enseignement doit être gradué, progressif et méthodique.*
3. *Il doit être intuitif et attrayant, surtout avec de jeunes élèves.*
4. *Il doit être substantiel et pratique pour tous.*
5. *Il doit éveiller la curiosité scientifique chez les plus avancés.*
6. *Il doit exciter le sentiment moral, religieux, national.*
7. *Comme moyens de succès, il doit exciter à la fois le plus grand nombre de facultés intellectuelles et d'organes des sens.*

III. Applications des principes.

I. **La vue. Exercices d'intuition.** — *C'est en faisant* VOIR *en réalité aux élèves les accidents géographiques* les uns après les autres que l'on obtiendrait le meilleur résultat dans cet enseignement.

De là, la *nécessité de l'étude de la* Géographie locale, comme point de départ. *Les premières notions de cette science doivent s'acquérir par l'observation effective de ce qui existe dans le lieu natal et aux environs.*

De là aussi l'*utilité des promenades géographiques*, réelles ou fictives; l'utilité des *voyages* d'affaires ou d'agrément, comme moyen complémentaire d'éducation.

Du reste, lorsque l'objet, trop éloigné, ne peut être montré en nature aux élèves, *il importe au moins de leur en faire voir l'image* ou la représentation, soit en *relief*, soit en *dessin* : gravures, peintures, soit en *plans* ou cartes géographiques.

L'intuition joue donc ici un rôle préalable et dominant. Il y a peu de leçons de Géographie qui ne doivent avoir ce moyen pour point de départ.

II. **L'attention.** — C'est la *réflexion*, ou l'application de la volonté à l'étude actuelle, qui manque le plus souvent à la jeunesse. Aussi faut-il la soutenir par des exercices *intuitifs*, intéressants, pratiques, qui parlent aux sens et à l'imagination, et qui exercent l'activité naturelle de l'élève.

III. **Jugement et raisonnement.** — *L'observation attentive des phénomènes naturels conduit à la recherche des causes et des effets.* Pour que la Géographie soit réellement utile et pratique, il importe donc de faire une large part à l'exercice du jugement et du raisonnement.

Il ne suffit pas, par exemple, de dire à l'élève que *la rivière coule*; il faut lui donner la cause de cet écoulement en lui parlant de la différence de niveau du haut et du bas de la rivière, et de la tendance des eaux à prendre toujours le niveau le plus bas. — On peut, à propos de la même question, *en remontant des effets aux causes*, faire comprendre, par exemple, la nécessité des *inégalités* de la surface du sol, au point de vue de l'écoulement des eaux et de l'arrosage du terrain; l'utilité des *montagnes*, qui provoquent la chute des pluies ; celle des *vents*, qui transportent les nuages; de la *mer*, origine des eaux pluviales; du *soleil*, qui en provoque l'évaporation, etc. De même, on fera remarquer l'influence de la nature géologique du sol sur la fertilité et, par suite, sur l'habitabilité des contrées, etc.

IV. **La sensibilité. Le cœur.** — Les plus nobles sentiments du cœur, comme les puissances de l'âme, sont développés chez l'enfant par l'enseignement géographique bien dirigé : 1° *Le sentiment de sa dignité morale*, en considérant que la Terre et ses richesses de tout genre sont mises à la disposition de l'homme par la Bonté divine. 2° *Le sentiment religieux*, car la contemplation des beautés de la nature et de l'ordre admirable qui y règne élève son esprit et son cœur jusqu'à Dieu, son Créateur. 3° *Le sentiment chrétien*, car il est remarquable que les nations vivifiées par le Christianisme soient les plus civilisées et les plus puissantes. 4° *Le sentiment national*, car dans l'étude du Globe l'élève prend pour point de départ sa patrie, le lieu même de sa naissance (Géographie locale), et, comme Français, il a lieu d'être fier de la belle position que son pays occupe au milieu des Etats les plus florissants du monde.

V. La mémoire. Les manuels. — *La mémoire est la faculté de retenir, de conserver les notions acquises.*

Mais, *avant de conserver, il faut acquérir;* de là, la préséance des exercices d'observation, de jugement et de raisonnement sur les exercices de mémoire, qui doivent naturellement suivre.

Les études de mémoire supposent l'emploi des manuels, qui sont le sommaire ou le recueil des connaissances que l'élève doit acquérir. *Sans manuel,* le maître peut très bien donner d'excellentes leçons, mais à la condition d'exiger chaque fois un compte rendu ou *devoir écrit,* que le temps ou d'autres raisons ne permettent pas toujours d'obtenir.

D'ailleurs, *le manuel est pour le maître un guide méthodique,* et, à la rigueur, un suppléant même; il est *pour l'élève un indicateur des choses à trouver sur la carte et de l'ordre dans lequel ces recherches doivent se faire.*

VI. L'imagination. Les cartes. — *L'imagination est la faculté de reproduire dans notre âme l'image des objets,* et ces objets sont, en géographie, les formes terrestres ou, à leur défaut, les reliefs et les cartes qui les représentent le mieux possible.

L'usage constant des cartes est de première nécessité, et l'on ne concevrait pas qu'il se rencontrât encore des maîtres qui le négligeassent. *Le manuel* ou texte *suppose toujours la carte,* tandis que la carte, à la rigueur, pourrait marcher seule, du moins pour les données élémentaires.

VII. La main. Exercices cartographiques. — On doit être persuadé que *la meilleure leçon de Géographie est celle qui se base à la fois sur l'observation de la nature,* quand elle est possible; *sur l'usage des cartes,* qui sont l'image de la nature, et plus encore *sur le tracé des cartes* par l'élève lui-même.

Dans *les exercices cartographiques,* l'élève applique son attention tout entière sur une seule chose à la fois. Il retrace tour à tour, pour un même pays, la carte des contours, celle des montagnes, celle des fleuves, celle des divisions politiques, etc., suivant les *modèles simples et analytiques* que nous lui offrons dans nos CAHIERS édités à cette fin.

Il ne suffit même pas que l'élève copie ou dessine à vue la carte qu'il étudie. Pour s'assurer qu'il a bien la mémoire de la position respective des lieux et de la configuration des pays, *il faut qu'il parvienne à la reproduire uniquement par cœur* ou d'imagination. Un *croquis* ainsi fait *au jugé* ou *au sentiment* n'aura sans doute pas toute l'exactitude ou la perfection d'un dessin fait à vue et à l'aide d'instruments; mais il sera bien plus profitable, d'autant plus qu'il pourra se répéter plus souvent.

VIII. La parole du maître. — C'est par la *parole* que les connaissances du maître se transmettent à l'élève, et c'est par elle que l'élève donne au maître, par des réponses convenables, la preuve que la leçon a été fructueuse.

La parole du maître donne à tous les autres moyens ou procédés didactiques l'impulsion et l'activité : elle attire et soutient l'attention, provoque l'observation, conduit le raisonnement, assure et confirme le jugement, expose et développe les idées, guide et encourage le travail de l'imagination et de la volonté.

On ne comprendrait pas un système d'enseignement de la géographie qui consisterait à imposer à l'écolier une tâche à apprendre par cœur, sans explication et sans exercice intellectuel préalables, sans autre stimulant que la crainte d'une punition encourue par une récitation manquée, sans autre résultat, par conséquent, que le découragement et le dégoût.

Le maître parlera donc, il expliquera, il questionnera, autant que le comportent la matière enseignée et le temps dont il peut disposer, tout en ayant soin de ne pas abuser de ses forces physiques et de bien observer les procédés didactiques et les règles de la pédagogie.

IV. *Les* **trois points fondamentaux** *du développement d'une leçon de Géographie,* après *récapitulation* de la leçon précédente, sont :

1° EXERCICES CARTOGRAPHIQUES, par le maître et l'élève.	Tracé au tableau noir. Tracé sur l'ardoise ou le cahier (élève). Usage des cartes et objets d'intuition.
2° EXPOSITION, par le maître.	CONTINUE, ou *dogmatique* (rarement utile dans l'enseignement primaire). INTERROMPUE, ou *catéchistique,* par demandes et réponses, l'élève trouvant celles-ci par lui-même autant que possible.
3° DEVOIRS, par l'élève.	*Tracé* des cartes comme récapitulation. *Rédactions* et tableaux synoptiques. *Etude de mémoire* du texte.

EMPLOI DES OUVRAGES D'APRÈS LES PROGRAMMES

Programme des ÉCOLES PRIMAIRES	ÉLÉMENTAIRES, en 3 cours ou classes. SUPÉRIEURES, en 3 années d'études.
Programme de 1901 : ENSEIGNEMENT SECONDAIRE	*Classes préparatoires,* 10e, 9e, 8e, 7e. 1er cycle, *classes de* 6e, 5e, 4e, 3e. 2e cycle, *classes de* 2e *et de* 1re.

Nous offrons, au choix des professeurs, deux séries de classiques divisés en 4 cours pour les élèves : la première est celle des *Géographies-Atlas,* qui renferment en un même volume le texte en regard des cartes; dans la seconde, le *Manuel,* contenant le texte, est séparé des cartes plus complètes et réunies en *Atlas sans texte.* Dans ce dernier cas, le même texte peut se rapporter à des Atlas plus ou moins détaillés.

I. COURS PRÉPARATOIRES

POUR LES CLASSES DES COMMENÇANTS

Géographie-Atlas du Cours préparatoire (texte et cartes), petit in-4°, 36 pages.

II. COURS ÉLÉMENTAIRES

ÉCOLES PRIMAIRES ÉLÉMENTAIRES OU CLASSES PRÉPARATOIRES (ENS. SEC.)

Géographie-Atlas du Cours élémentaire (texte et cartes). In-4°, 32 p.
La même, avec *Partie du maître.*

Ou bien
- Manuel : *Cours élémentaire de Géographie* (avec petites cartes), in-18.
- *Atlas* B, gr. in-4°, illustré.

Cahier cartographique n° 1.
Le Tour du monde en images, album de 225 vignettes avec texte.

III. COURS MOYENS

ÉCOLES PRIM. SUPÉRIEURES OU ENSEIGNEMENT SECOND., CLASSES ÉLÉM.

Géographie-Atlas du Cours moyen (texte et cartes). In-4°, 64 pages.
La même, avec *Partie du maître.*

Ou bien
- Manuel : *Cours moyen de Géographie* (illustré), in-12.
- Atlas (sans texte) : *Atlas* C, in-4°, illustré.

Cahier cartographique n° 2.

IV. COURS SUPÉRIEURS

ÉCOLES PRIMAIRES SUPÉRIEURES OU ENSEIG. SECONDAIRE, 1er CYCLE

Géographie-Atlas du Cours supérieur (texte et cartes). In-4°, 160 pages.

Ou bien
- Manuels : *Cours supérieur de Géographie,* in-12, 395 pages.
- — *France et Colonies.*
- — *La Terre dans son ensemble.*
- — *Géographie physique du Globe.*
- Atlas : *Atlas* D (cartes modernes) ou *Atlas général* E (cartes modernes avec cartes historiques).

Cahiers cartographiques nos 3, 4 et 5.

OUVRAGES POUR LES MAITRES

Méthodologie théorique et pratique de Géographie.
La *Partie du maître* des Géographies-Atlas (Cours élém. et moyen).
Les *Notices-questionnaires* sur les cartes murales de France, d'Europe et Mappemonde-Planisphère.
Les *Cartes murales écrites,* les *C. murales double-face,* les *C. murales muettes,* le *Tableau-Carte,* les *Reliefs,* les *Globes,* etc., dont l'emploi combiné est expliqué dans la Méthodologie ci-dessus renseignée.

SÉRIE DE GÉOGRAPHIES-ATLAS (TEXTE ET CARTES)

COURS PRÉPARATOIRE, petit in-4°, 36 pages.
COURS ÉLÉMENTAIRE, in-4°, 32 pages.
COURS MOYEN, in-4°, 64 pages.
COURS SUPÉRIEUR, in-4°, 160 pages.

GÉOGRAPHIE-ATLAS

DU

COURS SUPÉRIEUR

TEXTE ET CARTES

PAR UNE RÉUNION DE PROFESSEURS

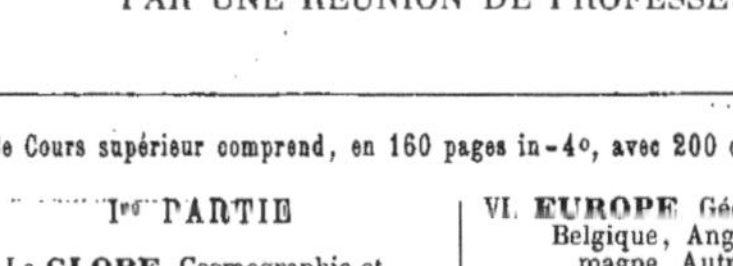

RACE BLANCHE - Romain

RACE JAUNE - Chinois

Ce Cours supérieur comprend, en 160 pages in-4°, avec 200 cartes ou figures :

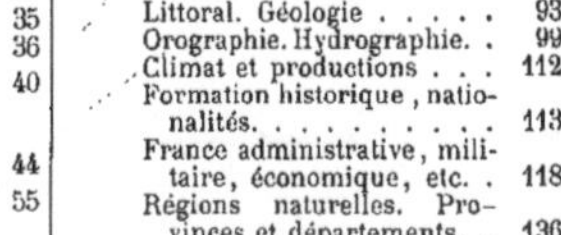

APPLICATION AUX PROGRAMMES

A. ENSEIGNEMENT SECONDAIRE — 1er CYCLE
- **Classe de 6e**. Géogr. générale, *Amérique, Australasie.*
- — de 5e. *Asie,* Insulinde, *Afrique.*
- — de 4e. *Europe.*
- — de 3e. *France* et colonies.

B. ÉCOLES PRIMAIRES SUPÉRIEURES
- **1re Année**. Notions gén., *Océanie, Amérique, Afrique.*
- 2e — *Asie* et *Europe.*
- 3e — *France* et colonies.

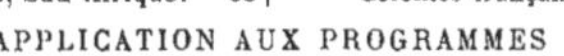

RACE NOIRE - Cafre

RACE BRUNE - Malais

TOURS
MAISON ALFRED MAME & FILS
IMPRIMEURS-ÉDITEURS

PARIS
J. DE GIGORD
Libraire, rue Cassette, 15

1913
(Édition remaniée dans l'ordre des programmes.)

N° 133

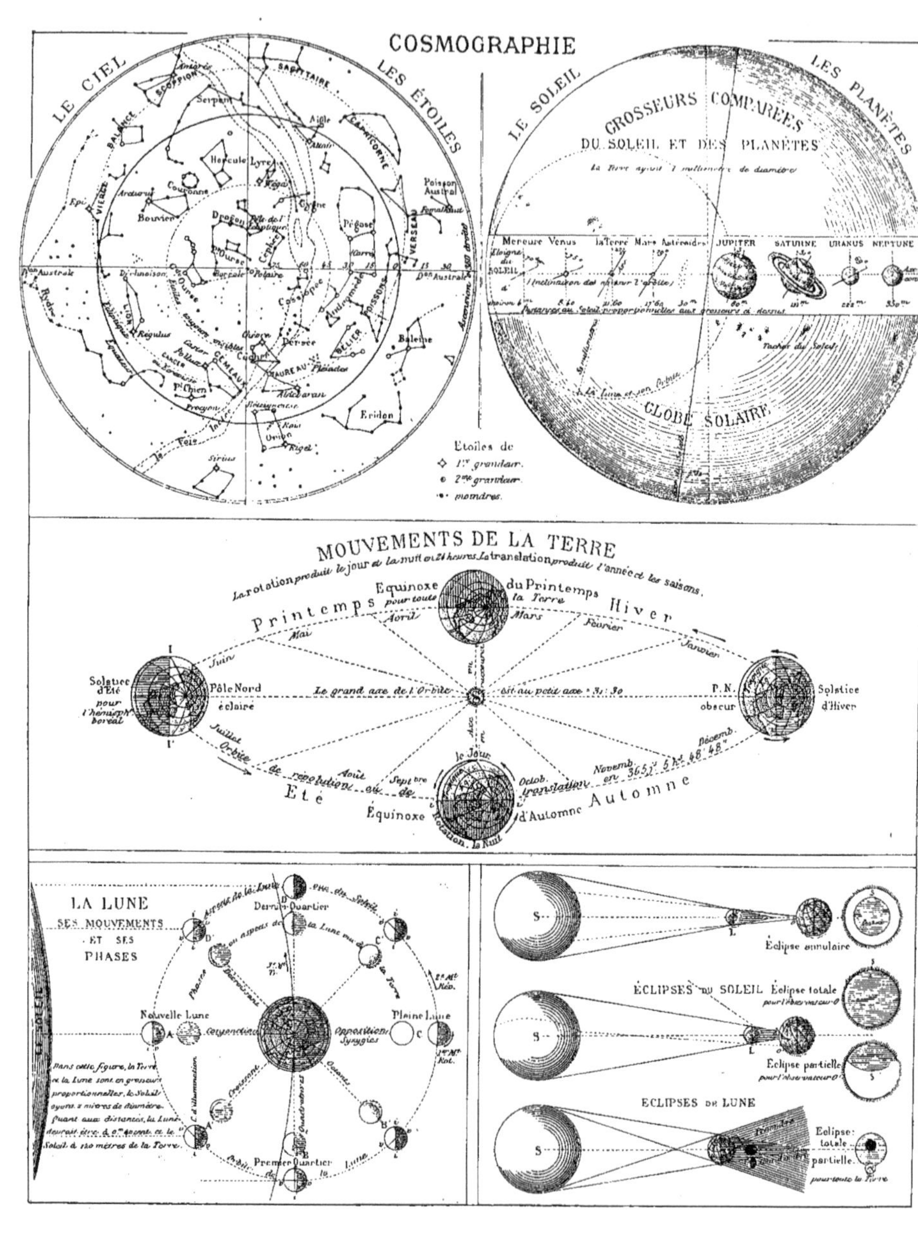
COSMOGRAPHIE
LE CIEL LES ÉTOILES
LE SOLEIL LES PLANÈTES
GROSSEURS COMPARÉES DU SOLEIL ET DES PLANÈTES
Mercure Venus la Terre Mars Astéroïdes JUPITER SATURNE URANUS NEPTUNE
GLOBE SOLAIRE
Étoiles de
1re grandeur.
2me grandeur.
moindres.
MOUVEMENTS DE LA TERRE
Printemps
Hiver
Été
Automne
Equinoxe du Printemps
Solstice d'Été
Pôle Nord éclairé
P. N. obscur
Solstice d'Hiver
Équinoxe d'Automne
LA LUNE SES MOUVEMENTS ET SES PHASES
Dernier Quartier
Nouvelle Lune
Pleine Lune
Premier Quartier
ÉCLIPSES DU SOLEIL
Eclipse annulaire
Eclipse totale
Eclipse partielle
ECLIPSES DE LUNE

GÉOGRAPHIE-ATLAS DU COURS SUPÉRIEUR

PAR UNE RÉUNION DE PROFESSEURS

TEXTE ET CARTES

PREMIÈRE PARTIE — LA TERRE

ENSEIGN. PRIMAIRE SUPÉRIEUR
— Première année —

I. LE GLOBE

ENSEIGNEMENT SECONDAIRE
— Classe de 6e —

CHAPITRE I

COSMOGRAPHIE

§ I. — LES ASTRES

1. La **Géographie** (du grec *gê*, terre; *graphô*, je décris) est la description de la surface de la *Terre* et des *peuples* qui l'habitent.

2. **La Terre est un astre**, c'est-à-dire un corps céleste, de forme ronde et circulant dans l'espace, comme la Lune et le Soleil. — **La Terre est une planète**, car elle tourne autour du Soleil, dont elle reçoit la chaleur et la lumière.

3. La **Cosmographie**, ou description du monde (*Cosmos*), et l'**Astronomie**, ou science des astres, traitent l'une et l'autre des corps célestes et de leurs mouvements.

4. Les **astres** ou *corps célestes* sont les innombrables masses, de forme sphérique, qui circulent dans l'espace indéfini appelé *ciel*.

— Les astres se divisent en *quatre classes*, savoir : les *étoiles*, les *planètes*, les *satellites* et les *comètes*.

5. Les **étoiles**, au nombre desquelles il faut compter le Soleil, sont des *astres lumineux* par eux-mêmes. Leur volume est très considérable, mais leur éloignement prodigieux nous les fait paraître comme de simples points brillants qui semblent fixes dans le ciel.

On appelle **constellations** des groupes d'étoiles affectant des formes variées, auxquelles on a donné des noms de divinités mythologiques, de personnages, d'animaux, etc.
On compte plus de 100 constellations.

6. Le **Soleil** est un astre **1 300 000** fois environ plus gros que la Terre, dont il est éloigné en moyenne de 150 000 000 de kilomètres. Il produit la chaleur et la lumière qu'il nous envoie directement.

La lumière, parcourant 300 000 kilom. par seconde, nous arrive du soleil en 8 minutes 16 s., tandis qu'elle met plus de 3 ans pour parvenir de l'étoile la plus proche, des centaines et des milliers d'années pour les étoiles les plus éloignées. Qu'on juge par là de l'immensité de l'espace céleste, du nombre et de la grosseur des astres, de la grandeur des mondes que Dieu, dans sa toute-puissance, sa sagesse et sa bonté, a créés pour l'Homme!

On connaît plus de 450 **astéroïdes** ou planètes très petites, qui circulent toutes entre Mars et Jupiter. On en découvre chaque année de nouvelles.

Idée comparative du volume des astres. Le maître représentera au tableau noir le Soleil par une *boule* de 60 centimètres de diamètre; Mercure, par une *graine de colza;* Vénus et la Terre, chacune par un *pois;* Mars, par une *graine de chanvre;* Jupiter, par une *grosse orange;* Saturne, par une *pomme;* Uranus, par une *cerise;* Neptune, par une *prune.*

La Terre et la Lune, conservant leur distance naturelle, pourraient se mouvoir dans l'intérieur du Soleil.

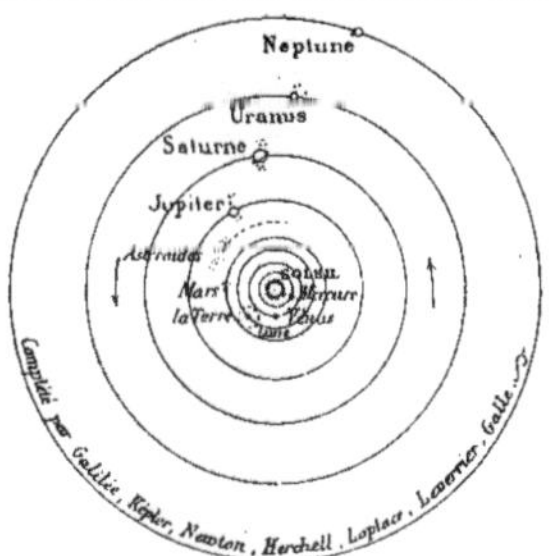

Système de Copernic.

7. Les **planètes** sont des astres *opaques*, ou non lumineux par eux-mêmes, qui décrivent autour du Soleil des orbites presque circulaires.

Les huit planètes principales sont : **Mercure**, la plus rapprochée du Soleil; — **Vénus**, la plus brillante; — la **Terre**, qui a un satellite (la *Lune*); — **Mars** (2 satellites); — **Jupiter**, la plus grosse (5 satellites); — **Saturne** (8 satellites et un anneau lumineux); — **Uranus** (4 satellites); — **Neptune** (1 satellite).

8. Les **satellites** sont des corps opaques qui, comme notre Lune, tournent autour d'une planète principale.

9. La **Lune** est 49 fois plus petite que la Terre, dont elle est éloignée en moyenne de 380 000 kilomètres. Elle brille pendant la nuit en nous renvoyant la lumière du Soleil. C'est un globe solide, sans atmosphère, sans eau liquide, couvert de hautes montagnes et de vastes cratères de volcans.

10. Les **comètes** sont des astres dont le noyau est ordinairement suivi d'une queue lumineuse; elles tournent autour du Soleil, comme les planètes, mais en décrivant des ellipses très allongées, de sorte qu'elles n'apparaissent qu'à de longs intervalles.

§ II. — MOUVEMENTS DES ASTRES

11. **Mouvements du Soleil.** Le Soleil exécute deux *mouvements réels :* 1° un mouvement de *rotation* sur lui-même en 25 jours; — 2° un mouvement peu sensible de *translation* vers un point du ciel marqué par la constellation d'Hercule.

Le Soleil a deux *mouvements apparents,* qui sont dus aux mouvements réels de notre globe : 1° un *mouvement diurne,* par lequel il semble faire chaque jour, comme les étoiles, le tour de la Terre; — 2° un *mouvement annuel,* par lequel il semble se transporter en une année dans chacun des *douze signes* du zodiaque.

12. **Mouvements de la Terre.** La Terre exécute deux *mouvements réels,* qui correspondent aux mouvements apparents du Soleil : 1° un mouvement *diurne* ou de *rotation* sur elle-même en 24 heures, qui produit la *succession du jour et de la nuit;* — 2° un mouvement *annuel* ou de *révolution* autour du Soleil en 365 jours 5 heures 48 minutes et 50 secondes. Ce mouvement annuel, joint à l'obliquité de l'axe de la Terre (23° 27') sur son orbite, produit l'*inégalité des jours et des nuits* et la *succession des quatre saisons* de l'année : le *printemps*, l'*été*, l'*automne*, l'*hiver*.

13. **Explication des saisons.** 1° Le 21 mars, la Terre se trouve placée de manière que les rayons du Soleil éclairent à la fois les deux pôles, la moitié de l'équateur sur lequel ils tombent verticalement, et la moitié de chaque cercle parallèle : c'est l'**équinoxe du printemps**, où le jour et la nuit ont partout la même durée.

2° Mais bientôt le pôle Sud entre dans l'obscurité et commence une nuit de six mois, tandis que le pôle Nord se tourne de plus en plus vers le Soleil, jusqu'à ce que, le 21 juin, toute la zone polaire arctique soit éclairée, et les rayons lumineux tombent verticalement sur le tropique du Cancer : c'est le **solstice d'été** pour l'hémisphère boréal, dont les points ont des jours d'autant plus longs qu'ils sont situés sur des parallèles plus rapprochés des pôles. — L'inverse a lieu pour l'hémisphère austral.

3° La Terre, ayant parcouru un nouveau quart de son orbite, présente encore, le 22 septembre, ses deux pôles au Soleil : c'est l'**équinoxe d'automne**, où les phénomènes se reproduisent comme six mois auparavant.

4° Après cela, le pôle Nord pénètre à son

tour dans l'obscurité, et au bout de trois mois, le 22 décembre, a lieu le **solstice d'hiver** : toute la zone polaire arctique est dans l'ombre, l'hémisphère boréal a ses jours les plus courts et ses nuits les plus longues; tandis que l'hémisphère austral est alors le mieux éclairé et le plus échauffé par le soleil, dont le rayon vertical tombe sur le tropique du Capricorne.

Enfin la Terre, continuant sa révolution, se retrouve, le 21 mars, à son point de départ, pour recommencer une même série de phénomènes.

Par le mouvement de rotation, chaque point situé sur l'équateur terrestre parcourt 40 000 kilomètres par jour, ou 465 mètres par seconde. Dans sa révolution, la Terre parcourt annuellement près d'un milliard de kilomètres, avec une vitesse de 31 kilom. par seconde.

14. **Mouvements de la Lune.** La Lune, satellite de la Terre, exécute trois *mouvements réels* : 1° un mouvement de *rotation* sur elle-même en 27 $^1/_3$ jours; — 2° un mouvement de *révolution* autour de la Terre. Ces deux mouvements se faisant dans le même temps, nous ne voyons jamais que le même hémisphère de la Lune; — 3° elle *se transporte* avec la Terre autour du Soleil.

La Lune a en outre un *mouvement diurne apparent* autour de la Terre en 24 h. 50' (*jour lunaire*).

15. **Phases.** Les phases de la Lune sont les *figures* ou aspects sous lesquels elle se présente successivement à notre vue, pendant la période de 29 $^1/_2$ jours dont se compose une *lunaison*. Les 4 phases sont : la *nouvelle lune* (apparence d'un cercle très obscur), le *premier quartier* (demi-cercle éclairé tourné vers l'ouest), la *pleine lune* (cercle tout éclairé), le *dernier quartier* (demi-cercle éclairé tourné vers l'est).

16. **Éclipses.** On appelle éclipse la disparition momentanée d'un astre à notre vue par l'interposition d'un autre astre. — C'est ainsi qu'il y a **éclipse de Soleil** quand la Lune s'interpose entre cet astre et la Terre, — et **éclipse de Lune** lorsque la Terre se place de manière à empêcher le Soleil d'éclairer notre satellite.

L'astre éclipsé peut nous être caché en tout ou en partie : de là les éclipses *totales* ou *partielles* de la Lune, et les éclipses *totales*, *partielles* et *annulaires* (ou centrales) du Soleil.

§ III. LA TERRE : SA REPRÉSENTATION

17. La **forme** de la Terre est celle d'un sphéroïde, ou d'une sphère légèrement aplatie aux pôles et renflée à l'équateur.

Preuves que la Terre est ronde :

1° De loin, sur terre ou sur mer, un observateur aperçoit d'abord le sommet des montagnes, des clochers, des mâts de navire. — Lorsqu'un vaisseau s'éloigne, sa coque disparaît la première, puis les voiles et le pavillon, comme si le bâtiment s'enfonçait sous l'eau à la limite de l'horizon. Lorsqu'il s'approche, c'est le pavillon qu'on aperçoit en premier lieu, et la coque apparaît la dernière.

2° Les navigateurs ont fait le tour de la Terre à peu près en tous sens.

3° Dans les éclipses de Lune, l'ombre projetée par la Terre est toujours circulaire.

4° Si la Terre était plane, le Soleil se lèverait et se coucherait en même temps pour tous les habitants.

Les montagnes n'altèrent pas la rondeur générale du globe, car les plus élevées sont proportionnellement moins sensibles que les rugosités de la peau d'une orange ou de la coquille d'un œuf.

La Terre est ronde

La sphéricité de la Terre, prouvée par la navigation.

18. On **représente** la Terre par le *globe terrestre artificiel*, et les détails de sa surface par les *cartes géographiques*.

Le **globe terrestre** est une boule qui représente la Terre, et sur laquelle sont dessinés les différents accidents géographiques : continents, mers, etc.

Hémisphère oriental.

Les **globes** représentent la Terre beaucoup plus exactement que les cartes; mais ils sont peu commodes et ne donnent d'ailleurs qu'une idée d'ensemble; les détails sont réservés pour les *cartes* géographiques que l'on dresse à des *échelles* de toutes grandeurs, et suivant divers genres de *projections*.

19. Une **carte** est un plan représentant la surface de la Terre, ou l'une de ses parties.

Sur une carte, les *côtes* et les *rivières* sont marquées par des lignes sinueuses; les *canaux*, les *chemins de fer*, les *routes*, par des lignes plus ou moins droites ou brisées; le relief du sol ou les *montagnes*, par des hachures ou par des courbes de niveau; les *limites politiques*, par des lignes pointillées; les positions des *villes*, par des points ronds, blancs ou noirs, etc.

20. La **mappemonde** est une carte qui représente la sphère terrestre coupée en deux demi-boules ou *hémisphères*, l'un *oriental*, l'autre *occidental*.

Le **planisphère**, ou mappemonde de **Mercator**, développe la surface terrestre sous forme d'un rectangle, les cercles étant remplacés par des lignes droites.

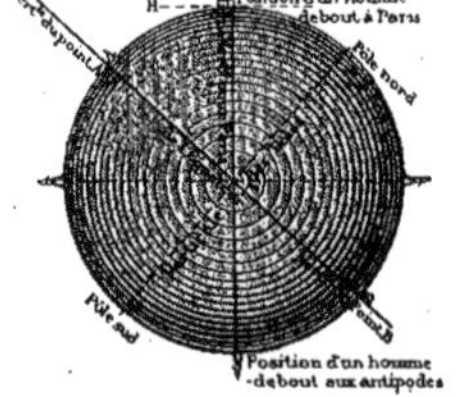

§ IV. LES POINTS CARDINAUX

21. On détermine la position des lieux sur le globe et sur les cartes au moyen des *cercles de la sphère*, qui servent à calculer la longitude et la latitude de chaque lieu.

22. **Horizon.** L'*horizon physique* est le cercle qui, bornant notre vue au loin, semble réunir le ciel et la terre.

1° Cet horizon *physique* ou *sensible* n'a ordinairement qu'une étendue de trois à quatre lieues. Mais son rayon s'agrandit à mesure qu'on s'élève au-dessus du sol, sur un édifice ou sur une montagne.

2° On appelle, en outre, *horizon vrai* ou *réel* le plan horizontal passant par l'œil de l'observateur.

On appelle *dépression de l'horizon* l'angle que forme l'horizon sensible, ou la courbure du globe, avec l'horizon vrai ou rationnel; elle grandit à mesure que le point d'observation s'élève.

3° L'*horizon rationnel* ou *astronomique*, parallèle à l'horizon vrai, passe par le centre de la Terre et va couper la sphère céleste en deux parties égales, dont l'une est visible pour l'observateur, et l'autre invisible.

23. On appelle **zénith** d'un lieu terrestre quelconque le point du ciel situé verticalement au-dessus de ce lieu. C'est le pôle de l'horizon. Le **nadir** est le point diamétralement opposé au zénith.

La **verticale** d'un lieu, marquée par la direction du *fil à plomb*, est perpendiculaire à l'horizon de ce lieu, et passe par son zénith et son nadir.

Deux points sont **antipodes** lorsqu'ils sont opposés aux deux extrémités d'un même diamètre terrestre. Leurs verticales se rencontrent au centre de la Terre. — L'antipode de Paris se trouve dans l'océan Pacifique, au S.-E. de la Nouvelle-Zélande.

24. **Points cardinaux.** Les quatre *points cardinaux* de l'horizon sont : le *nord*, le *sud*, l'*est* et l'*ouest*. — Ils sont opposés deux à deux et à angles droits.

L'Est, appelé aussi *orient* et *levant*, est le côté du ciel où le soleil se lève ou paraît se lever.

L'Ouest, appelé aussi *occident* et *couchant*, est le côté du ciel où le soleil se couche ou paraît se coucher.

Le Sud ou *midi* est le côté du ciel où le soleil est à l'heure de midi.

Le Nord ou *septentrion* est le côté du ciel opposé au midi. La nuit, on y observe l'étoile *polaire* et les *sept étoiles* de la Grande Ourse.

Points collatéraux. Les quatre *points collatéraux*, intermédiaires aux points cardinaux, sont : le *nord-est*, le *nord-ouest*, le *sud-est* et le *sud-ouest*.

Il y a en outre *huit points sous-collatéraux*, savoir : le N.-N.-E., l'E.-N.-E., l'E.-S.-E., le S.-S.-E., le S.-S.-O., l'O.-S.-O., l'O.-N.-O., le N.-N.-O.

25. **Rose des vents.** La *rose des vents* est une figure qui représente les points cardinaux et les points intermédiaires dans leur position relative. La rose des vents de la boussole marine présente 32 rayons ou divisions du cercle horizontal.

Boussole. La *boussole* est une aiguille aimantée qui, portée sur un pivot généralement au milieu d'une rose des vents, se tourne toujours au N.-N.-O., vers le pôle N. magnétique. Celui-ci est situé dans la péninsule de *Boothia*, au N. du Canada, par environ 70° de latitude et 99° de longitude O. de Greenwich. L'aiguille forme avec la méridienne un angle dit de *déclinaison*, qui varie un peu chaque année.

26. **S'orienter,** c'est reconnaître la direction de l'*orient* et des autres points cardinaux.

On s'oriente pendant le jour au moyen du *Soleil;* pendant la nuit, au moyen de l'étoile *Polaire*, et, en tout temps, au moyen de la *boussole*.

Manière de s'orienter au moyen du soleil.

Pour s'orienter il faut, en général, se placer de manière à avoir le côté droit tourné vers le lieu du soleil levant : alors on a l'est ou orient à droite, l'ouest à gauche, le nord en face et le sud derrière soi; ce qui est conforme à l'orientation habituelle des cartes.

On obtient ce résultat *le matin*, en tournant le côté droit au soleil; *le soir*, le côté gauche; *à midi*, en lui tournant le dos; *la nuit*, en regardant l'étoile polaire ou la direction de l'aiguille de la boussole.

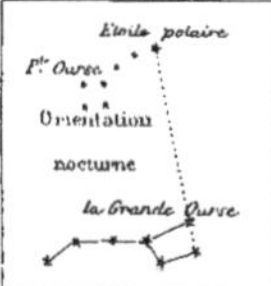

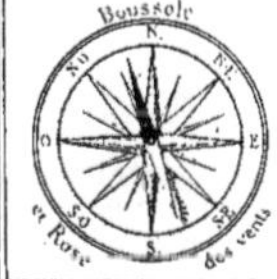

Orientation la nuit ... en tout temps.

Exercices d'orientation. 1° Dans la cour, en observant le soleil, la boussole, et la *girouette* munie de sa croix d'orientation avec les lettres initiales N. S. E. O. — Faire manœuvrer les élèves et signaler les villages, les lieux remarquables dans ces directions. — 2° En classe, se servir de la boussole ou de la *rose des vents* fixée au plafond (voir Méthodologie). — Tracer la méridienne par l'ombre du soleil; dresser le plan d'orientation locale (Cah. cartogr. n° 1).

27. Sur une carte, il est convenu de placer le N. en haut, le S. en bas, l'E. à droite et l'O. à gauche.

§ V. LES CERCLES DE LA SPHÈRE

28. **Axe.** On appelle *axe terrestre* le diamètre ou ligne imaginaire autour de laquelle la Terre fait sa rotation.

— **Pôles.** Les *pôles* sont les deux points extrêmes de l'axe. Il y a deux pôles : le *pôle nord*, appelé aussi pôle boréal ou arctique ; — le *pôle sud*, appelé aussi pôle austral ou antarctique.

29. **Cercles.** Les principaux *cercles* de la sphère terrestre sont : l'*horizon astronomique*, les *méridiens*, l'*équateur* et les *parallèles*.

On les divise en grands et petits cercles.

On appelle *grands cercles* de la sphère les cercles qui la partagent en deux parties égales ; ce sont : le méridien, l'équateur, l'horizon astronomique et l'écliptique. — Les *petits cercles* sont ceux qui divisent la sphère en deux parties inégales : tels sont les parallèles, les deux tropiques et les deux cercles polaires.

Chaque cercle se divise en 360 parties égales, qu'on appelle *degrés;* le degré se divise en 60 minutes, et la minute en 60 secondes.

La valeur du degré en kilomètres est la même pour les grands cercles (environ 111 km); mais elle varie d'un petit cercle à l'autre.

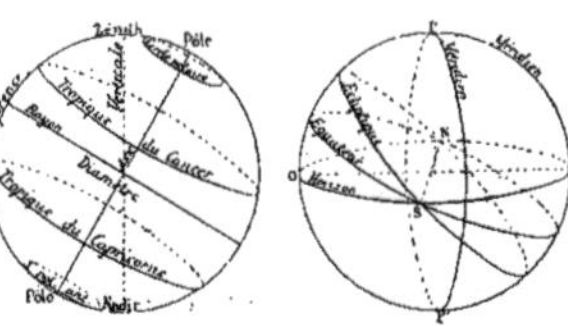

30. **Méridien.** On appelle *méridien* tout grand cercle qui passe par les pôles. — Un méridien partage la sphère en deux hémisphères : l'un *oriental*, l'autre *occidental*. Les méridiens servent à déterminer la longitude des lieux.

Il y a une infinité de méridiens, c'est-à-dire autant qu'il y a de points sur l'équateur ou sur un cercle parallèle.

31. **Équateur.** L'*équateur* est un grand cercle situé à égale distance des deux pôles. — Il partage la sphère en deux parties égales : l'*hémisphère septentrional* ou boréal, et l'*hémisphère méridional* ou austral.

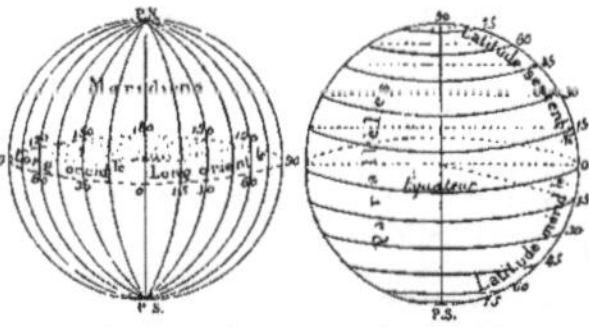

Méridiens et longitudes. Parallèles et latitudes.

32. **Parallèles.** Les *parallèles* sont des cercles tracés parallèlement à l'équateur. Ils servent à déterminer la latitude des lieux. Les principaux parallèles sont les *deux tropiques* et les *deux cercles polaires*.

Les **tropiques** sont deux petits cercles parallèles à l'équateur, dont ils sont éloignés de 23 degrés 27 minutes. Celui du nord se nomme *tropique du Cancer*, et celui du sud *tropique du Capricorne*.

Les **cercles polaires** sont deux petits cercles parallèles à l'équateur, et éloignés des pôles de 23 degrés 27 minutes. Celui du nord se nomme cercle polaire *arctique*, et celui du sud, cercle polaire *antarctique*.

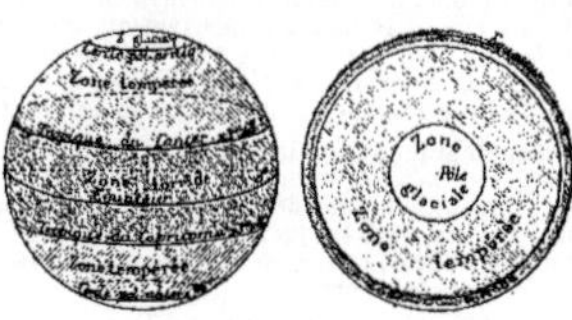

Zones astronomiques.

33. **Zones.** On appelle *zones* les bandes ou divisions circulaires formées sur la sphère par les tropiques et les cercles polaires. — On compte cinq zones, qui tirent leur nom de leur climat général : une zone *torride*, « très chaude, » comprise entre les deux tropiques; deux zones *tempérées*, comprises entre les tropiques et les cercles polaires, et deux zones *glaciales*, qui s'étendent des cercles polaires aux pôles.

34. **Premier méridien.** On appelle *premier méridien*, ou mieux *méridien initial*, celui qui sert de point de départ dans le calcul des longitudes, et qui porte par conséquent le n° 0.

En France, on a adopté comme *premier méridien* celui qui passe à l'Observatoire de Paris. — En 1883, la Conférence internationale de Washington a choisi comme *méridien initial cosmopolite* celui de l'Observatoire de *Greenwich*, près Londres, passant à 2 degrés 20 minutes O. de Paris. C'est le plus généralement employé par la marine. — Le minuit de Greenwich est le point de départ *de l'heure et du jour universels*, appliqués dans les *fuseaux horaires*.

35. **Fuseaux horaires.** On appelle ainsi des divisions de 15 *degrés* en longitude, ou d'*une heure* en temps, adoptées pour les chemins de fer d'abord au Canada et aux États-Unis, où les cinq fuseaux sont de 4, 5, 6, 7 et 8 heures en retard sur l'heure anglaise. Les heures varient d'un fuseau à l'autre, mais les minutes sont les mêmes sur tout le globe.

En Europe, on distingue : 1° l'*heure occidentale* (adoptée par l'Angleterre, la Belgique, l'Espagne, le Portugal et la France);

— 2° l'*heure centrale*, en avance d'une heure sur Greenwich (Suède, Norvège, Danemark, Hollande, Allemagne, Autriche, Suisse, Italie, Grèce);

— 3° l'*heure orientale*, en avance de deux heures (Russie, Roumanie, Bulgarie, Turquie).

Aux États-Unis, au Canada, en Italie et, pour les chemins de fer, en France, etc., on compte les heures de la journée en une seule série de 1 à 24 heures : celles de l'après-midi se disent 13 (pour 1), 14, 15... jusqu'à 24.

§ VI. LONGITUDE ET LATITUDE

36. **Longitude.** La *longitude* d'un lieu est la distance en degrés du méridien de ce lieu au premier méridien.

On compte habituellement 180° de longitude *orientale* et 180° de longitude *occidentale*.

La *valeur* du degré de longitude est de 111 kilomètres sur l'équateur; mais elle diminue en se rapprochant des pôles, où elle se réduit à zéro. — En France, le degré de longitude vaut au sud 80 kilomètres, et au nord 70 kilomètres.

On marque ordinairement les degrés de longitude sur le haut et le bas des cartes.

37. **Latitude.** La *latitude* d'un lieu est la distance de ce lieu à l'équateur, mesurée en degrés sur son méridien.

On compte 90° de latitude *nord*, et 90° de latitude *sud*. — Les degrés de latitude valent tous environ 111 kilomètres.

On les marque à droite et à gauche des cartes, sauf pour les mappemondes en hémisphères, où les latitudes sont indiquées généralement dans le cercle extérieur, et les longitudes sur l'équateur.

38. La position d'un lieu sur le globe ou sur la carte est déterminée par sa latitude et par sa longitude, c'est-à-dire par le point de rencontre du méridien et du parallèle de ce lieu.

Si, par exemple, pour Berlin, on indique la longitude (11° E.) et la latitude (52° 30' N.), il faut d'abord chercher sur l'équateur le chiffre de longitude, 11°, à l'est de Paris, puis remonter sur le 11° méridien jusqu'au chiffre de latitude indiqué (52° 30').

On *mesure les distances* sur la sphère au moyen d'une bande de papier sur laquelle on a relevé les mesures prises sur l'équateur, sachant que 1 degré vaut 111 kilom., une minute ou un soixantième de degré, près de 2 kilom.

39. **On détermine la longitude d'un lieu**, en cherchant la différence d'heure de ce lieu avec celle du méridien initial (24 heures correspondant à 360°, 1 heure à 15°, ou 1° à 4 minutes). On se sert soit d'un *chronomètre* (montre bien réglée) transporté en ce lieu, soit du *télégraphe*, soit d'observations célestes.

Ainsi Rome, qui a midi 40 min. lorsqu'il est midi à Paris, est à 10° de longitude *orientale* de cette ville.

— L'heure de New-York étant en retard de près de 5 heures sur celle de Paris, New-York est à 74° de longitude *occidentale*.

La latitude d'un lieu égale la hauteur du pôle au-dessus de l'horizon de ce lieu. On l'obtient par le moyen de l'étoile polaire.

Un voyageur se trouvant, par exemple, à Libreville (Congo), voit l'étoile Polaire rasant l'horizon : donc la latitude de Libreville est nulle, ou 0°. Si ce voyageur s'avance vers le nord, il verra l'étoile Polaire s'élevant au Caire à 30°, au cap Nord à 71°; au pôle, où la latitude égale 90°, elle est au zénith.

GÉOLOGIE — Coupe idéale de la croûte terrestre — Disposition des terrains — *Les épaisseurs sont ici exagérées.*

CHAPITRE II

GÉOLOGIE

40. **Hypothèse de la formation de la Terre.** — La **Géologie**, science de la *formation* et de la *structure* de la Terre, admet sur l'origine du Globe les suppositions suivantes, que l'on réunit sous le nom de **théorie de Laplace** (physicien français, XVIIIᵉ siècle).

1° La Terre fut primitivement une **masse gazeuse**, très dilatée par la chaleur et détachée de la nébuleuse solaire (de même que les autres planètes).

2° Par l'effet du refroidissement et de l'attraction moléculaire, cette masse gazeuse *se contracta* : il s'y forma un **noyau** globuleux liquide ou fluide, dont l'extérieur se solidifia ensuite.

3° Sur la **croûte solide** du Globe, les eaux liquéfiées se rassemblèrent pour former la **mer**, tandis que les parties gazeuses, plus légères, contribuèrent à former l'**atmosphère**.

4° L'écorce du Globe, d'abord très mince, s'est épaissie peu à peu : à l'intérieur, par des adjonctions de matières refroidies (terrains *non stratifiés* ou *cristallins*); à l'extérieur, par le dépôt successif des matières contenues dans les eaux marines, et qui se sont précipitées pour former une série de **couches** restées plus ou moins horizontales (terrains *stratifiés* ou *sédimentaires*).

5° Par suite du retrait ou de l'agitation de la masse centrale, la croûte terrestre, souvent disloquée et déchirée, s'est *affaissée* çà et là pour former les **bassins** des mers actuelles, tandis qu'ailleurs des portions se sont *soulevées* et ont émergé pour former les **continents** et les îles, les **montagnes** et les plaines.

6° D'après l'examen des fossiles, la **vie** n'est apparue que progressivement sur le Globe, à mesure que les conditions d'existence le permettaient pour chaque espèce; elle n'est d'abord représentée que par les *espèces végétales et animales* aquatiques les plus inférieures : les mollusques, les poissons; puis par les espèces aériennes et terrestres (reptiles, oiseaux et mammifères). **L'Homme**, le roi de la création, ne vient prendre possession de la demeure que lui a préparée la bonté du Créateur, que lorsqu'elle est parée, meublée et pourvue abondamment de toutes les choses nécessaires à son existence.

41. L'hypothèse de la **masse centrale incandescente**, fluide ou pâteuse, repose : 1° sur l'observation de l'accroissement de la chaleur dans les mines, en raison de 1° centigrade par 35 mètres environ de profondeur; 2° sur la température des sources thermales et des puits artésiens; 3° sur le phénomène des volcans et des tremblements de terre. Toutefois quelques savants croient la Terre entièrement solide, mais renfermant des cavités remplies de matières fondues et où, par l'introduction de l'eau, se forment les gaz et les vapeurs qui produisent les secousses du sol et les éruptions volcaniques.

42. **Phénomènes géologiques actuels** — L'état actuel de la surface du globe, loin d'être définitif ou stationnaire, manifeste des **changements continuels**, les uns très lents, d'autres très brusques. Certaines parties des terres subissent un mouvement d'**ascension** : la Scandinavie presque entière, le fond du golfe de Botnie, les côtes du Chili, du Pérou, toute la chaîne des Andes, les Antilles, les îles du Japon, **se soulèvent** lentement et émergent de plus en plus au-dessus du niveau de la mer, tandis que, par certains mouvements de *bascule*, le littoral germanique de la Baltique et de la mer du Nord, le Groenland, l'isthme de Suez et d'autres régions immergent en **s'abaissant**.

Les **montagnes**, attaquées par les pluies, les gelées, le soleil, s'éboulent, **se désagrègent**, se ravinent, et leurs débris, entraînés par les cours d'eau dans les grandes crues, vont combler les vallées, exhausser les plaines ou niveler le fond des mers.

Les lits mêmes des **fleuves** s'élèvent peu à peu, et, à leurs embouchures, des deltas d'alluvions se forment et font gagner du terrain sur la mer; mais celle-ci se dédommage ailleurs en lacérant les terres, empiétant sur les côtes, renversant les falaises, etc.

C'est en étudiant les phénomènes géologiques actuels que la science est parvenue à connaître, par analogie, les phénomènes anciens, et à reconstruire ainsi l'**histoire de la formation du globe**.

43. **Classification des terrains géologiques.** — En observant la disposition des roches, tant à la surface que dans les couches les plus profondes que l'on puisse atteindre, soit dans les mines de houille (1200 m.), les puits artésiens et les forages scientifiques (2000 m. en Silésie), soit par les crevasses ou les abruptes des montagnes, la *science géologique* a établi le système de classification suivant :

I. Les **terrains non stratifiés** sont formés de matière qui fut d'abord en fusion, et se présentent en masses fissurées dans tous les sens; ce sont les granits, les porphyres, le basalte, le quartz et autres roches *cristallines*, n'offrant aucune trace d'êtres organisés, végétaux ou animaux. (*Époque azoïque*, ou privée de vie.)

II. Les **terrains stratifiés** ou *sédimentaires* se sont déposés par couches au fond des eaux. Ces couches ou *strates*, primitivement molles et horizontales, ont été par la suite durcies, en même temps que redressées, plissées, disloquées, renversées, de sorte qu'on les retrouve en *stratification* plus ou moins *concordante* ou *discordante*. Les terrains stratifiés se divisent, d'après leur âge relatif, en cinq groupes désignés par les épithètes de *primaires*, *secondaires*, *tertiaires*, *quaternaires* et *modernes*.

44. 1° Les terrains **primaires** sont en général formés de roches dures (gneiss, schiste, grès, marbres), disposées en couches souvent brisées et relevées. Ils renferment les minerais et la houille, ainsi que les premières traces des plantes et des animaux aquatiques les plus simples. (*Série paléozoïque*, ou des animaux anciens.)

2° Les terrains **secondaires** sont formés de roches plus tendres : calcaires, marnes, grès, riches en fossiles, surtout en mollusques (ammonites), reptiles marins gigantesques (ichtyosaures), reptiles volants (ptérodactyles), etc. (*Série mésozoïque*, ou des animaux de l'époque moyenne.)

3° Les terrains **tertiaires** sont aussi formés de calcaires, de marnes, d'argiles; on y trouve du gypse, du sel, du lignite. Ils sont remarquables par l'apparition de nombreux mammifères herbivores, voisins des chevaux et des éléphants (mastodontes), etc. (*Série néozoïque*, ou des nouveaux animaux.)

4° Les terrains **quaternaires** sont les alluvions anciennes composées de limon et de sable, mêlés de cailloux roulés, qui forment généralement le sol horizontal des plaines et des vallées. — On y trouve les premières traces de l'existence de l'homme (squelettes, haches de pierre, os travaillés, débris de poterie), et des restes d'espèces animales éteintes, mélangées avec des espèces encore aujourd'hui vivantes. (*Série homozoïque*, ou de l'homme.)

5° Les terrains **modernes** comprennent la *terre végétale* ou la couche superficielle du sol; elle s'est formée et se forme encore aujourd'hui par la désagrégation des roches pierreuses ou friables qui constituent l'écorce du globe. Cette décomposition a pour cause l'action de l'air, du soleil, des pluies, des gelées, des eaux courantes, etc.

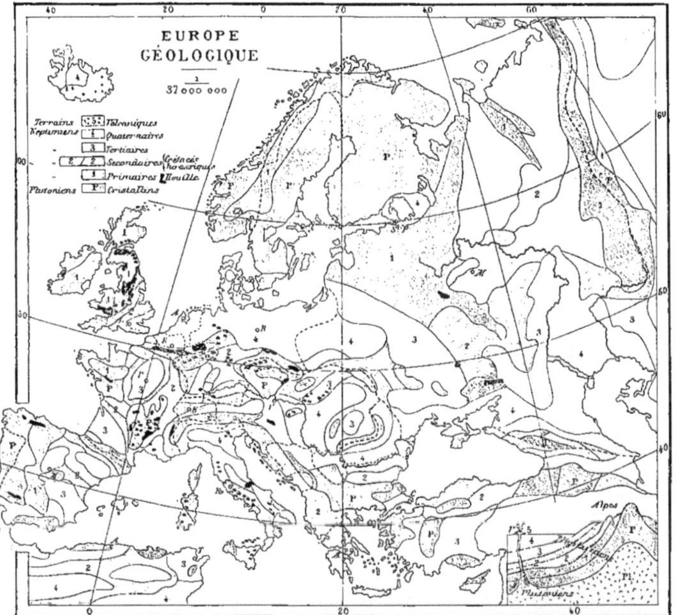

CHAPITRE III

GÉOGRAPHIE PHYSIQUE GÉNÉRALE

§ 1. — LE GLOBE

45. **Forme.** Le globe terrestre n'est pas parfaitement sphérique. C'est un sphéroïde aplati, dont le rayon polaire est de 22 kilomètres ou $\frac{1}{292}$ plus petit que le rayon équatorial.

46. **Dimensions.** Le globe terrestre mesure environ 40 000 kilomètres de *circonférence*, 12 732 kilom. de diamètre, 6 366 kilom. de *rayon* moyen.

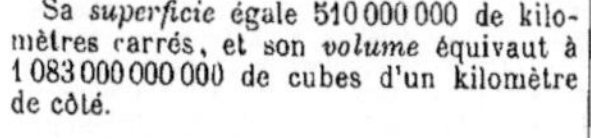

Hémisphère septentrional — Hémisphère méridional — Hémisph. continental ou des terres — Hémisph. océanique ou des eaux.

Sa *superficie* égale 510 000 000 de kilomètres carrés, et son *volume* équivaut à 1 083 000 000 000 de cubes d'un kilomètre de côté.

47. **Structure.** Le globe terrestre est composé d'une croûte SOLIDE, ou la *terre proprement dite*, renfermant un noyau que l'on croit FLUIDE et incandescent, et recouverte en grande partie d'une masse LIQUIDE, ou la *mer;* tout autour du globe existe une enveloppe GAZEUSE, qui est l'air ou l'*atmosphère*.

48. **Division générale.** La surface du globe se divise physiquement en **terres** et **mers, continents** et **parties du monde**; — astronomiquement, elle se divise en **zones** et en **hémisphères**.

Hémisphères. La surface terrestre peut être partagée en demi-sphères : 1° par l'Équateur, qui détermine un *hémisphère boréal* et un *hémisphère austral;* — 2° par un méridien quelconque, déterminant un *hémisphère oriental* et un *hémisphère occidental*.

49. **La terre et l'eau sont très inégalement** distribuées à la surface du globe.

1° Les terres émergées occupent un peu plus du quart de la surface terrestre, tandis que la mer en couvre près des trois quarts.

2° L'hémisphère boréal et l'hémisphère oriental du méridien de l'île de Fer sont ceux qui renferment *le plus de terres;* tandis que l'hémisphère austral et l'hémisphère occidental sont ceux qui contiennent *le plus d'eau*.

3° La différence est encore plus sensible si l'on divise le globe par *le plan de l'horizon astronomique* de Londres. On obtient alors, au-dessus de l'horizon, un **hémisphère continental** qui renferme la plus grande masse de terre ($\frac{3}{4}$ contre $\frac{1}{4}$ d'eau); — et au-dessous, un **hémisphère maritime** presque entièrement composé d'eau ($\frac{9}{10}$ contre $\frac{1}{10}$ de terre).

4° **Situation et formes physiques.** Les moitiés septentrionales de ces doubles continents (Amérique du Nord, Europe, Asie) sont situées dans l'*hémisphère nord;* elles ont leurs contours très échancrés et présentent au pôle nord, sous le 70° parallèle, une *masse large* et compacte;

Tandis que les moitiés méridionales (Amérique du Sud, Afrique, Australie-Tasmanie), situées *entre les tropiques*, ont des *contours plus arrondis* et s'allongent vers le pôle sud en *forme pyramidale*.

§ II. LES CONTINENTS

50. Terres. Les terres émergées, ou parties solides du globe, se composent de *trois continents* et d'un grand nombre d'îles.

Elles forment les *cinq parties du monde.*

Continents. Les trois continents sont :

L'Ancien Continent, ou l'Ancien Monde (82 000 000 de kilom. carrés);

Le Nouveau Continent, ou Nouveau Monde (40 000 000 de kilom. carrés);

Le Continent Australien, ou l'Australie (7 600 000 kilom. carrés).

Parties du monde. Les parties du monde sont de grandes divisions physiques déterminées par les mers, et caractérisées par des différences de climat, de productions naturelles et de races humaines. Ce sont :

L'Europe, l'Asie, l'Afrique, ou les trois divisions de l'Ancien Continent, c'est-à-dire du monde connu des Anciens;

L'Amérique, ou le Nouveau Monde;

L'Océanie ou le Monde océanien, **formé** de l'Australie et d'un grand nombre d'îles.

51. Analogies et contrastes. — La géographie comparée a fait remarquer, dans les formes des parties terrestres, des contrastes et des analogies que nous signalerons en partie.

1° **Étendue.** (Voir le tableau, p. 11.)

2° **Direction.** L'Ancien Continent est dirigé en masse de l'ouest à l'est comme les parallèles ou plus exactement, du S.-O. au N.-E.; — tandis que le Nouveau Continent est dirigé dans le sens des méridiens, du nord au sud.

3° **Six masses continentales.** Bien que l'usage n'admette que trois continents, il y a toutefois un plus grand nombre de masses continentales; car si les isthmes de Suez et de Panama n'existaient pas, l'Afrique d'une part, et les deux Amériques d'autre part, constitueraient des continents et non des îles, puisque l'étendue de chacun de ces trois *presque-continents* dépasse celle de l'Australie, regardée comme un continent.

4° **Trois doubles-continents.** Les masses continentales, au nombre de six, réunies deux par deux dans la direction des méridiens, soit par des isthmes, soit par des chaînes d'îles et de presqu'îles, forment trois *doubles-continents*, qui se font équilibre; savoir :

A. *L'Amérique du Nord avec l'Amérique du Sud,*	sup.	40 000 000 km²
B. *L'Europe avec l'Afrique,*		40 000 000
C. *L'Asie avec l'Australie,*		52 000 000

§ III. PARTIES DE TERRE

52. (Synthèse.) — Les *terres*, ou parties solides du Globe, ne forment pas un tout continu : elles sont divisées en une foule de fragments séparés par les eaux de la mer. Les trois plus grandes portions de terre ont reçu le nom de **continent**, ce qui semble dire que chacune d'elles forme un tout dont les parties *tiennent* ensemble.

On applique aussi parfois ce terme à une partie de continent, car on dit : le continent Européen, le continent Africain, etc., ou simplement le **continent**, ou la *terre ferme*, par opposition aux îles.

Certaines parties des continents s'avancent dans les mers sous forme de **caps** et de **presqu'îles** rattachées par des **isthmes**. — D'autres terres plus petites, portant le nom d'**îles**, isolées ou groupées en **archipels**, sont les sommets émergés de montagnes ou de plateaux sous-marins.

Les **écueils**, *récifs* ou *brisants*, sortes d'*îlots* rocheux, sont dangereux pour la navigation, de même que les *bancs de sable* qui s'accumulent à fleur d'eau vers les côtes.

Le *bord* des terres, qui constitue le **littoral** ou les **côtes** de la mer, est tantôt escarpé (**falaises**); tantôt bas, marécageux ou bordé de **dunes**, monticules sablonneux amoncelés par le vent.

On désigne sous les termes assez vagues de **région, contrée**, *pays*, des divisions continentales envisagées à quelque point de vue particulier, soit physique, soit politique. — On appelle **déserts** des régions sèches, improductives et inhabitables; — **landes**, *bruyères, steppes*, des régions désertes quoique herbeuses; — **marais**, des terrains très humides ou partiellement couverts d'eau; — **deltas**, des atterrissements bas formés par les alluvions qu'un fleuve dépose à son embouchure dans une mer peu profonde.

Analyse. — Définir chaque terme relatif aux parties de terre : *continent, île*, etc. — Donner des exemples.

OROGRAPHIE ET NIVELLEMENT

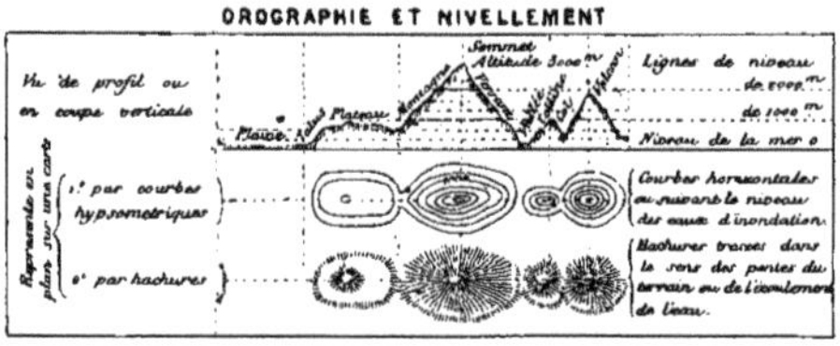

§ IV. RELIEF DU SOL. LES MONTAGNES

53. (Synthèse.) — La surface des terres n'est pas uniforme : certaines parties sont en **relief** ou en saillie au-dessus du niveau général : ce sont les **collines** et les **montagnes**; d'autres parties, en dépression ou **en creux** : ce sont les **vallées**. Les parties les moins accidentées sont les **plaines**, que l'on distingue en *plaines basses*, ayant généralement moins de 300 mètres d'altitude, et les **plateaux**, ou *plaines hautes*, qui atteignent jusqu'à 4 000 mètres d'altitude.

Dans les pays de plaines, une colline de 100 ou 200 mètres d'élévation est considérée comme une montagne, tandis que dans les régions hautes, comme en Suisse, elle n'attirerait même pas l'attention.

Les véritables montagnes, telles que les Alpes, forment des *groupes*, des **chaînes** ou des **massifs** dont l'étendue égale celle de plusieurs grandes provinces, et dont la **hauteur** équivaut de 15 à 55 fois celle de nos clochers les plus élevés. On ne les franchit qu'avec les plus grandes **difficultés**, par des routes ou des sentiers qui suivent les **ravins**, les **gorges**, les **défilés**, et qui traversent les *cols*, ou parties les moins élevées de la crête ou **ligne de faite**. Leurs *croupes* et leurs **sommets** sont couverts de glaciers et de grands amas de **neige** dont la fonte, en été, alimente abondamment les sources des fleuves.

Un *massif* montagneux est démembré en *chaînons* ou *contreforts*, séparés par de profondes crevasses qui sont les *vallons*, les *ravins* au fond desquels se rassemblent les eaux courantes. Les **flancs** de la montagne, ses **versants**, sont en pentes plus ou moins adoucies, en talus plus ou moins escarpés. Les parties élevées sont çà et là *boisées*, ou couvertes de *pâturages* dans lesquels on conduit les troupeaux à la bonne saison; souvent elles sont *rocheuses*, nues, improductives et inhabitées.

Les **volcans** sont généralement des montagnes qui, parfois, lancent par une large ouverture appelée *cratère* des tourbillons de fumée et de cendres, des jets de flammes, des blocs incandescents, et d'où s'épanchent enfin des torrents de matières fondues appelées *laves*.

Analyse. — Définir chaque terme relatif au relief du sol : *montagne, volcan*, etc. — Donner des exemples.

54. Utilité des montagnes. — Les *montagnes* et le *relief du sol* ont une importance considérable dans l'économie générale du globe.

1° Les hautes montagnes provoquent, par le froid qui y règne, la condensation des vapeurs atmosphériques, la formation des nuages et la *chute des pluies* abondantes, qui alimentent les fleuves, ou celle des neiges, qui se transforment en glaciers.

2° Le relief du sol, par l'inégalité des niveaux, donne la *pente nécessaire à l'écoulement des eaux continentales* vers la mer, pente sans laquelle les plaines se transformeraient bientôt en marais insalubres.

3° Les montagnes concourent à la *formation des vents* par l'échange de l'air froid et plus lourd des hauteurs avec l'air plus chaud et plus léger de la vallée ou de la plaine.

4° Les montagnes *rapprochent* souvent *les divers climats du globe* en une même contrée. — Dans les Alpes, par exemple, les sommets sont le siège de frimas perpétuels, comme les régions polaires, tandis que leurs flancs se couvrent de forêts de conifères, comme les plaines septentrionales de la Russie, et qu'à leur pied s'étalent les riches cultures des contrées chaudes.

5° Les fractures des montagnes mettent à jour les *roches* dont elles se composent et permettent plus commodément l'exploitation des pierres à bâtir, des marbres, des filons ou gîtes métallifères qui, dans les plaines, sont enfouies souvent à des profondeurs de centaines ou de milliers de mètres.

6° Au point de vue *social*, les montagnes isolent la population d'un pays de celle des pays voisins, laissant à chacune ses mœurs, son langage, sa civilisation spéciale. La vie y est simple et sobre, et à la force physique se joint la force morale, se traduisant surtout par le sentiment très développé de l'indépendance.

7° Enfin, au point de vue *militaire*, les montagnes sont pour les États, tels que la France, la Suisse, l'Italie, un rempart naturel de premier ordre contre les ennemis du dehors.

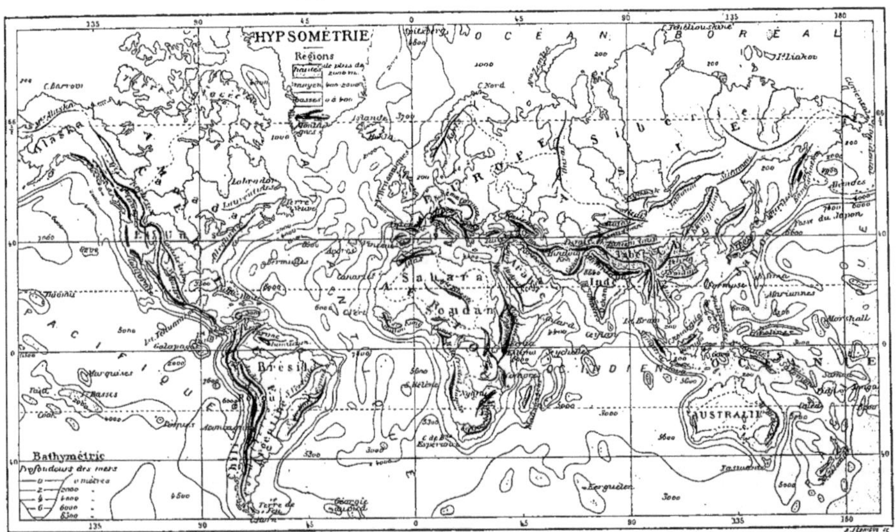

Les cartes hypsométriques. Aujourd'hui qu'on voit se généraliser l'usage des cartes *hypsométriques* (hypsométrie, mesure de hauteur) par des *teintes conventionnelles* limitées par des *courbes de niveau*, il est juste de rappeler que ce sont les Frères des Écoles chrétiennes qui, les premiers, les ont employées dans leurs atlas (dès 1867), et dans leurs cartes murales de Belgique (1866), d'Europe (1870) et de France (1872). — Voir les témoignages, en France, de M. Levasseur, à la Société de Géographie de Paris, 1872; de M. Buisson, Rapports sur les Expositions de Vienne, 1873, et de Philadelphie, 1876. — Rapport du *prix décerné à l'Institut par la Société de Géographie de Paris*, en 1896.
Voir aussi MÉTHODOLOGIE DE GÉOGRAPHIE, par F. I. C. et A. M. G.

55. TABLEAU RÉCAPITULATIF N° 1

NOMENCLATURE PHYSIQUE DU GLOBE

(*Exercices sur la Mappemonde et sur la Sphère.*)

1° **Le Globe**	*Rayon moyen :* 6366 km. — *Circonférence :* 40000 km. *Superficie :* 510000000 km² { Eaux : 375000000 km². Terres : 135000000 km². *Structure :* Noyau fluide, croûte solide (terres); enveloppes liquide (mers) et gazeuse (atmosphère).
2° **Continents** et parties du monde	ANCIEN C¹ 82000000 km² { **Europe**, sup. 10000000 km² 1/13. **Asie**, — 44000000 — 4/13. **Afrique**, — 30000000 — 3/13. NOUVEAU C¹ { **Amérique**, — 40000000 — 4/13. C¹ AUSTRALIEN — **Océanie**, — 9000000 — 1/15.
3° **Altitude** moyenne des continents	Europe, 330 m. Australie, 350 m. } Plus de *plaines* que de plateaux. Amérique, 600 m. Il y a équilibre. Afrique, 700 m. Asie, 1000 m. } Plus de *plateaux* que de plaines.
4° Grands plateaux	l'*Asie centrale*, 1500 m., dominée par le *Tibet*, 4000 m. l'*Afrique australe*, 1500 m.; — l'*Abyssinie*, 2000 m. l'*Amérique occidentale*; — pl. du *Titicaca*, 4000 m. l'*Europe centro-méridionale*, 500 m.; — *Espagne*, 700 m.
5° **Monts** dominants	en Asie, le m. Everest (Himalaya), 8840 m. en Amérique, l'**Aconcagua** (Andes), 7200 m. en Afrique, le **Kilimandjaro** (Haut-Nil), 6000 m. en Europe, le **mont Blanc** (Alpes), 4810 m. en Australie, le **mont Kosciusko**, 2240 m.
6° Grandes Plaines	en Asie : *Sibérie* et *Turkestan* (20 fois la France). en Amérique : *Canada* septent. (12 —). *Amazonie* centr. (10 —). en Europe : *Russie* et Europe occid. (10 —). en Afrique : *Sahara* occidental (6 —).
7° **Déserts**	Grande zone *Africa-Asiatique* des *régions presque sans pluie* : *Sahara*, *Arabie*, Perse, Turkestan oriental, Gobi. en Amérique, désert de l'*Utah*, *Pampas*, *Llanos*. en Australie, le désert central.
8° **Volcans** environ 300 actifs	La plupart formant une ceinture de feu autour de l'océan Pacifique, dont : 124 en *Amérique* : Andes, Cordillères, Aléoutes. 40 en *Asie* : Kamtchatka, Kouriles, Japon, Formose. 100 en *Insulinde* et *Océanie* : Philippines, Sumatra, Java, îles polynésiennes. 15 en *Afrique*, 5 en *Europe*.
9° Grands **Archipels**	en Europe : les îles *Britanniques*, l'archipel *grec*. en Asie : le *Japon*, les *Kouriles*, l'*Insulinde*. en Amérique : les *Antilles*, l'archipel *polaire*. en Océanie : *Mélanésie*, *Polynésie*.
10° **Iles**	Les plus grandes { **Groenland**, 2000000 km². **Nlle-Guinée**, 750000 —. *Bornéo*, 700000 —. *Madagascar*, 600000 —. | Sumatra, 420000 km². Gde-Bretagne, 230000 —. Hondo (Nippon), 225000 —. Les plus peuplées { **Grande-Bretagne**, 40 millions d'habitants. *Hondo* (Nippon), 36 — —. *Java*, 30 — —.
11° **Presqu'îles**	en Europe : Scandinavie, *Hispanie*, *Italie* et *Balkanie*. en Asie : *Arabie*, *Dékan*, *Indo-Chine*. en Amérique : *Alaska*, *Labrador*, *Californie*.
12° **Isthmes**	de **Panama** (65 km) et de *Téhuantépec* (210 km), en Amérique. de **Suez** (110 km) et de *Kraw* (Ancien continent).
13° **Caps**	en Europe, caps **Nord**, *Saint-Vincent*, *Matapan*. en Asie, c. *Tchéliouskine*, *Dejnef* (*Oriental*), *Romania*. en Afrique, caps *Guardafui*, de *B.-Espérance*, *Vert*. en Amérique, caps du *Prince-de-Galles*, *Branco*, *Horn*.

(Voir la *suite*, page 13.)

§ V. — LA MER OU L'OCÉAN

56. **(Synthèse.)** — L'observation d'un globe terrestre ou d'une carte mappemonde nous fait voir qu'il y a sur la surface de la Terre plus d'eau que de parties solides. La mer ou l'Océan forme un tout continu qui enveloppe de toutes parts les portions de terre, en y formant des avancements plus ou moins profonds. Ces avancements, d'après leur forme et leur étendue, sont désignés sous les noms de **mers**, **golfes**, **baies**, **anses**, **rades**, **lagunes**, **détroits**, etc. Ils établissent des rapports plus intimes entre l'élément solide et l'élément liquide, et ont une grande influence sur les climats, les productions naturelles, les rapports politiques et commerciaux, comme nous le verrons plus loin.

La ligne de séparation des eaux et des terres, désignée sous le nom de **côte**, *littoral* ou *rivage*, appartient à la fois aux deux parties.

Analyse. — Définir chaque terme relatif aux mers : *océan*, *mer*, etc. — Donner des exemples ou applications.

57. 1° **Étendue**. L'Océan, qui est l'ensemble des mers ou des eaux salées, couvre près des trois quarts de la surface du globe, soit environ 375 000 000 de kilom. carrés.

Dans cette étendue totale, le *Pacifique* ou *Grand Océan* compte pour la moitié environ, l'*Atlantique* pour un quart, l'océan *Indien* pour un cinquième, les deux océans *Glacials* ensemble pour un douzième.

2° **Profondeur**. La profondeur moyenne de l'Océan paraît être de 3500 à 4000 mètres; le maximum présumé est de 10 000 mètres, chiffre dépassant la hauteur des montagnes les plus élevées au-dessus de la mer.

On a mesuré, dans le Pacifique, 9636 m. au S. des îles Mariannes et 9400 m. près des îles Tonga; dans l'*Atlantique*, 8300 m. au N. des Antilles et 8000 m. au S.-E. de Terre-Neuve.

3° **Relief sous-marin**. Le relief du fond de l'Océan est analogue à celui des terres émergées : on y trouve des *plaines*, des *vallées*, des *plateaux* formant des hauts-fonds couverts d'écueils et de bancs de sable, des *volcans* sous-marins, des *chaînes de montagnes* dont les îles sont les sommets, etc.

58. **Nature des eaux.** L'eau de mer se distingue par sa *salure*, qui lui donne un goût saumâtre et la rend impropre comme boisson. Sa densité est de 1/40 plus forte que celle de l'eau douce. — Outre les *sels* (chlorure de sodium, sels calcaires), elle contient les *gaz* azote, oxygène et acide carbonique, nécessaires aux êtres vivants qu'elle nourrit.

59. **Mouvements de la mer**. La mer est sans cesse agitée à sa surface par les *vagues*, les *marées* et les *courants*.

Les **vagues**. Les *vagues* sont des ondulations que les vents produisent à la surface de l'eau sans que celle-ci se déplace. Les vagues s'élèvent, dans les tempêtes, à 5, 10 et parfois 15 mètres de hauteur.

Des vagues ou des courants, poussés en sens contraires ou rencontrant des obstacles, se transforment en *remous*, *tournants d'eaux*, *tourbillons* ou *gouffres* (Charybde, près du rocher de Scylla, dans la mer de Sicile; le Malstrœm, en Norvège).

Il se produit aussi de grandes vagues de marée nommées *mascarets* ou *barres de flot*, qui remontent avec impétuosité l'embouchure peu profonde de certains fleuves (la Seine, la Garonne, l'Indus, le Gange, l'Amazone, etc.).

60. Les **marées**. On appelle *marées* les mouvements alternatifs de flux et de reflux des eaux de la mer, lorsqu'elles se soulèvent ou s'abaissent par l'attraction du Soleil, et surtout de la Lune, qui, plus rapprochée, a une action trois fois plus considérable que le Soleil.

Le *flux* ou *flot*, et le *reflux* ou *jusant*, se suivent à des intervalles de 6 h. 12 ½ minutes, de sorte qu'il y a deux *marées hautes* et deux *marées basses* par jour, ou mieux par 24 h. 50 minutes, temps correspondant au jour lunaire.

61. Les **courants**. Les *courants marins* sont de grandes masses d'eau ressemblant à des fleuves gigantesques qui se meuvent au sein des mers, dans une direction plus ou moins constante. Les courants ont pour *causes* l'action des vents réguliers, la rotation de la Terre, les différences de température et par suite de densité des eaux polaires et équatoriales.

Leur influence. Les eaux plus chaudes et plus légères de l'équateur glissent vers les régions froides polaires en *courants superficiels*, tandis que, pour rétablir l'équilibre, les eaux plus froides et plus lourdes des pôles se dirigent vers l'équateur, en formant des *contre-courants* latéraux ou des *courants profonds*; ceux-ci refroidissent la croûte sous-marine, où la température est voisine de 0°.

En même temps qu'ils *modèrent* les températures extrêmes, les courants offrent à la *navigation* des routes naturelles que les vaisseaux à voiles surtout suivent avantageusement, malgré les détours qu'ils occasionnent souvent.

Les principaux courants sont les *courants équatoriaux*, qui traversent les océans Atlantique, Pacifique et Indien.

Dans l'Atlantique nord se produit le **Gulf-Stream**, courant chaud dirigé du golfe du Mexique vers le nord de l'Europe, qu'il va réchauffer, — et dans le Pacifique septentrional, le **Kurro-Siwo**, courant chaud dirigé de la mer de Chine et du Japon vers le détroit de Bering et le Canada.

§ VI. — DIVISIONS DE L'OCÉAN

62. **Les cinq océans**. L'Océan, en général, bien que formant un tout non interrompu, est considéré comme *divisé* par les continents en cinq océans particuliers, dont trois sont traversés *par l'équateur et les tropiques* : le **Grand Océan**, l'**Atlantique** et l'**océan Indien**; les deux autres sont *polaires* : les **océans Glacials arctique et antarctique**.

Contrastes. Les *trois océans* **équatoriaux** sont situés en partie dans la zone torride et les zones tempérées. Soumis à l'action de la plus forte chaleur, ils sont le siège principal de l'*évaporation*, le foyer de la vie sur le globe et le grand chemin du commerce intercontinental.

Les *deux océans* **polaires** ou glacials, séjour des frimas et de l'immobilité relative, sont, ainsi que le continent antarctique, les grands réfrigérants de l'air et les plus puissants *condensateurs* des vapeurs atmosphériques.

63. Le **Pacifique**, ainsi nommé par Magellan à cause des calmes qu'il y rencontra, est l'*Océan* par excellence, le *Grand Océan*. Par son étendue et son éloignement de l'Europe, il semble être l'extrémité du Globe, le *bout du monde* : c'est en le traversant vers le 180° de longitude, du méridien de Londres ou de Paris, que les navigateurs font le **saut du jour** : ils règlent les dates en retranchant un jour de leur calendrier s'ils viennent de l'Occident, ou en l'y ajoutant s'ils viennent de l'Orient.

Le Pacifique a une forme générale *ovalaire*, ouverte au S.-O., et circonscrite par une ligne de côtes uniformes au N.-E. (Amérique), déchiquetées à l'O. (Asie, Océanie), et par une longue **ceinture** *de montagnes volcaniques* (Andes, Cordillères, îles Aléoutes, Kamtchatka, Japon, Formose, Insulinde). Il est parsemé, dans la zone intertropicale, d'innombrables îlots **coralliaires**, et renferme, sous le tropique du Cancer, une immense **mer de sargasses** ou herbes flottantes. Il baigne, à l'ouest, quatre des plus grands foyers de population et de mouvement commercial du globe : le Japon, la Chine, l'Insulinde et l'Australie.

64. L'**Atlantique**, nommé ainsi des monts *Atlas*, s'étend comme un immense canal sinueux qui communique au N. avec l'océan Arctique, au S. avec les trois autres océans; il semble disposé plutôt comme trait d'union que comme séparation entre le vieux monde, à l'est, et le nouveau monde, à l'ouest.

Aussi est-il la plus grande *voie commerciale* du globe, d'autant plus qu'il permet à la navigation de pénétrer au sein des régions les plus importantes de l'Europe et de l'Amérique septentrionale, au moyen de nombreux enfoncements formés par les mers intérieures, les golfes et les baies. Là débouchent en outre les grands fleuves du globe (Amazone, Mississipi, Nil, Congo). De nombreux *câbles* télégraphiques le traversent pour joindre les côtes des Iles Britanniques, de la France et du Portugal, à celles de l'Amérique et l'Afrique.

65. L'**océan Indien** doit son nom à la contrée des *Indes* qu'il baigne. Confiné au nord par les côtes de l'Afrique, de l'Asie et de l'Australie, il se confond au sud avec l'océan Austral; il communique à l'est avec le Pacifique par les nombreux détroits malaisiens, et à l'ouest avec l'Atlantique par le cap de Bonne-Espérance, que doublent surtout les navires à voiles.

De nombreux *rapports commerciaux* s'établissent entre l'Europe, les Indes et la Chine par l'océan Indien; la voie rapide des steamers passe de préférence par le *canal de Suez* et par le détroit de Singapour.

(Pour les *Océans Glacials*, v. p. 20.)

§ VII. — ROLE ET PRODUITS DE L'OCÉAN

66. **Son rôle.** — Dans l'harmonie générale du globe, l'Océan joue un rôle important, que l'on peut envisager à plusieurs points de vue.

1° L'Océan est de beaucoup la portion la plus considérable de la surface terrestre. Par l'agitation de ses eaux, *il érode* et ébrèche sur certains points les côtes des continents et des îles, tandis qu'*il édifie* ailleurs des bancs de sable, des cordons littoraux et des dunes; dans son sein s'élèvent les formations madréporiques.

2° Il est à la fois la *source* première de l'*humidité* répandue sur notre globe, et le *réservoir* où se retirent les eaux continentales après avoir accompli leur action dans les terres.

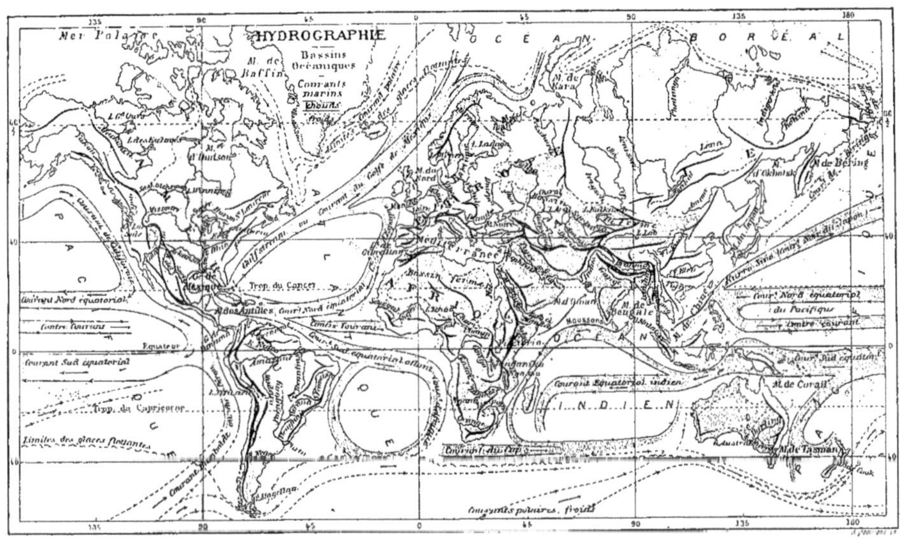

67. TABLEAU RÉCAPITULATIF N° 1 (SUITE)

LES EAUX DU GLOBE

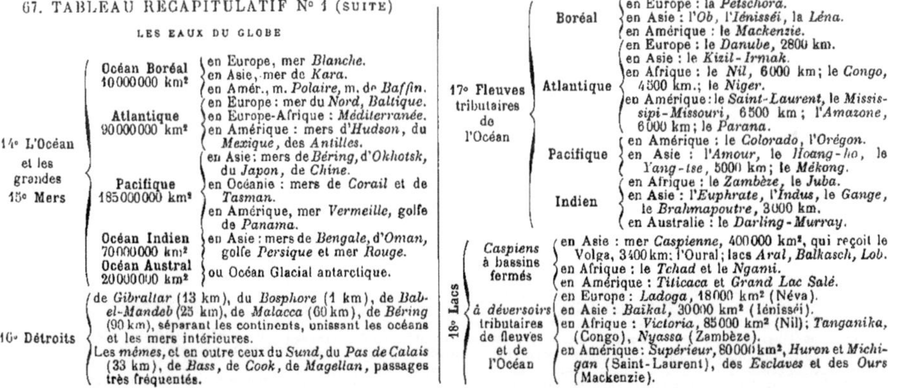

14° L'Océan et les grandes 15° Mers	Océan Boréal 10000000 km²	en Europe, mer *Blanche*. en Asie, mer de *Kara*. en Amér., m. *Polaire*, m. de *Baffin*.
	Atlantique 90000000 km²	en Europe : mer du *Nord*, *Baltique*. en Europe-Afrique : *Méditerranée*. en Amérique : mers d'*Hudson*, du *Mexique*, des *Antilles*.
	Pacifique 185000000 km²	en Asie : mers de *Béring*, d'*Okhotsk*, du *Japon*, de *Chine*. en Océanie : mers de *Corail* et de *Tasman*. en Amérique, mer *Vermeille*, golfe de *Panama*.
	Océan Indien 70000000 km²	en Asie : mers de *Bengale*, d'*Oman*, golfe *Persique* et mer *Rouge*.
	Océan Austral 20000000 km²	ou Océan Glacial antarctique.
16° Détroits		de *Gibraltar* (13 km), du *Bosphore* (1 km), de *Bab-el-Mandeb* (25 km), de *Malacca* (60 km), de *Béring* (90 km), séparant les continents, unissant les océans et les mers intérieures. Les *mêmes*, et en outre ceux du *Sund*, du *Pas de Calais* (33 km), de *Bass*, de *Cook*, de *Magellan*, passages très fréquentés.

17° Fleuves tributaires de l'Océan	Boréal	en Europe : la *Petschora*. en Asie : l'*Ob*, l'*Iénisséi*, la *Léna*. en Amérique : le *Mackenzie*.
	Atlantique	en Europe : le *Danube*, 2800 km. en Asie : le *Kizil-Irmak*. en Afrique : le *Nil*, 6000 km ; le *Congo*, 4500 km. ; le *Niger*. en Amérique : le *Saint-Laurent*, le *Missis-sipi-Missouri*, 6500 km ; l'*Amazone*, 6000 km ; le *Parana*.
	Pacifique	en Amérique : le *Colorado*, l'*Orégon*. en Asie : l'*Amour*, le *Hoang-ho*, le *Yang-tse*, 5000 km ; le *Mékong*.
	Indien	en Afrique : le *Zambèze*, le *Juba*. en Asie : l'*Euphrate*, l'*Indus*, le *Gange*, le *Brahmapoutre*, 3000 km. en Australie : le *Darling-Murray*.
18° Lacs	Caspiens à bassins fermés	en Asie : mer *Caspienne*, 400000 km², qui reçoit le Volga, 3400 km ; l'Oural ; lacs *Aral*, *Balkasch*, *Lob*. en Afrique : le *Tchad* et le *Ngami*. en Amérique : *Titicaca* et *Grand Lac Salé*.
	à *déversoirs* tributaires de fleuves et de l'Océan	en Europe : *Ladoga*, 18000 km² (Néva). en Asie : *Baïkal*, 30000 km² (Iénisséi). en Afrique : *Victoria*, 85000 km² (Nil) ; *Tanganika*, (Congo), *Nyassa* (Zambèze). en Amérique : *Supérieur*, 80000 km², *Huron* et *Michigan* (Saint-Laurent), des *Esclaves* et des *Ours* (Mackenzie).

3° Par la *température* plus constante de ses eaux et par ses courants, il répartit la chaleur plus uniformément sur le globe.

4° Par la *navigation*, il établit les communications les plus économiques entre les continents et les îles, favorise le commerce et resserre les liens qui doivent unir tous les peuples du globe. De tout temps, les pays les plus riches, les plus commerçants et les plus puissants ont été les pays maritimes, ceux qui, possédant un littoral découpé en bras de mer et en bons ports, se sont adonnés à la *navigation*.

Tels sont Tyr et Carthage, l'Asie Mineure, la Grèce et l'Italie, dans l'antiquité ; Venise, Gênes, Marseille, Bruges, Anvers, Amsterdam, Lubeck, etc., au moyen âge ; le Portugal, l'Espagne, la Hollande, du XVIe au XVIIIe siècle ; la France, l'Allemagne, les États-Unis, mais surtout l'Angleterre, dans les temps actuels. — L'*Angleterre* est aujourd'hui, *grâce en partie à l'Océan*, l'entrepôt général du monde, le grand régulateur du prix de toutes les substances alimentaires (viandes, farines, sucre, café, thé) et de toutes les matières premières employées par la grande industrie (coton, laine, soie, houille et métaux).

5° L'Océan concourt à l'alimentation des peuples et au commerce par ses *productions spéciales* : le *sel* de cuisine, les produits de la *grande pêche* (morue, hareng), de la *petite pêche* (thon, sole, raie), les *huiles* de baleine et autres cétacés, l'écaille des tortues, le *corail*, les perles, les *éponges*, le varech, etc.

68. La vie dans l'Océan. — D'innombrables **végétaux** d'espèces peu nombreuses, très simples d'organisation, mais riches de formes et de couleurs, tels que les *conferves*, les *fucus*, les *algues*, dont quelques espèces atteignent 25 mètres de longueur, couvrent les fonds d'un tapis moelleux. D'autres, détachés du rivage par la tourmente, flottent à la surface, se laissent entraîner à la dérive, s'amassent dans le circuit des courants marins et forment ainsi notamment la célèbre mer des

Sargasses (*Sargazo*, en espagnol, ainsi appelée d'une sorte d'algue ou *varech*), située dans l'Atlantique, entre les Açores et les Antilles, et qui a cinq fois l'étendue de la France. Elle fourmille d'animaux marins. — Des mers analogues existent au nord du Pacifique et au sud de l'Atlantique et de l'océan Indien.

Des **animaux** de toute espèce, de toute taille, depuis l'infusoire jusqu'à la baleine, *pullulent* dans les eaux marines *avec une abondance plus étonnante même que sur les continents*. On les rencontre, non seulement à la surface, mais jusqu'à des profondeurs de 5000 mètres et plus, vivant sans lumière, sauf la lueur phosphorescente qui émane de leur corps mou, et presque sans air. Certaines espèces appartiennent à tous les climats, tandis que d'autres sont cantonnées soit dans les glaces polaires, soit dans les régions chaudes ou tempérées.

Les infusoires, ce monde des infiniment petits, les polypes, les mollusques, ont joué le plus grand rôle dans la formation des roches qui constituent l'écorce du globe; ils continuent leur œuvre dans les dépôts limoneux et crayeux actuels, et dans la création des îles madréporiques des mers chaudes.

§ VIII. LES COTES

69. **La côte.** — La ligne de contact et de séparation tout à la fois des mers et des terres s'appelle **côte** (du latin *costa*, côté) ou **littoral** (*littus*, rivage). Mais elle appartient proprement aux terres, par ce principe que les liquides n'ont de forme que celle des vases qui les contiennent. Du reste, on applique généralement ces noms à toute la lisière terrestre qui borde cette ligne séparative.

La grève ou **plage** est la partie plate, sablonneuse ou couverte de galets, que la mer recouvre par le flux et découvre par le reflux.

70. **Les formes du rivage** ou **des côtes** sont extrêmement variées.

Considéré *horizontalement*, le littoral court tantôt en ligne droite ou légèrement courbe comme en Gascogne, tantôt il circonscrit de nombreuses **îles** continentales, des **péninsules**, des **caps**, ou bien se découpe par de nombreuses *indentations* et une multitude d'enfoncements, golfes ou baies, tels que les *fiords* de Norvège ou les *firths* d'Ecosse.

Considérée *verticalement* ou en altitude, tantôt la côte est **basse**, dépassant à peine le niveau de la haute mer (Hollande), tantôt elle est bordée de **dunes** ou collines sablonneuses (Gascogne); ailleurs, c'est le *talus* plus ou moins incliné des montagnes ou plateaux aboutissant à la mer, ou bien ce sont de hautes **falaises** rocheuses (de l'all. *fels*, rocher), très escarpées, presque surplombantes, élevées de 40 à plus de 100 mètres, comme en Normandie.

Les **fiords** sont des échancrures longues, très étroites et sinueuses, bordées de falaises hautes de 100 à 500 mètres et creusées dans les côtes rocheuses de Norvège, d'Ecosse, du Groenland, du Labrador, de la Patagonie. On les attribue à l'érosion des glaciers anciens, qui ont couvert ces terres voisines des cercles polaires.

Les **vagues**, qui déferlent continuellement sur les côtes, ont deux modes d'action bien opposés selon les circonstances; car, tandis qu'elles *démolissent* les falaises et creusent certains rivages, elles *construisent* des bancs de sable et des dunes sur les côtes basses.

Les **caps** (du latin *caput*, tête) font partie des côtes; ce sont les parties les plus avancées des terres. On les surmonte de *phares* pour éclairer l'approche des navires, et ils ont donné leur nom au *cabotage*, ou navigation côtière.

§ IX. LES FLEUVES

71. **(Synthèse.) — Circulation générale des eaux.** Le Soleil, échauffant les eaux de l'Océan, provoque la formation des **vapeurs**, qui s'élèvent dans l'atmosphère et deviennent les **nuages** que le vent transporte au-dessus des continents.

Par l'**effet du refroidissement** de l'air, ces nuages se déversent en **pluies**, ou tombent en *neige*, qui, sur les hautes montagnes, se transforme en glaciers. Les eaux pluviales arrosent et fertilisent les campagnes; puis elles pénètrent sous terre pour jaillir plus loin sous forme de **sources**; ou bien elles coulent à la surface en descendant toujours dans les plis du terrain, où elles se rassemblent successivement en **ruisseaux, rivières** et **fleuves**.

Les fleuves recueillent ainsi les eaux continentales et les conduisent à l'Océan, où elles se purifient pour recommencer la même circulation dans l'atmosphère et sur les continents.

72. **Description théorique d'un cours d'eau.** Le fleuve le plus considérable n'est souvent, à sa naissance, qu'un mince *filet d'eau*, un ruisseau qui sort d'une **source**, d'un *marais* ou d'un **glacier**, et qui se réunit successivement à d'autres ruisseaux pour devenir une **rivière** plus importante, laquelle, *confluant* avec d'autres rivières, forme enfin **un grand fleuve**.

Dans les régions hautes, le cours d'eau suivant une forte pente ou changeant brusquement de niveau, s'élance en **torrent** impétueux, se précipite en **chute**, en *cascade*, en *cataracte* mugissante. Plus loin il s'arrête et forme un **lac** d'eau dormante dans une dépression du sol, ou bien parcourt une vallée plus ou moins longue, profonde et sinueuse.

Dans la plaine, le fleuve, moins rapide, élargissant son **lit** de plus en plus, serpente en décrivant de nombreux replis ou méandres. Ses eaux troubles sont chargées de vase ou *limon*, qu'elles déposent sur les prairies au moment des inondations, et elles ont assez de profondeur pour être navigables.

En parcourant ainsi un **bassin hydrographique** plus ou moins étendu, qu'il arrose et **assèche** tout à la fois, le fleuve reçoit par ses deux *rives* un certain nombre d'**affluents**, et il baigne des villes souvent considérables, dont il favorise le commerce par la navigation. Enfin il se déverse dans la mer par une **embouchure**, qui s'appelle **estuaire** quand elle est très élargie, comme celle de la Seine, et **delta** quand elle se divise en plusieurs branches ou bouches, comme celle du Rhône.

Analyse. — Définir chaque terme relatif aux eaux continentales : *bassin, fleuve*, etc. — Donner des applications, d'après le tableau.

73. **Rôle économique et social des fleuves.** — L'*eau* est par elle-même une des conditions essentielles de la vie sur le globe; les eaux courantes y joignent par leur mouvement une foule d'autres bienfaits.

Si l'*agriculture* profite des eaux courantes pour les besoins des plantes, l'*industrie* s'en sert comme force motrice pour ses moulins, ses manufactures, ses usines, et aujourd'hui elle utilise même les chutes des cours d'eau, en transmettant leur puissance d'action à longue distance, grâce aux électromoteurs.

Le *commerce* surtout emploie comme moyen de transport les canaux et les *rivières*, « ces chemins qui marchent, » comme dit Pascal, et il n'est pas de peuples, même sauvages, qui n'aient su construire des embarcations pour en profiter.

La *stratégie* appuie les mouvements des armées sur les fleuves, même médiocres, et la *politique* les a souvent considérés comme des *frontières naturelles* d'Etats, bien qu'en réalité un même peuple habite généralement les deux rives d'un fleuve, qui sert effectivement de trait d'union plutôt que de barrière de séparation (Rhin, Danube).

« Comme les grenouilles au bord d'un étang, nous nous sommes tous assis au bord de la mer, » a dit Socrate; il aurait pu ajouter : *ou d'une eau quelconque*, courante ou dormante; car les stations humaines les plus primitives, comme les villes modernes les plus prospères, se sont établies à proximité de l'élément aqueux. De là, la vitalité des contrées pourvues d'un bon système hydrographique.

Il suffit de jeter les yeux sur la carte pour voir les raisons de l'établissement des *centres agricoles, industriels* et *commerciaux* sur les rives de la *Tamise*, de la *Mersey*, de l'*Escaut*, de la *Meuse*, du *Rhin*, du *Danube*, de la *Seine*, du *Rhône*, du *Pô*, etc.

Il n'y a donc rien de fortuit dans la prospérité des *villes* telles que Liège, Namur, Paris, Lyon, Nijni-Novgorod, Kartoum, Saint-Louis, situées *à un confluent ;* Orléans, Bâle, Ratisbonne, à un *changement de direction;* Ulm, à la naissance de la *navigation fluviale;* Anvers, Londres, Hambourg, Bordeaux, Lisbonne, Calcutta, Canton, Han-Kéou, au point le plus avancé de la *navigation maritime* dans les terres.

Chicago doit en grande partie à la jonction des *canaux* et des *grands lacs* canadiens une prospérité unique dans l'histoire, qui en a fait en un demi-siècle une ville de deux millions d'âmes, et New-York, *port maritime et fluvial*, forme actuellement, avec sa banlieue, une agglomération de 5,5 millions d'habitants.

§ X. L'ATMOSPHÈRE

74. **L'atmosphère** est la masse d'air qui entoure le globe sur une hauteur d'environ 100 kilomètres.

L'air est un mélange formé d'oxygène (gaz respiratoire pour les hommes et les animaux) et d'azote (gaz inerte); il renferme de l'acide carbonique (respiré par les plantes) et de la vapeur d'eau.

La *pression atmosphérique*, qui se mesure à l'aide du baromètre, égale en moyenne le poids d'une colonne de mercure de 760 mm.; les pressions inférieures à ce chiffre (air chaud) sont dites *basses pressions*, et les pressions supérieures (air froid) *hautes pressions*.

75. La **température** est le degré de chaleur atmosphérique due au Soleil et mesurée au moyen du *thermomètre*. En moyenne de 11 degrés en France, elle est beaucoup plus élevée dans les régions intertropicales (20 à 30 degrés), tandis qu'elle s'abaisse

si l'on remonte vers les pôles, de même que si l'on gravit les montagnes.

On appelle **isotherme** une ligne passant par les lieux d'égale température moyenne, annuelle ou mensuelle. L'isotherme de 0° part du détroit de Béring descend au Labrador, remonte au N. de la Norvège et redescend en Sibérie méridionale.

L'isotherme de 30° circonscrit les plus grandes étendues au N. de l'équateur.

76. Les **vents** sont des mouvements de l'air, qui se déplace des *zones de hautes pressions vers les zones de basses pressions*, ou, ce qui revient presque au même, des *régions froides vers les régions chaudes*. On distingue les *vents réguliers*, les *vents périodiques* et les *vents variables*.

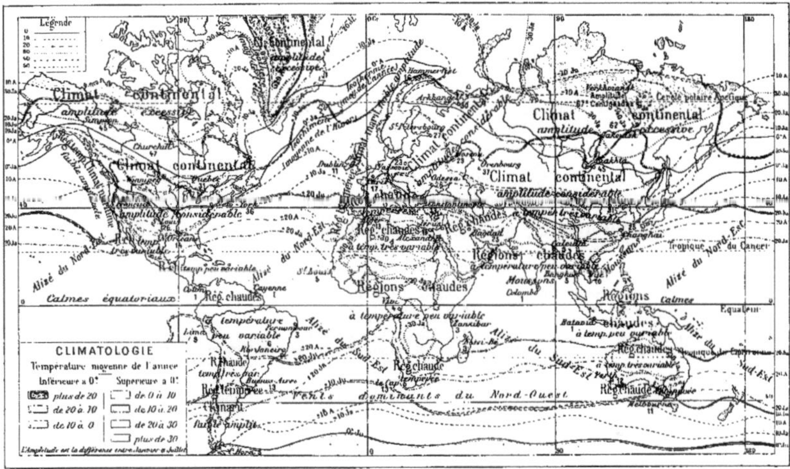

Parmi les vents réguliers, les plus importants, sont les **alizés**, intertropicaux, qui soufflent du N.-E. au S.-O. dans l'hémisphère boréal du S.-E. au N.-O. dans l'hémisphère austral. Entre ces deux zones d'alizés se trouve celle des *calmes équatoriaux*; au N. et au S. sont les zones de *calmes tropicaux*.

Les principaux vents périodiques sont les **moussons** : la *mousson sèche d'hiver*, qui souffle notamment du Plateau asiatique vers les océans Indien et Pacifique, et la *mousson humide d'été*, qui souffle en sens contraire. Le renversement des moussons cause de violents ouragans appelés *cyclones* et *typhons*.

Les *régions tempérées* ne connaissent que des **vents variables**; dans nos contrées, les plus fréquents sont ceux du S.-O. et du N.-O., tièdes et humides, celui du N.-E., sec et froid.

§ XI. LES PLUIES

77. **Les pluies.** **L'humidité** de l'air provient surtout de l'évaporation des eaux de la mer. La chaleur du Soleil en transforme constamment une partie en *vapeurs;* celles-ci, transportées par les vents, deviennent des *nuages*, qui tombent en *pluie*, en *neige*, parfois en *grêle*.

Leur distribution. Les pluies qui vont porter la vie sur les continents et y alimenter les fleuves, *ne se distribuent pas également* partout : en général, les *régions chaudes* en reçoivent beaucoup plus que les régions froides, les parties *montagneuses* plus que les plaines, et les régions *maritimes* plus que le centre des continents, surtout si elles sont situées sous un vent de mer dominant.

La **hauteur** moyenne d'eau tombée annuellement, presque nulle dans le Sahara et autres déserts, représente une couche de 3 centimètres à peine à Suez, de 56 centimètres à Paris, de 1 mètre 1/2 au N. de Lisbonne et sur les côtes de l'Écosse; 12 mètres dans le nord de l'Inde.

78. Les zones tempérées comptent *quatre saisons* plus ou moins pluvieuses. Dans la région équatoriale, il pleut même presque journellement. Les contrées intertropicales ont une *saison sèche*, où les pluies sont rares, et une *saison pluvieuse*, où elles sont copieuses et fréquentes; on y rattache les régions de moussons.

79. **Les sources vives.** — L'eau pluviale se partage sur le sol en *quatre quantités* : la première *s'évapore*, la seconde est *absorbée* par les plantes, la troisième *ruisselle* sur le terrain qu'elle ravine, tandis que la quatrième y *pénètre* pour s'accumuler dans ses profondeurs et sortir plus bas sous forme de *sources vives*.

Le *ruissellement* est l'écoulement superficiel des eaux pluviales, se rendant directement aux thalwegs sans passer par l'intérieur du sol.

Il se produit sur les sols *imperméables* (argileux ou schisteux) ou à forte pente, et surtout dans les cas d'averses abondantes, d'où résultent des *eaux sauvages* qui ravinent fortement les champs, tandis que les *eaux courantes* régulières suivent des sillons préexistants.

L'eau provenant de la fusion des glaciers, en été, alimente abondamment de grands fleuves, tels que le Rhin, le Rhône, le Pô, issus des Alpes.

80. Les **glaciers** sont de puissants amas de glaces dus aux neiges qui tombent en toute saison dans les régions *froides* : *sommets* des Alpes, de l'Himalaya, des Andes, ou régions *polaires arctiques* et *antarctiques*. Les glaciers *fondent* et coulent très lentement sur les déclivités du sol, pendant qu'ils se renouvellent par la chute des neiges, qui, étant persistantes, sont appelées *neiges perpétuelles*.

§ XII. LE CLIMAT

81. Le **climat** est la disposition habituellement chaude ou froide, humide ou sèche, de l'atmosphère d'une contrée.

Le climat, résultant surtout du degré de chaleur et d'humidité, varie suivant trois causes principales : la *latitude* du pays et l'*altitude* du sol, qui, en augmentant, voient diminuer la température, et la *nature des vents dominants*, modifiés par leur origine et leur distance plus ou moins grande de la mer et des montagnes.

On distingue : 1° d'après la température, les climats *froids*, *tempérés* et *chauds;* — 2° d'après l'humidité de l'air, les climats *humides* et *secs;* — 3° d'une manière plus générale, le *climat maritime* et le *climat continental*.

Le **climat maritime**, généralement dû à l'influence des vents de **mer**, est *humide* et *constant*, de faible amplitude thermique entre le mois le plus froid et le mois le plus chaud, entre le jour et la nuit. — Le **climat continental**, qui règne surtout à l'intérieur des continents, est *sec* et *excessif*, présentant de grands écarts de température. — Il existe de nombreux *climats intermédiaires*.

L'*écart* entre *juillet* et *janvier* est de 1° à Cayenne, de 17° à Paris, de 36° à New-York, de 67° à Verkoïansk, pôle du froid (Sibérie). Dans le Sahara, l'écart est d'environ 40° entre le jour et la nuit.

82. **Influences du climat.** — Le climat exerce une influence considérable sur les êtres organisés. Il assigne aux *végétaux* une zone d'habitat qui rend possible leur développement et leur multiplication. Chaque climat, brûlant, tempéré ou glacial, a aussi sa *faune particulière*, où chacune des espèces trouve les meilleures conditions d'existence. L'*homme* seul habite tous les climats, mais ne laisse pas que d'en subir profondément les influences, sous le triple rapport physique, intellectuel et moral.

C'est donc le climat qui décide en grande partie de l'abondance des richesses végétales et animales, du degré d'habitabilité des contrées du globe, du nombre d'habitants qu'elles peuvent nourrir, du genre de vie, des mœurs, du caractère social, des besoins, et par suite de l'industrie, de la richesse et de la puissance des divers peuples. — Le développement des facultés de l'homme, de même que l'énergie de son activité physique et morale, est favorisé par le climat tempéré et salubre, tandis que le trop grand froid le paralyse; que la chaleur excessive l'énerve, le porte à l'indolence, au *far niente;* que l'insalubrité l'affaiblit, le démoralise. Le climat brumeux le rend rêveur, plus soucieux, mais aussi plus réfléchi et plus calme, tandis que la sérénité de l'air, la pureté du ciel, éveillent son esprit, le portent à la gaieté, à la légèreté comme à l'exercice des beaux-arts plutôt qu'à l'étude des sciences et aux travaux de l'industrie.

§ XIII. VIE VÉGÉTALE ET ANIMALE

83. Les **productions naturelles** sont les minéraux, les plantes et les animaux. Elles forment les *trois règnes minéral*, *végétal* et *animal*.

Parmi les **minéraux**, on distingue la *houille* (combustible), l'argile, le sable, la chaux, des terres à cultures; les *pierres à bâtir :* calcaires, grès, granits; les ardoises; les *pierres précieuses :* diamant, rubis, etc.; les *métaux :* or, argent, fer, cuivre, etc.

84. **La flore.** — C'est dans la **zone torride** que la **végétation** prend le plus grand développement, dans les immenses *forêts* de l'Amazone, du Congo, des Indes, caractérisées par les *palmiers*, les *bananiers*, les *arbres à bois durs* et d'*ébénisterie*, les *fougères arborescentes*, les *arbres* et *lianes à caoutchouc*, les gommiers; c'est là que se cultivent le *caféier*, la *canne à sucre*, le *thé*, le manioc, le *coton;* les plantes à *épices :* poivrier, muscadier, giroflier, etc.

2° Les **zones tempérées** sont les parties du globe les plus habitables et les plus riches en végétaux utiles. Du sud au nord, on y cultive l'*oranger*, l'olivier, le mûrier, le *riz*, le *maïs*, puis le *froment* et les autres céréales; la *vigne* et les *arbres fruitiers :* pommier, poirier, prunier, cerisier, noyer, la *pomme de terre* et toute espèce de *légumes;* les plantes industrielles : *lin*, chanvre, colza, *tabac*, *betterave à sucre*, etc.

3° La **zone glaciale** du nord comprend une partie *arctique* (au delà de 66°30'), où croissent encore les conifères, le saule et le bouleau nains, ainsi que des lichens, des mousses pour la nourriture de rares espèces animales herbivores.

85. **La faune.** — Les **animaux**, par leur organisation plus complexe, sont soumis non seulement à la loi des climats, comme les végétaux, mais encore aux conditions du *régime alimentaire*.

Les uns sont *herbivores*, les autres *insectivores* ou *carnivores*, et tous ne peuvent vivre que là où ils trouvent leur alimentation spéciale. Aussi la faune, comme la flore, suit-elle une *progression décroissante en latitude*, de l'équateur au pôle, et *en altitude*, de la base au sommet des montagnes.

1° C'est dans la **zone torride** que l'abondance des végétaux permet l'existence des espèces animales les plus nombreuses et de la plus forte taille : les *pachydermes :* éléphant, rhinocéros, et les *ruminants :* girafe, chameau, antilopes. Ceux-ci à leur tour y deviennent la proie des grandes espèces de *carnassiers :* lions, tigres, etc. En outre, les régions intertropicales sont l'habitation presque exclusive des *quadrumanes* ou singes, ainsi que d'une multitude d'*oiseaux*, de *reptiles* et d'*insectes*.

2° Les **zones tempérées** se font remarquer par de nombreux *rongeurs :* écureuils, lièvres, campagnols, castors; par des carnassiers de petite ou de moyenne taille : hermines, martres, renards, loups; en outre, l'ours brun et plusieurs ruminants : bison, bœuf musqué. — Ce sont généralement des *animaux à fourrures*, auxquels il faut joindre les *oiseaux à duvet :* eider, pingouin, manchot.

3° C'est dans les **régions polaires** et froides que, suivant un ordre inverse, les *animaux marins* atteignent leur plus grand développement : baleines, cachalots, etc. La nature les a garantis du froid par une épaisse couche de graisse, que l'homme se procure par la *pêche* ou la *chasse*. Les *poissons :* harengs, morues, etc., y donnent lieu à une pêche abondante.

86. **Déserts.** — La *sécheresse* a produit de vastes régions arides, presque sans végétation, sans vie animale, aussi bien dans la zone tropicale (Sahara, Arabie) que dans la zone tempérée (déserts de Perse et de Mongolie); — tandis que le *froid* stérilise le nord de la Russie, de la Sibérie, du Canada et les zones polaires.

CHAPITRE V

GÉOGRAPHIE POLITIQUE

§ I. L'HOMME

87. **Espèce et races.** — Les hommes, tous issus d'Adam, ne constituent ensemble qu'*une seule espèce* humaine. Cependant ils peuvent se partager en trois types ou *races principales :* la *blanche*, la *jaune* et la *noire*, avec une race intermédiaire, la *rouge*, dérivant surtout des deux premières.

88. **Caractères des races.** Ces races sont caractérisées par des différences de couleurs, de formes, de langage, de développement intellectuel; différences souvent très vagues, qui résultent en partie de l'action du climat, de la nourriture, des mœurs ou de la manière de vivre, de l'éducation et même de la filiation historique.

1° La RACE **blanche**, ou *caucasique*, se caractérise par la peau blanche, le visage ovale, l'angle facial très ouvert, les cheveux ondulés, le corps bien proportionné, l'intelligence la plus développée et la civilisation la plus progressive. Elle domine les autres races par son activité, son industrie, sa puissance matérielle, morale et religieuse. (Europe, Asie du sud-ouest, Afrique et Inde du nord, Amérique, Australie.) Voir statistique, page 18.

2° La RACE **jaune**, ou *mongolique*, a la peau jaunâtre, le visage plat et triangulaire, les yeux fendus obliquement, les cheveux raides, la barbe rare. Sa civilisation, très ancienne, est restée longtemps stationnaire. (Asie : Chine, Japon, Indo-Chine, Insulinde, etc.)

3° La RACE **noire**, *nègre* ou *éthiopique*, a la peau plus ou moins noire, les mâchoires proéminentes, les dents incisives obliques, les lèvres épaisses, les cheveux crépus, une intelligence apathique et la civilisation la plus arriérée. (Afrique, Amérique, Océanie.)

4° La RACE **rouge**, ou *race indigène* de l'*Amérique*, a la peau rougeâtre ou cuivrée, le front fuyant, le nez saillant, la taille élevée. Autrefois civilisée en partie, elle est sauvage ou identifiée avec la race blanche.

Il y a en outre des *hybrides* de toutes races, surtout en Amérique.

89. **Domaine des langues.** Les langues les plus répandues sont : le *chinois*, parlé par plus de 300000000 de jaunes; l'*hindoustani*, par 100000000 d'Indiens; l'*arabe*, par 130000000 d'individus.

L'*anglais*, outre sa prédominance comme langue commerciale, est parlé, comme langue maternelle, par environ 130000000 d'individus; — le *russe*, par 110000000; — l'*allemand*, par 90000000; — l'*espagnol*, par 70000000; — le *français* et le *japonais*, par 50000000; — l'*italien*, par 40000000; — le *portugais*, par 20000000; — le *polonais*, par 15000000; — le *néerlandais* avec le *flamand*, par 11000000 d'individus.

90. **Religions.** Tous les peuples ont le sentiment de la Divinité qui a créé le monde et qui le gouverne; mais les uns connaissent et adorent le seul vrai Dieu : ce sont les *monothéistes;* — les autres croient faussement qu'il existe plusieurs dieux et adorent même des choses créées : le soleil, les animaux, les idoles ou fétiches; ce sont les *païens* ou *polythéistes*. (Voir p. 18.)

1° Les peuples de race blanche sont **monothéistes**.

Le **christianisme**, divisé en Catholicisme, Protestantisme, Eglise grecque, etc., domine en Europe et en Amérique; — le *mahométisme*, dans l'Asie occidentale, l'Insulinde et l'Afrique septentrionale. — Le *judaïsme* est professé par les Juifs dispersés sur tout le globe.

2° Les autres races sont généralement **polythéistes** ou *païennes :* — le *bouddhisme*, culte de Bouddha, domine parmi les jaunes avec le *culte des ancêtres;* — le *brahmanisme*, culte de Brahma, parmi les Hindous; — et le *fétichisme* ou idolâtrie grossière, parmi les Noirs, en Afrique et en Océanie.

91. **Habitation.** — *L'homme a pour domaine la terre entière :* il est cosmopolite c'est-à-dire non assujetti à certaines régions, comme les plantes ou les animaux. Doué d'aptitudes physiques et morales qui lui permettent de s'acclimater partout, et de modifier, dans certaines limites, les conditions naturelles qui l'entourent, il habite les glaces des régions po

laires comme les sables brûlants du Sahara, les massifs montagneux et accidentés comme les plaines basses et uniformes. — Cependant il s'établit de préférence sous les climats tempérés, dans les plaines fertiles et plantureuses, dans les vallées abritées, sur les bords des fleuves et des mers; là, en un mot, où se trouvent les meilleures conditions d'existence pour de grandes agglomérations de peuples.

92. **La vie civilisée et la vie sauvage.** La Société. L'homme est l'être sociable par excellence : il a besoin du concours de ses semblables pour vivre, se perfectionner, dominer la nature et accomplir ses grands travaux de l'ordre matériel et de l'ordre intellectuel qui transforment la face de la Terre.

L'homme sauvage est un être dégénéré, faible et misérable. Il vit par *familles* isolées et se nourrit péniblement de fruits, de racines, du produit incertain de la chasse ou de la pêche quotidienne. La recherche de sa subsistance fait toute l'occupation de sa vie.

L'homme nomade, pasteur errant, habite sous la tente, et vit par *tribus* peu nombreuses. Il a des ressources plus certaines dans les troupeaux qu'il élève, et des besoins plus variés; mais, comme le sauvage, il n'édifie rien et laisse à peine sur la terre des traces de son passage.

L'homme civilisé vit en *corps de nation*, où le travail est partagé entre chaque membre suivant ses goûts, ses aptitudes et les circonstances locales. Il est essentiellement *sédentaire*, et il devient, selon les circonstances, *agriculteur, manufacturier, industriel, marin, commerçant;* il se construit des villages, des bourgades, des *villes*, des monuments civils et religieux, et se crée des institutions politiques de tout genre.

Ce sont les **nations chrétiennes** de l'Europe et de l'Amérique qui présentent au plus haut degré ces caractères de la civilisation, laquelle s'est répandue dans le monde d'abord par les races latines et catholiques.

Les nations *asiatiques* de race blanche, autrefois chrétiennes, ont reculé vers la barbarie par l'influence du mahométisme. D'autres, de *races blanche et jaune*, restées païennes, se sont arrêtées dans la voie du progrès, où les relancent les nations chrétiennes. — Les *peuplades nègres* et fétichistes de l'Afrique et de l'Océanie ne connaissent que la vie *sauvage;* bien que fixées au sol par les cultures, elles n'ont jamais pu se constituer en nations policées; l'esclavage abrutissant disparaît lui aussi graduellement devant la civilisation.

§ II. ADMINISTRATION

93. La **géographie politique** traite spécialement des *peuples* et de tout ce que l'homme a établi sur le globe, comme limites d'État, gouvernement, divisions administratives, villes, industrie, canaux, chemins de fer, etc.

On appelle **peuple** ou **nation** un ensemble d'hommes ayant généralement la même origine historique, la même langue, les mêmes usages.

Un **État** est un pays soumis à un même gouvernement et formant une individualité politique.

Les *bornes* des États sont dites *politiques* lorsqu'elles sont établies par accord entre les hommes, et *physiques* lorsqu'elles coïncident avec les limites naturelles, telles que les mers, les cours d'eau, les chaînes de montagnes.

Les *divisions administratives* d'un État prennent le nom de *départements*, en France; de *provinces*, en Belgique; de *gouvernements*, en Russie; de *comtés*, en Angleterre; de *cantons*, en Suisse, etc.

Le **gouvernement** est l'autorité souveraine qui régit un État; — c'est une **monarchie** lorsqu'il a pour chef un *souverain*, ordinairement héréditaire, appelé empereur, roi, prince, duc, etc.; — c'est une *république* lorsqu'il n'a qu'un chef temporaire et électif appelé *président*.

Une **confédération** est une réunion d'États qui sont libres entre eux quant à leurs intérêts particuliers, mais unis pour leurs intérêts communs, et alors soumis à un gouvernement supérieur dit *fédéral*.

Un gouvernement est **absolu** lorsque le chef de l'État peut faire les lois à son gré. Il n'existe presque plus. — Il est **constitutionnel** lorsque l'autorité du chef de l'État est limitée par une *constitution* ou loi fondamentale qui règle la manière de gouverner. — Il est *représentatif* lorsque le chef de l'État ne peut faire les lois ou les modifier qu'avec le concours des assemblées nationales qui représentent le peuple.

§ III. INDUSTRIE, COMMERCE

94. **L'agriculture** est l'art de cultiver ou soigner la terre pour lui faire produire : 1° les *plantes alimentaires* pour l'homme et les animaux domestiques : céréales, légumes, vignes, betteraves, fourrages, etc.; 2° les *plantes textiles* et autres *plantes industrielles :* lin, chanvre, coton, tabac, canne ou betterave à sucre.

En outre, le cultivateur élève les *animaux domestiques* utiles, soit par leur travail, soit par la viande, le lait, la graisse qu'ils nous donnent comme aliments; la laine, le cuir, dont nous faisons nos habits, nos chaussures, etc. (cheval, bœuf, mouton, volaille, etc.).

L'industrie proprement dite se divise en industrie *extractive*, qui exploite les mines et les carrières (houille, métaux, pierre à bâtir, etc.), et industrie *manufacturière*, qui transforme les matières premières en produits manufacturés (draps, machines, etc.).

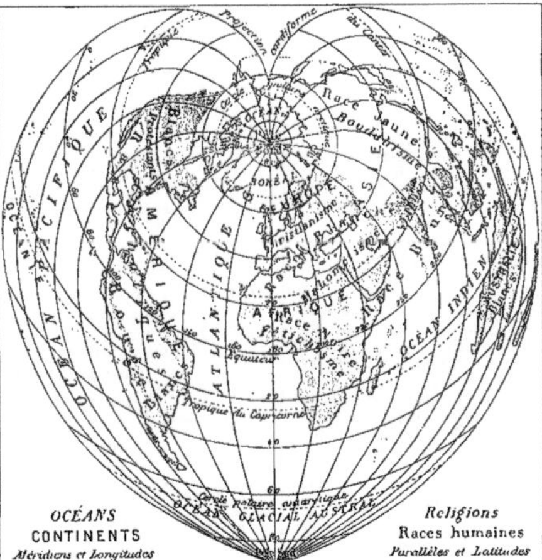

Les industries spéciales varient à l'infini. Cependant on peut les grouper en sept catégories, selon qu'elles ont pour objet :

1° Les *aliments* et la *boisson :* meunerie, boulangerie, boucherie, brasserie, distillerie; — 2° Le *vêtement :* filature, tissage, confection d'habits et de chaussures; — 3° Le *logement* et l'*ameublement;* — 4° Les moyens de *transport :* routes, chemins de fer, canaux, télégraphes, navires; — 5° L'*exploitation* des mines et des carrières; — 6° Le *travail* des métaux : hauts fourneaux, fonderies, forges, usines, ateliers de construction de machines; — 7° Les *besoins intellectuels :* littérature, sciences et arts, imprimerie, orfèvrerie, sculpture, etc.

Le **commerce** consiste dans l'échange des produits naturels ou industriels, opéré dans le but de faire un bénéfice quelconque.

On distingue le *commerce intérieur,* qui se fait entre les parties d'un même pays; — et le *commerce extérieur,* qui se fait avec l'étranger.

Le *commerce extérieur* d'un pays comprend l'*exportation* ou la sortie, et l'*importation* ou l'entrée des marchandises. Le commerce extérieur est *spécial* ou *général.*

Le **commerce spécial** comprend la sortie des produits *nationaux seulement,* et l'entrée des produits étrangers *destinés à la consommation intérieure.*

On appelle **transit** le passage à travers le pays de produits venant d'un pays étranger et se rendant dans un autre pays étranger (par exemple, des marchandises belges transitant par la France pour se rendre en Espagne).

Le *transit,* ajouté au commerce spécial, donne le **commerce général** du pays avec l'étranger.

§ IV. COLONIES

95. **Colonies.** On désigne ordinairement par colonies les *possessions territoriales* d'une puissance européenne en dehors de l'Europe. On distingue :

1° Les *colonies de peuplement*, dans les zones tempérées, où les Européens peuvent s'acclimater et se multiplier; telles sont : l'Algérie, l'Afrique australe, l'Australie et la Sibérie méridionales;

2° Les *colonies d'exploitation*, dans les pays chauds, où les colons européens emploient les indigènes pour les *cultures*, l'exploitation des forêts et des mines, où encore ils établissent des *comptoirs* de commerce; telles sont : les Indes, l'Afrique centrale;

(*La suite*, page 19).

96. TABLEAU RÉCAPITULATIF N° 2

GÉOGRAPHIE POLITIQUE ET ÉCONOMIQUE DU GLOBE

1° Races humaines (1 680 millions d'individus)

- BLANCHE : Europe, Asie sud-ouest, Afrique et Inde du N., Amérique, Australie, 850 millions d'individus.
- JAUNE : Asie : centrale, nord-est, ouest, Insulinde, 650 millions.
- NOIRE : Afrique centrale et méridionale, Amérique, Inde méridionale, Océanie, 150 millions.
- ROUGE : Amérique, 10 millions, et métis, 20 millions.

2° Religions

- MONOTHÉISME 850 000 000 d'adhérents :
  - *Christianisme :* catholiques, 300 millions; protestants, 180 mill.; grecs, 130 mill.
  - *Judaïsme*, 11 millions.
  - *Mahométisme*, 230 millions.
- POLYTHÉISME 830 000 000 d'adhérents :
  - *Bouddhisme*, sintoïsme, etc., 470 mill.
  - *Brahmanisme*, etc. 240 mill.
  - *Fétichisme*, 120 millions.

3° Population absolue et relative

	Superficie, km².	Comparée	Habitants	Densité
EUROPE. . .	10 000 000	1	455 000 000	45,5
ASIE	44 000 000	4,4	910 000 000	21
AFRIQUE . .	30 000 000	3	130 000 000	4,3
AMÉRIQUE. .	41 000 000	4	180 000 000	4,4
OCÉANIE . .	9 000 000	1	7 300 000	0,8

4° Les divisions politiques : en Europe (voir n. 481), en Asie (n. 261), en Afrique (n. 373), en Amérique (n. 123), en Océanie (n. 219).

5° Les grands États

- pour la SUPERFICIE :
  - Empire *britannique*, 30 000 000 de km².
  - — *russe*, 23 000 000 —
  - *États-Unis de Chine*, 11 000 000 —
  - France et colonies, 10 500 000 —
  - *États-Unis*, 9 500 000 —
  - Brésil, 8 400 000 —
  - Empire *turc*, 3 000 000 —
- POPULATION :
  - Empire *britannique*, 425 000 000 d'hab.
  - *États-Unis de Chine*, 375 000 000 —
  - Empire *russe*, 168 000 000 —
  - États-Unis et colonies, 103 000 000 —
  - France — 85 000 000 —
  - Allemagne — 78 000 000 —
- DENSITÉ :
  - en Europe : *Belgique*, 254 h.; Pays-Bas, 182; Iles Britanniques, 146; Allem., 122.
  - en Asie : Chine orient., Japon, Indes.
  - en Amérique : États-Unis orient., Antilles.

6° Possessions coloniales (en 1912)

	Km².	Habitants.	
anglaises,	30 000 000	380 000 000	(v. n. 508).
françaises,	11 000 000	49 000 000	(v. p. 148).
hollandaises,	2 000 000	40 000 000	(v. n. 516).
russes,	17 000 000	33 000 000	(v. n. 572).
turques,	1 800 000	17 000 000	(v. n. 599).
belges,	2 400 000	15 000 000	(v. n. 499).
allemandes,	2 600 000	12 000 000	(v. n. 542).
portugaises,	2 300 000	9 000 000	(v. n. 585).
américaines,	310 000	9 000 000	(v. n. 147 *bis*).
italiennes,	1 600 000	1 700 000	(v. n. 594).
espagnoles,	200 000	200 000	(v. n. 580).
danoises,	200 000	140 000	(v. n. 555).

7° Villes les plus peuplées

- en Europe : *Londres*, 5 000 000 d'h.; *Paris*, 2 900 000; Berlin, 2 100 000; Vienne, 2 m.; St-Pétersbourg, Moscou, Constantinople.
- en Amérique : *New-York*, 4 m. 8; Chicago, 2 m. 2; Philadelphie, 1 m. 6; Buén.-Aires, 1.4.
- en Asie : *Tokio*, 2 m.; Osaka, 1 m. 3; Péking, Calcutta, Bombay, 1 m.; Canton, Tien-tsin.
- en Afrique : *Le Caire*, 700 000 habitants; Alexandrie.
- en Océanie : *Melbourne*, *Sydney*, 600 000 habitants;

8° Chemins de fer transcontinentaux

- en EUROPE de *Londres* ou de *Paris* :
  - à Bruxelles, Berlin, Saint-Pétersbourg.
  - à Vienne, Constantinople.
  - à Milan, Brindisi (malle des Indes).
  - Le *Transsibérien*, avec embranchement sur Port-Arthur, Péking et Canton.
- en ASIE :
  - Batoum à Bakou (Transcaucasie).
  - de la Caspienne à Samarkand (Turkestan).
  - Peichawer et Bombay à Calcutta (Inde).
- en AMÉRIQUE :
  - Halifax, par Montréal, à Vancouver (Pacifique).
  - New-York, par Chicago, à San Francisco.
  - Colon à Panama.
  - Buénos-Aires à Valparaiso.
- en AFRIQUE : du Cap au Tanganika et de Kartoum au Caire (ligne du Cap au Caire).

9° Grands ports de commerce

- en EUROPE : *Londres*, 6.5 milliards; *Liverpool*, 5.5; Hambourg, Anvers, 4.5; Rotterdam, 4; Brême, Marseille, 3.
- en AMÉRIQUE : *New-York*, 6 milliards; Chicago, Buénos-Aires, 3 m.; Boston, Philadelphie, la Havane.
- en ASIE : Hong-kong, 3 m.; *Calcutta*, Bombay, 2 m.; Singapour, Shanghaï.
- en Océanie : *Melbourne*, *Sydney*, 2 m.; Batavia, 1 m.
- en Afrique : Alexandrie, 1 m.; le Cap, 3/4 m.; Alger.

10° Lignes de navigation régulière à vapeur.

A. *Ligne du Canada* : De Liverpool ou Glasgow à Halifax, Québec et Montréal (chemin de fer jusqu'à Vancouver).

B. *Lignes de New-York :*

Liverpool ou Glasgow, Hambourg ou Anvers, Le Havre ou Saint-Nazaire — à NEW-YORK de là à — Nouv.-Orléans, la Havane (Cuba). Vera-Cruz (Mexique). Colon (Panama).

Lignes directes pour Panama :

C. Liverpool, Southampton, Hambourg, Anvers, Saint-Nazaire, Le Havre — Les Açores à COLON, PANAMA — Acapulco, San Francisco. Victoria (île Vancouver). Guayaquil, Callao, Valparaiso. Nouvelle-Zélande.

Lignes du Brésil, de la Plata et du Chili.

D. Liverpool, Southampton, Bordeaux, par Lisbonne, les Canaries, Dakar — au BRÉSIL — à Pernambouc, Rio de Janeiro, Montévidéo, Buénos-Aires, (dét. de Magellan), Valparaiso.

Lignes d'Afrique, du Cap et d'Australie.

E. Liverpool, Southampton, Hambourg, Anvers, Bordeaux, Lisbonne, Marseille, — côtes de GUINÉE par — Madère, les Canaries, îles du Cap-Vert, Dakar, Freetown, Monrovia, Ouidah, Lagos, Saint-Thomas, le Congo, l'Angola.

F. Southampton, St-Vincent (du Cap-Vert), Sainte-Hélène, LE CAP — Natal, Maurice, Madagascar, Melbourne, Sydney, Taïti.

Grande ligne des Indes, Chine, Japon, Australie, etc.

G. Southampton, Marseille, Brindisi, — Malte, Suez, ADEN, — Mascate et Bassora. Karratchi, Bombay, ch. de fer à Calcutta. Colombo (H).

H. COLOMBO :
- Madras, Calcutta, Rangoun, Pinang.
- Pinang, SINGAPOUR : Saïgon, Hong-kong, Shanghaï, Yokohama, San Francisco (New-York). Manille ou Batavia, Sydney.
- Australie, *Melbourne*, *Sydney*, Nouv.-Zélande, Fidji, Hawaii, *San Francisco* (ch. de fer à New-York).

11° Tour du monde en 63 jours, *de Paris à Paris*, par l'Orient, par terre et par mer, avec durée des trajets intermédiaires.

De *Paris* à Brindisi, 2 jours; Suez, 5 jours (en plus); Aden, 4 jours; Colombo, 6 jours; Singapour, 6 jours; Hong-kong, 6 jours; Yokohama, 9 jours; San Francisco, 13 jours; New-York, 5 jours; Liverpool, 6 jours; Londres et *Paris*, 1 jour = 63 jours. — Parcours, près de 40 000 km ou 10 000 lieues, soit 159 lieues par jour.

Exercices. D'autres voyages analogues peuvent se faire au moyen de la carte planisphère; mais, pour les mesures des distances, il faut les prendre sur un globe, de 32 cm. de diamètre, par exemple, en se servant d'un petit instrument appelé *curvimètre*, ou d'un fil ordinaire qu'on reporte sur l'équateur gradué.

12° Câbles télégraphiques intercontinentaux.

TRANSATLANTIQUES :

A. Les *six câbles sous-marins anglais* qui, partant de l'île Valentia (Irlande), aboutissent à l'île de Terre-Neuve, d'où ils communiquent avec le Canada, les États-Unis, le Mexique, etc.
Les *trois câbles* directs d'Angleterre à la Nouvelle-Écosse.

B. Les *trois câbles français* qui vont de Brest, l'un à Saint-Pierre, près Terre-Neuve, l'autre directement à New-York, le 3e à Dakar.

C. Le *câble anglo-portugais* de Lisbonne aux îles Madère, à Récife, Rio de Janeiro et Buénos-Aires.

INDES ET PACIFIQUE :

D. Le *câble anglais* de Falmouth à Lisbonne, Gibraltar, Malte, Suez, Aden, Bombay; — continué par terre, de Bombay à Calcutta et Madras; — par mer, de Madras à Pinang, Singapour, Saïgon, Hong-kong, Canton, Shanghaï, Nagasaki et Yokohama.

E. La série des câbles faisant *le tour du monde par territoires anglais*, de Portsmouth à Sainte-Hélène, le Cap, Maurice, l'île des Cocos, l'Australie, Sydney, la Nouv.-Zélande, Fidji, Fanning, Vancouver, le Canada, Halifax, Valentia (Irlande), Londres.

F. Le *câble américain* de San Francisco aux Philippines.

SIBÉRIE :

G. La *ligne russe* de Pétersbourg à Moscou, longeant le Transsibérien, par Omsk, Irkoutsk, Vladivostok, continuée par câble jusqu'au Japon, avec embranchement de Kharbin à Péking.

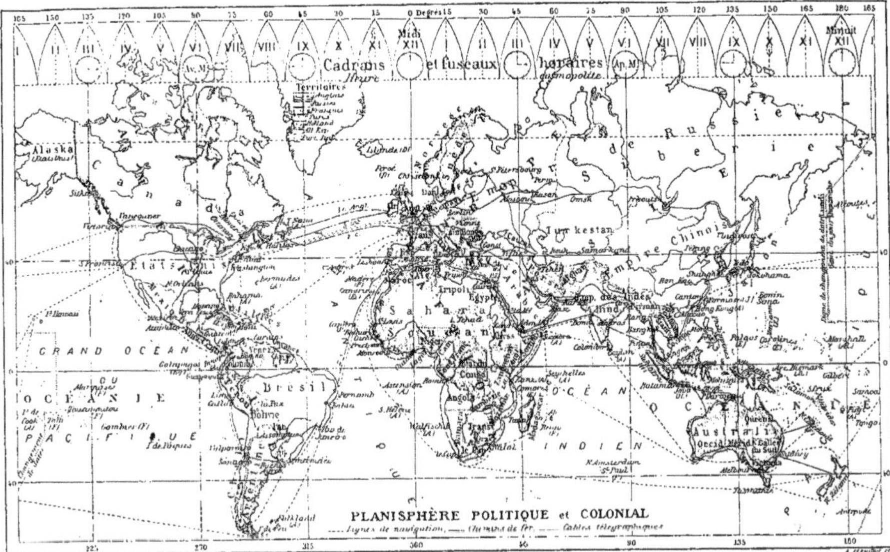

3° Les *zones d'influence*, régions africaines que les puissances européennes se sont partagées diplomatiquement, en attendant qu'elles puissent en prendre effectivement possession.

Les **avantages des colonies** sont surtout de développer le commerce, la marine, ainsi que l'influence morale et politique de la métropole, à laquelle elles offrent en outre une patrie nouvelle pour l'excédent de sa population. Elles lui procurent des matières premières pour l'industrie, telles que le coton, la soie, les métaux, ainsi que les denrées que l'Europe ne cultive pas, comme le café, les épices. Les colonies reçoivent en retour des produits manufacturés : tissus, armes, machines, etc.

(Voir *Possessions coloniales*, p. 18, n° 6.)

§ V. APPENDICE HISTORIQUE

97. **Histoire de la géographie.** — *Connaissances des Anciens.* Pendant de longs siècles, les peuples, vivant isolés les uns des autres, se sont mis peu en peine de connaître l'ensemble de leur domaine, et se sont fait les idées les plus inexactes, non seulement sur les contours des continents et des mers, mais encore sur la forme générale de notre monde terrestre.

Les *Grecs*, au temps d'Homère (IXe-VIIIe siècles av. J.-C.), regardaient notre monde habité comme un disque ayant la Grèce pour centre, entouré par le fleuve Océan. *Thalès* faisait flotter le disque terrestre sur l'eau comme un navire; *Xénophane* lui donnait des racines plongeant dans l'infini; *Anaximandre* supposait la Terre cylindrique; *Anaximène* la croyait plate, supportée par l'air comme une feuille.

Les Hindous imaginaient aussi un disque reposant sur des éléphants, lesquels s'appuyaient sur une tortue gigantesque flottant sur un océan sans bornes.

Cependant, dès ces temps reculés, les *Chinois* et les *Égyptiens* eurent déjà quelque idée de la sphéricité de la Terre. Il en fut de même de *Platon* et d'*Aristote* (IVe siècle av. J.-C.). *Ératosthène* mesure l'espace compris entre Alexandrie et Syène, arrive à calculer à un quatre-vingtième près la circonférence terrestre, et dessine les latitudes et les longitudes. *Hipparque* divise le globe terrestre en 360 degrés, et imagine la projection stéréographique.

Strabon (Ier s. av. J.-C.) et Ptolémée (IIe s. ap. J.-C.) croient aussi la Terre sphérique; mais jusque-là la Méditerranée est toujours le centre des terres, qui ne s'étendent pas au delà de la Baltique au N., des monts Imaüs (Himalaya) et de la Khersonèse d'or (Indo-Chine) à l'E., des colonnes d'Hercule à l'O., du cap Prasum (Delgado) au S., d'où la côte d'Afrique va rejoindre celle d'Asie pour enfermer la mer Erythrée (océan Indien occidental) au milieu de terres brûlantes et inhabitables.

Telles étaient en général, même à la fin de l'empire romain, les connaissances sommaires de la géographie.

98. **Découvertes du moyen âge à nos jours.** Dès le VIIIe siècle, les **Arabes** s'avancèrent en Chine, suivis, au XIIIe siècle, par les missionnaires catholiques, notamment le moine flamand Ruysbroeck (*Rubruquis*). — **Marco-Polo**, Vénitien, le plus grand des voyageurs du moyen âge, parvint de Constantinople à Péking, Canton et dans la Malaisie, d'où il revint par mer en 1295.

Au XVe siècle, l'usage de la boussole, invention chinoise, permit aux explorateurs maritimes de s'écarter des côtes.

Les **Portugais**, se lançant à la découverte de la route maritime des Indes, côtoyèrent l'Afrique, et, en 1486, **Barthélemy Diaz** parvint au cap des Tourmentes, que le roi Henri baptisa du nom de cap de Bonne-Espérance. Bientôt **Vasco de Gama**, doublant le même cap, visita le Mozambique et parvint aux Indes (1498).

Mais déjà les **Espagnols**, sous la conduite de **Christophe Colomb**, Génois, avaient traversé à l'ouest l'Atlantique, et découvert les Antilles et l'Amérique centrale (1492). Il en résulta la conquête de l'Amérique par les Espagnols, suivis des autres peuples.

Magellan, Portugais, entreprit le « premier tour du monde » par le détroit de Magellan, l'Océanie et les îles Philippines, où il mourut (1521), tandis que son second, Sébastien del Cano, revint en Portugal par le cap de Bonne-Espérance (1522). — **Drake**, navigateur anglais, accomplit le second voyage autour du monde dans le même sens (1580).

Tasman, Hollandais, découvrit l'Australie ou Nouvelle-Hollande (1642); et le capitaine **Cook**, Anglais, explora les petites îles de l'Océanie (1766-79).

En résumé, grâce surtout aux grandes découvertes des Portugais et des Espagnols, l'ensemble de notre globe était connu au XVIe siècle. Mais il restait beaucoup de détails à reconnaître, ce qui fut la tâche des trois derniers siècles et des explorateurs de toutes nations : anglais, français, hollandais, suédois, espagnols, portugais, russes, allemands, autrichiens, etc.

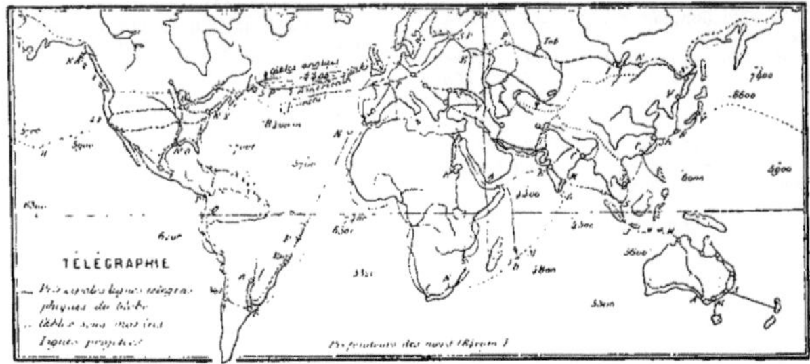

LES TERRES POLAIRES

99. — On nomme **terres polaires** l'ensemble des *îles couvertes de glaces* et inhabitables, que l'on trouve dans les deux océans *Arctique* et *Antarctique* entourant les pôles.

Les deux **océans Glacials** sont circonscrits astronomiquement par les *cercles polaires* (66° 33'); mais physiquement ils dépassent ces cercles, surtout l'océan Antarctique, qui atteint généralement le 50e degré de latitude, et même le 45e, à la limite des glaces flottantes en été.

Ce sont les portions du globe les plus *inaccessibles*. Presque constamment gelées, couvertes de montagnes de glace (*icebergs :* en anglais, *ice*, glace; *berg*, montagne), de *banquises* (*bank-ice* ou *ice-field*, bancs ou champs de glace); plongées dans un brouillard épais, soumises au froid le plus intense et sillonnées de glaçons flottants, ces mers sont d'une navigation souvent impossible et toujours dangereuse. Leurs côtes inhospitalières sont devenues le refuge des *baleines*, des phoques et des ours blancs, que les pêcheurs poursuivent dans la bonne saison (juillet ou janvier), en s'avançant jusqu'au delà du 80e parallèle au nord et au sud.

100. Dans l'**océan Glacial du Nord**, les plus importantes **terres arctiques** sont : au nord de l'Europe, le *Spitzberg*, la Nouvelle-Zemble et l'archipel François-Joseph; au nord de l'Asie, les îles *Liakow* et de la *Nouvelle-Sibérie;* mais les plus nombreuses sont au nord de l'Amérique : le *Groenland* (2000000 de km²), les terres de *Baffin*, de *Southampton*, de *Victoria*, du Prince-Albert, de Banks, de Melville, etc.; en outre, les terres de Grinnell, de Grant, de Hall, les plus septentrionales, formant le *canal de Kennedy*.

Au milieu de ces terres, les *détroits* d'Hudson, de Davis, de Smith, de Kennedy, conduisent vers le pôle; tandis que ceux de Lancaster, de Barrow, de Melville, de Mac-Clure et de Banks forment le *passage du Nord-Ouest*.

Découvertes. — Des tentatives pour atteindre le *pôle Nord* ont été faites surtout par les Anglais et les Américains (capitaines Parry, John Ross, Franklin, Kane, Hayes). Le capitaine anglais Nares est parvenu, en 1876, jusqu'à 83°20'; le Suédois *Nansen*, en 1896, à 86°14', soit à 100 lieues du pôle, limite dépassée un peu en 1902 par l'expédition du duc des Abruzzes, italien; enfin, en 1909, *Peary*, Américain, atteignit ledit pôle.

Le **passage Nord-Ouest**, par le nord du Canada, longtemps cherché comme la route la plus courte d'Europe en Chine, a été traversé en traîneau en 1853, par *Mac-Clure* et *Mac-Clintock*, et en bateau, par *Amundsen*, norvégien, en 1905. Il est malheureusement impraticable à la navigation, — de même que le **passage Nord-Est**, par le nord de l'Asie. Celui-ci a été, en 1878-1879, parcouru à bord de la *Véga*, par le capitaine suédois Nordenskiold.

Pour l'**Océan antarctique**, c'est l'illustre capitaine Cook, anglais, qui fit vers 1772, en trois voyages, la circumnavigation complète des îles océaniennes, et des massifs glacés entourant le cercle polaire. En 1842, l'Anglais James Ross s'avança jusqu'à 78°10', où il découvrit la terre *Victoria* et le volcan *Erebus;* de là, en 1902, Scott parvint au 82e degré.

Continent antarctique. — En 1908, un autre Anglais, *Shakleton*, s'avança jusqu'à 88°23', et en 1911, le Norvégien *Amundsen* parvint au **pôle sud**, à travers un plateau montagneux couvert de neige, reconnaissant par là même le *continent austral*, dont l'étendue peut égaler celle de l'Amérique du Sud. Depuis longtemps on le soupçonnait par la découverte des côtes telles que la terre *Victoria*, précitée, et les terres *Adélie*, *Clarie* et *Guillaume II*, au sud de l'Australie; les terres d'*Enderby* et de *Coats*, au sud de l'Afrique; mais la terre de *Graham*, au sud de l'Amérique, est reconnue comme un archipel contenant les îles *Louis-Philippe* et *Alexandre*, et celles formant le détroit de la *Belgica*.

QUESTIONS D'EXAMEN

Dans ce Cours Supérieur, nous croyons inutile de trop multiplier les questions qui peuvent être faites, soit pour la répétition des leçons, soit dans les examens publics. C'est au maître ou à l'inspecteur d'y pourvoir. Nous nous bornerons donc à quelques sujets généraux, renvoyant pour les détails aux questions et devoirs indiqués dans nos Cours Élémentaire et Moyen, et dont les solutions sont données dans les *parties du maître* de ces deux cours.

Il n'y a pas lieu de faire une *partie du maître* pour le Cours Supérieur.

Cosmographie

1. De quoi s'occupe la Cosmographie ?
2. Nommez et distinguez les quatre classes d'astres.
3. Donnez les caractères physiques et les dimensions du soleil.
4. Qu'appelle-t-on constellations et citez les plus connues? (Voir la figure.)
5. Nommez les planètes et donnez leurs caractères différentiels, avec leur position dans le système de Copernic.
6. Quels sont les deux mouvements de la Terre?
7. Donnez l'explication du changement des jours et des saisons.
8. Expliquez les mouvements et les phases de la Lune.
9. Parlez des différentes sortes d'éclipses.

La Terre.

10. Prouvez que la Terre est ronde.
11. Donnez quelques détails sur les cartes et leurs échelles, de même sur les projections de la sphère.
12. Expliquez et figurez les différentes sortes d'horizons.
13. Quels sont les différents moyens d'orientation ?
14. Classez les cercles de la sphère et indiquez-en l'usage.
15. Qu'entend-on par méridien initial ? Quel rapport y a-t-il entre les heures et les méridiens ?
16. Qu'appelle-t-on fuseaux horaires, et quelle est la convention adoptée récemment par les chemins de fer ?
17. Comment se déterminent la longitude et la latitude d'un lieu sur le globe ?

Géologie et géographie physique.

18. Qu'est-ce que la géologie, et en quoi consiste la théorie de Laplace ?
19. Comment les phénomènes actuels expliquent-ils les phénomènes anciens ?
20. Développez la classification des terrains géologiques.
21. Donnez sur les cartes de l'Europe et de la France des exemples de terrains primaires, secondaires et autres.
22. Parlez de la structure et des dimensions du globe terrestre.
23. Différentes sortes d'hémisphères et distribution inégale des terres et des eaux sur le globe.
24. Situation, formes physiques et contrastes des continents.
25. Décrivez synthétiquement les différentes formes relatives : 1° aux mers, 2° aux terres, 3° au relief du sol, 4° aux eaux continentales.
26. Faites ressortir l'utilité des montagnes.
27. Décrivez théoriquement un cours d'eau.
28. Dressez le tableau récapitulatif des accidents physiques du globe.

L'Océan et l'atmosphère.

29. Rôle de l'Océan, son étendue, sa profondeur ; le relief sous-marin. Nature des eaux.
30. Comment s'expliquent les vagues, les marées et les courants ?
31. Comparez les océans Pacifique, Atlantique et Indien.
32. Rôle et produits de l'Océan. La vie dans l'Océan.
33. Les côtes et leurs différentes formes.
34. Décrire théoriquement un cours d'eau. Rôle économique et social des fleuves.
35. Un mot de l'atmosphère et des lignes isothermes.
36. Expliquer les différentes sortes de vents.
37. Production des pluies, des glaciers et des sources.
38. Différences entre le climat continental et le climat marin.
39. Distribution de la vie végétale et animale.

Géographie politique.

40. Énumérer et caractériser les races humaines.
41. Quelles sont les langues les plus répandues ? — Classification des religions.
42. Contrastes de la vie sauvage et de la vie civilisée.
43. Différentes sortes de gouvernements.
44. Dresser le tableau des grands États du globe et de leurs possessions coloniales.
45. Citer les grands chemins de fer transcontinentaux.
46. Quelles sont les principales lignes de navigation régulière : 1° entre l'Europe et l'Amérique ; 2° entre l'Europe et l'Orient ?
47. Par quelles voies peut-on faire le tour du globe en 63 jours ? Un mot du Transsibérien.
48. Citer les câbles sous-marins importants.
49. Résumer l'histoire de la géographie. Connaissances des anciens. Découvertes au moyen âge et dans les temps modernes.
50. Qu'entend-on par terres polaires? Caractères des océans Glacials. Quelques voyages.

(Voir *la suite des Questions*, page 54.)

ENSEIGN. PRIMAIRE SUPÉRIEUR
— Première année —

II. AMÉRIQUE

ENSEIGNEMENT SECONDAIRE
— Classe de 6e —

GÉOGRAPHIE PHYSIQUE GÉNÉRALE

I. *Continent et Océans.*

101. L'**Amérique** est, dans l'ordre ordinaire d'énumération, la quatrième partie du monde et le deuxième continent, appelé aussi *Nouveau Continent* et *Nouveau Monde*. Elle se compose de deux grandes masses continentales ou immenses presqu'îles jointes par l'isthme de Panama, et se projetant dans les deux hémisphères nord et sud.

Sa **superficie**, de 41 000 000 de km carrés, est le quadruple de celle de l'Europe et 76 fois celle de la France; mais elle est relativement peu peuplée.

102. **Contrées.** (V. le tableau n° 123 *bis*.)

103. **Océans.** L'Amérique est baignée par les eaux de trois océans : au N., l'*océan Glacial boréal;* à l'E., l'*Atlantique;* à l'O., le *Pacifique* ou Grand Océan. (V. n° 101 *bis*.)

I. **L'océan Boréal**, bordé de terres relativement peu élevées, paraît avoir peu de *profondeur;* il est rempli d'un grand nombre d'îles ou de terres mal délimitées, réunies entre elles par des détroits entièrement *glacés*. — Le *passage du nord-ouest* est impraticable à la navigation. — Un *courant chaud* pénètre à l'O. par le détroit de Béring, tandis que des courants froids en sortent à l'E. par la baie de Baffin.

II. **Atlantique.** Les côtes sont arides et *désertes* dans le Labrador, montueuses et bien découpées de Terre-Neuve à New-York, de là généralement basses jusqu'à l'Amazone, plus élevées dans le Brésil et la Patagonie. — On trouve 8340 m. de profondeur au N. de l'île Porto-Rico.

Le *courant équatorial*, venant de l'E., se bifurque contre le Brésil et produit au N. le célèbre *Gulf-Stream*, ou courant du golfe du Mexique; au S., le courant du Brésil.

III. **Pacifique.** Les côtes de l'océan Pacifique sont bordées partout de *montagnes*, souvent gigantesques, tombant à pic dans la mer en Patagonie et dans l'Amérique du Nord, tandis qu'au pied des Andes règne une zone littorale basse, insalubre, où les bonnes positions commerciales sont rares.

104. Le **continent américain** affecte la forme géométrique de *deux triangles* allongés du N. au S., présentant leur base au N., leur sommet au S., et soudés par un de leurs angles à l'isthme de Panama. Mesurant 16 000 kilomètres de longueur sur une largeur variable de 100 à 5 000 kilomètres, il s'avance vers les deux pôles plus que l'Ancien Continent.

105. **Iles et presqu'îles.** Une série d'isthmes divise l'Amérique en *deux grandes péninsules* ou *masses continentales :* l'une, septentrionale, *est démembrée et entourée d'îles* nombreuses, comme l'Asie et l'Europe; l'autre, méridionale, est *simple, arrondie* et isolée, comme l'Afrique.

Les **îles** sont nombreuses dans l'océan Glacial arctique et dans la mer des Antilles.

II. *Orographie.*

106. **Relief général.** — L'orographie de l'Amérique présente comme caractéristique à l'ouest un *énorme bourrelet* de montagnes géantes et contiguës, les Cordillères, suivies au centre de *vastes plaines* qui se relèvent à l'est par des systèmes de *montagnes* isolés et relativement *peu élevés*. Les mers intérieures du Mexique et des Antilles tiennent lieu de plaines dans la partie médiane du continent.

Les Cordillères du Nord et celles du Sud, ou les Andes, sont souvent considérées comme ne formant qu'une longue chaîne de montagnes, la plus remarquable du globe par son étendue. Toutefois les dépressions des isthmes de Panama et de Téhuantépec coupent cette série en deux ou trois parties bien tranchées.

107. **Systèmes de montagnes.** Les montagnes et les terres hautes de l'Amérique se rapportent à *six systèmes* orographiques très distincts : l'un est maritime ou insulaire, le *système des Antilles;* — deux appartiennent au continent septentrional : le *système des Cordillères du Nord* et celui *des Appalaches-Alléghanys*, séparés par la grande plaine du Mississipi; — les trois autres sont dans l'Amérique méridionale : le *système des Andes, de la Guyane* et *du Brésil*, séparés par les plaines de l'Orénoque, de l'Amazone et de la Plata.

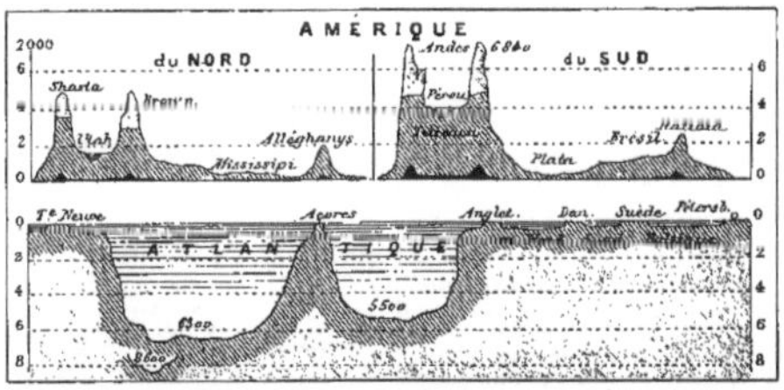

108. Les **Cordillères du Nord** forment les grands plateaux de l'Alaska, de l'Orégon, de l'**Utah** (1 300 m.), du Mexique (2300 m.). Les parties culminantes sont : le mont **Mac-Kinley**, 6200 m.; le mont *Saint-Elie*, 5 000 m.; le mont *Brown*, 5 000 m., dans la longue chaîne des **montagnes Rocheuses**; le volcan *Popocatepetl*, 5 500 m., au Mexique; les volcans *Fuego* et *Agua*, 4200 m., dans l'Amérique centrale.

Les **Andes** sont formées généralement d'une double chaîne de montagnes géantes supportant les hauts plateaux habités de la Colombie, de l'Equateur, du Pérou et de la Bolivie. Les principales cimes sont : sur le plateau de Quito, les volcans *Cotopaxi* et **Chimborazo**, 6 500 m.; sur le plateau du lac Titicaca, les volcans de *Sorata*, 6 500 m., et l'*Illimani;* dans l'Argentine, l'**Aconcagua**, 7 200 m., le plus haut sommet de l'Amérique.

109. **Plaines.** Les régions basses dominent en Amérique et forment cinq vastes plaines remarquables :

La *plaine boréale*, ou région des lacs, occupant les parties centrale et septentrionale du Canada;

La *plaine du Missisipi*, couverte de *savanes* ou prairies, aux Etats-Unis;

La *plaine de l'Orénoque*, caractérisée par ses *llanos* ou prairies, et la grande *plaine de l'Amazone*, la plus belle et la plus plantureuse du monde, caractérisée par ses immenses *selvas* ou forêts marécageuses;

La vaste *plaine de la Plata et de la Patagonie*, formant d'immenses *pampas* ou steppes herbeuses, parsemées de *lacs salés* au pied des Andes.

Déserts. L'Amérique a relativement peu de déserts proprement dits. Cependant on doit citer le *désert de l'Utah*, ou du Grand-Bassin, à l'O. des Etats-Unis; le désert d'*Atacama* et toute la côte aride du Pacifique; les déserts de la Patagonie.

III. *Hydrographie.*

110. **Régime pluvial.** Grâce aux vents alizés et à l'absence de hautes montagnes à l'est, les Antilles, la Guyane, le Brésil, surtout le bassin de l'Amazone, comptent parmi les régions du globe où il pleut le plus abondamment. Aussi leurs fleuves charrient-ils un énorme volume d'eau.

Par contre, les versants occidentaux des Andes et des Cordillères sont très secs et renferment quelques déserts ou régions sans pluie.

111. **Versants maritimes.** Le continent américain forme sept divisions hydrographiques principales, savoir : le *versant de l'océan Glacial*, le *bassin de la mer d'Hudson*, le *versant* direct *de l'Atlantique du Nord*, les deux *bassins des mers du Mexique* et *des Antilles*, le *versant de l'Atlantique du Sud* et celui *de l'océan Pacifique*.

On compte en outre les *bassins fermés* du Grand Lac Salé, du lac Titicaca et de quelques petits lacs des pampas argentines.

112. **Grands fleuves.** Du massif des Cordillères et des montagnes Rocheuses descendent la plupart des grands fleuves américains du Nord, dont le long parcours sur le versant oriental s'explique par la situation tout à fait occidentale de ces montagnes. Vers le nord coulent le *Mackenzie* et le *Nelson*, traversant de grands lacs; vers l'est, le **Saint-Laurent**, déversoir d'autres grands lacs; le **Missouri-Missisipi**, long de 6 500 kilomètres, et que la barrière des Appalaches force à se diriger au sud vers la mer du Mexique, dont le *Rio del Norte* est également tributaire.

Dans les Andes prennent leurs sources les grands affluents de l'**Orénoque**, l'**Amazone**, le géant des fleuves par sa longueur de 6 000 kilomètres, et surtout par l'étendue de son bassin et la masse de ses eaux; enfin les principaux tributaires du **Parana-Plata**, venant du Brésil.

101 *bis*. NOMENCLATURE DE GÉOGRAPHIE PHYSIQUE

CARTOGRAPHIE : *Compléter les croquis* 16 *et* 17 *du cahier* n° 5.

Amérique	4e Partie du monde, *Nouveau Continent*. *Pop.*, 180000000 d'hab. — *Sup.*, 41000000 de km².
Bornes	*Physiques :* N., Oc. Boréal; E., Atlantique; O., Pacifique. *Astronomiques :* 71° N.; 53° S.; 37° à 170° O.
Contrées	(Voir le tableau n° 123 *bis*).
Océans et mers	*Océan Boréal :* mer Polaire, mer de Baffin. *Atlantique :* mer d'Hudson, du Mexique, des Antilles. *Pacifique :* mer Vermeille, de Béring.
Golfes	(*Atlantique*) : Saint-Laurent, Fundy et Chesapeake, du Mexique, Campêche, Honduras, Mosquitos; estuaires : Amazone et Plata. (*Pacifique*) : de Guayaquil, de Panama, de Californie.
Détroits	*Au N. :* de Béring, Passage N.-O., de Davis, etc. *Au centre :* de la Floride et du Yucatan. *Au sud :* de Magellan et de Lemaire.
Iles	*Océan Glacial :* Baffinland, Groenland, Islande. (*Atlantique*) *Terre-Neuve*, Bermudes, *Antilles*, Bahama, *Cuba, Porto-Rico*, Haïti, *Jamaïque*, du Vent, Sous-le-Vent, Marajo, Falkland, Terre-de-Feu. (*Pacifique*) Patagoniennes, Galapagos, Vancouver, Reine-Charlotte, Sitka, Aléoutes.
Presqu'îles	*A l'E. : Labrador*, Nouv.-Ecosse, Floride, Yucatan. *A l'O. :* Basse-Californie, *Alaska*.
Isthmes	de Panama, de Téhuantépec.
Caps	Farewell, Charles, Sable, Catoche, Saint-Roch, Froward, Horn, San Lucas, Prince-de-Galles.
Régions	*Hautes :* Plateaux des Andes : Chili, Bolivie, etc. Mexique, Etats-Unis occidentaux et orientaux, Brésil du S.-E., Guyane occidentale. *Basses :* Canada septentrional, Etats-Unis du centre et du S.-E., Brésil sept., Argentine, Paraguay. *Deltas :* Mackenzie, Mississipi, Orénoque, Amazone. *Déserts :* Utah, Mexique, Brésil, Argentine, Chili, Patagonie. (*Savanes* ou prairies, *Llanos, Selvas, Pampas*.)
Volcans	très nombreux dans les Andes et les Cordillères (Aconcagua, etc.).
Plateaux	des Andes, 3 à 4000 m. de hauteur; du Titicaca, de Quito, du Mexique, de l'Utah, du Brésil.
Plaines	Boréale ou du Canada, du Mississipi et du littoral; de l'Orénoque, de l'Amazone, de la Plata, de la Patagonie.
Montagnes Systèmes	DES ANDES : *chil.-argentines.* (v. Aconcagua, 7200 m.). *boliviennes* (v. Illimani, v. Sorata, 6500 m.). *péruviennes* (volcan Aréquipa, 6000 m.). *écuadoriennes* (v. Chimborazo, 6500 m.). *colombiennes* (volcan Tolima, 5600 m.). CORDILL. DU NORD : de l'Amérique centrale. du *Mexiq.* (Popocatepetl, 5500 m., Orizaba). des Etats-Unis : *Montagnes Rocheuses*, pic Frémont, 4200 m. maritimes : Sierra-Nevada, 4500 m.; St-Elie, 5000 m.; *Mac-Kinley*, 6200 m. APPALACHES : aux Etats-Unis, *Dôme Noir*, 2000 m., mont *Washington*, 1900 m. ANTILLIEN : de Cuba, 2600 m.; d'Haïti, 3000 m. DE GUYANE : monts *Parime*, 2500 m., Tumucumaque. BRÉSILIEN : *Serra do Mar* (Itatiaïa, 2700 m.), Gr. Cordillère.
Bassins et Fleuves	OCÉAN GLACIAL : Mackenzie (3 *lacs*), Churchill, Nelson (2 *lacs*). ATLANTIQUE NORD : *Saint-Laurent* (5 *lacs*), Hudson, Delaware, Potomac. M. MEXIQUE ET ANTILLES : *Mississipi*, 4000 km (*Missouri*, Ohio, Arkansas, Rivière Rouge), Rio del Norte, San Juan, Magdalena. ATLANTIQUE SUD : *Orénoque* (Casiquiaré), *Amazone*, 6000 km; (Marañon, Ucayali, Rio Negro, Madeira, Xingu, Tocantins), São Francisco; *Parana*, 3700 km (Paraguay); Uruguay. PACIFIQUE : (Nord) : *Youkon*, Columbia, Sacramento, Colorado, Santiago. (Sud) : Rimac (versant très étroit).
Lacs	*A écoulement :* Athabasca, des *Esclaves*, des *Ours; Winnipeg, Supérieur*, 85000 km², *Michigan, Huron*, Erié, Ontario; Nicaragua. *Fermés :* Salé, Titicaca; lagune dos Patos.

113. **Fleuves, affluents et lacs. Le Mackenzie**, 3700 km, prend sa source au mont Brown dans les monts Rocheux, sous le nom d'*Athabasca*, traverse le lac **Athabasca**, puis le lac **des Esclaves**, reçoit les eaux du lac du Grand-Ours (ou lac des Ours) et forme un delta en se jetant dans l'océan Glacial.

Le **Nelson** sort du lac **Winnipeg**; il a pour cours supérieur deux grandes rivières : à l'O., le *Saskatchewan*, qui descend des monts Rocheux; au S., la *Rivière Rouge*, qui naît près des sources du Mississipi.

Le **Saint-Laurent** est moins remarquable par sa longueur (1200 km) que parce qu'il sert de déversoir aux grands lacs du Canada : **Supérieur, Michigan, Hugon, Erié et Ontario**, après lesquels il reçoit l'*Ottawa* et arrose Montréal et Québec. Son lit renferme un grand nombre d'îles, s'élargit plusieurs fois en forme de lacs, et se termine par un vaste estuaire de 100 km de largeur dans le golfe qui porte son nom.

En considérant la série des grands lacs et la rivière *Saint-Louis*, affluent du lac Supérieur, comme formant le cours moyen et le cours supérieur du fleuve, le Saint-Laurent acquiert plus de 3000 km de longueur et forme l'une des plus belles voies navigables du globe.

Le **Mississipi**, qui a 4000 km de longueur, prend sa source à une altitude de 500 m., dans l'*Itaska*, « lac de la Biche, » l'un des petits lacs marécageux du plateau situé à l'O. du lac Supérieur. — Il coule du N. au S. dans une plaine boisée, reçoit le *Minnesota* près de Saint-Paul, le *Wisconsin*, l'*Illinois*, le *Missouri* à Alton, baigne la grande ville de Saint-Louis, reçoit à Cairo l'*Ohio*, qui, descendant des Appalaches, arrose Pittsburg, Cincinnati et Louisville. — Après avoir reçu le *Missouri*, il traverse de vastes plaines basses et marécageuses qu'il couvre de ses méandres, de ses « bayous » ou canaux dérivés, et qu'il inonde fréquemment malgré les digues qui l'enferment dans un lit de 2 à 4 km de largeur. Grossi de l'*Arkansas* et de la *Rivière Rouge du Sud*, il arrose la Nouvelle-Orléans, développe un delta marécageux formé d'inextricables canaux, et va enfin se terminer dans la mer du Mexique par une longue presqu'île alluviale remarquablement subdivisée comme une patte d'oie.

Le **Missouri**, la véritable branche supérieure du Mississipi, descend des monts Rocheux, dont il sort par un long défilé dit la « Porte des Montagnes »; il reçoit la *Yellowstone*, célèbre par ses sources d'eau chaude et les merveilles de son « Parc National », traverse ensuite les « Mauvaises Terres », contrée aride et désolée, refuge des Indiens Sioux; il arrose Omaha, reçoit la *Nébraska* et le *Kansas*, et se joint au Mississipi après un cours de 4500 km. Ce cours, ajouté à la partie inférieure du fleuve au-dessous du confluent (2000 km), donne pour le Missouri-Mississipi une longueur totale de 6500 km, dont plus de la moitié, depuis Omaha, est activement parcourue par la navigation à vapeur.

L'Amazone, l'un des grands fleuves du monde, 6000 km, est le plus important de tous par l'étendue de son bassin (7 millions de km²) et le volume de ses eaux. Il prend naissance dans les Andes du Pérou, à plus de 4000 m. d'altitude, par deux rivières principales : le *Marañon* et l'*Apurimac*, nommé plus loin *Ucayali*, l'une et l'autre coulant vers le N. pour sortir des montagnes.

L'Amazone se dirige ensuite à l'E. et reçoit dans le Brésil une foule d'affluents, dont les plus considérables sont : sur la rive gauche, le *Putumayo*, le *Japura*, le *Rio Negro*, qui reçoit le *Casiquiaré*, détaché de l'Orénoque; — sur la rive droite, le *Purus*, le *Rio Madeira*, « rivière des Bois, » 3300 km; le *Tapajos*, le *Xingu* et le *Tocantins*. Celui-ci, considéré comme un fleuve indépendant, se termine dans le *Rio-Para*, branche méridionale de l'estuaire de l'Amazone entourant la grande île Marajo.

Le **Parana** prend sa source non loin de Rio-Janeiro, dans la Serra do Mar, coule vers le S.-O., forme la frontière S.-E. du Paraguay, et reçoit à droite le *Paraguay* et le *Salado*. Il se divise en plusieurs bras dans les plaines marécageuses de l'Argentine, et se jette dans le vaste estuaire ou la baie du *Rio de la Plata*, qui baigne Buénos-Aires et la Plata au S., Montévidéo au N.

Le *Paraguay* sort du plateau de Matto Grosso et traverse du N. au S. de vastes plaines marécageuses souvent inondées; il reçoit, à droite, le *Pilcomayo* et le *Vermejo*, qui viennent des Andes en traversant les pampas du Gran Chaco.

L'*Uruguay* descend de la Serra do Mar méridionale et sépare l'Argentine du Brésil et de l'Uruguay, jusqu'au Rio de la Plata.

IV. ***Climat***.

114. Le climat de l'Amérique est *très varié*, mais généralement *moins chaud* que celui des parties de l'Europe et de l'Afrique situées sous les mêmes latitudes.

Ce qui est dû : au prolongement du continent américain plus au N. et au S. que l'ancien continent; à l'existence de mers intérieures dans les régions tropicales; à la présence de

AMÉRIQUE PHYSIQUE

Échelle de 60 000 000 ou 1 millim pour 60 kil

Régions hypsométriques

- Régions basses, plaines ou plateaux de moins de 400 mètres d'altitude
- Régions moyennes de 400 à 2000 mèt. d'altitude
- Régions hautes, plateaux ou montagnes de plus de 2000 mètres d'altitude
- Lignes de partage des bassins hydrographiques
- Lignes des profondeurs des mers

Grandeurs comparatives

L'Océan. — Pêche à la baleine.

Récolte du coton.

montagnes neigeuses à l'O., d'où sortent de grands fleuves; à l'ouverture des plaines aux vents humides de l'E. et au vent froid du N.

I. Les **régions froides**, stériles et peu habitables, sont : au N. l'Alaska, le Groenland et le nord de la région canadienne; le climat y est *excessif;* — les sommets neigeux des Cordillères.

II. Les **régions tempérées**, favorables à l'expansion de la race blanche et aux cultures européennes, sont : au N., le sud du Canada, les Etats-Unis en général, ainsi que les plateaux du Mexique; — au S., la Patagonie, tout le bassin de la Plata, ainsi que les plateaux du Brésil et des Andes.

III. Les **régions chaudes** sont : les plaines humides de l'Amazone, de l'Orénoque et de la Guyane, les Antilles, les côtes orientales du Mexique et l'Amérique centrale, où des pluies abondantes provoquent, comme aux Indes et en Afrique médiane, une végétation extraordinaire et variée. Elles sont malsaines pour les Européens et fréquemment ravagées par la fièvre jaune. Les côtes du Grand Océan intertropical, au pied des Andes, forment une région chaude, mais *sèche, sans pluies,* par conséquent déserte et peu habitable.

V. *Productions naturelles.*

115. L'Amérique ne le cède à aucune autre partie du monde pour les richesses naturelles, surtout dans le règne végétal et le règne minéral.

I. **Minéraux**. Les métaux usuels ou précieux et les combustibles sont activement exploités, notamment l'*or*, dans l'Alaska, le Canada, les États-Unis, le Mexique; l'*argent*, dans les Etats-Unis, le Mexique et le Pérou; le *cuivre*, aux Etats-Unis, au Mexique et au Chili; le *diamant*, l'*émeraude*, au Brésil; le *fer*, le *plomb*, le *zinc*, la *houille* et le *pétrole*, aux Etats-Unis et dans le Canada.

II. **Végétaux**. On peut citer notamment les *séquoïas*, ou sapins géants de la Californie; — les *forêts vierges* du Canada, des Etats-Unis, de l'Amazone et des Andes; les *aloès*, les *cactus* du Mexique; les *arbres à quinquina*, *à cacao*, *à caoutchouc;* le *cotonnier*, le *caféier*, les bois de teinture (Etats-Unis, Amérique centrale, Brésil), etc. La *pomme de terre*, le *tabac*, le *maïs*, sont originaires de l'Amérique.

III. **Animaux**. Les singes à queue prenante, qui peuplent les forêts des contrées chaudes; le vampire, l'ours gris, le puma du nord, et le *jaguar*, commun partout; — le castor du Canada; — le *bison*, le tapir, le *lama*, la vigogne, le tatou, le *condor* des Andes, les colibris et les oiseaux-mouches; — le caïman, le boa et le serpent à sonnettes, très répandus; la *cochenille* du cactus nopal, du Mexique.

Les animaux domestiques d'Europe : chevaux, bœufs, chèvres, moutons, et même le dromadaire, ont été acclimatés en Amérique; les chevaux sauvages sont nombreux dans les pampas argentines et steppes du Nord.

AMÉRIQUE POLITIQUE GÉNÉRALE

I. *Notions historiques.*

116. **Les découvertes en Amérique.** — Les Danois et les Scandinaves paraissent avoir découvert vers le xe siècle l'Islande et le Groenland, et avoir fréquenté au xive les côtes du Canada. Mais leurs aventures, complètement ignorées en Europe, laissent la gloire de la découverte de l'Amérique à l'illustre navigateur génois Christophe Colomb (né vers 1436). C'est par l'étude qu'il sut se convaincre de la possibilité d'atteindre les Indes (Asie) par l'ouest, tandis que les Portugais y arrivaient par l'est. Ayant obtenu des souverains d'Espagne, Ferdinand et Isabelle, trois petits vaisseaux, dont le principal fut pieusement baptisé du nom de *Santa Maria*, il partit de Palos en 1492, et aborda, après soixante-cinq jours de navigation, le 12 octobre 1492, dans une des îles Lucayes, à laquelle, pour remercier la divine Providence, il donna le nom de *San Salvador*. Il découvrit ensuite Cuba et Haïti, qu'il nomma Hispaniola, « Petite Espagne ». Il appela toutes ces terres les *Indes occidentales*, croyant se trouver en Asie : de là vient le nom d'Indiens appliqué aux indigènes du pays. Dans trois voyages subséquents, Colomb découvrit les autres Antilles et la « terre ferme » (côte du Vénézuéla). Après avoir ainsi enrichi l'Espagne et ouvert à l'Evangile et à la civilisation tout un monde nouveau, Colomb ne recueillit pour lui-même que des injustices, des chagrins amers, la prison, qui le conduisirent au tombeau, en 1506. L'honneur de donner son nom à ce nouveau continent ne lui fut pas même accordé et revint, par une chance inexplicable, au Florentin Améric Vespuce, qui n'explora qu'en 1499 les côtes de la Guyane.

Les découvertes de Colomb furent rapidement suivies de celles des navigateurs ou conquérants Pinzon, Cabral, Magellan, Balboa, Orellana, Almagro, Cortez, Pizarre, etc.

117. **Les révolutions politiques en Amérique.** — L'histoire des peuples américains ne remonte guère au delà du xve siècle, et se confond avec celle des découvertes et des conquêtes des Européens. Ceux-ci avaient, il est vrai, rencontré au Mexique, dans l'Amérique centrale et au Pérou, des populations sédentaires et civilisées; mais partout ailleurs le continent n'était peuplé que d'Indiens ou Peaux-Rouges, menant une vie plus ou moins errante et sauvage.

La conquête du pays était donc facile, et devait être d'autant plus rapide que l'Europe y trouvait un débouché pour le trop-plein de sa population, à laquelle, du reste, convenaient généralement le climat de ces régions nouvelles et les immenses richesses qu'elles renferment.

Les *Espagnols* eurent bientôt formé un magnifique empire colonial qui comprit les *vice-royautés du Mexique*, de la *Nouvelle-Grenade*, du *Pérou* et de *Buénos-Aires*, avec les capitaineries générales du Chili, de Guatémala, de Caracas et de la Havane.

Pendant ce temps, les *Portugais* colonisèrent le Brésil. Au xviie siècle, les *Français* occupèrent une partie des Antilles, du Canada et du bassin du Mississipi.

En même temps, les *Suédois*, les *Danois*, les *Hollandais* et les *Anglais* prirent pied sur la côte orientale des Etats-Unis actuels. Les *Anglais* surtout occupèrent la Jamaïque, fondèrent la Virginie, la Nouvelle-Angleterre, et, en 1763, se firent céder par la France le Canada, ainsi que la Louisiane, dont une partie fut donnée aux Espagnols.

Mais, vers la fin du xviiie siècle, l'Amérique, jusque-là à peu près entièrement soumise à l'Europe, commença à s'en séparer par le fait des colons eux-mêmes, qui secouèrent le joug de leur métropole.

En 1776, les colonies de la Nouvelle-Angleterre, secourues par la France, s'émancipent et créent la république des *Etats-Unis de l'Amérique du Nord*, si puissante de nos jours.

Quelques années plus tard (1793), la France perdit Saint-Domingue, où les nègres esclaves s'insurgèrent pour se constituer en république (1805).

De leur côté, les colonies espagnoles du *Mexique*, de l'*Amérique centrale*, de la *Colombie*, du *Pérou*, etc., profitèrent de l'occupation de l'Espagne par les Français pour conquérir, vers 1810, leur indépendance, et, en 1826, il ne restait à cette métropole que les îles Cuba et Porto-Rico, qui lui furent enlevées en 1898 par les Etats-Unis.

Enfin, le *Brésil* s'émancipa en 1822, pour former un empire qui devint république en 1889.

En 1867, les Etats-Unis, après s'être agrandis aux dépens du Mexique, ont acheté l'*Alaska* à la Russie; en même temps les immenses possessions anglaises du *Canada*, tout en restant sujettes de la Couronne britannique, sont constituées en *souveraineté autonome*. De sorte qu'il ne reste aujourd'hui à l'Europe

123*bis*. TABLEAU STATISTIQUE DE L'AMÉRIQUE (1911.)

COMPLÉTER LE CROQUIS 23 DU CAHIER N° 5

ÉTATS OU CONTRÉES	SUPERFICIE absolue	SUPERFICIE comparée	POPULATION absolue	POPULATION relative	COMMERCE SPÉCIAL
	kilom. carr.		habitants.	hab.	millions.
AMÉRIQUE SEPTENTRIONALE	*23 000 000*	*42,5*	*130 000 000*	*6*	*28 000*
Canada et terres polaires.	8 500 000	16	7 500 000	0,9	4 000
Groenland et Islande. . .	2 200 000	4	100 000	»	40
Etats-Unis	9 500 000	18	95 000 000	10	20 000
Mexique	2 000 000	3,7	15 000 000	7,5	1 300
Amérique centrale.	550 000	1	5 000 000	9	500
Iles Haïti et Cuba	200 000	0,4	5 100 000	26	1 400
Antilles européennes. . . .	40 000	»	2 250 000	45	500
AMÉRIQUE MÉRIDIONALE	*18 000 000*	*33,5*	*50 000 000*	*3*	*8 000*
Guyanes européennes. . .	460 000	0,8	430 000	1	150
Brésil.	8 500 000	16	22 000 000	2,5	2 500
Vénézuela	950 000	2	2 700 000	2,7	145
Colombie.	1 200 000	2	4 500 000	3	160
Equateur.	400 000	0,8	1 500 000	3,5	110
Pérou.	1 200 000	2	4 700 000	3,5	320
Bolivie.	1 300 000	2,4	2 400 000	2	220
Chili.	760 000	1,4	3 500 000	5	1 100
Argentine	2 900 000	5	7 200 000	2,5	3 600
Paraguay.	250 000	0,5	700 000	2,8	60
Uruguay.	180 000	0,3	1 100 000	6	450
Pour l'Amérique, environ.	41 000 000	76	180 000 000	4,4	36 000
Possessions anglaises . .	9 000 000	16	9 600 000	1	4 600
— *françaises*. .	95 000	»	420 000	4,4	110
— *hollandaises*.	130 000	»	140 000	1	40
— *danoises* . .	200 000	»	125 000	»	60

comme possessions absolues en Amérique, qu'une partie des Antilles et quelques territoires de médiocre importance.

Ainsi, par un contraste remarquable, l'*Amérique*, peuplée de blancs venus d'Europe, s'est détachée de la mère patrie et *s'appartient désormais à elle-même*, tandis que l'Asie, l'Afrique, l'Océanie, peuplées de races moins intelligentes ou *non vivifiées* par le christianisme, tombent peu à peu sous la domination de l'Europe. De plus, à son tour, l'Amérique du Nord, c'est-à-dire les Etats-Unis, établit son influence non seulement sur l'Amérique du Sud, mais l'étend même au dehors.

De toutes manières, c'est toujours la *race blanche européenne et chrétienne* qui, par une force irrésistible, marche vers la domination du monde entier, et c'est ainsi « que l'Evangile sera prêché à tous les peuples de la terre ».

II. *Géographie politique.*

118. **Population.** La *population absolue* de l'Amérique est de 180 000 000 d'habitants, dont 130 millions pour l'Amérique du Nord et 50 millions pour l'Amérique du Sud. C'est la neuvième partie de la population du globe.

La *superficie* de l'Amérique étant de 41 000 000 de kilomètres carrés, sa *population relative* est de 4,4 habitants par km².

119. **Races humaines.** L'Amérique est peuplée par la *race blanche*, venue d'Europe (Espagnols, Anglais, Irlandais, Allemands, etc.), par la *race rouge* indigène, par la *race noire*, originaire d'Afrique, et par les *métis* de ces races.

120. **Religions.** Les conquérants européens ont naturellement introduit en Amérique la *religion chrétienne*, qu'ils professaient dans la mère patrie.

Le *catholicisme* domine aujourd'hui dans toutes les anciennes possessions des Espagnols, des Portugais et des Français, et parmi les populations irlandaises, italiennes, autrichiennes, etc., des Etats-Unis.

Le *protestantisme* est dominant parmi les populations anglaises, allemandes et scandinaves aux Etats-Unis, au Canada, et dans quelques-unes des Antilles.

Quelques peuplades indigènes restées sauvages sont *païennes* et *fétichistes*.

121. **Civilisation.** Les Américains de race blanche, surtout ceux des Etats-Unis et du Canada, possèdent en général la même civilisation que les Européens : ils cultivent les sciences, les arts et les industries de la mère patrie.

Les *indigènes*, du moins ceux des anciennes possessions espagnoles et portugaises, ont généralement fusionné avec leurs conquérants et en ont adopté les mœurs. — Quelques peuplades sont restées isolées, errant à l'état sauvage; mais la civilisation fait des progrès, et les Peaux-Rouges de l'Amérique du Nord, tendent à s'accroître de nouveau.

Les *nègres*, autrefois esclaves, participent plus ou moins à la civilisation et aux droits de leurs anciens maîtres.

122. **Gouvernements.** La forme *républicaine démocratique* est exclusive dans les gouvernements américains, sauf au Canada, qui fait partie de la monarchie britannique.

123. **Divisions politiques.** L'Amérique se divise politiquement en plus de 130 *Etats constitués*, ayant chacun un président et deux chambres électives; mais la plupart sont réunis en *confédérations*, de sorte que l'on ne considère habituellement que 25 *divisions politiques*, y compris les colonies européennes.

124. **Possessions anglaises.** Puissance du *Canada*, îles Terre-Neuve, Bermudes, Bahama, Jamaïque, la plupart des Petites Antilles; Balize, Guyane anglaise et îles Falkland.

— **françaises.** Iles Saint-Pierre et Miquelon, quelques Petites Antilles et Guyane française.

— **hollandaises.** Guyane hollandaise et quelques Petites Antilles.

— **danoises.** Islande, côtes méridionales du Groenland, îles Sainte-Croix, Saint-Thomas et Saint-Jean, aux Antilles.

125. **Commerce.** *Les échanges s'établissent surtout entre l'Angleterre* (pour plus d'un tiers), l'Allemagne, la France, les Pays-Bas, la Belgique, le Japon, la Chine, d'une part; — les *Etats-Unis*, le *Canada*, le Mexique, les *Antilles*, le *Brésil*, l'*Argentine* et le Chili, d'autre part.

Importation de produits européens manufacturés.

Exportation des produits ci-après :

1° Fourrures, bois, produits agricoles du Canada;

2° *Coton*, *céréales*, farines, tabac, *viandes*, machines, houille et *pétrole* des Etats-Unis;

3° *Or*, *argent*, cuivre et autres métaux des Etats-Unis et du Mexique.

4° Denrées coloniales : *sucre*, *rhum*, *tabac* des Antilles, *café*, *cacao*, *maté*, *caoutchouc*, *bois de teinture et d'ébénisterie* du Brésil;

5° *Laines*, *peaux brutes*, *céréales*, *linette*, *viandes* de l'Argentine et de l'Uruguay;

6° *Cuivre* et *nitrates* du Chili, guano du Pérou.

126. **Voies commerciales.** Le *commerce intérieur* à peu de belles *routes*, mais de nombreux *chemins de fer* (530000 km.), surtout dans les Etats-Unis, le Canada et l'Argentine.

De magnifiques *voies fluviales* sont formées par le Saint-Laurent, le Mississipi, l'Amazone, le Parana et leurs affluents.

Pour le *commerce extérieur*, *l'Atlantique est la grande voie maritime* qui relie les ports de l'Amérique à ceux de l'Europe, au moyen de services réguliers à vapeur, dont plusieurs contournent le continent par le *détroit de Magellan*, tandis que les navires à voiles doublent le cap Horn. Les Etats-Unis construisent le *canal interocéanique de Panama*.

En outre, le *chemin de fer transcontinental* de Panama et surtout les *transcontinentaux* des Etats-Unis et du Canada facilitent le transit entre les deux Océans et rattachent, par l'ouest, l'Europe à l'Extrême-Orient et à l'Australie.

Neuf *câbles télégraphiques* relient Terre-Neuve et le Canada à l'Angleterre, deux les Etats-Unis à la France, et un le Brésil au Portugal. Un câble réunit San Francisco aux Philippines. D'autres câbles sous-marins rattachent entre eux les ports américains et correspondent avec de nombreuses lignes dans l'intérieur du continent.

I. PUISSANCE DU CANADA

127. **Cartographie** [1]. *Bornes, mers* et *golfes, îles, presqu'îles* et *caps, montagnes, fleuves* et *lacs.* Étudier la carte. Compléter le croquis 18 du cahier n° 5. — *Climat* et *productions.*

128. **Aspect.** L'immense contrée presque déserte de l'Amérique anglaise présente à l'O. des *régions montagneuses* (Colombie) ou *agricoles;* au S. et au S.-E., des *plateaux* accidentés, en partie couverts, comme les régions occidentales, de vastes forêts de résineux : la *plaine* du Saint-Laurent et des Lacs est fertile et peuplée. La *grande plaine boréale* n'est qu'un désert assez semblable à la Sibérie, parsemé de collines rocheuses, couvert de *marécages,* de rivières et de *lacs* gelés pendant les trois quarts de l'année. Les terres polaires, formées d'îles considérables, mais glacées, sont inhabitables.

129. **Historique.** Du XVIe au XVIIIe siècle, les Français découvrirent et colonisèrent les vastes territoires du Saint-Laurent, qui formèrent le Canada ou la Nouvelle-France, et ceux du Mississipi (Louisiane). En 1763, après une guerre héroïque, la France dut céder le Canada aux Anglais, et elle ne conserva que quelques établissements de pêche à Terre-Neuve, depuis cédés également. Aujourd'hui l'Amérique anglaise du nord forme plusieurs provinces distinctes et très florissantes. Diverses tentatives ont déjà été faites pour réunir le Canada aux États-Unis, et c'est pour conjurer la perte de cette importante colonie que l'Angleterre, en 1867, lui a accordé une autonomie complète, en créant la souveraineté ou Puissance du Canada (*Dominion of Canada*).

130. **Ethnographie.** La population *coloniale* se compose de Franco-Canadiens ou descendants de Français (1700000) dans le Bas-Canada, d'Anglais, d'Irlandais et d'Allemands. Ces nationaux ont la *langue,* la *religion* et la *civilisation* de leur patrie d'origine.

Un grand nombre d'étrangers sont attirés pour l'exploitation de vastes territoires incultes, surtout dans l'ouest.

Les *indigènes* sont peu nombreux (130000) : outre un millier de *jaunes Esquimaux,* au N., ce sont les *Indiens Peaux-Rouges :* Algonquins, Iroquois, Bois-Brûlés, cantonnés dans des « réserves », en partie chrétiens, plus ou moins sédentaires et civilisés.

131. **Population,** 7500000 habitants, les 9/10 dans le bassin du Saint-Laurent. — *Superficie,* 8500000 km², dont 1/10 seulement pour les parties colonisées. — *Densité,* 0,9, ou moins de 1 habitant par km².

Gouvernement. La *Puissance du Canada* est une *monarchie fédérative constitutionnelle;* elle se compose de 9 *provinces autonomes.*

Un *gouverneur général,* représentant la Couronne britannique, administre avec le *Parlement fédéral,* composé d'une *Chambre haute,* ou *Sénat,* et d'une *Chambre basse.*

132. **Divisions.** Les 9 provinces sont : celles d'ONTARIO et de QUÉBEC, le NOUVEAU-BRUNSWICK, la NOUVELLE-ÉCOSSE, l'île du PRINCE-ÉDOUARD, le MANITOBA, le SASKATCHEWAN, l'ALBERTA et la COLOMBIE BRITANNIQUE.

Il y a en outre les territoires de *Keewatin,* du *Youkon,* de *Mackenzie,* d'*Ungava* et de *Franklin,* peuplés seulement d'indigènes, sauf les mineurs blancs du Youkon.

L'île anglaise de TERRE-NEUVE, dont dépend la côte nord-ouest du Labrador, a un gouvernement particulier; mais elle ne fait pas encore partie de la Puissance du Canada; 200000 hab.

133. **Villes. Ottawa** ‡, 90 000 habitants, cap. fédérale, sur l'Ottawa.

Toronto ‡, 380000 habitants, cap. de l'ONTARIO, et *Hamilton,* 70., ports florissants sur le lac Ontario.

Québec ‡, 80., capitale de province, place forte et port sur le Saint-Laurent.

Montréal ‡, 470000 habitants, en amont, centre principal du commerce et de l'industrie du pays.

Ces deux villes, de fondation française, sont en majorité peuplées de Franco-Canadiens.

Saint-John †, 50., port sur la rivière de ce nom et la baie de Fundy, dans le NOUVEAU-BRUNSWICK, dont la capitale est *Frédéricton.*

Halifax ‡, 60., cap. de la NOUVELLE-ÉCOSSE, port et station navale sur l'Atlantique.

Saint-Jean †, 40., cap. de TERRE-NEUVE, principale station de pêche de la morue.

Winnipeg, 140. (avec *Saint-Boniface* ‡), sur la rivière

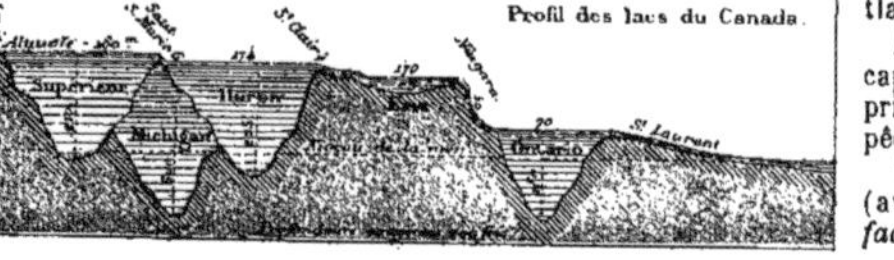

[1] *Sous la rubrique* **Cartographie**, *on sous-entend la revision de la* **Géographie physique** *spéciale de la contrée étudiée, en reprenant les traits qui lui reviennent dans l'exposé de* **Géographie générale** *de la Partie du monde.*

Rouge, affluent du lac Winnipeg; cap. du MANITOBA. — *Regina*, cap. du SASKATCHEWAN, et *Edmonton*, cap. de l'ALBERTA.

Ces trois provinces, où affluent les immigrants, sont devenues l'un des greniers à blé du monde.

Victoria, 35., cap. de la COLOMBIE BRITANNIQUE, port dans l'île Vancouver; en face, se trouve la ville de *Vancouver*, 100., terminus du chemin de fer transcontinental dit Canadian-Pacific.

134. **Industrie.** Le Canada, essentiellement agricole, est, après les Etats-Unis, le pays le plus actif du Nouveau Monde. On signale surtout : la production du *froment* et de l'avoine, dans l'O., l'élevage du *bétail* et des *porcs*, dans le sud; — la chasse des *animaux à fourrures* : castor, renards, loutre, hermine, ours noir, glouton, zibeline, dans le nord-ouest; — la *pêche de la morue*, abondante dans les parages de Terre-Neuve; celle de la baleine, des harengs, saumons, homards; — l'*exploitation d'immenses forêts* et des *mines de houille* (Colombie), de pétrole; d'or (Klondyke et Montagnes Rocheuses), de fer, cuivre, nickel, etc.

135. **Commerce.** Les voies de communication intérieure comprennent le *fleuve* Saint-Laurent et ses affluents, qui toutefois gèlent pendant cinq mois; les *grands lacs* et de nombreux *canaux*; — les *chemins de fer* (40000 km.), très nombreux dans les provinces d'Ontario et de Québec : les principaux sont deux transcontinentaux, le *Canadian-Pacific*, 4900 km., d'Halifax à Vancouver, et le *Grand-Tronc*, de Québec à Port-Rupert; ils fournissent, après le Transsibérien, la voie la plus courte d'Angleterre au Japon (20 jours).

Exportation de *produits agricoles* : blé et farine, fruits, bétail, viandes, beurre, fromages; de *bois* : madriers, planches et pulpe; de *poisson*, huiles et autres produits de pêche; d'or et de minerais, de pelleteries, etc.

Importation d'objets en fer, de houille, de cotonnades, lainages, soieries, de thé, sucre, vins.

Les *échanges* se font avec l'Angleterre, les Etats-Unis, les Antilles et l'Europe, presque entièrement par les marines anglaise, canadienne et américaine.

Ports : Québec, *Montréal*, *Toronto*, Halifax, Saint-John, Vancouver et Victoria. — Québec est relié à Liverpool par un service régulier qui fait le trajet en moins de sept jours.

136. **Saint-Pierre et Miquelon**, possessions françaises. (V. 2e partie.)

GROENLAND ET ISLANDE

137. **Le Groenland**, 13000 h., est censé appartenir au Danemark. Cependant, sur une superficie totale évaluée à 2000000 de km², les établissements danois n'occupent guère que 100000 km² sur les côtes méridionale et occidentale; le reste étant couvert de glace et de neige.

Ce sont : *Julianehaab*, au N.-O. du cap Farewell; — *Godhaven*, dans l'île Disco, qui a de la houille, — et *Upernivik*, le port danois le plus avancé au N. (72° 50').

L'Islande, colonie danoise autonome, a une superficie de 100000 km² et une population de 85000 habitants. Elle est administrée par un gouverneur résidant à *Reykiavik*, bourgade de la côte occidentale.

Le *commerce* exporte du lichen d'Islande, des huiles de baleine et de phoque et d'autres produits de pêche, expédiés en Danemark en échange de blé.

TERRITOIRE D'ALASKA

138. L'**Alaska**, cédé aux Etats-Unis par la Russie en 1867, forme un territoire dont la superficie égale 1500000 km². — Sa population est à peine de 70000 hab.

Le chef-lieu est le village de *Sitka*, dans l'île *Baranof*, archipel d'*Alexandre*, où se trouvent les magasins de la Compagnie américaine des fourrures. — *Exportation* des pelleteries, des produits de la chasse à la baleine et aux phoques, surtout de l'*or* du Youkon et du cap *Nome* (près du cap Occidental).

II. ÉTATS-UNIS

DE L'AMÉRIQUE DU NORD

139. **Cartographie.** *Bornes, mers, îles, presqu'îles* et *caps, montagnes, versants, fleuves* et *lacs*. (Etude d'après la carte. Compléter le croquis 19 du cahier n° 5.)

140. **Aspect.** Le territoire des Etats-Unis peut se diviser en 5 *grandes régions naturelles* : 1° A l'O., une vaste *région haute* formée de montagnes souvent nues et rocailleuses, couvertes de *neiges perpétuelles* ou de majestueuses *forêts*; — 2° les *plateaux* de l'Utah, de la Californie et du Texas, élevés de 1000 m. (or, argent, pétrole), et renfermant des *lacs salés* et des *déserts*; — 3° la *région des Appalaches* et des grands lacs, accidentée, mais moins élevée, *minière, très fertile*, bien cultivée, avec de belles *forêts* sur l'Ohio; — 4° l'immense *plaine du Mississipi*, formée de *savanes* ou prairies sans arbres dans le nord, de *plateaux* sablonneux à l'ouest, de *plaines basses* et marécageuses très productives en céréales au centre et au sud, où elle se termine par un vaste *delta*; — 5° la *plaine du littoral* de l'Atlantique et du golfe du Mexique, très fertile, mais bordée de marécages et de *lagunes* insalubres. — Les mers du S.-E., peu profondes près des côtes, présentent une ceinture de *récifs de corail* et de bancs de sable.

141. **Historique.** Aux XVIe et XVIIe siècles, les *Anglais* colonisèrent la côte N.-E. des Etats-Unis (Nouvelle-Angleterre : Virginie, Massachusetts, etc.); les *Hollandais* s'établirent dans le New-York; les *Français*, déjà maîtres du Canada, fondèrent la Caroline (Charles IX) et prirent possession du bassin méridional du Mississipi, qui fut nommé la Louisiane (Louis XIV); les *Espagnols* s'établirent dans la Floride et conquirent toute la région occidentale, depuis le Texas jusqu'à l'Orégon. En 1776, les colonies anglo-américaines se révoltèrent contre l'Angleterre et, soutenues par la France, conquirent leur indépendance, qui fut reconnue au traité de Versailles, en 1783. La nouvelle *Confédération*, dont Washington fut le premier président, ne comptait que treize *Etats unis*; mais, en 1803, elle acheta la Louisiane à la France; en 1818, elle s'empara de la Floride; en 1846, du Texas, du Nouveau-Mexique et de la Californie. En même temps, de nouveaux Etats se formèrent par division des anciens, ou s'établirent sur les territoires de l'ouest enlevés aux indigènes.

En 1861, éclata une terrible *guerre civile* : onze des Etats du S.-E. (Virginie, Caroline, Louisiane, Floride, etc.), voulant conserver l'*esclavage* des nègres employés aux plantations, se séparèrent de l'Union et déployèrent des prodiges de valeur pour obtenir leur indépendance administrative; mais le Nord triompha en 1865, et l'esclavage fut aboli.

L'Union, reconstituée, s'agrandit en 1867 de l'Amérique russe; sa prépondérance politique tend à s'établir sur toute l'Amérique et même au delà. En 1898, elle a enlevé à l'Espagne Porto-Rico et les Philippines. — Aujourd'hui les Etats-Unis forment l'une des grandes puissances du monde, de toutes la plus riche d'avenir. Leur territoire, presque aussi étendu que l'Europe et présentant une plus grande variété de races humaines, de climats et de richesses naturelles, offre toutes les ressources nécessaires au plus grand développement possible de l'industrie et du commerce, base de la richesse et de la puissance politique.

142. **Ethnographie.** La population des Etats-Unis appartient en majorité à la *race blanche* et à la famille *teutonne* (Anglais et Allemands), professe le *protestantisme* ou le catholicisme, et parle l'*anglais*.

Toutes les races humaines, avec leurs divers caractères et aptitudes, semblent s'être donné rendez-vous dans la grande république américaine. Celle-ci, qui n'avait que 5 millions d'habitants en 1800, en comptait 12 millions en 1820, 30 millions en 1860, 65 millions en 1890. Cet accroissement rapide a été favorisé par l'arrivée d'environ 26 millions d'*émigrants européens*, dont : Anglais et Irlandais, 8 m.; Allemands, 5,5 m.; Austro-Hong., 3 m.; Italiens, 3 m.; Russes, etc., Français, 0,5 m.

Race blanche. Les *Anglais* et leurs descendants, appelés communément *Yankees* ou *Américains*, forment la partie dirigeante et la plus active de la population; les Allemands et les Irlandais occupent les villes du N.-E.; les Italiens, Slaves et Hongrois sont mineurs; les Français habitent la Louisiane. — Les autres races sont représentées par les *Nègres* (11 millions), les *Chinois* et les *Japonais* (500000), les Indiens Peaux-Rouges (270000).

La *langue* anglaise est généralement usitée; cependant, dans certains centres, chaque nationalité conserve son idiome.

Religion. Les nombreuses *sectes protestantes* embrassent les 7/8 de la population; mais aucune d'elles n'a autant d'adhérents que le *catholicisme*, qui fait de grands progrès (13 millions de catholiques).

143. **Population**, 95000000 d'hab. *Superficie*, environ 8000000 de km², ou, avec l'Alaska, 9500000 km², soit 18 fois la superficie de la France. — *Densité*, 10.

Gouvernement. Les Etats-Unis forment une *république fédérative*. Le gouvernement se compose de trois pouvoirs indépendants : le *Pouvoir exécutif*, exercé par le Président et ses ministres, non responsables; le *Pouvoir législatif*, par un *Congrès* formé de deux Chambres élues : le Sénat et la Chambre des représentants; le *Pouvoir judiciaire*, par la Cour suprême.

144. **Divisions.** La grande Confédération américaine comprend (en 1911) un *District fédéral* (la COLOMBIE, cap. *Washington*), 48 *États* ou *républiques autonomes*, et 2 *territoires* (non compris Porto-Rico et les Philippines). — (Voir page suivante.)

145. **Villes.** *Portland* ✝, 50., dans le Maine, port armant pour la pêche, ainsi que tous les ports de la côte du N.-E.

144*bis*. Tableau des États de l'Union.

I. États de l'Est. — *Versant de l'Atlantique*[1].

	État	Capitale
6 États du N.-E. ou de la Nouvelle-Angleterre	Maine	capitale Augusta.
	* New-Hampshire	c. Concord.
	Vermont	c. Montpelier.
	* Massachusetts	c. *Boston.*
	* Rhode-Island	c. *Providence.*
	* Connecticut	c. Hartford †.
6 États du Milieu	* New-York	c. Albany, v. pr. *New-York, Buffalo.*
	* New-Jersey	c. Trenton †, v. pr. *Newark, Jersey-City.*
	* Pennsylvanie	c. Harrisburg †, v. pr. *Philadelphie.*
	* Delaware	c. Dover.
	* Maryland	c. Annapolis, v. pr. *Baltimore.*
	* Virginie	c. *Richmond.*
4 États du Sud	* Caroline du N.	c. Raleigh.
	* Caroline du S.	c. Columbia.
	* Géorgie	c. Atlanta.
	Floride	c. Tallahassée.

II. États du Centre. — *Vers. du golfe du Mexique.*

	État	Capitale
Rive gauche du Mississipi (10 États)	Au nord :	
	Michigan	c. Lansing.
	Wisconsin	c. Madison, v. pr. *Milwaukee.*
	Illinois	c. Springfield †, v. pr. *Chicago.*
	Indiana	c. *Indianopolis.*
	Ohio	c. Columbus †, v. pr. *Cincinnati.*
	Virginie Occident.	c. Charleston †.
	Au sud :	
	Kentucky	c. Francfort.
	Tennessée	c. *Nashville* †.
	Missisipi	c. Jackson.
	Alabama	c. Montgomery.
Rive droite du Mississipi (14 États)	Au nord :	
	Montana	c. Helena †.
	Wyoming	c. Cheyenne.
	Dakota Nord	c. Bismarck.
	Dakota Sud	c. Yankton.
	Minnesota	c. *Saint-Paul*, v. pr. *Minneapolis.*
	Iowa	c. Des Moines-City.
	Nébraska	c. Lincoln, v. pr. *Omaha.*
	Au sud :	
	Colorado	c. *Denver* †.
	Kansas	c. Topeka.
	Missouri	c. Jefferson, v. pr. *Saint-Louis.*
	Arkansas	c. Little Rock †.
	Louisiane	c. *Nouvelle-Orléans.*
	Oklahoma	c. Guthrie.
	Texas	c. Austin, v. pr. *Galveston.*

III. États de l'Ouest. — *Sur le Pacifique.*

	État	Capitale
Sur le Pacifique (8 États)	Washington	c. Olympia.
	Orégon	c. Salem.
	Idaho	c. Boisé-City †.
	Utah	c. Grand Lac Salé †.
	Névada	c. Carson-City.
	N.-Mexique	c. Santa Fé †.
	Arizona	c. Phœnix.
	Californie	c. Sacramento † v. pr. *San Francisco.*

Les 2 Territoires sont : l'*Alaska,* ch.-l. Sitka (nº 138), et les îles *Hawaii,* ch.-l. Honolulu (nº 249).

1 Les noms marqués d'un astérisque sont ceux des 13 *États primitifs*, en 1776.

Les villes en *italique* sont les plus importantes. Les *capitales des États* sont souvent des villes peu considérables; cette mesure a été prise afin de mettre le gouvernement et la législature à l'abri de la turbulence des cités riches et populeuses.

145*bis*. Les villes (*suite*).

Boston †, 680 000 habitants, au fond d'une baie, cap. du Massachusetts, est le principal centre littéraire et le second port des États-Unis. — *Providence* †, 230., cap. de Rhode-Island, ville manufacturière.

New-York †, la « *Cité impériale* », à l'embouchure de l'Hudson, compte 4 800 000 habitants. — *Hoboken, Jersey-City* et *Newark* †, villes voisines, en ont ensemble 700 000. — Le groupe de New-York est, après celui de Londres, le plus important du monde pour la population, la navigation, l'industrie et le commerce. — *Paterson,* 140., est le plus grand centre d'industrie de la soie.

Albany †, 100., sur l'Hudson, cap. de l'État de New-York; **Buffalo** †, 430., sur le lac Erié, et *Rochester* †, 220., ports.

Philadelphie †, 1 600 000 habitants, port, dans la Pennsylvanie, est la seconde ville manufacturière de l'Union. — *Pittsburg* †, 540., houille, métallurgie et verrerie.

Baltimore †, 560., port sur la baie de Chesapeake; exportation de tabacs et farines.

Washington, 340., sur le Potomac, cap. fédérale. — *Richmond* †, 130., sur le James, dans la Virginie; *Charleston* †, 60., dans la Caroline du Sud, et *Savannah* †, 65., dans la Géorgie, ports pour le coton et le riz.

Chicago †, 2 200 000 habitants, dans l'Illinois, port sur le Michigan et ville très florissante, fait un immense commerce de céréales, bestiaux, viandes, bois, etc.

Milwaukee ✝, 375., sur le Michigan; **Saint-Paul** ✝, 220., et **Minneapolis**, 310., sur le haut Mississipi; **Détroit** ✝, 470., sur la rivière de ce nom, et **Cleveland** ✝, 570., sur le lac Erié, font le même commerce que Chicago.

Cincinnati ✝, 370., *Louisville* ✝, 250., sur l'Ohio, et *Indianopolis*, 240., font principalement le commerce de coton, tabac, liqueurs, viandes; usines.

Saint-Louis ✝, 690., sur le Mississipi, au-dessous du confluent du Missouri; *Kansas* ✝, 250., et *Omaha* ✝, 150., sur le Missouri, dans la position la plus centrale de l'Union; abattoirs, fonderies, brasseries.

Nouvelle-Orléans ✝, 340., dans la Louisiane, sur le Mississipi inférieur, principal port d'exportation des produits du Sud : coton, sucre, tabac, café, farine; — *Mobile* ✝, 50., dans l'Alabama, et *Galveston* ✝, 50., dans le Texas, ports.

San Francisco ✝, 420., sur une baie superbe, dans la Californie, port florissant qui exporte des produits agricoles et de l'or (tremblement de terre de 1906). — *Los Angeles* ✝, 350., fruits et pétrole. — *Portland*, 210., dans l'Orégon, céréales, et *Seattle*, 240., dans le Washington, houille.

146. **Industrie.** Les Etats-Unis dépassent l'Europe pour l'activité et le progrès dans toutes les branches de l'industrie. Le manque de bras, et par suite le prix excessif de la main-d'œuvre, ont donné une incroyable extension à l'emploi des machines et mécaniques.

Agriculture. Grâce à une grande variété de climats, les Etats-Unis joignent toutes les productions de l'Europe à celles des Indes et des pays tropicaux. C'est le pays du monde qui, eu égard à la population, produit le plus de *céréales*, dont l'excédent de la consommation locale est destiné à l'Europe, de même que celui des *viandes* de bœuf et de porc.

Parmi les produits *végétaux*, il faut citer particulièrement : le *maïs*, la céréale la plus cultivée, le *froment*, l'avoine, le *coton* (plus de la moitié de la production mondiale), le *riz*, la *canne à sucre*, la *patate*, la vigne, le tabac.

Parmi les *animaux domestiques*, les *bœufs*, les *vaches laitières* et les *porcs* des régions du centre et du N.-E.; les *moutons* et les *chevaux*.

Les mines. Aucun pays n'est aussi riche en mines. Il suffit de citer la *houille* (430 millions de tonnes) des Appalaches et de Pennsylvanie; le *pétrole* de Pennsylvanie, de Californie et du Texas; — le *fer*, le *cuivre* et le *plomb* de la région des Lacs, etc.; — le *zinc*, du New-Jersey; — le *mercure*, de la Californie; — l'*or* de la Californie et du Colorado, — l'*argent* du Colorado, du Montana, de l'Utah (600 millions d'or et d'argent); — le *sel marin*.

Objets manufacturés. C'est dans les Etats du N.-E. surtout que se fabriquent les *fers* et *aciers*, les *machines* et *mécaniques* de tous genres, notamment les locomotives, les machines agricoles, les machines à coudre et à écrire, de même le papier, le cuir, les chaussures, les tissus, etc.

147. **Commerce.** Le commerce intérieur des Etats-Unis, d'une activité extraordinaire, est favorisé surtout par ses 400000 km de *chemins de fer* (plus que l'Europe), ses *lacs*, *canaux* (5000 km) et *fleuves navigables* (25000 km).

Les *chemins de fer* sont surtout nombreux dans le N.-E., reliant les ports de Boston, New-York, Philadelphie et autres avec le Canada, les grands Lacs, Chicago, Saint-Louis, etc., dans l'intérieur. Cinq *lignes transcontinentales*, grossièrement parallèles, relient l'Atlantique au Pacifique, en franchissant les Montagnes Rocheuses. Les trajets varient de 5400 à 7500 km. et s'effectuent en 5 à 7 jours.

Le *commerce extérieur* atteint (en 1911) une valeur de 20 milliards de francs, où dominent les produits exportés. — **Exportation** de *coton* (pour 2500 millions), de *grains et farines* (700 m.); de *comestibles* : viandes de porc et bœuf, beurre et fromage, fruits (1500 m.); de houille, de *pétrole* (460 m.); de tabac, de métaux précieux en lingots, de minerais, métaux, machines et mécaniques, etc.

Importation de *tissus de laine* et de lin, de *soieries*, de *sucre* de canne, de *café*, de soie grège, de cuirs et produits chimiques.

Les *échanges* se font surtout *avec l'Angleterre*, l'Allemagne, le Canada, la France.

Les grands **ports** sont : *New-York* (qui fait pour 6 milliards d'affaires), *Boston*, Nouvelle-Orléans, Philadelphie, San Francisco, auxquels on doit joindre ceux de *Chicago* et de Saint-Louis; — en outre, Portland, Providence, Baltimore, Charleston, etc.

147 bis. **Possessions.** — L'*Alaska*, — l'île *Porto-Rico*, dans les Antilles; — la *zone du canal de Panama*; — les îles *Hawaii*, *Guam*, *Tutuila* et les *Philippines*, dans le Pacifique : 310000 km², 9000000 d'h. — Le protectorat, de fait, des républiques de *Cuba* et de *Panama*.

Doctrine de Monroë. En présence de l'alliance des Etats européens, qui remirent Ferdinand VII sur le trône d'Espagne et menaçaient de faire rentrer les colonies espagnoles dans l'obéissance, *Monroë*, président des Etats-Unis, déclara, en 1823, dans un message au Congrès, que toute intervention des Européens dans les affaires des républiques américaines serait considérée comme *casus belli*. — Cette déclaration qui veut dire : « l'Amérique aux Américains, » s'oppose aux acquisitions de territoires par les Européens; elle n'empêcha pas cependant la guerre du Mexique en 1866-67, pas plus que les conflits du Vénézuéla avec l'Angleterre en 1895, avec l'Angleterre, l'Allemagne et l'Italie en 1902.

III. MEXIQUE

148. **Cartographie.** *Bornes, mers, presqu'îles, caps, montagnes, versants et fleuves.* (Étudier sur la carte. Compl. le croquis 20 du cahier n° 5.)

149. **Aspect.** Le Mexique est un vaste *plateau* de 1500 m. d'altitude moyenne, bordé et entrecoupé de longues chaînes de *montagnes*, généralement nues et dirigées du N.-O. au S.-E. Il renferme au centre des pays *déserts*, arides, sablonneux, et de nombreux *lacs salés*. Au centre, le *plateau d'Anahuac*, dominé au sud par le plateau de Mexico, 2300 m., est très accidenté, *volcanique*, surmonté de *montagnes neigeuses*; il est séparé du plateau de l'Amérique centrale par la *plaine* de l'isthme de Téhuantépec. Partout les *côtes* sont étroites, basses, marécageuses et bordées de *lagunes*.

Climat. On distingue au Mexique : 1° les *Terres froides*, ou les hauts plateaux, qui sont salubres et fertiles; — 2° les *Terres tempérées*, occupant les pentes de 1500 m. à 600 m. d'altitude : régions fertiles et produisant comme les précédentes toutes les denrées de l'Europe; — 3° les *Terres chaudes*, comprenant le littoral et le pied des versants jusqu'à 600 m. d'altitude : zones de chaleurs tropicales et très malsaines, où sévit la fièvre jaune.

150. **Historique.** Le *Mexique* était depuis longtemps habité par des nations puissantes et civilisées (les Indiens Aztèques, etc.), lorsque en 1519 Fernand Cortez le découvrit et en fit la conquête. Ce pays, dénommé la Nouvelle-Espagne, forma une vice-royauté espagnole s'étendant de Panama à l'Orégon, et qui fournit à la métropole d'immenses richesses en or et en argent. Insurgé de 1810 à 1821, le Mexique forma ensuite un empire éphémère (sous Iturbide), puis une république tantôt fédérative, tantôt unitaire. En 1862, le président Juarez ayant refusé de donner satisfaction aux commerçants européens, une armée française débarqua à Vera-Cruz, prit Puebla, Mexico, etc.; un nouvel empire mexicain (Maximilien d'Autriche) fut ainsi créé en 1864, mais finit tragiquement trois ans après.

151. **Ethnographie.** La population du Mexique est formée surtout de *métis hispano-indiens-nègres*; elle professe le *catholicisme* et parle l'*espagnol*.

On compte 2 millions de *créoles* ou *blancs*, race dominante et propriétaire; — 7 millions de *métis*; — 4 millions de *rouges* ou Indiens, dont les uns (Aztèques) sont chrétiens, civilisés et agriculteurs, les autres (Apaches, etc.) païens et nomades; — et 500000 *nègres*.

152. **Population.** 15000000 d'habitants.

Superficie, 2000000 de km². - *Densité*, 7,5.

Gouvernement. Le Mexique est une *république fédérative*, gouvernée par un *Président* et deux Chambres électives : celles des *Sénateurs* et des *Députés*.

Il se divise en 27 ÉTATS, portant en général le nom de leur capitale, outre le *district fédéral de Mexico* et les *territoires* de la Basse-Californie et de Tépic.

153. **Villes.** **Mexico** ✝, 480000 habitants, cap. fédérale, ville belle et commerçante, située sur un plateau de 2300 mètres d'altitude et bordé de volcans. Vaste et riche cathédrale.

Puebla, ou Puebla de los Angeles (Ville des Anges) ✝, 120., au S.-E. de Mexico, est une ville forte et industrieuse. — *Qué-*

rétaro †, 35., où Juarez fit fusiller l'empereur du Mexique, Maximilien d'Autriche, en 1867. Fabriques de cotonnades.

Léon †, 60., ville manufacturière; *Zacatécas* †, 30., et *Guanajuato*, 40., au centre de mines d'argent. — *San-Luis de Potosi* †, 85., autrefois célèbre par le même produit. — *Monterey*, 85.; *Guadalajara* ‡, 120., dans la vallée du Santiago; poteries et cigarettes.

Vera-Cruz †, 45., que l'on assainit, est un port actif sur le golfe du Mexique. — *Campêche*, 20., port dans le Yucatan, dont le ch.-l. est *Mérida* ‡, 65.; bois de teinture.

Manzanillo est le principal port (dépôt de charbon) entre Panama et San Francisco.

154. **L'agriculture** produit le *maïs* et le *blé*, l'*agave*, qui donne une boisson fermentée et des fibres textiles (*henneguen*), le *coton*, le *café*, la *vanille* et autres denrées coloniales. — Le gros bétail et les moutons sont nombreux.

L'*industrie* du Mexique, comme celle de la plupart des anciennes colonies espagnoles, est relativement peu importante; mais elle se développe activement, grâce à la houille blanche et aux voies ferrées : filature et tissage du coton, extraction et fonte des métaux, etc.

Le Mexique est le pays qui produit le plus d'*argent* : Etats du centre, surtout Guanajuato et Léon. Il extrait aussi beaucoup d'or, de cuivre et de plomb, du pétrole et du soufre.

Commerce. Le *commerce intérieur* est entravé par les accidents de terrain, le manque de routes, l'absence complète de voies navigables. Mais des *chemins de fer* déjà nombreux (2500 km.) relient notamment Mexico avec le port de Vera-Cruz et avec les Etats-Unis. Une ligne traverse l'isthme de Téhuantépec.

Exportation de *métaux précieux : argent* et *or* (350 millions de francs), de cuivre, plomb, fibres d'agavé, café, peaux, bois de teinture, etc.

Les *échanges* se font surtout avec les Etats-Unis, pour les deux tiers, l'Angleterre et la France. — Ports cités plus haut.

IV. AMÉRIQUE CENTRALE

155. **Cartographie.** Compléter le croquis 20 *bis*.

Aspect. L'Amérique centrale est une contrée *isthmique*, montagneuse et *volcanique*, surtout sur la côte sud-ouest; la côte orientale est *basse*, bordée d'îlots, de *récifs* et de bancs de sable nuisibles à la navigation. Les tremblements de terre y sont fréquents.

Historique. Cette contrée forma sous les Espagnols la capitainerie générale du *Guatémala*. Après 1823, elle se divisa en cinq républiques, qui tour à tour se sont fédérées et divisées. En 1903, fut créée la *république de Panama*, détachée de la Colombie et placée sous la protection des Etats-Unis.

156. **Divisions.** L'Amérique centrale comprend *six Républiques indépendantes* et une *colonie anglaise*. — *Pop.* 4900000 h., la plupart Indiens à peine civilisés.

I. Le GUATÉMALA, 2000000 d'habitants; cap. *Guatémala-la-Nueva* (la Nouvelle) ‡, 125., au pied des volcans Fuego et Agua, qui ont plusieurs fois détruit *la Antigua* (la Vieille *Guatémala*), 10., située plus à l'ouest. — *Santo Tomas*, port.

II. Le HONDURAS, 600000 habitants; cap. *Tegucigalpa*, 40. Chemin de fer de *Puerto-Caballos* à la Union (Salvador).

III. Le SALVADOR, 1150000 habitants, la plus petite, mais la plus florissante des six républiques; cap. *San Salvador* †, 65., sur un plateau; *Santa Anna*, 60., café.

IV. Le NICARAGUA, 470000 habitants; cap. *Managua*, 25., sur le lac de même nom. Villes principales : *Léon*, 45., ancienne capitale, et *Rivas* ou *Nicaragua* †, 15., port sur le lac Nicaragua. — On y comprend le territoire réservé des Indiens *Mosquitos*.

V. Le COSTA-RICA (Côte riche), 400000 habitants; cap. *San José* †, 40., café.

VI. La république de PANAMA, 430000 h., a pour capitale *Panama* †, 30., port sur le Pacifique, communiquant par un chemin de fer avec *Colon* ou Aspinwall, port sur la mer des Antilles : transit considérable, service régulier de paquebots entre l'Europe, les Etats-Unis, la Chine, les Indes, etc.; canal interocéanique.

VII. La colonie de BALIZE, ou le *Honduras anglais*, 40000 habitants, chef-lieu *Balize*, 10., port.

157. **Commerce.** Les fréquentes révolutions et le manque de voies de communication ont empêché le développement *économique*. — L'exportation comprend : bois d'ébénisterie et de teinture, tabac, café, bananes et surtout *cacao*.

Le canal de Panama. Ce canal maritime, d'environ 80 km., traversera l'isthme de Colon à Panama, dans une « zone américaine » et sera fortifié. Commencé en 1881 par une compagnie française et repris en 1902 par les Etats-Unis, il s'achèvera probablement en 1914; mais il semble qu'il n'aura pas une importance égale à celui de Suez. Tandis que ce dernier conduit d'Europe vers des pays de grand trafic (Indes, Extrême-Orient), le canal de Panama débouchera sur la côte occidentale, peu peuplée, de l'Amérique; il ne raccourcira guère le trajet d'Europe en Australie par Suez. C'est surtout aux Etats-Unis que profitera le nouveau canal interocéanique. Il réduira singulièrement la distance des ports de l'est à ceux de tout l'ouest américain et il leur ouvrira la route vers l'Asie orientale. Il permettra à la grande République d'exercer une influence prépondérante sur l'ensemble du Nouveau-Monde et d'aspirer à la suprématie du Pacifique.

V. LES ANTILLES

158. **Cartographie.** *Mers, îles* et *montagnes*. (Compléter le croquis 21 du cahier n° 5.)

Aspect. Les *Bahama* ou *Lucayes* forment un groupe de 500 îlots ou *récifs* (cayos) madréporiques, dominant de vastes plateaux sous-marins, où la navigation est difficile; ces îles sont généralement *basses*, rocheuses et arides, et renferment des eaux salées. — Les *autres Antilles* sont des îles montagneuses, volcaniques, riches en *mines* d'or, d'argent, etc., bien arrosées et très fertiles; elles jouissent d'un *climat* humide et chaud, qui provoque une luxuriante *végétation tropicale* et qui favorise la culture des denrées coloniales. Mais la fièvre jaune y sévit.

159. **Historique.** Les *Antilles* furent découvertes par l'illustre Christophe Colomb, qui debarqua le 12 octobre 1492 dans l'île Guanahani, l'une des îles Lucayes. En quatre voyages successifs, il visita la plupart des autres Antilles, ainsi que les côtes du Vénézuela, qu'il nomma la Terre-Ferme.

Ce furent là les commencements de la conquête *espagnole*, qui bientôt s'étendit sur la moitié du vaste continent américain, et dont il ne reste plus rien aujourd'hui. Les *Français* colonisèrent la plupart des petites Antilles, et la partie occidentale d'Haïti, qu'ils perdirent en 1803 par la révolte des nègres. — Les Anglais enlevèrent les Lucayes et la Jamaïque à l'Espagne, et plusieurs Antilles à la France. — Les Antilles *hollandaises* et *danoises* furent acquises par cession volontaire.

En 1898, les *États-Unis*, se joignant aux insurgés Cubains, vainquirent l'Espagne et lui enlevèrent les îles Cuba et Porto-Rico, sous le spécieux prétexte de leur obtenir l'indépendance. Ils tendent aussi à l'annexion de l'île d'Haïti.

160. **Ethnographie.** La population actuelle des Antilles est formée de $^{1}/_{4}$ de *blancs*, ou créoles, et de $^{3}/_{4}$ de *gens de couleur*, nègres ou métis. La race indigène des *Caraïbes* a disparu. — *Langues* parlées : l'espagnol, à l'O.; le français et l'anglais, à l'E. — *Religion* catholique dominante.

161. **Population** totale, 8500000 habitants, la plupart nègres ou mulâtres. — *Superficie*, 250000 km². — *Densité*, 34.

Divisions. Les Antilles se divisent politiquement en 8 *parties*, formées des îles indépendantes d'*Haïti* et de *Cuba*, des possessions américaines et européennes.

Haïti est divisée en *deux républiques*, organisées comme aux Etats-Unis :

I. La RÉPUBLIQUE D'**HAITI**, 2200000 habitants, ou la partie occidentale, autrefois colonie française; cap. *Port-au-Prince* ‡, 80. — *Cap-Haïtien* †, 30., port.

II. La RÉPUBLIQUE DE **SAINT-DOMINGUE**, 700000 habitants, ou la partie orientale, ancienne possession espagnole; cap. *Saint-Domingue* ‡, 20., port au S. de l'île.

III. La RÉPUBLIQUE DE **CUBA**, 2300000 habitants, est sous le contrôle des Etats-Unis; c'est la plus grande et la plus importante des Antilles.

Sa capitale est *la Havane* †, 300000 habitants, au N.-O., place très forte, l'un des plus beaux ports de commerce du globe. Grande exportation de sucre et d'excellents tabacs et cigares. — *Matanzas*, 40., et *Santiago-de-Cuba* ‡, 50., ports; minerais. — *Puerto-Principe*, 35., dans l'intérieur.

IV. L'île très populeuse de **Porto-Rico**, 1100000 habitants, appartient aux Etats-Unis; elle a pour chef-lieu *San Juan* †, 50., port actif au N. de l'île. Exportation de sucre et de café.

V. **ANTILLES ANGLAISES**, 1750000 habitants, comprenant la *Jamaïque*, la plupart des *îles du Vent* et les *Bahama*.

1° La **Jamaïque**, 840000 habitants, a pour ville princ. *Kingston*, 60., port fortifié au S. de l'île. Sucre, *rhum* et café.

2° Les **îles du Vent** comprennent plusieurs des îles *Vierges*, *Saint-Christophe*, *Antigoa*, *la Dominique*, *Sainte-Lucie*, *Saint-Vincent*; — la **Barbade**, chef-lieu *Bridgetown*; la *Grenade*, *Tabago*; — la **Trinité**, de toutes la plus grande, chef-lieu *Port-d'Espagne* ‡, 55.

3° Les îles **Bahama** ou Lucayes ont pour chef-lieu *Nassau*, 6., dans la petite île *Providence*; on remarque au N.-O. la *Grande-Bahama*, *Abaco* et *Andros*; à l'E., les petites îles du *Chat* et *Watlings*, dont l'une serait l'île Guanahani, où Christophe Colomb aborda et qu'il nomma *San Salvador*.

VI. **ANTILLES FRANÇAISES**, 375000 hab., comprenant la Martinique, la Guadeloupe, etc. (Voir 2e partie.)

VII. Les **Antilles hollandaises**, 55000 h., comprennent : 1° au N. des îles du Vent : *Saba*, *Saint-Eustache* et la moitié de Saint-Martin, îles peu importantes; — 2° dans les îles Sous-le-Vent, *Curaçao*, 25., connue par son eau-de-vie d'oranges amères.

VIII. **Antilles danoises** : trois des îles Vierges, 30000 hab. — *Sainte-Croix*, chef-lieu *Christiansted*, exportation de sucre et de rhum; — *Saint-Jean*; — *Saint-Thomas*, port franc, point central de relâche et de correspondance pour les paquebots qui croisent dans ces parages.

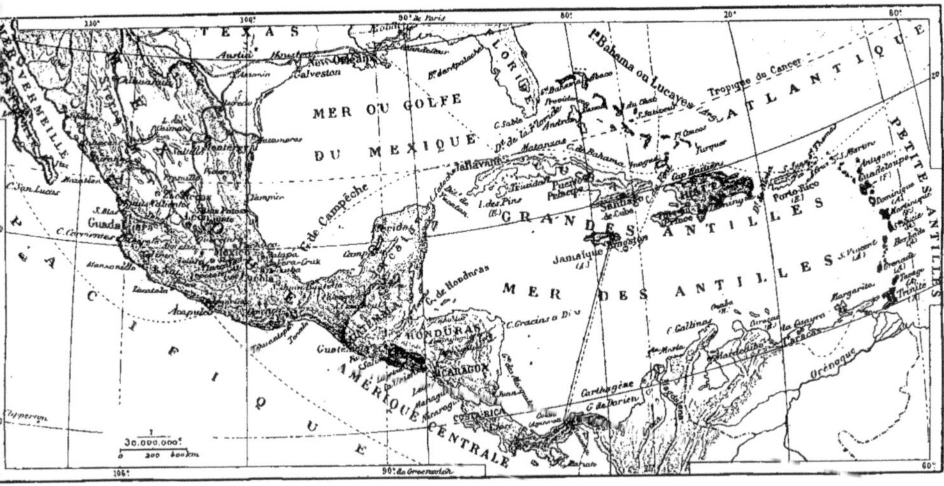

162. **Industrie.** Les *denrées coloniales à exporter* sont la principale occupation de la population des Antilles. Tous les fruits des tropiques sont cultivés en grand. Les forêts fournissent les bois de teinture et d'ébénisterie : acajou, campêche, etc. Cuba extrait des minerais.

Commerce (2 milliards). **Exportation** de *sucre* (de Cuba), *mélasse, rhum* (de la Jamaïque), curaçao, *tabac* (de la Havane), *café* (d'Haïti), cacao, fruits, bois précieux, épices, etc.

Importation de *vivres :* farine, maïs, riz et blé, viande et poisson, venus des Etats-Unis et du Canada; vins et spiritueux, toiles et cotonnades d'Europe.

Les *échanges* se font surtout avec l'Angleterre, les Etats-Unis et l'Espagne.

Les **ports** sont : *la Havane* (Cuba), *Kingston* (Jamaïque), *Port-au-Prince* (Haïti), *San Juan* de Porto-Rico, *Saint-Thomas* (îles Vierges), *Pointe-à-Pitre* (Guadeloupe), *Fort-de-France* (Martinique), *Port-d'Espagne* (Trinité).

VI. COLOMBIE, VÉNÉZUÉLA GUYANES

163. **Cartographie.** *Bornes, mers, îles, presqu'îles, caps, montagnes, fleuves.* (Etudier la carte. Compléter le croquis 21 *bis* du cahier n° 5.)

164. **Aspect.** La **Colombie** se divise en trois régions : 1° une *région littorale, basse,* étroite et sèche à l'O., plus large et plus humide dans le *delta* de la Magdaléna; — 2° au centre, une région de *plateaux* de 2000 m. d'altitude surmontés de *montagnes neigeuses :* c'est la partie cultivée et habitée; — 3° à l'E., la *plaine* des *llanos* ou prairies, avec les *selvas* ou forêts.

Le **Vénézuéla** comprend aussi : 1° la *région accidentée* et *agricole* du littoral : c'est la partie la plus habitée; — 2° la *région montagneuse* de la Guyane, couverte de *selvas :* elle n'est habitée que par des Indiens sauvages; — 3° au milieu, la *région pastorale* des *llanos* ou la *plaine de l'Orénoque.*

Les trois **Guyanes** *européennes* présentent : au S., des plateaux montagneux; au centre, des plaines boisées; au N., de larges *côtes basses,* marécageuses, très fertiles, mais malsaines.

165. **Historique.** Le *Vénézuéla*, la *Colombie*, ci-devant Nouvelle-Grenade, et l'*Equateur* étaient habités par des Indiens déjà civilisés, lorsque au XVIe siècle les Espagnols en firent la conquête; ils en formèrent plus tard la *vice-royauté de la Nouvelle-Grenade.* — Vers 1810, alors que l'Espagne était subjuguée par Napoléon, la plupart des colonies espagnoles commencèrent la guerre de l'indépendance. En 1819, le libérateur Bolivar remporta une victoire décisive à Boyaca, au N. de Bogota, et les trois pays formèrent la république de Colombie, puis se séparèrent en 1831. Le nom de Colombie fut alors abandonné, mais la Nouvelle-Grenade le reprit en 1861.

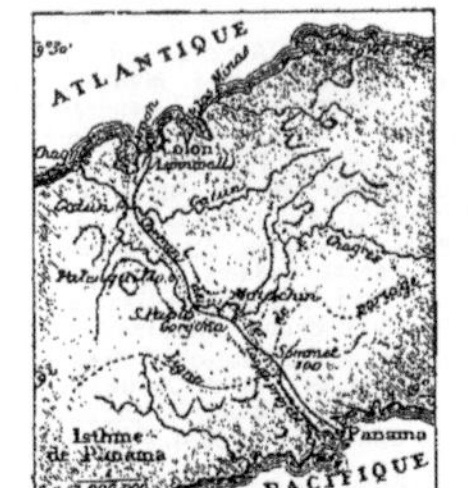

166. **Ethnographie.** Population formée de *blancs* (un tiers), d'*indigènes* et de nègres, généralement mêlés. Il y a des Indiens sauvages. — *Religion* catholique. — *Langue* dominante : l'espagnol.

1° COLOMBIE

167. **Population**, 4 500 000 hab. *Superficie*, 1 200 000 km².

Gouvernement. La Colombie forme une *république unitaire*, composée de 27 départements et de deux territoires. Il y a un Sénat et une Chambre des Représentants.

Villes. Bogota, ou Santa-Fé de Bogota ✝, 120 000 habitants, capitale située sur un plateau fertile et pittoresque, à 2 600 mètres d'altitude. — *Popayan* ✝, 20., aux sources de la Cauca; — *Antioquia* ✝, sur la même rivière, aux lavages d'or; — *Médellin* ✝, 60., ville commerçante sur le plateau.

Carthagène (*des Indes*) ✝, 25., port autrefois fameux sous les Espagnols, remplacé par *Barranquilla*, 50.

2° VÉNÉZUÉLA

368. **Population**, 2 700 000 habitants. *Superficie*, 1 000 000 de km².

Gouvernement. Le Vénézuéla est une *république fédérative*, comprenant le district fédéral de Caracas, 20 *Etats* et 2 territoires.

Villes. *Caracas* ✝, 75 000 habitants, capitale, patrie de Bolivar, située à 700 m. d'altitude et à 20 kilom. de la mer, ayant pour port *la Guayra*, 20.

Valencia, 45.; — *Barquisimeto* ✝, 30.; *Mérida* ✝.

Maracaïbo, 50., port sur le détroit qui unit le lac et le golfe de même nom; — *Barcelona* et *Cumana*, ports; — *Bolivar*, sur l'Orénoque.

Les îles *Margarita* ou des Perles, dans les Petites-Antilles, dépendent du Vénézuéla.

3° GUYANES

169. On appelle **Guyane** une vaste contrée formant une sorte d'île entourée par l'Atlantique, l'Orénoque, le Cassiquiaré, le Rio-Negro et l'Amazone.

Elle se divise en cinq parties, dont deux, la *Guyane espagnole*, à l'O., et la *Guyane portugaise*, au S., dépendent aujourd'hui du Vénézuéla et du Brésil.

Les trois autres parties, restées possessions européennes, sont : les Guyanes *anglaise*, *hollandaise* et *française*. Plusieurs limites sont contestées.

170. **Population** des Guyanes européennes, 430 000 habitants.

Superficie, 460 000 km².

I. La **Guyane anglaise**, 300 000 habitants, est située entre le delta de l'Orénoque et le Corentyn. L'Essôquibo y forme un estuaire à l'entrée duquel se trouve la capit., *Georgetown*, 60., port.

II. La **Guyane hollandaise**, 90 000 habitants, appelée aussi **Surinam** (du nom d'une rivière), s'étend entre le Corentyn et le Maroni; elle est bien cultivée et prospère.— Cap. *Paramaribo*, 15., port à l'embouchure du Surinam.

III. La **Guyane française**, 40 000 habitants, cap. *Cayenne* (2e partie).

171. **Commerce.** Le commerce intérieur de ces contrées est très faible. Les transports se font à dos de *mulets*.

Exportation de l'or et du tabac de la Colombie; du café, du cacao, du tabac du Vénézuéla; de l'or, du sucre, du tafia et autres denrées coloniales des Guyanes européennes.

Les **ports** sont : Carthagène, Barranquilla, Santa-Marta, dans la Colombie; — Maracaïbo, la Guayra, dans le Vénézuéla; — Georgetown, Paramaribo et Cayenne, dans les Guyanes.

VII. BRÉSIL

172. **Cartographie.** *Bornes, mers, îles, caps, montagnes, versants, fleuves* et *affluents*. (Etudier sur la carte. Compléter le croquis 22 du cahier n° 5.)

173. **Aspect.** Le **Brésil** offre : au S. et à l'E., de vastes *régions accidentées* et *boisées*, entrecoupées de larges et fertiles *vallées;* — au centre, de grands *plateaux* partagés entre les forêts et les savanes herbeuses; — au N., dans le bassin central et inférieur de l'Amazone, *la plus belle plaine* du globe se déroulant en de vastes *prairies* (*llanos* et *pampas*), d'immenses *marécages boisés*, traversés par le cours moyen du fleuve, et surtout en *selvas* et *bosques*, luxuriantes et impénétrables forêts, riches en bois de teinture et d'ébénisterie, ainsi qu'en essences à caoutchouc, dont le Brésil est le plus grand producteur. Ces *forêts vierges* couvrent un territoire dix fois plus étendu que celui de la France, et sont comprises entre le Tapajos et le pied des Andes. Les crues du printemps convertissent tout le bassin central de l'Amazone en une vaste mer d'eau douce cachée sous la forêt; aussi l'Amazonie est-elle malsaine (fièvre jaune).

Le plateau méridional est la région des *mines* et des *plantations de café*.

174. **Historique.** Le *Brésil* fut découvert en 1500 par Cabral et colonisé par les Portugais. En 1808, le roi Jean VI, chassé du Portugal, vint se fixer à Rio-de-Janeiro et laissa plus tard le trône du Brésil à son fils dom Pedro, qui en devint empereur en 1822. — Le Brésil fut jusqu'en 1889 la seule monarchie existant en Amérique; malgré son étendue et sa population, il a peu d'influence sur les Etats voisins. — L'esclavage des nègres y fut aboli en 1871 par une loi qui, pour ménager la transition et ne pas exposer l'État et la société aux dangers d'un changement violent, avait conservé l'état de choses antérieur quant aux parents esclaves, mais en affranchissant de droit leurs enfants nés après cette date. En 1888, dom Pedro libéra les 600 000 derniers esclaves, en indemnisant leurs propriétaires; le pape Léon XIII le félicita de cet acte de charité chrétienne; mais bientôt après (1889), la révolution le renversa du trône pour établir la république du Brésil.

175. **Ethnographie.** Les Brésiliens sont, pour plus de la moitié, des *mulâtres* ou métis, et pour un quart des *blancs :* Italiens, Portugais, Espagnols, Allemands; la plupart sont *catholiques* et parlent le *portugais*.

On compte 4 millions de nègres africains, sur la côte, et d'*Indiens*, les uns civilisés (*Guaranis*, au S.-O.), les autres sauvages, au centre.

176. **Population**, 22 000 000 d'habitants, la plupart groupés sur la côte et dans le sud.

Superficie, 8 500 000 km², *ou* 16 *fois* celle de la France. — *Densité*, 2,5.

Gouvernement. Le Brésil, ancienne colonie portugaise, forme une *république fédérative*, avec *Sénat* et *Chambre élective*, sous le titre d'*Etats-Unis du Brésil*.

177. **Divisions.** La république du Brésil se compose de 20 Etats autonomes et d'un district neutre, celui-ci comprenant la ville de Rio de Janeiro et ses environs.

Dans le bassin de l'Amazone, sont les Etats suivants : AMAZONAS, ch.-l. Manaos; PARA, ch.-l. Belem; MATTO GROSSO (Grandes-Forêts), ch.-l. Cuyaba †; GOYAZ (ch.-l. de même nom).

Sur le littoral, à l'E., MARANHAO, ch.-l. São Luiz; PIAUHY, ch.-l. Théresina; CÉARA, ch.-l. Fortalezza (Céara); RIO GRANDE DO NORTE, ch.-l. Natal; PARAHYBA, PERNAMBUCO, ch.-l. Récife; ALAGOAS, SERGIPE, BAHIA, ESPIRITO SANTO, ch.-l. Victoria; MINAS GERAES (Mines générales), ch.-l. Bello Horizonte.

Au S., RIO DE JANEIRO, ch.-l. Nictheroy †; SAO PAULO, PARANA, ch.-l. Curitiba †; SANTA CATARINA, ch.-l. Florianapolis (Desterro); RIO GRANDE DO SUL (du Sud), ch.-l. Porto Alegre.

178. **Villes. Rio de Janeiro** † 1 000 000 d'habitants, capitale fédérale; près du tropique du Capricorne, sur une baie magnifique, le second port de l'Amérique du Sud; exportation de denrées coloniales.

Au sud, **São Paulo** †, 400., sur un plateau, centre de la région caféière, ayant pour port *Santos*, 50.; — *Porto Alegre* †, 100., port, sur la lagune dos Patos; — *Rio Grande* (São Pedro) †, 35.

Au nord, **Bahia** ou São Salvador †, 250., port et place forte, à l'entrée de la baie (bahia) de Tous-les-Saints.

Récife (Pernambouc) †, 150., est le port brésilien le plus rapproché de l'Ancien continent. — *Fortalezza* (Céara), 55., autre port; — *São Luiz de Maranhão* †, 60., port dans une île côtière.

Belem (Para), †, 200., et *Manaos*, 40., ports, entrepôts des produits de l'Amazonie : caoutchouc et bois d'ébénisterie.

179. **Industrie.** Le Brésil est le pays du monde qui *produit le plus de café* (950 millions de kilos), soit plus des deux tiers de la production du globe; on le cultive surtout, ainsi que le *coton*, dans les Etats de São Paulo, de Rio et de Minas-Geraes. — La *canne à sucre* vient spontanément dans le N.-E.; les *bois de teinture et d'ébénisterie*, le *cacaoyer*, le vanillier, l'arbre *à caoutchouc*, le manioc, dont la fécule donne le tapioca, abondent dans le bassin de l'Amazone.

Les Etats du Sud, colonisés par les Italiens et les Allemands, sont une région de *cultures* (céréales, maté) et surtout d'*élevage*, de bœufs notamment.

La production de l'or, des diamants, etc., est en décadence, mais on commence à extraire la *houille*, le *fer*, le *manganèse* dans le Sud.

180. **Commerce.** Le Brésil possède 50 000 km. de *voies navigables*, mais en pays peu habités; il emploie surtout des *chemins de fer* (22 000 km.), partant de Récife, Bahia, Rio, São Paulo, et se développant à l'E.

Le Brésil vend plus qu'il n'achète : il *exporte : café* (700 millions de fr.), *caoutchouc* (350 m.), coton, sucre, cacao, maté (sorte de thé, dit du Paraguay), tabac, bois précieux, métaux, produits animaux. Il *importe* des denrées alimentaires, des cotonnades, soieries, vêtements, des machines et de la houille.

Les *échanges* se font avec l'Angleterre, les Etats-Unis, l'Allemagne, l'Argentine, la France, par les ports de *Belem*, São Luiz, Fortalezza, *Récife*, Maceio, *Bahia*, *Rio*, *Santos*, *Porto Alegre*.

VIII. ÉQUATEUR, PÉROU BOLIVIE

181. **Cartographie.** *Bornes, mers, îles, montagnes, volcans, fleuves* et *affluents*. (Etude à la carte. Compléter le croquis 23 du cahier n° 5.)

182. **Aspect.** L'Equateur et le Pérou se divisent chacun en trois régions principales : 1° la *Côte* du Pacifique, étroite, basse, *sèche*, sablonneuse et torride : il n'y pleut presque jamais; — 2° la *Sierra* ou les hauts plateaux (3000 m.), fertiles et habités, surmontés de *sommets neigeux* et de vastes *glaciers;* — 3° la *Plaine* orientale, avec ses majestueuses *selvas*, ses grands marais et ses *pampas*.

La **Bolivie** n'a que deux régions : la Sierra et la Plaine.

183. **Historique.** A l'arrivée des Espagnols, le *Pérou* était le centre du vaste empire des Incas, ayant pour capitale Cuzco, et s'étendant au N. jusque dans la Colombie et au S. dans le Chili. La civilisation des anciens Péruviens ou Quichuas est prouvée par des monuments remarquables : temples du soleil, palais, forteresses, routes superbes, canaux d'irrigation; par leurs institutions publiques et religieuses. Leur premier législateur, Manco-Capac, paraît avoir vécu au XIIe siècle; ses descendants gouvernèrent sous le nom d'Incas, ou fils du Soleil. Leur empire, détruit par Pizarre (1526-33), forma la vice-royauté espagnole du Pérou, si célèbre par les richesses en or et en argent qu'elle fournit aux conquérants. Après les événements de 1810-23, l'*Equateur* et le *Chili* formèrent des répu-

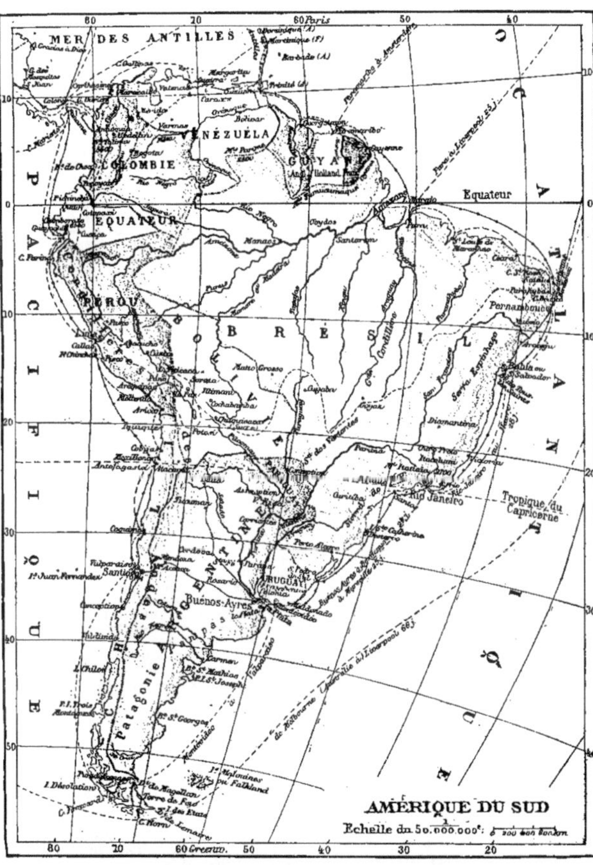

bliques indépendantes; le *Pérou* se divisa en deux républiques, dont l'une, la *Bolivie*, prit le nom du libérateur Bolivar. En 1879-80, ces deux dernières ont été vaincues par le Chili dans une guerre pour la possession des mines de guano et de nitrate de soude. — Quant à l'Equateur, il eut de 1865 à 1875 une période de grande prospérité matérielle et de régénération morale et chrétienne, sous la présidence de l'héroïque Garcia Moreno, mort assassiné par la réaction révolutionnaire.

184. **Ethnographie**. La population civilisée comprend environ deux tiers d'*indigènes* Quichuas, et un tiers de *blancs* espagnols et de métis. Il y a aussi des Indiens sauvages et des *nègres* libres. — *Langues :* l'espagnol et le quichua. — *Religion* catholique.

Les Quichuas sont brun-olivâtres, de petite taille; ils se font remarquer par une poitrine très ample, conformation nécessaire pour vivre sur des plateaux où l'air est très raréfié. Ils sont doux, laborieux et hospitaliers; leur langue est gracieuse et poétique.

1° ÉQUATEUR

185. **Population**, 1 500 000 habitants. *Superficie*, 400 000 km². Une partie de la plaine *orientale* est revendiquée par la Colombie et le Pérou.

Gouvernement. L'État de l'Équateur, ou mieux *Ecuador*, est une république unitaire, divisée en 17 *provinces* et administrée par un Président et deux Chambres.

Villes. *Quito* ✝, 80 000 habitants, capitale située presque sous l'équateur et sur le flanc du Pichincha, à 2 850 mètres d'altitude; fréquents tremblements de terre.

Guayaquil ✝, 50., port actif; — *Cuenca* ✝, 30.; *Riobamba* ✝, 20., près du Chimborazo, sur le plateau de l'intérieur.

Les îles *Galapagos* (*Colon*), ainsi nommées « des tortues » qu'on y pêche, dépendent de l'Equateur, mais sont presque désertes.

2° PÉROU

186. **Population**, 4 700 000 habitants. *Superficie*, 1 200 000 km².

Gouvernement. Le Pérou forme une *république unitaire*, gouvernée par un Président, un Sénat et une Chambre élective; il est *divisé* en 18 *départements* et 1 *province* (Callao).

Villes. **Lima** ✝, 140 000 habitants, capitale, fondée par Pizarre, est une ville riche et commerçante sur le Rimac, dans une vallée délicieuse, à 10 kilomètres de la mer.

Callao, 40., port florissant et bien défendu, est uni à Lima par un chemin de fer qui franchit les Andes par 4 800 m. d'altitude (hauteur du Mont-Blanc d'Europe).

Cuzco ✝, 35., l'ancienne capitale des Incas, est située, ainsi qu'*Ayacucho*, sur un plateau de 3 500 mètres d'altitude.

Aréquipa ✝, 40., près du volcan le Misti, est une ville industrielle reliée par un chemin de fer à *Mollendo*, sur la côte, et à *Puno* ✝, sur le lac Titicaca.

3° BOLIVIE

187. **Population**, 2 400 000 habitants. *Superficie*, 1 300 000 km².

Gouvernement. La Bolivie, ou *Haut-Pérou*, est une *république unitaire*, gouvernée par un Président, un Sénat et une Chambre des représentants. Elle comprend 10 *départements*, portant le nom de leur chef-lieu.

Villes. *La Paz* (la Paix) ✝, 80 000 habitants, ville florissante, située entre l'Illimani et le lac Titicaca, à 3 700 m. d'altitude, exploite des mines d'or et de cuivre.

Sucre (Chuquisaca) ✝ 25., ainsi appelée d'un lieutenant de Bolivar, premier président de la république.

Cochabamba ✝, 30., principal centre industriel et agricole; c'est « le grenier de la Bolivie ».

Potosi, 25., la ville la plus élevée de l'Amérique (4 000 m.), est célèbre par ses mines d'argent, autrefois les plus productives du monde (10 milliards en trois siècles).

188. **Industrie**. Les cultures principales sont: le *maïs*, la canne à sucre, le cacao et le café. On recueille l'écorce de diverses espèces de *quinquina*. Les chapeaux de paille dits panamas se fabriquent surtout dans l'Equateur et au Pérou.

Les principales *exploitations minérales* sont celles de l'argent du Cerro de Pasco (au N.-E. de Lima) et des mines de Potosi; l'étain et le cuivre de Bolivie; le *guano* des îles Chincha et de la côte, exporté pour l'Europe comme engrais.

Commerce. **Exportation**, *de l'Equateur :* chapeaux de paille, café et cacao; — *du Pérou :* sucre, argent, guano et nitrate de soude, laine de vigogne et de lama; chapeaux dits panamas; — *de la Bolivie :* argent, cuivre, étain, guano; — des trois pays : drogues médicinales : quinquina, ipécacuana, jalap.

Importation de cotonnades anglaises, comestibles et farines des Etats-Unis, vins, tissus et articles de mode français.

Les **ports** sont : *Guayaquil*, port de Quito; *Callao*, port de Lima; Mollendo, port d'Aréquipa. — Arica (Chili) et Mollendo (Pérou) servent de ports à la Bolivie.

IX. CHILI, PARAGUAY URUGUAY, ARGENTINE

189. **Cartographie.** *Bornes, mers, golfes, îles, presqu'îles, caps, montagnes, plateaux, volcans, fleuves.* (Étudier la carte. Compléter le croquis 24 du cahier n° 5.)

190. **Aspect.** Le **Chili** forme deux régions longitudinales : la *Sierra*, ou la montagne, peu habitée, boisée et neigeuse, et la *Plaine médiane*, qui, bordée d'une chaîne littorale, est très accidentée et populeuse, surtout de Valparaiso à Valdivia.

Le **bassin de la Plata** n'est *montagneux* que sur son pourtour; il est surtout remarquable par sa *grande plaine basse* (**100 à 300 m.** d'alt.), l'une des plus vastes du globe, caractérisée au centre et au S. par ses *pampas* ou steppes couvertes de hautes herbes, sans arbres et souvent sans eau douce; — au N., par les grands *marais* du Paraguay et la plaine ou le désert appelé *Gran Chaco*, région sablonneuse et aride en été, inondée et productive en hiver; — à l'O., par les *plateaux argentins* du pied des Andes, couverts de nombreux *lacs et marais salés*, recevant des rivières *temporaires* d'eau saumâtre.

191. **Historique.** Le *Chili* dépendait de l'empire des Incas du Pérou. Il forma une capitainerie générale sous les Espagnols jusqu'en 1810-1823, époque où il conquit son indépendance.

Le territoire *Argentin*, le *Paraguay* et l'*Uruguay* formaient la vice-royauté espagnole de la Plata, lorsqu'en 1810 ils se soulevèrent pour leur indépendance. — L'*Uruguay*, d'abord réuni à la Plata, fut conquis par les Portugais du Brésil, puis se révolta et forma en 1830 une république distincte.

Le *Paraguay*, peuplé d'Indiens Guaranis, fut converti au christianisme et civilisé au XVIe siècle par les jésuites espagnols, qui y établirent les célèbres missions ou *réductions*, dont ils eurent le gouvernement pendant plus de deux siècles. Heureux et prospère jusqu'à la destruction des missions, en 1768, le Paraguay se détacha de l'Espagne en 1811, mais pour tomber ensuite sous le despotisme de plusieurs dictateurs, qui fermèrent le pays aux étrangers. Il soutint, avec une énergie remarquable pour un peuple de race indienne, une guerre longue et désastreuse contre le Brésil, l'Argentine et l'Uruguay, laquelle se termina en 1870 par la ruine du pays, l'amoindrissement de son territoire et la mort des trois quarts de ses habitants.

192. **Ethnographie.** Sauf au Paraguay, dont la population est presque entièrement indienne, l'élément *espagnol* ou *métis* domine, surtout au Chili et dans l'Argentine. Celle-ci a reçu depuis vingt-cinq ans deux millions d'émigrants européens : italiens, espagnols et français. — *Religion* catholique. *Langue* espagnole.

1° CHILI

193. **Population**, 3 500 000 habitants. *Superficie*, 760 000 km².

Gouvernement. Le Chili forme une *république unitaire*, gouvernée par un Président et deux Chambres, et divisée en 23 *provinces*, outre le *territoire* de Magellan.

Villes. **Santiago** ‡, 350 000 habitants, capitale, située au pied des Andes, à 88 kilomètres de la côte. Un chemin de fer la relie à Valparaiso et un autre à Buénos-Aires.

Valparaiso, 170 000 hab., port florissant sur le Pacifique, est le principal centre commercial du Chili.

Au N., *Coquimbo*, près de *la Séréna* †, 20.; *Antofagasta*, 35., et *Iquique*, 40., ports dans le district des mines.

Au S., *la Concepcion* †, 60., et *Valdivia*, 15., ports.

Punta-Arenas, port franc sur le détroit de Magellan, et chef-lieu d'une colonie qui compte 15 000 habitants.

2° PARAGUAY

194. **Population**, 700 000 habitants. *Superficie*, 250 000 km².

Gouvernement. Le Paraguay est une *république unitaire*, avec un Président ou *dictateur*. Il est divisé en 23 *districts*.

Villes. *Assomption* (Nuestra Señora de la Asuncion) †, 75 000 habitants, capitale, port sur le Paraguay. — *Concepcion*, 15., et *Villa-Rica*, 25.

3° URUGUAY

195. **Population**, 1 100 000 habitants. *Superficie*, 180 000 km².

Gouvernement. L'Uruguay, « Banda oriental, » est une *république unitaire*, divisée en 19 *départements*.

Villes. **Montévidéo** (Mont de la Belle-Vue) †, 320 000 habitants, capitale, bâtie sur une petite presqu'île au nord du rio de la Plata; port très florissant, exportant des laines et des cuirs. — *Colonia*, autre port. — *Fray-Bentos*, sur l'Uruguay; grand « saladero » Liebig pour extrait de viande.

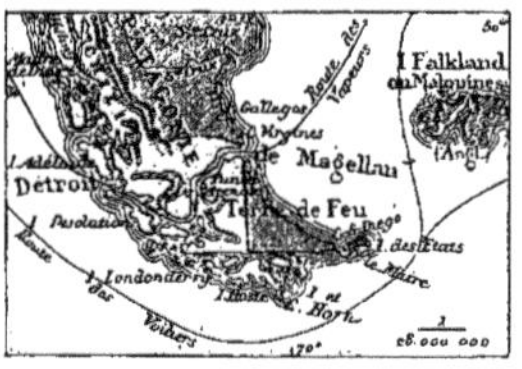

4° ARGENTINE

196. **Population**, 7 200 000 hab. *Superficie*, 2 900 000 km², y compris la Patagonie orientale. — *Densité*, 2,5.

Gouvernement. L'Argentine, ci-devant république de la Plata, est une république *fédérative*, gouvernée par un Président, un Sénat et une Chambre des représentants.

Elle comprend un district fédéral : Buénos-Aires, et 14 *Etats*, désignés par leurs chefs-lieux, qui sont, à l'E. : BUÉNOS-AIRES (ch.-l. la Plata), PARANA (ou Entre-Rios), CORRIENTES; — au centre : SANTA-FÉ, CORDOVA, SANTIAGO, TUCUMAN, SALTA et JUJUY; — à l'O. : SAN LUIS, MENDOZA, SAN JUAN, RIOJA, CATAMARCA.

En outre, les territoires des *Missions*, du *Chaco*, de la *Pampa*, ceux de la *Patagonie*, etc.

197. **Villes. Buénos-Aires** (Ville du bon air) ‡, 1 400 000 hab., capitale fédérale, sur la côte sud du Rio de la Plata, port; c'est l'une des plus grandes places de commerce de l'Amérique.

La Plata †, 95 000 habitants, créée en 1882 pour être la capitale de l'Etat de Buénos-Aires. — *Rosario*, 200., sur le Parana, le second port du pays. — *Santa-Fé* †, 50., et *Parana* †, 30., ports fluviaux. — *Bahia-Blanca*, 40., port très prospère.

Cordova †, 90., dans les pampas; *Tucuman* †, 70., et *Salta* †, 20., au pied des Andes, sont en relation avec la Bolivie.

Mendoza, 40., sur le chemin de fer transandin de Valparaiso (Chili), est située non loin du volcan Aconcagua, et fut plusieurs fois détruite par des tremblements de terre.

198. **Industrie.** Le Chili, l'Argentine et l'Uruguay, habités par des populations où domine l'élément latin européen, sont les plus florissantes républiques d'origine espagnole.

Le Chili exploite des mines et des forêts, ainsi que le guano et le nitrate de l'Atacama; il cultive des céréales et élève des chevaux et des bœufs.

Les Etats de la Plata sont une immense région d'*élevage*, l'un des plus grands centres de production animale qui existent. On y compte plus de 6 millions de chevaux, 35 millions de bœufs et 100 millions de moutons, principalement en Argentine, où les *cultures* sont devenues plus importantes encore : froment, maïs, lin, vigne, canne à sucre.

199. **Commerce.** De nombreux *chemins de fer* rayonnent de Buenos-Aires vers Bahia-Blanca, Rosario, Tucuman, Mendoza, au pied des Andes, qu'*une ligne interocéanique* franchit pour atteindre Valparaiso. — Le commerce extérieur des quatre Etats atteint 4,5 milliards, dont 3 m. 6 pour l'Argentine.

Exportation. Le Chili exporte surtout des nitrates ou *salpêtre*, de l'iode, du borax, du cuivre, de l'or, de l'argent, du froment; — le Paraguay, du *maté* et du tabac; — l'Uruguay et l'**Argentine**, des *céréales, graines de lin, laines, peaux, viandes, extraits Liebig* et autres produits animaux, du *quebracho*, bois dur et à tanin.

Importation de spiritueux, de *tissus* de laine, de coton, de soie et autres produits manufacturés; de riz, sucre et café, houille et machines.

Les *échanges* se font surtout, pour le Chili, avec l'Angleterre; pour les autres Etats, avec l'Angleterre, la France, l'Allemagne, les Etats-Unis, le Brésil, la Belgique.

Les **ports** sont, au Chili : Antofagasta, Coquimbo, *Valparaiso*, Concepcion, Valdivia et Punta-Arenas; — dans l'Argentine : *Buénos-Aires*, Rosario, La Plata, Bahia-Blanca; — dans l'Uruguay : *Montévidéo*, Colonia; — dans le Paraguay : Assomption.

Patagonie.

200. La Patagonie, d'un mot espagnol signifiant « grands pieds », fut ainsi nommée à cause des grandes chaussures que portaient les Indiens Patagons. — Ce vaste pays n'est qu'une pampa herbeuse, froide au sud, parcourue par 20 000 indigènes.

Politiquement, la Patagonie appartient à l'Argentine pour la partie à l'est des Andes, et au Chili pour la partie à l'ouest, y compris le détroit de Magellan, la moitié occidentale de la *Terre de Feu* et l'*île du Cap-Horn*. L'*île des Etats* est à l'Argentine.

Les îles **Falkland**, « terre des Faucons, » ou *Malouines*, forment une colonie anglaise, peuplée de 2000 blancs, qui y élèvent 500 000 moutons et bœufs destinés à ravitailler les navires passant dans ces parages.

Relations *de l'Amérique avec l'Asie, l'Océanie et l'Europe*, par la *navigation* et par *câbles télégraphiques*. (Voir n° 126, et aussi p. 18, tableaux nos 10 et 12.)

III. OCÉANIE

AUSTRALASIE ET POLYNÉSIE (Classe de 6e).

GÉOGRAPHIE PHYSIQUE GÉNÉRALE

201. L'**Océanie** est la cinquième partie du monde. Elle se compose d'un petit continent, l'*Australie*, et d'une multitude d'îles et d'archipels répandus surtout dans le Grand Océan. — Sans limites propres, on suppose qu'elle s'étend au N. jusqu'au 30e degré de latitude, au S. jusqu'au pôle austral, à l'O. jusqu'à l'océan Indien et l'Asie, à l'E. jusque vers l'Amérique.

Sa **superficie**, de 8960000 km², égale les 9/10 de celle de l'Europe, et 17 fois celle de la France.

202. **Océans**. Les terres océaniennes sont dispersées dans trois océans : le *Grand Océan*, qui en renferme la plus grande partie; l'*océan Indien*, à l'O., et l'*océan Glacial antarctique*, au S.

Le **Grand Océan** est remarquable, non seulement par son étendue relative, ses courants, ses mers d'herbes flottantes, mais encore par le grand nombre d'îles qu'il renferme, et dont les unes sont volcaniques et les autres coralliennes. Ses *profondeurs* sont considérables et atteignent 9400 m. près des îles Tonga, au centre. Toutefois des plateaux *sous-marins* supportent les archipels, comme le démontre la présence des îlots et des bancs de coraux. Le plateau ou *banc* de l'Insulinde n'offre que 100 m. de profondeur d'eau dans les mers de Java et de Chine; mais il est coupé en deux par une énorme faille ou vallée profonde, passant par les détroits de Bali-Lombok, de Macassar et au nord des Moluques.

L'**océan Indien** ne présente rien de particulier.

L'**océan Glacial du Sud**, plus encore que celui du Nord, est remarquable par ses neiges perpétuelles, ses *banquises*, ses *icebergs*, ou glaçons flottants, ses brumes et son inhospitalité; il a de nombreux animaux marins, baleines et phoques, que les pêcheurs australiens poursuivent jusqu'à une latitude très avancée.

203. **Divisions**. L'Océanie comprend deux divisions principales, savoir :

1° L'Australasie, au S.-O.;

2° La Polynésie, que l'on subdivise communément en trois parties : la *Micronésie* au N., la *Mélanésie* au S., et la *Polynésie propre* à l'E.

On y rattache, mais non comme troisième division, l'Antarctie, comprenant les *terres Australes*, glacées et inhabitables, qui entourent le pôle sud jusqu'aux environs du cercle polaire.

204. Le **continent** australien est caractérisé, comme l'Afrique, par sa forme massive, arrondie, sans grands démembrements ni mers intérieures.

Son *relief*, peu accentué, présente un rebord oriental dans les montagnes Bleues et les *Alpes australiennes* : 2240 mètres au mont Kosciusko. Ailleurs, c'est un plateau accidenté, aride et désert.

205. **Iles**. Une multitude d'îles, dont quelques grandes, montagneuses et volcaniques, les autres petites, basses et coralliennes, caractérisent l'Océanie. C'est dans ces îles que se sont développées les populations indigènes.

206. **Montagnes**. Malgré le morcellement des terres océaniennes, on peut ranger leurs montagnes en plusieurs systèmes : l'un est continental : le *système de l'Australie;* les autres sont maritimes : les systèmes *de la Mélanésie, de la Nouvelle-Zélande* et *de la Polynésie orientale.*

Les plus hautes montagnes sont dans les îles. Le point culminant est le *Mauna-Kéa*, 4300 mètres, dans la grande Hawaii.

207. **Volcans**. On compte de nombreux volcans actifs en Océanie, surtout dans la Nouvelle-Guinée, la Nouvelle-Zélande et les îles Hawaii.

Les plus célèbres sont les volcans *Mauna-Kéa* et *Mauna-Loa*, en Hawaii.

Le Victorialand, l'une des terres Antarctiques, renferme l'*Erebus*, 3700 mètres, le volcan connu le plus austral du globe.

RACE BRUNE — Malais

Plateau. Le centre de l'Australie est un *vaste plateau* accidenté, mais généralement peu élevé, ayant de 200 à 500 mètres d'altitude.

Plaines. L'Australie présente plusieurs *plaines sèches* se confondant avec le plateau, tandis que des *plaines bien arrosées* s'étendent en Nouvelle-Guinée.

Déserts. L'Australie, comme l'Afrique septentrionale, est caractérisée essentiellement par ses *déserts* et ses *steppes*, qui occupent les trois quarts de la surface de ce continent.

208. **Versants**. Le continent australien présente *deux versants principaux*, dont l'un, le *versant oriental*, extrêmement étroit, n'a que des rivières peu considérables, et l'autre, le *versant occidental*, est très étendu, mais insuffisamment arrosé à cause de l'absence de hautes montagnes.

La Nouvelle-Guinée, la Nouvelle-Zélande et autres grandes îles sont, au contraire, *bien arrosées*, quoique leurs cours d'eau soient de faible longueur.

Le **Murray**, seul véritable fleuve australien, prend sa source au mont Kosciusko et coule vers l'O., sur la limite nord de l'État de Victoria. Il reçoit à droite, dans la Nouvelle-Galles du Sud, les eaux du *Murrumbidgee* et du *Lachlan*, puis le *Darling*, affluent principal et véritable branche supérieure du fleuve, formée elle-même du *Warrego* et de *la Condamine*, qui descendent également du versant occidental des montagnes Bleues.— Le Murray se termine, sous le nom de *Gulba*, dans la lagune Alexandrina. Son cours est de 1400 kilom. pour le Murray seul, ou d'environ 2200 kilom. pour le Darling-Murray.

Il y a des lacs salés : *Gairdner, Eyre, Torrens*, la lagune *Alexandrina*.

209. **Climat**. Le *climat de l'Océanie* est varié, mais généralement tempéré par l'influence des mers. — On peut y distinguer quatre sortes de *régions*, savoir :

I. Une **région glaciale**, formée des terres Antarctiques, qui sont inhabitables;

II. Une **région tempérée**, très convenable aux Européens, comprenant le sud-est et l'ouest de l'Australie, ainsi que la Tasmanie et la Nouvelle-Zélande;

III. Une **région chaude et sèche**, formée de l'intérieur de l'Australie, où le climat est essentiellement *continental* et *excessif;*

IV. **Des régions chaudes et humides**, comprenant les petites îles de la Polynésie, qui jouissent d'un climat essentiellement *marin*, tiède et agréable, produisant un printemps perpétuel.

210. **Productions**. L'Océanie se distingue moins par la puissance du règne animal que par ses productions *minérales* et végétales.

I. **Minéraux**. L'*or*, l'argent, le fer, le cuivre, le plomb, la houille, abondent dans l'Australie et la Nouvelle-Zélande.

II. **Végétaux**. L'arbre à pain, l'oranger, le *cocotier*, font la fortune des îles de la Polynésie. — La flore australienne a quelques espèces utiles, entre autres le *phormium tenax* ou lin de la Nouvelle-Zélande, et de beaux arbres forestiers, tels que l'*eucalyptus*, l'*araucaria*. Les *céréales* d'Europe y prospèrent, ainsi qu'en Hawaii la *canne à sucre*.

III. **Animaux**. La faune australienne se fait remarquer par ses formes bizarres, dans le kangourou, l'ornithorynque, l'échidné, l'aptérix, etc. — Les animaux domestiques, introduits d'Europe, sont nombreux dans les pâturages australiens; mais le lapin, nouveau venu, pullule et y cause des ravages inquiétants.

OCÉANIE POLITIQUE GÉNÉRALE

Les découvertes.

211. Bien que Marco Polo eût entrevu les îles de la Sonde au XIIIe siècle, c'est aux *Portugais* que revient l'honneur des grandes découvertes en Océanie.

De 1508 à 1520, *Figueira, Albuquerque, Abreu* et leurs compagnons reconnurent la Nouvelle-Guinée et probablement aussi les côtes de l'Australie. En 1521, *Magellan*, après avoir contourné l'Amérique par le détroit qui porte son nom, traversa le premier l'océan Pacifique et la Polynésie, dans la région équatoriale, découvrit les îles Mariannes et périt dans un combat contre le radjah de l'île Cébu.

Sur la fin du même siècle, les *Espagnols Mendana* et *Quiros*, venus du Pérou, explorèrent les îles Marquises, Taïti, Santa-Cruz et Salomon.

En 1662, le Hollandais *Tasman* reconnut les côtes N.-O. de l'Australie, qui fut nommée Nouvelle-Hollande, puis découvrit la Tasmanie, qu'il nomma Van-Diémen, et la Nouvelle-Zélande.

Après les découvertes du capitaine Cook (V. p. 20), l'Océanie était connue dans ses parties essentielles.

212. **La colonisation.** — Les peuplades sauvages de la Polynésie n'ont pas d'histoire politique; elles tendent d'elles-mêmes à disparaître sans avoir rien fondé.

L'Australie et les îles du Sud furent délaissées jusqu'à la fin du XVIIIe siècle, époque où les *Anglais*, après la perte de leurs possessions américaines (1776), sentant le besoin d'établir ailleurs leurs colonies pénitentiaires, jetèrent les yeux sur l'Australie et fondèrent Sydney en 1788.

Aujourd'hui, les colonies *australasiennes anglaises* dépassent en importance politique et commerciale celles de la Hollande elles-mêmes. En outre, tandis que celles-ci restaient politiquement stationnaires, quoique florissantes, les *Français* ont pris possession de la Nouvelle-Calédonie et de plusieurs archipels polynésiens; les *Allemands* se sont annexé une partie de la Nouvelle-Guinée, les îles Bismarck, etc.; enfin les *Américains* se sont emparés des îles Hawaii et autres.

213. **Au point de vue de la civilisation**, les missionnaires catholiques et aussi des missionnaires protestants évangélisent et civilisent les indigènes polynésiens, seul moyen peut-être d'en prévenir la complète disparition.

D'autre part, si l'on considère l'origine de la nouvelle population de l'Australasie, son intelligence, son activité, sa religion et sa civilisation, on peut prévoir que, dans l'avenir, elle dominera l'Océanie et débordera même dans l'Insulinde et l'Asie. Ici donc, comme dans le reste du globe, c'est la *race blanche* européenne, c'est la *religion chrétienne* marchant à la conquête du monde entier.

Géographie politique.

214. **Population.** La population absolue de l'Océanie n'est que de 7500000 habitants, égalant à peine celle de la Belgique.

La *superficie* de cette Partie du monde étant d'environ 9000000 de km², sa *densité* est de moins d'un habitant par km².

215. **Races humaines.** L'Océanie est surtout peuplée de *blancs*, soit plus de 5500000, la plupart d'origine anglaise, et de gens de couleur asiatiques, dans l'Australasie; de 1 million de *noirs* en Mélanésie, et 1/2 million de *bruns* en Polynésie.

216. **Religions.** Le *christianisme* (protestantisme, catholicisme) règne parmi les colons européens, en Australasie, et aussi parmi les naturels de la Polynésie.

217. **Civilisation.** — Les Hawaiiens protestants jouissent des bienfaits de la civilisation chrétienne, ainsi que diverses peuplades de la Polynésie. — Les noirs vivent à l'état *sauvage;* beaucoup d'indigènes sont cannibales. — Quant à la nouvelle population *blanche* de l'Australasie, ses mœurs et institutions sont essentiellement européennes, anglaises surtout.

218. **Gouvernements.** Les gouvernements *monarchiques* dominent dans l'Océanie, avec la forme patriarcale dans la Polynésie. Les Hawaiiens ont une constitution républicaine. — Les colonies anglo-australasiennes ont une organisation essentiellement démocratique et autonome.

219. **Divisions politiques.** Les *possessions européennes* et *américaines* sont les vraies divisions politiques de l'Océanie. Les ÉTATS INDIGÈNES qu'elles renferment n'ont aucune action extérieure.

220. TABLEAU STATISTIQUE DE L'OCÉANIE

DIVISIONS (1911)	SUPERFICIE	POPULATION ABSOLUE	COMMERCE SPÉCIAL
	kilom. carr.	habitants.	millions
Australie, Tasmanie.	7000000	5000000	3450
Nouvelle-Zélande.	270000	1100000	1000
POSSESSIONS			
Anglaises	8300000	6500000	4500
Allemandes . . .	260000	500000	35
Françaises.	30000	100000	30
Américaines. . . .	17500	215000	375
Océanie, environ.	8960000	7500000	5000

221. **Possessions européennes.**

Océanie anglaise : Continent australien, Tasmanie, Nouvelle-Zélande, S.-E. de la Nouvelle-Guinée, îles Fidji, Tonga, de Cook et autres.

— **hollandaise** : Nouvelle-Guinée occidentale.

— **allemande :** partie N.-E. de la Nouvelle-Guinée, îles Bismarck et Marshall; — îles Mariannes et Carolines, cédées par l'Espagne, les îles Samoa.

— **française** : Nouvelle-Calédonie, Taïti, Touamotou et Marquises.

— **américaine :** îles Hawaii, Guam (Mariannes) et Tutuila (Samoa).

222. **Commerce.** Les *échanges s'établissent surtout entre l'Angleterre* (pour les 2/3), les États-Unis, l'Allemagne, la France, d'une part; — l'*Australie* du S.-E. et la Nouvelle-Zélande, d'autre part.

Importation de produits fabriqués d'Europe.

Exportation des produits ci-après :

L'*or*, l'argent et les métaux, les *laines*, les *viandes* et le *froment* de l'Australasie anglaise; — le *sucre* de Hawaii, les oranges, copras, etc.

222 *bis*. **Routes commerciales.** Les colonies de l'Australasie possèdent des routes, de nombreux *chemins de fer* (30000 kilom.) et quelques voies navigables (le Murray, le Darling).

Partout ailleurs, c'est la mer qui est la grande voie commerciale en Océanie. Des services réguliers de paquebots relient Melbourne et Albany à Colombo et à l'Europe; — Sydney à Singapour; — Sydney à Auckland, Honolulu et San Francisco, etc.

Les *télégraphes* australiens se relient à Palmerston (Port-Darwin) au *câble sous-marin* de Singapour, en correspondance avec l'Europe.

I. AUSTRALASIE ANGLAISE

(Classe de 6e)

223. **Cartographie.** *Mers et détroits, îles et archipels, caps, montagnes et fleuves* (voir la carte. Compléter le croquis 25 du cahier n° 5).

224. **Aspect.** **Le continent Australien** présente au S.-E. et à l'E. des *régions montagneuses*, bien boisées, fertiles et pourvues de rivières permanentes. — Ailleurs ce sont des *plaines* arides, des *plateaux* ondulés et peu élevés (300 mètres), interrompus par quelques collines de 500 à 1000 mètres de hauteur. Les *steppes* qui les couvrent se transforment en été en pâturages excellents arrosés par des cours d'eau temporaires; on y remarque çà et là des *lacs salés*, qui se dessèchent en partie, d'épais fourrés de plantes épineuses et d'herbes porc-épic, plus rarement des bosquets d'arbres gommiers.

A part celles du S.-E., qui sont montueuses, les côtes de l'Australie sont assez basses, sablonneuses, bordées de *lagunes* et d'estuaires; celles du N. et du N.-E. sont entourées d'innombrables *îlots* et de dangereux *récifs de coraux*, formant une longue chaîne nommée *la Grande-Barrière*.

La Tasmanie est une île montagneuse, pittoresque et fertile.

Les deux îles de **la Nouvelle-Zélande** sont couvertes de montagnes élevées (3700 m. au mont Cook, île du Sud), neigeuses et volcaniques. L'île du Nord renferme *la plus curieuse région volcanique* du globe, présentant de nombreux lacs et bassins d'eau chaude, alimentés par des jets d'eau bouillante; des centaines de cratères de volcans de boue et de vapeur; un sol brûlant, sans cesse agité par des trépidations au milieu de bruits sourds continuels.

225. **Historique.** — Au XVIIe siècle, les *Hollandais* reconnurent l'Australie, déjà signalée par les Portugais, et qu'ils nommèrent *Nouvelle-Hollande;* la Tasmanie, ou terre de *Tasman*, et la *Nouvelle-Zélande*. — En 1788, les Anglais commencèrent la colonisation par l'établissement d'une colonie de convicts, ou criminels, déportés à Botany-Bay (près de Sydney); en 1805, ils s'établirent dans la Tasmanie; en 1840, dans la Nouvelle-Zélande.

Sydney devint la capitale de la Nouvelle-Galles du Sud. Après 1830, furent créées les autres colonies de Victoria, de l'Australie du Sud, de l'Ouest et, en 1859, celle du Queensland.

La découverte de l'or, en 1851, amena dans ces contrées une foule de mineurs et de colons européens : le succès extraordinaire obtenu dans la recherche des métaux, les cultures et l'élève des moutons, eut pour résultat la formation de plusieurs États coloniaux distincts et autonomes, qui sont, depuis 1901, constitués en *Fédération australienne* (non compris la Nouvelle-Zélande). Riches et florissants, ils renouvellent dans ces parages le prodigieux développement des États-Unis de l'Amérique du Nord, et ils compteront sans doute un jour comme la principale puissance politique et commerciale des régions de la mer des Indes et du Grand Océan. Ce sont ces États qu'on désigne sous le nom collectif d'*Australasie* (Asie australe).

226. **Ethnographie.** La population coloniale est formée de *blancs* Européens, Anglais et Irlandais pour la plupart, Allemands, Français et Américains. — Les *langues* parlées, la *civilisation* et les *religions* sont celles des mères patries respectives.

On compte aussi des immigrants Chinois, Japonais, Hindous. — Les *bruns* Maoris de la Nouvelle-Zélande et les *noirs* Fidjiens et Australiens ont diminué rapidement en nombre.

227. **Population** de l'Australasie, 6100000 habitants, dont : Australie et Nouvelle-Guinée, 4800000; — Tasmanie, 200000; — Nouvelle-Zélande, 1100000.

Superficie, 8200000 km², dont 7600000 pour le Continent.

228. **Gouvernement.** L'*Australasie* comprend 7 *États* ou *Colonies*, dont 6 forment la *Confédération australienne* (Commonwealth), avec Sénat et Chambre des Représentants, qui siégeront à Canberra, au N.-O. de Sydney. Le *gouverneur général*, nommé par le roi d'Angleterre, réside en cette dernière ville.

Chacune de ces Colonies jouit de l'autonomie complète dite *self-government*, où le mode d'administration intérieure est indépendant du pouvoir central.

229. **Divisions.** Les 7 États de l'Australasie sont :

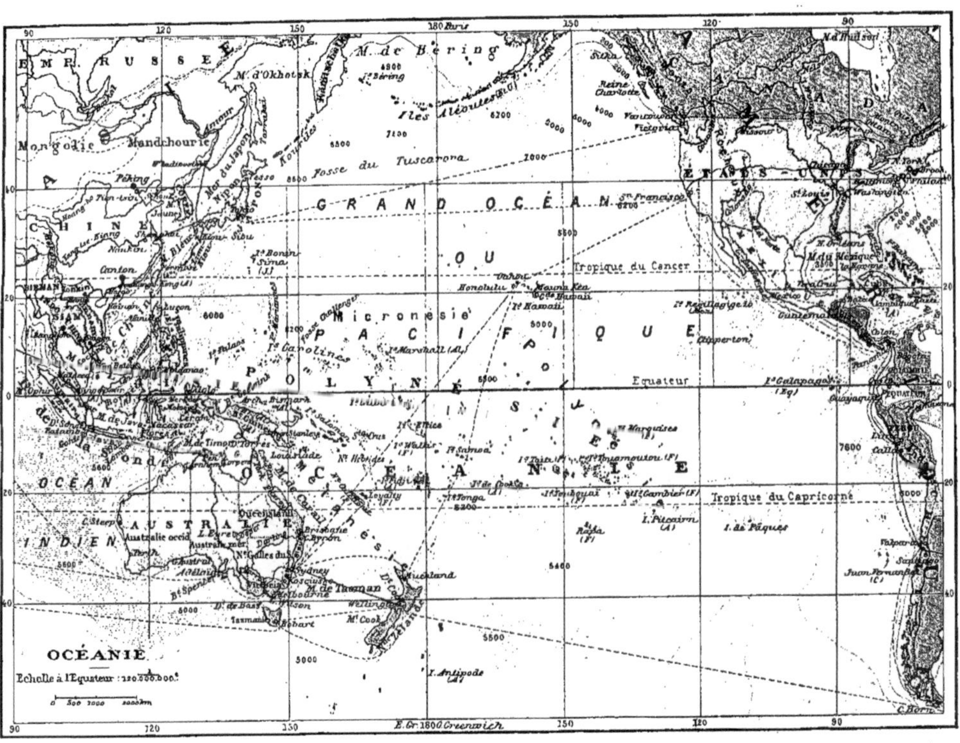

201 *bis*. NOMENCLATURE DE GÉOGRAPHIE PHYSIQUE

CARTOGRAPHIE : *Compléter le croquis* 11 *du cahier* n° 5. (Sans l'INSULINDE).

Océanie : 5e Partie du monde; un continent et des îles. *Pop.*, 7500000 hab.; *Sup.*, 8960000 km².

Bornes : *Physiques :* à l'O., Asie et océan Indien; à l'E., l'Amérique. *Astronomiques :* 30° N. à 50° S.; long. 113° O. à 110° E.

Contrées : Voir le tableau n° 220.

Mers : *Gr. Océan :* mers de Tasman, de Corail, de Timor. *Océan Indien* et, en Antarctie, *océan Antarctique*.

Golfes : Austral, de Carpentarie, Geelwink.

Détroits : de Torrès, de Bass, de Cook.

Iles et Archipels 4 divisions :
- AUSTRALASIE : *Nouvelle-Zélande* (du N. et du S.), *Tasmanie*.
- MÉLANÉSIE : Nouvelle-Guinée, Bismarck, Salomon; Nouvelles-Hébrides, Nouvelle-Calédonie, Fidji.
- MICRONÉSIE : Palaos, Mariannes, Carolines, Marshall.
- POLYNÉSIE : Tonga, Samoa, de Cook. Taïti, Touamotou, Marquises, Hawaii.

Antarctie : Continent austral : Terres Victoria, etc.

Continent : AUSTRALIE, troisième continent, 7600000 km².

Presqu'îles : d'York et d'Arnhem, de Célèbes, de Papouasie.

Caps : En Australie : York, Byron, Wilson, d'Entrecasteaux, Leeuwin, Steep, Londonderry.

Montagnes : Alpes australiennes au S.-E., montagnes Bleues et Cordillère à l'E. (mont Kosciusko, 2240 m.); mont Cook (Nouvelle-Zélande); mont Owen-Stanley, 4000 m. (Nouvelle-Guinée); volcans *Mauna-Kéa*, 4300 m., et Mauna-Loa (Hawaii).

Volcans : En Polynésie (ci-dessus) et Antarctie.

Plateaux, *plaines* et *déserts* de l'Australie intérieure.

Bassins : L'Australie se divise par sa chaîne de montagnes côtières en deux bassins *océaniques :* celui du Pacifique, très étroit, et celui de l'océan Indien.

Fleuves : en Australie, le *Murray* et son affluent le Darling; le Victoria-Cooper.

Lacs : Eyre, Torrens et Gairdner; lagune Alexandrina.

Régions :
- *Iles hautes*, volcaniques : toutes les grandes îles.
- *Iles basses*, très petites, coralliennes : attolons et récifs.
- *Plateaux* et *déserts* de l'Australie intérieure.

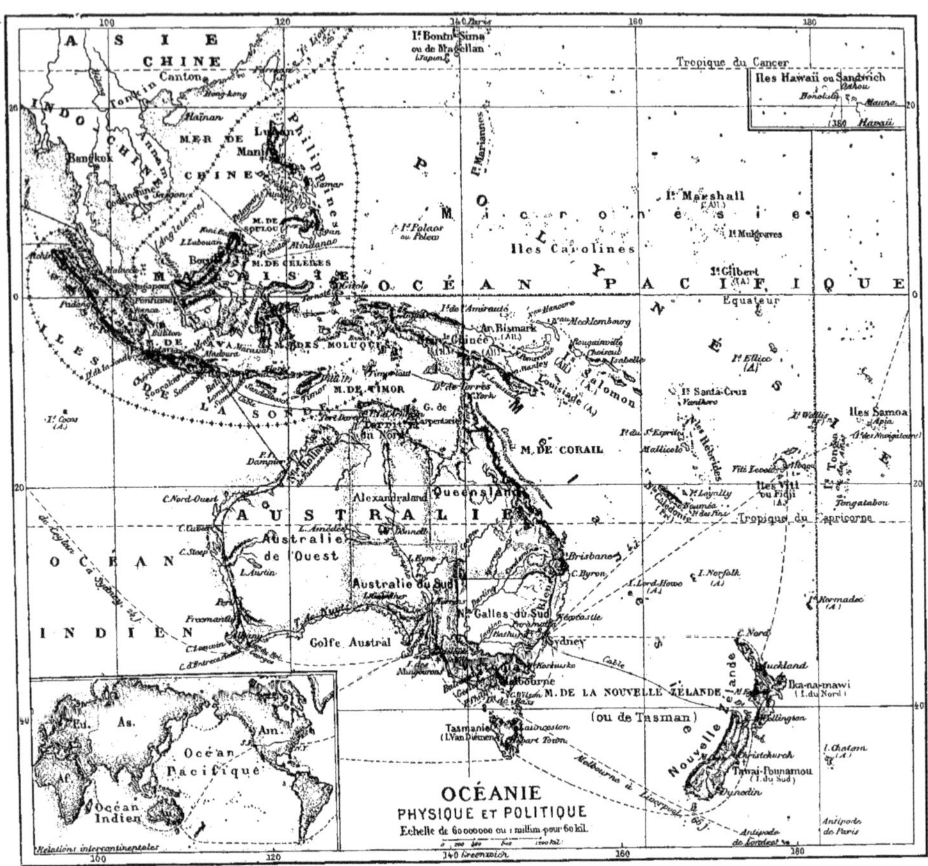

1. La colonie de Victoria, 1300000 h., cap. Melbourne;

2. La Nouvelle-Galles du Sud, 1600000 h., cap. Sydney;

3. Le Queensland (avec le S.-E. de la Nouvelle-Guinée), cap. Brisbane;

4. L'Australie méridionale, cap. Adélaïde. — A cet Etat se rattachent administrativement le *Territoire du Nord*, ch.-l. Palmerston †, et l'*Alexandraland* (au centre);

5. L'Australie occidentale, cap. Perth;

6. La Tasmanie, cap. Hobart;

7. La Nouvelle-Zélande, non fédérée, cap. Wellington.

230. **Villes. Melbourne** ‡, 590 000 habitants, fondée en 1835 au fond de la baie Philip, port, est aujourd'hui la ville la plus riche et la plus commerçante de l'Océanie. Des chemins de fer la relient à Adélaïde, Sydney, Brisbane, etc. — *Geelong*, 30., port sur la baie Philip; *Ballarat* †, 50.; *Bendigo* (Sandhurst) †, 50., au centre de mines d'or.

Sydney ‡, 600 000 habitants, résidence du gouverneur général, fondée en 1788 sur la baie de Port-Jackson, port actif. — *Paramatta*, 20., fruits, *Bathurst* †, 10., mines d'or. — *Broken-Hill*, 30., argent. — *Newcastle*, 70., port, exportation de houille. — *Canberra*, future capitale fédérale, en construction.

Brisbane ‡, 140., centre d'élevage et port. — *Rockhampton* †, 30., laines, or.

Adélaïde ‡, 200., à 12 km de la mer; reliée à *Port-Adélaïde*, sur le golfe Saint-Vincent.

Perth †, 55., sur le Swan-River (rivière des Cygnes). — *Albany*, 15., port de relâche pour les steamers et les baleiniers. — *Coolgardie* et *Kalgoorlie*, mines d'or.

Hobart ‡, 30., et *Launceston*, 20., ports dans la Tasmanie.

Wellington ‡, 70., sur le détroit de Cook, et *Auckland* †, 100., sur un isthme de l'île du Nord, ports. — *Dunedin* †, 60., et *Christchurch* †, 80., ports dans le district aurifère de l'île du Sud.

231. **Industrie.** *La production des* **céréales**, *l'élevage du* **bétail** *et l'exploitation des* **mines**

sont les trois grandes branches industrielles de l'Australasie; toutefois, l'industrie manufacturière se développe dans Victoria et la Nouvelle-Galles du Sud.

Les principales cultures sont celles du *froment*, dit de Victoria, du *maïs*, de la canne à sucre, de la *vigne*, du coton, du tabac, du phormium tenax (lin), etc.

L'élevage du bétail est éminemment florissant et rivalise avec celui des pampas argentines. — L'Australasie nourrit 115000000 de *moutons* mérinos, donnant les meilleures laines du monde; en outre, 15000000 de *bêtes à cornes*, 2000000 de chevaux, 1000000 de porcs.

Métaux. L'*or* est, après la laine, la plus grande richesse de l'Australasie; il s'exploite dans Victoria, la Nouvelle-Galles, le Queensland, l'Australie méridionale et occidentale, la Nouvelle-Zélande.

Le *cuivre*, l'*argent* de la Tasmanie, de la Nouvelle-Galles du Sud et la *houille* de ce dernier Etat donnent lieu à une exploitation prospère, ainsi que le *zinc*, le *plomb*, l'*étain*.

232. **Commerce.** Grâce à une production aussi active, le commerce de l'Australasie compte parmi les plus florissants du globe. De nombreuses *routes*, 30000 kilom. de *chemins de fer*, reliant les capitales et pénétrant dans l'intérieur, et un *cabotage* très animé, servent au commerce entre les diverses colonies.

Le *commerce extérieur* atteint 4,5 milliards de francs.

Exportation d'*or* et d'argent (pour 350 millions de francs), de houille, de cuivre et autres métaux, de *laines* (pour 800 millions), de peaux, laitages, beurre, *viandes*, *froment*, sucre et autres produits agricoles.

Importation de tissus et vêtements, meubles, machines; vins et liqueurs, denrées coloniales.

Les *échanges* se font pour les $^3/_4$ avec l'Angleterre et par la marine anglaise; le reste avec les Indes, la Chine, l'Amérique et l'Europe.

Ports: *Melbourne* et *Sydney*, chacun 2 milliards d'affaires, Adélaïde, Brisbane, Newcastle, Auckland. — Ils sont reliés par des services réguliers avec Le Cap et Port-Louis; — Colombo, Batavia et Singapour; — Honolulu et San Francisco.

II. POLYNÉSIE

(Classe de 6e)

Compléter la carte 11 du cahier n° 5

233. **Divisions.** Dans sa plus grande extension, la *Polynésie* comprend l'Océanie proprement dite, en dehors de l'*Australasie*.

Elle se *subdivise* en Polynésie *Mélanésienne* ou occidentale, Polynésie *Micronésienne* ou septentrionale, et Polynésie *propre* ou orientale.

D'après leur constitution physique, les îles polynésiennes sont de deux sortes: *basses* ou *hautes*.

1° Les **îles basses** sont très petites et d'*origine polypiaire* ou madréporique. Elles forment des archipels nombreux, répandus dans toutes les mers intertropicales où les eaux ont peu de profondeur. D'innombrables *récifs* ou *bancs de coraux*, ayant la même origine, accompagnent les îles basses et entourent également la plupart des grandes îles volcaniques. — On appelle *attolon* une réunion d'îlots souvent contigus, et formant une ceinture entourant une lagune au centre de laquelle s'élève parfois un îlot rocheux: l'attolon paraît alors dessiner les bords d'un ancien cratère sous-marin.

2° Les **îles hautes** sont plus ou moins étendues et très montagneuses; elles paraissent avoir été formées par soulèvement ou éruption *volcanique*; plusieurs renferment des volcans encore en activité; elles sont généralement bien arrosées, bien boisées, *très fertiles*, et ont un *climat* salubre.

234. **Population**, 1000000 d'habitants. Les Français, les Anglais, les Hollandais et les Allemands, ainsi que les Etats-Unis et le Japon, se partagent les îles polynésiennes.

L'Océanie française, 100000 habitants, comprend: la *Nouvelle-Calédonie*, les îles *Wallis*, les îles *Taïti*, les îles *Basses* ou *Touamotou*, et les îles *Marquises*. (V. 2e partie.)

Les *Nouvelles-Hébrides* sont sous le protectorat commun de la France et de l'Angleterre.

235. Les **Anglais** possèdent dans la Polynésie: la *Nouvelle-Zélande* et un grand nombre d'îlots voisins;

La partie S.-E. de la *Nouvelle-Guinée* (Papouasie), avec les îles de la *Louisiade*; les îles *Salomon* (sauf une), les îles *Fidji* et *Santa-Cruz*, les îles de *Cook*, les îles *Tonga* ou des *Amis*, et quelques *îlots à guano* (*Gilbert*, *Ellice*, *Phœnix*), dans la Polynésie centrale.

Les îles **Fidji**, 140000 hab., forment un petit Etat policé, dont le roi réside à *Souva*, port dans l'île Viti-Levou.

C'est près de l'île Vanikoro, l'une des *Santa-Cruz*, que périt en 1788 le navigateur français La Pérouse.

236. Les **Hollandais** possèdent la moitié occidentale de la Nouvelle-Guinée (300).

237. Les **Allemands** ont annexé la partie N.-E. de la *Nouvelle-Guinée*, l'archipel *Bismarck*, l'île *Bougainville* (archipel *Salomon*), les principales îles *Samoa* ou des *Navigateurs*, et les îles *Marshall*.

En 1899, ils ont acheté à l'Espagne l'archipel des *Mariannes* ou des Larrons (sauf Guam), les *Palaos* et les *Carolines*, peuplées de 40000 indigènes intelligents, bons navigateurs.

238. Les **Etats-Unis** se sont emparés en 1897 des îles *Hawaii*, ayant 200000 habitants, dont $^1/_4$ d'indigènes; ce sont les plus importantes de la Polynésie sous le rapport commercial. Ci-devant royaume autochtone, elles ont été annexées comme « Territoire ».

Chef-lieu *Honolulu*, 60., dans l'île *Oahou*, port très fréquenté sur la route de San Francisco au Japon et à Sydney; exportation de sucre.

En outre, ils possèdent l'île *Tutuila*, l'une des Samoa, et *Guam*, la plus grande des îles Mariannes.

238 *bis*. Aux **Japonais** appartiennent les îles *Bonin-Sima* ou de *Magellan*.

ANTARCTIE

239. On donne le nom d'**Antarctie** à l'ensemble des Terres découvertes vers la zone glaciale antarctique, et qui forment les parties d'un continent incomplètement connu et des îles distinctes. On les divise en *trois groupes*, dont les deux premiers semblent faire partie du **continent antarctique**.

1° Le **groupe Australien**, situé à 3000 km au sud de l'Australie, se compose des terres *Sabrine*, *Clarie* et *Adélie*, découvertes par Dumont d'Urville en 1840; de diverses autres terres et notamment de la terre *Victoria*, découverte par sir James Ross en 1841, parcourue en 1902 par Scott, en 1909 par Shakleton et en 1911 par Amundsen (V. p. 20). En outre, la terre d'*Edward VII* (1903).

2° Le **groupe Africain** se compose des terres d'*Enderby* et de *Kemp*, à 3500 km au S. de l'Afrique.

3° Le **groupe Américain** comprend les îles *Sandwich*, *Orcades* et *Shetland* méridionales; les îles *Joinville* et *Louis-Philippe*; les îles *Alexandre Ier* et *Pierre Ier*, l'archipel de la *Belgica*, la terre de *Coats* (1902), etc. (V. p. 20.)

Relations de l'Océanie avec l'Europe et l'Amérique par la navigation et par câbles sous-marins. (Voir n° 222 *bis* et aussi p. 18, tableaux nos 10 et 12.)

IV. ASIE

GÉOGRAPHIE PHYSIQUE GÉNÉRALE

I. *Continent et Océans*.

240. **Situation.** L'Asie est la plus orientale, la plus vaste et la plus peuplée des trois divisions de l'ancien continent. Comme l'Europe, elle est située dans l'hémisphère boréal.

Sa **superficie** dépasse 44000000 de kilom. carrés. C'est plus de la moitié de l'Ancien Continent, le tiers des terres du globe, quatre fois 1/2 l'Europe et 81 fois la superficie de la France.

241. **Contrées.** (V. le tableau no 254 *bis*.)

242. **Océans et mers.** L'Asie est baignée par les eaux de quatre océans, qui sont : au N., l'*océan Glacial arctique;* à l'E., le *Pacifique;* au S., l'*océan Indien;* à l'O., la *Méditerranée*, la *mer Egée* et la *mer Noire*, dépendances de l'*Atlantique;* en outre, la *Caspienne*.

L'océan Glacial, bordé de terres basses, a peu de profondeur : on a trouvé 150 mètres. Presque constamment glacé, il n'est pas navigable, et jusqu'en 1878 aucun vaisseau n'avait pu le traverser, sauf dans les parages de la mer de Kara et du détroit de Béring.

L'océan Pacifique, bordé de côtes généralement élevées et très déchiquetées, a donné des profondeurs de 7000 m. et même 8600 m. à l'E. du Japon, alors que les mers intérieures ont de 1000 à 3000 m. Il est parcouru par de puissants courants, dont le plus remarquable est le *Kurro-Chivo*, ou Courant-Noir du Japon; ses eaux sont sillonnées par une navigation active dans les mers de la Chine et du Japon. — Le plateau ou *banc* de l'Insulinde n'offre que 100 m. de profondeur dans les mers de Java et de Chine; mais il est coupé en deux par une faille énorme ou vallée profonde, passant par les détroits de Bali-Lombok, de Macassar et au nord des Moluques.

L'océan Indien, remarquable aussi par ses courants chauds et par l'activité de sa navigation, a 4500 m. au centre, mais diminue de profondeur vers les côtes. Le golfe Persique mesure à peine 150 m. de profondeur moyenne, tandis que la mer Rouge, quoique bordée de récifs, possède un chenal profond de 500 à 1000 m.

La **Méditerranée** accuse 3000 m. de profondeur; la **mer Noire**, 2630 m.; la mer **Caspienne**, 1000 m. dans sa partie méridionale, où ses côtes sont élevées, et à peine 10 m. de profondeur moyenne dans sa partie septentrionale, entourée de plaines.

243. **Le continent.** Le continent asiatique a la forme générale d'*un trapèze*, dont les côtés sont tournés vers les trois océans limitrophes et vers l'Europe, et dont les sommets sont : le détroit de Waïgatz, le cap Oriental, le cap Romania et l'isthme de Suez. Il mesure environ 11000 kilomètres entre les détroits de Bab-el-Mandeb et de Béring; — 8500 kilomètres entre les caps Tchéliouskine et Romania, ou entre le cap Baba et la ville de Shanghaï.

244. **Iles et presqu'îles.** La partie continentale projette de toutes parts, surtout au sud, des *péninsules* considérables : *Arabie, Dékan, Indo-Chine*, etc., qui, avec de nombreuses îles détachées du continent (*Japon, Insulinde, Ceylan*, etc.), comptent pour la cinquième partie de la superficie de l'Asie.

II. *Orographie*.

245. **Relief général.** Le continent asiatique est *le premier du globe*, non seulement par sa superficie et sa population, mais encore par son *altitude générale* et moyenne, qui est de 1000 mètres environ, par la *hauteur* absolue (8840 mètres) et la puissance de ses *chaînes de montagnes*, par l'étendue de ses *plateaux* (Plateau central) et leur élévation (4000 mètres dans le Tibet), ainsi que par l'*immensité de ses plaines* (Sibérie et Turkestan occidentaux).

246. **Systèmes de montagnes.** On y détermine *sept systèmes orographiques* principaux, dont deux sont maritimes : ceux du *Japon* et de l'*Insulinde;* — trois sont limités exactement par des plaines basses : *systèmes ouralique, arabique* et du *Dékan;* les deux autres, beaucoup plus étendus : *système centro-oriental* et *système occidental*, sont moins bien définis et ne sont séparés l'un de l'autre que par les plateaux de l'Iran, relativement moins élevés.

Plateau central. On réunit sous le nom de Plateau central une succession de terrasses et de plateaux, dont les plus vastes sont les *plateaux de la Mongolie et du Turkestan oriental*, marqués par le grand *désert de Gobi* (1000 à 2000 m.), et les monts *Thian-Chan* ou Célestes, 7300 m., et dont les plus élevés sont les *plateaux du Koukou-noor*, du *Tibet* et du *Pamir*. Ce plateau central est entouré d'une immense ceinture de montagnes, plus élevées vers le sud et s'abaissant vers le nord, où elles se confondent avec les ondulations de la plaine de Sibérie.

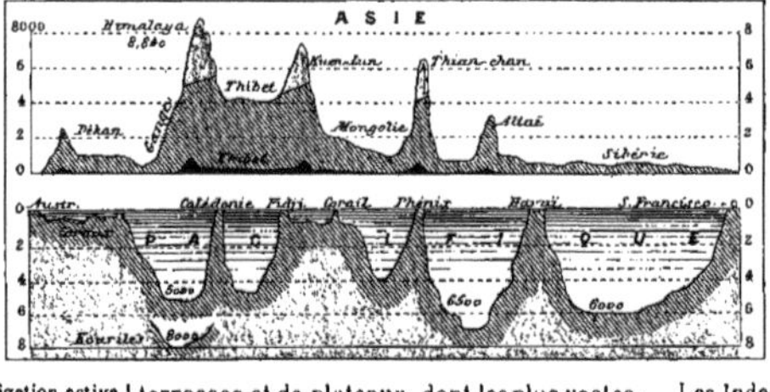

Le massif dominant de la haute Asie est le **plateau du Tibet**, le plus élevé du globe, ayant plus de 4000 mètres d'altitude moyenne. Il est soutenu au nord par la chaîne du *Kouen-loun* et du *Karakoroum*, dont le point culminant est le Dapsang, 8620 mètres; — à l'ouest, par le massif du **Pamir**, « le Toit du monde, » dominé par le *Tagarma*, 7700 mètres, et par l'*Hindou-Koh*, « Caucase indien ». Il se termine au sud par la magnifique chaîne de l'**Himalaya**, « Séjour des neiges, » la plus haute de la terre, dominée par le mont **Everest**, 8840 mètres, laquelle forme à la fois le rebord et le talus méridional du plateau tibétain, et plonge à pic sur une zone moins élevée qui la sépare de la *plaine* du Gange.

247. **Plaines.** Les régions basses, qui occupent près du tiers du continent asiatique, sont particulièrement :

La grande plaine de la *Sibérie occidentale* et du *bas Turkestan*, la plus vaste du globe, égalant en superficie l'Europe entière;

La plaine de la *basse Chine orientale*, dans le bassin inférieur du Hoang-ho et du Yang-tse; celles de l'*Indus* et du *Gange*, etc.

Dépressions. L'Asie renferme à la fois les points les plus élevés et les points les plus bas des terres du globe. — La *mer Morte occupe une dépression* peu étendue, mais profonde, et le niveau de cette mer est de 400 mètres au-dessous de celui de l'Océan. — La *dépression caspienne* est presque aussi étendue que la France : le niveau de la mer est inférieur de 26 m. à celui de la mer Noire ou de l'Océan.

Déserts. Une zone de déserts arides, pierreux ou sablonneux et salés, anciens fonds de mer peut-être, traverse l'Asie depuis le fleuve Amour jusqu'à la mer Rouge, où elle se rattache aux déserts africains. Les principaux sont : le *grand désert de Gobi*, appelé par les Chinois *Chamo*, la « mer de sable »; les déserts de l'*Iran*, de la *Syrie orientale* et de l'*Arabie*, dont la partie méridionale porte le nom de *Dahna*, « désert de feu. »

III. *Hydrographie*.

248. **Régime pluvial.** Les parties septentrionales, centrales et occidentales de l'Asie comptent parmi les contrées du globe où les pluies sont le moins abondantes; aussi y voit-on beaucoup de steppes, de déserts, de *régions presque sans pluie*. Cela est dû à la haute latitude de ces régions, à la prédominance des vents secs provenant des continents européen et africain, et aussi à la disposition méridionale des hautes chaînes de montagnes qui interceptent les vents humides du sud. Les Indes et la Chine sont, en partie, favorisées de pluies abondantes, et leurs fleuves naissent dans de hautes montagnes pourvues de glaciers et de neiges perpétuelles.

249. **Versants maritimes.** Le continent asiatique forme cinq divisions hydrographiques principales, savoir : *quatre grands versants* océaniques appartenant aux bassins de l'*océan Glacial*, du *Grand Océan*, de l'*océan Indien* et de l'*Atlantique;* en outre, un grand *bassin central continental*.

Bassin central. L'Asie intérieure renferme de vastes régions dont les eaux ne se rendent pas dans l'Océan, mais aboutissent à des *caspiennes*, ou lacs sans écoulement. Chacun de ces lacs possède son bassin particulier et *fermé*, appelé bassin *continental*, par opposition aux bassins maritimes. Par simplification, on les comprend tous en un seul sous le nom de *bassin central de l'Asie*.

250. **Grands fleuves.** Parmi les nombreux et importants fleuves de l'Asie, qui du plateau central se dirigent vers les quatre points cardinaux, il faut signaler : l'**Obi**, l'**Iénisséi** et la *Léna*, longs de 4 à 5000 km, parcourant lentement et à pleins bords les plaines de la Sibérie, pour se rendre dans les mers polaires; — l'*Amour*, le **Hoang-ho**, le **Yang-tse** et le *Mékong*, traversant les régions montagneuses ou basses de la Mongolie, de la Chine et de l'Indo-Chine, pour atteindre le Pacifique; — l'*Iraouady*, le **Brahmapoutre**, le **Gange** et l'**Indus**, qui fertilisent les plaines des Indes; — l'*Helmond*, le *Syr-Daria* et l'*Amou-*

250 *bis*. NOMENCLATURE DE GÉOGRAPHIE PHYSIQUE

CARTOGRAPHIE : *Compléter le croquis* 1 *du cahier* n° 5.

Asie	2e Partie du monde, la plus vaste et la plus peuplée. *Pop.*, 910000000 d'hab.; *sup.*, 44000000 de km².
Bornes	*Physiques :* N., océan Glacial; E., Pacifique; S., océan Indien; O., Europe. *Astronomiques :* N., 78°; — E., 188°; — S., 11° S.; — O., 24° E.
Contrées	(Voir le tableau n° 254 *bis*.)
Océans et Mers	*O. Glacial :* mer de Kara. *O. Pacifique :* m. de Béring, d'Okhotsk, du Japon, Jaune, de Chine, de Java, de Célèbes. *O. Indien :* m. de Bengale, d'Oman, Rouge. *Atlantique :* m. Méditerranée, Archipel, Marmara, Noire. *Mer isolée :* Caspienne.
Golfes	(Océan Glacial) : d'Obi. (Pacifique) : de Péking, du Tonkin, de Siam, de Célèbes. (Oc. Ind.) : Persique, d'Aden, Arabique, de Suez, d'Acaba.
Détroits	(G. Océan) : de Béring, Tartarie (Sakhaline), Formose, de la Sonde, de Macassar. (Oc. Ind.) : de Malacca, Palk, Ormus, Bab-el-Mandeb. (Atlantique) : Dardanelles, Bosphore.
Iles	(Océan Glacial) : Nouvelle-Sibérie (Liakov). (G. Océan) : Sakhaline, Kouriles, *Yéso*, *Hondo* (Nippon), Sikok, Kiou-Siou, Riou-Kiou, *Formose*, *Haïnan*, Macao, Hong-kong; — *Philippines*, *Sumatra*, *Java*, Timor, *Bornéo*, Célèbes, Moluques. (Oc. Ind.). : Singapour, Poulo-Pinang; Andaman et Nicobar; *Ceylan*, Laquedives et Maledives. (Méditerranée) : *Chypre*, *Rhodes*, Sporades.
Presqu'îles	*Anatolie*, *Arabie*, *Inde péninsulaire*, *Indo-Chine* et Malacca, Corée, Kamtchatka.
Isthmes	de Suez et de Kraw.
Caps	Tchélіouskine, Dojnew (Oriental), Romania, Comorin, Ras-el-Hat, Baba (en Turquie).
Volcans	Chaîne maritime ci-après... Demavend (en Perse).

Plateaux		du Tibet, 4000 m.; de Gobi et Mongolie, de l'Iran, d'Arabie, le Dékan.
Plaines		*Sibérie occidentale et bas Turkestan*, Chine orientale, Plaines du Gange, de l'Indus, de l'Euphrate.
Montagnes. Systèmes	CENTRO-ORIENTAL	*Himalaya* (Everest, 8840 m.); monts du Tibet, de Chine occid., d'Indo-Chine. *Hindou-Koh*, 6000 m.; *Pamir*, 7700 m.; Thian-chan; Altaï, 3500 m.; Jablonoï.
	OCCIDENTAL	*Caucase* (Elbrouz, 5600 m.); Demavend, 6000 m.; Ararat, 5200 m.; Taurus, Liban, 3000 m.
	ARABIQUE	Monts du Nedjed, le Sinaï, 2500 m.
	DU DÉKAN	*Ghâtes* occid. et orient., Nilgherry, 2600 m.; plateau du Dékan.
	OURALIQUE	Oural (Iremel, Toll-Pass), 1700 m.
	MARITIMES	Volcanique : Kamtchatka, 5000 m.; Kouriles, Japon (Fousi-Yama, 3800 m.), Formose. Philippines, Java (Gontour, Semerou); Sumatra (Ophir, Indrapoura, 3800 m.)
Bassins et Fleuves	OCÉAN GLACIAL	*Obi*, 4300 km (Irtych), *Iénisséi*, 4800 km, Toungouska (lac *Baïkal*), Léna, Kolyma.
	PACIFIQUE	*Amour*, *Hoang-ho*, *Yang-tse*, 5000 km, Si-kiang; Song-koï, *Mékong*, Ménam.
	OCÉAN INDIEN	Salouen, Iraouady, *Brahmapoutre*, *Gange*, 2800 km, Godavéry, *Indus*; *Euphrate* et Tigre.
	ATLANTIQUE	Mender (Archipel), Kizil-Irmak (m. Noire).
	BASSIN CENTRAL	*Oural*, Kour (*Caspienne*); Syr-Daria, Amou-Daria (lac *Aral*); Ili (*lac Balkach*); Tarim (lac *Lob*); Helmond (lac *Zérah*).
Lacs		*Fermés : Caspienne*, Aral, Balkach, Lob, Zérah, Asphaltite; Koukou-noor, Tengri-noor, de Van. *A écoulement* : Baïkal, Poyank.
Régions		*Hautes :* Etats de Chine, Tibet, Turkestan or., Iran, Asie Mineure. *Basses :* Sibérie occid., etc. (Voir *plaines*.) *Deltas :* Léna, Si-kiang, Song-koï, Mékong, Iraouady, Gange, Indus, Euphrate. *Dépression caspienne :* niveau de la mer — 26 m. *Déserts :* de Gobi, de Thour, de Perse, d'Arabie.

Daria, beaucoup moindres, qui vont se perdre dans des lacs sans déversoir. — Du massif de l'Asie occidentale descendent l'**Euphrate** et le *Tigre*, le *Kizil-Irmak* et le *Kour*.

262. **Fleuves et affluents.** L'**Obi** sort des monts Altaï, reçoit à gauche l'*Irtych*, plus important que lui-même, et va finir dans le golfe de l'Obi. — L'Irtych reçoit l'*Ichim*, puis, à Tobolsk, le *Tobol*, qui vient de l'Oural méridional.

L'**Iénisséi** prend sa source à l'est de l'Altaï, traverse les monts Sayansk, reçoit par sa rive droite trois rivières du nom de *Toungouska*, dont la *supérieure* ou *Angara* arrose Irkoutsk, après avoir traversé le lac *Baïkal*.

La **Léna** reçoit le *Vitim*, arrose Iakoutsk, reçoit l'*Aldan*, la *Viliouï*, et se termine en un delta péninsulaire.

L'**Amour**, formé dans la Mongolie du *Kéroulоun* et du *Chilka*, marque la limite des États russe et chinois; il reçoit à droite le *Soungari* et l'*Oussouri*. Tous ces fleuves sibériens sont très navigables et poissonneux, mais gelés la plus grande partie de l'année.

Le **Hoang-ho**, appelé fleuve *Jaune* à cause de ses eaux limoneuses, prend sa source dans le plateau du Koukou-noor, traverse la Mongolie, puis les plaines de la Chine orientale, et va se jeter dans le golfe de Pé-tchi-li. Sujet à de violents débordements, il a changé plusieurs fois de lit : en 1851, il se dirigeait vers l'E. pour rejoindre le delta du fleuve Bleu; en 1865, il reprit la direction du N.-E.; mais, en 1888, une nouvelle irruption le rejeta en partie au S.-E. dans le Grand Canal, qui paraît être son lit primitif.

Le **Yang-tse-kiang** ou *fleuve Bleu* (5000 km, dont 2000 sont navigables) est « le fleuve » (*kiang*) par excellence. Il prend sa source dans le plateau du Tibet, trace une courbe vers le sud jusque dans le Yun-nan, puis, se dirigeant vers l'est, il traverse de riches et populeuses régions, reçoit les eaux des lacs *Tong-ting* et *Poyang*, baigne Han-kéou, Nanking et se jette dans la mer de Chine orientale par un grand estuaire, non loin de Changhaï. Son ancien delta est coupé de canaux et endigué comme les polders de Hollande.

Le **Si-kiang** forme un delta terminé par l'île de Macao, et circonscrit au N. par un large estuaire non loin de Canton et qui baigne l'île de Hong-kong. Un furieux mascaret, ou barre, remonte son embouchure.

Le **Mékong**, dont les sources sont dans le Tibet, est plus difficilement navigable que le *Song-koï*, le *Ménam*, le *Salouen* et l'*Iraouady*, autres fleuves de l'Indo-Chine.

Le **Brahmapoutre** descend du Tibet. On lui attribue comme cours supérieur le *Dzangbo*, qui naît près des sources de l'Indus, et qui contourne les monts Himalaya dans une région peu connue; il mêle ses bouches à celles du Gange.

Le **Gange**, fleuve sacré des Hindous, prend sa source à une altitude de plus de 4000 m., dans l'Himalaya, ainsi que la *Djoumna*, qui arrose Delhi, Agra, Allahabad, où ces deux cours d'eau se réunissent. Le Gange baigne ensuite Bénarès, Patna et Calcutta, sur le bras dit *Ougly*. Il traverse et fertilise l'une des plaines les plus populeuses du monde, et forme dans le Bengale un immense delta marécageux et boisé.

L'**Indus** ou *Sind* prend sa source dans le Tibet, et franchit par des gorges profondes l'Himalaya occidental; il reçoit le *Kaboul*, qui arrose Kaboul et Peichawer; ensuite le *Sutledj*, dont plusieurs affluents considérables arrosent Cachemire, Lahore et Moultan.

L'**Euphrate** naît dans le plateau de l'Arménie, près du mont Ararat; il enferme avec le Tigre une vaste province basse appelée El-Djézireh ou l'Ile, autrefois Mésopotamie; puis il couvre d'un réseau de canaux l'ancienne Babylonie, et s'unit au Tigre en formant le *Chat-el-Arab* (rivière des Arabes).

IV. *Climat*.

252. **Climat.** L'*Asie possède un climat très varié*, car elle s'avance au nord plus loin que l'Europe, tandis qu'au sud elle est même traversée par l'équateur dans l'Insulinde.

I. Les **régions froides** sont : la *Sibérie*, contrée basse, non abritée contre les vents froids du nord, tandis que les montagnes s'opposent à l'accès des vents chauds du sud; — le *Plateau central*, qui par son élévation subit le climat continental le plus accentué du globe.

II. Les **régions tempérées**, propres à toutes cultures, sont les régions moyennes de la Turquie et d'une partie de la Chine et du Japon.

III. Les **régions chaudes et humides** sont les parties basses de l'Inde, de l'Indo-Chine, de l'Insulinde et de la Chine méridionale. Les *moussons* y règnent. On y trouve une végétation luxuriante, ainsi que de grandes espèces animales.

IV. Les **régions chaudes et sèches** sont l'Arabie, la Perse, le Turkestan et les contrées voisines. Ce sont, comme les déserts de Gobi et du Sahara, des *régions presque sans pluie*, où dominent les vents continentaux naturellement secs.

V. *Productions naturelles*.

253. L'Asie, si variée dans ses caractères physiques et dans son climat, se distingue également par la plus *grande diversité de productions* appartenant aux trois règnes.

I. **Minéraux.** Les richesses minérales sont généralement peu utilisées. Toutefois l'or, le fer, le *platine*, le cuivre, sont exploités dans la Sibérie, la Chine, le Japon, l'Inde; l'étain, au Malacca et à Banca; le diamant et les autres pierres précieuses : rubis, saphir, turquoise, dans la Sibérie, l'Inde, Bornéo; la *houille*,

dans l'Asie russe, l'Inde, la Chine, l'Indo-Chine et le Japon.

II. **Végétaux.** On doit citer particulièrement le *caféier* d'Arabie et de Java, le *riz*, le *thé*, le *pavot* à opium, la *canne à sucre*, le *mûrier*, le figuier, le camphrier, l'indigotier, le *cotonnier*, les palmiers, le bambou, les bois durs, les épices, le maïs et le froment, dans le sud et l'Insulinde; l'orge, l'avoine, la rhubarbe, les sapins, dans les régions froides du centre et du nord. — Beaucoup d'arbres fruitiers et de légumes cultivés en Europe sont originaires d'Asie.

III. **Animaux.** On trouve, parmi les mammifères, les gibbons et d'autres espèces de *quadrumanes* dans les Indes; le *lion* et la panthère, à l'ouest de l'Indus; le *tigre royal*, dans les forêts des Indes et de la Chine; l'ours brun, le loup, l'hermine, la zibeline et autres animaux à fourrures, l'élan, le *renne*, le bœuf en Sibérie; l'*éléphant*, dans l'Inde; le *cheval*, l'âne, l'hémione, le yack; le *buffle*, le mouton, le porc, la volaille; le *chameau* et le dromadaire, sur les plateaux du centre et de l'ouest; le chevrotain porte-musc et la chèvre du Tibet; l'hippopotame, l'hirondelle salangane, le trépang de l'Insulinde.

Il faut citer en outre le dindon, le paon, le faisan, le perroquet, dans les Indes et la Chine; les serpents, le gavial du Gange; le *ver à soie*, en Chine, au Japon, etc.; les *huîtres perlières* de Ceylan, et les éponges des côtes de Syrie.

ASIE POLITIQUE GÉNÉRALE

§ I. *Notions historiques.*

254. L'*Asie occidentale*, la seule connue des Anciens, fut le berceau du genre humain et de la vraie religion. Là était le Paradis terrestre; là se trouvent le mont *Ararat*, d'où les enfants de Noé se dispersèrent pour peupler la terre; le mont *Sinaï*, où Dieu donna sa loi à Moïse; la *Palestine*, où, au milieu du peuple juif, s'accomplirent les sublimes mystères de la vie et de la mort de Jésus-Christ, le Fils de Dieu fait homme pour sauver le monde. Après les monarchies célèbres des *Assyriens*, des *Babyloniens*, des *Mèdes* et des *Perses*, l'Asie occidentale fut subjuguée successivement par les *Grecs*, sous Alexandre, et par les *Romains*, venus d'Europe, puis par les *Arabes*, propagateurs de l'islamisme, et par les *Turcs*.

Le haut *Plateau de l'Asie centrale* a joué un grand rôle dans l'histoire des peuples asiatiques. Chacun de ses quatre grands versants a eu des destinées spéciales : les Chinois ou la *race jaune* à l'E., les Aryens de l'Inde septentrionale, les Iraniens et les Sémites ou la *race blanche* au S. et au S.-O., se sont développés presque séparément, et sont parvenus à des civilisations particulières d'un degré plus ou moins élevé.

Le versant septentrional et le Plateau lui-même, moins habitables, sont restés le domaine de peuples nomades de race jaune : les *Tatars*, les *Mongols*, les *Mandchous*, qui à diverses époques ont émigré en

254 *bis*. TABLEAU STATISTIQUE DE L'ASIE (1912)

Compléter le croquis 1 bis du cahier n° 5.

ÉTATS ou POSSESSIONS	SUPERFICIE absolue	SUPERFICIE comparée	POPULATION absolue	POPULATION relative	COMMERCE SPÉCIAL
	kilom. carr.		habitants.	h.	millions.
Asie russe	17000000	32	33000000	2	»
États-Unis de Chine	11000000	20	375000000	34	3000
Empire du Japon	670000	1,2	69000000	103	3000
Insulinde	2315000	4,4	50000000	21	2200
Indo-Chine française	800000	1,5	17000000	21	500
Royaume de Siam	600000	1	7000000	11	400
Empire des Indes	4860000	9	316000000	65	5000
Afghanistan	700000	1,3	5000000	7	100
Royaume de Perse	1050000	3	9500000	6	400
Turquie d'Asie	1800000	3,3	17000000	8	800
Arabie indép. et *Oman*	2000000	4	2000000	1	»
Pour l'Asie, environ	44000000	81	910000000	21	17000
Possessions anglaises	5300000	10	325000000	61	6000
— *russes*	17000000	32	33000000	2	»
— *hollandaises*	2000000	4	40000000	20	1700
— *turques*	1800000	3,3	17000000	9	800
— *françaises*	800000	1,5	17280000	21	650
— *américaines*	300000	0,6	8200000	27	400
— *portugaises*	20000	»	900000	45	80

masse pour envahir et subjuguer, au moins momentanément, les contrées plus riches de l'est, du sud, de l'ouest, y compris l'Europe elle-même.

Mais, à partir du XVIe siècle, l'Europe à son tour réagit d'une manière irrésistible sur l'Asie. Actuellement, sauf la Chine et surtout le Japon, dont la puissance s'est révélée en battant les Russes (1904), tout le reste de l'Asie est soumis à l'influence politique des Européens, et plus de la moitié de cette partie du monde est gouvernée au N. par les *Russes*, au S. par les *Anglais*, les *Français*, les *Hollandais* et aussi les *Américains*.

Cette conquête de l'Asie par l'Europe aura pour effet non seulement le développement du commerce et de la civilisation, mais encore, il faut l'espérer, la *christianisation* des peuples asiatiques, c'est-à-dire la substitution de la vraie religion, tout au moins de son action bienfaisante, aux erreurs monstrueuses du *bouddhisme* et du *brahmanisme*, qui maintiennent les peuples dans l'abjection, et aussi aux doctrines sensualistes de l'*islamisme*, qui a causé la ruine et la dépopulation de tant de contrées autrefois les plus florissantes de la Terre. Les missions catholiques se développent dans l'Inde, l'Indo-Chine, la Chine et le Japon; mais elles sont interdites dans l'empire russe.

§ II. *Géographie politique*.

255. **Population**. La *population absolue* de l'Asie est évaluée à environ 910 000 000 d'habitants. C'est plus de la moitié de la population du globe.

La *superficie* de l'Asie étant d'environ 44 000 000 de km², sa *population relative* est de 21 habitants par kilomètre carré.

256. **Races humaines**. La *race jaune*, la plus nombreuse, comprend les *Chinois* et *Japonais* avec leurs tributaires; les *Malais* de l'Insulinde, les *Indo-Chinois*, *Sibériens*, *Turcs* et *Tatars* ou *Touraniens*. A la *race blanche* appartiennent les *Indo-Afghans* ou *Aryens : Indiens* du nord et du centre de l'Inde; les *Iraniens : Persans*, *Afghans*, *Béloutches*, *Arméniens*, *Kourdes*; les *Sémites*: *Arabes*, *Syriens* et *Juifs*. Les *Dravidiens* du sud de l'Inde sont plutôt de type *noir*.

257. **Religions**. L'Asie est le berceau de la plupart des religions, dont plusieurs lui sont spéciales : les Arabes, les Turcs, les Iraniens et Touraniens, de nombreux Indiens et Chinois sont *mahométans*. Les autres peuples sont *païens* : les Chinois, les Indo-Chinois et les Japonais professent le *bouddhisme*, le *confucianisme* et le culte des *ancêtres*; les Hindous, le *brahmanisme*.

Les *chrétiens*, au nombre d'environ 33 millions, la plupart schismatiques grecs ou catholiques, se trouvent dans l'Asie Mineure, l'Asie russe, l'Inde, l'Indo-Chine, la Chine, les Philippines.

258. Le **mahométisme**. Mahomet, né à la Mecque, s'enfuit à Médine en 622 (l'an 1 de l'hégire), où il prêcha sa doctrine, l'*islam*, « la croyance, » qui est un mélange de croyances chrétiennes, juives et païennes : son *Coran*, « le récit, » sert de code religieux, civil et pénal. L'islam enseigne un seul Dieu, créateur; trois grands prophètes : Moïse, Jésus et Mahomet; l'immortalité de l'âme; un paradis sensuel et grossier, et le fatalisme; il admet la polygamie.

Le **brahmanisme** est un paganisme panthéiste, qui considère un Dieu suprême et créateur, *Brahma*, assisté de *Vichnou*, le Conservateur, et de *Chiva*, le Destructeur (trinité hindoue). Il crée des milliers de dieux inférieurs en divinisant les héros, les bêtes, les phénomènes naturels, etc.; il admet la *métempsycose*, durant laquelle les âmes se purifient dans la douleur avant d'arriver au *nirvâna*, ou repos absolu; il sépare les *castes*, qui sont : les *brahmanes*, prêtres ou lettrés; les *khatrias* ou guerriers; les *vaicyas* ou *banians*, cultivateurs et commerçants; les *soudras* ou artisans : le tout morcelé à l'infini. Au-dessous, sont les *parias*, malheureux voués à l'abjection et au mépris.

Le **bouddhisme** est sorti du brahmanisme; mais il rejette les castes. Il fut fondé au VIe s. av. J.-C. par Çakyamouni, philosophe indien qui, prétendait-il, obtint la science parfaite (*bodhy*) et devint ainsi un *bouddha*. Le Dalaï-Lama, qui réside à Lhassa (Tibet), est le chef au moins d'une des sectes bouddhiques, le *lamaïsme*. Le bouddhisme a ses prêtres ou *bonzes*, ses temples ou *pagodes*, de nombreux couvents même.

La *doctrine de Confucius* (Koung-fou-tseu, philosophe chinois, mort en 479 av. J.-C.) consiste dans l'adoration du ciel et de la terre; elle n'admet ni autels ni prêtres; c'est la religion des lettrés et des mandarins.

259. **Civilisation**. L'Asie occidentale, le berceau du monde et du christianisme, est tombée dans une complète décadence sous la domination tyrannique et la doctrine sensualiste du mahométisme.

Les Chinois, les Japonais, les Indiens et les Malais ont une civilisation propre, très ancienne, qui fut longtemps stationnaire. Cependant, sous l'influence européenne et américaine, leurs idées tendent à se modifier, et les Japonais surtout se font remarquer par une grande avidité à adopter la civilisation moderne.

260. **Gouvernements**. Sauf la Chine, nouvelle *république*, la forme dominante des gouvernements en Asie est la *monarchie*. Ainsi que les contrées soumises aux Européens, les États libres sont régis plus ou moins suivant les *principes constitutionnels*.

261. **Divisions politiques**. L'Asie se divise politiquement en *une vingtaine de contrées*, dont les unes sont des *États libres* (Chine, Japon, Perse, etc.) et les autres des *possessions européennes* ou *américaines*.

Les principales divisions politiques sont résumées dans le tableau ci-dessus.

262. **Possessions anglaises**. *Empire des Indes*, Ceylan, Straits Settlements, protectorat d'États malais et arabes, etc.

— **russes**. Sibérie, Turkestan occidental et Caucasie, protectorat de Boukhara et de Khiva.

— **hollandaises**. Iles Sumatra, Java, Célèbes, Moluques, partie de Bornéo et de Timor.

— **turques**. La *Turquie d'Asie* fait partie de l'empire ottoman, qui s'étend aussi sur la côte de l'Arabie (Hedjaz et Yémen).

— **françaises**. Cochinchine, Cambodge, Annam, Tonkin, Laos, Kouang-tcheou, quelques territoires dans l'Inde.

— **américaines**. Iles Philippines.

— **portugaises**. Villes de Goa et Diu, dans l'Inde; de Macao, en Chine; partie de Timor.

Concessions à bail en Chine, voir n° 284.

263. **Commerce**. Les *échanges s'établissent surtout entre l'Angleterre*, la France, les États-Unis, l'Allemagne, la Hollande, la Russie, d'une part; *l'Inde, la Chine*, le *Japon*, l'Insulinde, l'Indo-Chine, la Turquie et la Sibérie, d'autre part.

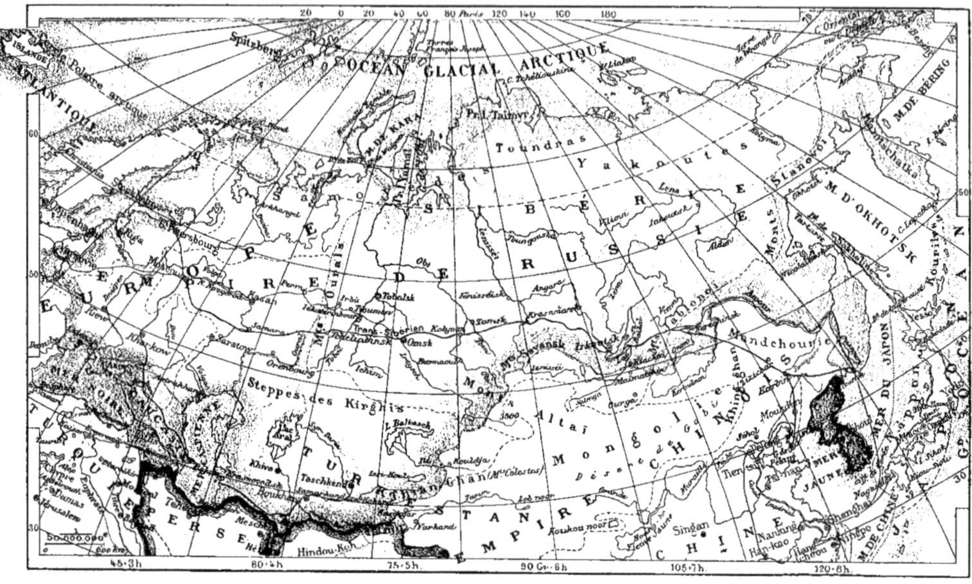

C'est avec l'Angleterre, par la marine anglaise et par la voie de Suez, que se fait la plus grande partie du mouvement commercial asiatico-européen.

Importation de produits européens (n° 486).

Exportation des produits asiatiques suivants :

1° Or, argent, platine, diamant, pierres précieuses, fourrures et beurre de la Sibérie ; étain du Malacca et de Banca ;

2° *Thé, coton, soie* et *soieries*, graine de vers à soie, de la Chine, du Japon et des Indes ;

3° *Jute, oléagineux* de l'Inde ; *riz, épices* de l'Insulinde, de l'Inde, etc. ; ivoire sculpté, papier, porcelaine de la Chine et du Japon ;

4° Cuivre du Japon, perles et cocos de Ceylan, *châles* de Cachemire et musc du Tibet ;

5° Café, thé, sucre, tabac, copras, pétrole de l'Insulinde, gomme, encens, corail de l'Arabie et de la Perse ;

6° Figues, raisins, tapis de Smyrne, armes blanches dites de Damas, tabac, olives de la Turquie d'Asie, éponges, corail des côtes de la Syrie.

264. **Routes commerciales.** Le commerce entre l'Asie et l'Europe se fait principalement *par la voie maritime de Suez*, la plus importante surtout pour les navires à vapeur, et *par celle du cap de Bonne-Espérance*, suivie par les vaisseaux voiliers.

Des *services réguliers* relient l'Europe aux ports de Trébizonde, Smyrne, Aden, Karratchi, Bombay, Colombo, Calcutta, Rangoun, Singapour, Canton, Changhaï, Yokohama, Batavia, Manille, etc. (V. tableau, p. 18.)

Les *fleuves navigables* sont : l'Amour, le Hoang-ho, le Yang-tse, le Gange, l'Euphrate, le Syr-Daria et l'Amou-Daria.

Plus de 100000 kilom. de *chemins de fer* sont établis la plupart dans l'Inde, le Japon, la Sibérie (Transsibérien), la Caucasie et l'Asie centrale russe, puis en Turquie, Chine, Indo-Chine et à Java.

Les correspondances rapides se font par les *lignes télégraphiques* de la Sibérie, de l'Inde, etc. (V. tableau, p. 18.)

I. ASIE RUSSE

265. **L'Asie russe** se compose de trois parties : 1° la SIBÉRIE, au N. ; 2° l'ASIE CENTRALE, ou le Turkestan occidental, les khanats de Boukhara et de Khiva ; 3° la CAUCASIE, au S.-O.

SIBÉRIE ET ASIE CENTRALE

266. **Cartographie.** *Bornes, mers* et *golfes, îles, presqu'îles* et *caps, montagnes, fleuves* et *lacs* (à étudier d'après la carte ci-dessus. On complétera le croquis 2 du cahier cartographique n° 5).

Aspect. La Sibérie, qui égale une fois et demie l'Europe, présente deux formes de relief. A l'est, c'est le *plateau*, d'époque primaire, surmonté de croupes boisées ou dénudées, qui, dans le Kamtchatka, sont volcaniques ; celles du sud sont riches en mines. A l'ouest, c'est la *plaine*, s'étendant jusqu'aux monts Oural ; de formation plus récente, elle n'atteint nulle part 200 m. d'altitude, bien que l'une des plus vastes du monde. Seuls le climat et la végétation rompent son uniformité en créant, du N. au S. : la *toundra* de marais glacés ; la *taïga*, forêt marécageuse ; les *terres noires*, fertiles en herbages et céréales ; enfin la *Steppe* des Kirghiz.

Le *climat sibérien*, *le plus rigoureux* des terres habitées, descend jusqu'à — 67°, à Verkhoïansk, le pôle du froid. De plus, l'hiver dure de 6 à 9 mois ; par contre, le court été a des températures mensuelles de 14° à 21°.

Le **Touran** ou **Turkestan** occidental est également une vaste *plaine basse* comprenant, au centre, le bassin des lacs Aral et Balkach ; à l'ouest, la *dépression* caspienne, ancien fond d'une mer qui a dû se prolonger jusqu'à la mer d'Azov. C'est généralement une *steppe* plus sablonneuse que la Sibérie, mais où toutefois d'importants cours d'eau fertilisent des campagnes riches et populeuses.

267. **Historique.** La Russie commença, au XVIe siècle, l'envahissement de l'Asie par la conquête de la *Sibérie* occidentale, qui formait alors un khanat tatar, dont la capitale était *Sibir*, près de Tobolsk. Au XVIIe siècle, elle soumit la Sibérie orientale. Après 1856 elle a enlevé au Japon l'île *Sakhaline*, à la Chine la *Mandchourie* orientale et la *Mongolie* septentrionale ; elle a conquis le Turkestan occidental, y compris l'oasis de *Merv*, sur la route de Hérat ; soumis le khan de Boukhara (1868) et celui de Khiva (1873), devenus vassaux. En 1894, un accord a partagé le massif du Pamir entre la Russie et l'Afghanistan anglais, de sorte que *les deux colosses russe et britannique se rencontrent dans l'Asie centrale*. La conquête préalable des déserts de la Sibérie, du Touran et de la Ciscaucasie a donc eu pour la Russie une immense importance politique, stratégique et commerciale, car elle lui donne accès vers le Japon, la Chine, l'Inde, la Turquie d'Asie, les quatre parties vitales de la plus populeuse des cinq parties du monde. — Profitant de la défaite des Chinois par le Japon, elle se fit accorder en 1898 la concession du chemin de fer transmandchourien, avec Port-Arthur ; puis, en 1900, elle occupa militairement la *Mandchourie chinoise*, portant même ses prétentions sur la Mongolie et le Tibet. Mais, de 1903 à 1905, elle a perdu ces derniers avantages. (Voir Chine et Japon.)

268 **Ethnographie.** *Race blanche.* Les Russes, les Cosaques, les exilés polonais, les Finnois (jaunes) peuplent les villes, les postes militaires, les mines et les campagnes du sud de la Sibérie. Ils sont *chrétiens*. Les Tadjiks sont des agriculteurs sédentaires du Turkestan, où les Turcomans et les Kirghiz (jaunes),

nomades et pasteurs, parcourent les steppes. Ce sont des *mahométans*. A la *race jaune* appartiennent aussi les Kalmouks, Mongols, Mandchous, Toungouses, Samoyèdes, Yacoutes, Kamtschadales, etc., peuplades généralement demi-sauvages et *païennes*.

269. **Population**, 20 000 000 d'hab., dont 8 000 000 pour la Sibérie et 12 000 000 pour le gouvernement général du Turkestan, ou l'Asie centrale russe.

Superficie, 16 500 000 kilomètres carrés (31 fois la France). *Densité*, 1.

Gouvernement. L'Asie russe fait directement partie de l'Empire, et relève du ministre de l'intérieur à Saint-Pétersbourg.

Divisions. La SIBÉRIE administrative comprend : les gouvernements de *Tobolsk*, de *Tomsk*, d'*Iénisséisk* et d'*Irkoutsk*; les provinces d'*Iakoutsk*, de *Transbaïkalie*, de l'*Amour* et du *Littoral* (du Pacifique), avec la moitié nord de l'île Sakhaline.

Le gouvernement du TURKESTAN comprend les provinces de Tourgaï, Akmolinsk, Semipalatinsk, Syr-Daria, Transcaspienne, Ferghana, Samarkand, etc. En outre, les khanats protégés de KHIVA et de BOUKHARA, qui conservent leur chef national, appelé *khan* ou *émir*.

270. **Villes**. En SIBÉRIE : *Tobolsk*, 20., au confluent du Tobol et de l'Irtych. — *Tomsk*, 110., ville florissante, dans un district houiller. — *Tioumen*, 35., centre industriel à l'E. de l'Oural. — *Barnaoul*, 30., et *Kolyvan*, 20., dans le district des mines d'or et de pierres précieuses de l'Altaï.

Irkoutsk, 90., entrepôt du commerce avec la Chine. Les échanges avaient lieu naguère surtout à *Kiachta*, sur la frontière. — *Nertchinsk*, mines de plomb, argent et mercure. — *Blagovietchensk*, 60., autre centre minier sur l'Amour. — *Iakoutsk*, 5., sur la Léna, entrepôt des fourrures et de l'ivoire fossile. — *Vladivostok*, 90., port fortifié sur la mer du Japon.

Dans le TURKESTAN : **Tachkent**, 200 000 hab., capitale, la ville la plus importante, et *Khokand*, 115., dans la vallée du Syr-Daria, au milieu de riches cultures et de mines de fer et de houille. — **Omsk**, 90., sur l'Irtych, a une industrie active. — *Samarkand*, 80., ancienne capitale de Tamerlan. — *Merv*, dans une oasis de cent mille âmes.

KHANAT de **Khiva**. Cap. *Khiva*, 10., dans une oasis arrosée par les canaux de l'Oxus.

KHANAT de **Boukhara**. Cap. *Boukhara*, 80., l'un des principaux marchés de l'Asie centrale, en relation avec la Russie, la Chine et l'Inde. Ecoles pour le mahométisme.

271. **Industrie**. Les *mines* sont une grande richesse de la Sibérie. L'*or*, l'argent, le *platine*, le fer, le plomb et le cuivre s'exploitent dans l'Altaï, vers le lac Baïkal, sur l'Amour et le Syr-Daria. — La *houille* se trouve sur le Syr-Daria, le Tom, l'Amour et dans l'île Sakhaline; les *pierres précieuses*, le diamant, la malachite, dans la région de l'Altaï.

La chasse aux *animaux à fourrures* procure des peaux d'ours blancs, d'ours noirs, de renards argentés, de loups, de chiens sauvages, de castors, d'hermines, de zibelines, d'écureuils (petits-gris), etc. Il y a en outre le duvet des canards et des oies.

La *pêche* fluviale et maritime, la chasse aux phoques sont aussi importantes.

L'élevage du *bétail*, la production du *beurre* et des *céréales*, la *métallurgie* sont en progrès dans la zone du Transsibérien. Le Turkestan est fertile en céréales, riz, coton, tabac; il élève des chevaux et bestiaux, des vers à soie et fabrique des tissus, des armes, de l'orfèvrerie.

Commerce. *Echange du thé*, de la soie et d'autres produits chinois contre des tissus européens et des métaux ouvrés, introduits en Chine. Les *fourrures*, les *métaux* et *textiles*, l'*ivoire fossile*, les *céréales*, les *bestiaux* et le *beurre* sont *exportés* en Europe.

Les *fleuves* sont navigables en été seulement.

Le *chemin de fer transsibérien* (8 500 km) va de Tcheliabinsk (Oural) à Omsk, Kolyvan, Krasnoïarsk, Irkoutsk; il se prolonge par la Mandchourie chinoise jusqu'au Pacifique, pour atteindre *Vladivostok*, port militaire. Un embranchement transmandchourien va de Kharbin à Port-Arthur et à Péking.

Dans le Turkestan, une ligne relie Krasnovodsk, sur la Caspienne, avec Merv, Boukhara, Samarkand et Tachkent. Le chemin de fer *des steppes* relie Orenbourg à Tachkent.

CAUCASIE

272. **Cartographie**. *Bornes*, *mers*, *presqu'île*, *cap*, *monts*, *fleuves* et *lacs*. (Voir la carte. Compléter le croquis 6 du cahier n° 5)

Aspect. La Caucasie est essentiellement une contrée montagneuse, caractérisée par l'imposante chaîne du Caucase et par le haut *plateau* de l'Arménie septentrionale. Elle renferme de nombreuses *vallées* habitées et plantureuses, surtout sur la mer Noire; au nord s'étend la *plaine des steppes* ciscaucasiennes, et au sud-est la *fertile plaine* du Kour inférieur. Le climat est chaud au sud du Caucase.

273. **Historique**. Les habitants du Caucase ont résisté héroïquement pendant trois quarts de siècle à la conquête russe, commencée en 1793. Après la défaite du célèbre Schamil-Pacha en 1864, plus de 400 000 Caucasiens se sont expatriés en Turquie, où la moitié sont morts de misère. Les immigrants russes, cosaques et allemands se sont emparés de leurs biens.

274. **Ethnographie**. Les habitants sont des Nogaïs et des Tcherkesses ou Circassiens, dans les montagnes; des Géorgiens et des Arméniens, au S. du Caucase; des Turcomans et des Russes au N. La plupart sont *mahométans* ou *schismatiques grecs*.

275. **Population**, 12 000 000 d'hab.

Superficie, 500 000 km².

Gouvernement. La Caucasie forme un gouvernement général militaire, qui se divise en 10 gouvernements et provinces.

Villes. — **Tiflis**, 190., sur le Kour supérieur, à 430 m. d'altitude, est la résidence du lieutenant impérial : entrepôt important entre l'Europe et l'Asie.

Bakou, 220 000 habitants, port florissant sur la Caspienne; exploitation considérable de sources de naphte ou pétrole.

Erivan, 35., près de l'Arax et du mont Ararat. — *Kars*, 25., place très forte sur le plateau arménien, à 1 800 mètres d'altitude. — *Koutaïs*, 40., sur le Rioni. — *Batoum*, 35., port sur la mer Noire.

Au N. du Caucase, *Iékatérinodar*, 95., sur le Kouban. — *Vladicaucase*, 75., sur le haut Térek, plomb argentifère. — *Derbent*, 15., port sur la mer Caspienne.

L'**industrie** est surtout agricole : céréales, coton, mûrier, vigne, arbres fruitiers; bétail, chevaux et vers à soie. Exploitation de pétrole, cuivre, etc. Tissus.

Commerce. *Exportation* : pétrole de Bakou, soie, coton, pelleteries. *Importation* : thés, tissus et autres objets européens. — Le *chemin de fer* va de Batoum à Tiflis et à Bakou, puis il remonte vers la Russie.

Ports. Batoum, Bakou, Derbent.

II. ETATS-UNIS DE CHINE

276. **Cartographie**. *Bornes*, *mers*, *terres*, *montagnes*, *fleuves* et *lacs*. (Voir les cartes ci-contre.) Compléter le croquis 3 du cahier n° 5.

277. **Aspect**. La République chinoise, plus vaste et presque aussi populeuse que l'Europe, est bornée au N. par la Sibérie, à l'E. par le Pacifique, au S. par les Indes, à l'O. par le Turkestan russe. Elle présente des caractères physiques non moins variés et dans des proportions géantes. Presque partout *montagneuse*, elle offre au S.-O., dans l'Himalaya, le pic Everest, 8 840 m., le point culminant du globe.

Les *hauts plateaux* neigeux de la Chine occidentale et du Tibet sont très accidentés, parfois boisés, couverts de *glaciers* et de *lacs* d'eau douce, et creusés de profondes vallées torrentueuses. — Les montagnes du Turkestan et de la Dzoungarie sont plus boisées, celles de la Mandchourie plus herbeuses. — Le vaste plateau de la Tatarie et de la Mongolie, élevé de 800 à 1 500 m., présente au N. les monts *Thian-Chan*, 7300 m., et des *steppes* ou pâturages secs; au S., le grand **désert de Gobi**. Sur le littoral, la fertile **plaine orientale**, si populeuse, s'étend de Péking à Ningpo, et se prolonge vers l'O. par les larges *vallées* du Hoang-ho, qui traverse une région de *terres jaunes* ou *lœss*, très fertiles, du Yang-tse et de leurs puissants affluents.

278. **Historique**. La *Chine* paraît avoir été constituée en une monarchie unique, dès le IIIe siècle avant J.-C., par l'empereur Tsin, qui construisit la Grande-Muraille pour s'opposer aux barbares de la haute Asie. Après le XIIIe siècle, elle fut subjuguée par les Tatars et par les Mongols, puis par les Mandchous (1644), dont la dynastie régnait naguère encore à Péking.

Longtemps la Chine resta obstinément fermée aux idées étrangères, à l'invasion des Européens, qu'elle traite de *Barbares*. Mais, vaincue en 1842 par les Anglais dans la guerre dite de l'opium, amoindrie par les empiètements des Russes au N., affaiblie par l'invasion du mahométisme et par l'insurrection des Taïpings, vaincue en 1860 par l'armée anglo-française, qui s'empara de Péking, elle se vit forcée d'ouvrir ses ports au commerce international, de permettre la prédication du christianisme, etc. En 1885, la France lui enlève la suzeraineté de l'Annam, et, en 1895, le Japon celle de la Corée et la possession de Formose.

Vaincue en 1895 par le Japon et secourue par des puissances européennes intéressées, la Chine a dû céder à chacune d'elles, par bail à long terme, des ports ou des districts très étendus, comme zones d'influence. Cette ingérence de l'étranger a provoqué, en 1900, la formidable insurrection dite des Boxers, que les puissances alliées ont eu peine à maîtriser.

Malgré ces revers, la Chine, après avoir passé par les plus grandes péripéties, était restée une des monarchies les plus fortement constituées, avec une race des plus débonnaires, mais exubérante, qui envahit les pays même lointains par les petites voies industrielles et commerciales. Enfin, en 1911, le gouvernement impérial, rendu responsable de la situation arriérée de la Chine, a été remplacé presque sans opposition par la République, tandis que les pays vassaux semblent prêts à lutter pour obtenir leur indépendance.

Climat. Comme la latitude (20° à 44°) et l'altitude, le climat est très varié, mais généralement continental. La zone littorale surtout est influencée par les *moussons* et exposée aux typhons dévastateurs.

279. **Ethnographie**. A la *race jaune* se rattachent les Chinois, la famille ethnographique la plus nombreuse du globe; les Tibétains, les Mandchous, les Mongols (Khalkas) et les Turcomans.

Langues. Le vieux chinois est monosyllabique; mais le chinois moderne, langue des lettrés, est agglutinatif et perfectionné. — *L'instruction*, la science (prétendue) et les arts sont en honneur, et peuvent seuls conduire aux fonctions éminentes. En ce moment, s'organisent partout des écoles à l'instar de celles d'Europe et du Japon.

Religions païennes. Le *bouddhisme* est dominant, avec le culte des *ancêtres ;* la *doctrine de Confucius* est suivie par les lettrés. Il y a 30 millions de mahométans dans l'ouest. On compte un million de catholiques.

280. **Population**, environ 375 000 000 d'habitants, dont 365 millions pour la Chine propre et la Mandchourie.

Superficie, 11 000 000 de km², dont $\frac{2}{3}$ pour la Chine. — *Densité*, 34 habitants par km²; pour la Chine propre, environ 90.

Gouvernement. Le vaste Etat de l'ex-empereur, « Fils du ciel », est devenu la République dite des *Etats-Unis de Chine*, avec Constitution et Parlement.

281. **Divisions.** La République chinoise comprend :

1° La **Chine** proprement dite, formée de 19 *Etats libres*, dont plusieurs comptent plus de 20 millions d'âmes. Tels sont : le *Pé-tchi-li*, le *Sse-tchouen* (68 m.), le *Kiang-sou*, le *Chan-toung*, le *Kouang-toung*, le *Hou-pé*, le *Hou-nan* et le *Ho-nan*;

2° La **Mandchourie**, formant 3 états et occupée par les Russes au N., les Japonais au S.;

En outre, des pays tributaires, avec gouverneurs chinois, savoir :

3° Le **Tibet**, dont le Dalaï-Lama est le *souverain spirituel ;*

4° Le **Turkestan oriental**, bassins du Tarim et du lac Lob;

5° La **Mongolie**, divisée, comme le Turkestan, en principautés féodales.

282. **Villes. Péking**, 1 000 000 d'habitants, près du Peï-ho, est la cap. de la République. Son port est **Tien-tsin**, 800., au confluent du Peï-ho et du Grand Canal. — **Si-ngan**, 1000., sur un affluent du Hoang-ho.

Nanking, 370., sur le Yang-tse, est une ville déchue depuis sa destruction par les Taï-pings, en 1863. — **Han-kéou**, 800., entourée de deux autres villes considérables, est le plus grand marché de l'intérieur de la Chine. — **Tchoung-king**, 600., port fluvial. — **Siang-tan**, 1000., au sud du Tong-ting.

Changhaï, 650 000 habitants, près de l'embouchure du Yang-tse, est une ville d'industrie moderne et, après Hong-kong, le centre principal du commerce. — A côté de la ville chinoise, sont les *concessions* ou quartiers anglais, français, allemand, américain, etc. — *Sou-tchéou*, 500., ville voisine.

Hang-tchéou, 350.; *Ningpo*, 400.; *Fou-tchéou*, 650., grand arsenal, et *Amoy*, 120., autres ports ouverts aux étrangers.

Canton, 900., port à 100 km. de l'Océan et centre industriel : tissus, métallurgie, objets de luxe.

En Mandchourie : *Moukden*, 170., possède les sépultures impériales. — *Ghirin*, 120; *Zizichar*, 60.; *Kharbin*, 60. *Niou-tchouang*, 70., avec *Ying-tsé*, 60., port.

Port-Arthur et *Taïren* (Dalny), ports du Kouang-toung japonais.

Dans le Tibet : *Lhassa*, 30., à 3 600 m. d'altitude, est la résidence du Dalaï-Lama, chef d'une secte du bouddhisme; nombreuses lamaseries, sortes de couvents.

Dans le Turkestan : *Yarkand*, 100., et *Kachgar*, 80., sur les affluents du Tarim, sont à 1 300 mètres d'altitude. — *Kouldja*, 20., sur l'Ili, dans la Dzoungarie.

Dans la Mongolie : *Ourga*, 40., est près de l'ancienne Karakoroum, capitale ruinée de l'empire mongol; — *Maimatchin*, entrepôt chinois, en face de l'entrepôt russe de Kiachta : tous deux compromis, ainsi que le transport en caravanes, par le Transsibérien.

283. **Industrie**. L'industrie chinoise est très variée, spécialement en tout ce qui peut rendre agréable la vie d'intérieur ou de famille : *tissus* et *vêtements* de *soie* et de *coton;* tabletterie, jouets et bijoux, bronzes, ivoires, instruments de musique, pipes, *porcelaines*, etc. En outre, la papeterie, l'imprimerie, la gravure, les ouvrages vernissés et laqués, l'encre de Chine, etc.

La grande industrie moderne des *textiles* et de la *métallurgie* commence à se développer, ainsi que l'exploitation des *mines*, très importantes.

L'*agriculture* et le *jardinage*, très soignés, produisent toutes espèces de fleurs, de fruits, de légumes et de céréales, surtout le *riz, base de la nourriture* et donnant aussi des boissons fermentées. L'arbre à *thé*, qui fournit la boisson nationale, le bambou, si utile, les arbres à vernis et laques, le cotonnier, le camphrier, la canne à sucre, le mûrier, etc., sont cultivés en grand, mais le pavot à *opium* est condamné à disparaître par une loi. — On élève des buffles porteurs et de labour, des moutons et porcs, de la volaille et, plus que dans aucun autre pays, des *vers à soie*.

284. **Commerce.** Le *commerce intérieur* dispose de chemins nombreux, mais étroits et défoncés, à peine praticables aux bêtes de somme. *Les transports se font surtout par eau ;* toutefois, le *Grand Canal*, de Péking à Ningpo, n'est plus qu'un fossé d'écoulement. Par contre, des *chemins de fer* sont déjà établis : de Péking en Mandchourie au N. et à Canton au S., dans le Yunnan (français), le Chan-toung (allemand), etc.

Le *commerce extérieur* s'élève à 3 milliards de francs; il se fait surtout par *Hong-kong* et Changhaï *avec l'Angleterre et les Indes;* puis avec le Japon, les États-Unis, la France, l'Allemagne et la Russie.

Exportation de *soie* et soieries (340 m.), *fèves, thé,* coton, ramie, laine, sésame, etc.

Importation de *cotonnades* et lainages, de métaux ouvrés, de charbon, riz de l'Indo-Chine et de l'Inde, de farine, poissons, sucre, d'*opium* de l'Inde.

Ports ouverts aux Européens : *Changhaï, Tien-tsin, Han-kéou, Canton, Victoria* (port anglais), Fou-tchéou, Amoy et Ningpo font la plupart des affaires.

Concessions à bail temporaire. Depuis 1898, la Russie occupait *Port-Arthur*, que le Japon lui a enlevé en 1905; — l'Allemagne a pris *Kiao-tchéou* et domine à l'est du bas fleuve Jaune; — l'Angleterre occupe *Wei-haï-Weï*, en face de Port-Arthur, outre qu'elle commande à Hong-kong; — la France obtient la baie de *Kwang-tchéou* et l'inaliénation de l'île Haïnan. — En outre, ces puissances, et même la Belgique, obtiennent des concessions de chemins de fer, qui sont en partie construits.

HONG-KONG, MACAO

285. **Hong-kong.** Les Anglais possèdent depuis 1842 l'*île de Hong-kong*, située à l'entrée N. de la baie de Canton, 500 000 h., avec la presqu'île de Kaulung, en face. — Le port franc de **Victoria**, 170 000 hab., est le principal entrepôt du commerce des thés, de la soie et des marchandises européennes.

Macao. La ville de *Macao* †, 60 000 hab., dans l'île de ce nom, est possession portugaise depuis 1580; mais sa voisine Hong-kong lui a enlevé son importance commerciale.

III. JAPON

286. **Cartographie.** *Mers, golfes, détroits, îles, montagnes.* (Voir la carte, p. 46.) Compléter le croquis 5 du cahier n° 5.

287. **Aspect.** L'empire du Japon — ou mieux Nippon, « pays du Soleil-Levant » — est une *contrée insulaire* et *péninsulaire* située dans l'océan Pacifique, au N.-E. de la Chine et à l'extrême orient de l'Europe. Comparable aux îles Britanniques pour la position et l'importance, il se compose surtout des grandes îles Hondo (Nippon), **Sikok, Kiou-Siou** (Japon propre), **Yéso** et **Sakhaline** (moitié sud), entourées de 3000 îles ou îlots; il se prolonge par l'archipel des **Kouriles** au N., celui des **Riou-Kiou** et la grande île **Formose**, au S.; enfin l'importante presqu'île de la **Corée**, à l'O.

Ce sont des pays montagneux, pittoresques, en partie boisés, coupés de vallées bien arrosées, avec de petites plaines fertiles. Il y a, dans les îles, 30 *volcans* actifs, notamment le *Fousi-Yama*, 3800 m., près de Tokio; les *tremblements de terre* y sont très fréquents.

Le **climat** est tropical à Formose, très chaud en été jusque vers Tokio, très froid au nord en hiver; région de *moussons* au sud, les *typhons* y sévissent; un courant chaud, le Kouro-Chivo, longe les côtes méridionales.

288. **Historique.** Le *Japon*, bien que depuis longtemps civilisé, n'eut jusqu'en 1868 que peu de rapports avec l'étranger. Les Portugais et les missionnaires catholiques y arrivèrent dès 1543; mais en 1639, après le massacre des chrétiens, l'empire fut fermé aux Européens, à l'exception des Hollandais, qui, avec les Chinois, conservèrent l'autorisation de négocier dans le seul port de Nagasaki.

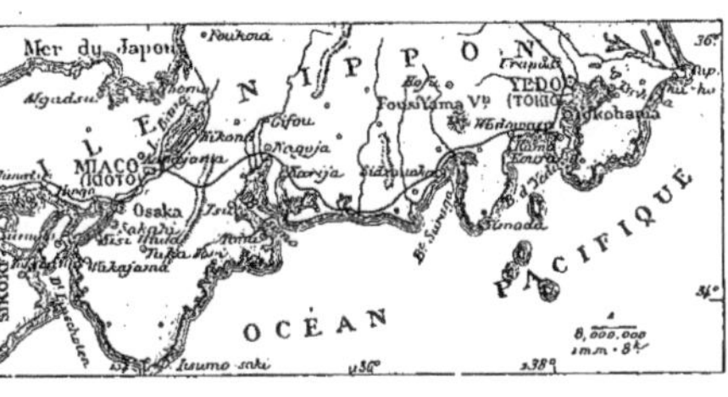

Depuis 1854, les Américains d'abord, puis les États de l'Europe, ont fait avec le Japon des traités de commerce, qui ont été pour le pays une cause de troubles et de guerres civiles. En 1868, l'empereur est enfin parvenu à abolir l'autorité du *taïcoun*, sorte de premier ministre usurpant le pouvoir et qui se montrait hostile aux idées de progrès. Les princes feudataires, ou *daïmios*, qui se partageaient le pays, ont été dépossédés de leur pouvoir souverain. Le gouvernement japonais a fait les plus grands efforts pour organiser à l'européenne son administration, ses armées, sa flotte, ses finances et surtout l'instruction publique, organisation qui lui a permis, en 1894-95, de vaincre l'empire Chinois, et de rendre la Corée indépendante, tout en annexant Formose. Bien plus, frustré d'une partie de ses conquêtes par la coalition russo-franco-allemande, le Japon n'a pas craint en 1904 d'attaquer le colosse russe en Mandchourie : il vainquit ses armées, puis anéantit sa flotte à Tsou-Shima. De là sa prépondérance en Extrême-Orient et l'acquisition de la moitié sud de l'île *Sakhaline*, de *Port-Arthur* et de *Dalny* (Taïren), l'ocupation de la *Mandchourie* méridionale, enfin en 1910 l'annexion de l'ex-royaume de *Corée*.

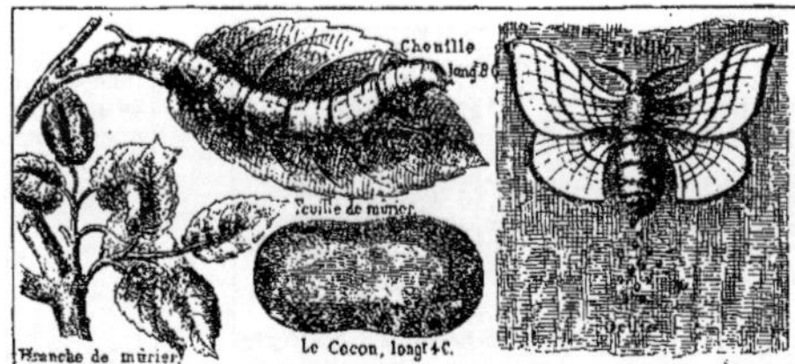

Le ver à soie (*bombyx du mûrier*).

289. **Ethnographie.** Les Japonais appartiennent à la *race jaune;* ils avaient beaucoup d'analogie de mœurs avec les Chinois; mais plus intelligents, plus chevaleresques, plus sociables, ils s'approprient avidement, depuis un demi-siècle, la civilisation et l'industrie européennes. — Ils professent le *bouddhisme* et le *sintoïsme;* celui-ci, religion nationale, rend un culte aux aïeux, ou grands hommes divinisés. — Les missions *catholiques*, libres et florissantes, comptent 4 évêchés et plus de 150000 fidèles. — Les jaunes *Coréens* sont de mœurs douces et nonchalantes, de *religions* bouddhiste et ancestrale; 10000 sont catholiques.

290. **Population**, 69 000 000 d'hab., dont plus de la moitié dans Hondo et 13 millions en Corée.

Superficie, 670 000 km², dont 220 000 pour la Corée. — *Densité*, 103.

Gouvernement. Le gouvernement japonais, autrefois absolu, est depuis 1889 constitutionnel et représentatif, comme en Europe. Le *Mikado*, ou empereur, possède le pouvoir spirituel et temporel.

Le Japon propre comprend 44 districts administratifs et 3 résidences impériales : Tokio, Kioto et Osaka.

Les îles Yéso, Sakhaline-Sud (Karafuto) et Kouriles, presque désertes, sont considérées comme *colonies*. Les îles Riou-Kiou et Formose sont bien peuplées. La Corée forme la province de *Chosen ;* les Japonais y émigrent nombreux et l'organisent activement.

291. **Villes. Tokio** ‡, 2 200 000 hab., capitale de l'empire, est située sur une vaste baie, à l'E. de Hondo, ainsi que *Yokohama*, 400., grand port construit sur la concession européenne; nombreux établissements scientifiques et industriels. — *Nagoya*, 380., port et ville industrielle.

Kioto, ci-devant *Myaco*, 450 000 hab., ancienne capitale, au S. de Hondo, est la ville sainte et l'un des principaux centres manufacturiers de l'empire.

Osaka †, 1 300 000 habitants, port et première ville industrielle (coton) du Japon. — *Kobé*, 380., et *Hiroshima*, 150., ports.

Nagasaki †, 180., ancien et bon port dans l'île Kiou-Siou. — *Hakodaté* †, 100, et *Otarou*, 100., ports au S. et à l'O. de Yéso.

Séoul, 280., cap. de la Corée, avec *Chemoulpo* comme port. — *Fou-san*, 60., au S., et *Gen-san* (Won-san), à l'E., autres ports.

Taï-nan, 60., et *Taï-pei*, 100., ports dans l'île Formose, qui compte 3500000 hab. — Thé, sucre, camphre. — Iles *Pescadores*, 50.

292. **Industrie.** Le Japon, très bien cultivé, produit surtout le *riz*, la patate, le *thé*, qui, avec la volaille et le poisson, très abondants, forment la base de l'alimentation; puis viennent le blé, le coton et la *canne à sucre*. — Les forêts sont considérables dans Yéso, Hondo et en Corée; Formose a une végétation tropicale. — L'éducation des *vers à soie* est très importante. — La houille, le *cuivre*, le fer, l'or, le kaolin sont activement exploités. — L'*industrie* du Japon diffère de celle de la Chine, grâce aux procédés de la mécanique moderne qu'il développe activement. Aussi a-t-il réalisé des progrès étonnants, surtout dans la *filature* et le *tissage* du coton et de la soie, la *métallurgie*, l'armurerie. Ajoutons la fabrication de la porcelaine, des papiers et d'une foule d'objets.

293. Le **commerce** intérieur dispose de 12000 km de *chemins de fer* et de belles *routes* bordées d'arbres. Le *cabotage* est très important; car le littoral et les îles, comme ceux de l'archipel grec, sont découpés en de nombreuses criques et baies offrant de bons ports. — Le *commerce extérieur* (3 milliards) se fait surtout avec les Etats-Unis, l'Angleterre, Hong-kong et la Chine, les Indes, la France.

Exportation de *soie grège*, *soieries*, *filés* et *tissus de coton*, thé, cuivre, houille, allumettes, porcelaine; or, fèves de Corée, camphre.

Importation de *coton* et *cotonnades*, laine, riz, tourteaux, pétrole, fers ouvrés.

Ports. *Yokohama*, *Kobé* et *Osaka*, qui comptent beaucoup d'établissements européens, communiquent par des services de steamers avec Changhaï, San Francisco et l'Europe; *Nagasaki*, *Hakodaté*, *Taïnan*, *Fousan*, etc.

V. INSULINDE

(Classe de 5e)

294. **Cartographie.** *Mers*, *détroits*, *îles*, *montagnes* et *volcans*. (Etudier la carte, page 38. Compléter le croquis 25 du cahier n° 5.)

295. **Aspect.** Les *îles* de l'*Insulinde* (Inde insulaire) sont montagneuses, volcaniques et très élevées; elles paraissent alignées en deux chaînes, dont l'une formée par les îles de la Sonde rattache l'Asie à l'Australie; l'autre chaîne se continue par les Philippines, Formose, le Japon, les Kouriles, vers l'Amérique. — Les *volcans* sont très actifs, surtout dans Java; ceux de Bornéo et de Célèbes sont éteints. — Les *côtes* des grandes îles forment souvent de larges *plaines* basses et marécageuses. — Les mers sont généralement peu profondes et présentent de nombreux *îlots madréporiques*, écueils et bancs de sable.

296. **Historique.** — L'*Insulinde*, ou *Indonésie*, paraît avoir été primitivement peuplée de Noirs, puis d'émigrants hindous et chinois; les Arabes y ont aussi dominé et importé le mahométisme. Les Malais, principalement les Javanais, possédaient déjà une civilisation assez remarquable lorsque les Européens y arrivèrent au XVIe siècle. Les Portugais découvrirent et colonisèrent la plupart des îles méridionales, qui leur furent enlevées un siècle plus tard par les Hollandais. Les Espagnols occupèrent les îles Philippines jusqu'en 1898. Quant aux Anglais, ils ont peu de possessions dans l'Insulinde.

297. **Ethnographie.** Les *Indonésiens* et les *Malais* constituent le fond de la plupart des groupes ethniques de l'Insulinde. Les premiers, de teint plus clair ou jaunâtre, ont été refoulés dans l'intérieur des îles par les seconds, plus métissés, plus civilisés et plus nombreux. On compte moins d'un million de Chinois et de 150000 blancs. — *Religions.* Le mahométisme domine. Il y a cependant plus de 7000000 de catholiques dans les îles Philippines, ci-devant espagnoles, tandis qu'il existe à peine 500000 protestants dans les grandes possessions hollandaises.

298. **Divisions.** L'Insulinde est partagée entre quatre puissances : les Pays-Bas, le Portugal, l'Angleterre et les Etats-Unis. — *Population*, 50000000 d'h.; — *Superficie*, 2400000 km².

INDES NÉERLANDAISES

299. **Population**, 40000000 d'habitants (dont 75000 Européens).

Superficie, plus de 2000000 de km² (y compris la moitié de la Nouvelle-Guinée).

Gouvernement. Les *Indes néerlandaises* ou *orientales* (*Ost-India*) relèvent directement du gouvernement des Pays-Bas. Un *gouverneur général* réside à Batavia.

300. **Iles et villes.** (Rangées par ordre de position géographique.)

L'île **Sumatra**, 3000000 d'hab., renferme trois ports : *Achem* ou Atchin, 20., au N.; *Padang*, 100., capitale, à l'O., et *Palembang*, 65., au S.-E.

Les îles **Banca** et **Blitong** sont renommées par leur *étain*.

Java, 30000000 d'habitants, est une des îles du globe les plus populeuses et, après Cuba, la plus riche en denrées coloniales : *sucre*, *café*, *riz*, *tabac*, épices. — **Batavia**, 150000 habitants, dont 5000 Européens et 40000 Chinois, est la capitale des Indes hollandaises et la seconde place de commerce de l'Océanie. — *Chéribon*, 20., célèbre par son café; *Samarang*, 100., et **Sourabaya** (baie sûre), 150., autres ports au N. de l'île; — **Sourakarta**, 120., dans l'intérieur.

Les îles *Madoura*, *Bali*, *Lombok*, *Sumbawa*, *Florès*, *Sumba* et *Timor* sont riches, bien peuplées, et donnent les mêmes produits que Java.

Bornéo, 2000000 d'hab., est la troisième île du globe pour l'étendue (750000 km²); mais elle est mal peuplée. La partie méridionale, soumise à la Hollande, a pour ports *Pontianak*, 30., à l'O., et *Bandjermassing*, 55., capitale, au S.

L'île **Célèbes**, 1500000 hab., est gouvernée par des princes tributaires des Hollandais. Ville princ. *Macassar*, 30., port, au sud du détroit de ce nom.

Les **Moluques** (îles *Royales*, en arabe), appelées aussi *îles des Epices*, sont nombreuses et peuplées de 500000 hab. — Les plus importantes sont : la petite île *Ternate*, à l'O. de la grande île *Gilolo*; *Banda* et surtout *Amboine*, au S.-O. de l'île *Céram*. — Ports : *Ternate* et *Amboine*.

Les Hollandais ont, en outre, des comptoirs sur les *côtes de la* **Nouvelle-Guinée**, dont la moitié occidentale leur appartient.

301. **Commerce.** Le commerce des Indes hollandaises atteint une valeur de 1700 millions de francs.

Exportation d'étain de Banca, de café, de *sucre* (pour 400 millions), quinquina, thé, copras, *tabac*, pétrole, gomme et gutta de Java, épices des Moluques, bois précieux, trépangs et nids de salanganes (pour la Chine). — *Importation* de cotonnades, machines, houille, quincaillerie, riz et farines.

Les *échanges se font pour les deux tiers avec la Hollande* par la marine hollandaise et la flotte coloniale, puis avec l'Angleterre, l'Australie, l'Inde, l'Allemagne, la France.

Les **ports** sont : *Batavia* (1 milliard d'affaires), Samarang, Sourabaya (Java), Padang (Sumatra), Macassar, Ternate et Amboine.

BORNÉO ANGLAIS

302. Les Anglais possèdent la partie N.-O. de l'île Bornéo, comprenant : 1° la sultanie de BORNÉO, dont *Bornéo* ou Bruni, 25., port, est la capitale; 2° la *province de Sarawak*, à l'O., propriété très florissante d'un Anglais, qui la gouverne en prince indépendant; 3° l'île côtière de *Labouan*; 4° en outre, la partie septentrionale de l'île, que la compagnie commerciale anglaise de *North-Bornéo* exploite et gouverne.

Population totale : 750000 habitants.

ILES PHILIPPINES

(Aux États-Unis)

303. Les îles **Philippines**, enlevées à l'Espagne par les Etats-Unis en 1898, ont une *population* de 8500000 hab. et une *superficie* de 300000 km². Elles possèdent une certaine autonomie administrative.

On remarque :

La grande île **Luçon**, 4000000 d'hab.; ch.-l. **Manille** ✝, 250000 h., résidence du gouverneur général et port sur une baie profonde; exportation de sucre, cigares, chanvre, café, copras, etc.;

Au centre, les îles **Bisayas**, très populeuses (2 000 000 d'hab.), et dont les principales sont : *Panay, Samar* et *Cébu*, près de laquelle périt Magellan en 1521.

L'île **Mindanao**, au S.-E., très vaste, mais peu colonisée (1 000 000 d'hab.);

La longue île *Palawan*, au S.-O., et les îles *Soulou*, au S., peuplées de pirates et riches en perles.

POSSESSION PORTUGAISE

304. La moitié orientale de l'île **Timor**, avec le port de *Dilli* et 200 000 habitants, c'est tout ce qui reste aux Portugais de leurs vastes possessions du XVIe siècle en Océanie.

VI. INDO-CHINE

305. **Cartographie.** *Bornes, mers* et *golfes, îles, presqu'îles* et *caps, montagnes* et *fleuves*. (Voir la carte ci-contre.) Compléter le croquis 5 du cahier n° 5.

306. **Aspect.** L'Indo-Chine est une vaste contrée *péninsulaire* qui, comme l'indique son nom, participe des caractères physiques et ethnographiques de l'Inde, de la Chine et même de l'Insulinde ou Indonésie, entre lesquelles elle est située.

L'Indo-Chine septentrionale est un *haut plateau* sillonné de *chaînes*, qui se dirigent vers le sud en se prolongeant jusqu'à la côte. Les deux principales sont : à l'ouest du Ménam, celle de l'*Arc malais*, qui se continue dans le Malacca et les îles de la Sonde; à l'est du Mékong, la *Cordillère annamitique*. Les chaînes indo-chinoises atteignent de 1 500 à 2900 m.; elles s'abaissent en *terrasses* couvertes de forêts et de *jungles* impénétrables, c'est-à-dire de hautes broussailles mêlées de graminées de 3 à 4 mètres de hauteur; elles encadrent les *vallées* et les *plaines fertiles* et populeuses du Tonkin, de la Cochinchine, du Cambodge, du Siam et du Pégou. Les vastes *deltas* du Mékong et de l'Iraouady s'avancent en presqu'îles remarquables.

Climat. Région *tropicale*, soumise aux *moussons*, l'Indo-Chine a un climat généralement très chaud, humide et malsain. Cependant la saison sèche d'hiver est réconfortante dans le nord.

307. **Historique.** L'Inde *transgangétique*, liée historiquement à l'Inde et à la Chine, jouit anciennement d'une brillante civilisation, attestée surtout par les belles ruines d'Angkor. Les *Portugais* fondèrent Malacca en 1508. Au XIXe siècle, les *Anglais* s'établirent à Singapour, îlot désert acheté en 1824 au sultan de Djohore pour 60000 dollars; puis à Malacca, Pinang, etc. Trois guerres successives, en 1826, 1852 et 1885, leur donnèrent le Ténassérim, le Pégou, enfin toute la Birmanie, tandis que les radjahs de Malacca se soumettaient à leur protectorat.

D'autre part, les *Français*, intervenus par suite d'un massacre de chrétiens en 1862, se sont fait céder par l'Annam une partie de la Cochinchine; en 1874, ils ont soumis tout le royaume à leur protectorat, nonobstant les revendications de la Chine, suzeraine de l'Annam. En 1885, le protectorat français fut confirmé par la victoire sur les Tonkinois et les Annamites révoltés, et sur la Chine venue à leur secours. Depuis 1893, la France s'est fait céder par le roi de Siam plusieurs provinces du Cambodge, etc.

308. **Ethnographie.** — Les Indo-Chinois sont des *jaunes*. Les Annamites, Tonkinois et Cochinchinois sont de civilisation chinoise; les autres ont de *religion* et de civilisation hindoues. On compte un million de *catholiques*, principalement dans l'Annam, le Tonkin et la Cochinchine.

309. **Population**, environ 40 000 000 d'habitants.

Superficie, plus de 2 000 000 de km².

Divisions et villes. On divise l'Indo-Chine en *trois parties* : le *royaume de Siam*, l'*Indo-Chine française* et l'*Indo-Chine anglaise*.

310. Le ROYAUME DE **SIAM**, 7 000 000 d'habitants, a pour cap. **Bangkok**, 650 000 hab., dont la moitié de Chinois. Cette « Venise asiatique », sur le Ménam, est un port actif qui expédie beaucoup de riz et de bois de teck.

311. L'**INDO-CHINE FRANÇAISE**, 17 000 000 d'habitants, se compose : du royaume d'ANNAM, cap. *Hué;* du TONKIN, ch.-l. *Hanoï;* de la COCHINCHINE, ch.-lieu *Saïgon;* du royaume de CAMBODGE, cap. *Pnom-Penh*, et du LAOS. (V. la IIe partie.)

312. L'**INDO-CHINE ANGLAISE**, peuplée de 15 000 000 d'hab., forme quatre divisions administratives, dont les deux premières se rattachent à l'empire des Indes :

1° La HAUTE BIRMANIE, cap. **Mandalai**, 200 000 habitants, sur l'Iraouady;

2° La BASSE BIRMANIE, villes princ. **Rangoun**, 300 000 hab., *Akyab* et *Moulmein*, 50., ports; — les îles *Mergui*, sur la côte, *Andaman* et *Nicobar;*

3° Les ÉTABLISSEMENTS DU DÉTROIT (*Straits Settlements*), dans la presqu'île Malaise, comprenant :

La province de *Wellesley* et l'île *Poulo-Pinang*, ch.-l. *Pinang*, 60., port de relâche, entrepôt d'étain et de riz; — la province de *Malacca*, ch.-l. *Malacca* ✝, 20., ville déchue;

L'*île de* SINGAPOUR, renfermant **Singapour**, 200 000 habitants, l'un des entrepôts de commerce et des ports de passage les plus fréquentés du globe, admirablement situé au carrefour des routes de l'Inde, de la Chine et de l'Australie;

4° Les ÉTATS MALAIS FÉDÉRÉS, sous le protectorat anglais : *Pérak, Pahang, Selangor, Negri-Sembilan* (Sungei) et *Djohore*. Pop. 1 800 000 hab., musulmans. Cap. fédérale, *Kuala-Lumpur*, 50., au centre des mines d'étain les plus riches du monde (Export. 150 millions de francs).

313. **Industrie et commerce.** Malgré ses ressources naturelles, l'Indo-Chine a peu d'industrie en dehors des cultures, de l'exploitation des mines et de la fabrication d'objets usuels.

Son commerce *intérieur*, qui manque de routes, est favorisé par les fleuves et les *arroyos* ou *canaux naturels* des deltas du Song-koï, du Mékong, du Ménam et de l'Iraouady.

Un *chemin de fer* remonte au nord de Rangoun vers Mandalai, Bhamo et la Chine; d'autres suivent le Ménam, le Song-koï, etc.

Le commerce *extérieur*, qui dépasse 2 milliards, se fait par les Anglais, les Chinois, les Français, les Hollandais, les Allemands.

Exportation de denrées alimentaires, surtout de riz pour la Chine et l'Europe, d'étain de Pérak, de pétrole de la Birmanie, de poivre, de bois de teck pour l'Europe.

Importation de produits européens.

Ports. *Singapour* (1 1/2 milliard de francs) et Pinang, *Bangkok*, Hanoï, Saïgon, Rangoun, Moulmein, Akyab, etc.

VII. L'INDE ANGLAISE

314. **Cartographie.** *Bornes, mers, golfes, îles, caps, montagnes, fleuves*. (Voir la carte p. 50.) Compléter le croquis 4 du cahier n° 5.

315. **Aspect.** L'Inde, l'une des contrées les plus populeuses et les plus riches du globe, comprend la partie de l'Asie méridionale située entre l'Iran et l'Indo-Chine; c'est la partie principale de l'*empire des Indes*.

L'Inde passe pour le plus beau pays du monde. La *haute chaîne* de l'**Himalaya**, couronnée de *neiges* et de *glaciers*, renferme, au N.-O., la *haute plaine* du Cachemire; son talus méridional, très escarpé, est bordé de régions moyennes couvertes de *forêts* et de *jungles*, et s'ouvre, par de riches vallées de 3 à 4000 m. de profondeur, sur la grande **plaine indienne**. — Cette plaine commence, à l'O., par le *delta* de l'Indus, se relève dans le fertile Panjab et dans le *désert salé* de Thour (altitude moyenne, 200 m.); elle s'abaisse ensuite, vers l'E., avec la grande et verdoyante plaine du Gange et du *Brahmapoutre* : les bouches réunies de ces deux fleuves forment le plus vaste delta du globe, caractérisé, en outre, par ses *sunderbunds* ou forêts marécageuses, repaires de tigres, serpents, gavials et autres grands animaux sauvages.

Le **plateau du Dékan**, assez uni au centre (altitude 400 à 500 m.), présente à l'E. et à l'O. des rebords (*ghâtes*), coupés de profondes gorges donnant issue aux fleuves. Il renferme, ainsi que la côte orientale, des milliers de petits lacs. Le *plateau de Mysore* (800 à 900 m.) le prolonge au sud, ceux de *Gondvana* et de *Malva* s'étendent au nord.

Les *côtes* de l'Orissa et du Coromandel sont larges et *basses*, celles du Malabar formées de *falaises escarpées* et découpées en assez bons ports.

316. Le *climat* est généralement très chaud et humide, par suite malsain : d'où la peste à l'état endémique. Les *moussons* du sud-ouest amènent les pluies en été, et celles du nord-est la sécheresse en hiver; les terribles *cyclones* causent de grandes inondations, et la sécheresse d'épouvantables famines.

317. **Historique.** L'Inde a dû être, comme la *Chine*, très tôt peuplée et civilisée. Ses peuples ont été fameux dès l'antiquité par leur industrie, leur science, leur littérature et leurs principes religieux; mais la douceur de leur caractère, jointe à un physique peu vigoureux, les a exposés de tout temps à la domination des étrangers, attirés d'ailleurs par les merveilles du pays. — *Alexandre le Grand* parvint jusqu'à l'Indus, et ses successeurs jusqu'au Gange. Au moyen âge, plusieurs dynasties de *conquérants arabes, persans, afghans*, y introduisirent le mahométisme. Au XVIe siècle, Baber, un successeur de Tamerlan, y fonda le célèbre empire musulman des *Grands Mogols*, dont Delhi, Agra et Lahore furent les capitales. Cet empire, vaincu en 1739 par les Perses, tomba peu à peu, et les guerres civiles eurent pour résultat la conquête des Indes par les Européens.

Au XVIe siècle, les *Portugais*, ayant trouvé la route du Cap (1498), vinrent occuper plusieurs places maritimes, et leur domination s'étendit bientôt dans toutes les mers des Indes et de la Chine. Les *Hollandais* leur enlevèrent ensuite de nombreuses possessions. Au XVIIe siècle, les *Français* obtinrent Chandernagor et Pondichéry. Sur la fin du siècle suivant, leur puissance fut considérable dans l'Inde, mais ils furent vaincus par les Anglais.

La grande *Compagnie anglaise des Indes orientales*, fondée en 1600, acquit Bombay et bâtit Calcutta, en 1661; elle se développa surtout à la fin du XVIIIe siècle, en s'emparant peu à peu de provinces du littoral et de l'intérieur (Bengale). Depuis 1815 s'est achevée la soumission de l'Assam, du Panjab, du Cachemire, de l'Oude, du Béloutchistan, de la Birmanie, etc. Les princes dépossédés reçoivent une pension plus ou moins importante.

En 1858, à la suite de la révolte des Cypayes et du royaume d'Oude, le gouvernement direct de l'Angleterre fut substitué à celui de la grande Compagnie. — En 1877, fut créé officiellement l'*empire des Indes*, au profit de la couronne britannique. — En 1878, une guerre, fomentée par la Russie, amena l'annexion d'une partie de l'Afghanistan.

L'empire colonial indo-britannique confine donc au colossal empire russe dans l'Asie centrale, contact qui lui est des plus dangereux. En 1885, l'annexion du royaume de Birmanie le rapprocha du Yun-nan chinois et de l'Indo-Chine française.

318. **Ethnographie**. Le mélange des premiers habitants, les *négritos*, ou noirs de petite taille, et des nombreux peuples envahisseurs, a formé deux divisions fondamentales : au N., les *Indo-Afghans* ou *Aryens* de l'Inde (240 millions), de teint brun clair ; au S., les *Dravidiens* ou *Mélano-Indiens*, de teint noir ou brun foncé.

Parmi les nombreux *idiomes*, les principaux sont : l'*hindi* (95 m.), le *bengali* (45 m.), le *pundjabi* et le *mahrati*, langues à flexion, où les racines des mots se modifient suivant le rôle que ceux-ci jouent dans la phrase ; le *telougou* et le *tamoul*, au sud.

La *langue anglaise* est indispensable dans les relations officielles et commerciales.

Le *brahmanisme* ou *hindouisme*, avec ses nombreuses distinctions en *castes*, est dominant dans l'Inde, où il a pris naissance. On compte 65 millions de *mahométans*, surtout dans le nord, 10 millions d'*animistes*, adorateurs des esprits, autant de *bouddhistes* dans l'Himalaya, et environ 4 millions de *chrétiens*, dont la moitié de catholiques.

319. **Population**, 316000000 d'hab., avec la Birmanie et le Béloutchistan ; *superficie*, 4860000 km². — *Population relative*, 65 habitants par km², ou 250 pour la plaine du Gange seule.

Gouvernement. L'Inde, la Birmanie et le Béloutchistan forment le riche *Empire des Indes*, dont le titulaire est le souverain d'Angleterre. Celui-ci est représenté à Delhi par un *vice-roi, gouverneur général*, assisté d'un *conseil de ministres*. A Londres, il existe un *Office de l'Inde*, dirigé par un *ministre secrétaire d'Etat*, et un *Conseil des Indes*.

On distingue, dans l'Inde, les POSSESSIONS IMMÉDIATES, administrées par des agents anglais : ce sont les plus importantes ; — et les POSSESSIONS MÉDIATES ou *Etats protégés*, dont les princes indigènes (*rajahs*) conservent la souveraineté nominale, et qu'ils administrent sous la surveillance anglaise.

L'état du **Népal**, cap. *Katmandou*, et celui du **Boutan**, au pied de l'Himalaya, conservent leur autonomie ; mais ils sont liés avec l'Angleterre par des traités.

CEYLAN (4 millions d'hab.) relève directement de la couronne britannique.

320. **Divisions**. Les possessions immédiates de l'Inde forment divers gouvernements : PANJAB, BENGALE, ASSAM, PROVINCES-UNIES (D'AGRA ET OUDE), PROVINCES CENTRALES et BERAR, *présidence de* BOMBAY, MADRAS, etc.

Les principaux Etats médiatisés sont ceux de *Haïderabad*, de *Mysore* et du *Cachemire* ; le *Radjpoutana* et l'*Inde centrale* sont des agences ou groupements d'États.

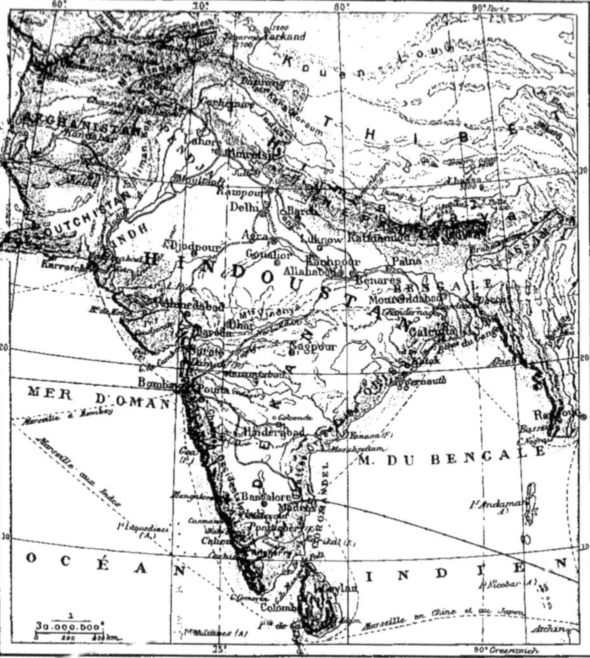

321. **Villes.** Dans le PANJAB : **Delhi**, 240000 h., sur le Djoumna, capitale de l'Empire des Indes, après l'avoir été de l'empire Mogol, ainsi que **Lahore** †, 230. — *Simla*, à 2150 m. dans l'Himalaya, principal sanatorium d'été. — *Amretsir*, 160., métropole et ville sainte des Sikhs.

Dans les PROVINCES-UNIES : **Allahabad**, † 180, ch.-l. et place forte sur le Gange, ville sainte des Indiens musulmans. — **Bénarès**, 210., en aval, ville sainte du brahmanisme. — **Cawnpore**, 180., cité manufacturière du coton. — **Luknow**, 263., fut la cap. des rois d'Oude, et **Agra** †, 190., celle des Grands Mogols.

BENGALE. **Calcutta** †, 1200., grand port sur l'Ougly et centre principal de l'industrie du jute. — *Patna*, 140., et *Dacca* †, 110., marchés considérables. — *Darjiling*, le second sanatorium himalayen. — *Jaggernaut*, 40., ville sainte des Hindous dans l'Orissa.

Nagpour †, 100., chef-lieu des Provinces centrales. — *Peichawer* †, 100., ch.-l. des Provinces du N.-O., place forte à l'issue d'un défilé de l'Afghanistan.

PRÉSIDENCE DE BOMBAY. **Bombay** †, 1000000 d'hab., grand port dans une île de la côte occidentale, est le principal entrepôt du commerce avec l'Europe ; c'est aussi le « Manchester indien » pour le travail du coton. — *Surate*, 120., place de commerce ancienne. — *Karratchi*, 150., port non loin de l'Indus, exporte les produits du N.-O. — *Ahmedabad*, 220.

MADRAS. **Madras** †, 520000 h., sur la côte de Coromandel, est la 3e ville de l'Inde par sa population et son commerce.

Dans les États protégés : au centre, **Haïderabad** †, 50., capitale du Nizam, souverain principal, dont les trésors ou les *diamants* légendaires sont renfermés dans la forteresse de *Golconde*. — *Jeypore*, 140., l'une des plus belles villes de l'Inde. — Au S., *Bangalore*, 190., cap. du Mysore. — Au N., *Srinagar*, 130., cap. du Cachemire, connue par ses châles en duvet de chèvre.

Colombo †, 170., cap. de l'île Ceylan, port artificiel, relâche des paquebots, ainsi que *Pointe-de-Galle* †, entre l'Europe, l'Extrême-Orient et l'Australie.

322. **Industrie**. L'alimentation étant ici presque exclusivement végétale, les *cultures alimentaires* ont une importance capitale. Telles sont celles du *froment*, du *millet*, du *maïs*, du *riz*, celui-ci principalement dans la plaine du Gange ; on y rattache celles du *thé*, de la *canne à sucre* et de l'*opium*, dans le N. Les

Étymologies. La terminaison *stan* signifie pays : *Hindoustan*, pays des « Hindous », nom que l'on applique souvent aux Indo-Afghans et qui doit désigner les brahmanistes seuls. — Le *Dékan*, « pays du Sud », n'est que la partie centrale de l'Inde péninsulaire.

Les terminaisons *abad* et *nagar* (en persan), *patam* et *pour* (en hindi) signifient ville : *Allahabad*, ville d'Allah ou de Dieu ; *Haïderabad*, ville du Lion ; *Seringapatam*, ville ou jardin des Seringas. — *Bombay*, du portugais *bom bahia*, bonne baie.

autres cultures sont celles des *graines oléagineuses*, du *tabac* et de l'*indigo*, celles du caféier et de l'arbre à quinquina, surtout les grandes cultures du **jute**, dans le Bengale, et du **coton**, dans le N.-O., le centre et le S.

Les *animaux utiles* sont : l'éléphant, le cheval, le chameau, utilisé dans le N.; le buffle, le yack, le bœuf zébu ; le mouton, la chèvre de Cachemire; le *ver à soie*, l'huître perlière.

Par contre, les *tigres* font périr annuellement un millier de personnes, et les *serpents* 22000.

L'*exploitation minérale* a pour objet l'*or*, les diamants, le *fer*, les *minerais* et la *houille*. Déjà importante, elle se développe ainsi que la métallurgie et les autres grandes industries modernes, surtout la filature et le tissage du *coton*, du *jute* et de la soie.

Cependant les vieilles industries de luxe subsistent encore : broderies, soieries brochées, orfèvrerie, ébénisterie, etc.

323. **Commerce.** Le *commerce intérieur* dispose de plusieurs belles *routes*, d'un *canal* latéral au Gange et de *grandes lignes de chemins de fer*, dont les principales sont : par les vallées de l'Indus et du Gange, la ligne de *Karratchi* à Lahore, Delhi, Agra, Allahabad, Bénarès, Patna et *Calcutta*; — celles qui rayonnent de Bombay : au N., vers Surate et Lahore; à l'E., vers Allahabad et Calcutta; au S.-E., vers Madras.

Les *télégraphes* sont mis en communication avec l'Angleterre par deux câbles sous-marins : celui de Bombay à Suez, et celui de Karratchi à Bassora.

Le *commerce extérieur* s'élève à 5 milliards de francs, et se fait surtout avec l'Europe (la moitié avec l'Angleterre, 1/20 avec la France), l'Australie, la Chine et les États-Unis.

Exportation d'*opium* (pour la Chine), de *riz*, *froment* et *thé*, de *coton* et de *jute* bruts et manufacturés, de *graines oléagineuses*, indigo, *peaux* et *cuirs*, salpêtre (pour l'Europe).

Importation de *cotonnades* (600 m.) et draps anglais, de *sucre*, d'huiles et pétrole, de soieries, de métaux et machines, etc.

Les *grands* **ports** de *Calcutta* et de *Bombay* font chacun pour 2 milliards d'affaires, *Madras* pour plus d'un demi-milliard.

INDES PORTUGAISE ET FRANÇAISE

324. **L'Inde portugaise**, avec 600000 habitants, comprend le territoire et la ville de *Goa* ‡, 10., port sur la côte de Malabar; — et les petites villes maritimes de *Daman* †, au N. de Bombay, et de *Diu*, au S. du Goudjérate. — Leur commerce est peu considérable.

L'Inde française a 285000 habitants et comprend cinq territoires, avec les villes de : *Pondichéry* ‡, *Karikal, Yanaon, Mahé, Chandernagor*. (Voir 2e partie.)

VIII. IRAN

325. **Cartographie.** *Bornes, mers, détroit, monts, fleuves et lacs.* (Voir la carte.) Compléter le croquis 7 du cahier n° 3.

326. L'**Iran** est ce vaste plateau de l'Asie centrale, cinq fois grand comme la France, qui s'étend du Tigre à l'Indus, au sud de la mer Caspienne et de l'Hindou-Koh, lequel sépare l'Iran du *Touran* ou Turkestan.

Politiquement, il comprend l'**Afghanistan**, le **Béloutchistan** et la **Perse.**

327. **Aspect.** Le *plateau* de la Perse, comme celui de l'Iran en général, est élevé de 1000 à 1500 m. d'altitude moyenne, couvert de *déserts* sablonneux ou calcaires, arides et brûlants pendant l'été lorsque souffle le *simoun* du S.-O., et ne produisant guère que des buissons épineux broutés par les chameaux; mais les *vallées*, pourvues d'eau permanente, sont de la plus grande fertilité et souvent cultivées en beaux jardins. — Les *côtes* sont *basses*, malsaines, désertes, et n'offrent pas de bons ports; aussi la Perse n'a pas de marine.

AFGHANISTAN ET BÉLOUTCHISTAN

328. De ces deux pays, détachés de la Perse en 1747, le premier est actuellement sous l'influence anglo-russe, le second fait partie de l'Empire des Indes.

I. **L'Afghanistan** est un émirat ou royaume peuplé de 5000000 d'habitants. — La capitale est *Kaboul*, 60000 habitants, située à 1760 mètres d'altitude, sur le Kaboul, affluent de l'Indus. — *Kandahar*, 50., est une ancienne capitale du pays.

Hérat, 50., sur la frontière persane et russe, est une place forte et commerçante.

II. Le **Béloutchistan**, pays aride et désert, n'eut jamais d'importance. — *Kélat*, 15., était la capitale du khanat de Kélat, récemment supprimé. Les Anglais ont formé le grand camp de *Ketta*, 35., sur le chemin de fer de l'Indus à Kandahar.

Le **commerce** se fait uniquement par caravanes, et dans la plupart des villes se tiennent de grandes foires où se rendent les marchands de toutes les nations voisines.

Exportation de céréales, fruits, bestiaux, chevaux.

Importation de marchandises russes et anglaises, de tissus nankins chinois, de châles indiens.

ROYAUME DE PERSE

329. **Historique.** La *Perse* forma, sous Cyrus le Grand (538 ans av. J.-C.), l'une des plus célèbres monarchies de l'antiquité, et s'étendit de l'Indus au Nil et à l'Hellespont. Mais cet empire fut renversé par Alexandre le Grand, et les conquérants *parthes* s'y établirent bientôt après. Un *second empire* s'éleva l'an 226 après J.-C., mais fut renversé au VIIe siècle par les *Arabes*, auxquels succédèrent les *Mongols* au XIIIe. Au XVIe siècle, une *troisième monarchie* (les sophis) réunit tout l'Iran, et l'un de ses rois s'empara même de Delhi en 1739. Mais la décadence commença bientôt. Enfin, en 1906, le shah Mozaffer-ed-dine, s'inspirant des idées européennes, accorda à son peuple une *Constitution* avec régime parlementaire. La Russie et l'Angleterre se sont concertées pour établir leur *influence*, la première sur la moitié nord jusqu'à Ispahan, la seconde sur la partie S.-E. confinant au golfe Persique et à l'Afghanistan.

330. **Ethnographie.** Les IRANIENS comprennent les *Persans*, ainsi que les *Afghans* et les *Béloutches* à l'E., les Kourdes nomades et les Arméniens à l'O. A part les Arméniens, qui sont chrétiens, ces peuples se partagent entre deux sectes musulmanes et ennemies : les *chiites* (Persans) et les *sunnites*. Il reste encore des *Parsis* ou Guèbres, adorateurs du feu.

331. **Population** : 9500000 habitants. — *Superficie*, 1650000 km². — *Densité*, 6.

Gouvernement. Le gouvernement du *shah*, ou roi de Perse, est représentatif; il est basé, comme dans tous les pays musulmans, sur les lois du Coran.

Le pays est divisé en 23 *provinces*, portant le nom des villes qui en sont les chefs-lieux. Les divisions historiques sont : l'*Aderbaïdjan*, le *Kourdistan*, le *Mazandéran*, le *Khorassan*, l'*Irak-Adjémi*, le *Farsistan*, le *Mékran*.

332. **Villes. Téhéran**, 280000 habitants, capitale du royaume, est située à 1200 mètres d'altitude, au S.-O. du volcan Demavend. — *Ispahan* †, 80000 habitants, est l'ancienne capitale.

Tauris ou *Tabris*, 200000 h., dans l'Arménie, ville très commerçante, trafique surtout avec la Russie, de même que *Recht*, 40., et *Balfrouch*, 50., situées près des bords de la Caspienne.

Kasbin, 30., fabrique des armes blanches. — *Meschred*, 60., dans le Khorassan, est la ville sainte des Persans.

Chiraz, 35., dans le Farsistan ou Perse propre, vin de luxe.

Kerman, 60., châles et tissus de laine de chameau. — *Yezd*, 50.

Bouchir, 30., le seul port assez commode du golfe Persique; relâche des paquebots anglo-indiens.

333. **Industrie.** L'industrie de la Perse est assez remarquable en produits de luxe : armes, porcelaine, vêtements, broderies et tapis. Le fer, le cuivre, les turquoises, le bitume, sont exploités.

L'*agriculture*, quoique négligée, produit beaucoup de céréales et de fruits exquis :

cerises, pêches, abricots, etc. — On élève le *chameau*, le *cheval* persan, analogue au cheval arabe, le bœuf bossu et le mouton à grosse queue.

Commerce. Le commerce manque complètement de routes carrossables et se fait par *caravanes*. Le *transit* est assez actif entre la Turquie, la Russie et l'Inde, par Tauris, Téhéran, Meched, Hérat, qui ont de grandes foires.

Exportation de soie, laines, coton, tapis, fruits, poissons, chevaux. — *Importation* de cotonnades, sucre, riz.

Ports. Bouchir, sur le golfe Persique; Recht et Balfrouch, sur la mer Caspienne.

IX. TURQUIE D'ASIE

334. **Cartographie**. *Bornes, mers, golfes, détroits, îles, caps, montagnes, versants* et *fleuves*. (Voir la carte.) Compléter le croquis 6 du cahier n° 5.

335. **Aspect**. La Turquie d'Asie est une *contrée montagneuse* et accidentée, excepté au S.-E. Le *plateau* de l'Arménie est très élevé (1500 m.), neigeux et froid; les grands *plateaux* de l'Asie Mineure, du Kourdistan et de la Syrie, hauts de 800 à 1200 m., sont généralement nus et secs, rocheux, déboisés; mais les *vallées*, bien arrosées, sont très fertiles. Les tremblements de terre y sont fréquents

Au S.-E., la grande *plaine* de l'Euphrate est formée de *steppes* herbeuses, de *déserts* sablonneux et arides; dans la Babylonie, elle est *marécageuse* et entrecoupée de canaux naturels. Les *îles* méditerranéennes sont montagneuses et fertiles.

336. **Historique**. La *Turquie d'Asie* renferme les pays qui furent le berceau du genre humain et du christianisme, et le siège des premiers empires. C'est là que se trouvent la *Phénicie*, où brillèrent Tyr et Sidon, et la *Palestine*, où se passèrent les grands faits de l'histoire du peuple de Dieu et de la rédemption du monde.

Le bassin de l'Euphrate vit les puissants *empires de Ninive* et de *Babylone*, de *Cyrus*, d'*Alexandre*, des *Grecs* et celui des *Romains* (Ier siècle av. J.-C.). Les *Arabes* fondèrent au VIIe siècle les puissants khalifats de Damas et de Bagdad. Enfin les *Turcs*, un instant contenus par les croisades, établirent successivement leur capitale à Konieh, à Brousse, à Andrinople et à Constantinople (1453); bientôt leur empire s'étendit depuis la Perse jusqu'au Maroc et depuis la mer Rouge jusqu'aux Carpates. Mais il est depuis longtemps en décadence; s'il a subsisté jusqu'ici en Europe, ce n'a été que grâce à la rivalité des puissances chrétiennes.

337. **Ethnographie**. La population, très variée, est formée pour les deux tiers de *Turcs*, qui dominent dans l'Asie Mineure, de Kourdes et d'Arabes, pasteurs et pillards, qui parcourent le centre et le sud. Ces peuples sont *mahométans sunnites*.

Les *Grecs*, qui font le commerce sur le littoral, et les *Arméniens*, qui dominent au N.-E., sont *chrétiens schismatiques*; quelques milliers sont *catholiques*, ainsi que les Maronites du Liban. Les Arméniens principalement ont beaucoup à souffrir des féroces Kourdes, et les Maronites des Druses non moins fanatiques.

338. **Population**, 17 000 000 d'hab.; — *superficie*, 1 800 000 km², y compris l'Arabie turque.

Gouvernement. Le gouvernement du *sultan* de Constantinople s'exerce sur la Turquie asiatique comme sur la partie européenne. Par le traité de 1878, les possessions turques en Asie sont censées *protégées* par l'Angleterre.

339. **Divisions**. L'administration turque divise la Turquie d'Asie en 21 *vilayets*, gouvernés par des *vali*, et portant les noms des villes chefs-lieux. — Mais il est plus intéressant de rappeler les *divisions historiques*, qui sont :

L'Asie Mineure (*Anatolie* et *Caramanie*); l'Arménie turque; l'*Assyrie*, ou Kourdistan; la *Mésopotamie*, aujourd'hui El-Djezireh (ou l'Ile); la *Babylonie* avec la *Chaldée*, aujourd'hui l'Irak-Arabi; enfin la Syrie, comprenant la *Palestine* et la *Phénicie*.

340. **Villes**. Dans l'Asie Mineure, *Scutari*, 100., sur le Bosphore; faubourg asiatique et nécropole de Constantinople. — *Brousse* †, 80., au pied du mont Olympe d'Asie, fabriques de soieries.

Smyrne †, 230., port le plus commerçant du Levant après Constantinople. — Sur le plateau intérieur, *Karahissar*, 60., marché d'opium, et *Angora* †, 30., de poils de chèvre ou mohair. — *Trébizonde*, 100., principal port turc sur la mer Noire. — *Konieh*, 120., centre commercial, et *Adana* †, 85., centre industriel du coton.

En Arménie et Kourdistan, *Erzeroum* †, 120., ville forte située à 1 860 mètres d'altitude; — *Diarbékir* †, 80., sur le Tigre supérieur; — *Mossoul* †, 70., sur le Tigre, en face de l'emplacement de Ninive.

En Mésopotamie, **Bagdad** †, 130., la cité des khalifes, non loin des ruines de Babylone. — *Bassora*, 40., sur le Chat-el-Arab, ville malsaine, mais port animé par la navigation indo-anglaise. — *Koweït*, port.

En Syrie, **Damas** †, 200., dans une haute vallée délicieuse, grande et industrieuse ville; — *Alep* †, 140.; — *Beirouth* †, 190., centre d'études et port relié à Damas par un chemin de fer qui franchit le Liban. — *Jérusalem* †, 60., pèlerinage aux Lieux Saints.

341. **Industrie**. L'industrie de l'Asie turque, comme celle de toutes les contrées ravagées par l'islamisme, est depuis longtemps déchue. On se borne généralement à la production des choses nécessaires à la vie. Les principales fabrications, peu importantes, sont des soieries, cotonnades, tapis et maroquins. Des compagnies étrangères commencent à exploiter de la houille et des minerais.

L'*agriculture*, quoique très négligée, produit des céréales, des raisins secs, des figues, dattes et citrons, les vins de Chypre et de Samos; du coton, de la soie, etc. Les pâturages maigres (d'Angora) nourrissent du bétail, des chèvres, des moutons. Les mulets, ânes, chevaux et chameaux servent aux transports.

Commerce. Le *commerce intérieur*, faute de routes carrossables, se fait par *caravanes*, moyen très lent et dispendieux. — Mais la France, l'Angleterre, l'Allemagne construisent des voies ferrées, qui favorisent les communications, en même temps que l'industrie et l'agriculture. Parmi les lignes exploitées, citons celles de Scutari à Angora; de Smyrne à Konieh; de Beirouth à Damas; d'Alep à Damas, Médine et la Mecque; de Jaffa à Jérusalem. Projet allemand de Konieh à Mossoul et Bagdad.

Exportation de figues, raisins secs, dattes, citrons, opium, huile d'olive, éponges des côtes de la Syrie, mohair, laines d'Arménie, tapis dits de Smyrne.

Importation de tissus, de sucre et de riz, de pétrole, houille, machines et matériel de chemins de fer.

Ports ou « échelles » du Levant : Constantinople, Trébizonde, Smyrne, Beirouth, Jaffa.

PALESTINE

342. La **Palestine** est une petite contrée située au centre de l'Ancien Monde, dans l'Asie occidentale, sur les bords de la Méditerranée. C'est là que se sont passés les grands faits de l'histoire du peuple de Dieu et de la vie de Notre-Seigneur Jésus-Christ, et c'est pourquoi la connaissance de cette contrée intéresse tous les chrétiens. Elle fut appelée successivement *Terre de Chanaan, Terre promise, Judée, Palestine*, ou terre des Philistins, et *Terre Sainte*.

Aspect. *L'étendue* de la Palestine égale à peu près celle de trois départements français; elle s'étend du nord au sud sur une longueur d'environ 50 lieues, avec une largeur de 20 à 30 lieues. C'est une région généralement *montagneuse*, excepté dans la plaine qui borde la mer; elle est sillonnée du nord au sud par une vallée large et profonde, dans laquelle coule le Jourdain, en y formant trois lacs remarquables.

La Palestine a un *sol* très fertile, quand il est irrigué, et un *climat* salubre. Elle nourrissait autrefois plusieurs millions d'habitants, mais elle est aujourd'hui dépeuplée et inculte; elle ne présente guère que des collines nues et déboisées, des campagnes arides et pierreuses, des ruines de villes et de bourgades.

Dans l'intérieur, on remarque au sud les *monts de Juda*, auxquels se rattachent le mont *Calvaire* et le mont des *Oliviers*, 850 mètres, près de Jérusalem; au nord, le mont *Carmel*, le mont *Thabor;* à l'est, le mont *Nébo*, etc.

Le *Jourdain*, petit fleuve qui coule dans une vallée profonde, forme le lac de *Mérom*, et le lac de Génésareth, ou *mer de Galilée;* puis il se jette dans le lac salé et amer appelé lac Asphaltite, ou *mer Morte*.

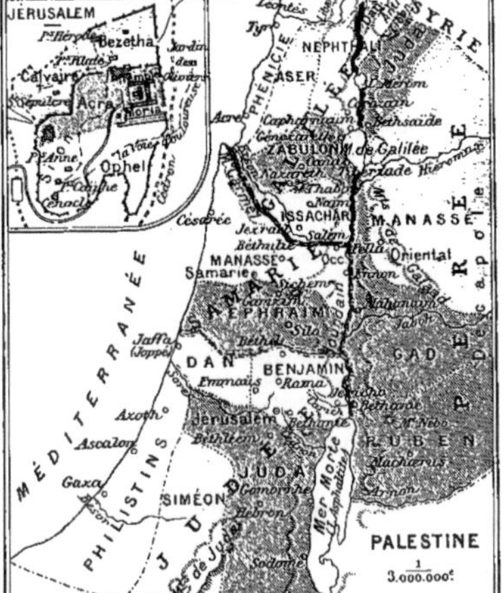

343. La **population** de la Palestine est d'environ 500 000 habitants, la plupart Arabes et Turcs musulmans, Grecs schismatiques et Juifs, avec environ 25 000 Syriens et Européens catholiques.

Elle est administrée, au nom du sultan de Constantinople, par un pacha-gouverneur résidant à Jérusalem.

Au temps de Notre-Seigneur elle se divisait en quatre *provinces :* la Judée au sud, la Samarie au centre, la Galilée au nord, et la Pérée à l'est du Jourdain.

Localités : 1° Dans la **Judée**, on doit citer : *Jérusalem*, *Béthanie*, *Bethléem*, *Hébron*, *Jéricho*, *Rama*, *Jaffa*, *Gaza*, etc.;

2° Dans la **Samarie**, *Samarie*, *Sichem*, *Salem*, *Béthulie ;*

3° Dans la **Galilée**, *Nazareth*, *Naïm*, *Jesraël*, *Cana*, *Tibériade*, *Capharnaüm*, *Saint-Jean-d'Acre*, port;

4° Dans la **Pérée**, les villes ruinées de *Césarée*, *Bethsaïde* et *Corozaïn*, *Mahanaïm*, *Machœrus*.

Jérusalem, 60., patriarcat catholique, est la cité la plus intéressante du monde par ses souvenirs, surtout par la mort de N.-S. Jésus-Christ, le Rédempteur du monde. Pèlerinage au Saint-Sépulcre. L'ancienne ville, ruinée, s'entoure de nouveaux quartiers juifs et européens. Elle est reliée au port de *Jaffa*, 20., par un chemin de fer dû à une compagnie française.

Bethléem, 5., est le lieu de naissance de Notre-Seigneur; — *Hébron*, 8., celui de saint Jean-Baptiste. — *Sichem* ou Naplouse, 10. — *Nazareth*, 5., en Galilée, est la ville de la très sainte Vierge; la Sainte Famille en fit son séjour.

ILE DE CHYPRE

344. L'île de **Chypre**, 260 000 h., qui doit son nom grec à ses mines de cuivre (*kypron*), appartient encore à la Turquie; mais elle est occupée militairement et administrée par l'Angleterre comme gage de son protectorat sur l'Asie turque. Elle exporte des vins et raisins secs.

Les principales *villes* sont *Levkosie*, 15., capitale, dans une plaine à l'intérieur. — *Larnaka*, 10., port au S.-E. — Sur la côte orientale, port de *Famagouste*, qui fut très important au moyen âge, alors que les Lusignan étaient rois de Chypre.

IX. ARABIE

345. **Cartographie.** *Bornes*, *mers*, *détroits*, *îles*, *caps*, *montagnes*. (Voir la carte.) Compléter le croquis 7 du cahier n° 5.

346. **Aspect**. Région sans pluie, l'Arabie est un Sahara ou désert. Elle forme au centre le plateau du Nedjed, à l'O. celui de l'Hedjaz, sillonnés de vallées fertiles et habitées; ailleurs ce sont des déserts sablonneux et arides, tels que ceux de Syrie et du Néfoud, au N., et le *Dahna*, « désert de feu, » impraticable même au chameau, au S.

La *mer Rouge* est remplie d'*îlots* et de *bancs de corail* qui, joints aux courants, aux moussons et à la chaleur la plus intense, rendent la navigation difficile et désagréable.

347. **Historique.** L'*Arabie* doit à la nature même de sa constitution physique le rare privilège d'avoir conservé depuis l'antiquité son nom, sa race d'habitants, ses mœurs presque primitives et son indépendance. Ses peuples ne furent réunis en un corps de nation qu'au VIIe siècle, lorsque *Mahomet*, fondateur de l'islamisme, lança ses fanatiques sectaires à la conquête du monde. En moins d'un siècle, l'empire arabe s'étendit dans toute l'Asie occidentale jusqu'aux Indes, dans l'Afrique septentrionale jusqu'au Maroc, et pénétra en Espagne et en France; mais l'Arabie elle-même n'a pas tardé à redevenir isolée, tout en restant le foyer principal du mahométisme. L'intérieur est divisé en plusieurs États plus ou moins indépendants, tandis que le sultan de Constantinople, l'iman de Mascate et l'Angleterre commandent sur les parties maritimes de la péninsule.

348. **Ethnographie.** Les Arabes appartiennent à la *famille sémite* et à la *race blanche*, dont ils sont l'un des types les mieux caractérisés. On distingue les *Bédouins* ou nomades, vivant sous la tente, et les *Arabes sédentaires*, habitant des bourgades murées, occupés à la culture du sol et au commerce.

La *langue* et la littérature arabes sont riches et poétiques. — L'*instruction* ne se perpétue que par la tradition. — La *religion est le mahométisme*, dont l'Hedjaz est le berceau.

349. **Population** supposée : 3 000 000 d'habitants.

Superficie, 2 500 000 km².

Divisions et villes. Les principales divisions politiques de l'Arabie sont : l'*Hedjaz*, l'*Yémen*, le *Nedjed*, l'*Oman*, l'*Ahsa* et *Aden*.

I. L'Hedjaz, situé le long de la mer Rouge et comprenant au N. l'Arabie Pétrée, est soumis au sultan de Constantinople, qui nomme le gouverneur de la Mecque et le *grand chérif*, ou chef spirituel. — **La Mecque**, 85., au terminus de la voie ferrée; patrie de Mahomet et ville sainte par excellence des musulmans; fameux pèlerinage à la Kaaba. — *Djeddah*, 30., port de la Mecque, garnison turque. — *Médine*, 50., « la Ville » du Prophète, possède le tombeau de Mahomet.

II. L'Yémen est gouverné par l'*iman* de Sana, chef religieux et politique, vassal nominal du Grand Turc. — Villes : *Sana*, 50., ch.-lieu; *Hodéida*, 50., port, exporte le café de l'Yémen, dit café moka.

III. Le Nedjed, cap. *Riadh*, 40., comprend le centre montagneux de l'Arabie, et forme l'empire des sectaires *Wahabites*, aujourd'hui en décadence.

IV. L'Oman forme l'*imanat de Mascate*, sous l'influence de l'Angleterre. — La capitale est *Mascate*, 40., port, station des paquebots anglais qui vont de l'Inde à Bagdad.

L'Ahsa, côte orientale, a pour ville *Houfhouf*, 25., il dépend de la Turquie.

Commerce. *Exportation* d'excellents chevaux arabes, de café moka, *gomme*, *baume*, *encens*, aloès.

Importation d'articles manufacturés anglais, de châles, tapis et pierres précieuses de l'Inde, d'ivoire.

Ports. *Aden*, Mascate, Hodéida et Djeddah.

ARABIE ANGLAISE

350. **Aden et son territoire** comptent 250 000 hab. — La ville d'**Aden**, 25., acquise en 1839, est une place de guerre inexpugnable qui, avec l'îlot fortifié de *Périm*, ferme le Bab-el-Mandeb et rend les Anglais maîtres du passage de l'Europe aux Indes par le canal de Suez.

Grand entrepôt de houille, c'est le point d'arrêt des paquebots de Bombay, de la Chine, des îles Maurice et Bourbon, et le point d'attache des câbles sous-marins qui se rendent aux mêmes lieux.

Les Anglais possèdent aussi les îles *Kamaran*, sur la côte de l'Yémen; les îles *Mourian*, la côte de l'Hadramaut, les îles *Bahreïn*, riches en perles, dans le golfe Persique.

Relations de l'Asie avec l'Europe et l'Amérique par *la navigation* et par *câbles télégraphiques*. (V. n° 264, et aussi p. 18, tableaux nos 10 et 12.)

QUESTIONS D'EXAMEN SUR LE MONDE MOINS L'EUROPE

ASIE

51. Caractérisez les *mers* qui entourent l'Asie: formes et profondeurs.

52. Quel est le *relief général* de l'Asie, et décrivez son plateau central?

53. Nommez les grandes *plaines* et les *déserts;* distinguez les versants maritimes et signalez les grands *fleuves.*

54. Décrivez le cours de l'Obi, du fleuve Bleu (Yang-tse), du Mékong et du Gange.

55. Dressez en tableau la *nomenclature de géographie* physique de l'Asie.

56. *Quel rôle* a joué l'Asie sous le rapport des peuples primitifs, des religions et de la civilisation?

57. Enumérez les *possessions européennes* en Asie. Comparez les principales.

58. Signalez les grandes *routes commerciales* de l'Asie par terre et par eau.

59. Dressez le tableau des *divisions politiques.*

60. Décrire la *côte* asiatique de l'océan Indien: accidents de terrain, embouchures de fleuves, possessions et ports.

61. *Nature et situation* des expressions suivantes: Gange, Kouen-loun, Demavend, Madras, Ménam, Pamir, Gobi, Siam, Tokio, Tchélioukine, Vladivostok, Port-Arthur.

62. De quoi se compose l'*Asie russe* et comment s'est-elle formée? — Quelle est son importance politique? — Divisions et villes; produits commerciaux. — Direction du chemin de fer transsibérien. — Géographie du Caucase.

63. La *Chine:* son aspect, son histoire, sa race, ses divisions. — Les villes, l'industrie et le commerce.

64. De qui dépendent la *Corée* et la *Mandchourie?* — Importance de *Hong-kong* et de Macao.

65. Le *Japon:* sa géographie, son histoire, son importance politique et économique.

66. Qu'est-ce que l'Insulinde au point de vue physique, ethnographique et politique?

67. En quoi consistent les Indes néerlandaises? quelles sont leurs îles et villes principales, leur importance au point de vue commercial?

68. L'*Indo-Chine:* ses divisions coloniales. Ce qui reste du Siam. Les ports principaux et le commerce indo-chinois.

69. Qu'est-ce que l'*Inde anglaise?* Quelles sont ses bornes? ses fleuves, ses montagnes? ses productions animales, minérales, végétales? Ethnographie et religions.

70. Divisions de l'Inde anglaise et villes. Résumé de son origine historique. Quelle est l'importance de la possession des Indes? Par qui est-elle menacée? Quelle est la position de Ceylan?

71. La *Perse,* son histoire et les influences politiques qu'elle subit.

72. *Turquie d'Asie:* son aspect physique, son histoire, son gouvernement, ses divisions; les rivalités politiques qui s'y font sentir.

73. La *Palestine:* son histoire, sa situation physique et politique actuelle. Cause de l'accroissement de Jérusalem.

74. L'*Arabie:* ses déserts et ses divisions. — Importance politique et commerciale de la mer Rouge et du golfe Persique. — Lignes de navigation qui les traversent.

AFRIQUE

75. Décrivez le continent africain au point de vue des *montagnes* et des *eaux* intérieures.

76. Faites-en *le tour* par l'ouest (ou par l'est), en nommant les accidents physiques: caps, golfes, fleuves, etc.

77. Indiquez dans le même ordre les *divisions coloniales.*

78. Décrivez les plateaux et les plaines de l'Afrique.

79. Situation et importance des fleuves et des lacs africains. Leur usage international.

80. Grands *explorateurs* de l'Afrique et ce que chacun a découvert.

81. Comment s'est produit le *partage politique* de l'Afrique et quel en est le résultat?

82. Parts comparées de la France, de l'Angleterre et de l'Allemagne.

83. *Routes commerciales* par terre et par eau.

84. *Câbles* télégraphiques qui rattachent l'Afrique à l'Europe.

85. Que désignent les noms ci-après: Abba-Jaret, Somalie, Niger, Binoué, Lualaba, Nyassa, Transvaal, Libéria, Tchad, Boma, Lagos, Bornou, Oubangi?

86. Qu'entend-on par *États berbères?* Leur histoire et leurs possesseurs actuels.

87. Décrivez le *Maroc* et la *Tripolitaine.*

88. Le *Sahara,* ses caractères, son influence sur les contrées voisines, son commerce, objets et moyens de transport.

89. *Égypte:* son rôle historique, son gouvernement actuel, rivalité de la France et de l'Angleterre; les villes et le commerce propre de l'Égypte; origine et importance du canal de Suez.

90. Rôle des Italiens en *Abyssinie.*

91. *Soudan:* zones d'influence européenne.

92. Divisions politiques de la *Guinée* septentrionale, ports et objets d'exportation.

93. Fondation du *Congo belge;* importance hydrographique, économique et politique de cette colonie.

94. Importance commerciale et rapports politiques de l'Afrique australe anglaise: colonies du Cap, de l'Orange et du Transvaal.

95. Importance de la possession du haut Nil et des Grands lacs: leur partage.

96. La race nègre: son état de sauvagerie; esclavage et traite de jadis par les Arabes; mesures de répression. Conférence de Bruxelles.

AMÉRIQUE

97. Décrivez le *relief général* du continent américain.

98. *Cours* du Mississipi, de l'Amazone et du Parana-Plata. Leur importance.

99. Dressez le tableau général de *nomenclature de géographie physique.*

100. Comment et par qui l'Amérique a été *découverte?*

101. Refaites le voyage de Magellan.

102. Montrez la grande importance actuelle et future de l'Amérique.

103. Quelles sont les *routes commerciales* et les *câbles télégraphiques* qui relient l'Amérique à l'Europe?

104. Où sont les mines d'or et d'argent en Amérique?

105. Où sont situées les villes de Bahia, Valparaiso, Puebla, Nouvelle-Orléans, Québec, Colon?

106. Entre l'Europe et l'Amérique se trouve un *courant* remarquable, savez-vous lequel? Comment se produit-il? Quelle route suit-il? Ses conséquences.

107. *Canada:* ses races, son gouvernement, ses produits, ses rapports avec l'Europe.

108. *États-Unis:* description physique générale; aspect, fleuves, richesses de tous genres.

109. Races et gouvernement des États-Unis. Rang qu'ils occupent dans le monde industriel et politique. Qu'entend-on par la doctrine de Monroë? Son application à Cuba et à Panama.

110. Citez les grandes villes des États-Unis, leur industrie et l'objet principal de leur commerce; parlez de leur accroissement rapide.

111. Résumez la géographie physique et politique du *Mexique.*

112. Parlez des *Antilles,* de leurs produits et de leurs possesseurs.

113. Géographie physique et politique de la *Colombie* et du *Vénézuéla.* Parlez du chemin de fer et du canal de Panama.

114. *Guyanes:* climat, productions et possesseurs.

115. *Brésil:* aspect physique, étendue, population et races. Changement de gouvernement, villes et États principaux, productions commerciales.

116. Situation physique de l'*Équateur,* du *Pérou* et de la *Bolivie;* races et formes du gouvernement; ports de commerce et objets d'exportation.

117. Situation physique et commerciale du *Chili,* sa race et son importance politique relative.

118. Géographie physique du bassin de la *Plata;* importance de ses productions animales et végétales; divisions politiques, villes.

119. Détails particuliers sur l'*Argentine* et l'Uruguay; ports de commerce, exportations et relations avec l'Europe.

OCÉANIE

120. Dressez le tableau de nomenclature de géographie physique.

121. Résumez l'histoire de la colonisation européenne en Océanie.

122. Population, races et religions de l'Océanie. Divisions politiques.

123. Importance de l'*Océanie anglaise,* ses grandes divisions physiques, sa population.

124. Les sept États de l'Australasie et leur autonomie; celui qui n'est pas fédéré; villes et produits commerciaux.

125. Comment s'explique la prospérité de cette colonie?

(Pour l'*Europe,* voir page 92.)

Les exercices cartographiques. *En France, nous ne connaissons pas de meilleur système cartographique que celui des Frères,* dit le DICTIONNAIRE DE PÉDAGOGIE de M. Buisson.

Les élèves ont à *compléter* et à colorier d'abord les cartes semi-muettes des cahiers; puis à les reproduire *à vue,* enfin *par cœur.* C'est le moyen de se les graver dans la mémoire par l'imagination et le travail de la main.

Le CAHIER n° 5 répond à la matière de l'Asie, de l'Afrique, de l'Amérique et de l'Océanie.

ENSEIG. PRIMAIRE SUPÉRIEUR
— Première année —

V. AFRIQUE

ENSEIGNEMENT SECONDAIRE
— Classe de 5e —

GÉOGRAPHIE PHYSIQUE GÉNÉRALE

§ I. *Continent et Océans.*

351. L'**Afrique** est, dans l'ordre habituel d'énumération, la troisième Partie du monde. — C'est aussi la troisième division de l'Ancien Continent, dont elle est parfois considérée comme une presqu'île rattachée à l'Asie par l'isthme de Suez. Coupée par l'équateur, elle est située, par parties inégales, dans les hémisphères nord et sud.

Sa superficie, de 30 000 000 de kilom. carrés, est le triple de celle de l'Europe et 56 fois celle de la France.

352. **Contrées.** (V. le tabl. n° 373 *bis.*)

353. **Océans et mers.** L'Afrique est baignée par deux océans : l'*Atlantique*, à l'O., et l'*océan Indien*, à l'E., qui forment, le premier, la *Méditerranée* et la *mer de Guinée;* le second, la *mer Rouge.*

La **Méditerranée** a des côtes basses en Egypte et dans la Tripolitaine; montagneuses et découpées, avec de bons ports, dans la Tunisie et l'Algérie, rocheuses et escarpées dans le *Rif,* « rivage » marocain.

Les côtes de l'**Atlantique** sont formées de *plaines* dans le Maroc, de *dunes* sablonneuses dans le Sahara, de marécages boisés, de bancs de sable et de *lagunes* dans la Sénégambie et la Guinée; plus élevées, mais arides et désertes dans la Hottentotie. Partout elles sont *malsaines*, inhospitalières et d'un abord très difficile. La *profondeur* de l'Atlantique est de 7400 mètres sous l'équateur. — Un *courant du N. au S.* longe les côtes du Maroc et du Sahara, tandis qu'un *courant du S. au N.* parcourt la partie méridionale du golfe de Guinée, et tous deux viennent se confondre dans le grand *courant équatorial* qui va de l'E. à l'O.

Les côtes de l'**océan Indien** sont montueuses et offrent de bons ports dans l'Afrique australe, basses et d'un accès difficile dans l'Est africain, rocheuses dans la Somalie et sur la mer Rouge. La profondeur est de 5000 m. près de l'île Maurice.

Le *courant équatorial*, venant de l'E., se bifurque contre l'île de Madagascar, envoie *une branche au N.*, vers l'Arabie, et *une autre au S.*, par le canal de Mozambique vers le cap de Bonne-Espérance.

354. **Le continent.** Le continent africain présente la *forme géométrique* d'un *cône renversé,* dont la base s'appuie sur la Méditerranée et dont le sommet est dirigé vers le S. — Il mesure environ 8 000 kilomètres du cap Blanc au cap des Aiguilles, 7 300 kilomètres du cap Vert au cap Guardafui.

Il se caractérise par sa grande *masse arrondie*, compacte, *sans démembrements* ou presqu'îles, sans échancrures, sans mers ou golfes intérieurs.

Sauf l'île de Madagascar, l'une des plus grandes du globe, les *îles* qui l'accompagnent sont petites, généralement éloignées des côtes, et presque toutes occupées par les Européens.

§ II. *Orographie.*

355. **Relief général.** Le continent africain, le second pour l'étendue et la masse compacte, a une altitude moyenne évaluée à environ 700 mètres. Il présente deux divisions orographiques dominantes : au nord, la *vaste plaine* du Sahara et du Soudan, avec parties montueuses; à l'est et au sud, le *grand plateau* de la Haute-Afrique, déprimé sous l'équateur par le bassin moyen du Congo; il affecte la forme d'une cuvette dont le fond est à 400 mètres d'altitude, et dont les bords se relèvent, surtout vers les côtes de l'océan Indien, en plateaux de 1 000 à 1 500 mètres d'altitude.

356. **Systèmes de montagnes.** On y détermine cinq systèmes orographiques principaux, dont un est maritime, le *système de Madagascar; —* deux sont exactement délimités par les plaines du Sahara : le *système de l'Atlas* et le *système saharien; —* les deux autres sont séparés par le Niger, le Chari, le Congo et le Nil, savoir : le *système de l'Afrique occidentale*, à l'O., et le vaste *système de la haute Afrique*, à l'E. et au S.

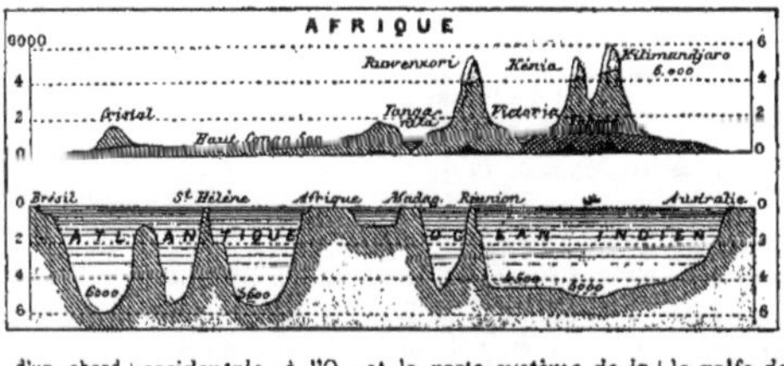

357. La partie nord-est du grand plateau africain est le **plateau des grands lacs** Victoria et Tanganika, renfermant aussi les sources du Nil et du Congo. L'altitude moyenne de ce plateau est de 1 500 mètres; ses points culminants sont : le *Kilima-Ndjaro*, « la montagne blanche, » 6 000 mètres; les monts *Kénia* et *Ruenzori*, aux sommets neigeux et volcaniques.

Au nord de ce plateau s'élève le haut *plateau de l'Abyssinie*, de 2 000 mètres d'altitude moyenne, formé par les *monts Ethiopiens*, dont le point culminant est l'*Abba-Jaret*, 4 600 mètres, aux sources du Nil-Bleu.

358. **Plaines.** Les régions basses occupent environ le quart de l'Afrique; elles se composent principalement de la *grande plaine du Sahara occidental* et du *Soudan centro-oriental*, qui s'étend de l'Atlantique jusqu'au Nil, et de la plaine du *Congo central.*

Déserts. Sauf le versant septentrional de l'Atlas et la vallée du Nil, toute l'Afrique septentrionale n'est qu'un désert sablonneux, pierreux et aride. C'est le *Sahara*, qui, dans sa plus grande extension, s'étend depuis le lac Tchad jusqu'à la Méditerranée, et depuis l'Atlantique jusqu'à la mer Rouge.

Le désert de *Kalahari* couvre une partie du S.-O. africain, entre l'Orange et le Zambèze.

§ III. *Hydrographie.*

359. **Régime pluvial.** Autant les pluies sont rares dans l'Afrique septentrionale, située dans la zone des calmes tropicaux et où les cours d'eau sont nuls ou temporaires, autant elles sont abondantes dans le Soudan et l'Afrique centrale, où elles tombent périodiquement et alimentent d'immenses lacs et des fleuves qui comptent parmi les plus puissants du globe.

360. **Versants maritimes.** — Le continent africain forme quatre divisions hydrographiques principales, savoir : *trois versants maritimes* appartenant aux bassins de la *Méditerranée*, de l'*Atlantique* et de l'*océan Indien.* Le quatrième est un vaste **bassin continental** *fermé,* qui comprend presque toute la région saharienne, sans eaux courantes, du moins superficielles, ainsi que les bassins particuliers du lac *Tchad* et du chott *Melghir.*

361. **Grands fleuves.** De l'important plateau des *Grands lacs* descendent deux des principaux fleuves de l'Afrique : le **Nil**, long de 6 000 kilomètres, qui sort du *lac Victoria* et va finir au nord dans la Méditerranée; le **Congo**, dont le *lac Tanganika* est tributaire, et qui se rend à l'ouest dans l'Atlantique. Le **Zambèze**, qui recueille les eaux du *Nyassa*, court, à l'est, se jeter dans l'océan Indien. Le quatrième grand fleuve, le **Niger**, naît au sud du massif du Fouta-Djalon et coule vers l'est pour finir dans le golfe de Guinée. Les fleuves secondaires sont : le *Sénégal*, la *Volta*, l'*Orange*, le *Limpopo* et le *Djuba.*

362. **Fleuves, affluents et lacs.** Le Nil, fleuve célèbre, a pour branche supérieure la *Kagera;* il sort du *lac Victoria*, à 1 200 m. d'altitude, et va se jeter dans le *lac Albert*, qui lui amène les eaux du Semliki et du *lac Edouard;* puis sous le nom de *Nil-Blanc,* « Bahr-el-Abiad, » il se dirige vers le N. et parcourt le Soudan égyptien. Il reçoit à gauche le *Bahr-el-Ghazal,* « fleuve des Gazelles, » qui arrose le pays des Niams-Niams; à droite le *Sobat*, qui descend du Kafa. Près de Kartoum, par 385 m. d'altitude, il opère sa jonction avec le *Nil-Bleu,* « Bahr-el-Azrek, » qui descend du plateau abyssin, où il traverse le lac Tana, à 2 000 m. d'altitude.

Dans la Nubie, le Nil reçoit l'*Atbara*, coule ensuite dans un encaissement profond, bordé de hautes falaises, et forme une série de rapides ou *cataractes* peu considérables, mais nuisibles à la navigation. Pénétrant en Egypte, il arrose Assouan, Syout (barrages-réservoirs), enfin le Caire, au delà duquel commence le delta du Nil. Le fleuve s'y subdivise en une foule de bras et de canaux, dont les deux principaux vont se jeter dans la Méditerranée à Damiette et à Rosette.

Le **Sénégal**, 1 600 km, prend sa source dans le Fouta-Djalon sous le nom de *Bafing* et reçoit la *Falémé.* Dans la plaine, il se divise en canaux naturels appelés *marigots* et finit en aval de Saint-Louis.

Le **Niger**, 4 300 km, prend sa source dans le massif sénégambien sous le nom de *Djoliba.* Il décrit vers le N.-E., puis vers le S.-E., une immense courbe dans le Soudan, arrose Ségou, traverse le lac Débo et passe près de Tombouctou, à la limite du Sahara. Il prend ensuite le nom de *Kouara*, reçoit le *Sokoto*, qui arrose la ville de ce nom, puis la *Binoué*, grand

351 *bis*. NOMENCLATURE DE GÉOGRAPHIE PHYSIQUE

CARTOGRAPHIE : *Compléter le croquis 8 du cahier n° 5.*

Afrique : 3e Partie du monde, plus vaste, mais moins peuplée que l'Europe. *Pop.*, 130000000 d'hab. — *Sup.*, 30000000 de km².

Bornes : *Physiques* : N., Méditerranée; E., océan Indien et mer Rouge; O., Atlantique. *Astronomiques* : N., 37° 1/2 lat.; — E., long. 49°; — S., 35° lat. S.; — O., 20° long. O.

Contrées : (Voir le tableau n° 373 *bis*.)

Océans : *Atlantique* : mer Méditerranée, mer de Guinée. *Océan Indien* : mer Rouge, mer d'Oman.

Golfes : (*Méditerranée*) : Grande Syrte et Gabès. (*Atlant.*) : G. de Guinée, *baies* de Benin et de Biafra. (*Océan Indien*) : G. d'Aden et de Suez.

Détroits : de Gibraltar, Bab-el-Mandeb, canal de Mozambique.

Iles : (Méditerranée) : Gerbi. (Atlant.) : *Canaries, Açores, Madère*, du Cap-Vert; Bissagos, Fernando-Po, Saint-Thomas, Sainte-Hélène, Ascension. (Oc. Ind.) : *Madagascar*, Comores, *Réunion, Maurice*, Seychelles, *Zanzibar*, Socotora.

Presqu'île : la Somalie du N.-E.

Isthme : de Suez, coupé par un canal.

Caps : Blanc, Spartel, Vert, Lopez, de Bonne-Espérance, des Aiguilles, Guardafui.

Plateaux : de l'Atlas, 1000 m.; de l'Abyssinie, 2000 m.; du Sahara central; du Soudan occidental, des Grands Lacs, du haut Congo et de l'Afrique australe, 1500 m.

Plaines : Sahara E. et O., Soudan central, Sénégal, Congo central, littoral de Guinée, etc.

Montagnes Systèmes :
- HAUTE-AFRIQUE : Monts Ethiopiens (Abba-Jaret, 4600 m.). Ruenzori, Kenia, *Kilimandjaro*, 6000m. Lokinga, Drakenberg, 3400 m. (Le Cap), Cameroun, 4000 m.
- SOUDAN OCC. : Kongs, 1800 m.; Fouta-Djalon, Kouranko, 2000 m.; Loma.
- SAHARA CENTRAL : Tibesti, 2700 m.
- ATLAS : Maroc, m. *Ajaschi* et *Miltsin*, 4600 m.; Algérie; Canaries : Pic de Ténériffe, 3700 m.
- MADAGASCAR : Ankaratra, 2600 m. Piton des Neiges, 3000 m. (Réunion.)

Volcans : Actifs : Pic de Ténériffe, Piton de la Fournaise (Réunion), Virunga (Congo). Eteints : Ruenzori, Kilimandjaro.

Bassins et Fleuves :
- MÉDITERRANÉE : *Nil*, 6000 km; Nil-Blanc : 3 *lacs*, Bahr-el-Ghazal, Sobat, Nil-Bleu, Atbara. Medjerda, Chéliff, Malouïa.
- ATLANTIQUE : Tensif, Draha, Sénégal, Gambie, Volta. — *Niger*, 4300 km (Binoué). *Congo*, 4500 km (Luapula : 3 *lacs*, Lualaba, Aruhimi, Oubangui, Kasaï, Kwango). Cunène, Orange.
- OCÉAN INDIEN : Limpopo, *Zambèze*, 2800 km, Chiré (*lac Nyassa*). Rovuma, Tana, Djuba, Haines.
- BASSINS FERMÉS : Waubé et Chari (*lac Tchad*), Tiogé (*lac Ngami*).

Lacs : *A écoulement* : *Victoria*, Edouard, Albert, Tana; — Bangwélo, Moéro, *Tanganika*, Léopold II, *Nyassa*. *Fermés* : Melghir, Tchad, Ngami, Rodolphe.

Régions : *Hautes* : Berbérie, Abyssinie, Afrique orientale et australe, Angola oriental, Cameroun, Afrique occidentale. *Basses* : Sahara E. et O., Soudan central. (Voir *plaines*.) *Deltas* : du Nil, du Niger, du Zambèze. *Déserts* : Sahara, Libye, Kalahari.

---

affluent qui vient de l'Adamaoua; enfin il forme dans la Guinée septentrionale un immense delta péninsulaire.

Le **Congo**, tel que nous l'ont fait connaître Livingstone et Stanley, est le second fleuve de l'Afrique pour sa longueur (4500 km), et le premier peut-être pour la masse de ses eaux. Il sort des lacs Bangwélo et Moéro sous le nom de *Luapula*, se joint au *Lualaba*, et reçoit par la *Lukuga* les eaux du grand lac Tanganika. Formant une courbe considérable vers le N.-O. et le S.-O., il traverse deux fois l'équateur et parcourt d'immenses plaines marécageuses, où il se grossit de nombreux affluents, dont les principaux sont, sur la rive droite : l'*Aruhimi* et l'*Oubangui*; sur la rive gauche, le *Lomami* et le *Kasaï*, grossi du *Sankourou*, du *Kwango* et des eaux du lac *Léopold II*. En aval du Stanley-Pool, qui baigne Brazzaville et Léopoldville, il coupe la chaîne des monts de Cristal, 600 m., par un défilé où il forme 32 chutes successives, et finit à Banana par un estuaire de 11 km de largeur.

L'**Orange**, ou *Garib* (Gariep), est formé de deux cours d'eau : le *Kei-Garib*, ou *Vaal*, et le *Nu-Garib*, qui descendent du Drakenberg.

Le **Zambèze**, 2800 km, porte d'abord le nom de *Liambai*, forme la célèbre chute Victoria, arrose ensuite Tété et Sena, dans le Mozambique portugais, y reçoit par le *Chiré* les eaux du grand lac *Nyassa*, et se termine par un delta boisé, dont l'un des bras arrose Quilimane.

§ IV. *Climat.*

363. **Climat**. *L'Afrique présente en général le climat le plus chaud du globe*, ce qui est dû surtout à sa situation en grande partie dans la zone torride, à la présence de grands déserts, au défaut de golfes et de mers intérieures, à l'insuffisance de montagnes neigeuses et de pluies, par suite, de cours d'eau et de lacs permanents dans la partie septentrionale.

I. **Les régions tempérées sont** : le versant septentrional de l'Atlas, la colonie du Cap et le Transvaal, éloignés de l'équateur; — les plateaux élevés de l'Abyssinie, de la Berbérie et même celui des grands lacs.

II. **Les régions chaudes et humides**, ordinairement très malsaines, mais très fertiles, sont les côtes de Sénégambie, les deux Guinées, le littoral de l'océan Indien, le bas Congo et les parties basses de l'Afrique centrale.

III. **Les régions chaudes et sèches** sont : le Sahara, la Berbérie, l'Egypte, situés dans la zone des calmes, où les vents, soufflant du N.-E., sont secs, et où, par suite, les pluies sont rares.

§ V. *Productions naturelles.*

364. L'Afrique se distingue surtout par la *puissance du règne animal;* la végétation est luxuriante sous l'équateur.

I. **Minéraux.** *L'or*, les *diamants*, la *houille*, activement **exploités** dans l'Afrique australe; les métaux, les marbres, les phosphates, le sel.

II. **Végétaux.** Le baobab, le figuier, les palmiers dattier, cocotier, élaïs; les essences à gomme et caoutchouc, les immenses forêts du Congo et de la Guinée; le bananier, le caféier, le cotonnier, le millet, le sorgho, le *maïs*, le riz, la canne à sucre, les patates, le manioc, les ignames, l'arachide. Le nord et le sud produisent les céréales et les fruits de l'Europe.

III. **Animaux.** Outre les animaux domestiques, citons les singes, *chimpanzé* et *gorille*, surtout en Guinée, et les autres dans les forêts; — le *lion*, la panthère, l'hyène, le chacal, le léopard; — *l'éléphant* et le *rhinocéros*, dans les parties humides; — le *zèbre*, le dromadaire, la *girafe*, la gazelle, sur les plateaux secs; — le buffle et les antilopes, dans les plaines; — l'*autruche*, dans les déserts; — le *crocodile* et l'*hippopotame*, dans les fleuves; — les sauterelles voyageuses et dévastatrices; — la grosse fourmi blanche ou termite, la mouche tsé-tsé, le scorpion et les serpents; — les éponges et le *corail*, près des côtes barbaresques, les *poissons* de rivières et de mer, etc.

AFRIQUE POLITIQUE GÉNÉRALE

§ I. *Notions historiques.*

365. L'*Afrique ancienne* comprenait l'*Egypte*, qui parvint la première à un haut degré de civilisation; l'*Ethiopie* (Abyssinie), la *Libye* (Sahara), la *Cyrénaïque* (Tripolitaine), l'*Afrique propre* (Tunisie), où Carthage fut fondée; la *Numidie* (Algérie) et la *Mauritanie* (Maroc).

Sauf l'Abyssinie et le Sahara, ces contrées tombèrent successivement sous la domination des Grecs et des Carthaginois, puis des *Romains*, des *Arabes* (au viiie siècle), et des *Turcs* (au xvie siècle). Les Arabes détruisirent le christianisme et imposèrent partout les funestes doctrines de l'*islam*, qui pénétra dans tout le nord et l'est de l'Afrique, sauf en Abyssinie.

A partir du xve siècle, les Européens vinrent s'établir sur les côtes de l'Afrique : — les *Espagnols*, dans les Canaries; — les *Portugais*, dans la plupart des îles de l'Atlantique, ainsi que sur les côtes de la Guinée, du Mozambique et du Zanguebar, où leur empire devint considérable; — les *Hollandais*, dans la Guinée septentrionale et au Cap; — les *Français*, au Sénégal, à Madagascar, aux îles de France et de Bourbon; — les *Anglais*, en Guinée, etc. Ceux-ci, pendant les guerres de la Révolution et de l'Empire, enlevèrent la colonie du Cap aux Hollandais et l'île de France ou Maurice aux Français.

366. **Voyages de découvertes**. Mais l'intérieur du continent ne fut exploré et occupé qu'au xixe siècle.

(1800-1806). **Mungo Park** (Ecossais), parti du Sénégal, va découvrir le Niger et y meurt.

(1822-34). **Clapperton** (Anglais) part de Tripoli et découvre le lac Tchad.

(1827-28). *René* **Caillié** (Français) va du Sénégal à Tombouctou et au Maroc.

(1850-54). **Barth** (Allemand) va de Tripoli au lac Tchad, à Tombouctou, et revient à Tripoli.

(1859-60). *Duveyrier* (Français) se rend de l'Algérie à Ghadamès, Ghât et Tripoli.

(1869-73). *Nachtigal* (Allemand) va de Tripoli au lac Tchad, traverse le Darfour et revient par l'Egypte.

(1841-73). **Livingstone** (missionnaire écossais), parti du Cap, parcourt toute l'Afrique australe. Il découvre le lac *Ngami* (1849) et le haut Zambèze (1854), traverse l'Afrique de Loanda à Quilimane (1856), découvre le lac *Nyassa* (1858), le haut Congo, gagne Nyangwé (1869) et revient mourir près du lac Bangwélo, d'où ses restes sont transportés en Angleterre.

(1857-59). **Burton** et *Speke* (officiers anglais) partent

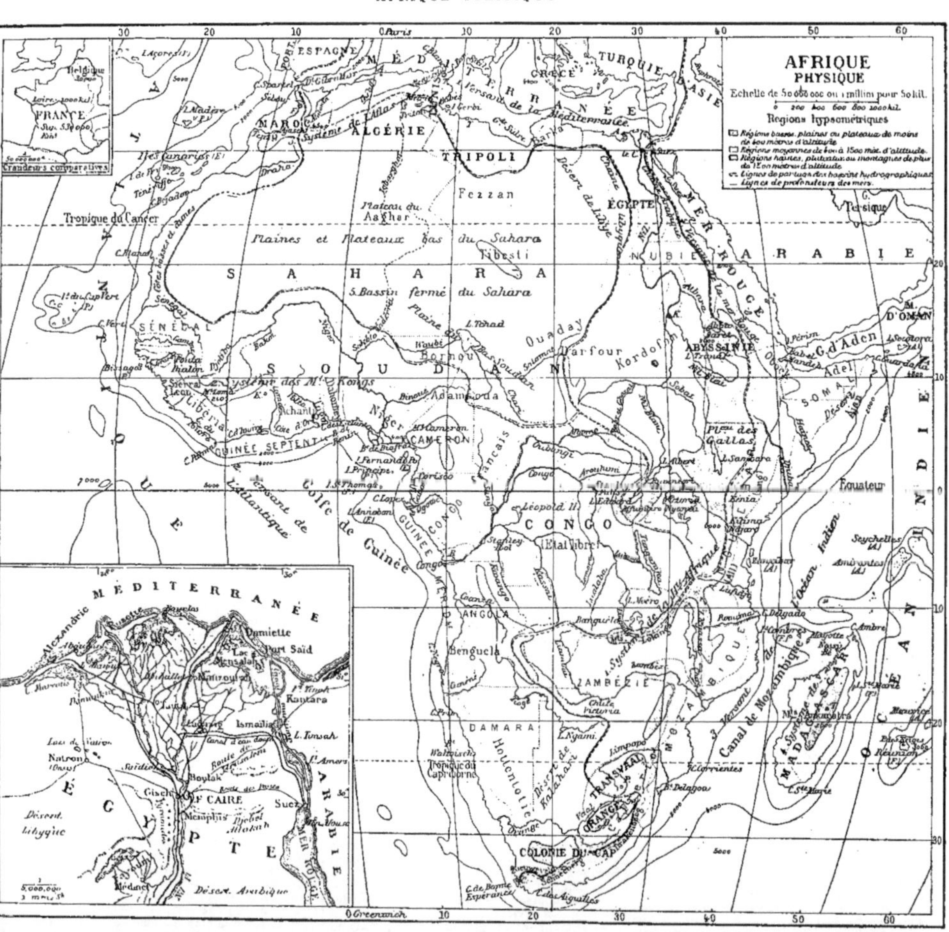

de Zanzibar et vont découvrir le lac *Tanganika* (1858).

Au retour, *Speke* découvre le lac *Victoria* (1858).

(1862-63). **Speke** (2e voyage) et *Grant* vont de Zanzibar au lac Victoria et découvrent le Nil-Victoria, qui en sort; ils reviennent en descendant le Nil-Blanc. — A Gondokoro, ils rencontrent *Baker*, qui, sur leurs renseignements, va découvrir le lac *Albert* (1863).

(1873-75). *Cameron* (Anglais), parti de Zanzibar, découvre la Lukuga, qui unit le lac Tanganika au Congo, gagne Nyangwé et le Benguela.

(1870). **Stanley** (Anglais) est envoyé de Londres à la recherche de Livingstone, qu'il rencontre près du Tanganika (1871), puis il revient par Zanzibar.

(1875-77). *Stanley* explore les lacs Victoria et Tanganika, en sort par la Lukuga, arrive à Nyangwé et descend le *Lualaba-Congo* à travers l'Afrique jusqu'à l'océan Atlantique. En 1887-89, il retraverse l'Afrique du Congo à Zanzibar, découvrant les monts Ruenzori, le lac *Edouard*, et ramenant Emin-Pacha.

(1885-94). Les explorateurs belges *Van Gèle*, *Vankerkhoven*, *Le Marinel*, *Delcommune*, etc., complètent la carte entière du bassin du Congo.

(1875-99). Explorateurs français. — *Pierre de* **Brazza** explore le Congo occidental (dès 1875); **Binger**, les régions au sud du Niger et la ville de Kong (1889); **Monteil** va du Sénégal au lac Tchad et revient par le Fezzan et Tripoli; **Mizon** passe de la Binoué au Congo, et **Maistre** fait le même voyage en sens inverse (1892); en 1896, le lieutenant **Hourst** descend le Niger de Tombouctou à la mer; en 1897, **Gentil** parvient en barque du Congo au lac Tchad; en 1898, **Marchand** se rend du Congo au Bahr-el Ghazal et au Nil; en 1899, **Foureau** traverse le Sahara, d'Algérie au Tchad et au Congo.

367 **Le partage politique de l'Afrique** *date surtout du Congrès de Berlin en* 1885; il a eu pour causes déterminantes *la découverte du Congo par Stanley*, coïncidant avec la création, par le roi des Belges, de l'*Association internationale africaine*, devenue la *colonie belge du Congo*. La *France* a acquis le Sahara, l'Afrique occidentale et équatoriale française; — l'*Angleterre*, la Nigeria, la Rhodesia, le haut Nil, etc.; — l'*Allemagne*, le Togo, le Cameroun, le S.-O. et l'Est africains; — l'*Italie*, la Tripolitaine, l'Erythrée et la Somalie; — le *Portugal*, le haut Zambèze, etc.

Pour l'Afrique, plus encore que pour l'Asie, la conquête du pays par les Européens doit avoir des résultats favorables, non seulement au développement des relations commerciales, mais encore pour l'abolition de la traite et de l'esclavage, presque disparus, la civilisation des indigènes, et surtout la propagation du christianisme et de ses principes humanitaires.

Les populations nègres, particulièrement incapables, semble-t-il, de se gouverner elles-mêmes, livrées à toutes les atrocités d'un fétichisme stupide ou exploitées par l'islamisme corrupteur et cruel, ont tout intérêt à se voir soumises aux peuples chrétiens, qui du moins amélioreront leur sort, s'ils ne les amènent pas toujours à la connaissance et à la pratique de la vraie religion.

Les missions catholiques sont aujourd'hui répandues dans toute l'Afrique, et se vouent particulièrement au soin des malades, à l'éducation des jeunes nègres et à la formation de villages chrétiens.

373bis. TABLEAU STATISTIQUE DE L'AFRIQUE

COMPLÉTER LE CROQUIS 9 DU CAHIER N° 7

ÉTATS ou Possessions européennes 1912	SUPERFICIE absolue	SUPERFICIE comparée	POPULATION absolue	POPULATION relative	COMMERCE SPÉCIAL
	kilom. carr.		habitants.	h.	millions.
Abyssinie, royaume ind.	1 100 000	2	8 000 000	7	25
Afrique française : Maroc, **Algérie**, **Tunisie**, Afrique occidentale et équatoriale, Madagascar, etc.	10 000 000	18,5	32 000 000	3	1 900
Egypte, Soudan anglo-égyptien	3 000 000	6	16 000 000	5	1 900
Afrique anglaise : Gambie, Sierra Léone, Côte de l'Or, Nigeria, Union Sud-Africaine, Rhodesia, Afrique orientale, etc.	6 000 000	14	37 000 000	4	3 500
Congo belge	2 400 000	4,4	15 000 000	6	100
Afrique allemande : Togo, Cameroun, S.-O. et Est africains	2 500 000	4,4	12 000 000	5	250
Afrique portugaise : Iles du Cap-Vert, Guinée, Angola, Est africain	2 200 000	4,6	8 000 000	4	180
Afrique espagnole : Côte N. du Maroc, Oro, etc.	200 000	0,4	300 000	1,5	10
Afrique italienne : Tripolitaine, Erythrée, Somalie	1,500 000	1	1 700 000	1	30
République de *Libéria*	100 000	»	1 500 000	15	10
Pour l'Afrique, environ	30 000 000	56	130 000 000	4,3	8 000

§ II. *Géographie politique*.

368. **Population.** La population absolue de l'Afrique est évaluée à environ 130 000 000 d'habitants. C'est le treizième de la population du globe.

La *superficie* de l'Afrique est de 30 000 000 de km²; — sa *population relative,* de 4,3 habitants par km².

369. **Races humaines**. L'Afrique est peuplée au N. par la *race blanche* (les Berbères, les Arabes, les Egyptiens et les colons européens); — au centre et à l'O., par la *race noire* ou nègre, qui est la plus nombreuse; — à l'E. et dans le Soudan, par des *hamites,* de teint brun rougeâtre (Nubiens, Abyssins, Gallas, Peuls ou Fellatahs); — au S., par des nègres ou *négroïdes* et aussi par des *blancs* (Boers, Anglais, etc.). Les Hovas sont des Malais.

370. **Religions**. Le *fétichisme* règne parmi les nègres, et le *mahométisme*, parmi les blancs indigènes, puis au centre et à l'E. Le *christianisme* comprend les colons européens; les Abyssins et les Coptes égyptiens sont de la secte d'Eutychès.

Le fétichisme est l'adoration des idoles ou *fétiches*, ainsi nommées d'un mot portugais, *fétisso, féitisso* (chose ensorcelée). C'est l'idolâtrie la plus grossière, qui a pour objet les éléments, le feu, les animaux, les arbres, voire même quelque morceau informe de bois ou de ferraille. Les prêtres de ces idoles se nomment *féticheurs* ou sorciers en Afrique, *jongleurs* en Amérique, *chamanes* en Asie. Ils exercent sur les populations superstitieuses une influence aussi complète que funeste, d'où résultent l'abrutissement, le terrorisme, l'esclavage, les sacrifices humains, etc. Plus de 120 000 000 d'hommes en Afrique, en Asie et ailleurs, sont encore livrés à cet état misérable, qui exclut toute civilisation.

371. **Civilisation.** A part les Egyptiens, les Abyssins et les peuples des côtes de la Méditerranée, qui ont subi de tout temps l'influence civilisatrice de l'Europe ou de l'Asie occidentale, aucun peuple de l'Afrique n'a jamais joui d'une civilisation réelle.

Les blancs africains indigènes ont une civilisation analogue à celle des mahométans asiatiques. Les bruns sont à l'état semi-barbare, et les noirs vivent généralement à l'état sauvage; ils se faisaient jadis une guerre presque continuelle, vendant ou immolant leurs prisonniers. La traite des nègres, réprimée dans les colonies européennes, se fait encore plus ou moins dans l'intérieur de l'Afrique, pour les pays mahométans, par des marchands arabes ou métis.

372. **Gouvernements**. En Afrique, les gouvernements indigènes sont généralement despotiques et cruels; mais ils s'adoucissent et sont de plus en plus remplacés dans les possessions européennes.

373. **Divisions politiques.** Les plus importantes correspondent aux possessions européennes et sont classées ci-après.

374. **Possessions françaises :** *Maroc, Algérie, Tunisie, Sahara, Afrique occidentale* et *équatoriale,* îles de *la Réunion*, *Madagascar*, *Comores*, côte nord-ouest de la *Somalie*.

— **anglaises :** Iles Sainte-Hélène et Ascension, Gambie, Sierra-Leone, Côte de l'Or, *Nigeria, Le Cap*, Natal. Orange, Transvaal et Rhodesia, Est africain, *Soudan nilien,* Somalie anglaise, îles *Zanzibar, Maurice*, Seychelles, Socotora et Périm, etc.

— **belges :** Congo.

— **portugaises :** îles du Cap-Vert; Guinée, *Angola. Est africain.*

— **allemandes :** Togo, Cameroun, S.-O. et Est africains.

— **italiennes :** Tripolitaine, Erythrée, Somalie orientale.

— **espagnoles :** côte N. du Maroc, Rio de Oro, Fernando-Po, Corisco.

375. **Commerce**. *Les échanges s'établissent surtout entre l'Angleterre, la France*, l'Espagne, l'Allemagne, l'Italie, le Portugal, les Etats-Unis et l'Inde, d'une part; — l'*Egypte,* l'*Algérie* et la Tunisie, la *Colonie du Cap,* le Congo, l'île Maurice et le Maroc, d'autre part.

Importation de produits européens (n° 486).

Exportation des produits ci-après :

1° Marbre, minerais, céréales, vins, bestiaux, alfa, fruits et légumes de primeur d'Algérie;

2° Cocos et vins de Madère;

3° Huiles de palme et d'arachide du Sénégal et du Congo;

4° Plumes d'autruche et dattes du Sahara;

5° Ivoire et *caoutchouc* du Soudan et du Congo;

6° *Coton,* céréales et gommes de l'Egypte;

7° Diamants, *or,* plumes d'autruche, laines et peaux de bœufs du Cap et du Transvaal;

8° *Sucre,* café, vanille de Maurice et de la Réunion.

376. **Routes commerciales.** Le commerce de l'Afrique se fait à l'intérieur presque entièrement par caravanes, dont les routes les plus importantes relient les villes du Soudan avec la côte de la Méditerranée : Tombouctou, par Insalah et Fez, à Tanger; — Kano, par Agadès, Ghât et Ghadamès, à Tunis; — Kouka, par Mourzouk, à Tripoli; — le Ouadaï avec le Caire.

La *navigation fluviale* existe sur le Congo et ses affluents, le Nil, le Niger, la Gambie, le Zambèze, les Grands lacs et sur quelques canaux en Egypte.

Il y a des *chemins de fer* (35 000 km) en Egypte, en Tunisie et Algérie, au Sénégal, au Soudan, au Congo, dans l'Afrique australe et orientale, les îles Maurice et Bourbon. La grande ligne du Cap au Caire est aux $^{2}/_{3}$ faite.

Des *services réguliers* relient notamment le Cap avec l'Angleterre, Alger, Tunis et Alexandrie avec Marseille, Port-Louis avec l'Angleterre par Aden et Suez.

Des *câbles télégraphiques* sous-marins rattachent à l'Europe les îles Madère, du Cap-Vert et toute la côte occidentale; — l'Algérie et la Tunisie à la France; — l'Egypte à l'Angleterre; — le Cap, Natal et Zanzibar à Aden et Suez.

I. ÉTATS ARABO-BERBÈRES

MAROC, ALGÉRIE, TUNISIE, TRIPOLITAINE

377. **Cartographie.** *Bornes, mers, îles, montagnes* et *fleuves.* (Voir la carte ci-contre.) Compléter la carte 12 du cahier n° 5.

378. **Aspect.** Le MAROC, l'ALGÉRIE et la TUNISIE comprennent chacune trois parties physiques : 1° le *littoral* ou le *Tell,* formé de collines et de vallées fertiles et cultivées; 2° le *Plateau*, soutenu par les deux principales chaînes de l'Atlas, élevé de 1000 mètres en moyenne, et renferment des *chotts* ou lacs temporaires et des *steppes* ou pâturages d'été; — 3° la *partie saharienne*, déserte, sablonneuse ou pier-

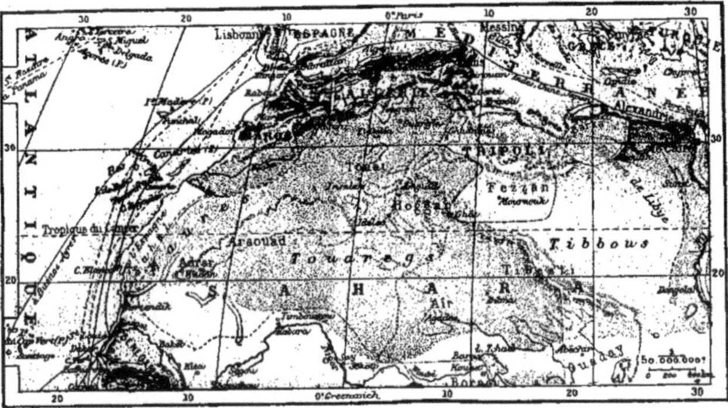

reuse, généralement stérile, mais parsemée d'*oasis* fertilisées par des sources naturelles ou artificielles et habitées.

La TRIPOLITAINE, moins élevée, appartient physiquement tout entière au Sahara.

Le climat, généralement sec, est *tempéré* sur le versant septentrional de l'Atlas, *froid* en hiver sur le Plateau, et *torride* pendant le jour dans les parties sahariennes.

379. **Historique.** Le pays Berbère, grâce à sa nature montagneuse qui le distingue du Sahara, et à sa position littorale, qui le rapproche de l'Europe, a joué un rôle dans l'histoire des États méditerranéens. Il fut soumis aux Romains, puis aux Vandales et aux Arabes.

Le Maroc, ancienne *Mauritanie*, forma au XVIe siècle un empire dont l'influence s'étendit jusqu'à Tombouctou. Les Portugais possédèrent longtemps la côte occidentale, qu'ils perdirent en 1578. Les Espagnols possèdent encore des présides et la côte méditerranéenne. Le pays est aujourd'hui sous le protectorat de la France.

L'Algérie, ancienne *Numidie*, fut un puissant repaire de pirates allié de l'empire turc, et dont les Français s'emparèrent en 1830. — La Tunisie, ou *Afrique propre*, où se développa la puissante Carthage, rivale de Rome, devint française en 1881, tandis que la *Tripolitaine* appartient à l'Italie, qui l'enleva aux Turcs en 1912.

380. **Ethnographie.** La population appartient en très grande majorité à la race blanche et aux *familles berbère* et *arabe*. Elle comprend des *Berbères*, peuple cultivateur; des *Maures*, qui habitent surtout les villes; des *Arabes*, plus ou moins nomades et pasteurs, des *Turcs*, des *nègres*: tous mahométans; des *Juifs* enfin et des *colons européens*.

381. **Divisions.** Ces peuples forment 4 divisions politiques : l'*Algérie*, possession française; le *Maroc* et la *Tunisie*, protégés par la France; la *Tripolitaine*, colonie italienne.

MAROC

382. **Population**, 7 000 000 d'habitants. *Superficie*, environ 500 000 km².

Gouvernement. Le Maroc est une sultanie protégée par la France.

Très mal administré et plongé dans l'anarchie, il constituait un danger permanent pour notre frontière algérienne. Le sultan l'a placé sous notre protectorat en 1912.

Déjà, par les traités de 1904 et de 1911, l'Angleterre et l'Allemagne reconnaissaient à la France la tutelle administrative et financière du Maroc, sauf pour la côte méditerranéenne, réservée à l'Espagne. L'intégrité du pays et la liberté commerciale sont garanties.

Villes. **Fez**, 150 000 habitants, sur un affluent du Sébou, est la capitale et la ville sainte du Maroc; c'est aussi la plus industrieuse.

Mékinez, 40., cité déchue, est une autre résidence du sultan, ainsi que la ville de *Maroc*, ou *Marakesch*, 50., ancienne capitale, sur le Tensif.

Mogador, 20., *Casablanca*, 25., *Rabat*, 20., *El-Araïch*, ports sur l'Atlantique; — *Tanger*, 25., sur le détroit de Gibraltar, port international, consulats européens.

Tétouan, 25., près de la Méditerranée, petit port en relation avec Gibraltar, qui s'y approvisionne de vivres.

383. **Industrie.** L'industrie marocaine, peu active, se fait remarquer dans les armes et les vêtements de luxe, les *draps rouges* pour bonnets dits *fez*, les tapis, les cuirs ouvrés ou *maroquinés*.

Le sol produit des primeurs, de l'orge, du froment, du dourah. Les bœufs, moutons, chèvres, dromadaires, chevaux, ânes et mulets, constituent la principale richesse du pays.

Commerce. Le commerce intérieur se fait par *caravanes*. Les routes et chemins de fer font complètement défaut.

Le commerce extérieur, peu important, se fait surtout avec l'Angleterre et consiste principalement dans l'*importation* de cotonnades, quincaillerie, fer, sucre, thé; — dans le *transit* de ces mêmes produits, expédiés vers le Soudan par caravanes, — et dans l'*exportation* des primeurs, dattes, amandes, cuirs, ivoire, plumes d'autruche (surtout pour Marseille), laines et bœufs (pour l'Angleterre et Gibraltar).

Ports. Mogador, Casablanca, Rabat, El-Araïch, Tanger.

384. **Présides espagnoles.** L'Espagne possède depuis le XVIe siècle, sur la côte N. du Maroc, quatre forteresses ou *présides* (*presidios*, garnisons) qui servent au commerce, et aussi de lieux de déportation. Les principales sont : *Ceuta*, 15., sur une petite presqu'île en face de Gibraltar; — et *Mélilla*, 10., aux confins de l'Algérie.

ALGÉRIE ET TUNISIE

385. ALGÉRIE. *Population*, 5 563 000 habitants. — *Villes :* **Alger** ✠, 172 000 habitants, *Oran* ✝, *Constantine* ✝, etc.

TUNISIE. *Population*, 1 925 000 habitants. — *Villes :* **Tunis** ✠, 230 000 habitants; *Bizerte*, *Kairouan*, *Sfax*, etc. (Voir 2e partie, Colonies françaises.)

TRIPOLITAINE

386. **Population**, 1 000 000 d'habitants. *Superficie*, 1 000 000 de km².

Gouvernement. La Tripolitaine est une colonie italienne.

Elle comprend la Tripolitaine propre et la Cyrénaïque, régions littorales assez fertiles, le désert de Libye et le désert tripolitain avec leurs oasis.

Villes. *Tripoli*, 40 000 habitants, capitale, dans la Tripolitaine propre; port de mer en relation avec les caravanes. — *Benghazi*, 25., petit port, chef-lieu du Barka ou Cyrénaïque. — *Ghadamès*, 5., dans une oasis. — *Mourzouk*, 10., chef-lieu du Fezzan, et *Ghât*, 5., dans une oasis, rendez-vous de nombreuses caravanes.

La TRIPOLITAINE, dont l'industrie est presque nulle, commerce surtout avec l'Italie et Malte. — *Exportation* de *céréales* : blé et orge; d'*huile d'olive*, de fruits : figues et dattes; de soude, de peaux. — *Importation* de cotonnades anglaises, soieries françaises, verroteries de Venise, papier, couteaux, poudre.

Ports. — Tripoli et Benghazi.

II. LE SAHARA

387. **Cartographie** (se fait avec les parties limitrophes, croquis 12).

Le **Sahara**, considéré dans sa plus grande extension, est cette immense région sèche et déserte qui occupe à peu près toute l'Afrique septentrionale, et s'étend de l'océan Atlantique à la mer Rouge, des monts Atlas et de la Méditerranée orientale au Soudan. Ainsi compris, il égale le tiers du continent africain ou l'étendue de l'Europe entière.

388. **Aspect.** Le *Sahara* est presque partout sablonneux ou pierreux, sans eau et sans végétation, ce qui est dû surtout à sa situation dans la *zone des calmes*, où les pluies sont rares ou nulles.

Le Sahara, longtemps considéré comme le fond émergé d'une mer ancienne, se compose en partie de *plaines* plus ou moins ondulées, couvertes d'un *sable* fin, salé, très mouvant, que le terrible *simoun* soulève en tourbillons de poussière ou relève en *dunes*. Ailleurs ce sont des plateaux de 300 à 500 m. d'altitude. Le *Sahara central* (Tibesti) renferme même des *régions montagneuses* atteignant de 1000 à 2500 m. de hauteur, plus accidentées, mieux arrosées qu'on ne l'avait cru jusqu'à nos jours, et ressemblant aux régions mieux connues du versant méridional de l'Atlas et à celles de la haute Egypte et de la Nubie.

Le Sahara est sillonné par des *ouadis*, anciens thalwegs, ou vallées plus ou moins larges et profondes, sèches à la surface en général, mais pourvues d'eaux souterraines alimentées par les pluies périodiques.

Le Grand Désert est habité dans les *oasis*, parties fertilisées par des sources permanentes.

389. **Population** évaluée à 2 000 000 d'hab. : *Maures* à l'ouest, *Touareg* au centre, *Tibbous* à l'est. Tous sont mahométans.

Divisions et villes. Par suite de traités conclus de 1890 à 1912, cette immense contrée se divise *politiquement* en quatre parties.

1° Le SAHARA ESPAGNOL, ou le *Rio de Oro*, se compose de la zone littorale située entre le cap Blanco et l'oued Draba.

2° Le SAHARA FRANÇAIS, non seulement embrasse le Sahara marocain, algérien et tunisien, mais il s'étend, comme sphère d'influence, au S.-E. jusques et y compris le Tibesti, au S. jusqu'au lac Tchad et au Niger, où il se rattache à l'Afrique occidentale et équatoriale française; à l'O. jusqu'à l'Atlantique. (Voir 2e Partie.)

3° Le SAHARA TRIPOLITAIN comprend les villes de *Ghadamès, Ghât* et *Mourzouk*, ainsi que les plaines sablonneuses de la *Libye*, à l'Italie.

4° Le SAHARA ÉGYPTIEN se compose de l'oasis de *Siouah* et de territoires niliens.

Les villes ou plutôt les bourgades du Sahara ont tout au plus 5 à 10000 habitants. Ce sont des marchés fréquentés par les caravanes.

390. **Commerce.** Le trafic du désert consiste dans l'*échange* des grains, dattes, sel et autres produits du pays; — dans l'**exportation** vers l'Europe : des gommes, plumes d'autruche, ivoire, laines, peaux, cire, poudre d'or, etc., provenant du Sahara et du Soudan; — dans l'**importation** des marchandises européennes (surtout anglaises et françaises) : cotonnades, calicots, verroterie, quincaillerie, couteaux, fil, papier, sucre, café, etc., et leur *réexportation* vers le Soudan; celui-ci ne fournit plus guère d'esclaves nègres, soit pour le désert, soit pour les pays musulmans.

Les transports dans le Sahara se font par de nombreuses *caravanes* de chameaux, qui suivent des directions régulières plus ou moins tracées par les ouadis et les puits, et se rendent d'une bourgade à l'autre.

III. ÉGYPTE et SOUDAN ANGLO-ÉGYPTIEN

391. **Cartographie.** *Bornes, mers, terres, montagnes, fleuves* et *lacs.* (Voir carte spéciale ci-contre.) Compléter la carte 10 du cahier n° 5.

392. **Aspect.** L'ÉGYPTE proprement dite, c'est-à-dire la partie irrigable, cultivable et habitée de cette contrée célèbre, ne comprend que le delta et la vallée inférieure du Nil (jusqu'au tropique). Sa superficie dépasse à peine celle de la Belgique.

Le *Delta*, formé par les alluvions du fleuve, est bas, plat, coupé de canaux, très fertile, mais dépourvu d'arbres, malsain et bordé de lagunes marécageuses et de bancs de sable. — La *vallée du Nil*, large de 12 à 15 kilom., est encaissée entre deux chaînes de collines rocheuses, supportant en Egypte propre et en Nubie des *plateaux* secs et nus comme ceux du Sahara, avec les mêmes *déserts* sablonneux ou pierreux, *steppes* et *oasis*.

393. **Historique.** L'*Egypte* a eu, dès les temps les plus reculés, une population agricole, sédentaire et nombreuse, et a joui d'une civilisation attestée par des ruines imposantes et des monuments encore existants : pyramides, temples, obélisques, statues, momies, constructions hydrauliques, etc. Après une période brillante sous ses rois nationaux (les *Pharaons*, Sésostris), l'Egypte ne connut plus jusqu'à nos jours que la domination étrangère : celle des *Perses*, des *Grecs* (Alexandre et les Ptolémées), des *Romains*, des *Arabes*, dès 638, et des *Turcs*, 1507. — Les Français l'occupèrent de 1799 à 1802 (Bonaparte).

En 1806, *Méhémet-Ali*, pacha d'Egypte, se rendit indépendant de la Porte et conquit la haute Egypte, la Nubie, le Soudan nilien, l'Arabie occidentale, la Syrie; il eût peut-être renversé l'empire ottoman sans l'intervention européenne (1840). Les pachas d'Egypte reconnurent la suzeraineté du sultan, et organisèrent à l'européenne l'administration de l'Etat, l'armée, l'agriculture, le commerce, l'industrie, les écoles, etc. Malheureusement une mauvaise gestion financière jeta l'Etat égyptien dans les mains des créanciers français et anglais. En 1881, le révolutionnaire Arabi-Pacha renversa le khédive Tewfik-Pacha, qui fut rétabli par l'Angleterre seule, la France refusant d'intervenir. En 1882, un faux prophète, le *Mahdi* (guide) Achmed, souleva tout le Soudan, prit Kartoum et menaça l'Egypte même. Dès lors le haut Nil, le Darfour, le Sennaar, le Kordofan, furent perdus pour l'Egypte, jusqu'en 1898, où l'armée anglo-égyptienne du général Kitchener reprit Kartoum, détruisit l'empire mahdiste et établit le Soudan anglo-égyptien.

394. **Ethnographie.** Les Egyptiens actuels sont pour la plupart des Fellahs « laboureurs » (8/10) et des Coptes, qui paraissent descendre des anciens Egyptiens, plus ou moins mêlés avec des Arabes. Ils professent généralement le *mahométisme* et parlent l'*arabe*.

Les Coptes néanmoins sont restés *chrétiens* de la secte d'Eutychès. — Il y a en outre des Turcs, des Grecs, et 100000 étrangers ou Européens désignés sous le nom de *Francs*.

395. **Population**, 12000000 d'habitants pour l'Egypte et 4000000 pour le Soudan anglo-égyptien.

Superficie évaluée à 3000000 de kilom. carrés, dont un tiers pour l'Egypte.

Gouvernement. L'Egypte forme une *vice-royauté* tributaire de l'empire ottoman. Le vice-roi porte le titre d'altesse ou *khédive*; mais, depuis 1882, l'Angleterre exerce en réalité la direction des affaires.

Par le traité de 1904, la France reconnait la suzeraineté de l'Angleterre sur l'Egypte; mais la liberté du commerce et la neutralité du canal de Suez sont garanties.

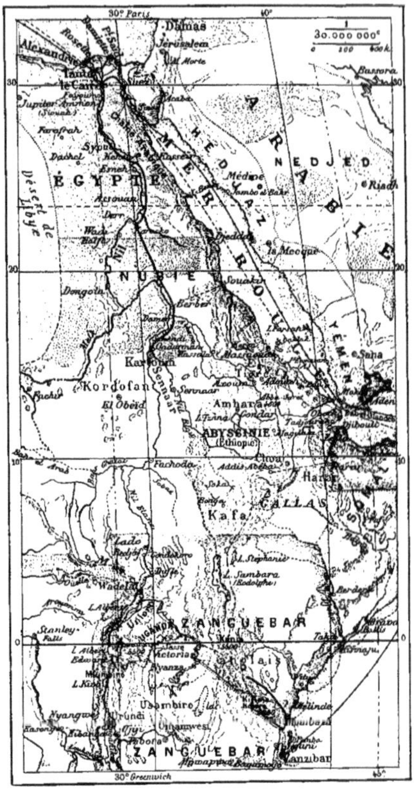

Divisions. La souveraineté égyptienne se divise en deux grandes parties : l'*Egypte* et le *Soudan anglo-égyptien*.

396. **L'EGYPTE** proprement dite, qui se partageait en basse Egypte (*Delta* des anciens), moyenne Egypte (*Heptanomide*) et haute Egypte (*Thébaïde*), est actuellement divisée en 14 provinces (moudirieh) et en 6 gouvernorats de villes (mohafazah).

397. **Villes. Le Caire**, 700000 habitants, sur le Nil, capitale de l'Egypte, est la ville la plus peuplée et le plus grand marché de l'Afrique. Le faubourg de *Boulak* renferme son port fluvial. — En amont, *Fayoum*, 40.

Alexandrie ‡, 370000 habitants, est un grand port sur la Méditerranée, le plus important de l'Afrique, et, après Constantinople, de tout l'Orient musulman.

Rosette, 20., et *Damiette*, 40., ports sur les bouches occidentale et orientale du Nil. — *Tanta*, 75., et *Zagazig*, 50., villes commerçantes du Delta.

Port-Saïd, 50., fondée en 1859, et **Suez**, 20., ville très ancienne, avec le nouveau *Port-Tewfik*, sont deux ports aux extrémités du grand canal de Suez. Dans la haute Egypte, *Syout*, 50., et *Assouan*, barrages-réservoirs du Nil; *Wadi-Halfa*, aussi sur ce fleuve.

398. Le **SOUDAN ANGLO-EGYPTIEN**, reconquis en 1898 sur les mahdistes, est administré par un gouverneur général anglais; il comprend, dans le bassin du Nil :

La NUBIE, chef-lieu *Kartoum*, 80., avec *Omdurman*, au confluent du Nil-Bleu; bourgades principales : *Dongola* et *Berber*, sur le Nil; *Port-Soudan* et *Souakin*, ports de la mer Rouge et passage pour les pèlerins de la Mecque;

Le SENNAAR, chef-lieu *Oued-Médineh*, remplaçant *Sennaar* ruiné, sur le Nil-Bleu;

Le KORDOFAN, ville princ. *El Obéid*;

Le DARFOUR, ville princ. *Fachir*;

Le BAHR-EL-GHAZAL, sur l'affluent de ce nom, chef-lieu *Fachoda* ou *Kodok*;

La *région du* HAUT-NIL, se rattachant à l'Ouganda anglais.

399. **Cultures**. Le Delta et la vallée du bas Nil, fertilisés par le limon du fleuve (grâce en partie aux barrages-réservoirs de Syout et d'Assouan, construits par les Anglais), sont aujourd'hui, comme autrefois, un pays essentiellement agricole, celui qui de toute l'Afrique produit *le plus de céréales*, et cela sans fumure et presque sans labour. Le blé ou *froment*, l'orge, le maïs, le dourah, le riz, les *fèves* y viennent abondamment, de même que le *coton*, cultivé en grand depuis 1855, le lin, la *canne à sucre*, les *oignons*, le tabac, les dattes. — Il y a des carrières de marbre, de granit, etc.

400. **Commerce**. Le *commerce intérieur* de l'Egypte est actif, grâce aux bras du Nil, qui relient toutes les localités populeuses.

Les *caravanes* affluent du Maghreb et du Soudan vers le Caire, grand marché d'approvisionnement; — vers Kosséir et Souakin, ports d'embarquement pour les pèlerins de la Mecque.

D'importants *chemins de fer* relient Alexandrie, le Caire, Syout, Berber et Kartoum. Embranchement de Berber à Port-Soudan, près Souakin.

Commerce extérieur : **Exportation** de *coton*, graine de coton, cigarettes, oignons, fruits. — **Importation** de céréales, houille, bois, machines, cotonnades. — Il atteint (sans le transit) une valeur de plus d'un milliard de francs. Il se fait surtout avec l'Angleterre, la France, l'Italie, et par les **ports** d'Alexandrie (pour les trois quarts), de Rosette et de Damiette.

401. Le **canal de Suez**. En outre, *un énorme transit*, s'élevant à une valeur de six milliards de francs, s'opère non seulement par le chemin de fer d'Alexandrie à Suez, mais surtout par le grand *canal maritime de l'isthme de Suez*, dû à un Français, Ferdinand de Lesseps, et terminé en 1869. Ce canal, long de 170 km, large de 60 à 100 m., est fréquenté annuellement par plus de 4000 navires de fort tonnage (14000000 de tonnes), les deux tiers sous pavillon anglais, les autres sous pavillons allemand, français, italien et de toutes nations.

IV. ABYSSINIE

402. **Cartographie** (étudiée avec l'Egypte).

Aspect. L'Abyssinie, ancienne *Ethiopie*, est située entre la mer Rouge et le Soudan anglo-égyptien, dans le bassin du Nil-Bleu. C'est un haut plateau de 2500 m. d'altitude moyenne, granitique, très accidenté, creusé de précipices et de gorges profondes, et parsemé de lacs, de forêts, de jungles, de prairies fertiles et de belles cultures. On l'a appelée la *Suisse africaine*.

403. **Ethnographie**. Les Abyssins, de teint brun, appartiennent à la *race blanche* de la branche asiatique des Hamites. Demi civilisés, éleveurs et cultivateurs, ils ont conservé un reste de *christianisme*, altéré par les erreurs eutychiennes. — Les Gallas, de même famille, sont nomades, plus arriérés et païens, ainsi que les esclaves *nègres*.

404. **Population**, environ 8000000 d'habitants.

Superficie, 1100000 km², y compris le territoire des Gallas.

Gouvernement. L'Abyssinie forme un empire absolu et féodal dont le souverain, appelé *négus*, est à la fois chef civil et spirituel. Elle comprend plusieurs **royautés** distinctes :

Au N., le *royaume du* TIGRÉ, capitales *Adouah*, 4., et *Axoum*, 4., la Rome éthiopienne, où se fait le sacre des négus.

Au centre, l'AMHARA, renfermant le lac Tana et la ville de *Gondar*, 5.; le CHOA, avec *Addis-Abéba*, 50., capitale du négus, laquelle sera reliée par un chemin de fer avec Harar et le port français de Djibouti.

Au S., le KAFA, d'où paraît originaire le café; — et le territoire des GALLAS, peuples nomades et païens.

A l'est, le HARAR, qui s'étend vers la Somalie; chef-lieu *Harar*, 35., sur la limite des influences française et anglaise.

En Somalie, le port de *Djibouti* est aux Français. (V. 2e partie.)

405. **ÉRYTHRÉE**. Les Italiens appellent ERYTHRÉE leurs possessions de la mer Rouge, comprenant le littoral de l'Abyssinie avec la baie d'*Assab*, les îles *Dahlak*, chef-lieu *Asmara*, dans l'intérieur; *Massaoua*, 15., port excellent, mais malsain.

406. **Commerce**. L'agriculture, qui est assez remarquable, produit pour l'**exportation** des laines, du miel, de la cire, du café, du blé, de la gomme, le musc de civette (élevée en cage), l'ivoire. L'**importation** consiste en produits à bon marché de l'Europe ou de l'Inde : gros draps rouges, calicots, quincaillerie.

V. SOUDAN

407. **Cartographie** (avec la Guinée). *Bornes, mers, golfes, montagnes, fleuves, lac.* (Voir carte ci-dessus.) Compléter le croquis 12, partie méridionale.

408. **Aspect**. Le *Soudan* désigne toute la partie de l'Afrique intérieure située au S. du Sahara jusqu'à l'équateur. Au S.-O., il se confond avec les territoires de la Guinée septentrionale.

Le Soudan septentrional et occidental est formé de *plaines* et de *plateaux* parfois montueux, généralement bien arrosés et habités jusque sur les limites du Sahara; il y a des *parties sèches* où les eaux ne sont que temporaires. Le Soudan central est boisé, herbeux ou marécageux, paré d'une *végétation* luxuriante et nourrissant une *faune* d'une puissance extraordinaire.

409. **Ethnographie**. L'Afrique est le foyer de la *race noire* ou *nègre*, qui habite surtout le Soudan, les Guinées, le Congo. Ailleurs les *noirs* sont mélangés de *blancs* ou de *bruns* : l'élément arabe est très répandu à l'E. — La *religion* est un fétichisme grossier plus ou moins mêlé de mahométisme. (Voir la traite, n° 450.)

410. **Population**, 30 à 40000000 d'habitants, de race nègre ou mélangée de hamites; elle est musulmane ou fétichiste.

411. **Divisions**. Les traités ont déterminé quatre grandes divisions politiques, savoir : à l'O. et au centre, le Soudan *français*, la *Nigeria* ou le Soudan *anglais*, et le *Cameroun* allemand; à l'E., le Soudan *anglo-égyptien*.

1° Le **SOUDAN FRANÇAIS** comprend le Soudan occidental, sauf plusieurs enclaves côtières, et au delà du lac Tchad le BAGHIRMI, le OUADAÏ, etc., le tout faisant partie de l'*Afrique occidentale* et *équatoriale française*. (Voir 2e Partie.)

2° La **NIGERIA**, ou le Soudan anglais, 12000000 d'habitants, comprend, dans le bassin du bas Niger et de la Binoué, les Etats des *Haoussas* ou de SOKOTO, v. pr. **Kano**, 50., et *Sokoto* (Wurno); ceux du BORNOU, cap. *Kouka*, 50.; du GANDO, du YORUBA; les grandes villes de *Bida*, *Yakoba*, **Abbéokuta**, 60., **Lagos**, 50., port principal sur le golfe de Bénin, et *Yola*, sur la haute Binoué.

3° Le **CAMEROUN** allemand, chef-lieu *Bouéa*, sur la baie de Biafra, s'étend dans les bassins de la Binoué, du Congo et du lac Tchad. Il comprend le *Cameroun propre* et des parties de l'*Adamaoua* et du *Bornou*, ainsi que deux bandes qui, à travers l'Afrique équatoriale française, aboutissent aux rives du Congo et de l'Oubangui.

4° Le **SOUDAN ANGLO-ÉGYPTIEN** ou **Nilien** comprend les Etats reconquis sur les MAHDISTES : le DARFOUR, le KORDOFAN, le SENNAAR, les pays du *Bahr-el-Ghazal* et du *Haut-Nil* jusqu'à l'OUGANDA. (Voir n° 398.)

412. Le **commerce** intérieur du Soudan se fait par *caravanes* et aussi de plus en plus par la *navigation fluviale* et les *voies ferrées*. — Il **exporte** de l'or, de l'ivoire, des plumes d'autruche, de la cire, de la gomme, du caoutchouc, des noix de kola et de coco, des huiles. — Il *importe* du sel, toujours moins du Sahara, des marchandises européennes : coutellerie, quincaillerie, verroterie, cotonnades, armes et munitions.

Le commerce européen prend une importance considérable, et la navigation sur le Niger et la Binoué est libre pour tous les pavillons.

VI. AFRIQUE OCCIDENTALE

SÉNÉGAL ET GUINÉE

413. **Cartographie** (avec le Soudan). Voir n° 407. Compléter le croquis 12.

Aspect. Le Sénégal et la Guinée septentrionale ne sont en réalité que la partie occidentale et maritime du Soudan.

Tout le littoral de la Guinée forme une *plaine basse*, marécageuse, bordée de lagunes et couverte de forêts. Puis le sol se relève en *terrasses* également boisées, qui conduisent aux plateaux de l'intérieur, plus habitables que la côte. (Voir ci-dessus.)

Les habitants sont pour la plupart des nègres fétichistes.

414. **Divisions.** On distingue sur les côtes de la Guinée : le *Sénégal*, la *Gambie* et le *Sierra-Leone*, le *Libéria*, la *Côte de l'Ivoire*, la *Côte de l'Or*, le *Togo*, le *Dahomey*, la *Nigeria* et le *Cameroun*.

415. **POSSESSIONS FRANÇAISES.** Le SÉNÉGAL, villes princ. *Saint-Louis*, ch.-l., et *Dakar*, ports.

La GUINÉE française, chef-lieu *Konacry*.

La CÔTE DE L'IVOIRE, chef-lieu *Bingerville*.

Le DAHOMEY, chef-lieu *Porto-Novo*, ville princ. *Abomey*. (Voir 2e partie.)

416. **GUINÉE ANGLAISE.** Les comptoirs de la GAMBIE, 150000 habitants, chef-lieu *Sainte-Marie-de-Bathurst*, port.

La colonie de SIERRA-LEONE, 1300000 hab., qui descendent d'anciens esclaves arrachés aux vaisseaux négriers par les croiseurs anglais. Chef-lieu **Freetown**, 30., port.

La CÔTE DE L'OR, 2000000 d'hab., chef-lieu *Accra*, 25., ville princ. *Cap-Coast*, 35., ports, avec le *royaume d'*ACHANTI, capitale *Coumassie*.

La NIGERIA, villes princ. **Lagos**, 50., port actif, et *Abbéokuta*; elle est surtout une région soudanaise (n° 411).

417. **GUINÉE ALLEMANDE.**

Le *Togo*, ou *Togoland*, sur la côte des Esclaves.

Le CAMEROUN, au fond du golfe de Biafra (n° 411).

418. **GUINÉE PORTUGAISE**, 1000000 d'h. Les comptoirs de *Cachéo* et les îles *Bissagos*, rattachés administrativement aux îles du Cap-Vert.

Dans le golfe de Guinée, les îles *Saint-Thomas*, 30., et du *Prince*.

En outre, l'*Angola*. (Voir n° 428.)

419. **GUINÉE ESPAGNOLE**, 100000 h. Les îles *Fernando-Po* et *Annobon*, et l'enclave de *Corisco* ou du *Rio Mouni*, au N. du Gabon français.

420. Comme État indépendant, en Guinée, il ne reste plus que la *république de* **LIBÉRIA**, fondée par les États-Unis pour des esclaves nègres affranchis, auxquels se sont joints des indigènes. — 1500000 hab., capitale *Monrovia*, 15., port.

421. **Commerce.** Malgré l'insalubrité du climat, les factoreries ou comptoirs européens établis sur la côte sont très nombreux ; là s'opère la *troque*, ou l'échange des marchandises, qui profitera surtout des voies ferrées.

Exportation de produits naturels : arachides, amandes et huile de palme, gomme, caoutchouc, noix de kola, ivoire, poudre d'or, café (de Saint-Thomas).

Importation de cotonnades indiennes bleues, dites guinées, de sel, d'eau-de-vie, d'armes, de poudre, de verroterie.

Les ports sont : Saint-Louis, Dakar ; — Konacry, Freetown, Monrovia, Cap-Coast, Accra, Kotonou, Lagos, Libreville, Banana ; — Saint-Paul-de-Loanda, Saint-Philippe-de-Benguéla.

Chemins de fer de pénétration : de Dakar à Saint-Louis ; — de Konacry au Niger ; — de Freetown à Kotofunte ; — de Secundi à Coumassie ; — de Kotonou à Abomey et vers le Niger ; — de Lagos à Ibadan et au Niger.

VII. BASSIN DU CONGO

422. **Cartographie.** *Bornes, mer, montagnes, plateaux* et *plaines, fleuves, affluents* et *lacs*. (Voir carte.) Compléter la carte 13 du cahier n° 5.

423. **Aspect.** Le bassin du Congo, aujourd'hui complètement exploré, forme un immense plateau de 1000 mètres d'altitude moyenne, arrondi, creux à l'intérieur et relevé sur les bords. Le relief le plus saillant est à l'E., dans le *Ruenzori*, 5120 m., et les *Virunga* (Mfumbiro), 4500 m. ; au S. dans les monts Lokinga, 2000 m. Les lignes de partage sont généralement peu montagneuses ; mais les eaux de la *cuvette* ou de la plaine centrale n'ont qu'une issue par la brèche que s'est ouverte le fleuve dans les *monts de Cristal*, à l'O.

Partout le sol, bien arrosé, est verdoyant, riche en forêts, généralement propre à la culture, et il nourrit une faune remarquable.

424. **Fondation du Congo belge.** Léopold II, roi des Belges, avait fondé en 1876, avec les représentants des grandes puissances, une *Association internationale pour la civilisation de l'Afrique centrale*, en vue surtout d'éteindre la traite des nègres. En 1878, il chargea Stanley, découvreur du Congo, de la mission d'y établir des stations, d'ouvrir d'abord un chemin de communication vers l'intérieur pour suppléer au défaut de navigabilité du fleuve, qu'interrompent les cataractes en aval du Stanley-Pool, puis d'organiser le pays. Ce résultat étant obtenu, et le roi Léopold ayant accordé à la France et au Portugal les parties occidentales du territoire, fut reconnu en 1885 par toutes les puissances européennes seul possesseur du bassin central, qu'il érigea en État indépendant du Congo. En 1908, la Belgique annexa comme colonie cet État, à elle légué par son souverain.

425. **Ethnographie.** Le bassin du Congo est peuplé de *nègres*, vivant à l'état sauvage et régis par une foule de roitelets, chefs de village ou de tribu, sans former d'État considérable. Les traitants arabes, qui tyrannisaient les parties orientales, sont aujourd'hui maîtrisés.

426. **Divisions.** Avec quelques bassins côtiers, il comprend le *Congo belge*, l'*Angola portugais*, une partie de l'*Afrique équatoriale française* et de l'*Est africain allemand*.

427. La vaste *colonie du* **CONGO BELGE** touche, à l'est, aux lacs Moéro, Tanganika, Edouard et Albert. Ses cours d'eau : le Congo, l'Oubangui, le Kasaï, qui reçoit les eaux du lac Léopold II, et leurs affluents sont tous navigables.

Sa superficie est de 2400000 km²; sa *population*, de 15000000 de nègres.

Stations principales : *Banana*, *Boma*, capitale, et *Matadi*, trois ports sur le bas fleuve ; *Léopoldville*, sur le lac dit Stanley-Pool, à 300 mètres d'altitude, qui est relié à Matadi par un chemin de fer ; *Stanleyville* et les bourgades arabes de *Nyangoué* et *Kasongo*, sur le haut Congo. Riches mines de cuivre et autres métaux du Katanga, au sud.

428. L'**AFRIQUE ÉQUATORIALE** française s'étend au N. et à l'O. du Congo et de l'Oubangui, et remonte au N. dans le Soudan jusqu'au lac Tchad. (Voir 2e partie.)

L'**ANGOLA** portugais s'étend jusqu'au Kasaï, affluent du Congo, et jusqu'au Zambèze supérieur. Il comprend :

Le CONGO portugais, ville princ. *San-Salvador*, dans l'intérieur.

L'ANGOLA, ch.-lieu *St-Paul-de-Loanda* †, 15., port.

Le BENGUÉLA, ville princ. *St-Philippe-de-Benguéla*, port.

429. **Commerce.** Une *zone commerciale libre*, déterminée par la conférence de Berlin, comprend tout le bassin du Congo, prolongé à l'E. jusqu'à l'océan Indien, depuis le Zambèze jusqu'à la Somalie, et à l'O. une partie de l'Afrique équatoriale française. Le fleuve Congo est la grande artère commerciale de la région, et de nombreuses factoreries européennes y sont installées pour trafiquer avec les noirs. La traite humaine y est interdite.

Pour les *produits* et les *ports*, voir n° 421.

VIII. AFRIQUE AUSTRALE

430. **Cartographie.** *Bornes, mers, montagnes, fleuves* et *lacs*. (Voir la carte.) Compléter le croquis 14 du cahier n° 5.

431. **Aspect.** L'Afrique australe est un haut plateau de 700 à 1500 m. d'altitude moyenne, plus élevé, montagneux, boisé, mieux arrosé et très fertile à l'E., dans le Transvaal et l'Orange ; s'abaissant vers l'O., où il forme de vastes plaines hautes, transformées en steppes herbeuses au temps des pluies d'hiver, mais desséchées et désertes en été (désert de Kalahari). Les côtes, sablonneuses et sans ports à l'O., sont plus praticables à l'E. — Le climat est relativement tempéré.

432. **Historique.** La *colonie du Cap* (de Bonne-Espérance), formée de la partie méridionale de la Hottentotie et de la Cafrerie, fut fondée en 1650 par les Hollandais, auxquels se mêlèrent quelques réfugiés protestants français. L'Angleterre s'empara du Cap en 1795 et 1806 ; mais beaucoup de *Boers*, ou paysans hollandais, ne voulant pas se soumettre aux lois anglaises, qui proscrivaient l'esclavage, allèrent plus au nord fonder les deux républiques de l'*Orange* et du *Transvaal*. En 1884, l'Allemagne s'empara de la Hottentotie, et bientôt après l'Angleterre s'annexa les territoires du Zambèze jusqu'au Tanganika, lesquels forment la *Rhodésia*.

Une guerre regrettable, provoquée par la recherche de l'or au Transvaal, éclata en 1899 entre les Anglais et les Boers ; ceux-ci, après une héroïque résistance, se soumirent en 1902, et les deux colonies de l'*Orange* et du *Transvaal*, conservant leur autonomie, furent incorporées dans la *Confédération* dite aujourd'hui *Union Sud-Africaine*.

433. **Ethnographie.** La population coloniale est formée de plus d'un million de *blancs*, qui sont surtout des Anglais et des *Boers*, métis hollandais-cafres.

Les indigènes sont des *noirs* : à l'E., les *Cafres* Zoulous et Betjouanas ; — à l'O., les *Hottentots* : Griquas, Namaquas, Boschesmans, qui ont quelque affinité avec la race jaune.

434. **Divisions.** L'Afrique australe se compose des bassins du Zambèze, du Limpopo et de l'Orange. Elle comprend :

1° Le S.-O. **AFRICAIN ALLEMAND**, ou le pays des Damaras et des Namaquas (*Hottentots*), entre le Cunène, le fleuve Orange et le 20° degré de longitude E. de Greenwich. La capitale *Vindhoek*, dans l'intérieur, est reliée par voie ferrée avec le port de *Swakopmund*. Autre port, *Angra-Pequena*. A peine 200 000 hab. — Diamants, minerais.

435. 2° **L'AFRIQUE AUSTRALE ANGLAISE**, d'environ 3 000 000 de km², et 9 000 000 d'hab., dont 1 400 000 blancs. Elle comprend 4 *colonies autonomes : Cap, Natal, Orange, Transvaal*, et des territoires : *Rhodesia, Nyassaland*, etc. Les quatre colonies sont groupées en *Union Sud-Africaine* :

1° La COLONIE DU CAP, 2 500 000 hab., au S. du fleuve Orange, capitale **le Cap**, en anglais *Cape-Town*, 170., résidence du gouverneur général; place forte et port; *Port-Elisabeth*, 35., sur la côte S.-E.; *Kimberley*, 35., mines de diamants, dans l'intérieur.

2° LA COLONIE DE NATAL, 1 300 000 hab., sur la côte orientale. — *Durban*, ou *Port-Natal*, 80., est le port principal; mais *Pietermaritzbourg*, 35., dans l'intérieur, est le chef-lieu.

3° La COLONIE DE L'ORANGE, avec une population de 400 000 hab., dont la moitié de blancs hollandais. — La capitale est *Bloemfontein*, 40., située à 1 400 m. d'altitude.

4° La COLONIE DU TRANSVAAL, située entre le Vaal et le Limpopo. Population, 1 500 000 habitants, dont 1/4 de blancs, la plupart Anglais. La capitale est *Prétoria*, 40.; mais **Johannesbourg**, 200., dans les mines d'or du *Rand*, est la ville principale.

5° La RHODESIA, 1 700 000 hab., au N. du Transvaal, exploite aussi des mines d'or; villes : *Salisbury* et *Buluvayo*.

6° Le NYASSALAND, 1 000 000 d'hab., s'étend à l'O. et au S. du lac Nyassa; villes : *Zomba* et *Blantyre*.

436. **Industrie.** Les *mines de diamants*, situées aux environs de Kimberley et de Prétoria, sont les plus riches du globe, ainsi que les *mines d'or* du Transvaal (Johannesburg) : elles ont attiré à l'intérieur une nombreuse population. Celles de cuivre, de zinc et de houille sont aussi exploitées.

Une autre source de richesse consiste dans les *produits agricoles* et dans l'*élève* du bétail et de l'autruche. Le vin de Constance (près du Cap) est renommé.

Commerce. Les transports se font à l'intérieur au moyen de vastes chariots ou *wagons*. Des *chemins de fer* relient le Cap et Port-Elisabeth à Kimberley, Salisbury et Beira, comme aussi Bloemfontein, Johannesbourg et Prétoria au port de Lourenço-Marquez.

Exportation d'*or* (800 m.), de *diamants* (210 m.), poils de chèvre, laines, peaux, plumes d'autruche, houille, cuivre.

Importation de tissus, cuirs ouvrés, machines, armes, meubles européens.

Les *échanges* se font presque entièrement avec l'Angleterre, l'île Maurice et les Indes, — et par les **ports** du Cap, de Port-Elisabeth, de Durban et de Lourenço-Marquez.

IX. AFRIQUE ORIENTALE

437. **Cartographie.** *Bornes, mers, îles, montagnes, fleuves* et *lacs*. Compléter le croquis 15 du cahier n° 5, d'après les cartes ci-dessus.

438. **Aspect.** L'Afrique orientale, baignée par l'océan Indien, est, comme l'Afrique occidentale, formée d'une *plaine* côtière basse, marécageuse, malsaine, bordée par des terrasses successives qui constituent le talus oriental de la haute Afrique.

439. **Historique.** Les Portugais s'établirent sur ces côtes au XVIe siècle et en ont conservé le Mozambique. Au XIXe siècle, les Arabes de Mascate fondèrent le sultanat de Zanzibar, et les Anglais (Livingstone, Burton, Speke) explorèrent la région des Grands lacs. En 1885, l'Allemagne, s'étant emparée d'une partie de l'Ousagara, provoqua le partage de toute la région du Zanguebar, pendant que l'Italie obtenait la côte orientale de la Somalie, par accord avec l'Angleterre.

440. **Ethnographie**. La *race arabe* et ses métis, exerçant le commerce extérieur, dominent sur les côtes; à l'intérieur sont des *bruns* et des *nègres*, pasteurs ou cultivateurs.

441. **Divisions**. Les principales divisions de l'Afrique orientale sont : l'*Est africain* portugais et allemand, l'*Afrique orientale* anglaise et les *Somalies*.

L'EST AFRICAIN PORTUGAIS, 2500000 habitants, s'étend de la baie Delagoa au cap Delgado. Les villes sont : *Mozambique*, 8., chef-lieu, dans une île côtière malsaine; — *Quilimane*, port, et *Tété*, lieu d'échanges, sur le Zambèze; — *Sofala* et *Béira*, ports sur le large golfe de Sofala; — *Lourenço-Marquez*, port, actif surtout avec le Transvaal.

442. **L'EST AFRICAIN ALLEMAND** s'étend jusqu'aux lacs Nyassa, Tanganika et Victoria; c'est une importante colonie de 7000000 d'habitants.

Villes principales : *Dar-es-Salam*, 25., ch.-l., *Bagamoyo*, 10., *Tanga* et *Quiloa*, ports; *Tabora*, dans l'intérieur; *Ujiji*, sur le lac Tanganika. — Chemins de fer vers les Grands Lacs.

443. **L'AFRIQUE ORIENTALE ANGLAISE** compte environ 8000000 d'habitants et comprend :

1° Les îles *Zanzibar* et *Pemba*, formant le *sultanat* de ZANZIBAR, protégé, avec la capitale **Zanzibar**, 60000 habitants, le port principal de toute la côte orientale.

2° L'EST AFRICAIN anglais, qui s'étend jusqu'au fleuve Djuba et au lac Victoria. Ports : *Mombaza*, 30., où aboutit le chemin de fer de l'Ouganda, et *Mélinde*.

3° L'OUGANDA, royaume nègre, et les pays du haut Nil, jusqu'au lac Albert.

4° La SOMALIE anglaise, avec *Berbéra*, 30., et *Zeila*, ports, et l'île *Socotora*.

444. **L'ITALIE** occupe la partie orientale du pays des SOMALIS, avec les ports de *Brava*, *Magadoxo* et *Obia*.

La SOMALIE FRANÇAISE, chef-lieu *Djibouti*. (V. 2e partie.)

445. **Commerce**. Le commerce extérieur de la côte orientale consiste dans l'*importation* de cotonnades, comestibles et autres produits d'Europe, et dans l'**exportation** d'ivoire, de cuivre, caoutchouc, café, peaux. Les « Banians » de l'Inde en sont les principaux agents.

Les **ports** sont : Lourenço-Marquez, Béira, Quilimane, Mozambique, Quiloa, Dar-es-Salam, Bagamoyo, Tanga, Zanzibar, Mombaza, Mélinde, Berbéra, Zeila, Djibouti.

X. ILES DE L'AFRIQUE

446. **ILES PORTUGAISES**. 1° Les **Açores**, 265000 hab., formant une province intégrante du royaume. — Villes principales : *Angra* †, 12., chef-lieu; — *Ponta-Delgada*, 20., port principal; exportation d'oranges, miel et vins.

Une oasis au Sahara. Le palmier-dattier.

2° Les îles **Madère**, 150000 habitants, forment aussi une province du Portugal. Chef-lieu *Funchal* †, 20., port; exportation de *vin de Madère*.

3° Les îles du **Cap-Vert**, 150000 hab., ont pour ch.-l. *Praya* †, dans l'île Santiago.

4° Les îles moins importantes de *Bissagos*, celles de *Saint-Thomas* et du *Prince*, dans le golfe de Guinée, 40000 hab.

447. **ILES ESPAGNOLES** : 1° Les **Canaries**, 360000 habitants, formant une province intégrante du royaume, et peuplées d'Espagnols mélangés d'indigènes. Villes : *Santa-Cruz*, 40., chef-lieu et port dans l'île Ténériffe, célèbre par son *Pic* volcanique; — *Las Palmas* †, 45., port dans la Grande-Canarie. Exportation de vins, oranges, copras.

Un village nègre dans l'Afrique centrale. (Divers types de huttes.)

2° Les deux îles *Fernando-Po* et *Annobon*, dans le golfe de Guinée.

448. **ILES ANGLAISES** : 1° L'île *Sainte-Hélène*, 4000 h., chef-lieu *James-Town*. Cette île est célèbre par la captivité et la mort de Napoléon Ier (1815-1821);

2° Les îlots rocheux de l'*Ascension* et de *Tristan d'Acunha*, établissements de pêche et dépôts de charbon pour la marine;

3° L'importante île **Maurice**, qui a une population de 400000 habitants, la plupart indiens; il y a 50000 créoles d'origine française.

Chef-lieu **Port-Louis** †, 60000 hab., au nord de l'île; place très forte, rade sûre et port excellent, l'un des plus importants de la mer des Indes. Exportation de sucre et de denrées coloniales : vanille, muscade, café, etc.

4° Les îles *Zanzibar* et *Pemba*.

5° Les *Seychelles* ou îles *Mahé*, chef-lieu *Port-Victoria*; les *Amirantes*, îlots couverts de cocotiers;

6° L'île *Socotora*, 15000 indigènes.

449. **ILES FRANÇAISES** : 1° L'*île* de la **Réunion**, 165000 hab. Villes principales, *Saint-Denis* † et *Saint-Pierre*, ports.

2° La grande île **Madagascar**, qui formait ci-devant le royaume des Hovas et dont la population est de 3000000 d'habitants. Villes principales : **Tananarive**, 80000 habitants, capitale, sur le plateau de l'intérieur : *Tamatave*, *Majunga*, *Antsirane* ou *Diégo-Suarez*, ports.

3° Les petites îles *Sainte-Marie*, *Nossi-Bé*, *Mayotte* et les autres îles *Comores* (V. 2e partie).

LA TRAITE DES NÈGRES

450. La réduction des nègres à l'état d'esclavage est aussi ancienne que l'histoire. Les Grecs, les Romains et surtout les nations musulmanes de l'Asie eurent toujours des esclaves nègres, dont la possession suppose le commerce, la traite, et avant tout la *chasse* de ces malheureux, chasse qui s'accomplit avec toutes les atrocités possibles.

La traite des nègres, qui s'était surtout développée du XVIe au XIXe siècle sur les côtes de la Guinée par les trafiquants européens eux-mêmes, avait pour cause déterminante la nécessité de fournir aux colonies à cultures, en Amérique et aux Indes, des ouvriers capables de travailler, sous un climat trop chaud et malsain pour les blancs, aux plantations de cannes à sucre, de riz, de café, de coton. On évalue à 30 millions les nègres ainsi transportés pendant ces trois siècles; les deux tiers au moins moururent en mer. Depuis 1815, l'Angleterre, la France, les États-Unis et d'autres puissances se sont entendus pour l'abolition de ce commerce inhumain. En 1876, le roi des Belges Léopold II fonda l'*Association internationale pour la civilisation de l'Afrique*. En 1888, à la voix de Léon XIII et du cardinal Lavigerie, des efforts pour la répression de la traite ont été tentés par les gouvernements, et des *Sociétés antiesclavagistes* se sont organisées dans plusieurs pays d'Europe. En 1890, une conférence des délégués de 14 puissances fut tenue à Bruxelles dans ce même but, et depuis lors les côtes africaines sont surveillées par les marines européennes. Dans l'Afrique intérieure, le trafic des nègres pour les contrées musulmanes se poursuit encore par des traitants arabes; mais là aussi il est de plus en plus entravé par l'occupation européenne.

Relations de l'Afrique avec l'Europe par *bateaux* et par *câbles sous-marins* (V. n° 376, et aussi, p. 18, tableaux nos 10 et 12).

VI. EUROPE

GÉOGRAPHIE PHYSIQUE GÉNÉRALE

I. *Continent et Océans.*

451. **Situation.** L'**Europe** est la plus petite des trois divisions de l'Ancien Continent. Physiquement elle semble n'être qu'une presqu'île de l'Asie occidentale.

Sa *superficie* est approximativement de 10 000 000 de kilomètres carrés, ce qui égale le 1/13 des terres du globe, le 1/3 de l'Afrique, le 1/4 de l'Asie ou de l'Amérique, et 19 fois la superficie de la France.

452. **Contrées** ou États. (Voir le tableau n° 481 *bis*.)

453. **Océans.** L'Europe est baignée par les eaux de deux océans : l'océan *Glacial boréal*, au N., et l'océan *Atlantique*, à l'O., lesquels forment un grand nombre de mers particulières. (Voir n° 451 *bis*.)

Les mers européennes et leurs profondeurs.

I. La **mer Blanche**, entourée de terres basses, n'a que 200 mètres de profondeur moyenne, et l'**océan Glacial**, moins profond encore sur les côtes basses de la Russie, atteint plus de 3 500 mètres entre les côtes montagneuses de la Norvège et l'île volcanique de Jean Mayen.

II. La **mer Baltique**, partout entourée de plaines, a 100 mètres de profondeur moyenne, et 220 mètres au maximum vers le centre. Les côtes méridionales en Allemagne sont très basses, sablonneuses et bordées de lagunes.

La **mer du Nord**, assez profonde au pied des falaises norvégiennes, mesure à peine 100 mètres de profondeur moyenne, et son fond se relève au centre pour former le *Dogger-bank*, plateau sous-marin immergé de 30 m. seulement, sur lequel se pêche la morue. Ses côtes sont également basses, sablonneuses, bordées de lagunes et de *polders* dans le Danemark, les Pays-Bas et la Belgique.

De même le **pas de Calais** accuse seulement 60 m.; la **Manche**, 135 m.; la **mer d'Irlande**, 200 m. de profondeur maximum, de sorte que les îles Britanniques reposent sur un vaste plateau sous-marin, qui les rattacherait au continent si le niveau de la mer venait à s'abaisser d'une centaine de mètres.

A l'ouest des îles Britanniques et des côtes montagneuses de l'Espagne, l'**océan Atlantique** s'enfonce rapidement jusqu'à des profondeurs de 3000, 5000 m. et plus.

III. **Méditerranée.** Les divers bassins de la Méditerranée, presque partout entourés d'un haut rebord de montagnes, sont généralement profonds, excepté vers les deltas du Rhône et du Pô. On a mesuré plus de 500 m. dans le détroit de Gibraltar, 3 000 m. au sud des Baléares, 3 550 dans la mer Tyrrhénienne, 4 570 à l'E. de Malte, 4 400 au sud de la Grèce.

L'**Adriatique**, moins profonde, mesure 1 600 m. au sud, et n'accuse que 50 ou même 25 m. vers le delta du Pô.

La **mer Noire** présente 2 300 m. au centre; mais la *mer d'Azov*, entourée de plaines basses, n'a que de 2 à 10 m. de profondeur, de sorte que les vaisseaux cuirassés ne peuvent y entrer.

La **mer Caspienne** n'est qu'une mince couche d'eau de 5 à 10 m. de profondeur dans sa partie septentrionale, où elle confine à la plaine *déprimée* des steppes et où elle se comble par les alluvions de la Volga et de l'Oural, tandis qu'elle atteint 1 000 m. au pied du Caucase.

454. Le **continent** européen se distingue par sa *forme triangulaire, très démembrée*, projetant de nombreuses **presqu'îles** également échancrées, qui avec un grand nombre d'**îles** et d'**archipels** circonscrivent d'importantes mers intérieures.

Cet enchevêtrement réciproque des terres et des eaux, joint à la variété du relief du sol, a influé favorablement sur le développement et la civilisation des peuples européens.

II. *Orographie.*

455. **Relief général.** Le relief du sol européen, *caractérisé par la prédominance des plaines*, forme deux divisions de premier ordre : la **haute Europe du S.-O.**, renfermant quelques plaines isolées, et la **basse Europe du N.-E.**, formée d'une immense plaine n'ayant de montagnes que sur ses limites.

Les régions hautes occupent à peine un quart de la surface totale, avec 600 mètres d'altitude moyenne; — les régions basses, près des trois quarts, avec 200 mètres d'altitude moyenne.

Le *nivellement* général de l'Europe donnerait environ 300 m. d'altitude moyenne.

456. **Systèmes de montagnes.** Les montagnes de l'Europe peuvent se rapporter à sept systèmes principaux. Un est *commun* à l'Europe et à l'Asie, le système **ouralique**; — un est *insulaire* ou maritime, le système **britannique**; — quatre sont *péninsulaires*, les systèmes **balkanique**, **italique**, **hispanique** et **scandinavique**. — Le système **alpique** comprend toutes les montagnes du centre de l'Europe.

457. Le **système alpique** ou *central*, le plus important par son étendue et la hauteur de ses montagnes, peut se diviser en *quatre groupes de montagnes :* celui du **massif des Alpes**, dominées par le **mont Blanc**, 4 810 mètres, le point le plus élevé de l'Europe; — ceux de la *haute France centrale* (1 886 mètres); de la *haute Allemagne méridionale* (2960 m.); des *Carpates* (groupe austro-hongrois, 2 650 m.).

Les points culminants des autres systèmes sont : le mont **Olympe**, 3 000 mètres, en Grèce; le mont *Corno*, 2 900 mètres, et l'*Etna*, 3 300 mètres, en Italie; la **Sierra Névada**, 3 550 mètres, en Espagne; les *Grampians*, en Ecosse; les *Fields*, en Norvège; — sans parler du Caucase, 5 600 m., qui appartient plutôt à l'Asie qu'à l'Europe. (Voir le tableau ci-après et la carte p. 68.)

458. **Plateaux.** Les plus remarquables sont : le plateau *de l'Espagne*, ayant environ 750 m. d'altitude moyenne; — le plateau central de la *France*, 600 m.; — les plateaux de Langres, des Ardennes, 400 m.; de la Bohême, de la Transilvanie et de la Norvège.

Plaines. Les plus étendues sont : la grande *plaine de Russie*, l'une des plus vastes du globe; les plaines de la **basse Suède méridionale**, de la Pologne, de la basse Allemagne septentrionale; — celles du Danemark, des Pays-Bas hollandais, de la Belgique septentrionale et de la France occidentale.

Ces pays forment une *plaine continue* qui s'étend des Pyrénées jusqu'aux monts Ourals.

Dépression. Une dépression remarquable, au-dessous du niveau général de l'Océan, est formée en Russie par une partie du bassin de la mer Caspienne; le niveau de cette mer est de 26 mètres inférieur à celui de la mer Noire.

Steppes. L'Europe n'a pas de désert proprement dit, cependant elle présente de vastes espaces peu propres à la culture, quoique *enherbés :* tels sont les *steppes* du S.-E. de la Russie et les *landes* de la Gascogne.

III. *Hydrographie.*

459. **Régime pluvial.** Le climat de l'Europe est généralement assez pluvieux, à cause 1° de la prédominance des *contre-alizés, qui soufflent du S.-O.* vers le N.-E., avec le caractère de vents de mer chargés d'humidité; 2° du *Gulf-Stream*, qui porte l'influence des eaux tièdes jusque sur les côtes les plus septentrionales. — Ces deux causes agissant dans le même sens, ce sont les pays maritimes baignés par l'Atlantique, notamment les côtes du Portugal, des îles Britanniques, de Norvège, qui reçoivent *le plus de pluie*, soit une couche annuelle de 1 à 2 m.; tandis que l'intérieur du continent, et surtout la grande plaine de Russie, en obtient le moins (de 40 centim. à 1 m.).

En raison de leur altitude, les Alpes et les Pyrénées en sont généralement bien favorisées. Aussi les fleuves qui sortent de ces montagnes sont-ils, comparativement à l'étendue de leur bassin, beaucoup *plus abondants* que ceux de la plaine russe.

460. **Bassins maritimes.** L'Europe peut se diviser en *sept grands bassins* ou *versants* maritimes, savoir : le versant européen de l'*océan Glacial*, le bassin de la mer *Baltique*, le bassin de la mer du *Nord*, le versant oriental de l'*Atlantique* propre, le versant nord de la *Méditerranée*, le versant N. et O. de la mer *Noire*, le versant N.-O. de la mer *Caspienne*.

Chacune de ces divisions hydrographiques est circonscrite par une ligne de partage des eaux.

Versants généraux. On considère souvent en Europe deux grands versants généraux : le VERSANT du NORD-OUEST, dépendant des bassins de l'océan Glacial et de l'Atlantique, et le VERSANT du SUD-EST, dépendant des bassins de la Méditerranée, de la mer Noire et de la mer Caspienne.

461. **Ligne de partage principale.** La ligne de partage de ces deux versants part du détroit de Waïgatz, longe l'*Oural* septentrional ayant de 1 000 à 1 700 m. d'altitude; puis elle redescend et parcourt en RUSSIE plus de 2 500 km de *plaines* ou de *plateaux bas*, ayant à peine 150 m. d'altitude moyenne, et 350 m. d'altitude maximum au plateau de *Valdaï*.

Après avoir traversé la *plaine marécageuse* de la Pologne ou du Pripet, la ligne de partage entre en AUTRICHE, rencontre les *Carpates* (2650 m.), suit le plateau de *Moravie*, les monts de *Bohême;* entre en ALLEMAGNE, suit la *Forêt-Noire* (1 500 m.); puis en SUISSE (v. p. 68).

451 *bis*. NOMENCLATURE DE GÉOGRAPHIE PHYSIQUE

CARTOGRAPHIE : *Compléter les croquis* 1, 2, 3, *du cahier* n° 6.

Europe { 1re Partie du monde : la plus civilisée. *Pop.*, 455000000 d'hab. ; *sup.*, 10000000 de km². }

Bornes { *Physiques :* au N... ; à l'E... ; au S... ; à l'O... *Astronomiques :* 71° N. ; 36° S. ; 12° O. ; 58° E. }

Contrées. (Voir le tableau n° 481 *bis*.)

Océans et mers {
Océan Glacial : mers de Kara, Blanche.
Océan Atlantique : Baltique, mer du Nord, Manche, mer d'Irlande.
Méditerranée : mers Tyrrhénienne, Adriatique, Ionienne, Archipel, mer de Marmara, mer Noire, mer d'Azov.
Mer isolée : Caspienne. }

Golfes {
(Baltique) : g. de Botnie, de Finlande, de Riga, de Danzig.
(Mer du Nord) : Zuiderzée.
(Atlantique) : baie de Saint-Malo, golfe de Gascogne.
(Méditerranée) : g. du Lion, de Gênes, Tarente, Venise, Trieste, Lépante, Athènes, Salonique, Odessa. }

Détroits {
(Océan Glacial) : de Kara, de Waïgatz (ou de Jougor).
(Atlantique) : Skager-Rak, Cattégat, Sund, Grand-Belt, Petit-Belt, Pas de Calais, c. Saint-Georges, c. du Nord.
(Méditerranée) : de Gibraltar, Bonifacio, Messine, Otrante, Dardanelles, Bosphore, Iénikalé ou Kertch. }

Iles {
(Océan Glacial) : Spitzberg, François-Joseph, Nouvelle-Zemble, Waïgatz, Lofoten.
(Baltique) : *Seeland*, Fionie, Bornholm, Rügen, Oland, Gotland, Oesel, Dago, Aland.
(Atlantique) : *Islande*, Féroé ; *Grande-Bretagne*, *Irlande*, Hébrides, Orcades, Shetland.
(Méditerranée) { Occid. : *Baléares, Corse, Sardaigne, Sicile*, Lipari, Elbe. Orient. : Malte, Illyriennes, Ioniennes, Cyclades, Négrepont, Crète, Archipel grec. } }

Presqu'îles { Laponie, *Scandinavie*, Jutland, Hollande septle, Bretagne, *Hispanie, Italie, Balkanie*, Morée, Crimée. }

Isthmes : de Corinthe, de Pérécop... Pyrénéen, Italique...

Caps {
(Océan Glacial) : Nord, Nord-Kyn.
(Atlantique) : Lindesness, Falsterbo, Skagen ; Duncansby, Foreland, Landsend ; Gris-Nez, de la Hague, Saint-Mathieu ; Finisterre, Roca, Saint-Vincent.
(Méditerranée) : Tarifa, Creus, Spartivento, Leuca, Matapan, Khersonèse. }

Volcans : Etna, Vésuve ; Hékla et geysers d'Islande.

Plateaux { Espagne, 750 m. ; France centrale, 600 m. ; Ardenne, Bohême, Transilvanie, Norvège, Valdaï. }

Plaines { Russie, Allemagne du N. ; Suède du S.-E. ; Danemark, Pays-Bas, Belgique N., France occidentale, Hongrie, Roumanie. }

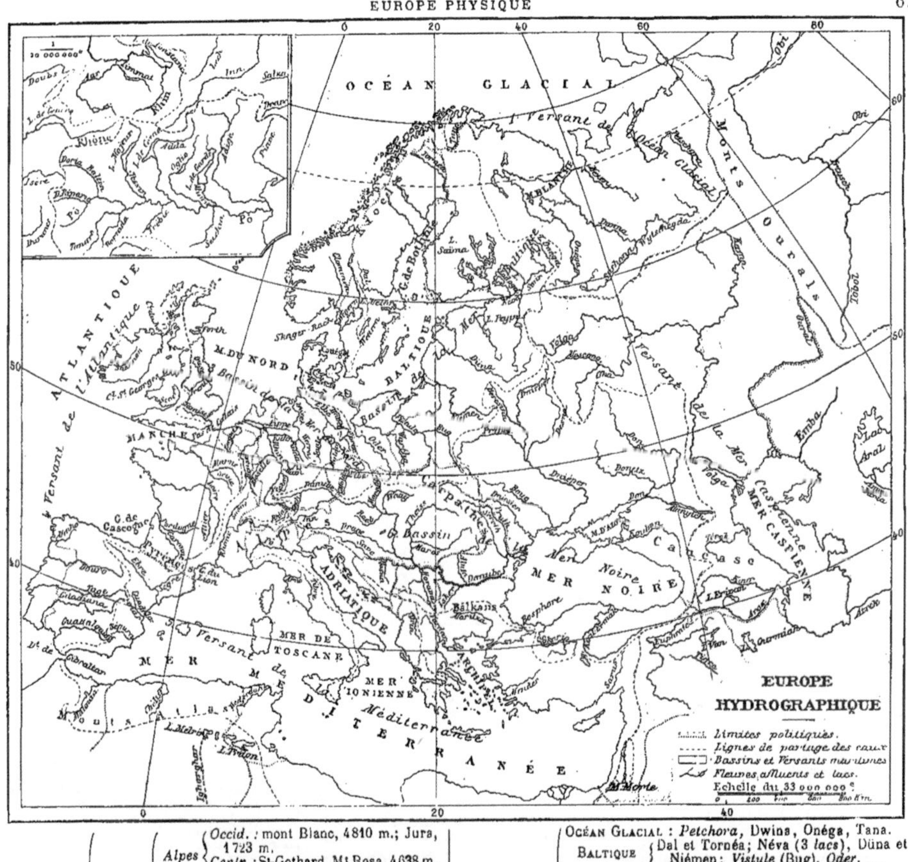

Montagnes et Systèmes

- **Syst. Alpique**
  - *Alpes*
    - *Occid.* : mont Blanc, 4810 m.; Jura, 1723 m.
    - *Centr.* : St-Gothard, Mt Rosa, 4638 m.
    - *Orient.* : Gross-Glockner, 3800 m.
  - *Haute France* : m. d'Auvergne, 1886 m.; Cévennes, Vosges, Ardennes, collines de Normandie et de Bretagne.
  - *Allemagne* : Forêt-Noire, 1500 m.; Harz, Bœhmer-Wald, Géants, Sudètes, 1600 m.
  - *Carpates* : Tatra, 2650 m.; A. de Transilvanie.
- **Balkanique** : Alpes Dinariques, *Balkans*, 2400 m.; Rhodope, 2650 m. A. Grecques, Pinde, *Olympe*, Parnasse.
- **Italique** : *Apennins* : m. des Abruzzes (*Corno*, 2920 m.), de Calabre, Vésuve, 1200 m. Sicile : *Etna*, 3300 m.; Sardaigne, Corse : Cinto.
- **Hispanique** : *Pyrénées*, 3404 m.; monts Ibériens, Sierra Guadarrama, S. Névada : Mulhacen, 3550 m.; Serra d'Estrella.
- **Britannique** : *Grampians*, 1330 m.; Cheviot, chaîne Pennine, m. de Galles.
- **Scandinavique** : monts *Kioels*, les Fields (Ymesfield, 2600 m.).
- **Ouralique** : *Oural*, Toll-Pass, 1700 m., Iremel; Valdaï.

Bassins et Fleuves

- **Océan Glacial** : *Petchora*, Dwina, Onéga, Tana.
- **Baltique** : Dal et Tornéa; Néva (3 *lacs*), Düna et Niémen; *Vistule* (Bug), *Oder*.
- **Mer du Nord** : Glommen, Göta (*lac*), *Elbe*, Wéser; *Rhin, Meuse*, Escaut, *Tamise*, Humber, Forth.
- **Atlantique direct** : Shannon, Severn; *Seine, Loire*, 1040 km, *Garonne*; Douro, *Tage*, Guadiana, Guadalquivir.
- **Méditerranée** : Ségura et *Èbre*; Aude et *Rhône*; Arno et *Tibre, Pô* et Adige; Vardar et Maritza.
- **Mer Noire** : *Danube*, 2800 km (Inn, Theiss, Pruth); Dniestr, *Dniepr* (Pripet), *Don* (Donetz).
- **Caspienne** : *Volga*, 3400 km (Oka, Kama); *Oural*.

Lacs

Ladoga, Onéga et Saïma; Wenern, Wettern et Mélar; de Genève et de Constance; Majeur, de Côme, de Garde; Balaton.

Régions

- *Hautes : Europe du S.-O.* : Suisse, France orient., Allemagne mérid., Autriche, Turquie et Grèce, Italie, Espagne, Portugal; — *isolées* : Ecosse, Norvège, Oural.
- *Basses : Europe du N.-E.* (Voir *Plaines*.)
- *Deltas* : du Rhin et de la Meuse, du Rhône, du Pô, du Danube, de la Volga, de l'Oural.
- *Dépression caspienne*; la mer : 26 mètres au-dessous du niveau de la mer Noire.

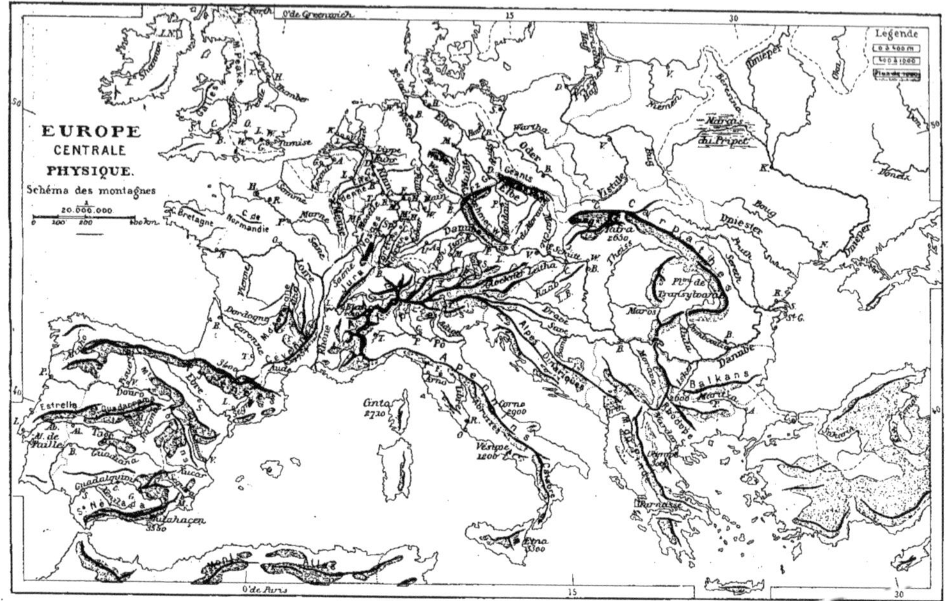

s'élève sur les hautes *Alpes* jusqu'à 4 275 m., et redescend à 800 m. au N. du lac de Genève.

En FRANCE, la ligne de partage suit le *Jura* (1 550 m.), les *Vosges* méridionales (1 250 m.), traverse le plateau de *Langres*, la *Côte d'Or* et longe les *Cévennes* (1 754 m.); puis elle descend à 190 m. au col de Naurouse, où passe le canal du Midi, et remonte bientôt les *Pyrénées*, (3 404 m.), dont elle longe la crête jusqu'aux sources de l'Ebre.

En ESPAGNE, elle suit les monts *Ibériens*, traverse les hauts plateaux de la *Castille*, et remonte la *sierra Névada* (3 550 m.), pour descendre vers Gibraltar au niveau de la mer.

462. **Six lignes secondaires de partage** se détachent de la ligne principale pour achever de circonscrire les sept divisions hydrographiques. En les suivant sur la carte hypsométrique, à travers les pays de plaines, on remarquera que ce serait une erreur de se les figurer comme étant toujours des chaînes non interrompues de montagnes ou même de collines. Parfois la ligne de partage n'est marquée par aucun relief sensible, comme, par exemple, en Pologne, dans les marais du Pripet, où, au temps des pluies, les eaux d'inondation coulent indifféremment vers les affluents de la Vistule ou du Dniéper. (Voir la NOTICE-QUESTIONNAIRE de la carte murale d'Europe, p. 47.)

463. **Grands fleuves.** Comparés aux puissants cours d'eau des autres continents, les fleuves européens, à part le Volga, sont médiocres, et la **Volga** elle-même, avec ses 3 400 km, trouve dans plusieurs affluents de l'Amazone et du Congo des concurrents victorieux pour la longueur et surtout la masse des eaux.

Après la *Volga*, qui parcourt les plaines de la Russie, il faut signaler le **Danube**, **2 800 km**, la grande voie commerciale de l'Europe centrale; l'**Oural**, le **Don**, le **Dniepr**, 2 000 km; la *Dwina* et la *Petchora*, fleuves dont le cours dépasse 1 500 km.

Le *Rhin*, l'*Elbe*, la *Vistule*, la *Seine*, la *Loire*, le *Rhône*, l'*Ebre*, le *Pô*, la *Tamise*, sont beaucoup plus intéressants par leur rôle historique ou économique que par leur longueur.

464. **Fleuves, affluents et lacs.** Versant de l'OCÉAN GLACIAL. La *Petchora*, qui descend de l'Oural, traverse des toundras presque déserts, de même que le *Mézen* et l'*Onéga*. La *Dwina* arrose Arkhangel, sur la mer Blanche.

465. Bassin de la BALTIQUE. La **Néva**, qui arrose Saint-Pétersbourg, n'a que 75 km d'étendue; mais elle est le déversoir des lacs Ladoga et Saïma, et, par le *Swir*, du lac Onéga : ce sont les plus grands lacs européens.

La *Düna*, ou Dwina du Sud, se termine au-dessous de Riga. Le *Niémen* arrose Tilsit.

La **Vistule** prend sa source dans les Carpates, arrose Cracovie et Varsovie, reçoit le *Bug*. Elle se termine en Prusse par un delta dont la bouche occidentale arrose Danzig.

L'**Oder** sort des monts Sudètes, passe à Breslau, à Francfort-s.-Oder, reçoit la *Wartha*, baigne Stettin et forme l'estuaire du Stettiner-haff.

466. Bassin de la MER DU NORD. L'**Elbe**, descendu des monts des Géants, reçoit la *Moldau*, qui baigne Prague; il arrose Dresde et Magdebourg, reçoit ensuite le *Havel*, dont un affluent, la *Sprée*, arrose Berlin. Il se termine par un estuaire en aval de Hambourg et d'Altona.

Le **Wéser** est formé de la *Werra* et de la *Fulda*, qui baigne Cassel; il arrose Brême et se termine en estuaire à l'E. de la *baie de Jade*, qui baigne Wilhelmshaven, port militaire prussien.

Le **Rhin**, 1 300 km, prend sa source au massif du Saint-Gothard, dans les **Alpes** suisses, forme ou traverse le **lac de Constance**, reçoit à gauche les eaux de l'*Aar*, déversoir du **lac de Neuchâtel**; celles de la *Reuss*, déversoir du **lac de Lucerne**, et de la *Limmat*, déversoir du **lac de Zurich**.

Le Rhin arrose ensuite Bâle, tourne au N., traverse une belle plaine en séparant l'Alsace du grand-duché de Bade; il reçoit à gauche l'*Ill*, qui baigne Mulhouse et Strasbourg; laisse à droite Rastatt et Carlsruhe, baigne Spire, Mannheim, où il reçoit le *Neckar*, qui descend de la Forêt-Noire; baigne Mayence, où il reçoit le **Main**, qui vient de la Bavière en arrosant Wurzbourg et Francfort-sur-Main.

Le Rhin s'engage à Bingen dans un long et pittoresque défilé; il reçoit à Coblentz la **Moselle**, qui arrose Metz et Trèves; sort des montagnes à Bonn, passe à Cologne, à Dusseldorf; reçoit la *Ruhr*, dont la vallée est très riche en mines, puis la *Lippe*, à Wésel. — Dans les Pays-Bas, il forme deux dérivations de gauche : le *Vaal*, arrosant Nimègue, et le *Leck* ou Bas-Rhin, qui, sous le nom de *Nouvelle-Meuse*, baigne Rotterdam et Schiedam. Du Leck on a détaché, par des barrages éclusés, les deux dérivations de droite, aboutissant au Zuiderzée : l'*Yssel*, qui baigne Zwolle, et le *Vecht*, qui arrose Utrecht, d'où se continue le *Vieux-Rhin*, qui passe à Leyde et finit à Katwyk.

Le Rhin, qui formait autrefois la limite de la Gaule et de la Germanie, est l'un des fleuves les plus remarquables de l'Europe par ses *souvenirs historiques*, par la beauté si pittoresque de ses sites, où le touriste visite de nombreuses ruines de châteaux forts, par la fertilité de ses plaines, la densité de ses populations riveraines et l'*importance de son commerce*, qui alimente à la fois une navigation fluviale très active et une double ligne de chemins de fer établie sur ses bords.

(Pour la **Meuse** et l'**Escaut**, voir 2e partie.)

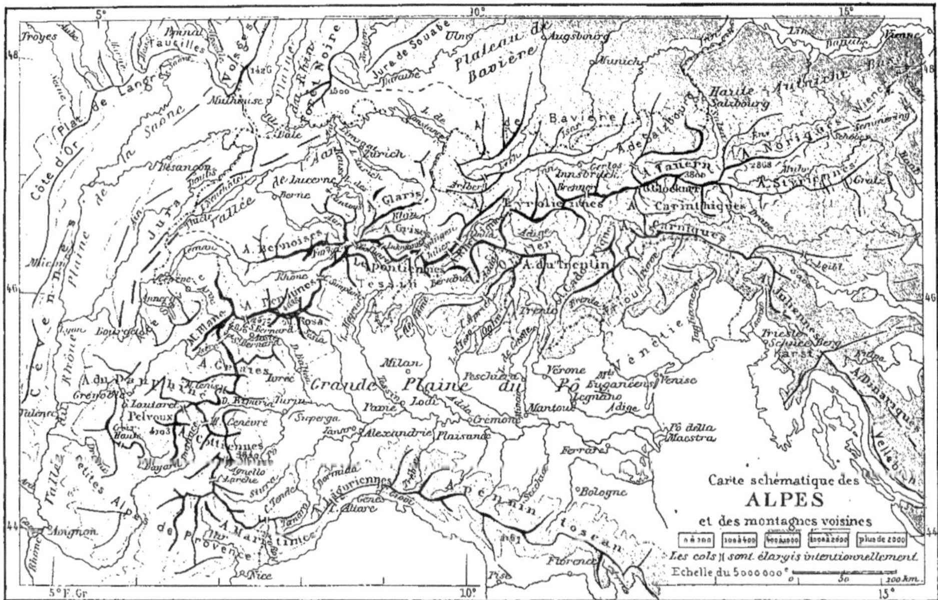

La *Tamise*, si commerçante, arrose Oxford, Windsor, Londres, Greenwich et Woolwich. — L'*Humber*, long estuaire qui arrose Hull, reçoit le *Trent* et l'*Ouse*, qui baigne York. — Le *Forth*, en Ecosse, se termine en un large estuaire qui arrose Leith, le port d'Édimbourg.

Les fleuves des îles Britanniques sont peu étendus, mais ils possèdent des eaux abondantes et se terminent généralement dans des estuaires ou golfes (*firths*) larges et profonds, très favorables à l'établissement des ports.

467. Versant de l'ATLANTIQUE propre. Le *Shannon* traverse la plaine centrale et marécageuse de l'Irlande; il baigne Limerick. — La *Severn* naît dans le pays de Galles et se termine dans le canal de Bristol, qui baigne Cardiff et Swansea.

(**Seine, Loire, Garonne**, voir 2e partie.)

Le *Douro* descend des monts Ibériens, traverse la Vieille-Castille, reçoit la *Pisuerga*, qui baigne Valladolid, et se termine à Porto, en Portugal.

Le Tage traverse le grand plateau de la Castille, reçoit par la *Jarama* les eaux du *Manzanarès*, qui arrose Madrid; baigne Tolède et Lisbonne, où il s'élargit en une belle rade dite *mer de Paille*.

La *Guadiana* arrose Badajoz; le *Guadalquivir* baigne Cordoue et Séville, il reçoit le *Jenil*, qui passe à Grenade.

Sauf le Guadalquivir et l'Èbre, les autres fleuves hispano-portugais traversent, par des vallées profondes et rocheuses, des plateaux arides où la pluie est irrégulière; ils ont peu d'eau en été, et la plupart ne sont pas navigables.

468. Versant de la MÉDITERRANÉE. La *Ségura* arrose Murcie, — et le *Guadalaviar*, Valence.

L'**Èbre** prend sa source dans les Pyrénées cantabriques, baigne Saragosse et reçoit la *Sègre*, qui vient de France.

(Pour l'**Aude** et le **Rhône**, voir 2e partie.)

L'*Arno* arrose Florence et Pise, en Toscane. — Le **Tibre** prend sa source dans les Apennins, arrose Rome et finit au-dessous d'Ostie. Il est peu navigable.

Le **Pô** (*Padus*), 650 kilom., descend du mont Viso, arrose Turin, Plaisance et Crémone; il traverse de vastes plaines alluviales et très fertiles dans un lit endigué et difficilement navigable; il se termine dans l'Adriatique par un delta.

Le Pô reçoit de l'Apennin : le *Tanaro*, grossi de la *Bormida*, la *Trébie*, la *Secchia*; des Alpes, la *Riparia*, à Turin; la *Baltéa*, qui arrose Aoste et Ivrée; le **Tessin**, qui traverse le lac Majeur et arrose Pavie; l'*Adda*, qui traverse le lac de Côme et baigne Lodi; l'*Oglio*, qui forme le lac d'Iséo; enfin le *Mincio*, qui sort du lac de Garde et baigne Mantoue.

L'*Adige* arrose Trente, dans le Tirol; Vérone et Legnago, dans la Vénétie, et unit ses bouches à celles du Pô.

Dans l'empire turc, le *Drin* arrose l'Albanie, le *Vardar* se termine à l'O. de Salonique, la *Maritza* baigne Philippopoli et Andrinople.

469. Versant de la MER NOIRE. Le **Danube** (2800 kilom.) prend sa source dans la Forêt-Noire, traverse le Wurtemberg, où il arrose Ulm; la Bavière, où il reçoit le *Lech*, arrosant Augsbourg, et l'*Altmühl*, communiquant par le canal Louis avec le Main. Il baigne ensuite Ratisbonne, reçoit l'*Isar*, qui baigne Munich, puis, à Passau, l'**Inn**, grossi de la *Salza*, qui baigne Salzbourg.

En Autriche-Hongrie, le Danube arrose Linz et Vienne, reçoit à gauche la *Morava* et baigne Presbourg; il se divise dans la plaine en plusieurs bras, qui, après avoir reçu la **Leitha**, le *Raab* et le *Waag*, se réunissent à Komorn. De Gran à Waitzen, le fleuve coule dans un défilé, puis il tourne au S., passe à Budapest et parcourt une vaste plaine sablonneuse, où il reçoit la *Drave*, la **Theiss**, grossie du *Maros*, et, à Belgrade, la **Save**, grossie de la *Bosna*. Après le défilé des Portes-de-Fer, il reçoit en Roumanie l'*Aluta*, l'*Ardjich*, grossi de la *Dombovitza*, qui passe à Bukarest, le *Sereth* à Galatz et le **Pruth** sur la frontière de la Russie. Il finit dans la mer Noire par un vaste delta, dont les bouches principales sont celles de Kilia, de Soulina et de Saint-Georges.

Le *Danube*, qui, avec le Rhin, formait la limite septentrionale du monde romain, a comme lui joué *un rôle considérable dans l'histoire et la politique*. En outre, il a formé de tout temps une des grandes voies naturelles du commerce de l'Europe, et il est parcouru aujourd'hui par de nombreux bateaux à vapeur. Son bassin, dont la ceinture est presque partout montagneuse, renferme *quatre grandes plaines* : la haute plaine de la Bavière, la basse Autriche, les plaines de la Hongrie et de la Roumanie.

Le **Dniepr** naît au plateau de Valdaï, se grossit de la *Bérézina* et du *Pripet*, arrose Kiew et reçoit le *Boug*, arrosant Nikolaïew.

Le **Don**, grossi du *Donetz*, baigne Rostow et se jette dans la mer d'Azov.

470. Versant de la MER CASPIENNE. — La **Volga**, 3400 km, naît près du petit lac Séligher, au plateau de Valdaï, coule dans les immenses plaines de la Russie centrale, arrose Twer, Nijni-Novgorod, où elle reçoit l'*Oka*, grossie de la *Moscova*, qui baigne Moscou; passe ensuite à Kasan, reçoit la *Kama* et ses affluents, venant de l'Oural; baigne Saratov, puis, dans la dépression de la Caspienne, se divise en plusieurs branches et forme, au-dessous d'Astrakhan, un vaste delta.

Ce fleuve est le plus long de l'Europe, et son bassin trois fois plus étendu que la France. Son cours est très lent, car il a à peine 200 m. de pente totale; aussi est-il facilement navigable. Il est en outre très poissonneux, comme d'ailleurs la mer Caspienne et tous les grands fleuves de la Russie méridionale.

Le fleuve **Oural** descend des monts Ourals méridionaux, arrose Orenbourg et sert de limite conventionnelle entre l'**Europe** et l'**Asie**.

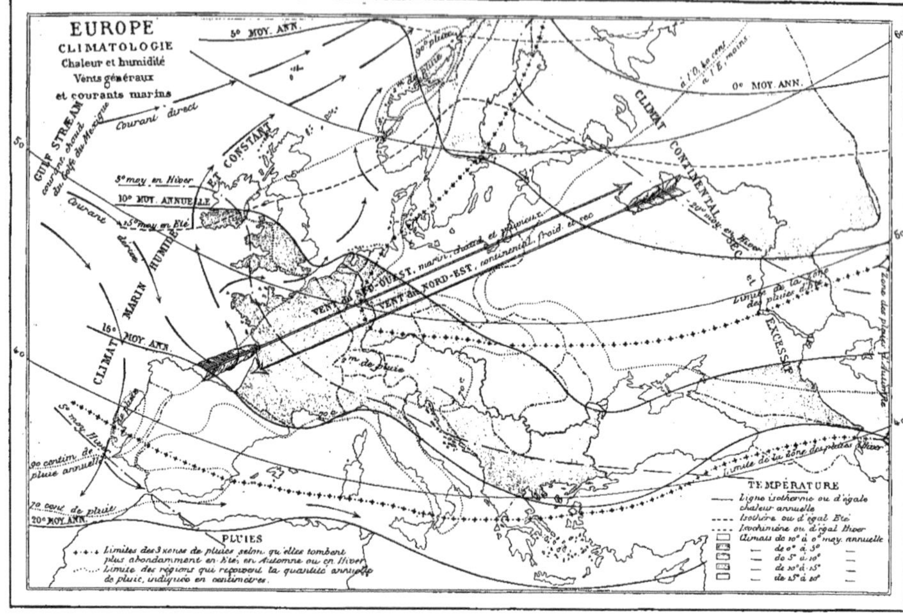

IV. *Climat.*

471. L'Europe, située dans une zone de moyenne latitude, jouit d'un climat généralement *tempéré*. Cependant on peut y distinguer des régions relativement *froides, tempérées* et *chaudes*.

I. Les **régions froides** sont les contrées du N.-E. : Russie septentrionale et Scandinavie, qui sont glacées par les vents des mers polaires et de la Sibérie, et subissent un *climat continental*, sec et excessif.

II. Les **régions tempérées** sont : 1° les contrées occidentales, soumises aux vents tièdes et humides de l'Atlantique et jouissant du *climat maritime :* Portugal, France, Belgique, Hollande, îles Britanniques, côtes de la Norvège, etc. ; — 2° les contrées du centre : Allemagne, Autriche, Suisse, etc.

III. Les **régions chaudes** sont les plaines et les vallées des contrées méridionales : Espagne, France méridionale, Italie, Turquie et Grèce. Ces contrées, plus rapprochées de l'équateur, sont abritées par les montagnes contre les vents froids du N., et reçoivent l'influence des vents chauds de l'Afrique; leur climat est généralement doux et agréable.

V. *Productions naturelles.*

472. L'Europe est la *moins favorisée* des cinq parties du monde en productions naturelles. Cependant elle est riche en *minéraux utiles*.

I. **Minéraux.** La *houille* et le *fer* sont exploités surtout en Angleterre, en Allemagne, en Autriche, en France, en Belgique, etc.; l'*étain*, en Angleterre; le *cuivre*, le *plomb* et le *zinc*, en Espagne et en Allemagne; le *mercure*, en Espagne et en Autriche; l'*argent*, en Allemagne et en Autriche-Hongrie; l'*or*, en Russie; le *soufre*, en Sicile; le *marbre*, en Italie, en France; le *sel*, etc.

II. **Végétaux.** L'Europe peut se diviser en 4 *zones agricoles*, d'après les principales cultures alimentaires ou industrielles, exigeant un climat plus ou moins chaud.

(Chaque zone possède, outre ses richesses spéciales, celles des zones qui la précèdent dans l'ordre d'énumération.) [Voir Notice sur l'Europe.]

1° La *zone du seigle*, de l'orge et de l'avoine : Suède, Norvège et Russie boréale.

2° La *zone du froment*, de la pomme de terre, du lin, de la betterave, etc. : îles Britanniques, Belgique, Pays-Bas, Danemark, Allemagne septentrionale et Russie centrale;

3° La *zone de la vigne*, du maïs, du houblon, du colza, du tabac : France, Allemagne méridionale, Autriche-Hongrie, Russie méridionale;

4° La *zone de l'olivier*, de l'oranger, du figuier, du riz, du mûrier, etc., formée des régions baignées par la Méditerranée.

Les *forêts* sont caractérisées par le bouleau, le pin et le sapin dans le nord de l'Europe; le chêne et le hêtre, dans le centre; le châtaignier et le chêne-liège, dans le sud.

III. **Animaux sauvages.** *Ours blanc* des mers polaires, *ours brun* des Alpes, blaireau, fouine, loup, renard, chat, écureuil, marmotte, lièvre et lapin; — *aurochs*, ou bœuf sauvage (Pologne); mouflon (Corse); bouquetin et chamois (montagnes du sud); *cerf*, sanglier, *élan*, *renne* des Lapons. — Les oiseaux : rapaces, passereaux, etc.

Parmi les animaux *marins*, on peut citer les phoques, les dauphins, la *baleine* et le cachalot; — les tortues; — le requin, le hareng et la morue; — les huîtres, les éponges, etc.

Pour les *animaux domestiques*, V. n° 485, 2°.

EUROPE POLITIQUE GÉNÉRALE

I. *Notions historiques.*

473. **Les connaissances géographiques.** — Les *Grecs* ne connaissaient bien que les régions littorales de la Méditerranée et de la mer Noire; ils n'avaient que des notions vagues sur les contrées danubiennes. Les *Romains* s'avancèrent jusqu'au Danube et au Rhin, et passèrent dans l'île de Bretagne; mais ils ne connurent la Germanie, la Scandinavie, la Sarmatie ou Scythie, que par les Barbares qui en sortaient et qu'ils devaient combattre.

Ce sont les conquérants *Normands* eux-mêmes : Danois, Norvégiens et autres, qui, au moyen âge, apportèrent dans le Midi la connaissance des régions septentrionales : Irlande, Calédonie (Ecosse), Shetland, Fœroé, *Thulé* (Islande?), d'où ils paraissent avoir pénétré vers le xe siècle dans le Groenland et jusqu'au *Vinland* (Labrador).

Mais les régions littorales de la mer Blanche ne furent connues des Occidentaux qu'au xvie siècle, lorsque le navigateur anglais *Chancellor* parvint à Arkhangel, d'où il revint par Moscou, emportant en Angleterre le premier traité de commerce avec la Russie. — En 1594, le Hollandais *Barentz* trouva la Nouvelle-Zemble et le Spitzberg. Vers le même temps, les *Russes* étendaient leur domination sur les régions ouraliennes, de sorte que l'Europe entière ne nous fut bien connue que vers le commencement du xviie siècle.

Dans ces derniers temps, les divers Etats ont dressé les *cartes* dites d'*Etat-major*, qui nous renseignent sur les moindres détails géographiques et topographiques de tout le continent.

474. **Les États européens.** Il serait trop long de développer ici l'histoire du peuplement de l'Europe par la *race blanche*, la succession des dominations *grecque* et *romaine*, l'invasion des *Barbares* venus du nord et de l'est, la diffusion du *christianisme* régénérateur, la fondation au moyen âge des Etats modernes : *Allemagne, Italie, France, Espagne, Angleterre*, etc. Nous réservons ces notions pour le chapitre spécial de chaque contrée.

Les colonies. Au point de vue de ses rapports avec les autres parties du monde depuis quatre siècles, l'Europe, enrichie par l'industrie et le commerce, puissante par son génie et son activité infatigable, s'est créé un rôle éminemment prépondérant.

Le *Portugal* et l'*Espagne* d'abord, bientôt suivis de la Hollande, de la France et de l'Angleterre, se sont créé de vastes colonies dans les diverses régions du globe.

Ces colonies sont, il est vrai, aujourd'hui en grande partie perdues pour les deux premières de ces nations; mais la *Hollande* a conservé les siennes, la *France* a compensé par de nouveaux établissements ceux qu'elle avait perdus au XVIIIe siècle, et l'*Angleterre* continue à étendre partout son immense empire, cinq fois plus étendu et trois fois plus peuplé que ne le fut jamais l'empire romain lui-même.

D'autre part, la *Russie* s'est créé un empire asiatique considérable.

Toutefois, les victoires du *Japon* sur les Russes en 1905 et le réveil de la Chine arrêtent aujourd'hui les conquêtes européennes dans l'Asie orientale, tandis que les États-Unis tiennent l'Amérique entière sous leur hégémonie.

475. **En résumé**, les *peuples européens de race blanche*, dans l'origine les plus faibles de tous, mais *vivifiés par le christianisme*, ont réagi en refoulant d'abord les envahisseurs asiatiques ou africains (Huns, Mongols, Arabes, Maures); puis, par le progrès des siècles, ils ont établi directement ou indirectement leur domination sur les trois quarts des autres parties habitables de la terre.

L'Océan lui-même est devenu en un sens une mer européenne; car, à peu d'exceptions près, les milliers de vaisseaux qui le parcourent appartiennent à l'Europe, ou bien à l'Amérique et à l'Australie, qui sont les filles de l'Europe.

Puissent les peuples chrétiens eux-mêmes, dominateurs du monde terrestre, n'user jamais de leur influence que dans le but marqué par la Providence : les intérêts spirituels et temporels de l'humanité en général. Ils y réussiront par l'application des principes éternels de charité et de justice contenus dans l'Evangile, et enseignés par l'Eglise catholique, la fidèle gardienne de la véritable religion, qui doit conduire l'homme à Dieu son Créateur et Rédempteur.

II. *Ethnographie*.

476. **Population**. La population absolue de l'Europe est de 455 000 000 d'habitants, ou plus du $^1/_4$ de la population du Globe.

La *superficie* de l'Europe étant d'environ 10 000 000 de km², sa *population relative* est de 45,5 habitants par km².

477. **Races**. Les populations européennes appartiennent à la race *blanche;* sauf environ 25 millions d'individus de race *jaune :* Samoyèdes et Lapons; — Finnois du N.-O. (Finlandais, Lettes) et de l'E. : Kalmouks et Ouraliens; — Bulgares, Turcs et Hongrois.

Familles ethnographiques. Les peuples européens de race blanche forment une quinzaine de *familles ethnographiques*, dont les *trois principales* (comptant chacune plus de 110 000 000 d'individus) sont :

1° La famille *latine*, comprenant les Français et les Belges-Wallons; les Espagnols et les Portugais; les Italiens et les Roumains (du Bas-Danube).

2° La famille *teutonne*, qui comprend les Germains (Allemands, Hollandais, Flamands), les Scandinaves (Danois, Suédois, Norvégiens), les Anglais et les Écossais.

3° La famille *slave*, qui comprend les Russes, les Polonais, les Bohèmes ou Tchèques, les Serbes, etc.

On distingue en outre les *petites familles : grecque*, — *celtique* ou *erso-kymrique* (Irlandais, Bas-Bretons), — *basque* (Pyrénées occid.), — *sémite* (Juifs).

EUROPE ETHNOGRAPHIQUE : RACES ET RELIGIONS

Chaque famille ethnographique, chaque peuple a généralement sa langue propre, qui comprend, du reste, outre l'idiome cultivé ou littéraire, une foule de patois provinciaux et locaux.

Les langues européennes sont généralement des *langues à flexion*, dans lesquelles les mots se modifient à l'infini pour exprimer les idées les plus variées.

478. **Religions**. — Les Européens professent généralement le CHRISTIANISME, qui, aussitôt après sa naissance en Asie, vint avec les papes établir son centre à Rome et son domaine principal en Europe.

Le **Catholicisme** conserve son centre d'action à Rome et domine au S.-O. dans les *pays latins :* Belgique, France, Espagne, Portugal, Italie, auxquels il faut joindre l'Irlande, la Prusse rhénane, la Bavière, l'Autriche, la Hongrie et la Pologne.

Le **Protestantisme**, qui manque de centre d'action, comme d'unité de doctrine, domine au N.-O. dans les *pays germains :* Angleterre, Écosse, Allemagne du Nord, Suisse et États scandinaves.

L'**Église grecque**, ou schismatique, dont les centres d'action sont Saint-Pétersbourg et Constantinople, domine à l'E., dans les *pays slaves* et autres : Russie et péninsule des Balkans : Roumanie, Serbie, Turquie, Grèce et, en partie, dans la Hongrie.

481 *bis* STATISTIQUE POLITIQUE DE L'EUROPE (En 1911).

Compléter le croquis 4 du cahier n° 6.

ÉTATS	SUPERFICIE		POPULATION		FINANCES	
	absolue	comparée	absolue	relative	Budget	Dette
	kilom. car.		habitants.	hab.	millions de fr.	millions de fr.
France	537 000	1	39 600 000	74	4 000	34 000
Angleterre	315 000	0,6	46 000 000	146	6 500	20 000
Belgique	29 500	0,05	7 500 000	254	650	3 600
Pays-Bas	33 000	0,06	6 000 000	182	450	2 500
Luxembourg	2 600	»	260 000	100	10	12
Allemagne	540 000	1	66 000 000	122	10 500	25 000
Autriche-Hongrie	675 000	1,3	52 000 000	77	4 800	19 000
Suisse	41 400	0,08	3 800 000	92	300	600
Danemark	40 000	0,07	2 900 000	72	150	400
Norvège	325 000	0,6	2 400 000	7	180	500
Suède	450 000	0,8	5 600 000	12	320	800
Russie	5 500 000	10	135 000 000	25	7 500	25 000
Portugal	90 000	0,17	5 500 000	61	350	3 600
Espagne	500 000	1	20 000 000	40	1 100	10 000
Italie	287 000	0,5	34 700 000	121	2 500	13 000
Roumanie	131 000	0,2	7 200 000	55	450	1 600
Serbie	50 000	0,1	3 000 000	60	120	700
Monténégro	9 000	»	250 000	28	3	2
Bulgarie	96 000	0,2	4 400 000	46	200	500
Turquie	170 000	0,3	6 200 000	37	800	2 800
Grèce	65 000	0,1	2 700 000	42	150	850
Pour l'Europe	10 000 000	19	455 000 000	45,5	42 000	164 000

485 *bis* STATISTIQUE COMMERCIALE

En 1911.

ÉTATS	COMMERCE EXTÉRIEUR		MARINE MARCHANDE		CHEMINS de fer
	spécial	par hab.	totale	à vapeur	
	millions de fr.	francs.	tonnes.	tonnes.	kilom.
France	14 500	366	1 500 000	900 000	49 000
Angleterre	32 000	696	14 000 000	12 000 000	38 000
Belgique	7 800	1 020	200 000	200 000	8 470
Pays-Bas	12 000	2 000	550 000	470 000	3 300
Allemagne	23 000	350	3 000 000	2 500 000	62 000
Autriche-Hongrie	6 100	113	540 000	530 000	47 000
Suisse	3 000	790	»	»	5 800
Danemark	1 500	517	550 000	450 000	3 500
Norvège	900	375	1 600 000	1 000 000	3 000
Suède	1 800	320	800 000	600 000	14 000
Russie d'E. et d'Asie	7 700	42	750 000	470 000	77 000
Portugal	550	100	120 000	80 000	3 000
Espagne	2 000	100	800 000	750 000	15 500
Italie	5 500	160	1 100 000	650 000	17 500
Roumanie	1 000	150	100 000	20 000	3 400
Serbie	200	70	»	»	700
Bulgarie	300	70	10 000	7 000	2,000
Turquie d'E. et d'Asie	1 200	190	280 000	70 000	2 000
Grèce	250	95	450,000	300 000	1 600
Pour l'Europe	118000	260	26 000 000	21 000 000	360 000

Quant au nombre des adhérents, on compte en Europe environ 200 millions de catholiques, 110 millions de protestants, et 120 millions de grecs.

En dehors du christianisme, il y a environ 10 millions de *juifs,* répandus surtout en Russie et en Pologne; — 13 millions de *mahométans,* en Turquie et dans la Russie méridionale, et 400 000 *païens,* ou de sectes non déterminées, surtout en Russie.

479. **Civilisation.** — Si quelques peuples de l'Asie ont devancé les Européens dans la civilisation, ceux-ci, grâce à l'influence du christianisme, les ont, dans les temps modernes, considérablement distancés en portant les sciences, les arts et l'industrie à leur plus haut degré de développement.

Leur puissance matérielle, conséquence naturelle de leur génie actif et inventif, et leur influence morale s'étendent aujourd'hui sur le monde entier.

III. *Géographie politique.*

480. **Gouvernements.** La forme des gouvernements en Europe est *constitutionnelle* et *représentative.* On compte 42 *monarchies,* dont plus de la moitié dans l'empire d'Allemagne, et 29 *républiques,* dont 22 dans la confédération suisse.

4 EMPIRES : Allemagne, Autriche, Russie, Turquie.

17 ROYAUMES. *Libres :* Belgique, Grande-Bretagne et Irlande, Pays-Bas, Danemark, Suède, Norvège, Espagne, Italie, Grèce, Bulgarie, Roumanie, Serbie, Monténégro;

— *Confédérés :* Prusse, Bavière, Saxe, Wurtemberg (en Allemagne); — non compris la Hongrie, unie à l'Autriche.

7 GRANDS-DUCHÉS. *Libre :* Luxembourg; — *confédérés,* en Allemagne : Bade, Hesse, 2 Mecklembourg, Oldenbourg, Saxe-Weimar.

5 DUCHÉS *confédérés :* Brunswick, Anhalt, Saxe-Altenbourg, Saxe-Cobourg, Saxe-Meiningen.

9 PRINCIPAUTÉS. *Libres :* Monaco, Liechtenstein; — *confédérées :* 2 Schwarzbourg, 2 Reuss, 2 Lippe, Waldeck.

4 RÉPUBLIQUES *libres :* France, Portugal, Andorre, Saint-Marin.

25 républiques *confédérées,* dont 3 en Allemagne : Hambourg, Brême, Lubeck, — et les 22 cantons suisses.

En outre l'Alsace-Lorraine, dont la forme de gouvernement est indéterminée.

481. **Divisions politiques.** L'Europe se divise politiquement en 71 *Etats;* mais beaucoup d'entre eux, en général peu considérables, sont réunis dans la *confédération suisse* et dans l'*empire fédératif* d'Allemagne; de sorte que l'on peut ne considérer en Europe qu'une vingtaine de *puissances* politiques bien distinctes. (Voir tableau n° 481 *bis.*)

482. **Etats principaux.** On désigne sous le nom de **grandes puissances**: l'Allemagne, l'Autriche-Hongrie, la France, la Grande-Bretagne, la Russie et l'Italie, qui interviennent généralement dans les faits importants de la politique européenne et coloniale. — On peut considérer comme puissances *de second ordre :* la Turquie et l'Espagne; — *de troisième ordre :* la Belgique, les Pays-Bas, la Suisse, la Suède, la Roumanie, etc.

L'**importance politique** des États comprend divers éléments d'évaluation, tels que : la *population,* la *superficie,* la *densité,* la *richesse publique :* finances, commerce, flotte, chemins de fer, etc.; l'organisation de l'*armée,* la *marine* de guerre, les *colonies,* etc. (Voir les tableaux ci-dessus).

483. **Importance comparée.** Les principaux Etats européens se rangent approximativement dans l'ordre suivant :

1° Pour la **superficie** : RUSSIE d'Europe (5 500 000 km²), Autriche-Hongrie, Allemagne, France (537 000 km²), Espagne, Suède, Norvège, Iles Britanniques, Italie, etc.

2° Pour la **population absolue** : RUSSIE (135 000 000 d'hab.), *Allemagne,* Autriche, Iles Britanniques, France (39 600 000 habitants), Italie, Espagne.

3° Pour la **population relative** : BELGIQUE (254 hab. par km²), Pays-Bas, Iles Britanniques, Allemagne, Italie, Suisse, Autriche-Hongrie, France (74 hab.).

4° Pour l'**étendue des colonies** ou possessions hors d'Europe : ANGLETERRE (30 000 000 de km²), RUSSIE (17 000 000), *France* (11 000 000 de km²), Allemagne, Belgique, Portugal, Pays-Bas, Turquie.

5° Pour la **population des colonies** : ANGLETERRE (376 000 000 d'habitants), *France* (56 000 000 d'hab.), Pays-Bas, Russie, Turquie, Belgique, Allemagne, Portugal.

6° Pour la **marine marchande** : ANGLETERRE (14 000 000 de tonnes), Allemagne (3 000 000 de tonnes), Norvège, France (1 500 000 tonnes), Italie, Suède, Espagne.

7° Pour la **marine militaire** : ANGLETERRE 1 980 000 tnes, Allemagne (715 000), France (630 000), Italie, Russie, Autriche-Hongrie.

8° Pour les **armées** : RUSSIE (paix 1 384 milliers d'hommes, guerre 8 000 m.); *Allemagne* (620 m., 5000); France (640 m., 4 400); Autriche-Hongrie, Italie.

9° Pour le **commerce extérieur spécial** : ANGLETERRE (32 milliards), *Allemagne* (23 m.), *France* (14,5 m.), Pays-Bas, Belgique, Russie, Autriche-Hongrie, Italie, Suisse.

10° Pour le développement des **chemins de fer** : ALLEMAGNE, RUSSIE D'EUR. (61 000 km), *France* (49 000 km), Autriche-Hongrie, Angleterre. — Proportionnellement à la superficie : BELGIQUE, *Angleterre,* Allemagne, Pays-Bas.

11° Pour le **budget** (recettes et dépenses) : Allemagne (10,5 milliards), Russie (7,5 m.), Angleterre (6,5 m.), Autriche-Hongrie, *France* (4 m.).

12° Pour la **dette publique** : FRANCE (34 milliards), Russie, Allemagne (25 m.), Angleterre, Autriche-Hongrie, Italie.

13° Pour l'**activité** et l'**importance relative de l'industrie** : ANGLETERRE, BELGIQUE, Suisse, Allemagne, France, Pays-Bas.

14° Pour la **richesse publique** : ANGLETERRE (300 milliards), FRANCE (250), *Allemagne,* Autriche-Hongrie, Italie, Russie, Belgique (22). — ETATS-UNIS (350).

484. **Les colonies.** Onze puissances européennes ont à l'étranger des possessions territoriales, dont la *population* totale est d'environ 562 000 000 d'habitants, et la *superficie* de 72 000 000 de km² (vers 1912).

COLONIES ou POSSESSIONS EXTÉRIEURES	SUPERFICIE	POPULATION	COMMERCE
	kilom. car.	habitants.	millions.
Anglaises	30 000 000	376 000 000	20 000
Françaises	11 000 000	56 000 000	2 300
Hollandaises	2 000 000	40 000 000	1 800
Russes	17 000 000	32 000 000	900
Turques	1 900 000	17 000 000	800
Allemandes	2 600 000	15 000 000	360
Belges	2 400 000	15 000 000	100
Portugaises	2 300 000	9 000 000	300
Italiennes	1 600 000	1 700 000	30
Espagnoles	300 000	350 000	20
Danoises	200 000	140 000	50
	72 000 000	562 000 000	26 000

IV. *Industrie et commerce.*

485. **L'activité industrielle** se remarque surtout dans les États *de l'ouest et du centre :* l'**Angleterre**, l'*Allemagne* et la *France*, pour la quantité absolue des produits; la *Belgique*, la *Suisse*, les *Pays-Bas* et le *Danemark*, pour la quantité proportionnelle à la population et à la superficie. — Ce sont aussi les pays où la population est généralement la plus dense et la plus riche.

En somme, l'*Europe occidentale est le premier district industriel du monde.* — Viennent ensuite les États-Unis d'Amérique, les Indes, le Japon et la Chine, l'Australie, le Cap.

1. **Produits végétaux.** Par rapport à la quantité absolue des produits, le *froment* est surtout cultivé en Russie, France, Autriche-Hongrie, Allemagne; — le *seigle* et l'*avoine*, en Russie, Allemagne, France, Autriche-Hongrie et dans les contrées du Nord; — le *maïs*, en Autriche-Hongrie, Roumanie, Italie; — la *vigne*, en France, Italie, Espagne et dans le Midi; — l'*orge* et le *houblon* (pour la bière), Allemagne, Autriche-Hongrie, Angleterre, Russie, France; — la *betterave à sucre*, en Allemagne, Russie, Autriche-Hongrie, France, Belgique; — le *lin* et le *chanvre*, en Russie, Allemagne, Irlande.

Les pays les *mieux cultivés* sont : l'Angleterre, la Belgique, les Pays-Bas, l'Allemagne, la France et l'Italie du nord.

Production totale en Europe : **Céréales**, 2 000 millions d'hectolitres, dont $^1/_3$ en Russie, $^1/_7$ en Allemagne, $^1/_9$ en France et Autr.-H. —

Sucre, 7 milliards de kgs, dont $^1/_3$ en Allemagne, $^1/_5$ en Autriche-Hongrie ou en Russie, $^1/_9$ en France. — **Vins**, 160 millions d'hectol., dont plus de $^1/_3$ en France, $^1/_5$ en Italie, $^1/_6$ en Espagne.

Forêts, 300 millions d'hectares, dont près des $^2/_3$ en Russie, $^1/_{10}$ en Suède-Norvège, $^1/_{15}$ en Autriche-Hongrie, $^1/_{20}$ en Allemagne, $^1/_{30}$ en France.

2. **Animaux domestiques.** Pour la quantité absolue, la Russie, l'Allemagne, l'Autriche-Hongrie et la France sont les pays qui élèvent le plus de *chevaux*, de *gros bétail*, de *moutons* et de *porcs*; mais l'Angleterre possède les races les plus *perfectionnées*, comme chevaux de luxe, bœufs et moutons de boucherie, porcs.

Les races bovines hollandaises et suisses donnent beaucoup de *lait*, dont on fait du beurre et des fromages renommés; les moutons saxons et silésiens, et les cheviots anglais donnent la meilleure laine.

Statistique, en Europe : **Chevaux**, mulets et ânes, 48 millions, dont plus de la $^1/_2$ en Russie, $^1/_{12}$ en Allemagne ou en Autriche-Hongrie, $^1/_{13}$ en France.

Bœufs et vaches, 130 millions, dont plus de $^1/_3$ en Russie, $^1/_6$ en Allemagne, $^1/_7$ en Autriche-Hongrie, $^1/_9$ en France.

Moutons et chèvres, 190 millions, dont presque $^1/_3$ en Russie, $^1/_6$ en Angleterre, $^1/_{11}$ en France et en Espagne.

Porcs, 80 millions, dont $^1/_4$ en Allemagne, $^1/_6$ en Russie ou Autriche-Hongrie, $^1/_{11}$ en France.

3. **Produits minéraux.** L'Angleterre produisant les $^3/_7$ de la *houille*, $^1/_4$ du *minerai de fer*, etc., se place au premier rang, avec une valeur de 3,5 milliards de francs.

L'Allemagne est au second rang; puis viennent l'Autriche-Hongrie, la Russie, la France, la Belgique, l'Espagne.

Statistique pour 1910 : **Houille**, 620 millions de tonnes, dont : Angleterre, 270 millions; Allemagne, 220 m.; Autriche, 42 m.; France, 38 m.; Belgique, 24; Russie, 23. — Minerais de **cuivre, zinc, plomb, argent** : Espagne, Allemagne, etc. — **Sel** : Angleterre, Allemagne, Russie, France.

Fonte, 30 millions de tonnes, dont : Allemagne, 11 millions; Angleterre, 9 m.; France, 3 m.; Russie, 2 m.; Autriche-Hongrie, 1 m.; Belgique, Luxembourg, 1 m.

4. **Produits manufacturés.** — L'Angleterre, si riche en fers et combustibles nécessaires à la construction et à l'emploi des *machines*, tient la première place, notamment par ses *tissus de coton* et ses *constructions navales*.

Au second rang vient l'Allemagne et au troisième la France, pour la quantité absolue; la Belgique et la Suisse, pour la quantité proportionnelle à la population. La France est, avec l'Italie, au premier rang pour les *soieries*; — l'Allemagne, pour le *sucre*, le *papier*, le *zinc*, la *fonte* et l'*acier*, les *produits chimiques*.

On estime la *totalité des productions industrielles* de l'Europe à plus de *90 milliards de francs*, dont 25 pour l'Angleterre, 20 pour l'Allemagne, 15 pour la France, 11 pour la Russie, 10 pour l'Autriche-Hongrie, 6 pour l'Italie, 2 $^1/_2$ pour la Belgique. — La production des Etats-Unis est de 35 milliards.

Commerce. L'**Angleterre**, si favorisée en produits naturels et industriels, ainsi qu'en colonies, est la première puissance commerciale du monde. — L'*Allemagne* est au second rang; la *France* au troisième, en Europe, pour la quantité absolue; mais la Belgique, la Hollande et la Suisse l'emportent pour la quantité proportionnelle à la population.

Ce sont surtout ces pays essentiellement industriels et très peuplés qui *attirent à eux* les produits alimentaires et les matières premières des autres parties de l'Europe et du monde, et qui, en retour, *leur fournissent* des produits manufacturés de tous genres : machines, tissus, confections, meubles, etc.

486. **Objets d'échanges.** I. **Exportation.** — L'Europe *exporte* ou expédie dans toutes les parties du monde :

1° Des *produits manufacturés* : tissus de coton, de laine et de soie; — vêtements confectionnés, objets de mode, d'ameublement; — articles de bijouterie, d'horlogerie, de quincaillerie; — armes et machines; — instruments de musique et de précision, objets d'art et de science; — articles de librairie;

2° Des *substances alimentaires* : vins, spiritueux, sucres raffinés, farines, conserves alimentaires, etc.

II. **Importation.** — L'Europe reçoit des autres parties du monde :

1° Des *matières premières* pour ses manufactures : coton, soie, laine, jute, etc.;

2° Des *minéraux* ou *métaux bruts* pour ses usines : fer, cuivre, plomb, zinc, ainsi que des métaux précieux, du pétrole;

3° Des *substances alimentaires* : grains, bestiaux ou viandes et denrées coloniales. (Voir les détails aux contrées de l'Europe.)

487. **Routes commerciales.** Le commerce de l'Europe, tant intérieur qu'extérieur, dispose d'un système de *voies de terre et d'eau* incomparablement plus complet que celui des autres parties du monde.

Les **routes** pavées et empierrées sont innombrables dans l'Europe occidentale et centrale, mais plus rares ailleurs. Elles servent surtout au commerce local.

Les **chemins de fer** sont surtout nombreux, eu égard à la superficie, en Belgique, en Angleterre, dans la Prusse rhénane, la Saxe, le nord de la France, etc., en un mot, dans toutes les régions essentiellement industrielles.

Les **lignes internationales** les plus remarquables sont, avant tout, celle dite de la **malle des Indes**, de Londres à Douvres, continuée par Calais, Paris, Lyon, le mont *Cenis*, Turin, Brindisi, ou par Ostende, Bruxelles, Metz, Bâle, le *Saint-Gothard*, Milan, Brindisi, avec correspondance par mer pour Suez et Bombay, les Indes, la Chine et l'Australie;

— celles de Calais à Bruxelles, Cologne, Berlin, Moscou et le Transsibérien.

— de Paris à Bruxelles et la Haye;

— de Paris à Liège, Cologne, Berlin et Saint-Pétersbourg;

— de Paris à Strasbourg, Munich, Vienne, Budapest, Constantinople (*Express-Orient*);

— de Paris à Marseille, Gênes, Rome et Naples;

— de Paris à Bordeaux, Madrid et Lisbonne.

488. Les **cours d'eau et canaux** *navigables* sont surtout nombreux en Hollande, en Belgique, en Angleterre, en France, en Prusse, en Russie, dans la Suède méridionale et dans les bassins du Pô et du Danube.

Les *fleuves* les plus remarquables par l'activité de leur navigation sont : la Mersey, la Tamise, l'Elbe, le Rhin, la Meuse, l'Escaut, la Seine, le Danube.

Parmi les *canaux de jonction*, on peut citer ceux qui relient les divers bassins hydrographiques de la France et de l'Angleterre;

— Ceux qui rattachent, en Prusse, les bassins de la mer du Nord et de la Baltique : le canal maritime de l'Empereur-Guillaume, le canal du Rhin à l'Elbe;

— En Bavière, le canal Louis, qui joint le Rhin au Danube;

— En Russie, ceux qui relient les bassins supérieurs du Volga, de la Dwina, de la Néva, du Dniepr, de la Vistule.

— **Navigation maritime.** Le *cabotage* est relativement actif sur les côtes des pays possédant à l'intérieur peu de moyens de transport : Norvège, Suède, Finlande, péninsule des Balkans, etc.

La *navigation au long cours* est la plus importante dans la mer du Nord et la Manche, qui possèdent les grands ports des Etats occidentaux : Angleterre, Allemagne, Hollande, Belgique et France.

489. **Ports de commerce.** 1° Par ordre **d'importance relative**, les ports les plus fréquentés de l'Europe, groupés par pays, sont :

Londres (23 millions de tonnes de jauge) et **Liverpool** (22 m.), en Angleterre;

— **Hambourg** (26 m.) et Brême, en Allemagne;

— **Anvers** (27 m.), en Belgique; **Rotterdam** (24 m.), en Hollande;

— **Marseille** (20 m.) et le Havre, en France;

— **Gênes** (18 m.), en Italie;

— Glasgow, Hull et Southampton, autres ports anglais;

— Copenhague, en Danemark;

— Lisbonne, en Portugal;

— Barcelone, en Espagne;

— Trieste, en Autriche;

— Constantinople, en Turquie;

— Saint-Pétersbourg, Odessa, en Russie.

2° Par ordre de **situation géographique**, les ports principaux de l'Europe sont :

Mer Baltique : Saint-Pétersbourg et Riga, — Kœnigsberg, Danzig, Stettin, Sassnitz (île Rugen), Lubeck et Kiel; — Copenhague, Stockholm.

Mer du Nord : Christiania; — **Hambourg** et Brême; — Amsterdam et Rotterdam; — **Anvers** et Ostende; — Londres, Hull, Newcastle et Sunderland; — Leith, Aberdeen; — Dunkerque.

Mer d'Irlande : Glasgow; — **Liverpool**; — Belfast, Dublin.

Manche : Calais, Boulogne, le Havre et Rouen; — Southampton.

Atlantique : Bristol; — Nantes, Saint-Nazaire, la Rochelle, Bordeaux et Bayonne; — Porto et Lisbonne; — Cadix.

Méditerranée : Malaga, Valence et Barcelone; — Cette et **Marseille**; — **Gênes**, Livourne; — Palerme.

Adriatique : Ancône et Venise; — Trieste.

Archipel : le Pirée; — Salonique.

Mer de Marmara : Constantinople.

Mer Noire : Odessa.

Mer Caspienne : Astrakhan.

490. **Services de navigation et télégraphes intercontinentaux.** (Voir page 18.)

I. BELGIQUE

491. **Cartographie.** (Compléter le croquis 6 du cahier n° 6.)

Bornes. Pays-Bas, Prusse et grand-duché de Luxembourg, France, mer du Nord.

Littoral. *Mer* du Nord, dont la côte uniforme ne présente ni golfe, ni presqu'île, ni cap.

Orographie. Plateau et collines de l'*Ardenne,* 676 mètres.

Hydrographie. *Versant de la mer du Nord :* Escaut et ses affluents : Lys, Dendre et Rupel, formé de la Dyle et de la Senne; Meuse et ses affluents : Semois, Sambre, Ourthe. — *Versant de la Manche :* les sources de l'Oise.

492. **Aspect.** Le sol de la Belgique est peu accidenté, car la *plaine basse du N.-O.* ne s'élève qu'insensiblement et se relie par ondulations au *plateau montueux du S.-E.* ou *des Ardennes.* — Cependant la profonde vallée de la Sambre et de la Meuse inférieure sépare nettement **la basse Belgique du N.-O.**, qui est très fertile et admirablement cultivée, de la **haute Belgique du S.-E.**, qui est très riche en mines et carrières.

Le *climat* est maritime et tempéré.

493. **Historique.** — La Belgique actuelle ne forme qu'une partie de la *Gaule-Belgique*, qui s'étendait jusqu'au Rhin et à la Seine. Après les conquêtes *romaine* et *franque* (Clovis, Charlemagne) s'ouvrit la *période féodale*, où la Belgique se divisa en grands fiefs qui furent l'origine des provinces actuelles : le *comté de Flandre*, à l'ouest de l'Escaut, releva de la France, tandis que le reste du pays forma le duché de *Lothier* (Lotharingie ou Lorraine), relevant de l'Allemagne. Sous le régime des libertés communales, les grandes villes de Bruges, d'Ypres, de Gand, de Louvain, de Liège, d'Anvers, etc., acquirent par l'industrie et le commerce un haut degré de richesse et de puissance.

La Belgique passa successivement par héritage, au xve siècle, à la *maison de Bourgogne;* au xvie siècle, à la *maison d'Autriche*, puis à celle d'*Espagne*, à qui Louis XIII enleva l'Artois et Louis XIV la partie méridionale de la Flandre et du Hainaut. Au xviiie siècle, la Belgique fit *retour à l'Autriche.*

Toutefois, malgré tous ces changements de souverains, la Belgique conservait toujours ses franchises et son gouvernement autonome, qu'elle ne perdit qu'en 1795 par son incorporation à la *république française.* En 1815, elle forme le *royaume des Pays-Bas* avec la Hollande, dont elle se sépara en 1831, pour se constituer en *royaume de Belgique*, reconnu comme indépendant et neutre par les cinq grandes puissances de l'Europe.

494. **Population,** 7 500 000 habitants.

Superficie, 29 500 km². — *Pop. relative*, 254 habitants par km² : c'est la plus forte de l'Europe. — *Accroissement annuel,* 70 000 habitants.

Ethnographie. Les Belges appartiennent aux *familles* teutonne (les Flamands) et latine (les Wallons); ils professent la *religion* catholique et parlent les *langues* flamande et française; 4 *universités.*

495. **Gouvernement.** La Belgique est un *royaume* constitutionnel représentatif, avec deux Chambres électives, le *Sénat* et la *Chambre des représentants.* Sa *neutralité* en cas de guerre est garantie par le traité de Londres.

Divisions. La Belgique se divise en *neuf provinces*, savoir : 1° au centre, une province dont la population est mixte : le Brabant, ch.-l. Bruxelles;

2° Au nord, les provinces flamandes : la Flandre occidentale, ch.-l. Bruges; — la Flandre orientale, ch.-l. Gand; — la province d'Anvers, ch.-l. Anvers; — le Limbourg *(belge)*, ch.-l. Hasselt;

3° Au sud, les provinces wallonnes : le Hainaut, ch.-l. Mons; — la province de Namur, ch.-l. Namur; — la province de Liège, ch.-l. Liège; — le Luxembourg *(belge)*, ch.-l. Arlon.

496. I. **Villes.** Brabant. **Bruxelles** (Brussel), 180 000 habitants (700 000 avec ses faubourgs de *Schaerbeek, Ixelles, Molenbeek, Laeken,* etc.), sur la Senne, sous-affluent de l'Escaut, capitale du royaume, grande et belle ville, qui possède toutes les industries des grandes capitales. Université libre.

Louvain, 45., est célèbre par son Université catholique.

II. Provinces flamandes. **Gand** (Gent) †, 170 000 habitants, sur l'Escaut, métropole de l'industrie cotonnière et linière. Université de l'État.

Bruges †, 55., dentelles, et *Courtrai*, 35., toiles fines. — *Ostende*, 45., port; huîtres et bains de mer renommés.

Anvers (Antwerpen), 300 000 habitants, sur l'Escaut, métropole commerciale, l'un des premiers ports de l'Europe; grande place fortifiée; cathédrale magnifique. — *Malines* ‡, 60., fabriques de dentelles, ébénisterie.

III. Provinces wallonnes. **Liège** †, 175 000 habitants, place forte sur la Meuse, grand centre d'industrie houillère et métallurgique; armes. Université de l'État. — *Verviers*, 50., industrie drapière. — *Namur*, †, 35., place forte. — *Charleroy*, 30. (200 000 habitants, avec les communes limitrophes), au milieu du principal bassin houiller de la Belgique, métallurgie. — *Mons*, 30., à côté du riche bassin houiller dit du Borinage. — *Tournai* †, 40., sur l'Escaut, bonneterie, chaux hydraulique.

Places fortes : *Anvers* (port), sur l'Escaut; Liège et Namur, sur la Meuse.

Lieux historiques. — *Héristal*, résidence des premiers Carolingiens. — *Seneffe*, victoire de Condé sur les Hollandais, en 1674. — *Fleurus*, victoires de Luxembourg, en 1690; de Jourdan, en 1794, et de Napoléon, en 1815. — *Fontenoy*, victoire du maréchal de Saxe sur les Anglais, en 1745. — *Jemmapes*, victoire de Dumouriez sur les Autrichiens, en 1792. — *Waterloo*, la dernière bataille de l'Empire, en 1815.

497. **Industrie.** L'industrie belge est une des plus actives et des plus variées de l'Europe. Les **produits agricoles**, remarquables surtout dans la basse Belgique, sont : le *froment*, l'*orge* (cultivée pour la bière), le *lin*, le chanvre, le colza, le houblon, la *betterave à sucre.* — Le S.-E. est riche en forêts. Les animaux domestiques, surtout les bêtes à cornes, sont excellents.

Le Hainaut, les provinces de Namur et de Liège sont riches en mines de **houille** et en carrières de marbre, de calcaires à bâtir, d'ardoises et de pavés.

Les *produits* **manufacturés** sont spécialement les **fers**, les **rails**, les *machines* de Liège et de Charleroy, les **armes** de Liège, les *couteaux* de Namur, les *glaces coulées*, les produits chimiques et céramiques.

Les **draps** de Verviers, les *cotonnades* de Gand, les **dentelles** de Bruxelles et des Flandres, les fines toiles de lin de Courtrai; — les produits des distilleries, brasseries, sucreries, huileries, papeteries, etc.

498. **Commerce.** Le commerce belge, favorisé par le réseau de chemins de fer le plus complet du continent et par un vaste système de navigation intérieure, se place au premier rang, eu égard à sa population, avec celui de l'Angleterre et de la Suisse.

Son *commerce extérieur* s'élève annuellement à 8 milliards de francs et se fait surtout avec l'*Allemagne*, la *France* (1 ½ milliard), l'Angleterre, les Pays-Bas, la Russie, etc.

Exportation de produits minéraux : *houille*, pierres et ardoises; et de produits *manufacturés :* fers, *zinc*, machines, armes, verres et glaces, *draps*, *toiles*, etc.

Importation de France : soieries, lainages, vins, huiles, drogueries.

Ports. Anvers et Ostende, ports de mer. — Bruges, Gand et Bruxelles reçoivent les bâtiments de mer par des canaux à grande section.

Statistique. (V. tableaux compar., p. 72.)

499. **Colonie.** Le *Congo*, en Afrique : 2 400 000 km²; 15 000 000 d'hab.

II. GRANDE-BRETAGNE ET IRLANDE

500. **Cartographie.** (L'élève complétera le croquis 5 du cahier cartographique n° 6.)

Bornes. L'océan Atlantique, la mer du Nord, la Manche.

Mers. Atlantique, mer du Nord, Manche, mer d'Irlande. — *Golfes* ou estuaires de Bristol, de la Tamise, du Wash et de l'Humber; du Forth, du Murray et de la Clyde; de Donegal et de Galway.— *Détroits :* Pas de Calais, canal Saint-Georges, canal du Nord.

Terres. *Iles :* Grande-Bretagne, Irlande, Hébrides, Orcades, Shetland; Man, Anglesey, Scilly et Wight; Jersey et Guernesey. — *Presqu'îles :* Cornouaille, Galles et Écosse. — *Caps :* Landsend, Foreland, Duncansby; Malin et Misen. — Côtes profondément découpées.

Orographie. *Système britannique :* monts Grampians (Ben Nevis, 1 330 m.), Cheviot, chaîne Pennine, monts du pays de Galles (Snowdon, 1 080 m.) et du Cornouaille; en Irlande, plusieurs groupes (monts Carrantuohill, 1 040 m.).

Hydrographie. *Versant de la mer du Nord :* Forth et Tweed; Tyne, Humber (Ouse et Trent), Ouse et Tamise; — *v. de l'Atlantique :* Severn, Mersey, Clyde, Shannon.

Lacs : Ness et Lomond, en Ecosse; Neagh, en Irlande.

En 1602, Jacques Ier, roi d'Ecosse, parvint au trône d'Angleterre, et les trois monarchies formèrent ainsi le *royaume-uni* de Grande-Bretagne et d'Irlande. Toutefois, l'Irlande ne perdit complètement son autonomie qu'en 1800.

A dater du XVIIIe siècle, l'Angleterre s'empara d'une partie des colonies françaises, hollandaises, portugaises, et malgré la perte, en 1783, des provinces américaines qui forment actuellement la partie N.-E. des Etats-Unis, elle se constitua le puissant empire colonial qui la rend aujourd'hui maîtresse des mers et du commerce intercontinental.

503. **Population**, 46 000 000 d'hab., dont 36 500 000 en Angleterre, 5 000 000 en Ecosse, 4 500 000 en Irlande.

Superficie, 315 000 km². *Pop. relative*, 146 habitants. — *Accroissement* annuel, 230 000 habitants, outre 260 000 émigrants.

Ethnographie. Les Anglais et les Ecossais appartiennent à la famille *teutonne;* les Irlandais, à la famille celtique. Les premiers sont pour la plupart protestants; les Irlandais sont catholiques. La *langue* anglaise domine; — 15 *universités :* Oxford, Cambridge, Londres, Dublin, Edimbourg, etc.

504. **Gouvernement.** Le Royaume-Uni de Grande-Bretagne et d'Irlande (en anglais, UNITED KINGDOM OF GREAT BRITAIN AND IRELAND) est une *monarchie* constitutionnelle représentative, héréditaire, même pour les femmes. Le *parlement* est formé

Greenwich, 100., observatoire et méridien initial universel. — *Woolwich*, 40., arsenal maritime. — *Douvres*, 40., et *Folkestone*, 25., ports de passage pour Calais et Boulogne. — *Brighton*, 130., bains de mer.

Portsmouth †, 230., grand port militaire. — *Southampton*, 130., port, paquebots pour le Havre et New-York.

II. AU S.-O. — *Plymouth* †, 130., port militaire. — **Bristol** †, 360 000 habit. port, papeterie. — *Bath*, 75., eaux minérales. — Au pays de Galles : *Merthyr-Tydfil*, 60.; *Swansea*, 120., port, et *Cardiff* †, 200., port : houillères et métallurgie.

III. AU CENTRE. — **Birmingham** †, 550 000 habitants, armurerie, principal centre d'industrie métallurgique. — *Wolverhampton*, 100., serrurerie. — *Stoke*, 110., dans le « district des Poteries ».

Nottingham †, 260., bonneterie, ainsi qu'à *Leicester*, 250., marché aux moutons.

IV. AU N.-O. — **Liverpool** †, 750 000 habitants, est le premier port et le plus grand marché de l'Europe pour le coton brut, qu'il réexporte manufacturé.

Birkenhead, 130., constructions navales.

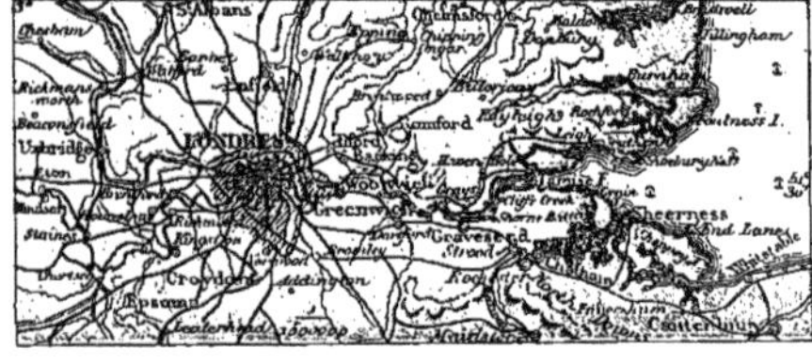

501. **Aspect.** L'*Écosse* est généralement un pays de **highlands** ou *hautes terres* granitiques, pittoresques, parsemées de lacs (*lochs*), couvertes de *pâturages* et peu habitées; au S.-E., il y a des **lowlands** ou *basses terres*, fertiles et bien peuplées.

L'*Angleterre* comprend au N., à l'E. et à l'O., des régions *montagneuses* peu fertiles et des *plateaux bas* très riches en mines; au S.-E., des **plaines** où s'étalent les cultures les plus perfectionnées.

L'*Irlande*, à part les groupes montagneux du littoral, est une **plaine basse**, couverte de belles *prairies*, de nombreux lacs (*loughs*) et de grands *marais* tourbeux, cachant de dangereuses fondrières appelées *bogs*.

Le *climat* est *maritime*, généralement doux, mais brumeux.

502. **Historique.** — L'île de la GRANDE-BRETAGNE (*Britannia*) était habitée par les *Bretons* dans la partie méridionale (Angleterre), les Pictes et les *Scots*, en Ecosse (*Caledonia*). — Soumise aux Romains (54 ans av. J.-C.), puis conquise au Ve siècle par les *Angles* et les *Saxons*, venus de Germanie, elle fut divisée en sept royaumes (*heptarchie*) qui, au IXe siècle, se réunirent sous Egbert en un seul *royaume d'Angleterre*, passa au XIe siècle aux mains des *Danois*, puis des *Normands* venus de France avec Guillaume le Conquérant.

Au XIIe siècle, Henri II commença la conquête de l'IRLANDE (*Hibernia*); de plus, en sa qualité de comte d'Anjou, il joignit à la couronne d'Angleterre les provinces occidentales de la France, qui lui furent conservées jusqu'au XVe siècle.

de la *Chambre des Pairs* ou *des Lords*, dont les membres sont héréditaires ou nommés par le souverain, et de la *Chambre des Communes*, dont les membres sont électifs.

Le roi d'Angleterre est « empereur des Indes ».

Divisions. Les *trois pays* se divisent en 117 *comtés* (*countys* ou *shires*) : l'ANGLETERRE en compte 52 (dont 12 pour la *principauté de Galles*); l'ECOSSE, 33, et l'IRLANDE, 32, ceux-ci compris dans quatre grandes provinces : l'*Ulster*, le *Leinster*, le *Munster* et le *Connaught*.

Parmi les comtés d'Angleterre, on cite comme noms historiques : l'*Essex*, le *Middlesex*, le *Sussex*, le *Surrey*, autour de Londres; le *Kent*, le *Hampshire*, le *Cornouaille*, au sud; le *Suffolk*, le *Norfolk*, le *Lincoln*, le *Yorkshire*, le *Northumberland*, à l'est; le *Cumberland*, le *Westmoreland*, le *Lancashire*, au nord-ouest. — Les autres portent généralement le nom de leur chef-lieu, qui est parfois une petite ville ancienne.

505. **Villes.** I. AU S.-E. — **Londres** (London) †, 5 000 000 d'habitants, sur la Tamise, cap. de la monarchie britannique, est la première ville du monde par sa population, ses richesses, sa marine marchande et son commerce. Son industrie consiste surtout en riches étoffes, machines et instruments, voitures, coutellerie, bières, etc. Musées. — *Importation* de céréales, farines, viandes, thé, vins, fruits et légumes, métaux, etc.; *exportation* de produits de tout genre.

Manchester, 750 000 habitants (avec *Salford* †), est le plus grand centre de fabrication de cotonnades et de tissus divers qu'il y ait sur le globe; il est entouré de *Bolton*, *Preston*, *Oldham*, *Blackburn* et autres villes de plus de 140 000 habitants.

V. AU N.-E., *York*, 70., chef-lieu d'un comté très étendu et très manufacturier, renfermant : **Sheffield**, 460 000 habitants, aciers et coutellerie; — **Leeds** †, 470 000 habitants, draps; — **Bradford**, 300 000 habitants, lainages et tapis; — **Hull**, 280., port sur l'Humber, raffineries; — **Newcastle** †, 270., et *Sunderland*, 160., ports principaux pour l'exportation de la houille.

VI. EN ECOSSE. **Edimbourg** (Edinburg) †, 350 000 habitants, capitale et ville savante, dans une situation pittoresque; *Leith*, 85., sur le Forth, lui sert de port.

Dundee †, 170., toiles de jute, et *Aberdeen* †, 175., ports, pêche.

Glasgow †, 880 000 habitants, port sur la Clyde, immense fabrication de tissus divers; houille, métallurgie, constructions navales. — *Paisley*, 100., châles.

VII. EN IRLANDE. **Dublin** †, 400 000 habitants, capitale, port sur la Liffey, institutions savantes, brasseries.

Belfast †, 400., port, ville très florissante par ses toiles de lin.

Cork †, 80., et *Limerick* †, 40., autres ports,

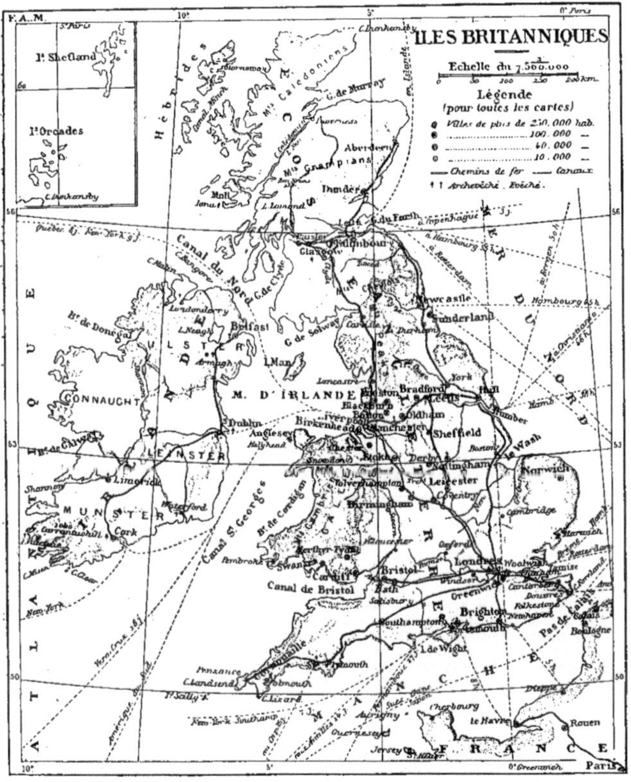

Ports militaires: *Woolwich* et *Chatham*, à l'est de Londres; *Harwich, Douvres; Portsmouth* et *Plymouth, Pembroke* (Galles) et *Cork*.

506. **Industrie.** L'Angleterre est *la première puissance industrielle, commerciale et maritime qui fut jamais.* Elle le doit en grande partie à ses mines de fer et de combustible, qui sont non seulement les plus abondantes de l'Europe, mais encore exploitées sur les mêmes lieux, circonstances nécessaires pour produire à bon compte le fer et les machines perfectionnées, qui ont exercé une influence décisive sur la fabrication à prix réduit. Aussi les marchandises anglaises ont-elles fait jusqu'ici, sur tous les marchés du globe, la concurrence à celles des autres pays.

L'agriculture anglaise, la plus perfectionnée de l'Europe, multiplie les cultures fourragères dans le but d'une grande production de **viande**; aussi ses *bœufs* Durham, ses *moutons* Dishley et de Southdown et ses *porcs* sont-ils renommés particulièrement pour leur grande aptitude à l'engraissement. — Les *chevaux anglais* de course et de gros trait sont les plus réputés.

Tissus. Il faut citer les immenses fabrications de **cotonnades** (pour 3 milliards de francs) de Manchester et de Glasgow, les **draps** de Leeds, les *lainages* de Bradford, les *soieries* de Derby et de Manchester, les *dentelles* et la *bonneterie* de Nottingham, les *fils* et les *toiles* de jute (Dundee) et de lin (Belfast), etc.

Mines. La houille (270 millions de t.) s'exploite dans les bassins de Cardiff et Merthyr-Tydfil, de Birmingham, de Lancastre, de Newcastle et de Glasgow; — le *sel gemme,* dans le Cheshire.

Parmi les métaux, on doit citer : le **fer**, très répandu; — le *cuivre* du Cornouaille, du pays de Galles et d'Anglesey; — le *plomb* du Northumberland; — l'*étain* du Cornouaille; — le *zinc* de Derby et de l'île Man.

Métallurgie. On cite notamment les **constructions navales** de Londres et des autres grands ports; — le *matériel de* **chemins de fer** de Newcastle; — les **machines** et *métiers à tisser* de Manchester, de Glasgow; — les **armes**, les *épingles* et les *plumes métalliques* de Birmingham; — les objets en cuivre de Swansea; — l'*horlogerie* de Coventry; — la *carrosserie* de Londres; — *les produits céramiques* de Stoke.

507. **Commerce.** Le *commerce intérieur* dispose du plus bel ensemble de *routes*, de *chemins de fer* (38000 km), de *rivières*, de *canaux* et d'estuaires navigables qui existe.

On cite les **canaux** qui relient Londres à Bristol, à Liverpool et à Hull; — en Ecosse, le canal de Clyde-et-Forth et le canal Calédonien; — en Irlande, celui de Dublin à Limerick.

Le *chemin de fer* de Liverpool à Manchester fut l'un des premiers établis en Europe, en 1829.

200 000 km de *câbles télégraphiques sous-marins* relient les îles Britanniques à toutes les parties du monde. (P. 18.)

Le **commerce extérieur général** des îles Britanniques, le plus considérable du monde, a atteint en 1911 une valeur de 32 milliards de francs, dans laquelle les importations dépassent de beaucoup les exportations.

Les **échanges** se font principalement avec les Etats-Unis (pour 1/6), *la France* (2,5 milliards), les Indes, l'Australasie, l'Allemagne, les Pays-Bas, la Belgique, la Suède, l'Espagne, la Russie, la Chine, l'Egypte, le Canada.

Les *articles* **importés** sont surtout des matières textiles (**cotons, laines**, *soie, lin*) et des **denrées alimentaires** (farines, sucre, thé, café, bétail), qui figurent pour des sommes énormes; en outre, des bois de construction, des matières tinctoriales, des *peaux*, des minerais de cuivre, de plomb, de zinc, des métaux précieux, etc.

Les *produits* **exportés** sont des **tissus** et *fils* de toute espèce, surtout des **cotonnades** et *lainages*; des *produits métallurgiques* et autres : *houille*, **machines**, métiers, navires, armes, couteaux, poteries, verreries; enfin des produits étrangers réexportés : coton, laine, café, etc.

La France reçoit de l'Angleterre, par transit : *coton, laine*, soie, lin, peaux, café, thé; — comme produits anglais : *houille*, tissus divers, *machines*, navires, métaux, poteries. — Elle lui envoie : *soieries*, lainages, mercerie, cuirs, vêtements, vins, liqueurs, bétail, denrées alimentaires (pour 1 milliard et demi de fr.).

Ports *principaux :* **Londres** et **Liverpool**, parmi les premiers du globe (6.5 et 5.5 milliards); Hull, Cardiff, Glasgow, Southampton, Newcastle, Sunderland, Bristol, etc.

Statistique. (V. tabl. comparatifs, p. 72.)

508. **Colonies : 376 000 000 de sujets. — 30 000 000 de km².**

L'Angleterre est la puissance la *plus riche en colonies*. Elle possède en *Europe :* les îles anglo-normandes, Gibraltar et Malte;

En *Asie :* l'île de Chypre, dans la Méditerranée; Aden et l'île Périm, à l'entrée de la mer Rouge; — l'**empire des Indes**, les Etablissements du Détroit, les Etats malais protégés; — les îles Ceylan et Hongkong; — **la partie N. de Bornéo**;

En *Afrique :* la Gambie, le Sierra Leone, la Côte de l'Or, la Nigeria; — les îles de l'Ascension et de Sainte-Hélène; — l'*Union Sud-Africaine*, la Rhodesia, l'Afrique orientale anglaise, le Soudan anglo-égyptien, la Somalie sept., etc.; — les îles Maurice, Seychelles et Socotora, dans l'océan Indien; — en outre, l'occupation de l'Egypte;

En *Amérique :* le **Canada**, le Honduras, la Guyane anglaise, la Jamaïque, la plupart des Petites-Antilles et les îles Falkland;

En *Océanie :* l'**Australie**, la Tasmanie, la **Nouvelle-Zélande**, les îles Fidji et de Cook, le S.-E. de la Nouv.-Guinée, etc.

III. PAYS-BAS

509. **Cartographie.** (Compléter le croquis 7 du cahier n° 6.)

Bornes. Mer du Nord, Allemagne, Belgique.

Mer du Nord. — *Golfes* du Dollart, du Zuiderzée, les bouches de la Meuse et de l'Escaut.

Terres. *Iles maritimes* du Zuiderzée: Texel, Vlieland, etc.; — *îles fluviales :* Walcheren, Beveland, Schouwen, etc. *Presqu'île* de Nord-Hollande.

Orographie. Pas de montagnes. Point culminant : 300 m., près Maestricht.

Hydrographie. *Versant de la mer du Nord :* Rhin inférieur et ses dérivations : Vaal, Leck, Yssel et Vecht; — Meuse et Escaut inférieurs.

510. **Aspect.** Les Pays-Bas, comme leur nom l'indique, forment une **région basse.** Les *provinces occidentales :* Zélande, Hollande, Utrecht, Frise et Groningue, sont généralement composées d'atterrissements ou **polders**, dont le niveau, inférieur à celui des hautes marées, a exigé la construction d'immenses digues (*dam*), non seulement sur le bord de la mer, mais encore le long de tous les cours d'eau ou canaux. Les terrains endigués sont d'une *fertilité* remarquable. — Les *provinces orientales* sont sablonneuses, marécageuses et peu fertiles.

Le *climat* est maritime et pluvieux.

511. **Historique.** — Les Pays-Bas, habités anciennement par les *Frisons* et les *Bataves*, furent soumis aux *Romains*, puis aux *Francs* jusqu'au IXe siècle. — Au XVe siècle, ils furent possédés successivement par les maisons souveraines de Bourgogne, d'Autriche et d'*Espagne ;* devenus protestants et révoltés contre celle-ci, ils formèrent en 1579 la république des *Sept Provinces-Unies*, et acquirent un haut degré de prospérité par le commerce maritime et par la fondation d'importantes colonies dans les Antilles et les Indes.

Conquis par les Français en 1795, ce pays constitua d'abord la république Batave, puis le royaume de *Hollande*, 1806, et fut réuni à l'Empire français en 1810. — En 1814, il forma le royaume des *Pays-Bas* avec la Belgique, qui s'en sépara en 1830.

512. **Population,** 6000000 d'habitants. *Superficie,* 33000 km². — *Densité*, 182.

Ethnographie. Les Hollandais appartiennent à la *famille* teutonne et aux *cultes* protestant et catholique; ils parlent la *langue* néerlandaise et le frison; 4 *universités :* Amsterdam, Leyde, Utrecht, Groningue.

513. **Gouvernement.** Le royaume des Pays-Bas est une *monarchie* représentative. Il y a deux *chambres législatives* formant les *états généraux :* la *première*, élue par les états provinciaux; la *seconde*, élue par le peuple.

Divisions. Le royaume compte 11 *provinces,* qui sont : la Hollande méridionale, ch.-l. la Haye; — la Hollande septentrionale, ch.-l. Haarlem; — la province d'Utrecht, ch.-l. Utrecht; — la Zélande, ch.-l. Middelbourg, 20.; — le Brabant septentrional, ch.-l. Bois-le-Duc; — le Limbourg, ch.-l. Maestricht; — la Gueldre, ch.-l. Arnhem, 65.; — l'Over-Yssel, ch.-l. Zwolle, 35.; — la Drenthe, ch.-l. Assen, 10.; — la Frise, ch.-l. Leeuwarden, 40.; — la province de Groningue, ch.-l. Groningue.

514. **Villes. La Haye,** 280000 habitants, capitale officielle du royaume et résidence de la cour; ville très bien bâtie, à une lieue de la mer et du port de *Scheveningen.*

Amsterdam, 580000 habitants, considérée encore comme la capitale *nationale*, sur l'Amstel, et où aboutissent les canaux maritimes d'Ymuiden et du Helder. Bâtie sur pilotis et coupée de canaux, c'est une ville belle, riche et très commerçante, banques juives; taille des diamants.

Rotterdam, 430000 habitants, sur la Meuse, port l'un des plus actifs du continent. — *Dordrecht,* 50., autre port. — *Leyde,* 60., université jadis célèbre. — *Haarlem* †, 70., commerce de fleurs : tulipes, jacinthes, roses, etc.

Utrecht †, 120., place forte, université; velours. Traité de 1713, qui mit fin à la guerre de la succession d'Espagne.

Groningue, 80., université. — *Nimègue,* 60., traité de 1678, qui termina la guerre de Hollande. — *Bois-le-Duc* †, 35., tapis. — *Maestricht,* 40., sur la Meuse, carrières, faïence. — *Tilbourg,* 55., draps.

Places fortes : Arnhem, Amsterdam, Utrecht, le *Helder, Willemstad* (Zélande).

515. **Industrie.** Mines et carrières presque nulles; constructions en briques, tourbières, polders en pâturages. Aussi l'industrie hollandaise est plus agricole que manufacturière; elle s'occupe surtout de l'engraissement des **bêtes à cornes** et de la fabrication du **beurre** et du *fromage*, ainsi que du *genièvre* (de Schiedam).

La pêche du hareng et de la morue est très active.

Il faut citer encore les *toiles, lainages* et cotonnades du Nord-Brabant et d'Over-Yssel, les tapis, les *tabacs* et cigares, les sucres et liqueurs; puis viennent la taille des diamants, les briqueteries, poteries et verreries, la construction des *vaisseaux.*

Commerce. Le *commerce intérieur* possède un magnifique réseau de **fleuves** et de **canaux** navigables, mettant en communication toutes les localités importantes.

Le *commerce extérieur* est très considérable (12 milliards de francs); c'est particulièrement un commerce de commission et de transit. Il se fait surtout avec l'*Allemagne*, l'Angleterre, l'île de Java, la Belgique, les États-Unis.

Importation de céréales, denrées coloniales, bois, houille, métaux bruts et ouvrés, tissus; vins et soieries de France (trafic, 125 millions).

Exportation d'une partie de ces articles; en plus, animaux vivants et produits animaux.

Ports : Rotterdam (4 milliards de francs), Amsterdam, Flessingue, Dordrecht.

Statistique. (V. tableaux compar., p. 72.)

516. **Colonies :** 40000000 d'habitants. — 2000000 de km².

La Hollande possède : en *Asie*, les Indes dites Néerlandaises : Java, cap. Batavia; Sumatra, la plus grande partie de Bornéo, Célèbes, les Moluques, etc.; — en *Amérique*, la Guyane hollandaise et quelques-unes des Antilles; — en *Océanie*, la moitié occidentale de la Nouvelle-Guinée.

LUXEMBOURG

517. Le *grand-duché de Luxembourg*, détaché de la Belgique en 1839, est situé entre la Belgique, l'Allemagne et la France; il forme un petit État neutre, libre de tout lien politique avec l'étranger, et dont le souverain, ou *Grand-Duc*, était ci-devant le roi des Pays-Bas. La famille régnante est depuis 1890 celle des ducs d'Orange-Nassau.

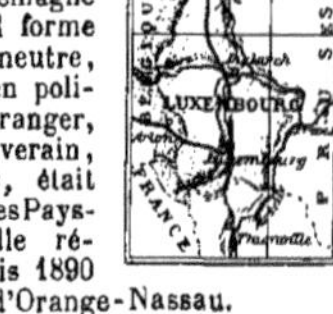

Population, 260000 hab., allemands catholiques.

Superficie, 2600 km². — *Densité*, 100.

La capitale est *Luxembourg* †, 25000 habitants, jadis place très forte occupée par les Prussiens, bâtie sur un plateau entouré par la profonde vallée de l'Alzette, sous-affluent de la Moselle.

L'**industrie** du pays produit activement du fer, de la faïence, du bois, du froment, des draps, du cuir et des eaux-de-vie, en partie *exportés* en France.

Le **commerce** dispose de plusieurs chemins de fer; la Moselle est navigable. Le grand-duché fait partie de l'Union douanière allemande.

IV. SUISSE

518. **Cartographie.** (Compléter le croquis 11 du cahier n° 6.)

Bornes : Allemagne, Tirol autrichien, Italie, France.

La Suisse est entièrement *continentale.*

Orographie. *Système alpique.* Sur la ligne de partage des eaux : Alpes Grises et Lépontiennes, massif du Saint-Gothard, Alpes Bernoises, Jura (mont Dôle).

Au S. de cette ligne : Alpes Rhétiques et Pennines, mont Rosa (4638 m.), mont Cervin, col du Grand-Saint-Bernard.

Hydrographie. *Versant de la mer du Nord :* Rhin et ses affluents : Aar, Reuss, Limmat; — *v. de la Méditerranée :* Rhône et Doubs; — *v. de l'Adriatique :* Tessin, affluent du Pô; — *v. de la mer Noire :* Inn, affluent du Danube.

Lacs. Aux frontières : lacs de Constance, de Genève et Majeur; — à l'intérieur : lacs de Neuchâtel, de Lucerne ou des Quatre-Cantons, de Zug et Zurich.

519. **Aspect.** La Suisse, l'une des contrées du globe les plus pittoresques et les plus visitées, se divise en *trois régions* altitudinales :

1° Le **massif des Alpes**, qui occupe les deux tiers du territoire au S.-E.; c'est la *haute terre* la plus remarquable de l'Europe. Plus de 600 *glaciers* y donnent naissance à d'innombrables *torrents* dont les eaux, après avoir formé des *cascades* et des *lacs* superbes, alimentent quatre grands fleuves. — Les *vallées,* profondes, fertiles et habitées jusqu'à 500 mètres d'altitude, sont bordées de *forêts* de chênes, de hêtres et de conifères, suivies d'*alpages* qui s'élèvent jusqu'aux neiges perpétuelles, à 2700 mètres.

2° Le *massif du* **Jura** est une région moins élevée, couvrant la frontière de l'O., et riche en bois, pâturages et cultures.

3° Entre ces deux chaînes de montagnes s'étend la **plaine** du bassin de l'Aar, depuis le lac de Genève jusqu'au lac de Constance; élevée de 250 à 500 mètres, elle est accidentée, bien arrosée, très fertile et populeuse.

Le *climat,* continental, est relativement froid, mais salubre.

520. **Historique.** — La Suisse, ou *Helvetia,* se divisa au moyen âge en fiefs relevant de l'empire d'Allemagne. En 1308, plusieurs de ces fiefs appartenaient à la maison de Habsbourg-Autriche, lorsque les cantons d'*Uri,* d'*Unterwald* et de *Schwitz,* maltraités par leurs gouverneurs, se révoltèrent et se rendirent indépendants. Dix autres cantons se joignirent à eux pour former la *confédération des Treize-Cantons.* Au XVIe siècle, Zwingle et Calvin y introduisirent la Réforme, qui causa de malheureuses guerres civiles et fractionna le pays en cantons protestants, catholiques et mixtes.

En 1798, s'organisa la *République helvétique unitaire,* qui redevint *fédérative* lorsque Napoléon, en 1803, y ajouta 6 cantons nouveaux. En 1815, elle reçut enfin les trois cantons de Genève, du Valais et de Neuchâtel, et fut déclarée pays neutre à perpétuité.

La réputation de bravoure et de fidélité des Suisses fit naître au XIVe siècle l'usage par lequel un grand nombre d'entre eux étaient engagés comme soldats mercenaires (*Gardes suisses*), dans les armées des rois de France, d'Espagne, d'Autriche, du pape, etc.

521. **Population**, 3800000 habitants. *Superficie,* 41400 km². — *Densité,* 92.

Ethnographie. Les Suisses appartiennent en majorité à la *famille* teutonne, professent les *cultes* protestant et catholique et parlent l'allemand, le français ou l'italien. — L'instruction est très avancée; 5 *universités :* Berne, Bâle, Zurich, Genève, Fribourg (catholique).

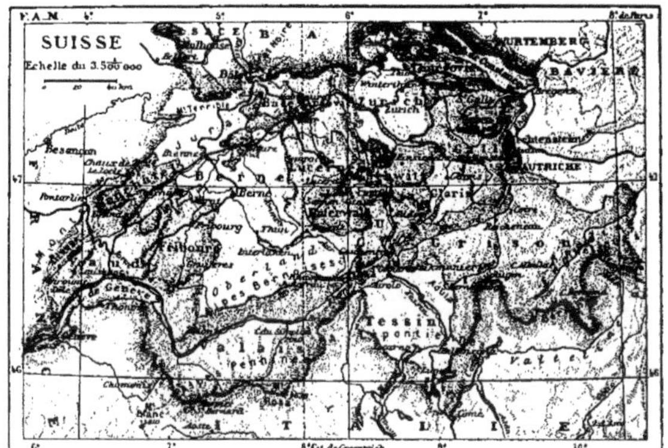

522. **Gouvernement.** La Suisse, pays neutre (comme la Belgique), est une *république fédérative,* ou une confédération de 22 États ou *cantons.*

L'*Assemblée fédérale,* composée des députés des États et de ceux de la nation, possède le pouvoir législatif; elle choisit le *Conseil fédéral* qui, avec le *président,* possède le pouvoir exécutif.

Pour les affaires locales, chaque État s'administre librement. Il n'y a pas d'armée permanente, mais seulement des cadres pour exercer quelques jours par an tous les hommes valides.

Divisions. On distingue les 13 *anciens* cantons, déjà confédérés au moyen âge, et les 9 cantons *nouveaux,* incorporés dans la république aux XVIIIe et XIXe siècles.

1° Les 13 ANCIENS CANTONS sont situés au centre et au N., dans le bassin de l'Aar ou du Rhin, savoir : SCHWITZ, ch.-l. de même nom; — URI, ch.-l. Altdorf; — UNTERWALD, ch.-l. Stanz et Sarnen;

LUCERNE, BERNE, FRIBOURG, SOLEURE, BALE, ZUG, ZURICH, SCHAFFHOUSE, APPENZELL et GLARIS, portant le nom du chef-lieu.

2° Les 9 CANTONS NOUVEAUX sont : 5 dans le bassin du Rhin : les GRISONS, ch.-lieu Coire ✝, SAINT-GALL, THURGOVIE, ch.-l. Frauenfeld; ARGOVIE, ch.-l. Aarau; NEUCHATEL;

3° Dans le bassin du Rhône : le VALAIS, ch.-l. Sion ✝; VAUD, ch.-l. Lausanne; GENÈVE;

1 dans le bassin du Pô : le TESSIN, ch.-l. Bellinzona.

523. **Villes.** **Berne**, 90000 hab., sur l'Aar, cap. fédérale; soieries, bijouterie. — **Bâle** ✝, 140., sur le Rhin; principale ville de commerce; soieries et rubans. — **Zurich**, 200. (avec les faubourgs), machines, soieries et cotonnades. — *Winterthur,* 30., cotonnades et machines. — *Lucerne,* 40., chapeaux de paille. — *Saint-Gall* ✝, 80., autrefois abbaye puissante; broderies et cotonnades.

Neuchâtel, 25., horlogerie, qui s'exerce surtout au *Locle,* 15., et à la *Chaux-de-Fonds,* 40. — *Fribourg,* 20., commerce de fromages, genre Gruyère. — *Lausanne* ✝, 70., tribunal fédéral, tanneries. — **Genève**, 130000 habitants (dont 1/3 d'étrangers), horlogerie fine, bijouterie; université.

524. **Industrie.** La production des céréales est insuffisante pour l'alimentation de la population. Les **alpages**, ou pâturages des montagnes, nourrissent d'excellentes *vaches laitières,* principale richesse agricole du pays. Les **forêts** sont abondantes; mais il n'y a pas de mines. On utilise les chutes d'eau comme force motrice.

L'industrie suisse est l'une des plus actives de l'Europe. Ses principaux produits manufacturés destinés à l'*exportation* sont : les **soieries** de Zurich et de Bâle; les *rubans* de Bâle, les *cotonnades* de Zurich et de Saint-Gall;

Les **machines** de Bâle et Winterthur; — les **montres**, les horloges, les bijoux de Genève et du Neuchâtelois; — les chapeaux de paille d'Argovie et de Lucerne; — les **fromages** de Gruyère. En outre, l'industrie du **tourisme.**

Commerce. Le *commerce intérieur* est favorisé par des lacs, des rivières et plusieurs canaux *navigables,* ainsi que par de nombreux chemins de fer.

Le *commerce extérieur* est considérable (3 milliards de francs); il se fait non seulement avec *la France* (850 millions) et autres pays frontières, mais encore avec l'Amérique, les Indes, etc. Le transit est important.

Exportation de soieries, cotonnades, montres, fromages, etc.

Importation de vivres, matières textiles, houille, métaux; — de France : soie, lainages, vins et huiles.

Statistique. (V. tableaux comp., p. 72.)

V. ALLEMAGNE

525. **Cartographie.** (Compléter les croquis 8 et 9 du cahier n° 6.)

Bornes. Mer du Nord, Danemark, Baltique; Russie, Autriche, Suisse, France, Luxembourg, Belgique et Pays-Bas.

Mers. Baltique et du Nord. — *Golfes* de Danzig, Stettin, Lubeck, Jade, estuaires de l'Elbe et du Wéser; lagunes Kurisches-haff et Frisches-haff. — *Détroit :* Petit-Belt.

Terres. *Iles* Rügen, Alsen et Helgoland. — Partie méridionale de la *presqu'île* danoise, ou le Slesvig-Holstein.

Orographie. *Système central* de l'Europe. — *Haute* et *moyenne Allemagne :* Forêt-Noire, Jura franconien, Harz, Bœhmer-wald, Erz-Gebirge, Sudètes et monts des Géants; — Eifel, Hunsrück et Taunus, Vosges. — Groupe *alpique :* Alpes de Souabe et de Bavière.

Hydrographie. *Versant de la Baltique :* Niémen, Vistule, Oder avec la Wartha; — *V. de la mer du Nord :* Elbe, Havel et Sprée; Wéser, Ems, Rhin, Neckar, Main, Moselle, Ruhr et Lippe; — *V. de la mer Noire :* Danube, Lech, Isar, Inn. — *Lac* de Constance.

526. **Aspect.** Une ligne menée de Cologne à Hanovre et à Breslau sépare la *moyenne* et la *haute Allemagne* (*centrale et méridionale*) de la *basse Allemagne septentrionale.*

La moyenne et haute Allemagne est formée de *montagnes* de 800 à 2960 mètres (Alpes de Bavière) et de *plateaux* de 200 à 400 mètres d'altitude moyenne, dans la Bavière, le Wurtemberg, etc. Elle est généralement bien *boisée,* couverte de pâturages, de belles cultures et coupée de fertiles *vallées.*

La basse Allemagne septentrionale, ou la zone maritime, fait partie de la *grande plaine* de l'Europe du N.-E. Son altitude est en moyenne de 50 à 100 mètres. — La Silésie, le Holstein, la Westphalie sont *fertiles;* mais dans le Hanovre, le Mecklembourg, la Poméranie et la Prusse propre, s'étendent de vastes *landes* sablonneuses. — Le *climat* est continental, moins rude à l'O. qu'à l'E., insalubre au N. — *Pluies,* 60cm.

527. **Historique.** — La Germanie ou ALLEMAGNE (*Deutschland*) est cette contrée d'où sortirent vers le Ve siècle les Francs et autres peuples barbares qui jetèrent sur les débris de l'empire romain les fondements des Etats modernes. Organisée par Charlemagne et par Othon le Grand, l'Allemagne forma longtemps un *empire électif et féodal* qui fut prépondérant en Europe, notamment sous les empereurs de la maison d'Autriche. Cet empire renfermait plus de 300 Etats, lorsque Napoléon le brisa en 1806, pour le remplacer par l'*empire d'Autriche* et la Confédération du Rhin. En 1815, se constitua la *Confédération germanique,* qui comprenait, lors de sa dissolution en 1866, 32 petits Etats, outre une partie de l'Autriche, de la Prusse, du Danemark et des Pays-Bas, avec une population de 45000000 d'habitants.

La PRUSSE est un Etat tout à fait moderne. Au moyen âge, la *province de Prusse,* fief de la Pologne, appartenait à l'Ordre religieux des Chevaliers Teutoniques, lorsque le trente-cinquième et dernier grand maître de cet Ordre, *Albert de Brandebourg,* apostasia, se maria, sécularisa la Prusse, en lui imposant le protestantisme, et l'érigea en duché héréditaire au profit de ses descendants. L'un d'eux, le duc Frédéric, prit en 1701 le titre de *roi de Prusse;* Frédéric II conquit la Silésie et une partie de la Pologne. Réduite par Napoléon, la Prusse se releva en 1814 et reçut les provinces Rhénanes; en 1828, elle créa le *Zollverein,* union douanière qui prépara les voies à l'unité politique de l'Allemagne.

En 1864, la Prusse, aidée de l'Autriche, démembre le Danemark et lui enlève les *duchés de Slesvig, de Holstein et de Lauenbourg.* — En 1866, victorieuse de l'Autriche, elle renverse la Confédération germanique, s'annexe le *royaume de Hanovre,* l'*électorat de Hesse-Cassel,* le *duché de Nassau,* la *ville libre de Francfort-sur-Main,* et organise en outre la *Confédération de l'Allemagne du Nord.* Victorieuse de la France en 1870-1871, elle crée le nouvel *Empire d'Allemagne,* qui s'annexe l'Alsace et une partie de la Lorraine, et qui, organisée surtout militairement, devient la puissance prépondérante du continent. De plus, par sa marine et son commerce, elle dispute à l'Angleterre l'hégémonie des mers et des marchés mondiaux.

528. **Population,** 66 000 000 d'hab. *Superficie,* 540 000 km². — *Population relative,* 122. — *Accroissement annuel,* 900 000 hab. — *Emigration,* 25 000 indiv.

Ethnographie. Les Allemands appartiennent à la *famille* teutonne, professent les *cultes* protestant et catholique et parlent la *langue* allemande. — 21 *Universités :* Berlin, Bonn, Munster, Halle, Iéna, Munich, Heidelberg, Strasbourg, etc.

529. **Gouvernement.** L'Allemagne forme un *empire fédératif constitutionnel :* la dignité d'empereur est héréditaire dans la famille royale de Prusse.

Le pouvoir souverain appartient au *Conseil fédéral* (*Bundesrath*), composé de 58 plénipotentiaires des Etats et présidé par le *chancelier impérial,* et au *Parlement allemand* (*Reichstag*), formé de membres élus par la nation.

Les Etats incorporés dans l'empire d'Allemagne conservent leurs chefs nationaux et leurs gouvernements propres représentatifs, pour l'administration intérieure; mais les lois de l'Empire vont avant les lois de chaque pays, pour les affaires étrangères, militaires et coloniales, les finances fédérales, les chemins de fer, etc.

Divisions. L'Allemagne comprend 26 Etats, que l'on peut classer comme suit :

1° Un *grand Etat :* la Prusse;

2° Sept *Etats moyens,* ayant chacun plus de 1 000 000 d'habitants : Bavière, Saxe, Wurtemberg, Bade, Alsace-Lorraine, Hesse et Hambourg;

3° Dix-huit *petits Etats,* n'ayant pas 1 000 000 d'habitants.

A. ROYAUME DE PRUSSE

530. **Population,** 41 000 000 d'hab. *Superficie,* 349 000 km². — *Densité,* 117.

La Prusse est une *monarchie* constitutionnelle. Le *Parlement prussien* (distinct du Parlement allemand) est composé d'une Chambre des seigneurs et d'une Chambre des députés.

531. **Divisions.** Le royaume comprend 12 *grandes provinces,* savoir :

Au Centre, le *Brandebourg;* au N., le *Hanovre,* le *Sleswig-Holstein,* la *Poméranie,* la *Prusse* occidentale et orientale, situées dans la zone basse et maritime, moins fertile et moins populeuse; à l'E., la *Posnanie,* la *Silésie;* au S., la *Saxe,* la *Nassau-Hesse,* la *Westphalie* et la *Province rhénane,* plus accidentées, fertiles, minières, industrielles et très populeuses.

En outre, la principauté de *Hohenzollern,* enclavée dans le Wurtemberg.

532. **Provinces et villes.** I. BRANDEBOURG, ch.-l. **Berlin,** 2 100 000 habitants, sur la Sprée, capitale de la Prusse et de l'empire allemand, grande et belle ville, l'un des principaux centres politiques et intellectuels de l'Europe; industries de luxe, grand marché de laines. — *Charlottenbourg,* 320., à l'ouest, et *Neukolln,* 250., à l'est, sont des faubourgs de Berlin.

Spandau, 90., place forte et arsenal. — *Potsdam,* 70., château royal de Sans-Souci. — *Brandebourg,* 50. — *Francfort-sur-l'Oder,* 70., foires.

II. SAXE, ch.-l. **Magdebourg,** 290., draps et sucre de betterave. — *Halle,* 180., houillères et salines. — *Erfurt,* 130., armes et fleurs.

III. HESSE-NASSAU, ch.-l. *Cassel,* 160. — **Francfort-sur-Main,** 430., maisons de banque, librairie. — *Wiesbaden,* 110., bains thermaux.

IV. PROVINCE RHÉNANE, ch.-l. *Coblentz,* 60. — *Trèves* ✝, 50., monuments romains. — *Sarrebrück,* 110., houille et métallurgie.

Cologne ✝, 530 000 habitants, fut de tout temps la grande place de commerce du Rhin; tissage, sucreries, distilleries d'eau de Cologne; la plus grande cathédrale ogivale qui existe.

Aix-la-Chapelle, 160., fut la capitale de l'empire de Charlemagne; draps, aiguilles et épingles; eaux sulfureuses.

Dusseldorf, 380., dans l'une des régions les plus industrieuses du continent, avec *Crefeld,* 130., soieries; *Elberfeld,* 170., et *Barmen,* 175., cotonnades, rubans, velours, etc.; *Essen,* 310., centre houiller de la Ruhr, usines Krupp : fers et aciers, canons et machines; *Solingen,* 60., et *Remscheid,* 80., armes blanches et coutellerie; *Duisbourg,* 250., port très actif, au confluent de la Ruhr.

V. WESTPHALIE, ch.-l. *Münster* ✝, 95., v. pr. **Dortmund,** 230., et *Bochum,* 145., houille et métallurgie.

VI. HANOVRE, ch.-l. **Hanovre,** 300., filatures; patrie d'Herschell. — *Wilhelmshaven,* 40., port militaire sur la baie de Jade.

VII. SLESVIG-HOLSTEIN, ch.-l. *Slesvig,* v. pr. **Kiel,** 230., port militaire et arsenal, tête du canal maritime de la Baltique à la mer du Nord. — *Altona,* 175., port marchand.

VIII. POMÉRANIE, ch.-l. **Stettin,** 250., et *Sassnitz* (île Rugen), ports.

IX. PRUSSE OCCIDENTALE, ch.-l. **Danzig,** 170., port fortifié, exportation de bois, graines oléagineuses, eaux-de-vie.

X. PRUSSE ORIENTALE, ch.-l. **Kœnigsberg,** 260., port militaire et marchand, ambre jaune.

XI. POSNANIE, ch.-l. *Posen* ✝, 165., laines et céréales.

XII. SILÉSIE, ch.-l. **Breslau** ✝, 530 000 habitants, laines et toiles. — *Kœnigshutte,* 100., houille et métallurgie.

Lieux historiques. — *Münster,* traité dit de Westphalie, en 1648. — En Prusse, *Eylau* et *Friedland,* batailles de 1807. — *Tilsit,* traité entre Napoléon et Alexandre, en 1807. — *Leuthen,* près de Breslau, bataille, 1757. — En Saxe, *Lützen,* batailles, 1632 et 1813. — *Rosbach,* 1757 et 1806. — *Erfurt, Dresde,* congrès des souverains, 1808, 1812. — BATAILLES : *Iéna* (Saxe-Weimar), 1806. — *Bautzen, Dresde, Leipzig,* 1813. — *Francfort-sur-Main,* traité de 1871.

B. ÉTATS MOYENS

533. Royaume de BAVIÈRE. *Population,* 6 900 000 habitants. — Il comprend : 1° la Bavière propre (avec la *Souabe*, la *Franconie*, etc.), sur le Danube et le Main ; 2° le Palatinat, ou *Bavière rhénane*, séparée du reste du royaume par le duché de Hesse.

Villes. Munich †, 620 000 habitants, sur l'Isar, cap. du royaume, remarquable par ses monuments, ses musées, ses brasseries. — *Augsbourg* †, 130., cotonnades, confession de foi des protestants en 1530. — *Nürenberg*, 350 000 habitants, bimbeloterie, instruments de musique, houblons; dans cette ville ont été inventés les montres, les pédales, les fusils à vent.

534. Royaume de SAXE. *Population,* 4 850 000 habitants. — Capitale **Dresde**, 560 000 habitants; machines, instruments de musique, bijouterie.

Leipzig, 600 000 hab., où se tiennent les plus grandes foires de l'Europe centrale (pelleteries); immense commerce de librairie. — *Chemnitz*, 300., houille, fer, lainages et cotonnades.

535. Royaume de WURTEMBERG. *Population,* 2 450 000 habitants. — Capitale **Stuttgart**, 300., près du Neckar, centre industriel et commercial. — *Ulm*, 60., sur le Danube, forteresse.

Grand-duché de BADE, 2 200 000 hab. — Cap. **Carlsruhe**, 140. — *Mannheim*, 200., port sur le Rhin, industrie active.

536. L'ALSACE-LORRAINE, 1 900 000 habitants, ne forme pas un État proprement dit, mais jouit d'une certaine autonomie : elle est pays d'empire. — Capitale **Strasbourg** †, 185., ville forte et commerçante, avec un port sur le Rhin; bières et pâtés de foie d'oie; cathédrale dont la flèche est très élevée. — *Mulhouse*, 100., et *Colmar*, 50., cotonnades peintes ; — *Metz* †, 70., en Lorraine, place forte; métallurgie.

537. Grand-duché de HESSE. *Population,* 1 300 000 habitants; formé de deux territoires, au N. et au S. du Main. — Villes. *Darmstadt*, 90., capitale. — *Mayence* †, 115., au confluent du Rhin et du Main, ville forte; jambons renommés; patrie de Gutenberg. — *Worms*, 50., diète de 1521.

C. PETITS ÉTATS

538. Les deux *grands-duchés de* Mecklembourg, cap. *Schwérin*, 45., et *Strélitz*, 12.

Le *grand-duché* d'Oldenbourg, cap. *Oldenbourg*, 30.

Le *duché de* Brunswick, cap. *Brunswick*, 180.

Le *duché* d'Anhalt, cap. *Dessau*, 60.

Le *duché* de Saxe-Weimar, cap. *Weimar*, 35.

Le *duché* de Saxe-Altenbourg, cap. *Altenbourg*, 40.

Le *duché* de Saxe-Cobourg, cap. *Gotha*, 40., le premier Institut géographique du monde.

Le *duché de* Saxe-Meiningen, cap. *Meiningen*, 20.

Les deux *principautés de* Schwarzbourg.

Les deux *principautés de* Reuss.

Les deux *principautés de* Lippe.

La *principauté de* Waldeck.

539. Les trois **villes libres** de Hambourg, Brême et Lubeck, forment chacune avec son territoire une *république* gouvernée par un ou deux bourgmestres et deux assemblées, le Sénat et la Bourgeoisie.

Hambourg, 960 000 hab. avec les faubourgs (population de l'Etat, 1 015 000), sur l'Elbe, est l'un des premiers ports du continent : importation de denrées coloniales, de céréales, coton, laine; exportation de houille, tissus, machines; émigrants.

Brême, 250 000 h., sur le **Wéser**, port de pêche et d'émigration, commerce avec les Etats-Unis; importation de pétrole, tabac, coton.

Lubeck, 100., port sur la Trave et la Baltique, autrefois capitale de la ligue hanséatique.

Places fortes : Metz, Strasbourg, Germersheim, Mayence, Coblentz, Cologne, Wésel; — Ulm, Magdebourg, Spandau, Kustrin, Posen, Thorn; — (ports militaires) *Wilhelmshaven, Kiel, Danzig, Kœnigsberg.*

540. **Industrie**. L'Allemagne est l'un des premiers Etats pour l'importance agricole, minière et industrielle.

1° **Produits agricoles bruts ou manufacturés** :

Les *céréales* : seigle, avoine, froment, orge; — le tabac, le houblon et la *bière*, la *betterave* et le *sucre*, surtout dans le sud; — la *pomme de terre*, en partie pour l'*alcool*; — les *vins* du Rhin et de la Moselle (Johannisberg); — le *kirschwasser* (eau-de-vie de cerises) d'Alsace et de Bade;

Les *chevaux* des plaines du nord, les *moutons* mérinos de la Saxe, les *bestiaux* et les *porcs*;

Les industries du *coton*, de la *laine* et de la *soie* sont concentrées surtout dans la Prusse rhénane, la Saxe et la Silésie. Viennent ensuite la *papeterie* et l'*imprimerie*, l'*ébénisterie* (Berlin), la *bimbeloterie*, etc.

2° **Produits minéraux bruts et fabriqués** :

La *houille* des bassins de la Ruhr, ou rhénan-westphalien, d'Aix-la-Chapelle, de la Sarre, de la Saxe, de la Silésie. Le *fer*, le *zinc*, le *cuivre*, le *plomb*, l'*étain*, l'*argent*, le *nickel* et le *sel gemme*, des mêmes régions en général, ainsi que les *fontes* et *aciers*, les *machines* et *produits métallurgiques* de tous genres, les *produits chimiques* et *céramiques*. Ajoutons les *navires* des ports, les *pierres lithographiques* de la Bavière, l'*ambre jaune* des bords de la Baltique, les *eaux minérales*, etc.

541. **Commerce**. Le *commerce intérieur* est très actif; il est facilité par le **Zollverein**, union commerciale supprimant les douanes qui séparaient les Etats entre eux. — Les *cours d'eau navigables* sont nombreux : la navigation du Rhin est la plus importante de l'Europe; parmi les *canaux*, on cite le canal Louis, en Bavière, celui du Rhin à l'Elbe et le canal de la mer du Nord à la Baltique. Les *chemins de fer* sont très développés.

Le *commerce extérieur* de l'Allemagne atteint une valeur de 23 milliards de francs; il se fait surtout avec l'Angleterre, les Etats-Unis, l'Autriche-Hongrie, *la France* (1 1/2 milliard) et autres pays limitrophes.

Exportation de *tissus divers, houille*, machines et ouvrages en métal, *produits chimiques*, cuirs, bimbeloterie, *librairie*, sucre, bière, eau-de-vie, etc.

Importation de denrées alimentaires, matières textiles, métaux, pétrole, bois; — de France : textiles, peaux, vins.

Ports : Hambourg, Brême, Lubeck, Altona, Stettin (ports francs); Danzig, Kœnigsberg, Sassnitz.

Statistique. (V. tableaux comp., p. 72.)

542. **Colonies** : 15 000 000 d'habitants; — 2 600 000 km².

L'Allemagne possède en *Afrique* : le Togo, le Cameroun, le Sud-Ouest et l'Est africains allemands; — en *Asie* et *Océanie* : le N.-E. de la Nouvelle-Guinée, l'archipel Bismarck, les îles Marshall, Carolines, Mariannes, Palaos et plusieurs des Samoa.

VI. AUTRICHE-HONGRIE

543. **Cartographie**. (Compléter le croquis 10 du cahier n° 6.)

Bornes : Allemagne, Russie, Roumanie, Serbie, mer Adriatique, Italie, Suisse et Bavière.

Mer Adriatique, *golfes* de Trieste et de Fiume.

Terres. *Iles* dalmates et illyriennes. — *Presqu'île* de l'Istrie; *cap* Promontore.

Orographie. *Système alpique* : Alpes rhétiques (3900 m.), tyroliennes, Tauern (Glockner, 3800 m.), noriques, styriennes, carniques, juliennes, dinariques.

Groupe de Bohême : Bœhmerwald, Erzgebirge, Sudètes et monts des Géants, collines de Moravie.

Groupe carpatique : Tatra (2650 m.), Carpates, Alpes de Transilvanie (2540 m.), monts Bihar.

Hydrographie. *Versant de la Baltique* : Vistule et Oder; — *v. de la mer du Nord* : Elbe, Moldau, Rhin; — *v. de l'Adriatique* : Adige; — *v. de la mer Noire* : Danube central et ses affluents : Inn, Morava, Leitha, Raab, Waag, Drave, Theiss et Maros, Save et Bosna; enfin le Dniester.

Lacs Balaton, Neusiedl et de Constance.

544. **Aspect**. L'**Autriche** comprend au S.-O. du Danube, dans le Tirol, la Styrie, une imposante **région alpestre** présentant tous les caractères des Alpes françaises ou suisses. — La Bohême et la Moravie forment un *plateau* entouré de montagnes moyennes, boisées et herbeuses, et séparé du massif alpique par la *plaine* marécageuse de la basse Autriche, s'étendant de Vienne à Komorn. — La Transilvanie est aussi un *plateau* fertile, bordé de *montagnes élevées* et très boisées.

La **Hongrie** est caractérisée par sa **grande plaine** *centrale, marécageuse*, insalubre sur les rives du Danube et de la Theiss; elle renferme aussi de bons pâturages et d'excellentes *terres à céréales*, tandis que des *steppes* sablonneuses, arides et *imprégnées de sel*, s'étendent à l'E. de la Theiss.

Le *climat* est continental, varié selon les régions; méditerranéen sur le littoral. *Pluies* : 2 m. sur les monts, 40 à 60 cm. ailleurs.

545. **Historique**. — Le nom d'Autriche (*Œsterreich*, royaume de l'est) paraît avoir été donné par *Charlemagne* à cette contrée de la Germanie danubienne, qu'il conquit sur les Avares, et qui passa, au XIIIe siècle, aux mains de *Rodolphe de Habsbourg*, empereur d'Allemagne. La dignité d'empereur, quoique élective, se fixa au XVe siècle dans la maison de Habsbourg ou d'Autriche, laquelle fut prépondérante en Europe jusqu'au XVIIe siècle et eut à lutter souvent contre la France.

En 1806, l'empire d'Allemagne, détruit par Napoléon, fut remplacé par l'*empire d'Autriche*, qui, en 1815, reçut le territoire Lombardo-Vénitien et s'incorpora en 1847 la république de Cracovie. Mais vaincue en 1859 par la France, et en 1866 par la Prusse, l'Autriche perdit la Lombardie et la Vénétie, en même temps que sa prépondérance en Italie et en Allemagne. En 1908, elle s'est annexée la Bosnie turque.

La HONGRIE (ancienne *Dacie* et *Pannonie*) fut conquise au IXe siècle par les *Magyars* ou Hongrois, dont l'un des chefs, Étienne Ier dit le Saint, prit le titre de roi en l'an 1000. Aux XIVe et XVe siècles, la Hongrie étendit sa domination jusqu'aux Balkans et la mer Noire, et fut, au XVIe siècle, avec la Pologne, le rempart de l'Europe chrétienne contre les Turcs. A cette époque aussi, elle passa en souveraineté dans la maison d'Autriche, quoique formant toujours une partie distincte de l'Empire. Depuis 1867, le *royaume de Hongrie* a recouvré une autonomie complète et forme avec la Transilvanie, la Croatie et la Slavonie, une monarchie indépendante, dont le roi est l'empereur d'Autriche.

546. **Population**, 52 000 000 d'hab. *Superficie*, 675 000 km². — *Densité*, 77. — *Accroissement annuel*, 270 000 h., outre une émigration égale vers l'Amérique.

Ethnographie. Les habitants appartiennent surtout aux *familles* teutonne, slave et hongroise ou magyare; ils professent pour la majorité la *religion* catholique et parlent diverses *langues* : allemande, hongroise, slaves, etc. L'*instruction publique*, très avancée au N.-O., l'est beaucoup moins ailleurs; 11 *universités*.

On compte : *Allemands*, 12 000 000 à l'O.; — *Slaves* : Tchèques de Bohême, Moraves, Slovaques, Polonais, Ruthènes, Croates, Slovènes, Serbes, 23 000 000 au N. et au S.; — *Latins* : Roumains à l'E., Italiens au S.-O, 4 000 000; — *Hongrois*, 10 000 000, au centre; — *Juifs*, 2 300 000 (Galicie); — *Tsiganes* nomades, 130 000.

547. **Gouvernement et divisions.** La monarchie *austro-hongroise* est un **empire-royaume**, une sorte d'État fédératif composé de *deux grandes parties* diversement subdivisées et administrées, et possédant chacune un gouvernement et un parlement distincts (*dualisme*).

Les deux *moitiés* de la monarchie, séparées sur un point par la Leitha, sont désignées sous les noms de **Cisleithanie**, en deçà, et **Transleithanie**, au delà de la Leitha, non compris la *Bosnie*.

A. Les pays CISLEITHANS relèvent de la *couronne impériale d'Autriche* et du ministère siégeant à Vienne; ils forment 17 provinces, savoir : la BASSE-AUTRICHE, ch.-l. Vienne; la HAUTE-AUTRICHE, ch.-l. Linz; — la BOHÊME, ch.-l. Prague; — la MORAVIE, ch.-l. Brünn; — le TIROL, ch.-l. Innsbrück, 55.; — la STYRIE, ch.-l. Gratz; — le SALZBOURG, ch.-l. Salzbourg ‡, 40.; — la CARINTHIE, ch.-l. Klagenfurt †, 30.; — la CARNIOLE, ch.-l. Laibach †, 45.; — les districts de l'ISTRIE, de GORZ, de TRIESTE; — la DALMATIE, ch.-l. Zara ‡, 40.; — la GALICIE, ch.-l. Cracovie et Lemberg; — la BUKOVINE, ch.-l. Czernowitz, 90.

Pop., 29 000 000 d'h. — *Sup.*, 300 000 km².

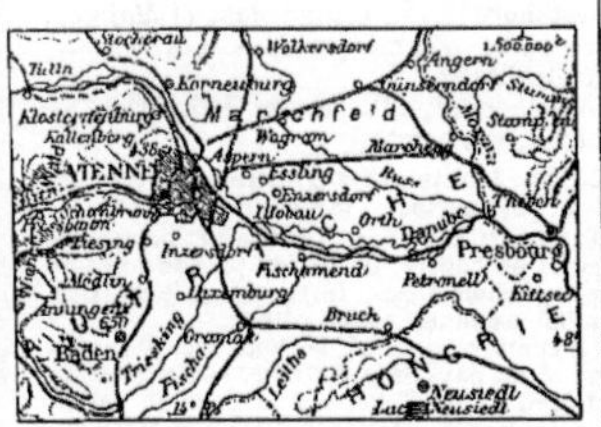

B. Les pays TRANSLEITHANS relèvent de la *couronne royale de* HONGRIE et du ministère siégeant à Budapest. Ce sont : la HONGRIE proprement dite, ch.-l. Budapest; — la CROATIE et SLAVONIE, ch.-l. Agram ‡, 80.; — la TRANSILVANIE, ch.-l. Clausenbourg, 60.

Pop., 21 000 000 d'hab. — *Sup.*, 324 000 km².

C. La BOSNIE-et-HERZÉGOVINE, ch.-l. *Seraïevo*; 2 050 000 habitants; 51 000 km².

548. **Villes.** I. En BASSE-AUTRICHE, **Vienne** ‡, 2 100 000 hab. (avec les faubourgs), sur le Danube, cap. de l'empire; ville savante et industrielle : fabrication d'objets de luxe, de sciences et arts; belle cathédrale Saint-Étienne.

Linz †, 70., est le chef-lieu de la Haute-Autriche.

En BOHÊME, **Prague** ‡, 520 000 h., principal centre industriel de la monarchie; cristaux, tissus, machines, sucre; — *Pilsen*, 85., brasseries; — *Reichenberg*, 40., cotonnades.

En MORAVIE, *Brünn* †, 130., soieries et lainages.

Essling et *Wagram*, villages près de Vienne, batailles de 1809. — *Austerlitz*, village près de Brünn, bataille de 1805. — *Sadowa*, en Bohême, bataille de 1866. — *Trente* †, concile de 1545-1563.

En STYRIE, **Gratz** †, 160., métallurgie, aciers fins.

Trieste †, 240., premier port de l'Adriatique, services du Lloyd autrichien; farines, constructions navales.

II. En GALICIE, **Lemberg** ‡ ou *Léopol*, 210., toiles, foires. — *Cracovie* †, 150., ancienne capitale de la Pologne; tombeaux des rois.

III. En HONGRIE, **Budapest**, 900 000 hab., est formée de deux villes séparées par le Danube : *Buda* ou Ofen, possédant le château royal, sur une colline de la rive droite, et siège de la Diète hongroise; *Pest*, dans la plaine, sur la rive gauche, centre politique et industriel du royaume; meunerie.

Presbourg, 80., sur le Danube, anc. capitale. — *Debreczin*, 95., bétail, tabac. — *Szegedin*, 120., sur la Theiss, ville toute magyare. — *Thérésiopel*, 100., commerce agricole. — *Fiume*, 50., port sur l'Adriatique.

En BOSNIE, *Séraïévo* ‡, 55., tissus et quincaillerie.

Places fortes : Komorn, Olmütz, Cracovie, Temesvar, Peterwardein, Agram, Przemysl, Lemberg. — *Pola*, port.

549. **Industrie.** Sauf en Autriche, Bohême et environs, l'industrie est moins avancée que dans l'Europe occidentale; c'est l'agriculture qui domine. On doit mentionner :

Les céréales : froment et maïs, la farine, le tabac, le vin, les chevaux, bestiaux et porcs que la Hongrie exporte; — le houblon et la *bière*, le colza, la *betterave* et le *sucre*, les tissus de laine, de lin et *coton* de Bohême, de Moravie et d'Autriche; — les soieries de Trieste et de Trente; — l'exploitation des forêts; — le papier et les cuirs ouvrés.

La *houille*, le plomb, le fer et les *produits métallurgiques* de Bohême, de Moravie, d'Autriche et de Styrie; — l'or, l'*argent*, le cuivre de Schemnitz (Hongrie) et de Carlsbourg (Transilvanie); — le mercure d'Idria (Gorz); — le pétrole des Carpates; — les *cristaux* de Bohême; — les glaces et la porcelaine de Vienne.

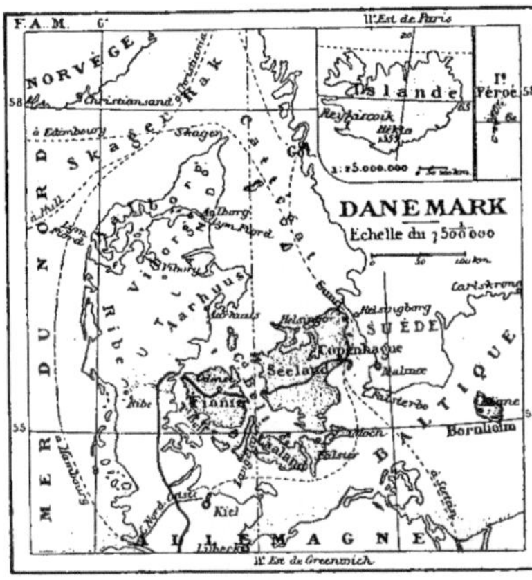

Le sel gemme des riches mines de Wieliczka, près de Cracovie, et des environs de Salzbourg. Les eaux minérales de Carlsbad et de Marienbad (Bohême).

Commerce. Le commerce intérieur possède quelques *canaux* (le canal François, entre le Danube et la Theiss) et d'importants *cours d'eau navigables*. Les bateaux à vapeur de la compagnie du *Lloyd* autrichien font un service régulier et actif sur le Danube et en mer.

Le *commerce extérieur général* atteint une valeur de 6 milliards, et se fait surtout avec l'Allemagne, l'Angleterre, l'Italie, les États-Unis et les Indes (avec la *France*, 140 millions).

Exportation de céréales et farines, sucre, fruits bois, bétail et chevaux, objets manufacturés.

Importation de matières textiles, houille, machines; — de France : soieries et vins.

Ports : Trieste, Fiume, Zara, Raguse.

Statistique. (V. tableaux comp., p. 72.)

Pas de colonie.

550. La petite principauté de LIECHTENSTEIN, 10 000 habitants, enclavée entre la Suisse et le Tirol, est alliée à l'Autriche; cap. *Vaduz*, sur le Rhin.

VII. ÉTATS SCANDINAVES

A. DANEMARK

551. **Cartographie.** (Compléter le croquis 12 du cahier n° 6.)

Bornes. Au S., l'Allemagne; ailleurs, la mer.

Mers du Nord et Baltique. — *Détroits* : Skager-Rak, Cattégat, Sund, Grand-Belt, Petit-Belt.

Terres. *Iles* Seeland, Fionie, Laaland, Falster, Langeland, Bornholm, Fœroé et Islande. — *Presqu'île* du Jutland. — *Cap* Skagen.

Oro-hydrographie. Ni montagne ni fleuve.

552. **Aspect.** Le *Danemark* n'est formé que de **terres basses**, d'une altitude maximum de 172 mètres. Les *îles* sont boisées, très fertiles et bien cultivées; le *Jutland*, très découpé et sablonneux, renferme des landes, des pâturages, des cultures et, à l'est, des forêts et des ports. — *Climat* maritime.

553. **Historique.** — C'est de la *Scandinavie* et de la *Chersonèse Cimbrique* (péninsule danoise) que sortirent, au moyen âge, ces pirates « Normands » qui vinrent s'établir en Angleterre, en France, en Italie, en Russie. L'influence du christianisme adoucit les mœurs de ces barbares et prépara la fondation des royaumes actuels.

Les rois de DANEMARK possédaient une partie du littoral de la Baltique, lorsque la reine Marguerite réunit à sa couronne la Suède et la Norvège (Union de Calmar, 1397) ; mais la Suède s'en sépara au XVIe siècle. En 1814, le Danemark perdit la Norvège; en 1864, la Prusse le réduisit encore en lui enlevant les duchés de Slesvig, de Holstein et de Lauenbourg, avec plus d'un million d'habitants.

554. **Population**, 2 900 000 habitants. *Superficie*, 40 000 km². — *Densité*, 72.

Ethnographie. Les Danois appartiennent à la *famille* teutonne, professent le *culte* luthérien et parlent la *langue* danoise.

Gouvernement. Le Danemark est un *royaume* constitutionnel et représentatif avec deux Chambres. Il se *divise en* 18 *provinces* ou *départements* (*amter*), non comprises les villes importantes, autonomes, ainsi que l'*Islande;* en outre, les îles *Fœroé*.

Villes. La seule ville considérable est **Copenhague**, 580 000 habitants, dans l'île de Seeland et sur le Sund, capitale, ville universitaire, port militaire et marchand.

Helsingör ou Elseneur, 15., port sur le Sund; — *Odense*, 40., dans l'île Fionie; — *Aarhuus*, 65., et *Aalborg*, 35., ports, dans le Jutland.

555. **Industrie et commerce**. Le Danemark est un pays agricole et marchand plutôt que manufacturier; il a beaucoup d'analogie avec la Hollande. — Son *commerce* est actif et se fait surtout avec l'Angleterre et les États du Nord (1 500 millions).

Importation de céréales, tourteaux, houille, bois, métaux; — de France : sucre, vins et eaux-de-vie.

Exportation de beurre, viandes, œufs, poisson, chevaux. — Le **port** de *Copenhague* fait presque tout le commerce maritime.

Colonies : 140 000 hab. — 200 000 km². — Les îles Fœroé, l'Islande; — les côtes du Groenland et, dans les Antilles, les îles Sainte-Croix, Saint-Thomas et Saint-Jean.

B. NORVÈGE

556. **Cartographie**. (Compléter le croquis 12 du cahier n° 6.)

Bornes : Océan Glacial, Russie, Suède, mer du Nord, Atlantique.

Mers. Océan Glacial, Atlantique et mer du Nord. — *Détroit* : le Skager-Rak.

Terres. *Iles* Lofoden, Vesteraalen et Tromsoé. — *Presqu'île* de la Scandinavie. — *Caps :* Nord (dans l'île Magéroé), Nord-Kyn et Lindesness.

Orographie. *Système scandinavique :* au N., plateau de Laponie et monts Kioelen; au S., massifs des Fields (Ymesfield, 2600 m.; Sneehatta, 2300 m.).

Hydrographie. *Versant de l'océan Glacial :* Tana; — *v. de la mer du Nord :* Glommen.

Aspect. La **Norvège** est une **haute terre** montagneuse et **très** pittoresque; le *plateau* de l'intérieur est nu ou boisé, glacé ou neigeux, et presque inhabité; le littoral, bordé de hautes *falaises*, est découpé en d'innombrables *fiords*, longs golfes étroits et sinueux, dont les rives sont presque les seules parties cultivées et habitées.

Le *climat* est très froid sur le plateau scandinave, mais les côtes et les fiords sont réchauffés par le Gulf-Stream et le vent du S.-O.

557. **Historique**. — La NORVÈGE ne forma jamais une monarchie importante; son histoire se lie alternativement à celles du Danemark et de la Suède, mais elle jouit toujours d'une autonomie complète. Unie à la Suède depuis 1814, elle s'en sépara pacifiquement en 1905, sous Oscar II, qui avait refusé de lui accorder un service consulaire norvégien, et elle se donna un roi particulier.

558. **Population** 2 400 000 habitants. *Superficie*, 325 000 km². — *Densité*, 7.

Ethnographie. Les Norvégiens appartiennent à la *famille* teutonne, professent la *religion* luthérienne, et parlent la *langue* norvégienne. Instruction populaire très répandue.

Gouvernement. La Norvège est *un royaume* constitutionnel, avec une seule Chambre (le *Storthing*).

559. La NORVÈGE est divisée en 20 départements (*amter*), outre une soixantaine de villes et bourgs autonomes, le tout compris dans 3 *régions*: le SŒNDENFIELDS et le NORDENFIELDS, au S. et au N. des Fields: le NORDLAND, avec le *Finmark* ou Laponie norvégienne.

Villes. **Christiania**, 250 000 habitants, cap. de la Norvège, université, manufactures, port. — *Bergen*, 75., et *Trondhiem*, 40., ports, pêcheries.

560. **Commerce**. La NORVÈGE est un pays de *forêts*, de mines et de *pêche*, mais non de cultures.

Exportation de *bois* brut et ouvré, de pâte de bois, de papier, de minerais et de *poisson*.

Importation de céréales, houille, tissus, de vins français.

Le *commerce* se fait surtout avec l'Angleterre et les pays de la Baltique.

Ports : Christiania, Bergen, Trondhiem.

Statistique. (V. tableaux comp., p. 72.)

Pas de *colonie*.

C. SUÈDE

561. **Cartographie**. (V. croquis 12 du cahier n° 6.)

Bornes : Russie, Norvège, Baltique, mer du Nord.

Mers. Baltique, mer du Nord. — *Golfe* de Botnie. — *Détroits* d'Aland, de Calmar, Sund, Cattégat.

Terres. *Iles* Oland et Gotland. — *Presqu'île* de la Scandinavie. — *Cap:* Falsterbo.

Orographie. *Système scandinavique:* plateau de Laponie, monts Kioelen (Kebnekaisse, 2135 m.).

Hydrographie. *Versant de la mer du Nord :* Göta et lac Wénern; — *v. de la Baltique :* Dal, Tornéa, lacs Wettern et Mælar.

Aspect. La **Suède** forme au N.-O. un haut **plateau** très froid, nu ou boisé et désert, creusé de nombreuses ***vallées parallèles*** renfermant des chapelets de lacs. — La **basse Suède** du S. et de l'E. est formée de plaines ondulées couvertes de nombreux *lacs*, de forêts de sapins, de cultures prospères.

Le *climat* est très froid dans la grande presqu'île scandinave, sauf au sud.

562. **Historique**. — La SUÈDE ne forma une monarchie bien distincte qu'à partir du XVIe siècle, sous *Gustave Wasa*, qui y introduisit le luthéranisme; elle devint la puissance prépondérante du N.-E. de l'Europe sous Gustave-Adolphe, et posséda les provinces baltiques de la Russie et de la Poméranie, qu'elle perdit au XVIIIe siècle (Charles XII). En 1813, dirigée par *Bernadotte*, lequel devint roi en 1818, elle s'unit aux Alliés contre Napoléon, et reçut en récompense la Norvège, qu'elle perdit en 1905.

563. **Population** 5 600 000 habitants. *Superficie*, 450 000 km². — *Densité*, 12.

Ethnographie. Les Suédois appartiennent à la *famille* teutonne, professent la *religion* luthérienne, et parlent la *langue* suédoise; — 3 *universités*. Instruction populaire très répandue.

Gouvernement. La Suède est *un royaume* constitutionnel, avec deux Chambres formant le *Riksdag*.

La SUÈDE est divisée en 24 gouvernements ou *län*, compris dans 3 *grandes régions :* la GOTHIE ou Götaland, au S.; la SUÈDE ou Svealand, au centre; le NORRLAND avec la Laponie suédoise, au N.

Villes. **Stockholm**, 350 000 habitants, cap. de la Suède, bâtie sur plusieurs îles à l'entrée du lac Mælar; port exportant des bois et fers; université.

Göteborg, 175., cotonnades, et *Malmoé*, 90., ports commerçants. — *Carlskrona*, port militaire.

Norrköping, 50., centre industriel. — *Upsala*, université.

563 *bis*. **Industrie et commerce**. La SUÈDE est un pays **agricole, forestier et minier**.

Exportation de *bois*, planches et poutres de sapins; de beurre, de fer, de pâte de bois, de papier, d'allumettes. — *Importation* de céréales, houille, machines, coton, pétrole.

Le *commerce* se fait surtout avec l'Angleterre et les pays de la Baltique. — Le *canal de la Gothie* va du Cattégat à la Baltique par la Göta, les lacs Wénern et Wettern et la Motala.

Ports : Stockholm, Malmoé, Göteborg. — Carlskrona, port militaire.

Statistique. (V. tableaux comp., p. 72.)

Pas de *colonie*.

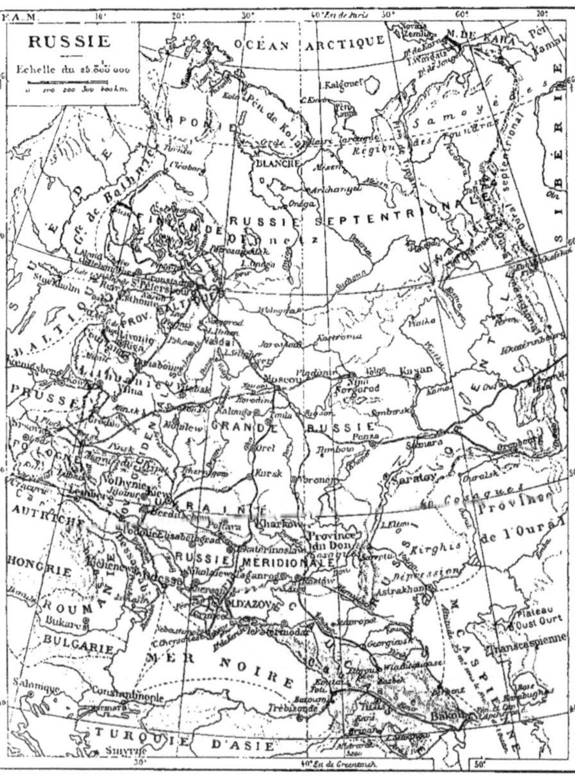

VIII. RUSSIE

564. **Cartographie.** (Compléter le croquis 13 du cahier n° 6.)

Bornes : Océan Glacial, Asie russe, Caspienne et mer Noire, Roumanie, Autriche, Prusse, Baltique, Laponie suédoise et norvégienne.

Mers : Océan Glacial, mers de Kara, Blanche, Baltique, Noire, d'Azov et Caspienne. — *Golfes* de Botnie, de Finlande, de Riga, d'Odessa. — *Détroits :* de Kara, de Jougor ou de Waïgatz, et de Kertch.

Terres. *Iles :* Nouvelle-Zemble, Waïgatz et Kalgouef, toutes inhabitées; Aland, Œsel et Dago. — *Presqu'îles* de la basse Laponie, de Kanin, et de la Crimée avec l'*isthme* de Pérécop. — *Caps :* Kanin et Chersonèse.

Orographie. Chaîne Taurique, avec le Tchatir-Dagh, 1 500 m., au S. de la Crimée; — Oural : monts Toul-Pœs, 1 700 m., Kondjakofkamen et Iremel; Valdaï, 350 m., collines de Pologne, 600 m.

Hydrographie. *Versant de l'océan Glacial :* Kara, Petchora, Mézen, Dvina du Nord, Onéga et Tana; — *v. de la Baltique :* Tornéa, Néva, Düna, Niémen et Vistule; — *v. de la mer Noire :* Danube et Pruth, Dniestr, Dniepr et ses affluents : Bérésina, Pripet, Boug; Kouban; — *v. de la mer d'Azov :* Don et Donetz; — *v. de la Caspienne :* Térek, Volga et ses affluents : Oka, avec Moskova, et Kama; Oural.

Lacs : Ladoga, Onéga, Saïma, Peypus, Séligher, Elton.

565. **Aspect.** A part des massifs extérieurs : la *région montagneuse* de l'Oural, boisée et riche en mines, etc., la Russie ne forme qu'une *plaine* immense d'aspect monotone, à peine relevée par des plateaux vastes, mais peu sensibles, de 150 m. en moyenne, tels que : le *plateau central russe*, qui, du Valdaï, se prolonge jusqu'au Donetz; le *plateau de la Volga*, au S. de Kasan; les *Ouvali*, dos de terrain formant ligne de partage de l'Oural au Valdaï, etc.

Les parties *les plus basses* sont : au N., la plaine boréale, avec la région *lacustre* de Finlande, où il y a plus d'eau que de terre, et la région des *toundras*, vastes marais glacés; — à l'O., la plaine de Pologne et de Lithuanie, avec les grands *marais de Pinsk* ou du Pripet; — au S., la plaine des *steppes* de la mer Noire; — au S.-E., la *dépression* bordant la mer Caspienne, dont le niveau est inférieur de 26 m. à celui de l'Océan.

Le *climat* est continental, sec, très froid en hiver, surtout au N. et à l'E.

566. **Historique.** — La RUSSIE, ancienne *Sarmatie* et *Scythie*, forma sous *Rurick*, au IXe siècle, un royaume où le christianisme pénétra sous *Wladimir le Grand*. La capitale fut successivement Novgorod, Kiew et Moscou. — Soumise aux *Mongols* du XIIIe au XVe siècle, la monarchie moscovite s'étendit ensuite vers l'Oural et la Sibérie. Sous *Pierre le Grand*, qui fonda Saint-Pétersbourg en 1703, elle atteignit la Baltique, la mer Noire et la mer Caspienne, et commença dès lors à se mêler à la politique générale de l'Europe. *Catherine II* conquit la Lithuanie, la moitié de la Pologne et la Crimée. *Alexandre Ier*, battu un instant par Napoléon, acquit la *Finlande*, la Géorgie, la Bessarabie et le royaume de *Pologne*. — Vaincue en Crimée en 1856, la Russie céda aux Turcs les bouches du Danube; en 1867, elle vendit aux Etats-Unis ses possessions d'Amérique; mais en Asie, son empire continue à s'agrandir rapidement, tandis qu'en Europe elle anéantit enfin la Pologne. En 1878, elle se fit rendre le territoire du Danube et céder la province de Kars en Arménie, et ses armées victorieuses allaient s'emparer de Constantinople, le but de sa politique traditionnelle, lorsque l'Angleterre intervint par sa flotte. Refoulée en Europe, elle se venge en Asie, en menaçant l'empire des Indes. Elle voulait s'emparer de la Mandchourie, mais, en 1904-1905, elle fut arrêtée et vaincue par le Japon [1].

La POLOGNE forma jadis une vaste et puissante monarchie, avec plus de 12 millions de sujets : en 1683, son roi Sobieski sauva l'Allemagne, envahie par les Turcs. Mais, affaiblie par de longues discordes intestines, elle se vit partagée entre la Russie, la Prusse et l'Autriche (1772, 1793 et 1795). En 1807, Napoléon constitua un *grand-duché de Varsovie*, dont la Russie fit un *royaume* de Pologne, qui, en 1863, perdit enfin son autonomie et toutes ses libertés civiles et religieuses.

La FINLANDE subit le même sort en 1910.

567. **Population**, 135 000 000 d'hab. *Superficie*, 5 500 000 km². — *Pop. relative*, 25. — *Accroissement annuel*, 4 millions d'habitants, avec la Russie d'Asie.

Ethnographie. Les Russes appartiennent généralement à la *famille* slave et professent la *religion* grecque schismatique, à part 14 millions de catholiques polonais ou lithuaniens, ainsi que des protestants (8 m.), des mahométans (5 m.) et des juifs (6 m.); ils parlent surtout la *langue* russe. L'*instruction populaire* est arriérée. — 9 *universités*.

Gouvernement. L'empire russe, ci-devant absolu, est depuis 1906 doté d'une *Douma*, ou Chambre des Députés, et de quelques libertés civiles, mais non religieuses. Le *Conseil d'Etat*, le *Sénat* et le *Saint-Synode* (Conseil ecclésiastique) sont au choix du souverain ou *Tsar*, qui concentre tous les pouvoirs exécutifs.

568. **Divisions.** La Russie d'Europe se divise administrativement en 68 *gouvernements*, dont 10 pour la Pologne et 8 pour la Finlande. — Mais on les groupe en 9 *grandes divisions*, savoir :

1° Les PROVINCES BALTIQUES : *Courlande, Livonie, Esthonie, Ingrie;*

2° La FINLANDE, ou *Russie suédoise;*

3° La RUSSIE SEPTENTRIONALE, bassin de l'Océan Glacial;

4° La GRANDE RUSSIE, ou *Moscovie*, au centre;

5° Les PROVINCES OCCIDENTALES : *Lithuanie, Volhynie, Podolie*, autrefois polonaises;

6° La POLOGNE;

7° La PETITE-RUSSIE, avec l'OUKRAINE, sur le Dniepr central;

---

1 **Traité de paix du 30 août 1905.** — Grâce à l'intervention du président des Etats-Unis, un traité de paix fut signé à Portsmouth (près de Boston), entre le Japon et la Russie. Celle-ci cède au Japon tous ses droits sur la Corée, sa concession de Port-Arthur et la moitié méridionale de l'île *Sakhaline*. Elle restitue la Mandchourie à la Chine, ne conservant des droits que sur le chemin de fer de Karbin à Vladivostok. (V. pp. 46 et 47.)

8° La Russie méridionale ou ottomane : *Bessarabie, Tauride*, etc.;

9° La Russie orientale ou tatare, sur la Volga et la Kama.

569. **Villes.** I. Dans les provinces baltiques, **Saint-Pétersbourg**, 2 000 000 d'hab. capitale de l'empire ; ville superbe et régulièrement bâtie sur la Néva, avec un port défendu par la forteresse de *Cronstadt*, 65., mais fermé par les glaces en hiver. Observatoire à *Poulkova*, premier méridien des Russes. — *Revel*, 75., port.

Riga, 330., grand port, qui expédie lin, chanvre, bois, et reçoit du charbon. — *Libau*, 85., port du coton.

II. En Finlande, *Helsingfors*, 150., cap.; *Abo*, 50., port.

III. En Pologne, **Varsovie** ✝, 860 000 h., sur la Vistule, anc. capitale, centre industriel. — *Lodz*, 400., draps et cotonnades. — **Vilna** ✝, 190., en Lithuanie.

IV. En Moscovie, **Moscou**, **1 500 000** hab., cité sainte des Russes, églises, palais et forteresses du Kremlin, lieu du sacre des empereurs. Principal centre manufacturier. — *Toula*, 135., armes de guerre et canons, métallurgie.

En Russie sept^le, *Arkhangel*, 30., sur la mer Blanche; exportation de bois.

V. En Petite-Russie, **Kiev**, 450., et *Kharkov*, 220., sucreries, distilleries.

VI. Dans la Russie mérid^le, **Odessa**, 480 000 hab., grand port; exportation de céréales. — **Kichinev**, 120., en Bessarabie, *Iékatérinoslav*, 150., et *Rostov*, 120., port. — *Nikolaïev*, 100., port militaire, ainsi que *Sébastopol*, 65. (en Crimée), qui avait été détruit en 1854-55.

VII. Dans la Russie orientale, **Nijni-Novgorod**, 100., possède la plus grande foire de l'Europe : thés, poissons, cuirs, tissus, métaux, fourrures, etc. — **Kasan**, 170., tanneries; **Saratov**, 200.; **Astrakhan**, 150., situées sur la Volga, et **Orenbourg**, 95., sur l'Oural, places de commerce en relation avec l'Asie. — *Iékatérinbourg*, 55., dans le district minier à l'E. de l'Oural.

Places fortes : Dunabourg, Varsovie, Brest-Litovsk, Kiev, Kichinev; — **ports militaires** : *Cronstadt, Sveaborg, Riga, Nikolaïev, Sébastopol, Kertch.*

570. **Industrie.** L'industrie russe, encore récente, mais progressive, est variée suivant les régions climatiques, au nombre de quatre.

1. La *région* des lacs et des toundras, plaines glacées ou mousseuses, au N., puis des **forêts**, jusqu'au parallèle de Moscou. Les *bois*, la chasse et la pêche en sont les ressources.

2. La *région* **manufacturière** et *minière*, au centre, ayant Lodz, Moscou et Perm comme foyers : tissage de la laine, du coton et du lin, préparation des pelleteries et des *cuirs*, à l'O.; exploitation des *mines de l'Oural* : fer, cuivre, or, platine et métallurgie, à l'E.; — *houille* de Pologne et du Donetz (25 millions de tonnes).

3. La *région* **agricole**, de la Pologne au fleuve Oural, produisant : lin, betteraves à sucre, *céréales* et bétail, surtout dans les **Terres-Noires** ou Tchernoziom; distilleries et sucreries.

4. La *région des* **steppes**, au S.-E., d'Odessa à Orenbourg et la Caspienne, nourrissant des *chevaux* et des *moutons*. — La Caspienne, la mer d'Azov et leurs fleuves tributaires renferment les plus riches *pêcheries* d'eau douce du monde : saumons, esturgeons, dont on retire les œufs que l'on sale (caviar) et la colle de poisson.

571. **Commerce.** Le commerce intérieur possède peu de routes, mais des *chemins de fer* très étendus, qui, à l'est, se relient au Transsibérien. Des *canaux* établissent la jonction entre les *grands fleuves*, qui sont facilement navigables; mais ces voies d'eau sont, pour la plupart, gelées une bonne partie de l'année.

Le *commerce extérieur* de la Russie d'Europe et d'Asie s'élève à plus de 7,5 milliards; il s'établit surtout avec l'Allemagne, l'Angleterre, les États-Unis, la *France* (400 m.) et les Pays-Bas.

Exportation de *grains* et farines, *bois, lin* et chanvre, œufs, beurre, sucre, *pétrole*, cuirs et pelleteries. — *Importation* de coton, laine, machines, charbon, thé, poissons; vin de France.

Ports : Saint-Pétersbourg et Riga; Odessa, Rostov et Taganrog; Astrakhan, Arkhangel.

Statistique. (V. tableaux comp. p. 72.)

572. **Possessions**, en Asie : la **Caucasie**, la **Sibérie**, l'**Asie centrale russe** et la **Mandchourie orientale**, avec lesquelles l'empire compte 168 000 000 de sujets, sur un territoire de 22 500 000 kilom. carrés.

IX. ESPAGNE ET PORTUGAL

573. **Cartographie.** (Compléter le croquis 14 du cahier n° 6.)

Bornes de l'*Espagne* : golfe de Gascogne, France, Méditerranée, Atlantique, Portugal.

Le *Portugal* est circonscrit par l'Espagne et l'Atlantique.

Mers : Atlantique et Méditerranée. — *Golfe* de Gascogne ou de Biscaye; *baies* de Lisbonne, de Sétubal et de Cadix. — *Détroit* de Gibraltar.

Terres. *Iles* Baléares : Majorque, Minorque et Iviça. — *Presqu'île* : la *péninsule* hispanique elle-même. — *Caps* : Ortégal, Finisterre, Tarifa, Palos et Creus ; — Roca et Saint-Vincent.

Orographie. *Système hispanique* : Pyrénées propres : Maladetta (3 404 m.) et mont Perdu; les Pyrénées Cantabriques et Asturiques; — monts Ibériens; Sierra Guadarrama, Sierra Névada : pic de Mulhacen, 3 580 m.

En Portugal : Serra d'Estrella et Serra Monchique.

Hydrographie. *Versant immédiat de l'Atlantique* : Minho, Douro, Tage, Guadiana et Guadalquivir. — *Versant de la Méditerranée* : Ségura, Jucar, Guadalaviar, Ebre (Aragon et Sègre), Llobrégat. — *Lac* dit mer de Paille, baignant Lisbonne; *lagune* d'Albuféra.

574. **Aspect.** La péninsule hispanique est une **haute terre** surmontée de *chaînes de montagnes* sensiblement parallèles et dirigées de l'E. à l'O. — L'intérieur forme le remarquable *plateau de Castille*, de Léon et de l'Estramadoure, d'une élévation moyenne de 600 à 900 mètres, généralement déboisé, presque inculte et désert, couvert de steppes ou de pâturages, parcourus en été par de nombreux troupeaux transhumants (nomades). — Les *plaines basses*, peu étendues, mais fertiles et productives, sont celles de l'Ebre moyen, du littoral de Valence et de Murcie, et celle du Guadalquivir ou de l'Andalousie.

Le *Portugal* est, comme l'Espagne, une **région haute**, formée de plateaux nus et secs, entrecoupés de fertiles vallées; la plaine du Tage inférieur et le littoral du N.-O. sont **bas** et plus humides. — Les tremblements de terre y sont fréquents.

A. ESPAGNE

575. **Historique.** — L'Espagne, anciennement *Hespérie, Ibérie, Hispanie*, fut successivement soumise aux Carthaginois et aux *Romains* jusqu'au ve siècle; aux Vandales, aux Suèves et aux *Westgoths*, jusqu'au viiie; puis aux *Arabes*, qui y fondèrent le puissant empire Ommiade ou Califat de Cordoue, enfin aux Maures. Après sept siècles de luttes, les princes chrétiens qui avaient fondé les royaumes d'Oviédo, de Léon, de Castille, d'Aragon et de Navarre, chassèrent définitivement les musulmans, en 1492, et alors l'Espagne ne forma qu'*une seule monarchie* (sous Ferdinand et Isabelle).

Pendant le xvie siècle, par la possession de la Sardaigne, des Deux-Siciles, du Milanais, de la Franche-Comté et des Pays-Bas, par la découverte et la conquête de l'*Amérique* (Mexique, Colombie, Pérou, Chili, etc.) et des îles Philippines, l'Espagne fut la puissance prépondérante du globe, notamment sous *Charles-Quint*, qui réunit pour quelque temps la monarchie espagnole aux possessions de la maison d'Autriche, en sorte que « jamais le soleil ne se couchait sur ses terres ». Aux xviie et xviiie siècles, l'Espagne se vit enlever ses possessions en Europe; et, à partir de 1810, pendant qu'elle était assujettie elle-même par Napoléon Ier, ses colonies américaines s'érigèrent en républiques indépendantes. En 1886, elle a occupé la côte occidentale du Sahara. Mais, en 1898-99, elle a dû céder les Antilles et les Philippines aux États-Unis, et elle a vendu ses autres colonies océaniennes à l'Allemagne.

576. **Population**, 20 000 000 d'habitants. *Superficie*, 500 000 km². — *Densité*, 40.

Ethnographie. Les Espagnols appartiennent à la *famille* latine, professent la *religion* catholique et parlent la *langue* espagnole ou castillane, outre le catalan, le basque, etc.; — 10 *universités* : Madrid, Salamanque, etc.

Gouvernement. L'Espagne est un royaume constitutionnel et représentatif. Le *roi*, ou la *reine*, gouverne avec le concours de deux Chambres nommées *Cortès* (cours) : celles des pairs et des députés.

577. **Divisions.** L'Espagne se divise administrativement en 49 *départements*, portant le nom de leur chef-lieu.

Les 14 *anciennes provinces*, à peu près conservées comme divisions militaires ou *capitaineries générales*, sont :

Dans le versant de l'Atlantique : la Nouvelle-Castille, ch.-l. Madrid; — la Vieille-Castille, ch.-l. Burgos; — la Biscaye, ch.-l. Bilbao; — les Asturies, ch.-l. Oviédo ✝, 55 ; — la Galice, ch.-l. Santiago; — la province de Léon, ch.-l. Léon ✝; — l'Estrémadoure, ch.-l. Badajoz ✝, 35.; — l'Andalousie, ch.-l. Séville.

Dans le versant de la Méditerranée : la Navarre, ch.-l. Pampelune ✝, 30.; — l'Aragon, ch.-l. Saragosse; — la Catalogne, ch.-l. Barcelone; — la province de Valence, ch.-l. Valence; — la province de Murcie, ch.-l. Murcie; — les Baléares, ch-l. Palma.

Les îles Canaries, ch.-l. *Santa Cruz*, en Afrique, font partie intégrante du royaume.

578. **Villes.** I. Dans les deux Castilles, **Madrid** ✝, 600 000 habitants, sur le Manzanarès, sous-affluent du Tage, cap. du royaume depuis Philippe II; ville bien bâtie, savante et assez industrielle.

Tolède ✝, 25., importante sous les Maures; armes blanches. — *Valladolid* ✝, 75., ville industrielle : tissus et farines; Christophe Colomb y mourut en 1506. — *Palencia*, 20.,

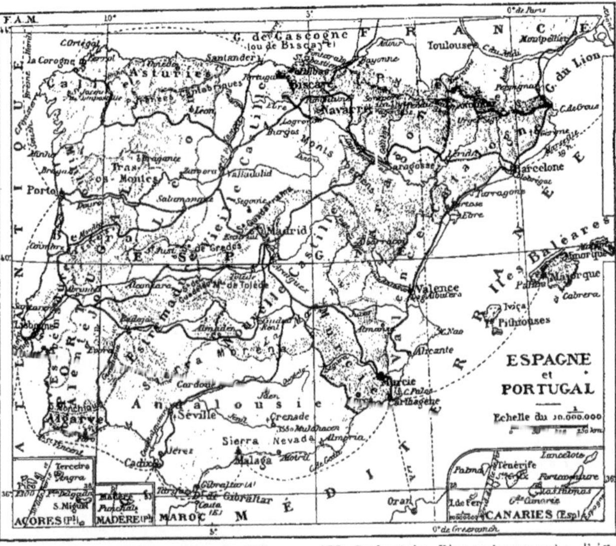

draps. — *Burgos* ‡, 30., patrie du Cid. — *Salamanque* †, 25., université.

II. Au N.-O., *Bilbao*, 95., dont l'avant-port est *Portugalète; Saint-Sébastien*, 95., et *Santander* †, 65., ports sur le golfe de Gascogne; minerais, céréales, laines. — *Trubia*, près Oviédo, canons et fusils.

La Corogne, 50., port, pêche de la sardine, cigares. — *Santiago*, ou Saint-Jacques de Compostelle ‡, 25., célèbre pèlerinage au tombeau de saint Jacques le Majeur.

III. En Catalogne et Aragon, **Barcelone** †, 600 000 habitants, place forte, port actif et centre le plus industriel du royaume; soieries, draps, cotonnades, navires, métallurgie. — *Saragosse* ‡, 115., maïs, vins et tissus; défense héroïque de 1809.

IV. Valence et Murcie. **Valence** ‡, 230 000 habitants, centre de l'industrie de la soie; oranges. — *Alicante* †, 55., port; vins et sel. — **Murcie**, 130., soieries, et *Lorca*, 70., lainages. — *Carthagène* †, 100., port, constructions navales.

V. Baléares : *Palma* †, 70., dans l'île Majorque; vins, oranges.

VI. En Andalousie, **Malaga** †, 140 000 hab., port, vins, métallurgie. — *Cadix* †, 70., port militaire et marchand, dans la petite île de Léon. — *Jerez*, 65., vins; victoire du musulman Tarik, en 716.

Séville ‡, 160 000 habitants; palais de l'Alcazar et belle cathédrale; courses de taureaux; minerais et fruits. — *Cordoue* †, 65., autrefois la superbe cité des califes. — *Grenade* ‡, 80., la dernière capitale des rois maures; palais de l'Alhambra.

Places fortes : Pampelune, Jaca, Gérone, au pied des Pyrénées; — *Le Ferrol, Bilbao, Barcelone, Carthagène, Tarifa, Cadix*, ports de guerre.

579. **Industrie.** Bien qu'en progrès, l'*industrie* espagnole n'est pas en rapport avec les richesses minérales du sol. L'*agriculture* est très variée, principalement dans le sud et à l'est : célèbres jardins ou huertas de Valence, Murcie. Les usines et manufactures sont surtout au nord et au N.-E., près de la côte.

Les produits sont : les *céréales*, les *vins* (Malaga, Alicante, Jerez); — les huiles d'*olives*, les *oranges*, citrons, grenades, amandes; — au sud, les dattes, la canne à sucre, le riz, le sparte, etc. — Les *chevaux* andalous, les *mulets* pyrénéens, les *moutons* castillans, les *vers à soie;* la *sardine* des côtes de Galice et de Catalogne, etc.

La *houille* des Asturies, le *fer* et le *zinc* de Bilbao et de Santander; le **cuivre** du Rio-Tinto, le *plomb* de la Union et de Linarès (Andal.), le *sel* gemme et marin. — Les *métaux*, — les armes; — les *cotonnades, draps* et *soieries;* — les *navires*, — les *alcarazas*, vases poreux d'Andalousie.

Le **commerce** *intérieur* est entravé par l'insuffisance de bonnes *routes*, difficiles à établir dans un pays aussi montagneux. Les *chemins de fer* se développent cependant. — Il y a quelques *canaux* dans les bassins de l'Ebre (canal impérial de Charles-Quint) et du Douro (canal de Castille).

Le *commerce extérieur* (2 milliards) se fait surtout avec l'Angleterre, la France (350 millions), les anciennes colonies espagnoles et les Etats-Unis.

Exportation de vins, minerais et **métaux** : plomb, cuivre, zinc, fer; fruits, huile d'olive.

Importation de France : sucre, froment.

Ports : Santander, *Bilbao, Barcelone*, Carthagène, Malaga, Cadix, etc.

Statistique. (V. tableaux comp. p. 72.)

580. **Colonies :** environ 350 000 hab. — 300 000 km². — En *Afrique*, le Rif, ou côte N. du Maroc, le Rio de Oro, le Rio Mouni et l'île Fernando-Po.

B. PORTUGAL

581. **Historique.** — Le Portugal, ancienne *Lusitanie*, fut, comme l'Espagne, successivement soumis aux Romains, aux Barbares du nord et aux Arabes jusqu'au XIe siècle. En 1095, le prince Henri de Bourgogne acquit le comté de Porto-Calle, qui bientôt fut érigé en *royaume de Portugal* indépendant. Du XVe au XVIIe siècle, le Portugal se créa de vastes colonies dans l'Afrique méridionale, les Indes, la Malaisie et le Brésil, et devint une puissance navale et commerçante de premier ordre. Mais, annexé à l'Espagne de 1580 à 1640, il perdit les Indes et l'Insulinde, enlevées par les Hollandais. Il fut conquis momentanément par la France sous l'Empire, et perdit le Brésil en 1821. De nos jours, le Portugal continue à subir les effets d'un traité qui, depuis 1703, livre sa politique, ses finances, son commerce et son industrie aux mains des Anglais. En 1908, un drame sanglant mit fin aux jours du roi Carlos, dont le fils, Manuel II, fut chassé en 1910 et remplacé par un comité républicain.

582. **Population**, 5 500 000 hab. *Superficie*, 90 000 km². — *Densité*, 61.

Ethnographie. Les Portugais appartiennent à la *famille* latine, professent la *religion* catholique, et parlent la *langue* portugaise. — 2 *Universités :* Coïmbre et Lisbonne.

Gouvernement. Le Portugal est une république. Comme en Espagne, il y a deux Chambres ou *Cortès*.

583. **Divisions**. La république portugaise est divisée en **21** *districts*, dont **17** dans les 6 *anciennes provinces*, qui sont :

L'Entre-Douro-et-Minho, ch.-l. Braga; — le Tras-os-Montes, ch.-l. Bragance †; — le Beira, ch.-l. Coïmbre; — l'Estrémadoure portugaise, ch.-l. Lisbonne; — l'Alemtéjo, ch.-l. Evora ‡, 15.; — l'Algarve, ch.-l. **Faro** †, **10**.

Les îles Açores et Madère, en Afrique, forment les 4 autres districts.

Villes. **Lisbonne** ‡, 360 000 hab. (avec le faubourg de *Belem*), sur le Tage, capitale; beau et vaste port militaire et marchand. — **Porto** †, 180., sur le Douro, port principal d'exportation : vins, fruits, huiles. — *Braga* ‡, 25., antique capitale des Suèves. — *Coïmbre* †, 20., ancienne université.

584. L'**industrie** et le **commerce**, peu florissants, sont moins progessifs qu'en Espagne.

On exploite du cuivre au S.-O. et beaucoup de sel sur le littoral.

Du reste, le Portugal est presque exclusivement agricole; les *céréales*, les *fruits* et le *vin* sont ses produits principaux.

Les manufactures sont encore peu nombreuses.

Le *commerce* se fait surtout avec l'Angleterre (pour un tiers), l'Allemagne, l'Espagne, les colonies portugaises et la *France* (40 millions).

Exportation de *vins* de Porto, d'huile d'olive, de liège, de bétail, de raisins, oranges et fruits secs, de cuivre, de sel (de Sétubal).

Importation de coton, charbon, métaux ouvrés; de France : soieries, modes et merceries.

Ports : Lisbonne et Porto.

Statistique. (V. tableaux comp. p. 72.)

585. **Colonies : 9 000 000 d'habitants**; — 2 300 000 km². — En *Afrique :* les îles du Cap-Vert, l'**Angola** et l'**Est africain**

portugais; — en *Asie :* les villes de Goa, Diu et Macao, sur les côtes de l'Inde et de la Chine; la moitié de l'île Timor.

ANDORRE ET GIBRALTAR

586. **Le Val d'Andorre**, 5 500 habitants, 452 km², dans les Pyrénées, est un petit pays neutre dont la suzeraineté, depuis Charlemagne, appartient par indivis à la France et à l'évêque d'Urgel (Espagne), qui y nomment chacun un magistrat ou *viguier*. Élève de bétail.
Capitale : *Andorre*, petite ville de 600 hab.

Gibraltar †, 27 000 h., 5 km², est une ville espagnole enlevée par les Anglais en 1704, et célèbre par sa forteresse, construite sur une presqu'île rocheuse de 425 mètres de hauteur. Port de guerre, d'entrepôt et de contrebande, dont le mouvement commercial est considérable, surtout avec l'Espagne et le Maroc.

X. ITALIE

587. **Cartographie.** (Compléter les croquis 15 et 16 du cahier n° 6.)

Bornes : France, Suisse, Autriche, mers Adriatique, Ionienne, Méditerranée et Tyrrhénienne.

Mers. Méditerranée, Tyrrhénienne, Ionienne et Adriatique. — *Golfes* de Gênes, de Naples, de Salerne, de Tarente et de Venise. — *Détroits* de Messine, Otrante, Bonifacio et Piombino (formé par l'île d'Elbe).

Terres. *Iles :* Sicile, Sardaigne, Elbe et Lipari. — *Presqu'îles :* l'Italie centro-méridionale elle-même, formant les presqu'îles de Calabre, d'Otrante et de Gargano. — *Caps :* Spartivento et Santa Maria di Leuca.

Orographie. *Système alpique :* versant italien des Alpes dites : Maritimes, Cottiennes, Graies, Pennines, Rhétiques, du Trentin, Carniques et Juliennes.

Système des Apennins : monts de Ligurie, de l'Ombrie et des Abruzzes (monte Corno, avec le Gran Sasso, 2920 m.), le Vésuve, les monts de Calabre, — l'Etna, 3 300 m., en Sicile, et le Gennargentu, en Sardaigne.

Volcans : Vésuve, Etna, Stromboli (îles Lipari).

Hydrographie. *Versant de la mer Tyrrhénienne :* Arno et Ombrone; Tibre, Garigliano et Volturno; — *v. de l'Adriatique :* Tronto, Pô et ses affluents : Doria-Riparia, Doria-Baltéa, Tanaro, Tessin, Adda et Mincio; Adige, Brenta, Piave et Tagliamento.

Lacs Majeur, de Côme, de Garde, — de Pérouse et de Bolséna; lagunes de Comacchio, etc.

588. **Aspect.** L'Italie est une contrée remarquable par la pureté et l'éclat de son ciel, la variété et la beauté de ses aspects.

Au N. se trouvent les **hautes terres** des Alpes, avec leurs sommets majestueux, leurs *glaciers* perpétuels, leurs vallées profondes, renfermant des cascades et des lacs superbes.

Les Apennins forment les *plateaux* montueux de l'Ombrie et des Abruzzes, les plateaux plus unis et *steppiens* de la Pouille et de la Calabre.

La belle et fertile **plaine basse** du Pô est bien arrosée, parfois marécageuse; son fleuve se termine par un *delta* entre les *lagunes* de Venise et de Comacchio.

Le *climat* est chaud, mais généralement salubre, sauf sur le littoral de l'ouest.

589. **Historique.** — L'ITALIE était anciennement divisée en Gaule Cisalpine au nord, Grande-Grèce au sud, et Italie propre, comprenant le Latium, au centre. — A partir du IIIe siècle av. J.-C., la ville de Rome parvint à dominer la contrée, anéantit Carthage, sa rivale, et bientôt l'*empire Romain*, le plus remarquable de l'histoire, s'étendit sur toutes les contrées méditerranéennes. — Après la chute de Rome au Ve siècle, l'Italie fut subjuguée par les Hérules, les *Ostgoths*, les *Lombards*, etc.; au VIIIe siècle, elle fut soumise à Charlemagne et ensuite aux empereurs d'*Allemagne*.

Au moyen âge, il s'y forma néanmoins de puissantes communes ou *républiques*, enrichies par l'industrie et le commerce (Venise, Gênes, Pise, Milan, etc.), et quelques monarchies (Naples, Piémont, etc.), qui subsistèrent jusqu'à nos jours. Soumise quelque temps à Napoléon Ier, l'Italie retomba ensuite sous l'influence autrichienne; mais, en 1859, le *Piémont*, aidé par la France, conquit la Lombardie sur l'Autriche; puis la révolution lui donna les duchés du centre, une grande partie des Etats de l'Eglise et le royaume de Naples. Ainsi se forma en 1860 le royaume actuel d'Italie, qui s'agrandit encore en 1866 de la Vénétie et en 1870 du reste des Etats pontificaux.

Les ETATS DE L'EGLISE provenaient principalement de donations faites au moyen âge par Pépin le Bref, qui donna au Saint-Siège l'exarchat de Ravenne (la Romagne) et par Charlemagne, qui y ajouta le Pérugin (Pérouse) et l'Ombrie (Spolète); en 1077, la comtesse Mathilde y joignit le territoire dit Patrimoine de Saint-Pierre (Viterbe). Au XIIe siècle, les papes devinrent souverains de Rome, restée jusqu'alors république; au XIIIe siècle, ils acquirent le Comtat Venaissin et Avignon, que la République française reprit en 1791. Les Etats du Saint-Siège, annexés à l'Empire en 1809, lui furent rendus en 1815. Divisés en 12 provinces, ils comptaient une population de plus de 3 000 000 d'habitants et une superficie de 42 000 kilomètres carrés, lorsqu'ils furent absorbés dans le royaume d'Italie.

590. **Population**, 34 700 000 hab. *Superficie*, 287 000 km². — *Densité*, 121. — *Accroissement annuel*, 260 000 h., outre un nombre double d'émigrants.

Ethnographie. Les Italiens appartiennent à la *famille* latine, professent la *religion* catholique, et parlent la *langue* italienne; — 21 *universités :* Naples, Rome, Bologne, Turin, etc.

Gouvernement. L'Italie est un *royaume* constitutionnel et représentatif, avec *Sénat* et *Chambre des députés*.

Le *Pape*, ou Souverain Pontife, est élu par les *cardinaux*, qui, au nombre de 70, forment le Sacré-Collège. Il est le chef spirituel de la catholicité, et les puissances étrangères accréditent auprès de sa personne des représentants officiels, nonobstant l'annexion des *Etats de l'Eglise* au royaume d'Italie.

591. **Divisions.** Le royaume comprend 16 *régions*, divisées en 69 *provinces*, portant le nom de leur chef-lieu. Il se compose des ANCIENS ETATS suivants, que l'on doit citer pour leur intérêt historique :

Le PIÉMONT, avec la LIGURIE et la SARDAIGNE, ayant pour cap. Turin; — la LOMBARDIE, cap. Milan, et la VÉNÉTIE, cap. Venise; — PARME et MODÈNE (Emilie occidentale); — la TOSCANE, cap. Florence;

Les ETATS DE L'EGLISE (Latium, Ombrie, Marches (Emilie orientale), cap. Rome;

Le royaume de NAPLES (Campanie, Abruzzes, Pouille, Basilicate, Calabre) et SICILE, cap. Naples.

592. **Villes.** I. En PIÉMONT. **Turin** †, 430 000 habitants, au confluent du Pô et de la Doria-Riparia, soieries et bonneterie. — *Alexandrie* †, 80., place forte, dans une plaine submersible à volonté.

En LIGURIE. **Gênes** †, 280 000 habitants, surnommée *la Superbe*, à cause de sa belle situation et de ses palais; port fortifié et très commerçant; soieries et velours. — *Spezia*, 70., port militaire, constructions navales. — En SARDAIGNE, *Cagliari* †, 60., port, et *Sassari* †, 45.

II. En LOMBARDIE. **Milan** †, 600 000 habitants, ville très commerçante et manufacturière : soieries, etc. Cathédrale remarquable, nommée le Domo. — *Pavie* †, 40., bataille de 1525. — *Crémone* †, 40., violons. — *Brescia* †, 85., armes. — *Bergame* †, 55., draps et soieries.

III. En VÉNÉTIE. **Venise** †, 160 000 habitants, bâtie dans une lagune de l'Adriatique sur des îlots d'alluvions et sillonnée de canaux; port; soieries, émaux, glaces et verroteries. Cathédrale Saint-Marc.

Padoue †, 95., université. — *Vérone* †, 85., sur l'Adige, et *Mantoue* †, 30., sur le Mincio, places fortes dans une plaine inondable.

Lieux historiques de la haute Italie. — *Marignan*, victoires des Français sur les Suisses, en 1515, et sur les Autrichiens, en 1859. — *Pavie*, où François Ier fut fait prisonnier par les Espagnols, en 1525. — *Cérisoles*, victoire des Français sur les Espagnols, en 1544. — *Castiglione, Arcole, Rivoli*, victoires du général Bonaparte sur les Autrichiens, en 1796 et 1797, suivies du traité de *Campo-Formio*. — *Marengo*, victoire de Bonaparte, premier consul, en 1800. — *Magenta* et *Solférino*, victoires de Napoléon III sur les Autrichiens, en 1859.

IV. Dans les DUCHÉS. *Parme* †, 55.; *Plaisance* †, 35.; *Modène* †, 70., anciennes capitales.

En TOSCANE, **Florence** †, 230 000 habitants; remarquable par ses beaux édifices; chapeaux de paille, soieries, objets en marbre et albâtre. — *Pise* †, 65., ville déchue

par l'ensablement de son port. Tour penchée. — **Livourne** ✝, 105 000 habitants, port actif, exportation de soie et de marbre.

Lucques ✝, 80., ancien duché. — *Carrare*, 45., marbre blanc.

V. Dans les ETATS ROMAINS. **Rome**, 550 000 habitants, sur le Tibre, est le siège de la Papauté, centre du monde catholique, et

la capitale du royaume d'Italie. *Civita-Vecchia*, 15., est son port, mais insuffisant.

Rome fut pendant longtemps la puissante reine du monde; elle renferme une foule de monuments de tous âges et de tous genres; ses églises sont remplies de richesses artistiques incomparables. On cite le Colisée, le Panthéon, la basilique de Saint-Pierre, la plus grande église du monde, le palais du Vatican, etc. — Rome exporte surtout des mosaïques d'émaux, camées, peintures, sculptures et autres objets d'art.

Bologne ✝, 175 000 habitants, en Romagne; ville forte, universitaire, manufacturière et commerçante; charcuterie.

Ferrare ✝, 95., beau palais autrefois à la maison d'Este. — *Ravenne* ✝, 75., résidence des derniers empereurs romains. — *Ancône* ✝, 65., port fortifié. — *Pérouse*, ✝ 65.

VI. Territoire NAPOLITAIN. **Naples** ✝, 600 000 habitants, ancienne cap. des Deux-Siciles, dans la Campanie; port sur une baie superbe et au pied du Vésuve; grande ville industrielle et commerçante; musées.

Bari ✝, 100., port dans la Pouille. — *Brindisi* ✝, 25., port d'attache pour la malle des Indes. — *Tarente* ✝, 65., et *Reggio* de Calabre ✝, 45., ports[1].

VII. En SICILE. **Palerme** ✝, 350 000 habitants, grande et belle ville; port, exportation d'oranges, de soieries, de soufre. — **Messine** ✝, 130., port militaire et commerçant; cotonnades[1]. — **Catane** ✝, 210., port au pied de l'Etna, dont les éruptions l'ont détruite plusieurs fois.

Places fortes : Exilles et Fénestrelles (Alpes), Alexandrie, le quadrilatère de Peschiera, Vérone, Legnago et Mantoue; Bologne, Rome; — *Gênes, Spezia*, Orbetello, Gaëte, Naples, Messine, Tarente, Ancône, Venise, ports de guerre.

593. **Industrie.** Les **produits agricoles** sont la principale richesse de l'Italie, surtout dans les belles plaines irriguées de la Lombardie et du Pô, qui donnent abondamment le blé, le maïs, le riz, possèdent de gras pâturages et fournissent les 3/4 de la soie grège.

Les provinces du centre et du midi produisent le reste des cocons, du chanvre, du vin, des olives, oranges, amandes, citrons, etc.

Il n'y a pas de houille; mais le *fer* est exploité surtout dans l'île d'Elbe, le *plomb* et le *zinc* en Sardaigne, l'alun, le *soufre* en Sicile, la pouzzolane près des volcans, le *cuivre* et le *marbre* en Toscane, le *sel* dans les salins.

Comme **produits manufacturés**, il faut citer les *cotonnades*, les draps et surtout les *soieries* de Gênes, de Turin, de Milan, rivale de Lyon, de Naples; les *mosaïques* et œuvres d'art, les objets en marbre et albâtre, la verroterie, les pâtes d'Italie, les armes et les navires.

Commerce. Le *commerce intérieur* est plus actif dans les provinces septentrionales, qui ont des *rivières*, *lacs* et *canaux navigables*, et de nombreux *chemins de fer*. Dans les provinces méridionales, les *routes* mêmes sont insuffisantes.

Le *commerce extérieur* est important (5 500 000 000 de francs) et se fait surtout avec l'Angleterre, l'Allemagne, la France (500 millions), l'Autriche, la Suisse, les Etats-Unis.

Exportation de *soie* et *soieries*, cotonnades, huiles d'olive, vins et fruits, pâtes, riz, fromages, œufs, soufre, marbre, œuvres d'art.

Importation de céréales, coton charbon, machines; de France : laine, soie, caoutchouc.

Ports : *Gênes* (rival de Marseille), *Spezia, Livourne, Naples, Venise, Ancône*, Brindisi, Messine, Palerme, Catane, Civita-Vecchia, etc.

Statistique. (V. tableaux comp. p. 72.)

594. **Colonies** : 1 600 000 km², 1 700 000 habitants. — L'Italie possède, en Afrique, la *Tripolitaine*, avec le désert de *Libye*; l'*Érythrée*, littoral abyssin, et la *Somalie* orientale.

SAINT-MARIN ET MALTE

595. La petite *république* de **Saint-Marin** (11 000 habitants, 60 km²) existe depuis 15 siècles et doit son origine à un saint ermite nommé Marin, dont la cellule, bâtie sur le mont Titano, s'entoura d'habitations et fut l'origine de la ville de *San-Marino*, qui a aujourd'hui 1 600 habitants. — Elle est gouvernée par deux *capitaines* électifs.

Les îles de **Malte**, *Gozzo* et *Comino* (322 km²), possessions anglaises depuis 1800, comptent 240 000 habitants. On y cultive surtout des oranges. Ch.-lieu **La Valette**, 80 000 habitants, place très forte, station des flottes anglaises, l'un des ports marchands les plus actifs de la Méditerranée. L'ordre des Chevaliers de Malte, siégeant à Rome, n'existe plus qu'à titre honorifique.

1 *Messine* et *Reggio de Calabre*, détruites en 1908 par un tremblement de terre, sont relevées en partie.

XI. PÉNINSULE DES BALKANS

596. **Cartographie.** (Compléter les croquis 17 et 18 du cahier n° 6.)

Bornes. On désigne sous le nom de *presqu'île des Balkans* la contrée péninsulaire bornée au N. par l'Autriche et la Russie, — à l'E. par la mer Noire, — au S. par la Méditerranée, — à l'O. par l'Adriatique.

Elle comprend *politiquement* la Turquie d'Europe, la Bulgarie, la Grèce, la Roumanie, la Serbie et le Monténégro.

Mers : Adriatique, Ionienne, Egée, de Marmara et mer Noire. — *Golfes* d'Arta, de Patras, de Corinthe, de Nauplie, d'Athènes (ou d'Egine) et de Salonique. — *Détroits* d'Otrante, de Lépante, de Négrepont; les Dardanelles et le Bosphore.

Terres. *Iles* Ioniennes, Cyclades et Négrepont, à la Grèce; Crète autonome; Thaso, à la Turquie. — La grande *presqu'île* balkanique, formant elle-même les *presqu'îles* de Gallipoli, de la Chalcidique et de la Morée. — *Isthme* de Corinthe. — *Cap* Matapan.

Orographie. *Système central* : Carpates, Alpes de Transilvanie. — *Système balkanique* : Alpes Dinariques, Balkans, monts Rhodope, mont Olympe, 3000 m.; monts du Pinde; le Parnasse et le Saint-Elie.

Hydrographie. *Versant de l'Adriatique et de la mer Ionienne* : Bojana et Drin, en Turquie; Aspro-Potamo et Rouphia, en Grèce; — *v. de la mer Egée* : Iris, Hellada, Salembria, en Grèce; Vardar, Strouma et Maritza, en Turquie; — *v. de la mer Noire* : Danube et affluents : Save, Morava serbe, Isker, Aluta, Ardjich-Dombovitza, Sereth et Pruth.

597. **Aspect.** La péninsule des Balkans forme une **haute terre**, bornée au N. par la plaine de la Save et par la **grande plaine** de Roumanie ou du bas Danube, qui la sépare de la région montagneuse des Carpates; au S.-E., par les *plaines* de la Maritza et du Vardar inférieurs; à l'O., par la plaine étroite du littoral albanais. — Les plateaux sont généralement déboisés, arides et déserts, mais entrecoupés de *vallées* délicieuses et fertiles qu'arrosent de nombreuses rivières, torrentueuses en hiver, souvent desséchées en été.

Le *climat*, généralement continental, surtout au N. des Balkans, est plus chaud ou tempéré au S., plus marin en Grèce.

A. TURQUIE

598. **Historique.** — La péninsule Balkanique comprend la Grèce, la Macédoine, la Thrace, l'Illyrie, etc., contrées qui jouèrent un grand rôle dans l'histoire ancienne. — *Alexandre de Macédoine* fut le premier qui les réunit sous une seule domination (IVe siècle avant J.-C.). — Elles firent partie de l'*empire Romain* dès le IIe siècle avant J.-C.; Constantin en forma au IVe siècle après J.-C. le centre de l'*empire d'Orient*, qui s'appela aussi l'empire Grec ou le Bas-Empire, et qui, fréquemment envahi par les Barbares, succomba définitivement en 1453 pour faire place à l'*empire Turc* ou Ottoman. — Celui-ci devint, du XVe au XVIIe siècle, l'une des plus grandes puissances du monde. Mais ensuite il perdit la Transilvanie, 1699; la Crimée, 1774; la Bessarabie, 1818; la Grèce, 1829; l'Algérie, 1830. — La Russie, arrêtée en 1856 par la guerre de Crimée, profita en 1877 d'une insurrection de la Bosnie-Herzégovine et de la Serbie pour intervenir contre la foi des traités; les Turcs, vaincus malgré des prodiges de valeur, se virent enlever la *Roumanie*, la *Serbie* et le *Monténégro*, reconnus comme puissances indépendantes par le traité de Berlin, 1878. En outre, la *Bulgarie* reçut une organisation autonome, et la *Bosnie* fut occupée par l'Autriche. En 1881, la *Thessalie* est cédée à la Grèce, la *Tunisie* confisquée par la France, et, en 1882, l'*Egypte* est pacifiée et occupée par l'Angleterre. En 1897, l'île de *Crète* est reconnue indépendante. En 1908, la Turquie perd définitivement la *Bosnie* et la *Bulgarie*. Enfin ses sujets non turcs sont en révolte constante, et les Italiens se sont emparé de la Tripolitaine en 1912. La domination turque aurait disparu de l'Europe, si la politique des puissances pouvait s'accorder dans le partage de cet empire « malade » : du reste, la guerre actuelle des Balkans semble devoir lui être funeste.

599. **Population**, 6 200 000 hab. *Superficie*, 170 000 km². — *Densité*, 37.

Avec la Turquie d'Asie, l'*empire Ottoman* compte environ 23 000 000 de sujets, sur un territoire de 1 900 000 km².

Ethnographie. Les Turcs forment une *famille* mongolique, professent le *mahométisme* et parlent la *langue* turque. — Ils sont à peine deux millions en Turquie d'Europe, dont les autres habitants sont des *Slaves*, des *Albanais* et des *Grecs*, professant la plupart le *schisme grec*.

Gouvernement. La Turquie est un empire, ou mieux une sultanie, *constitutionnelle* depuis 1908, avec représentation nationale.

Le *sultan* est à la fois empereur et chef religieux des musulmans de la secte des Sunnites. Le gouvernement, ou la *Porte*, comprend un Conseil d'État, ou *Divan*, et deux ministres principaux : le *grand vizir*, pour le temporel, et le *cheik-ul-Islam* ou *grand mufti*, pour le spirituel et la justice.

600. **Divisions.** La THRACE, la MACÉDOINE (Roumélie occidentale) et l'ALBANIE sont les seules provinces européennes gouvernées directement par les Turcs.

L'île de CRÈTE (Candie) jouit de son autonomie depuis 1897, sous la protection des grandes puissances.

601. **Villes.** En THRACE, **Constantinople** ‡, 1 100 000 habitants, capitale de tout l'empire ottoman, la plus grande place de commerce du Levant, magnifiquement située sur le Bosphore et fortifiée; mosquées et palais superbes, mais ville mal bâtie. — Sur la rive opposée, *Scutari* est son faubourg asiatique.

Andrinople, 120., place forte sur la Maritza; maroquinerie, tapis, essence de roses. — *Gallipoli*, 30., port sur les Dardanelles, dont l'entrée est fortifiée.

En MACÉDOINE, **Salonique**, 150., port; *Bitolia* (Monastir), 50., et *Prisren*, 60., villes industrielles.

En ALBANIE, *Janina*, 30., cap.; maroquins.

602. **Industrie.** L'*industrie*, comme l'*agriculture* turque, est la plus arriérée de l'Europe, par le fait d'une administration insouciante et tracassière. Cependant elle fabrique des tapis, soieries, cotonnades, essence de roses, maroquins.

Commerce. Le commerce intérieur manque de routes et de voies navigables. Il y a quelques chemins de fer; le *cabotage* est assez actif.

Le *commerce extérieur* se fait surtout avec l'Angleterre, l'Autriche, la *France* (200 millions) et la Russie.

Exportation de *céréales*, *soie*, coton, laines et peaux, raisins, vallonée (fruit d'un chêne propre au tannage), noix de galle, tabac, essence de rose.

Importation de France et d'ailleurs : tissus, farines, sucre.

Ports : *Constantinople*, *Salonique*, Gallipoli.

Statistique. (V. tableaux comp. p. 72.)

B. BULGARIE

603. **Historique.** — La BULGARIE est la *Moésie inférieure* des Romains. Au VIIe siècle les Bulgares vinrent des bords du Volga et y fondèrent un royaume, qui fut subjugué par les Grecs en 1396, puis par les Turcs. En 1876, la Bulgarie insurgée obtint son autonomie sous la suzeraineté du Sultan. En 1879, *Alexandre de Battenberg*, allemand, fut élu *prince de Bulgarie*; en 1885 il opéra la réunion de la Roumélie orientale; mais en 1886 la jalousie de la Russie le fit détrôner. Les Bulgares élurent à sa place *Ferdinand Ier de Saxe-Cobourg*, qui fut déclaré *roi* en 1908.

604. **Population**, 4 400 000 habitants. *Superficie*, 96 000 km². — *Densité*, 46.

Ethnographie. Les Bulgares sont parfois rattachés à la *famille* slave, bien que d'origine finnoise, professent le *schisme* grec et parlent le *bulgare*. Il y a aussi 520 000 Turcs mahométans.

Gouvernement. La Bulgarie, avec la Roumélie orientale, au sud des Balkans, forme un royaume constitutionnel.

Villes. Sofia, 105 000 hab., cap. de la Bulgarie. — *Choumla*, 25., ville forte dans les montagnes. — *Rutschuk* ‡, 40., port sur le Danube; — *Varna*, 45., et *Bourgas*, ports sur la mer Noire. — *Philippopoli*, 50., ch.-l. de la Roumélie orientale, sur la Maritza, draps et soieries. — *Kazanlik*, roses.

Commerce. Exportation de *blé*, laine, peaux, beurre, fruits, essence de rose.

Importation de cotonnades, fers et armes, sucre, pétrole, bois de construction.

Ports : Varna et Bourgas.

C. ROUMANIE

605 **Historique.** — Partie de l'ancienne *Dacie*, le pays des *Valaques* et des *Moldaves* fut soumis successivement aux empereurs d'Orient, aux Bulgares, aux Hongrois et aux Turcs. Après la guerre de Crimée, il forma en 1856 les deux *principautés* dites *Danubiennes*, qui se réunirent en 1866 en une seule principauté dite de *Roumanie*, sous la dynastie allemande de Charles Ier de Hohenzollern. Reconnue indépendante par le traité de Berlin en 1878, la Roumanie s'érigea en *royaume* en 1881.

606. **Population**, 7200000 habitants. *Superficie*, 131 000 km². — *Densité*, 55.

Ethnographie. Les Roumains appartiennent à la *famille* latine; ils professent généralement le *schisme grec*, et parlent la *langue* roumaine. — 2 *Universités* : Bukarest, Jassy.

Gouvernement. La Roumanie est un royaume constitutionnel, avec deux Chambres élues.

Divisions. Le royaume de Roumanie comprend la *Valachie* et la *Moldavie*, au N. du Danube, et le territoire de la *Dobrudscha*, au S.-E. de ce fleuve.

Villes. En VALACHIE, **Bukarest** ‡, 300 000 habitants, capitale, place forte et commerçante sur la Dombovitza; armes, toiles. — *Braïla*, 60., port sur le Danube.

En MOLDAVIE, *Jassy* ‡, 80., et *Galatz*, 65., port danubien. — Dans la Dobrudscha, *Soulina* et *Constanza* (Kostendjé), ports de mer. Exportation de grains.

607. **Commerce.** La Roumanie, pays de plaines fertiles, nourrit un bétail nombreux et produit abondamment le *maïs* et le *froment* pour l'exportation; elle exploite aussi le *pétrole*, le *sel* gemme et les *minerais* des Carpates.

Le *commerce* se fait surtout par le Danube, belle voie navigable internationale, et par quelques chemins de fer qui relient Bukarest, Jassy, Galatz et Constanza. — Le commerce extérieur se fait avec la Belgique, l'Autriche, l'Angleterre, l'Allemagne, la *France* (40 millions)

Exportation de froment (200 millions), *maïs*, bois, pétrole, graines oléagineuses.

Importation de France : tissus, machines.

Ports. Giurgevo, Galatz, Braïla, sur le Danube; Soulina et Constanza, sur la mer Noire.

La **Commission européenne**, dite du *Danube*, a juridiction plénière sur la navigation du fleuve en aval des Portes de Fer (Orsova) jusqu'à la mer.

D. SERBIE

608. **Historique.** — Cette contrée reçut au VIIe siècle une colonie de Serbes, peuple slave et forma au moyen âge le *royaume de Serbie*, qui tomba au pouvoir des Turcs au XVe siècle. Insurgée en 1877, elle devint principauté indépendante en 1878 et s'érigea en royaume en 1882, sous un prince national.

609. **Population**, 3 000 000 d'hab.

Superficie, 50 000 km². — *Densité*, 60.

Ethnographie. Les Serbes appartiennent à la *famille* slave, professent la *religion* grecque, et parlent la *langue* serbe.

Gouvernement. La Serbie est un royaume constitutionnel, avec une Chambre unique dite *Skoupchtina*.

Villes. *Belgrade* ✝, 90 000 hab., capitale fortifiée au confluent du Danube et de la Save; armes et tissus. Siège de 1521 par les Turcs.

Nisch ou Nissa, 25., ville forte près de la Morava supérieure. Patrie de Constantin.

La Serbie produit pour l'exportation, vers l'Autriche notamment, des céréales, des pruneaux et des bestiaux.

E. MONTÉNÉGRO

610. **Population**, 250 000 habitants.

Superficie, 9 000 km². — *Densité*, 28.

Ethnographie. Les Monténégrins appartiennent à la *famille* slave, professent la *religion* grecque, et parlent la *langue* serbe.

Gouvernement. Le Monténégro est depuis 1910 un royaume, dont le souverain a un pouvoir absolu.

Villes. *Cettinié* ou Cettigné, 4 000 habitants, cap., dans les montagnes. — *Antivari* ✝, petit port sur l'Adriatique.

Le Monténégro, petit pays montagneux, n'a qu'une industrie purement locale.

F. GRÈCE

611. **Historique.** — La GRÈCE est cette contrée si célèbre dans l'histoire ancienne par sa belle civilisation, sa littérature, ses travaux artistiques, son commerce, comme par les nombreuses colonies qu'elle forma dans l'Asie Mineure, en Italie, en Gaule, en Espagne, etc. — *Alexandre de Macédoine*, au IVe siècle avant J.-C., créa l'empire Grec qui s'étendit du Danube jusqu'à l'Indus et au Nil. La Grèce subit ensuite toutes les vicissitudes de l'*empire Romain* et de l'*empire d'Orient* jusqu'au XVe siècle, et celles de l'empire *Turc* jusqu'en 1821, époque où elle se souleva enfin contre ses dominateurs. En 1830, sous la protection des grandes puissances, elle se constitua en royaume indépendant et eut pour premier roi Othon de Bavière, qui, en 1864, fut remplacé par George Ier de Holstein. — En 1864 aussi, les *îles Ioniennes*, après avoir formé une république sous le protectorat de l'Angleterre, furent réunies à la Grèce, qui, d'après le traité de Berlin de 1878, s'accrut en 1881 de la *Thessalie* turque. — La Grèce donna en 1906 un gouverneur à la Crète.

612. **Population**, 2 700 000 habitants.

Superficie, 65 000 km². — *Densité*, 42.

Ethnographie. Les Grecs forment une petite *famille* ethnographique spéciale, professent le *schisme grec* et parlent une *langue* particulière.

Gouvernement. La Grèce est une monarchie constitutionnelle avec une seule Chambre élective; le souverain se dit officiellement *roi des Hellènes*.

Divisions. Le royaume se compose physiquement : 1° d'une partie continentale, la HELLADE et la THESSALIE; 2° de la presqu'île de MORÉE; 3° de la grande île de NÉGREPONT; 4° des îles CYCLADES, au S.-E., et 5° des îles IONIENNES, à l'O.

Administrativement, on compte 16 *nomes* ou *nomarchies*, préfectures portant des noms historiques.

Nomes. 1° Dans la Hellade ou Livadie: ATTIQUE et BÉOTIE, ch.-l. *Athènes*. — PHTHIOTIDE et PHOCIDE, ch.-l. *Zeïtoun*. — ACARNANIE et ETOLIE, ch.-l. *Missolonghi*. — THESSALIE, ch.-l. *Larissa*.

2° Dans la Morée ou Péloponèse : ARGOLIDE et CORINTHIE, ch.-l. *Nauplie*. — ACHAIE et ELIDE, ch.-l. *Patras*. — MESSÉNIE, ch.-l. *Kalamata*. — ARCADIE, ch.-l. *Tripolitza*. — LACONIE, ch.-l. *Sparte*.

3° Dans les îles : EUBÉE, ou Négrepont, ch.-l. *Négrepont*. — Les CYCLADES, ch.-l. *Syra*, ou Hermopolis.

4° Les sept îles *Ioniennes* forment trois nomes : CORFOU, avec *Paxo* et *Sainte-Maure*; CÉPHALONIE, avec *Ithaque*; ZANTE, seule. — *Cérigo* dépend de l'Argolide.

613. **Villes**. **Athènes** ✝, 170 000 habitants, capitale, fameuse par ses souvenirs et ses ruines, fut dans l'antiquité une république puissante. Ecole française d'archéologie. — ***Le Pirée***, 75., est le port d'Athènes et un centre industriel.

Patras, 40., port sur le golfe de Lépante. — ***Lépante***, victoire navale de don Juan d'Autriche sur les Turcs, en 1571. — *Nauplie*, port fortifié.

Larissa, 20., et *Tricala*, 20., dans la Thessalie, cédées par la Turquie en 1881.

Syra ✝, 20., dans l'île de ce nom, l'une des Cyclades, est un port florissant.

Corfou ✝, 30., et *Zante* ✝, 15., ports principaux des îles Ioniennes: huile d'olive, raisins secs dits de Corinthe.

614. L'**industrie** *manufacturière* est presque nulle et l'*agriculture* très négligée. — La Grèce produit cependant des vins, des fruits secs, surtout les raisins de Corinthe, de l'huile d'olive, des tissus de soie et de coton, les *marbres* de Paros, des minerais, des éponges.

Le **commerce**, nul à l'intérieur, où il est exposé au brigandage, est actif sur le littoral, qui présente un grand nombre de ports excellents et favorables au cabotage. L'*isthme de Corinthe* est percé par un canal.

Le *commerce extérieur* se fait surtout avec l'Angleterre, la Turquie et la France.

Exportation de *raisins secs* (de Corinthe, de Patras, etc.), vins, minerais, huile, vallonée.

Importation de France : sucre, peaux et métaux ouvrés.

Ports. Le Pirée, Patras, Syra, Corfou, Zante.

Statistique. (V. tableaux comp. p. 72.)

615. L'île de **CRÈTE** (Candie), pop. 350 000 h., est depuis 1897 une principauté autonome sous un prince chrétien grec, mais vassal nominal du sultan. Elle demande son annexion à la Grèce. Capitale *La Canée*, 25., port, ainsi que *Héraclée* (Candie), 25.

QUESTIONS D'EXAMEN

SUR L'EUROPE

126. Quelle est la situation physique, la superficie et la population de l'*Europe*, comparée aux autres parties du monde?

127. Décrivez les *mers* de l'Europe, leurs formes et leurs profondeurs.

128. Dressez le tableau des golfes, détroits, îles et caps.

129. *Relief* de l'Europe: les huit systèmes de montagnes, faites-en le tableau; plateaux et plaines.

130. Parlez du régime pluvial européen : causes et conséquences.

131. Citez les *bassins maritimes* et les versants généraux ; décrivez la ligne principale de partage.

132. Dressez le tableau des *fleuves* et des lacs.

133. Décrivez le cours de la Vistule, du Rhin, du Pô, du Danube et du Volga.

134. Résumez le *climat* et les productions naturelles de l'Europe.

135. Comment se développa la connaissance de la carte de l'Europe?

136. *Influence* des peuples européens sur le reste du monde: les causes, les conséquences coloniales.

137. *Population*, races et familles ethnographiques européennes.

138. Quelles sont, avec le nombre de leurs adhérents, les *religions* professées en Europe?

139. Comparez les *six grandes puissances* de l'Europe sous le rapport de la superficie, de la population et du commerce général.

140. Dans quel ordre place-t-on les six grandes puissances pour la population et l'étendue des colonies, la marine marchande et la marine militaire?

141. Où se remarque la plus grande *activité industrielle* et commerciale en Europe?

142. Indiquez les *produits* qu'elle exporte et ceux qu'elle importe de l'étranger.

143. Quelles sont les principales lignes internationales des *chemins de fer?*

144. Où passera un voyageur se rendant par voie ferrée de Lisbonne à Saint-Pétersbourg, et un autre de Londres à Constantinople?

145. Citez les fleuves et les canaux dont le *trafic* est le plus actif.

146. Pourquoi la mer du Nord et la Manche se placent-elles en premier lieu pour la navigation commerciale?

147. Citez les dix principaux *ports* de commerce en donnant le chiffre de leur tonnage.

148. Avec quels pays les ports de Liverpool, Hambourg, Anvers, Marseille, sont-ils en rapport régulier?

149. Dressez le tableau: 1° des *places fortes*, 2° des ports militaires de l'Europe.

150. Montrez comment la France d'une part, l'Allemagne de l'autre, sont défendues contre l'agression des voisins.

151. Où sont situées les *villes* ci-après, et qu'en savez-vous? Philippopoli, Belfast, Elberfeld, Saragosse, Kharkow, Budapest, Liège, Lemberg, Breslau, Nuremberg, Prague, Varsovie.

152. Dites la *nature* et la *situation* des choses suivantes : Fields, Souabe, Moskova, Posen, Gratz, Lindesness, Nijni-Novgorod, Lépante, Ibériens, Calabre, Géants, Transilvanie, Helsingfors, Finlande, Grampians, Vilna.

153. Décrivez la *côte septentrionale* de la Méditerranée depuis Barcelone jusqu'à Salonique, en indiquant les pays baignés, les mers formées et les principaux ports.

154. *Trajet* d'un navire de Marseille à Cronstadt entièrement par mer: citer les mers, détroits, pays et principales villes d'escale.

155. L'*Angleterre :* principaux traits de sa géographie physique et historique. Ethnographie, religions et gouvernement des îles Britanniques.

156. Quelles sont les grandes villes industrielles anglaises et leurs produits? Quels sont ses principaux ports et ses plus importantes colonies?

157. Quelle est la proportion des vaisseaux anglais comparés à ceux des autres nations? Depuis quand l'Angleterre a-t-elle la suprématie des mers, et qui la possédait avant elle? Quelle est son importance commerciale?

158. En *Belgique*, quelle est la grande ville située sur l'Escaut? A quoi doit-elle son importance? Quelles sont les causes principales de la richesse industrielle en Belgique? Combien y avait-il de départements en 1815 et montrez leur rapport avec les provinces actuelles? Quelle colonie possède la Belgique?

159. Que savez-vous de la géographie physique et de l'industrie des *Pays-Bas?* Quelles en sont les grandes villes? Combien y a-t-il de provinces? Quelles sont les colonies néerlandaises?

160. Qu'est-ce que l'*Allemagne?* Comment s'est réalisée dans ce pays l'unité politique et territoriale? L'empire actuel renferme-t-il tous les pays qui constituaient autrefois l'empire d'Allemagne? Nommez les États allemands en indiquant leur position géographique.

161. Dites ce que vous savez de *Berlin*, de Leipzig, de Hambourg: position, population, industrie, commerce. De même, pour Francfort-sur-Main, Magdebourg, Munich, Dresde, Essen.

162. Comment se divise l'Allemagne sous le rapport physique et sous le rapport religieux? Quels sont ses produits industriels et agricoles? Que savez-vous de l'organisation de l'armée, de l'instruction, du caractère allemand? Qu'entend-on par le *Zollverein*, le *Reichstag*, le *Bundesrath?*

163. *Autriche-Hongrie*. Géographie physique générale : montagnes et fleuves; produits naturels et industriels.

164. Différences de races, de religions et de gouvernements. Qu'entend-on par Cisleithanie, Transleithanie et dualisme dans l'administration?

165. Provinces, grandes villes et lignes ferrées de l'Autriche-Hongrie.

166. *Suisse :* ses caractères physiques essentiels, ses divisions politiques. Qu'entendez-vous par confédération et par pays neutre?

167. Quels sont les trois *États scandinaves?* Comment se sont-ils réunis, puis séparés? Résumez la géographie physique de la Suède; celle de la Norvège. Quel est le phénomène marin qui se produit sur les côtes norvégiennes?

168. Grandes villes suédoises. En quoi consistent l'industrie et le commerce de la Suède? ceux de la Norvège? Quelle est la religion de ces pays? Où en est l'instruction? Qu'est-ce que la Laponie et qu'en savez-vous?

169. Le *Danemark*. Vicissitudes de son histoire. Sa position géographique, ses villes, son commerce.

170. Quelles sont les bornes de la *Russie?* son aspect, ses fleuves et ses lacs? ses provinces et ses villes principales?

171. Parlez de Saint-Pétersbourg, de Moscou, de Varsovie, d'Odessa, de Sébastopol.

172. Productions minérales, agricoles et industrielles de la Russie. Étendue et population ; gouvernement despotique et religions.

173. Qu'appelle-t-on *presqu'île ibérique* et pourquoi? Donnez l'orographie de l'Espagne. A-t-elle une importance pour la défense du pays? Que signifie le mot *sierra?*

174. Quelles sont les villes célèbres qui furent les capitales de royaumes arabes? Quels sont les ports de la péninsule? Que savez-vous de sa géographie économique? Nommez ses provinces et leurs capitales.

175. Quelle est la forme de l'*Italie?* Sa description physique. Depuis quand forme-t-elle un seul État? Comment était-elle divisée autrefois?

176. Quels en sont les ports célèbres? les autres principales villes? Que comprenaient les États du Pape? Qu'est devenu le pouvoir temporel du Saint-Siège?

177. Quels sont les États de la péninsule des *Balkans?* Géographie physique et économique de cette péninsule. Qu'ont perdu les Turcs en Europe depuis le commencement du XIXe siècle?

178. *Turquie*. De quoi se compose cet empire dans sa plus grande étendue? Quelles sont ses provinces européennes? Sa population, son gouvernement et ses grandes villes?

179. Situation physique et politique de la *Roumanie*, de la Serbie et de la Bulgarie.

180. La *Grèce*, ses caractères physiques, sa formation historique, sa religion, ses ports, ses îles et son commerce. Annexion probable de la Crète?

Deuxième Partie — LA FRANCE

CHAPITRE I

FRANCE MARITIME

I. SITUATION ET BORNES.

1. **Définition.** La France[1], *notre patrie,* le pays de nos pères, est l'un des grands États de l'Europe occidentale et maritime.

2. **Bornes.** Des six frontières françaises, trois sont **maritimes**, et conséquemment *naturelles :* au nord-ouest, la Manche; à l'ouest, l'Atlantique, et au sud-est, la Méditerranée.

Les trois autres sont **terrestres** et *politiques,* ou conventionnelles; mais deux d'entre elles coïncident avec des accidents naturels ou physiques : au sud-ouest, la frontière espagnole concorde avec l'arête des Pyrénées; à l'est, les frontières italienne et suisse concordent avec les Alpes et le Jura. Au nord-est seulement, à part l'arête des Vosges méridionales, la frontière allemande, luxembourgeoise et belge n'est marquée que par des lignes de pure convention politique.

3. Le **développement** des *frontières de terre* est de 2320 kilomètres, dont 790 au nord-est (Belgique, Luxembourg et Lorraine); — 960 à l'est, savoir : 150 pour les Vosges, 290 pour le Jura, 520 pour les Alpes (Alsace, Suisse, Italie); — 570 au S.-E., pour les Pyrénées (Espagne et Andorre).

On évalue le *développement des côtes françaises* à environ 2900 kilomètres.

La France. — Son relief, ses mers.

4. **Configuration.** Les contours de la France affectent la forme générale d'un **hexagone irrégulier**, dont les sommets sont : — au *nord,* la ville de Dunkerque ; — à l'*ouest,* le cap Saint-Mathieu ; — au *sud-ouest,* l'embouchure de la Bidassoa ; — au *sud,* le cap Cerbère ; — au *sud-est,* la ville de Menton, près de l'embouchure de la Roya ; — au *nord-est,* le mont Donon, dans les Vosges (avant la perte de l'Alsace, le confluent de la Lauter et du Rhin).

5. **Harmonie des formes.** Si, considérant une carte de l'Europe, on compare la France avec les autres contrées, on doit conclure que c'est elle qui possède les formes extérieures les plus harmonieuses; c'est aussi la contrée où les rapports sont les plus avantageux entre les terres et les mers, les montagnes et les plaines; celle qui jouit de la situation la plus heureuse, entre le climat méridional aux produits végétaux variés, et le climat septentrional, plus favorable au travail industriel, source de richesse et de puissance sociales. — Déjà Strabon, au IIe siècle, signalait cette harmonie du relief et des cours d'eau de la Gaule, et concluait en disant : « Personne ne peut douter que la Providence n'ait disposé ce pays avec intention et non au hasard. »

6. **Position astronomique.** La France est située dans l'*hémisphère boréal* et dans la *zone tempérée.* Elle s'étend de 42°20' à 51°5' de *latitude* septentrionale, — et de 5°20' de *longitude* orientale à 7°8' de longitude occidentale du méridien de Paris.

7. **Superficie.** La superficie de la France est, d'après des calculs récents, en nombre rond, de 537000 kilomètres carrés (plus exactement 536891), soit 8000 km² de plus qu'on ne lui attribuait ordinairement.

Le territoire français est à peine la 1000e partie du globe, la 250e partie des terres, et la 19e partie de l'Europe, où il occupe comme grand État le 4e rang après la Russie, dix fois plus étendue, l'Autriche-Hongrie (675000 km²) et l'Allemagne, dont l'excédent est peu sensible (540000 km²).

Sa longueur en *latitude* (du N. au S.) est de 973 km, et sa largeur en *longitude* (de l'E. à l'O.), de 888 km.

France. — Coordonnées géographiques. Projection conique.

[1] **Exercices.** L'élève s'appliquera à reproduire la carte de France à vue, puis de mémoire, en suivant les indications de notre *Cahier cartographique*, n° 3.

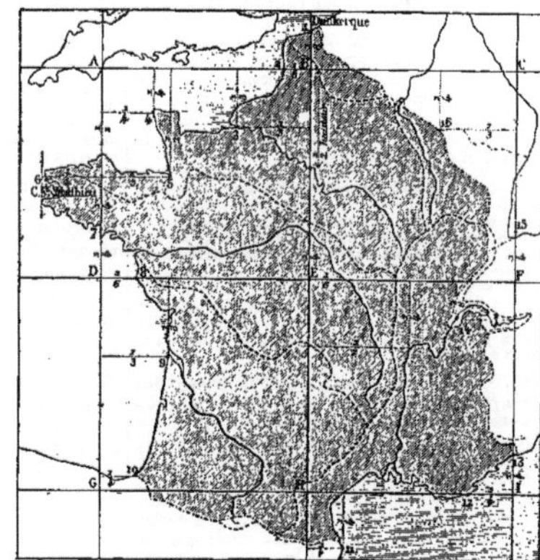

France. — Tracé du croquis de la carte au moyen des quatre carrés. Voir l'explication dans les cahiers cartographiques n°s 2 et 3.

II. LES MERS FRANÇAISES

8. **Les mers françaises.** Le territoire français est baigné et circonscrit tout à la fois par les eaux de l'Océan, sous quatre dénominations différentes :

Au N., la **mer du Nord**, dont les côtes n'ont qu'un développement de 70 km.

Au N.-O., la **Manche** (750 km de côtes, en ligne rectifiée, 1 100 en ligne sinueuse) jusqu'au cap Saint-Mathieu.

A l'O., l'**Atlantique** (835 km) jusqu'à la Bidassoa.

Au S.-E., la **Méditerranée** (635 km) entre les frontières espagnole et italienne.

9. **Profondeurs des mers.** Le plus souvent, la déclivité du sol se continue sous les eaux marines avec le même caractère de pente douce ou raide qu'elle a sur le continent limitrophe; il s'ensuit que les mers sont ordinairement *peu profondes dans les parties bordées de terres basses, tandis qu'elles le sont davantage au voisinage des terres hautes et montagneuses.*

L'inspection du relief du sol français, sur les cartes hypsométriques, permet de vérifier cette assertion.

10. En effet, la **mer du Nord** est bordée de plaines en France, comme en Belgique, en Hollande, en Angleterre; sa profondeur, entre ces pays, n'atteint qu'un maximum de 100 m., avec une moyenne de 60 m.

Le détroit du **Pas de Calais**, sous lequel on a proposé de creuser un tunnel, n'a qu'une profondeur maximum de 55 m., égalant à peine la hauteur des tours de Notre-Dame de Paris.

La **Manche** est également entourée de terres basses, nonobstant ses côtes en falaises; sa carte ne présente au centre qu'une courbe de 50 m. de profondeur, avec des points de 100 m. à l'ouest et près de l'île d'Aurigny.

11. Dans l'**Atlantique**, la courbe de 20 m. rattache à la côte les îles de Groix, de Belle-Ile, d'Yeu, de Ré et d'Oleron. — Les courbes de 50, 100 et 150 m. suivent parallèlement à la précédente; celle de 1000 m. se présente à 150 km des côtes rocheuses de Bretagne, à 200 du littoral bas et marécageux de la Vendée et à 40 km seulement vers les Pyrénées; elle est serrée de près par les courbes de 2000 et de 3000 m., avec un point de plus de 4000 m.

La **Méditerranée** est de même plus profonde vers le littoral montagneux de la Provence et du Roussillon, que dans l'enfoncement du golfe du Lion, bordé par les terres basses du Languedoc. La courbe de 1000 m., distante de 150 km de Cette, n'est plus qu'à 30 km de Cannes et du cap Cerbère.

12. **Relief du fond des mers.** En général, *le fond des mers est analogue à celui des terres émergées :* il y a des plaines, des vallées, des plateaux sous-marins, sans que toutefois ces inégalités de surface soient toujours aussi tranchées, aussi déchiquetées que sur les continents. On conçoit, en effet, que l'apport des sables et des limons, par les fleuves et les courants, tende à combler les fonds et à masquer les aspérités des roches sous-marines, pour établir finalement des pentes plus douces, des ondulations plus allongées et moins saillantes.

13. **Utilité des mers.** Non seulement les *mers françaises* forment les frontières les plus naturelles de la patrie, mais elles ont les caractères d'utilité signalées pour l'Océan en général : 1° par la **navigation**, elles sont le grand chemin qui relie la France à ses colonies et aux contrées les plus lointaines; — 2° par la **pêche**, elles fournissent, outre le poisson, de l'occupation à plus de 80000 marins, pépinière des équipages de notre marine marchande et militaire; — 3° par le **sel**, la **soude**, ainsi que le **varech**, la **tangue** et autres *engrais* qu'on retire de leurs eaux, elles favorisent l'industrie et l'agriculture; — 4° par l'**évaporation** qui s'y forme et les nuages qui en résultent, elles sont la source des pluies bienfaisantes qui se déversent sur notre sol, et des fleuves qui le drainent et le fertilisent, etc.; — 5° par les **courants chauds**, dérivés du *Gulf-Stream* intertropical et qui parcourent les mers de l'ouest, elles réchauffent le climat français. — 6° Enfin les stations *balnéaires* animent nos côtes et enrichissent encore les populations du littoral.

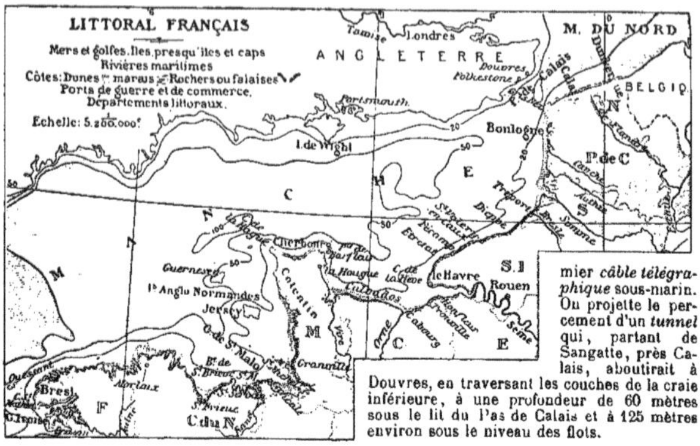

III. LE LITTORAL FRANÇAIS.

14. Le **littoral français** présente une grande et heureuse variété de caractères. Moins déchiqueté, moins riche en bons ports que celui des îles Britanniques ou de la péninsule des Balkans, il est mieux démembré que celui des presqu'îles hispanique et italique. Ses côtes, alternativement basses et sablonneuses, relevées en falaises ou échancrées par des estuaires de fleuves et des vallées qui rappellent les fiords de Norvège, ne présentent pas la monotonie des côtes basses allemandes et russes de la Baltique, par exemple.

Le littoral français peut se partager en plusieurs parties, correspondant aux divisions des mers. Nous les décrivons successivement, de manière à réunir dans les mêmes articles les divers accidents maritimes et terrestres.

15. Le **littoral de la mer du Nord.** De la frontière belge jusqu'à Calais, la côte française est *basse*, formée d'alluvions marécageuses, de tourbières, de **polders** submersibles, mais endigués. Elle est bordée de **dunes** *sablonneuses*, hautes de 10 à 20 mètres, et précédées d'un *estran* ou plage, très propre aux bains de mer. Ce sont là, du reste, les caractères généraux de toute la côte de la mer du Nord, depuis la Belgique jusqu'en Danemark.

Les **ports** sont : DUNKERQUE, le quatrième de France pour le commerce; — GRAVELINES, sur l'Aa canalisée, — et CALAIS, où aboutissent les canaux de Flandre.

Calais, qui fut de 1347 à 1558 la tête de pont des Anglais sur le continent, est le port d'embarquement le plus rapproché de Douvres (42 km). En 1851, y eut lieu la pose du premier *câble télégraphique* sous-marin. On projette le percement d'un *tunnel* qui, partant de Sangatte, près Calais, aboutirait à Douvres, en traversant les couches de la craie inférieure, à une profondeur de 60 mètres sous le lit du Pas de Calais et à 125 mètres environ sous le niveau des flots.

16. Le **Pas de Calais.** La côte du Pas de Calais est caractérisée par ses **falaises de craie** jurassique, dont l'une, haute de 134 mètres, forme le cap *Blanc-Nez*. Le cap **Gris-Nez** n'a que 50 mètres de hauteur, mais il forme la partie la plus avancée vers les côtes anglaises, dont on aperçoit aisément les blanches falaises, à 33 km de distance.

Le nom de Gris-Nez provient apparemment du mot scandinave ou celtique *craig-ness*, qui signifie « cap de rochers ». La falaise du Blanc-Nez affecte la même teinte blanchâtre que celle de Douvres.

Le **détroit** du Pas de Calais est le passage le plus fréquenté du globe par les navires : plus de deux cent mille bâtiments le parcourent chaque année; aussi les collisions y sont-elles fréquentes en temps de brouillards et de tempêtes, d'autant plus que les courants y sont forts et les bancs de sable nombreux.

17. **Littoral de la Manche.** Du cap Gris-Nez, la *falaise* se continue droit au sud et s'entr'ouvre plusieurs fois pour former la rade d'*Ambleteuse*, le petit port de pêche de *Wimereux* et, à l'embouchure de la Liane, le port fortifié de BOULOGNE, qui communique régulièrement avec Folkestone, distant de 48 kilomètres; là s'élève une colonne de 55 mètres dédiée à la « Grande Armée » avec laquelle Napoléon projetait d'envahir l'Angleterre.

Au sud de Boulogne, la côte est *basse* et percée de trois *baies sablonneuses* dans lesquelles se déversent la Canche, l'Authie et la Somme. Derrière les *dunes* s'étale, entre la Canche et la Somme, la contrée du **Marquenterre**, gagnée sur la mer par des endiguements.

18. Les **falaises de Normandie.** De la Somme à la Seine, sur environ 130 kilomètres, se dressent les célèbres **falaises** *de Normandie* ou du pays de Caux, hautes de 60 à 120 mètres : leur base, de sable ferrugineux, étant minée par des sources et battue par les flots, les expose à des érosions qui en précipitent de temps à autre d'énormes masses dans la Manche.

Entre le *promontoire* du *Jolibois*, près du Tréport, la pointe d'*Ailly*, à l'ouest de Dieppe, les caps d'*Antifer* et de la *Hève* s'ouvrent les criques, *brèches* ou embouchures de la Bresle, de l'Yères, de l'Arques, de la Scie et de la Saane.

Dans les anfractuosités de ces **brèches** s'abritent des villes littorales, telles que LE TRÉPORT, plage aimée des baigneurs; — DIEPPE, dont le nom scandinave (*diep*, profond) exprime la profondeur de la brèche de l'Arques, et dont les hardis marins découvrirent, vers 1364, les côtes de l'Afrique occidentale; — SAINT-VALERY-EN-CAUX et FÉCAMP, qui s'occupent de la pêche; — ETRETAT, célèbre par ses *falaises pittoresques*, dominées par le cap d'Antifer, à 116 mètres au-dessus des flots.

19. L'estuaire de la Seine. Au sud du cap de la Hève, haut de 107 mètres, s'ouvre l'**estuaire** de la Seine, qui mesure 13 kilomètres de largeur sur 30 de profondeur jusqu'à Quillebeuf. Dans cet espace à fond de sable, de galets et de limons boueux, se produit le curieux phénomène de la barre ou du mascaret, résultant de la lutte de la marée contre le courant du fleuve. Cet estuaire baigne le grand port du HAVRE, fondé par François Ier; QUILLEBEUF, HONFLEUR, ports de cabotage ou de pêche. Plus au sud se jettent la Touques, la Dives et l'Orne. TROUVILLE, DEAUVILLE, CABOURG et COURSEULLES, en face des *rochers du Calvados*, ont des plages **balnéaires**.

Les fameux **rochers du Calvados** sont de simples écueils ou récifs noircis par les eaux; hauts à peine de 1 à 3 m. au-dessus des sables de la plage, ils sont complètement submergés par la haute mer, ce qui les rend alors invisibles et dangereux pour la navigation. Il est douteux que le nom de Calvados vienne du navire espagnol le *Salvador*, qui se brisa contre l'un de ces écueils en 1588. Il dérive plutôt du mot *calve* (*calb* ou *kalb*, qui signifie veau), par lequel les Scandinaves désignent les rochers ou écueils noirâtres entourant un récif ou un îlot plus grand : ils les comparent aux veaux ou petits de la baleine qui suivent leur mère.

Plus à l'ouest, la côte est formée de *falaises* précédées de bancs de roche; puis vient la large baie de la Vire, tout encombrée de sable, qui donne issue à l'Aure, à la Vire et à la Douve.

20. La **presqu'île du Cotentin**, dont les côtes sont généralement rocheuses et granitiques, présente la rade de la **Hougue**, près de laquelle Tourville perdit la bataille navale de 1692; la pointe de *Barfleur* et le cap de la **Hague**, haut de 50 mètres. Entre ces deux promontoires, une échancrure abrite le **port militaire** de CHERBOURG, protégé au large par une digue gigantesque de 3712 mètres de longueur.

Au sud du cap de la Hague, la côte cotentine, inhospitalière, possède le port de GRANVILLE; le passage de la *Déroute* la sépare des **îles Normandes**, dont les principales : *Jersey*, *Guernesey* et *Aurigny* (100000 hab.), sont anglaises, tandis que les îlots rocheux de *Chausey* et des *Minquiers* sont français.

Au fond du **golfe de Saint-Malo** ou de Normandie, la baie où se dresse le *Mont-Saint-Michel* est une vaste plage sablonneuse de 250 km², sur laquelle le flot montant glisse avec une rapidité vertigineuse, que l'on a comparée à celle « d'un cheval au galop »; la marée y atteint une hauteur extraordinaire de 14 mètres. Là débouchent, à travers d'immenses **grèves**, la *Sée*, la *Sélune* et le *Couesnon*, à côté des marais de Dol, endigués et fertilisés comme les polders de la Hollande.

21. Les **côtes de la Bretagne**, depuis Saint-Malo jusqu'à l'embouchure de

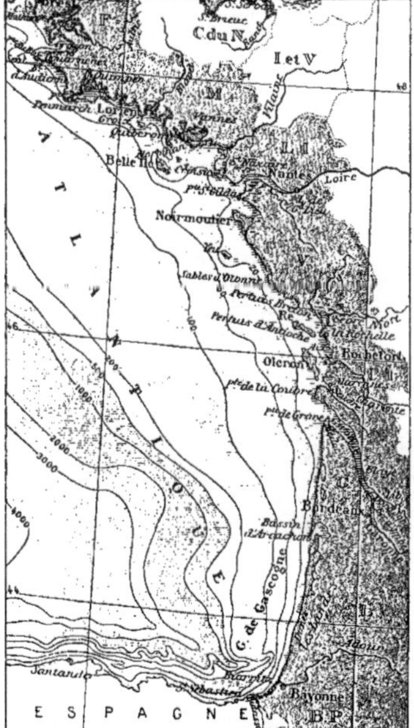

la Loire, sont généralement rocheuses et **granitiques** : elles présentent des *falaises*, des *galets*, des *bancs de sable*, des *îlots rocheux*; des *baies* nombreuses et profondes, rappelant les **fiords** de Norvège, sont resserrées entre des *presqu'îles* et des *caps* battus par une mer furieuse difficilement navigable. De là sont sortis ces rudes marins bretons qui ont illustré les ports de SAINT-MALO, SAINT-SERVAN, SAINT-BRIEUC, MORLAIX, BREST, LORIENT et autres.

Sur la **côte septentrionale** s'ouvrent les criques de la *Rance*, du *Gouet*, du *Guer*; là se projettent les roches de CANCALE, aux huîtres renommées, les pointes de *Talbert*, de *Roscoff* et, en mer, les îles *Bréhat*, les *Sept-Iles* et l'îlot de *Batz*.

A l'extrémité occidentale du *Finistère*, entre les îles d'*Ouessant* et de *Sein*, du cap **Saint-Mathieu** à la pointe du *Raz*, s'ouvre le golfe de l'**Iroise**, donnant entrée par le *Goulet* à la grande **rade militaire** de *Brest*, où afflue l'*Aulne*, et que la presqu'île de *Crozon* sépare de la baie de *Douarnenez*.

22. La **côte bretonne méridionale** présente successivement la pointe de *Penmarch*, la crique de l'Odet, l'île *Groix*, la baie de Lorient, où aboutissent le Scorff et le Blavet, la presqu'île de *Quiberon*, la baie du **Morbihan**, « Petite Mer » semée d'îlots; celle de la *Vilaine*, ayant en face *Belle-Ile-en-Mer* et les îlots d'Houat et d'Hoëdic; enfin, la presqu'île du Croisic ou de *Guérande*, avec ses **marais salants**.

La **Loire**, le plus long fleuve de France (1040 km), après avoir baigné NANTES et SAINT-NAZAIRE, développe son embouchure entre les pointes du Croisic et de Saint-Gildas, au milieu de terres basses, où s'étale le marécageux lac de Grand-Lieu, que l'on se propose d'assécher.

23. **De la Loire à la Gironde**, la côte est **basse**, sablonneuse dans la Vendée, découpée, bordée de **terrains endigués**, ou **polders**, et de **marais salants** dans la Charente-Inférieure. — Après l'île de *Noirmoutier*, qui ferme au sud la baie ensablée de BOURGNEUF, viennent l'île d'*Yeu* et le port des SABLES-D'OLONNE. Plus au sud, les îles fortifiées de *Ré*, d'*Oleron* et d'*Aix* enferment une vaste baie, ouverte par les *pertuis Breton* et d'*Antioche* et où débouchent le Lay, la Sèvre-Niortaise, la Charente; là s'abritent LA ROCHELLE-PALLICE, port double; ROCHEFORT, **port militaire**, et MARENNES, renommée par ses **huîtres** vertes.

Entre les pointes de la *Coubre* et de *Grave*, et en face de l'îlot portant le phare de Cordouan, s'étale la **Gironde**, estuaire ou golfe dont les eaux sont en majeure partie marines; sa largeur moyenne est de 5 km (3 à 10), sa longueur, de 75 km jusqu'au *bec d'Ambès*, où se réunissent la Garonne et la Dordogne; ses bords sont généralement plats et souvent marécageux; elle donne accès aux ports de ROYAN, PAUILLAC, BLAYE, BORDEAUX et LIBOURNE.

24. **Golfe de Gascogne.** De l'extrémité nord de la presqu'île du **Médoc** à la Bidassoa, sur une longueur de 225 km., la côte est **droite**, sablonneuse, bordée par les célèbres **dunes de Gascogne**, larges de 4 à 8 km., hautes de 20 à 90 mètres, et fixées en partie par des plantations de pins. Un chapelet d'**étangs** dits de *Hourtins*, de *Lacanau*, d'*Arcachon*, de Cazau, etc., longe les dunes à l'est et reçoit les eaux des plaines landaises. L'entrée de la **baie d'Arcachon**, transformée en une vaste huîtrière, l'embouchure de l'*Adour* avec son port de BAYONNE, l'unique de la région, et celle de la *Bidassoa*, sur la frontière espagnole, sont les seules échancrures de cette **côte inhospitalière** du golfe de Gascogne, qui devient rocheuse aux bains de BIARRITZ.

25. Méditerranée. Le littoral méditerranéen est **généralement bas et sablonneux** du *cap Cerbère* à Marseille, **élevé et rocheux** au delà jusqu'en Italie.

Au fond du **golfe du Lion,** la côte sablonneuse du Roussillon et du Languedoc renferme, derrière les **cordons littoraux,** une longue succession d'**étangs**, dont les principaux sont ceux de *Leucate*, de *Sigean*, de *Thau* et de *Mauguio*, ces deux derniers traversés par le prolongement du canal du Midi. Le Tech, la Têt, l'Aude, l'Orb, l'Hérault et le Vidourle débouchent sur cette côte. Les ports sont : PORT-VENDRES, LA NOUVELLE, AGDE, CETTE, le plus important, AIGUES-MORTES, où s'embarqua saint Louis, et qui est aujourd'hui situé dans les marais, à 6 km du petit golfe qui porte son nom.

La **Camargue**, ou le delta du Rhône, est une **île marécageuse**, renfermant le grand étang de *Vaccarès* et autres, qu'un cordon littoral sépare du golfe de **Beauduc** ou des Saintes-Maries. A l'est du Grand-Rhône, où se trouve le port Saint-Louis, le golfe de **Fos** communique par le canal de Martigues avec l'*étang de* **Berre**, mesurant 15000 hect. Les alluvions du Rhône avancent le littoral d'une dizaine de mètres par an.

26. La **haute côte provençale**, terminaison des montagnes alpestres, est rocheuse et creusée de bons ports ; elle commence à la rade de MARSEILLE, le premier port marchand de France, que protègent les forts des îlots d'*If*, de *Ratonneau* et des *Pomègues*. Elle se continue par le port de LA CIOTAT, le cap **Sicié**, le plus méridional de la côte, la double rade de TOULON, grand **port militaire**, la presqu'île de *Giens* et ses **salines**, la rade et les îles d'*Hyères*. De là, le littoral, prenant la direction nord-est vers le golfe de Gênes, présente les baies et les villes de SAINT-TROPEZ, de FRÉJUS, où Napoléon débarqua en 1815 et où débouche l'Argens, la *baie de Cannes* fermée par les **îles Lérins**, le port d'ANTIBES, l'embouchure du Var et la grande place fortifiée de NICE, enfin la cité princière de MONACO et la ville de MENTON, à la frontière italienne, près de la Roya. Toutes ces localités, depuis Hyères, sont des stations hivernales de la « Côte d'Azur ».

27. Corse. Les côtes de la Corse, comme celles de la Provence, sont généralement **élevées**, rocheuses et découpées en presqu'îles et baies, sauf dans la partie moyenne de la côte orientale, qui est basse et bordée de *lagunes*.

L'île s'étend en ovale allongé de la presqu'île du **cap Corse** au détroit de *Bonifacio*, qui la sépare de la Sardaigne. Les **golfes** de *Saint-Florent*, de *Porto*, de *Sagone*, d'AJACCIO et de *Valinco* sont les principales échancrures de la côte ouest, et le golfe de PORTO-VECCHIO, celle de la côte est, où se trouve également le port de BASTIA.

CHAPITRE II

FRANCE GÉOLOGIQUE

29. Phénomènes géologiques. Le sol de la France n'a pas toujours été ce qu'il est. Il fut un temps où les eaux de la mer le couvraient complètement. Par l'effet des convulsions du globe, diverses parties de sa surface ont été soulevées hors de l'eau et se sont redressées plus ou moins pour constituer les montagnes, les vallées, les plateaux et les plaines que nous voyons aujourd'hui. En revanche, les parties ainsi émergées, attaquées par l'action des pluies, des gelées, du soleil, se sont plus ou moins désagrégées, surtout les plus friables ; elles se sont ravinées, et leurs débris, emportés par les eaux torrentielles, ont comblé le fond des vallées, exhaussé les plaines, ensablé et prolongé les plages en empiétant sur les mers.

30. Classification des terrains. On distingue (p. 8) les terrains **non stratifiés**, d'origine ignée et de nature cristalline, et les terrains **stratifiés**, ou *sédimentaires*, déposés par couches au fond des eaux. Ces derniers se subdivisent en terrains *primaires, secondaires, tertiaires, quaternaires* et *modernes*.

Tous les âges sont représentés dans le sol français, qui présente sous ce rapport encore une heureuse variété.

31. I. Les **terrains non stratifiés**, ou *archéens* (anciens), constituent en France le **Plateau central**, le **Morvan**, la **Bretagne** (sauf la partie centrale), le *Bocage* vendéen, la *Gâtine*, les Vosges méridionales, le *noyau* des Pyrénées, des Alpes, les monts des *Maures* et le versant occidental de la Corse. Là dominent les roches granitiques et les schistes cristallins qui, ayant peu séjourné sous les eaux de la mer, ne sont pas recouverts de roches sédimentaires : de là leur peu de fertilité.

Les *roches volcaniques*, appartenant également aux terrains ignés, ont été vomies, à des époques relativement récentes, par des **volcans**, éteints aujourd'hui, qui ont recouvert de leurs coulées de *basalte*, de *trachyte* et de *lave*, une partie de l'Auvergne, du Velay, du Vivarais et du Morvan.

32. II. Aux **terrains primaires** appartiennent la partie centrale de la *Bretagne*, tout le *plateau ardennais* jusqu'au

28. TABLEAU SYNOPTIQUE DES MERS ET DES COTES

MERS et GOLFES	MER DU NORD (ou *mer Germanique*).	
	MANCHE	Estuaires de la Canche, de l'Authie, de la *Somme ;* baie et estuaire de la *Seine ;* *Golfe de Saint-Malo,* baie du Mont-Saint-Michel ; estuaire de la Rance, baie de Saint-Brieuc.
	ATLANTIQUE	Baie ou rade de *Brest*, baie de *Douarnenez*, golfe de l'Iroise. — Baies d'Audierne, de Lorient, du Morbihan ; Estuaires de la *Vilaine*, de la *Loire*, baie de Bourgneuf. — *Golfe de Gascogne, Gironde*, bassin d'Arcachon.
	MÉDITERRANÉE	*Golfe du Lion :* étangs de Leucate, de Sigean, de Thau, de Vaccarès, de *Berre ;* G. de Beauduc et de Fos ; baies de Marseille, de la Ciotat ; rades de Toulon, d'Hyères ; baies de Saint-Tropez, Fréjus, Cannes. En Corse : golfes de Saint-Florent, de Sagone, d'Ajaccio, de Valinco, de Porto-Vecchio.
DÉTROITS	MER DU NORD ET MANCHE	*Pas de Calais.* Raz Blanchard, passages de la Déroute et du Four.
DÉTROITS	ATLANTIQUE	Goulet de Brest ; Pertuis Breton, d'Antioche, de Maumusson.
	MÉDITERRANÉE	*Détroit de Bonifacio.*
ILES	MANCHE	Iles Chausey, Minquiers (Jersey et Guernesey, anglaises), Bréhat, Sept-Iles, Batz.
	ATLANTIQUE	*Ouessant*, Sein, Groix, *Belle-Ile*, Houat, Hoëdic ; *Noirmoutier, Yeu, Ré, Oleron*, Aix.
	MÉDITERRANÉE	Iles Ratonneau, Pomègues, If ; d'Hyères, de Lérins, de *Corse*.
PRESQU'ILES	MANCHE ET ATLANTIQUE	Presqu'îles du *Cotentin*, de Saint-Malo, de *Bretagne :* de Brest, de Crozon ; d'Audierne, de Quiberon ; du Médoc.
	MÉDITERRANÉE	Presqu'îles du cap Sicié, de Giens, de Saint-Tropez, d'Antibes, du cap Corse.
CAPS	MER DU NORD ET MANCHE	Caps Blanc-Nez et *Gris-Nez ;* d'Antifer, de la *Hève*, pointe de Barfleur, cap de la *Hague*, cap Fréhel, Sillon de Talbert.
	ATLANTIQUE	*Corsen, Saint-Mathieu*. Pointes du Raz, de Penmarch ; du Croisic, de Chemoulin, de Saint-Gildas ; de la Coubre, de *Grave*.
	MÉDITERRANÉE	Cap *Cerbère*, pointe d'Agde, cap Sicié. En Corse : cap *Corse*.

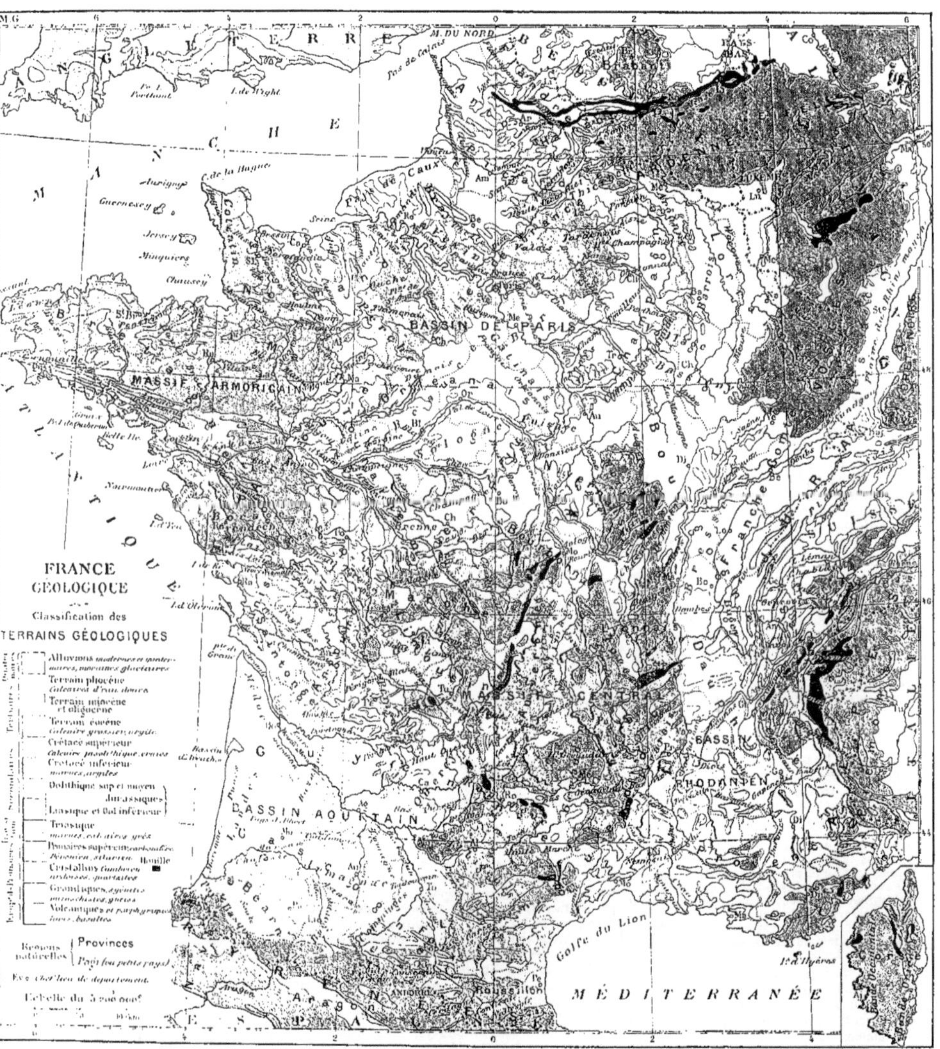

delà du Rhin, une partie des *Vosges*, la grande masse des *Pyrénées*, quelques lambeaux du Massif central. C'est au pied des soulèvements de l'Ardenne et du Massif central que se sont formés les schistes *ardoisiers* de Fumay et les *dépôts de houille* (bassins d'Anzin-Valenciennes et de Lens-Béthune, bassins du Creusot, d'Aubin, de Saint-Étienne, etc.).

A la fin de l'époque primaire, la France était encore aux deux tiers sous l'eau; *il n'émergeait que la Bretagne*, le *Plateau central*, le Morvan, les Vosges, les Pyrénées, les Alpes de Savoie, les monts des Maures et la Corse occidentale, qui formaient alors une série d'îles distinctes, ainsi que le montre la carte spéciale ci-après (p. 98).

33. III. Les **terrains secondaires** se subdivisent en trois :

1° Le **terrain triasique**, formé de grès et d'argiles, constitue le versant occidental des *Vosges*, les *Alpes Cottiennes*, ainsi que des lambeaux du bas Bourbonnais, du Limousin méridional et de la Provence.

2° Le **terrain jurassique** (*lias* et *oolithe*) est composé surtout de calcaires mêlés de marnes et de grès; il constitue presque **tout le massif du Jura**, ainsi que l'étage **inférieur du bassin parisien**, autour duquel il apparaît en un grand cercle dans la Lorraine médiane, la Champagne, le Nivernais, le Berry, le Poitou et une partie de la Normandie. Il forme de même le fond du **bassin aquitanique**, dans l'Aunis, l'Angoumois, le Quercy, et apparaît au pied des Pyrénées, dans le haut Languedoc, les Causses (tel le Larzac) et les Alpes du Dauphiné et de la Provence.

3° Le **terrain crétacé**, composé de calcaires crayeux, de craie, de **grès verts**, est pauvre en **dépôts métalliques**. Il est disposé, à l'intérieur des cuvettes jurassiques, en anneaux qui apparaissent dans les monts de l'Artois, la Champagne centrale, la Touraine, le Maine, la Normandie (**bassin Parisien**), ainsi que dans l'Angoumois, le Périgord, au pied des Pyrénées (*bassin aquitain*), en Provence, en Dauphiné et en Savoie (*bassin rhodanien*).

34. IV. Les **terrains tertiaires** sont, comme les précédents, d'origine exclusivement marine.

Ils occupent plus du quart du territoire français et constituent les parties centrales des grands bassins géologiques, savoir :

1° **Bassin neustrien** *ou parisien :* l'Ile-de-France, l'Orléanais avec la Beauce; la Picardie, l'Artois et la Flandre;

2° **Bassin aquitain** : parties basses de la Guyenne et de la Gascogne.

3° **Bassin rhodanien** *et méditerranéen :* le bas Languedoc, la Provence occidentale, les vallées du Rhône et de la Saône.

4° En outre, la Limagne, le bas Forez, une partie du Bourbonnais et, en dehors de la France, la Basse-Belgique et la plaine de l'Alsace.

Paris, situé au centre d'un bassin tertiaire, trouve dans ses nombreuses couches de roches variées tous les matériaux qui lui sont nécessaires pour ses constructions : pierres de taille, meulières pour moellons, gypse ou pierres à plâtre, argile à briques, sables et graviers de toutes grosseurs.

Pendant la période tertiaire, des **éruptions volcaniques** vomissent des matières qui forment les *porphyres du Morvan* et les *diorites de la Bretagne*. Des soulèvements prodigieux élèvent à leur altitude actuelle les sommets des Pyrénées et des Alpes.

35. V. Les **terrains quaternaires** sont les alluvions anciennes composées de limon et de sable, mêlés de cailloux roulés, qui forment généralement le sol horizontal des plaines et des vallées. On y trouve les premières traces de l'existence de l'homme (squelettes, haches de pierre, os travaillés, débris de poterie).

Période glaciaire. — Le début de l'époque quaternaire est marqué par des froids intenses, qui donnent lieu à d'*immenses glaciers* couvrant les montagnes et s'allongeant dans les vallées, emportant sur leur dos les **blocs erratiques** (*moraines*) qu'ils vont déposer au loin. Ces blocs se retrouvent dans le Jura et dans le voisinage des Alpes, où ils couvrent de leurs longues traînées les plaines de la Bresse et du Dauphiné jusqu'aux collines lyonnaises.

Les *dépôts jaunes* connus sous le nom de « lehm » ou de « loess » abondent dans la vallée du Rhin et dans le bassin du Rhône; ils sont utilisés sous le nom de « terre à pisé », pour élever des constructions économiques.

C'est pendant cette époque que l'Angleterre, unie jusque-là au continent, en fut séparée par l'érosion exercée par les eaux marines sur les roches meubles, d'où résulta la formation de la Manche et du Pas de Calais.

France. Les terrains primaires.

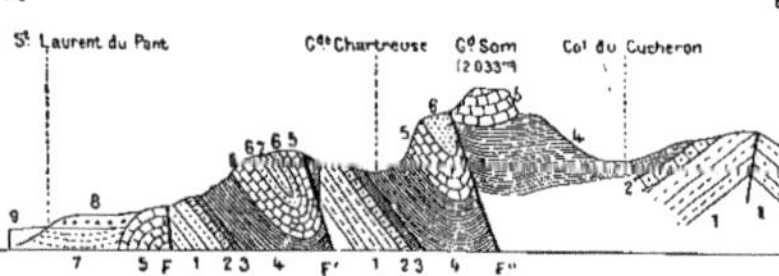

Plissements de terrains et failles (F, F'') dans le massif de la Grande-Chartreuse.

36. VI. Les **terrains modernes** comprennent tous les dépôts de formation actuelle; mais ces couches ont peu d'importance, si on les compare aux terrains précédents. On peut les diviser en **dépôts d'eau douce**, tels que les limons des lacs et des étangs, les tourbes des marais, les alluvions des fleuves et leurs deltas, et en **dépôts marins** : dunes, polypiers, débris organiques enfouis au fond des mers et préparant des couches pour l'avenir.

La partie supérieure du sol, formée par les débris des roches sous-jacentes ou par les matériaux transportés par les eaux, les glaciers ou les vents, se mélange avec des restes organiques et constitue la **terre végétale**.

37. **Influence de la Géologie sur la Géographie et l'Histoire.** Il n'est rien de fortuit, de livré au hasard dans la nature, pas plus que dans l'histoire de l'humanité; tout a sa raison d'être, et les circonstances géologiques, qui expliquent si bien le modelé de la Terre, ont une influence jusque sur les mœurs et les industries des peuples qui l'habitent.

Et d'abord, le régime des eaux courantes résulte en partie des caractères intrinsèques des divers sols; dans les **terrains imperméables**, granitiques ou schisteux, elles glissent rapidement en torrents d'eau claire, d'un débit variable selon les orages qui les provoquent, leur écoulement rapide produisant alors de terribles *inondations*. Dans les terrains calcaires ou crétacés, plus ou moins crevassés, les eaux creusent, par érosion, des vallées profondes, parfois des canaux souterrains, des grottes et des cavités où elles se perdent pour reparaître plus loin. Dans les **terrains perméables**, formés de limon, de sable, elles s'infiltrent en partie, se débitent avec lenteur et forment des rivières qui ne donnent pas lieu à de grandes inondations, mais qui sont dans les meilleures conditions de *permanence* pour être utilisées par l'irrigation et la navigation.

Si aux conditions minéralogiques on joint celles du relief, les conséquences sont plus grandes encore, ainsi que le prouve, par exemple, le contraste de ces deux régions que le savant Elie de Beaumont a appelées les deux « pôles de la France » : le **pôle répulsif**, qui est le Massif central, et le **pôle attractif**, ou bassin parisien.

38. Le **Massif central** est une protubérance, une sorte de cône qui est formé de roches dures et relativement peu fertiles : de même que les eaux glissent rapidement sur ses pentes et fuient ses sommets abrupts, ainsi les habitants, rares déjà, s'expatrient volontiers et descendent vers la plaine, où ils trouvent de meilleures conditions d'existence.

Au contraire, le **bassin** *naturel* **dont Paris est le centre** forme comme une cuvette où les eaux affluent d'elles-mêmes, et sa fertilité, de même que son horizontalité, attire les populations, qui y trouvent les conditions favorables à l'agriculture, à l'industrie et au commerce, sources de richesses et causes secondes des grandes agglomérations dont Paris est un type si remarquable. Londres et Bruxelles se trouvent dans des conditions analogues, tandis que l'Ardenne en Belgique et les terres hautes de l'Écosse sont les analogues de notre Plateau central.

Mais la richesse, produisant trop souvent l'amour du bien-être, affaiblit le *patriotisme :* aussi les populations pauvres des montagnes sont-elles partout, d'accord en cela avec la configuration de leur pays, les derniers remparts de la patrie aux jours des invasions, et ce sont elles qui résistent le mieux aux innovations généralement malsaines des centres populeux, que le luxe a énervés. — La Bretagne, le Morvan, les Pyrénées, les Alpes, le Massif central, pauvres et peu accessibles, renferment les vieilles populations celtiques et gauloises, celles qui se sont le moins mêlées aux Romains et aux Germains envahisseurs, et qui seront encore les dernières à accepter les raffinements de notre civilisation moderne.

Les dispositions du relief de notre sol expliquent ainsi pourquoi des **centres d'attraction** se sont formés à Lyon et à Marseille, à Toulouse, à Bordeaux et ailleurs, et pourquoi la Neustrie au nord, la Bretagne à l'ouest, l'Aquitaine au sud-ouest et la Provence au sud-est ont eu longtemps des aspirations, des mœurs et une histoire particulières. A la rigueur, ces régions auraient pu constituer des États différents; mais à la longue l'influence du nord, celle de Paris particulièrement, a dominé partout, effaçant le particularisme et produisant l'unité de la grande nation française.

CHAPITRE III

FRANCE OROGRAPHIQUE

I. *Définitions*.

39. **Orographie et hypsométrie.** L'**orographie** est la partie de la géographie qui traite du sol ou des montagnes (en grec, *oros*). Elle décrit le **relief** des parties solides du globe, les régions hautes, moyennes et basses, autrement dit les montagnes, les plateaux, les plaines, etc., avec les caractères qui leur sont propres.

L'**hypsométrie** s'occupe de la mesure des hauteurs : elle fait connaître l'altitude des différentes parties du sol, c'est-à-dire leur élévation au-dessus du niveau moyen de la mer. On l'exprime par des *courbes de niveau*.

40. On appelle **courbe de niveau** une ligne plus ou moins circulaire ou sinueuse, cotée d'un chiffre d'altitude, et passant sur le sol par tous les points qui ont le niveau ou l'altitude indiquée par la cote; soit 100, 200, 500 mètres ou plus.

Sur la carte d'un pays on peut tracer un nombre plus ou moins grand de courbes, et celles-ci sont généralement concentriques. Chacune d'elles figure un nouveau rivage que formerait la mer, si elle venait à s'élever de la quantité exprimée par la cote.

41. Hypothèse des *inondations* (voir page suivante).

42. **Systèmes de montagnes.** D'après l'étude hypothétique des inondations, nous voyons que les montagnes et les plaines ne sont pas également réparties à la surface de la France. *La plupart des montagnes couvrent le centre, le sud et l'est*, tandis que *les plaines s'étendent particulièrement au nord et à l'ouest.* — Une ligne idéale menée de la Bidassoa à la Moselle inférieure, ou de Bayonne à Mézières, sépare sommairement ces deux parties.

43. **Relief général.** Le sol de la France forme donc *un plan relevé au sud-est* et *au sud* par les Alpes et les Pyrénées, *incliné à l'ouest et au nord-ouest* vers l'Atlantique et la Manche; il est sillonné du nord au sud par les *longues vallées* de la Saône et du Rhône, et du sud au sud-ouest par les *vallées* de l'Aude et de la Garonne. — Ces deux profonds sillons séparent les *montagnes extérieures*, ou des frontières, d'avec les *montagnes intérieures* de la France.

Les plaines ou parties basses servent à délimiter les parties hautes, les massifs montagneux et les systèmes de montagnes.

44. Si nous appelons **système de montagnes** l'ensemble des montagnes et des plateaux qui se touchent, sans être complètement interrompus par des plaines ou par des mers, les montagnes de la France, n'étant pas isolées de celles des pays voisins, ne forment pas de système proprement dit, mais elles font partie de trois systèmes européens, savoir :

1° Le *système italique* ou des *Apennins*, auquel on rapporte les montagnes de la Corse;

2° Le *système hispanique*, qui comprend les Pyrénées, séparées de la France centrale par la dépression de l'Aude et de la Garonne, et rattachées physiquement aux terres hautes de l'Espagne;

3° Le *système alpique* ou système *central* de l'Europe, auquel se rapportent toutes les autres montagnes de la France, puisqu'elles se rattachent aux montagnes de l'Italie, de la Suisse et de l'Allemagne. On le *divise en quatre groupes*, dont deux seulement intéressent la France. Ce sont :

1° Le *groupe des Alpes* proprement dites, situées à l'est des vallées du Rhône et de la Saône;

2° Le *groupe de la haute France centrale*, ou intérieure, situé à l'ouest des mêmes vallées et de celle du Rhin.

Aspect des Alpes. — Mesure de la hauteur des montagnes par celle de la colonne barométrique (1 centimètre de mercure correspondant à 340 mètres d'altitude).

45. Le **système orographique français** se compose :

1° Des chaînes de montagnes formant les FRONTIÈRES françaises, savoir : au sud, les **Pyrénées**, se rattachant au massif espagnol; à l'est, les **Alpes**, le **Jura** et les **Vosges**, ainsi que le plateau des *Ardennes* au nord-est, se rattachant au système de l'Europe centrale.

(Ce sont là les montagnes FRANCO-EUROPÉENNES[1]; les suivantes, y compris celles de la Corse, sont les montagnes FRANÇAISES).

2° D'un MASSIF INTÉRIEUR, appelé le **Massif central**, bien que sa position soit relativement méridionale, et qui comprend les monts du *Limousin*, d'**Auvergne**, du *Forez* et du *Velay*; les **Cévennes**, qui en forment le talus méridional et oriental;

3° Des CHAÎNES et PLATEAUX secondaires continuant les lignes de partage vers le nord-est : monts du *Morvan* et du *Nivernais; Côte d'Or*, plateau de *Langres, Argonne* et monts *Faucilles*, qui se rattachent aux Vosges.

4° De PLATEAUX et de COLLINES MÉDIOCRES qui relèvent les plaines du nord et de l'ouest, comme les plateaux de l'*Artois* et du pays de *Caux*, les collines de *Normandie* et de *Bretagne*, le *Bocage vendéen* et le plateau de *Gâtine*.

C'est dans cet ordre que nous allons les étudier.

§ II. *Montagnes des frontières*.

I. LES PYRÉNÉES

46. Les **Pyrénées** forment l'une des plus belles et des plus hautes chaînes de montagnes de l'Europe; elles ont dans leur ensemble plus de 1 000 kilomètres de longueur, et se dirigent sensiblement de l'ouest à l'est, depuis le cap Finisterre en Espagne jusqu'aux caps Cerbère et Creus, sur la Méditerranée. La moitié occidentale, exclusivement espagnole, porte les noms de *Pyrénées asturiques et cantabriques*.

Les *Pyrénées* **isthmiques**, ou **franco-espagnoles**, séparent la France de l'Espagne sur une longueur de 450 km; elles ont une largeur de 120 km, dont les deux tiers sont en Espagne. Le versant français, plus court et abrupt, tombe en muraille à pic sur la plaine de la Garonne, tandis que le versant espagnol est plus allongé, plus accidenté. Mais la limite politique ne coïncide pas partout avec la ligne de partage des eaux, ni avec la crête principale : les deux extrémités de la chaîne sont en Espagne, ainsi que les plus hauts sommets (mont Perdu, Maladetta) et les sources de la Garonne; par contre, la *Sègre*, rivière espagnole, naît en France.

47. **Aspect.** Vue des plaines de la Garonne, la chaîne pyrénéenne se dresse au midi comme pour rendre infranchissable la frontière du territoire français. Elle présente un aspect sévère et imposant; ses sommets rocheux et nus, de formation granitique ou calcaire, conservent çà et là dans leurs croupes quelques amas de *neiges perpétuelles*, plus petits que ceux des Alpes. Les forêts de pins et de sapins, les gazons sont également plus rares. La crête, qui a généralement de 2000 à 3300 mètres, est moins haute que celle des Alpes; mais en revanche les cols ou passages, souvent appelés *ports*, y sont plus élevés : sur une distance de 300 kilomètres, de Saint-Jean-Pied-de-Port à Puycerda, il n'existe aucune route carrossable, et les sentiers de mulets franchissent seuls l'arête par des cols de 2000 à 3000 mètres de hauteur.

[1] Quelques auteurs désignent comme *montagnes franco-européennes* les Alpes, le Jura, les Vosges et même la Corse, rejetant les Pyrénées comme *système* extérieur.

48. Divisions. Un double coude brusque ou brisure au val d'Aran, qui renferme les sources de la Garonne, divise naturellement la chaîne pyrénéenne en deux parties, l'une **occidentale**, l'autre **orientale**. Mais il est d'usage de former une division *centrale*, comprenant les plus hauts sommets et située entre le col de Somport à l'O., le voisinage du val d'Andorre à l'E. (Ces deux limites sont assez arbitraires et varient suivant les auteurs.)

49. Les **Pyrénées occidentales**, partant de la Bidassoa, comprennent à la frontière le mont Rhune, 900 m., puis les *montagnes Basques*, 1 300 m.; elles se relèvent vers l'est avec le pic d'*Orhy*, 2 017 m., et le pic d'*Anié*, 2 504 m., tous deux situés sur la limite. La chaîne est coupée par la route et le chemin de fer de Bayonne à Saint-Sébastien, par la route de Pampelune passant à 1 060 m. au col de *Roncevaux*, que défend Saint-Jean-Pied-de-Port, et par le col de *Canfranc* ou de Somport, 1 640 m.

50. Les **Pyrénées centrales**, qui sont les plus élevées, comprennent en France le pic du *Midi d'Ossau*, 2 885 m., la chaîne de la *Néouvielle*, le cirque de *Troumouse* et le pic du *Midi de Bigorre*, 2 877 m., dominant le plateau de *Lannemezan* et les collines d'*Armagnac*, 300 m.; sur la frontière, le **Vignemale**, 3 290 m., la plus haute cime des Pyrénées françaises, le *Marboré* (*Casque, Pic, Tours*), se rattachant au mont *Perdu*, 3 352 m. Celui-ci est situé en Espagne, de même que le *Cylindre* du Marboré, le pic *Posets*, 3 367 m., et le massif granitique de la **Maladetta** (mont Maudit), dont le pic d'*Anéthou* (Aneto), 3 404 m., est le point culminant de toute la chaîne.

Parmi les *ports* ou cols, très élevés et praticables seulement aux mulets, on signale la *Brèche de Roland*, 2 804 m., aux sources du gave de Pau, dans le *cirque de Gavarnie;* le *portillon d'Oo*, 3 044 m., et le col de *Vénasque*, 2 417 m., au sud de Luchon; le défilé du *Pont-du-Roi*, 590 m., par lequel la Garonne pénètre en France.

51. Les **Pyrénées orientales** comprennent, sur la frontière, le *Montcalm*, le pic *Serrère*, 2 911 m, qui domine le val d'Andorre; le *Puigmal* et les monts Albères, peu élevés. En France, se détache le pic de *Carlitte*, 2 921 m., d'où partent, à l'ouest de l'Aude, les Petites Pyrénées ou monts de Tabe, et à l'est les Corbières, 1 231 m. A l'ouest du Tech, la chaîne des Aspres est dominée par le *Canigou*, 2 785 m., qui passa longtemps pour la plus haute cime pyrénéenne.

52. **Cols.** Les passages facilement accessibles sont : le col de la *Perche*, 1 622 m., défendu par la place de Mont-Louis; le col de la *Mouga* et celui de *Perthus*, 290 m., défendu par le fort de Bellegarde.

N. B. L'élève pourra à volonté refaire ces tableaux en les complétant ou les simplifiant; il y ajoutera les chiffres d'altitude.

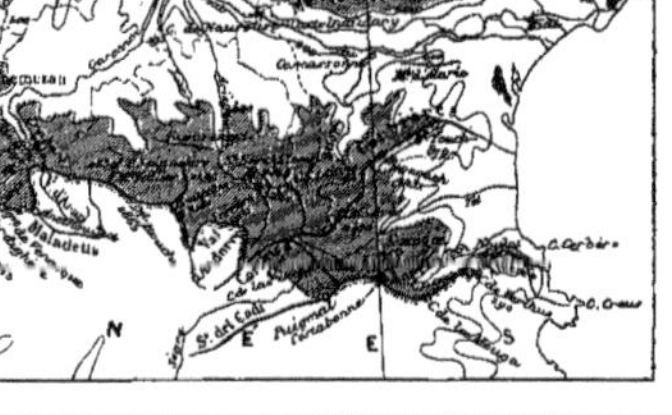

53. **LA CORSE.** Les montagnes de la Corse, malgré leur distance et leur isolement, forment la transition entre les chaînes pyrénéenne et alpique. Elles ont la même formation géologique, le même aspect rocheux, raviné, boisé; leur crête, dirigée sinueusement du sud au nord, dépasse assez souvent 2 000 m. d'altitude et atteint 2 625 m. au *Monte Rotondo*, 2 710 au *Monte Cinto*. Les cols sont très élevés et peu fréquentés.

54. TABLEAU RÉCAPITULATIF DES PYRÉNÉES

L'énumération suit la ligne frontière; les noms des montagnes qui s'en écartent sont entre parenthèses; les cols sont en *italique*.

PYRÉNÉES OCCIDENTALES	I. Contrefort frontière : mont Rhune. II. (*Col de Bélate*, Espagne), Lohiluz, (*col de Roncevaux*, Espagne), Orhy, Anié, *Somport*.
CENTRALES	I. Pic du Midi d'Ossau, Vignemale et cirque de Gavarnie, *Brèche de Roland*, Casque, Pic et Tours du Marboré. II. (En Espagne, Cylindre du Marboré, mont Perdu), Cirque de Troumouse; (en France, Néouvielle, pic du Midi de Bigorre. — Lannemezan, collines de l'Armagnac). III. Pic d'Oo, *portillon d'Oo*, Perdighère, *col de Vénasque;* (en Espagne, pic Posets, Maladetta et pic d'Anéthou), défilé du *Pont-du-Roi* (val d'Aran).
ORIENTALES	I. *Pont-du-Roi*, mont Crabère, Vallier, Rouch; (en France, Trois-Seigneurs, Rivarenert, Plantaurel), Montcalm, Serrère. II. (En France, Carlitte, Tabe, Madrès, *col de Saint-Louis*, Corbières, Bugarach, Touch, Alaric). III. *Col de la Perche* (en Espagne, Sierra del Cadi), Puigmal, Gésnt; (en France, Aspres et Canigou), Costabonne, *col de la Mouga, col de Perthus*, monts Albères, pic Noulos, cap Cerbère.

— **Rivières.** Dans les Pyrénées, prennent leurs sources : *en France*, la Nive, le gave d'Oloron, le gave de Pau (à 2330 m.), l'Adour (à 1930 m.); la Baïse, le Gers, la Save (à 640 m.), la Neste, l'Ariège; — l'Aude, la Têt, le Tech, la Sègre; — *en Espagne*, la Garonne, le Gallégo, l'Aragon, la Bidassoa.

La **carte hypsométrique de France** ci-contre porte les **courbes** de 100, 200, 500, 1 000, 2 000 mètres et plus. Les deux principales sont celles de 200 et de 1 000 mètres, qui séparent le mieux les régions basses, moyennes et hautes. La courbe de 200 mètres, par exemple, exprime que tous les terrains situés entre cette courbe et le rivage de la mer ont moins de 200 mètres de hauteur. Par là même, les terrains situés en dedans de la courbe ont plus de 200 mètres, sauf dans les vallées. Il en est ainsi pour les autres courbes.

Concurremment avec les courbes, nous employons des **couleurs** *altimétriques conventionnelles*, c'est-à-dire des teintes diverses qui, appliquées sur la carte, différencient les régions de même altitude moyenne. Les couleurs adoptées ici sont : le *vert*, en deux teintes exprimant les plaines et les régions de moins de 100 et de 200 mètres d'altitude; le *jaune* et le *bistre*, pour les parties de 200 à 500 mètres et de 500 à 1000 mètres; le *rose*, pour les régions de plus de 1 000 m., réservant le *blanc* pour les sommets de 2000 à 4810 mètres. — (Voir la note p. 11.)

41. **Hypothèse des inondations.** Pour faire comprendre l'**hypsométrie** plus complètement et faire ressortir à la fois les dispositions du relief de la France, supposons *une inondation générale, un déluge* comme il est arrivé au temps de Noé.

1° *Si l'inondation s'élève*, par exemple, *de 100 mètres*, les eaux quittent le littoral, marquant la courbe de 0 mètre; elles s'avancent en inondant successivement les terres basses qui les environnent et remontent les vallées, escaladant les pentes; elles s'arrêtent enfin en formant de nouveaux rivages que figure sensiblement sur la carte de France la courbe de 100 mètres : tous les terrains marqués de vert foncé sont submergés. Le littoral nouveau, plus sinueux que l'ancien, découpe une foule de golfes, de baies, de détroits, d'îles et de presqu'îles dans les terres qui restent émergées. Un vaste *golfe* se produirait ainsi dans la Flandre et la Belgique, un autre dans l'Anjou. Les Landes et le bas Languedoc seraient submergés; des *baies* ou *golfes* plus étroits s'allongeraient dans les vallées de la Seine, de la Loire, de la Garonne et du Rhône; un *détroit* remarquable entourerait la grande *île* du plateau de Bray, un autre l'*île* de la Bretagne. — Tous les ports et la plupart des grandes villes situées sur les fleuves seraient engloutis, notamment Rouen et Paris, et le territoire français serait amoindri d'un quart environ de sa surface.

2° *Si l'inondation s'élevait à 200 mètres* au-dessus du niveau actuel de l'Océan, la moitié de la France serait sous l'eau, c'est-à-dire tous les territoires marqués par les deux nuances de vert (Voir la carte.)

3° *Les eaux de la mer atteignant 1 000 mètres* au-dessus de leur niveau actuel couvriraient toutes les régions teintes de vert, de jaune et de bistre sur la carte, et il ne resterait d'émergé que les parties marquées de rose (1 000 m.) ou laissées en blanc (2 000 m.), savoir :

La chaîne des Pyrénées, formant plusieurs *îles;*

L'*archipel* du Plateau central, composé des *îles* de la montagne Noire, de l'Espinouse, des monts Garrigues, etc., et des grandes *îles* de l'Auvergne; celle-ci serait coupée en trois longues *presqu'îles* par deux *golfes* profonds, formés par les vallées de l'Allier et de la Loire;

L'*archipel* des Vosges, et plusieurs îles longues, étroites et parallèles formant l'*archipel* du Jura;

La grande chaîne des Alpes et la partie centrale de la Corse.

4° Enfin, si nous supposions une inondation s'élevant *jusqu'à 2000 mètres*, il ne resterait de la partie de l'Europe représentée sur la carte que les *îles* des Alpes et des Pyrénées, accompagnées de quelques îlots, et les cimes de la Corse. Il n'y aurait plus de France.

42. **Exercices.** Supposant un voyage en ligne droite de la Rochelle au mont Blanc, suivant approximativement le 46° degré parallèle, décrire successivement les accidents géographiques rencontrés : plaines, collines, plateaux, vallées, montagnes. (Voir la coupe ci-contre.)

FRANCE
HYPSOMÉTRIQUE
par courbes de niveau cotées
et couleurs conventionnelles.
COUPE GÉOLOGIQUE du Bassin Parisien
COUPE HYPSOMÉTRIQUE suivant le 46e parallèle
MÉDITERRANÉE
Golfe du Lion
Paris
Plaine de la Beauce
Bourbonnais
Saintonge
Les hauteurs sont exagérées 25 fois par rapport aux longueurs. A Hauteur proport. du Mt Blanc.

II. LES ALPES

55. Les **Alpes**, dont l'extrémité occidentale seule appartient à la France, sont par leur étendue, leur masse, leur élévation et leurs beautés, la première chaîne de montagnes de la France et de l'Europe.

Les caractères généraux des Alpes sont : leur disposition en un immense *arc de cercle* qui couronne l'Italie septentrionale; leur *élévation*, qui dépasse souvent 4000 m., leur étendue, leur subdivision en massifs projetant de puissants *contreforts* dans diverses directions; les *glaciers* qui les couronnent; les forêts, les *lacs*, les *cascades* qu'elles renferment, et qui en font les montagnes les plus belles et les plus visitées.

La chaîne alpique, bien que de 1400 m. plus haute que les Pyrénées, a des cols moins élevés (1800 à 2000 m.), partant plus accessibles; en outre, contrairement à ces dernières, elle présente ses pentes adoucies du côté de la France, les plus abruptes du côté de l'Italie.

Mer de Glace du Mont-Blanc, vue du Montanvers.

56. Les **Alpes occidentales**, orientées du S. au N., s'étendent jusqu'au Rhône, et séparent la France de l'Italie sur une longueur d'environ 400 km, avec une largeur de 200 km, entre les plaines du Rhône et du Pô.

Elles couvrent en France dix départements et appartiennent à trois grandes provinces : de là, la division logique en Alpes de Provence, du Dauphiné et de Savoie. Mais, dans l'usage ordinaire, on divise l'arête principale ou frontière en *Alpes Maritimes*, *Cottiennes*, *Graies* et *Pennines* (anciennes dénominations romaines), auxquelles on peut rattacher les « avant-monts » ou « pré-Alpes », exclusivement français.

57. Les **Alpes Maritimes**, s'étendant du *col de Tende* (sources de la Roya) au *col d'Agnello*, comprennent l'*Aiguille de Chambeyron*, 3400 m., et le nœud de l'*Enchastraye*, suivi du *col de Larche*. On y rattache, au sud de la Durance, le *Parpaillon*, le *Pélat* et toutes les **Alpes de Provence**, calcaires et trop déboisées, qui vont en s'abaissant vers le sud-ouest, dans les petits massifs de la *Sainte-Baume*, de *Sainte-Victoire* et des *Alpines*; ceux de l'*Estérel* et des *Maures* sont granitiques.

58. Les **Alpes Cottiennes** (du roi *Cottius*, allié des Romains) s'étendent du col d'Agnello au mont Cenis; elles comprennent le massif italien du *Viso*, 3840 m., les *cols d'Abriès* et du *Mont-Genèvre*, 1860 m., le massif français du *Thabor*, 3205 m., le *col de Fréjus*, sous lequel passe le tunnel du chemin de fer par 1294 m. d'altitude, et les deux *cols* dits *du Mont-Cenis*, qui toutefois sont plus au N.-E.

A l'ouest, entre l'Arc, l'Isère et la Durance, surgissent les **Alpes du Dauphiné**, dont 40 sommets dépassent 3000 mètres; elles comprennent le puissant massif neigeux du *Pelvoux*, ayant 4103 mètres à la *Barre des Écrins*, la plus haute cime française; le *Dévoluy*, avec l'*Obiou*, massif décharné; les monts du *Champsaur*, de l'*Oisans*, les *Grandes-Rousses*; plus au sud le *Ventoux*, les monts de *Lure* et du *Lubéron*.

59. Les **Alpes Graies** (ou Grées, du celtique *craigh*, rocher) sont limitées par les cols du *Mont-Cenis* et de la *Seigne*; elles renferment les monts *Levanna*, 3640 m., la *Grande-Sassière* et le col du *Petit-Saint-Bernard*, 2157 m., d'accès difficile.

Les **Alpes de Savoie**, qui se rattachent aux Alpes Graies, sont : le massif de la *Vanoise*, 3861 m., et, entre l'Isère et le Rhône, ceux de la *Tarentaise*, de la *Grande-Chartreuse*, avec son couvent et ses belles forêts, les montagnes des *Beauges*, du *Faucigny* (m. *Buet*, 3109 m.) et du Chablais. Ces dernières se rattachent plus encore au Mont-Blanc.

60. Le **Mont-Blanc**, que l'on range dans les *Alpes Pennines*, est tout à la fois la plus haute cime neigeuse de l'Europe (4810 mètres) et un massif considérable bien distinct, long de 45 km, large de 15. Il s'étend du *col du Bonhomme* au *col Ferret*, entre la vallée de Chamonix et celle d'Aoste (Italie). Il présente plusieurs sommets de plus de 4000 mètres, et ses croupes sont couvertes de glaciers, dont trois se réunissent pour former la célèbre *Mer de Glace*.

Le Mont-Blanc, signalé par deux Anglais dès 1741, n'a été escaladé pour la première fois qu'en 1786 par deux Savoisiens, Jacques Balmat et Paccard; l'année suivante, un savant suisse, de Saussure, guidé par Balmat, en fit la première exploration scientifique, souvent renouvelée depuis. Le sommet du Mont-Blanc est une crête de neige durcie de cent mètres de longueur sur quelques mètres de largeur. En 1893, M. Janssen, directeur de l'Observatoire de Paris, y a établi un intéressant observatoire météorologique.

61. TABLEAU RÉCAPITULATIF DES ALPES

I. CHAINES FRONTIÈRES	I. ALPES MARITIMES	*Col de Tende* (Italie), *colla Lunga*, Enchastraye, col de Larche, Tête de Moyse, Chambeyron, *col d'Agnello*, (mont Viso, Italie).
	II. COTTIENNES	*Cols de la Croix*, d'*Abriès*, du *Mont-Genèvre*, de l'*Échelle*; Thabor, *cols de Fréjus* et du Mont-Cenis.
	III. GRAIES	Levanna, (Grand-Paradis, Italie), Grande-Sassière, *cols du Petit-Saint-Bernard* et de la *Seigne*.
	MONT-BLANC	*Col du Bonhomme*, Mont-Blanc, mont Maudit, *col du Géant*, Grandes-Jorasses, *col de Balme*.
	EN SUISSE	Alpes Pennines, *col du Grand-Saint-Bernard*, mont Rosa, Simplon, Saint-Gothard, Alpes Bernoises.
II. CHAINES FRANÇAISES	I. ALPES de PROVENCE	I. En Dauphiné, Queyras; Parpaillon : Grand-Bérard. II. Pelat, la Blanche; Coyer, Teillon; Cheval-Blanc, Cabrière; Sainte-Victoire. III. Alpines; Sainte-Baume, Ollioules; Maures; Estérel.
	II. DE DAUPHINÉ	I. Grandes-Rousses : ¡l› de Belledoune. II. Pelvoux : Barre des Écrins, Meije, Pelvoux, Olan, Oisans, Champsaur, *col Bayard*. III. Dévoluy : Obiou; *col de la Croix-Haute*, Vercors; Diois, Ventoux, Lure, Lubéron.
	III. DE SAVOIE	I. *Cols de Balme* et *des Montets*, Buet, Faucigny, Dent du Midi, Dent d'Oche. II. *Col du Bonhomme*, Mont-Joly, Aravis, Pointe-Percée, Salèves : Beauges, Semnoz; Grande-Chartreuse. III. La Vanoise, *col du mont Iseran*, Grande-Casse.

— Rivières. *Dans les Alpes* naissent : *en France*, le Var, l'Argens, l'Arc; — la Durance et le Verdon; — la Sorgue; — l'Isère (à 2400 m.), l'Arc et le Drac; — le Fier, l'Arve. — *En Suisse*, le Rhône (à 1753 m.), le Rhin (à 2344 m.), l'Aar, la Reuss et le Tessin. — *En Italie*, la Doire Baltée (*Doria Baltea*), la Doire Ripaire, le Pô, la Roya.

Les Alpes **Pennines** se prolongent en Suisse et en Italie par le mont *Rosa,* le *col du Simplon* et le nœud du *Saint-Gothard,* où elles se rattachent aux Alpes Bernoises pour enfermer la vallée du Rhône supérieur.

62. **Cols.** Parmi les *cols* ou passages des Alpes, on cite le col de *Tende,* peu élevé, aux sources de la Roya, en Italie; — le col de l'*Argentière* (ou de Larche) et celui d'*Agnello,* 2672 m., défendus par Barcelonnette; — le col du *Mont-Genèvre,* 1860 m., illustré par Annibal, avec route défendue par Briançon; — le col de *Fréjus,* sous lequel passe le tunnel dit du Mont-Cenis, par 1294 m.; — le col du *Mont-Cenis,* 2082 m., longtemps le passage le plus fréquenté de France en Italie, grâce à sa route construite par Napoléon; — le col du *Petit-Saint-Bernard,* 2157 m., au sud du mont Blanc.

En Suisse, le col du *Grand-Saint-Bernard,* célèbre par son hospice, et le col du *Simplon,* 2010 m., avec une belle route napoléonienne et, en dessous, un tunnel de 19 km.

63. Les **glaciers.** On entend par *glaciers* d'énormes amas de glace, formés par les neiges qui, en s'accumulant, se tassent par leur propre poids et prennent ainsi la nature de la glace. Les glaciers ne *sont pas immobiles:* ils descendent lentement dans les hautes vallées et y forment des *fleuves de glace,* dont l'extrémité avancée entre en fusion à mesure qu'elle atteint une certaine limite où le climat est moins froid. L'expression de *neiges éternelles* est exagérée, car ces neiges comme les glaciers ne se *perpétuent* que grâce à la neige tombant chaque hiver.

Les *principaux glaciers* des Alpes françaises sont, du sud au nord, les glaciers de Chambeyron, du Viso, du mont Genèvre, de l'Oisans et du Pelvoux, du mont Thabor et du Mont-Cenis; les grands glaciers de la Maurienne, et ceux du Mont-Blanc, qui comprennent la *mer de Glace.*

Les Pyrénées ont quelques petits glaciers, ainsi que des amas de neiges perpétuelles, qui couvrent les hauts sommets des massifs du mont Maudit, du mont Perdu et du Vignemale.

III, IV. LE JURA ET LES VOSGES

64. Le **Jura** est un plateau montagneux de 300 km de longueur sur 60 de largeur moyenne, s'étendant sur la frontière franco-suisse, entre le Rhône et le Rhin. Le plateau jurassien, de formation calcaire, est caractérisé par ses nombreux *chaînons* parallèles, séparés par des vallées longitudinales appelées *vals* et *combes,* et dont les fractures transversales, ou *cluses,* permettent aux rivières et aux routes de passer d'une vallée dans l'autre. Les hauteurs sont couvertes de forêts et de pâturages.

Les crêtes du Jura sont trois fois plus élevées vers la Suisse, où elles tombent en pente raide, que vers la France, où elles s'abaissent en gradins pour se terminer en *revermonts* de 600 mètres à peine. On distingue, dans le **Jura méridional** : le *Grand-Colombier,* au nord de Culoz; dans le **Jura central** : le *Grand-Credo* ou mieux *Crêt-d'eau,* 1624 m.; le **Crêt de la Neige,** 1723 m., point culminant du Jura, au sud de Saint-Claude; le mont *Dôle,* en Suisse, et le *mont d'Or,* 1463 m., suivi du col de Jougne. Au delà, le **Jura septentrional,** moins élevé, moins accidenté, présente le *Larmont,* le *Lomont* et, en Suisse, le mont *Terrible,* qui n'atteint pas 1000 mètres.

65. **Cols.** Les passages du Jura sont : le *défilé du Rhône,* défendu par les forts de l'Écluse et de Pierre-Châtel; le col *des Rousses,* avec un fort; le col de *Jougne,* près du mont d'Or; le *val de Travers,* sur la route de Pontarlier à Neuchâtel, gardé par les forts de Joux et du Larmont; la large dépression de *Valdieu,* ou *trouée de Belfort,* qui sépare le Jura des Vosges, et que défend un vaste camp retranché.

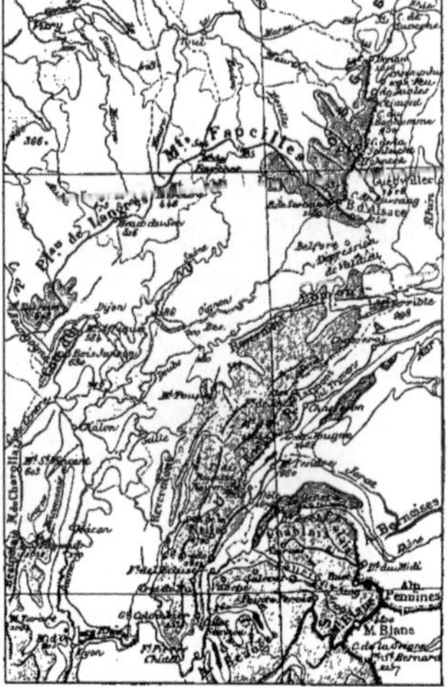

66. TABLEAU. — LE JURA ET LES VOSGES

JURA	I. MÉRIDIONAL : Grand-Colombier, Crêt du Nu, Revermont. II. CENTRAL : Grand-Credo, Crêt de la Neige, Dôle et Noirmont, *col des Rousses,* Risoux, mont d'Or, *col de Jougne,* Revermont. III. SEPTENTRIONAL : Larmont, mont Terrible, Lomont, Revermont.
VOSGES	I. HAUTES : *col de Belfort,* ballons d'Alsace et de Servance; *col de Bussang,* ballon de Guebwiller, Hohneck, *col de la Schlucht, col du Bonhomme;* Climont. II. BASSES : *col de Saales,* Donon; en Allemagne, *col de Saverne,* Haardt, mont Tonnerre.

MONTS FAUCILLES, plateau de Langres, Côte d'Or, Morvan, etc.

— **Rivières.** *Du Jura* naissent : l'Ain (à 730 m.), la Seille, le Doubs (à 937 m.), l'Orbe. — *En Alsace,* l'Ill.

Des Vosges et des monts Faucilles : en France, la Saône (à 396 m.), l'Oignon, la Moselle (à 725 m.), la Meurthe (à 450 m.). — *En Alsace,* la Seille, la Sarre.

67. Les **Vosges** forment un massif granitique, orienté du sud au nord entre les vallées de la Moselle et du Rhin. Elles sont caractérisées par leurs sommets arrondis appelés *ballons,* leurs plateaux gazonnés dits *hautes chaumes,* leurs belles forêts de sapins, de nombreux et charmants petits lacs et ruisseaux. Les pentes, très raides sur la plaine d'Alsace, sont plus douces vers la Lorraine.

Les **Hautes-Vosges,** qui s'étendent de la dépression de Valdieu au col de Saales, comprennent en Alsace le ballon de *Guebwiller,* 1426 m., point culminant; sur la frontière, le ballon d'*Alsace,* 1250 m., le ballon de *Servance,* le *Hohneck,* 1366 m., et le *Climont.* Les **Basses-Vosges** renferment le mont *Donon,* 1010 m., point terminus de la frontière, d'où elles vont en s'abaissant en Allemagne, par le *Haardt* et le *mont Tonnerre.*

68. **Cols.** Parmi les passages on remarque, outre la *trouée de Belfort* traversée par le canal du Rhône au Rhin : le col de *Bussang,* 734 m., aux sources de la Moselle; le col de la *Schlucht,* 1146 m.; celui du *Bonhomme,* sur la route de Sainte-Marie-aux-Mines; le col de *Saales,* et en Alsace celui de *Saverne,* sous lequel passent les tunnels du chemin de fer de Strasbourg et du canal de la Marne au Rhin.

§ III. *Montagnes de l'intérieur* ou *françaises.*

69. Le **Plateau** ou **Massif central.** On donne, par convention géographique, le nom de *Massif central français* à cette masse de terrains, en grande partie granitique, volcanique ou calcaire, haute de 500 à 700 mètres d'altitude moyenne, qui constitue le principal relèvement du sol entre les plaines des bassins du Rhône, de la Garonne et de la Loire.

Ses limites extrêmes sont : au sud, le col de Naurouse; au nord-est, le canal du Centre; à l'ouest, les sources de la Charente.— Castelnaudary, Mâcon et Limoges marquent approximativement les sommets de ce triangle curviligne, aux formes arrondies en cœur, dont la double échancrure supérieure est formée par les deux larges vallées de la Limagne et du Forez.

Il comprend deux divisions principales : la *chaîne des Cévennes* et les *monts d'Auvergne.*

70. Les **Cévennes,** qui forment le rebord et le talus oriental du Massif central, se développent depuis le canal du Midi jusqu'au canal du Centre en une chaîne de plus de 500 km, que l'on divise en trois parties.

On appelle Cévennes **méridionales** : la *Montagne-Noire,* 1210 m., l'*Espinouse* et les *Garrigues,* monts ou plateaux calcaires et arides, qui ont parfois plus de 1000 m. d'altitude.

Les Cévennes **centrales,** ou proprement dites, comprennent l'*Aigoual,* 1567 m., aux sources de l'Hérault; le mont *Lozère,* 1702 m., à la naissance du Lot et du Tarn, dans le Gévaudan; les *monts du Vivarais,* avec leurs nombreux volcans éteints, parmi lesquels le *Gerbier de Jonc,* aux sources de la Loire, et le *Mézenc*, 1 754 m., point culminant des Cévennes. Le granitique mont *Pilat*, 1 431 m., termine la chaîne au col du Pas de l'Ane.

Sous le nom de Cévennes **septentrionales**, on range les monts du *Lyonnais* (1 004 m. au mont Tarare); du *Beaujolais*, 1 012 m., et du *Charollais*, 603 m., qui s'arrêtent à la dépression du canal du Centre.

Des monts du Vivarais se détache la chaîne des monts du *Velay*, 1 423 m., du *Forez*, 1 640 m., et de la *Madeleine*, séparant les vallées de la Loire et de l'Allier. Plus au sud, la *Margeride*, 1554 m., rattache les Cévennes aux monts d'Auvergne.

71. Les **monts d'Auvergne** sont la partie la plus haute et la plus caractéristique du Massif central. Leurs volcans ont joué un rôle considérable dans les temps géologiques, en déversant des coulées de laves sur les roches granitiques du massif. Hauts de 1 200 à près de 1 900 mètres, ils s'étendent du S. au N. sur une longueur d'environ 130 kilomètres, depuis Aurillac jusqu'à Riom. Ils comprennent le *massif du* **Cantal**, 1 858 m., énorme cône volcanique raviné, à plusieurs sommets ou puys, avec le col du *Lioran*, 1 200 m. ; — le massif volcanique du *Mont-Dore*, ou les monts **Dore**, avec le *puy de* **Sancy**, 1886 m., point culminant de la France centrale; — les monts **Dômes** et leurs soixante cônes volcaniques dominés par le *puy de Dôme*, 1 465 m., sur lequel on a installé un observatoire météorologique.

Au sud, s'étendent les monts d'*Aubrac*, 1 471 m., les *Causses* du *Rouergue*, du *Quercy*, de *Sauveterre* et autres vastes plateaux calcaires et monotones de 500 à 1 000 mètres d'altitude, percés d'*avens* où s'engouffrent les eaux pluviales, pour rejaillir au fond des gorges du Tarn, du Lot et de leurs affluents. Ces gorges, analogues aux « cañons » du Colorado, et les grottes naturelles des Causses sont de toute beauté.

72. Les **monts du Limousin** (984 mètres au mont Bessou) et ceux de la *Marche* sont des plateaux granitiques, étendus, mamelonnés, mais peu élevés; avec les collines de l'*Angoumois*, ils continuent la ceinture du bassin de la Garonne, et, avec les collines du *Poitou* et de la *Gâtine*, la ceinture du bassin de la Loire.

73. **Rivières.** *Des Cévennes* naissent : l'Ardèche, le Gard, le Vidourle, l'Hérault, l'Orb ; — l'Agout, le Tarn (à 1 550 m.), le Viaur, l'Aveyron (à 700 m.), le Lot (à 1 500 m.) et la Truyère; — l'Allier (à 1 423 m.) et la Loire (à 1 375 m.).

Des monts d'Auvergne : la Dordogne (à 1 720 m.), la Cère (à 1 295 m.); — la Sioule, la Dore.

Des monts du Limousin : la Charente, la Vienne (à 856 m.), la Creuse, le Cher (à 762 m.) et l'Indre; — la Vézère, la Corrèze, l'Isle.

74. Les **volcans**. — La France n'a plus de volcans en activité, mais elle possède plusieurs régions volcaniques et de nombreux volcans éteints à cratères souvent apparents; la plupart sont situés dans le Massif central. Signalons :

1° Le grand volcan du *Cantal*, moins haut, mais plus étendu que l'Etna lui-même : le Plomb du Cantal, le puy Mary et plusieurs autres en sont les sommets;

2° Le massif du *Mont-Dore*, vaste volcan ébréché, dominé par le puy de Sancy;

3° La chaîne des *Dômes*, formée d'une soixantaine de cratères dont plusieurs conservent une forme régulière de cône ou d'entonnoir. Le puy de Dôme en est le sommet le plus élevé, mais il ne présente pas de cratère;

4° Les volcans de l'*Aubrac*, dont le plus élevé est le pic de Mailhebiau;

5° Les volcans du *Velay*, qui entourent la ville du Puy;

6° Les volcans du *Vivarais*, dont les plus hauts sommets sont le Mézenc et le Gerbier de Jonc.

Les Alpes, les Pyrénées surtout, et plusieurs autres chaînes de montagnes françaises ont eu leurs volcans ou foyers volcaniques : les sources thermales et minérales qui jaillissent dans leurs vallées en sont une preuve.

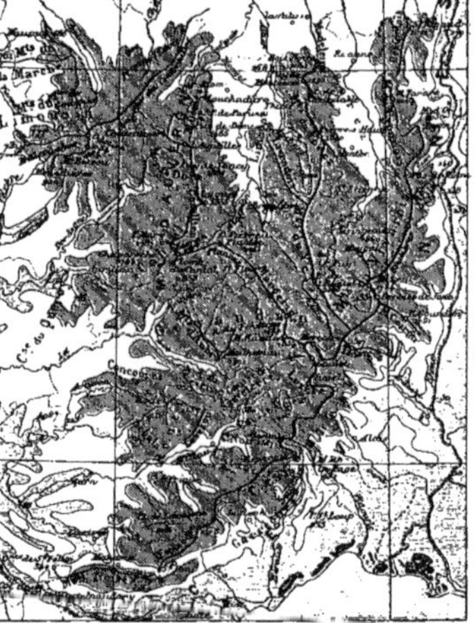

75. TABLEAU. — LE MASSIF CENTRAL

I. Chaîne des CÉVENNES	I. MÉRIDIONALES : Montagne Noire, pic de Nore; Espinouse; Garrigues. II. CENTRALES : *monts du Vigan* : Aigoual; la Fage; *Lozère* ou Finiels, forêt de Mercoire; *du Vivarais* : Gerbier de Jonc, Mézenc; Tanargue, Coiron, Boutières, Pilat, Crêt de la Perdrix. III. SEPTENT[les] : *M. du Lyonnais* : Tarare, mont d'Or; *du Beaujolais*, Saint-Rigaud; *du Mâconnais; du Charollais*.
II. Entre Loire et Allier	I. *M. du Velay* : l'Hôpital; du Livradois. II. *M. du Forez* : Pierre-sur-Haute, Montoncel; Madeleine.
III. En AUVERGNE	I. *Margeride* : Randon, Roc des Fenêtres, Planèze, *col de Pierre-Plantée*. II. *Monts d'Auvergne. Cantal* : Plomb du Cantal, Puy Mary, *col du Lioran*; Cézallier; *Monts Dore* : Puy de Sancy. *Monts Dômes* : Puy de Dôme, Pariou; coll. de Combrailles; de Sancerre.
IV. Au Sud-Ouest	I. *Causses* : Méjean, Noir, du Larzac; de Sauveterre, de Séverac, Lévezou, Ségala, *de Rouergue*. II. *Aubrac*, Gévaudan; *Quercy* et *Périgord*.
V. Au Nord-Ouest	I. *Monts du Limousin* : Millevaches, Odouze, Bessou; *m. de la Marche*. II. *Collines de l'Angoumois* et de *Gâtine*.

76. **Collines et plateaux du Nord.** 1° A la suite des Cévennes, la ligne de partage principale se continue par le relief de la *Côte d'Or*, 630 m., coupé par le canal de Bourgogne; le mont *Tasselot*, 593 m., à 10 km. des sources de la Seine; le plateau stratégique de *Langres*, 516 m., et les *monts Faucilles*, qui, en Lorraine, vont rejoindre les Vosges méridionales.

2° Les *monts du Morvan*, 902 m., granitiques et porphyriques, couverts de pâturages et de forêts, sont situés à l'ouest de la Côte d'Or. Ils commencent la ligne de partage entre Seine et Loire, laquelle se continue par les collines du *Nivernais*, le *plateau d'Orléans*, qui est en réalité une plaine unie d'à peine 150 mètres d'altitude, faisant partie de la *Beauce*, et se continuant au N. et à l'O.

La ligne se relève dans les collines du *Perche* et de la *Normandie*, 417 m., groupe assez étendu, ainsi que les collines de *Bretagne*, qui comprennent les monts du *Menez*, ceux d'*Arrée*, dominés à 391 m. par la chapelle Saint-Michel, et les *Montagnes-Noires*.

3° La ceinture du bassin de la Manche est formée au N.-E. par l'*Argonne* et l'*Ardenne* occidentale, — qui, avec les *côtes de Meuse* et l'*Ardenne* orientale, 412 m., enserrent la vallée de la Meuse, — et, à l'est du canal de Sambre-et-Oise, par les collines de la *Picardie* et de l'*Artois*, 212 m., pour aboutir au cap Gris-Nez. Les plateaux de *Caux* et de *Bray*, 245 m., sont un relèvement des plaines de Normandie.

77. **Rivières.** *Dans la Côte d'Or* prennent naissance : l'Armançon (à 400 m.), l'Arroux et l'Ouche.

Au plateau de Langres : la Meuse (à 410 m.), la Marne (à 381 m.) et l'Aube.

Dans le Morvan et les monts du Nivernais : l'Yonne; — la Nièvre (à 250 m.); — le Loing.

LE RELIEF COMPARÉ

78. **Collines et montagnes.** *Définitions* Il n'y a pas de ligne de démarcation absolue de hauteur entre une colline et une montagne proprement dite. Beaucoup d'élévations portent vulgairement le nom de *mont*, *montagne*, sans avoir même 100 mètres d'altitude. Ce ne sont là que des *buttes*, des *mamelons*, souvent de simples *talus* de plateaux bordant les vallées.

En géographie générale, on laisse le nom de *collines* aux élévations qui n'atteignent pas 600 à 700 mètres (2000 pieds) de hauteur; de plus, on classe souvent les montagnes en trois catégories : les *petites montagnes*, qui ont de 600 à 1 500 mètres, et se couvrent de forêts de hêtres et de chênes, telles que le Morvan, les Vosges; les *moyennes montagnes*, qui ont de 1 500 à 2 500 mètres, et dont les forêts sont surmontées d'une zone de gazons (Jura, monts d'Auvergne, petites Alpes); enfin les *hautes montagnes*, qui, avec plus de 2 500 ou de 3000 mètres d'altitude, présentent au-dessus des zones de forêts et de gazons, des roches nues ou des glaciers et des neiges perpétuelles (Alpes et Pyrénées).

79. **Vallées, plaines et plateaux.** Comme pour les collines et les montagnes, il n'y a pas de démarcation absolue entre les altitudes des plaines et des plateaux. La Normandie, le pays de Caux, la Champagne, par exemple,

hauts de 100 à 250 mètres, sont des plateaux par rapport aux plaines de la Somme et de la Loire, qui n'atteignent pas 100 mètres; mais ce sont des plaines par rapport à la haute Bourgogne, qui en compte 300, et au plateau du Jura, qui atteint en moyenne 500 mètres. La Limagne serait un plateau comparativement à la Touraine, tandis que c'est une large et profonde vallée à l'égard des montagnes d'Auvergne qui l'entourent.

D'ailleurs, même dans les plaines, le sol ne présente presque jamais une horizontalité parfaite : il forme des *ondulations* plus ou moins longues, se relevant en *dos de terrain*, en plateaux arrondis ou en arêtes aiguës s'abaissant en creux, plis ou *vallées*.

En général les vallées, au fond desquelles les eaux pluviales se rassemblent naturellement, sont d'autant plus étroites et plus profondes que le niveau général du pays est plus élevé, et elles s'élargissent dans leur partie inférieure pour se confondre avec la plaine.

80. Régions hypsométriques en France. Considéré au point de vue spécial de l'altitude, le territoire français peut se diviser: 1° en *régions hautes*, présentant des montagnes de plus de 1000 m. d'élévation; — 2° en *régions moyennes*, formées de montagnes moins élevées, de collines et de plateaux ayant de 300 m. à 1000 m.; — 3° en *régions basses*, collines, plateaux bas et plaines, de 0 à 300 m. d'altitude.

81. Les régions hautes de la France sont : la Savoie, le Dauphiné, la Provence, formés par le massif des Alpes; — le Roussillon, le Bigorre, le Béarn, le haut Languedoc, dans le massif des Pyrénées; ce sont de *hautes terres*, d'une altitude moyenne de 1000 m., surmontées des montagnes les plus élevées de l'Europe, 3000 à 4810 m.

La Corse est aussi une région alpestre, mais sans glaciers. — Le Massif central, le Jura et les Vosges présentent également des parties de plus de 1000 m. d'élévation, mais se rattachant à des parties moyennes.

82. Régions moyennes. On peut considérer comme telles l'Auvergne, le Limousin, la haute Guyenne, le Languedoc septentrional et le Lyonnais, qui forment le grand *Massif central* de la France, ayant une élévation moyenne de 500 m.; les *plateaux* ou plaines hautes de la Bourgogne et de la Champagne du S.-E.; les *régions alpestres* des Vosges et du Jura. A l'ouest, les plateaux montueux de la Bretagne et de la Normandie se confondent insensiblement avec les régions basses.

83. Régions basses. Les régions basses, ayant une altitude de moins de 300 m., dominent en France; elles comprennent généralement toutes les provinces du Nord et de l'Ouest : la *Flandre*, l'*Artois*, la *Picardie*, la *Champagne occidentale* et *centrale*, l'*Ile-de-France*, la *basse Normandie*, la *basse Bretagne*, le *Maine*, l'*Orléanais*, l'*Anjou*, le *Poitou* et la *Saintonge*, ainsi que la *Guyenne* et la *Gascogne* occidentales. Celles-ci se rattachent, par la vallée de l'Aude, à la *plaine* du bas Languedoc et de la basse Provence et à la longue *vallée* qui remonte le cours du Rhône et de la Saône.

84. Conséquences de l'altitude. Les diverses parties d'un pays ne sont pas également favorables aux besoins de la vie humaine. Les populations s'éloignent des régions hautes, où le climat est plus rigoureux, les relations plus difficiles, et elles établissent de préférence leurs habitations, leurs villes, dans les parties basses, sur le bord des eaux, parce que la terre y est généralement plus productive et les communications plus aisées.

C'est ainsi que chaque année une partie des populations de l'Auvergne et de la Savoie émigre vers la capitale, les pays de plaines et les centres manufacturiers, où le travail est plus rémunérateur.

Les routes, les chemins de fer profitent de la régularité du niveau des plaines et du fond des vallées, et la canalisation des rivières est plus facile dans leur partie inférieure ou moyenne que dans leur partie supérieure, où l'eau est moins abondante et surtout très rapide, par suite de la grande pente du terrain.

La fertilité du sol ne dépend pas uniquement de l'altitude, mais encore et surtout de la composition minérale du sol, de son exposition, de la chaleur et de l'humidité du climat. (N° 129.)

Le Puy de Dôme (1465 m.) et la ville de Clermont-Ferrand (altitude 407 m.).

CHAPITRE IV

FRANCE HYDROGRAPHIQUE

I. *Régime des eaux.*

85. L'Océan et les pluies, origines des fleuves. La *mer* est la source principale des *pluies* qui vont répandre sur les continents la fertilité et la vie.

En effet, la *chaleur du soleil* provoque l'immense évaporation qui se fait à la surface de l'Océan et, par suite, l'humidité atmosphérique. Elle produit aussi les *vents*, chargés de transporter l'air humide sur les continents. Enfin, le *refroidissement*, ou la perte de la chaleur, condense les vapeurs en *nuages* et les précipite en *pluies*.

Les pluies *ne se distribuent* pas uniformément à la surface des continents : elles tombent en général plus abondamment sur les côtes, à cause de la proximité de la mer, sur les forêts et les marais, et *surtout sur les montagnes*, à cause du froid relatif qui y règne et qui y forme les glaciers.

Les *hauts massifs montagneux* deviennent par là le *principal réservoir de l'alimentation des fleuves*.

Les eaux tombant sur les hauteurs coulent, en vertu des lois de la pesanteur, selon les *versants*, les pentes, dans les dépressions, les creux, les vallées. De là, la formation des cours d'eau, *ruisseaux* d'abord, *rivières*, *fleuves* ensuite.

En somme, *les eaux continentales, nées de la mer par l'évaporation, apportées sous forme de nuages et déversées en pluies sur les terres, retournent sous forme de fleuves à la mer*, pour recommencer incessamment la même circulation générale.

86. Effets des eaux courantes. Dans l'ordre géologique, l'action des pluies et des eaux courantes a été de modifier le relief et la physionomie des contrées, en désagrégeant les roches friables et en emportant les matières terreuses des parties hautes pour les déposer dans les parties basses. C'est une action générale de *nivellement*.

Dans l'état actuel du globe, il faut considérer les cours d'eau comme les *canaux de drainage*, ou les égouts des continents, qui enlèvent aux terres les eaux superflues pour les rendre à la mer, d'où elles proviennent. On voit qu'il n'est pas très exact de dire qu'un fleuve arrose une contrée, puisqu'il la draine et l'assèche, sauf dans les cas d'inondations naturelles ou lorsqu'on en fait dériver les canaux d'irrigation.

Dans l'ordre économique, les fleuves sont des *chemins qui marchent*, ainsi que le dit Pascal, et comme tels, ils ont été les voies de communication et de transport préférées par les peuples primitifs. C'est ce qui a porté ceux-ci à se fixer sur le bord des fleuves, et c'est surtout vers les confluents de rivières que se sont développées beaucoup de grandes villes, telles que Paris, Lyon, Toulouse, Bordeaux.

87. Ligne de partage des eaux. On appelle ainsi une suite de points relativement élevés, qui déterminent l'écoulement des eaux dans des directions différentes ou opposées, et forment ainsi la *ceinture des bassins*.

D'après un grand nombre de cartes et de manuels employés, il y a quelques années encore, dans les écoles, l'étude de la géographie physique ne consistait guère que dans la connaissance des *versants* ou des *bassins* hydrographiques et dans la description du cours des fleuves et des rivières.

La division de la France *par bassins* peut avoir un certain avantage pour aider la mémoire à retenir la position relative des nombreux départements qui reçoivent leur nom des cours d'eau; mais elle serait tout arbitraire et même nuisible si on voulait lui assujettir l'étude des montagnes, des terrains agricoles, des produits naturels et industriels.

C'est plutôt le relief du sol, sa nature géologique et le climat qu'il faut consulter à cet égard.

Au point de vue du relief, voici trois observations que nous nous contenterons d'appuyer par des exemples :

1° *Tout bassin de mer ou de fleuve est circonscrit par une ligne de partage des eaux; mais cette ligne ne correspond pas toujours avec une chaîne de montagnes ou même de collines*, qui dans l'ouest de la France, par exemple, font généralement défaut.

2° *Une chaîne de montagnes, loin de se trouver toujours sur les limites d'un bassin principal, est parfois enfermée dans ce bassin;* telles sont les Vosges, enveloppées par des affluents du Rhin; — la chaîne du Forez, par des affluents de la Loire.

3° *La direction des fleuves n'indique pas toujours la pente générale du sol de la contrée;* car un cours d'eau peut rencontrer dans son cours inférieur des régions plus élevées que celles de son cours relativement supérieur. Le territoire du bassin du Rhône est moins élevé dans le nord (plateau de Langres, etc.) que dans les parties centrale et méridionale (Alpes, Jura, Cévennes), qui cependant sont plus rapprochées de la mer.

C'est en confondant la ligne de partage des eaux avec la *ligne de faîte,* ou des points les plus élevés d'un bassin, que les auteurs de cartes ont cru autrefois qu'il fallait transporter toutes les montagnes sur les limites des bassins principaux et les supprimer ailleurs. De là ces *fausses lignes de faîte* uniformes et continues, ces « chenilles » dont certaines cartes entourent partout invariablement les bassins de la Seine, de la Loire, etc., contrairement à la réalité.

(Voir la *Notice sur la carte d'Europe,* par A.-M. G.)

II. *Versants maritimes.*

88. Le territoire français se divise en quatre versants maritimes, faisant partie des bassins des quatre mers qui le baignent. Ce sont :

Au N., le *versant de la mer du Nord ;*
Au N.-O., le *versant de la Manche ;*
A l'O., le *versant de l'Atlantique ;*
Au S.-E., le *versant de la Méditerranée.*

Le premier de ces versants ne comprend plus qu'une faible portion de notre territoire, tandis que les autres sont essentiellement français, sauf une minime partie des bassins de la Seine, de la Garonne et du Rhône.

89. Lignes de partage en France. 1° La ligne de partage principale est celle qui sépare le VERSANT DE LA MÉDITERRANÉE des versants de l'Atlantique, de la Manche et de la mer du Nord.

Cette ligne part du golfe de Gênes, remonte du S. au N. le haut massif des *Alpes occidentales,* en passant par les Alpes Maritimes, les Alpes Cottiennes, les Alpes Graies, les Alpes Pennines, où elle s'élève au *Mont-Blanc* à 4810 m. d'altitude; de là elle se dirige vers les sources du Rhône, où elle se rattache à la grande ligne de partage européenne.

Elle rentre en France par le *Jura,* à plus de 1500 m. d'altitude, passe par les *Vosges* méridionales, 1250 m., et par les monts *Faucilles,* s'abaisse sur le plateau de *Langres,* à 400 m. d'altitude moyenne, se relève sur la *Côte d'Or* et surtout dans les *Cévennes,* 1754 m.; puis elle redescend à 190 m. au *col de Naurouse,* où passe le canal du Midi; elle remonte enfin jusqu'à la crête des *Pyrénées* à une altitude de 2000 à 3404 m., et pénètre en Espagne au sud du golfe de Gascogne.

2° La ligne de partage du VERSANT DE LA MER DU NORD se détache de la ligne principale au *plateau de Langres,* suit la chaîne de l'*Argonne,* coupe l'extrémité des *Ardennes* occidentales, en Belgique, s'abaisse au nord-ouest *de Saint-Quentin* et traverse les collines de l'*Artois,* 212 m., jusqu'au cap Gris-Nez.

3° La ligne de partage du VERSANT DE LA MANCHE, généralement peu élevée, reprend celle de la mer du Nord au cap Gris-Nez jusqu'au plateau de Langres, d'où elle revient à l'O. par le *Morvan,* 902 m., et les collines du Nivernais. Elle s'abaisse dans la plaine de la Beauce ou *plateau d'Orléans,* ayant à peine 150 m. d'altitude moyenne; traverse en se relevant un peu les collines du Perche, de la *Normandie* et de la *Bretagne,* d'environ 400 m., et aboutit au cap Saint-Mathieu.

4° La ligne de partage du VERSANT DE L'ATLANTIQUE reprend celle de la Manche depuis le cap Saint-Mathieu jusque vers la Côte d'Or, où elle se rattache à la principale ligne européenne, qu'elle suit jusqu'en Espagne.

III. *Bassins et cours d'eau.*

91. Bassins fluviaux. Les quatre versants maritimes français se divisent naturellement en autant de bassins hydrographiques qu'il y a de cours d'eau.

Cependant, par simplification, on considère plus particulièrement les *quatre grands bassins fluviaux* de la *Seine,* de la *Loire,* de la *Garonne* et du *Rhône,* auxquels on rattache les petits versants côtiers des *rivières maritimes* qui se jettent dans la même mer; d'autre part on réunit les trois bassins fluviaux du *Rhin,* de la *Meuse* et de l'*Escaut,* moins considérables en France que les précédents, en un *versant de la mer du Nord.*

92. Fleuves comparés. 1° *Direction.* Trois des quatre fleuves français : la Seine, la Loire et la Garonne, se dirigent du S. ou du S.-E. au N.-O., dans le sens même de la pente générale du terrain, tout en faisant quelques inflexions pour contourner des plateaux secondaires. Le quatrième, le Rhône, marche en sens inverse, en profitant d'un long défilé, résultant d'une faille immense, pour sortir des grands massifs du centre et du S.-E.

2° *Longueur.* Sans parler du Rhin, qui serait le plus long, 1300 km, la Loire tient le premier rang parmi les fleuves français, avec 1040 km ; le Rhône, le second, avec 812 km, ou même 1025, si l'on comptait depuis la source du Doubs; la Seine, le troisième, avec 776 km, et la Garonne, le quatrième, avec 605 km, portés à 680 km, si l'on considère la Gironde comme son cours inférieur.

3° *Surface des bassins.* Le bassin de la Loire mesure 122000 km²; celui du Rhône, 93000; celui de la Gironde, 91000, et celui de la Seine 80000 seulement, soit 387000 km² pour les quatre fleuves, laissant 150000 km² pour les petits bassins. — Le bassin du Rhin, en totalité, mesure 250000 km².

4° *Pluie et débit des fleuves.* La quantité d'eau recueillie au *pluviomètre* est estimée à 950 millimètres (hauteur moyenne annuelle) pour le bassin montagneux du Rhône; à 820 pour celui de la Garonne, 790 pour celui de la Loire, et 630 seulement pour celui de la Seine, le moins montagneux de tous. Il en résulte que le débit moyen du Rhône passe en première ligne avec 2000 m³ d'eau par seconde; celui de la Gironde en second lieu, avec 1200 m³; celui de la Loire en troisième lieu seulement, malgré son étendue, avec 1000 m³, et celui de la Seine, formé de plaines, en dernier lieu, avec 700 m³.

5° *Altitude des sources.* Le niveau des sources n'est pas non plus en rapport ni avec la longueur des bassins, ni avec la hauteur absolue des montagnes. Le Rhin prend sa source à 2344 m., et le Rhône à 1753 m. seulement, dans des massifs de montagnes dont les sommets

90. TABLEAU SYNOPTIQUE DES BASSINS ET DES COURS D'EAU

Versants.		superficie.
MER DU NORD 26500 km².	1. *Bassin du Rhin* (Moselle), en France,	8500 km².
	2. *Bassin de la Meuse*, id.	8500 —
	3. *Bassin de l'Escaut et annexes*, id.	9500 —
MANCHE 113000 km².	4. Versant côtier septentrional (Somme, etc.),	14000 —
	5. *Bassin de la Seine*,	80000 —
	6. Versant côtier méridional (Orne, etc.),	19000 —
ATLANTIQUE 273000 km².	7. Versant côtier septentrional (Vilaine, etc.),	20000 —
	8. *Bassin de la Loire*,	122000 —
	9. Versant côtier central (Charente, etc.),	18000 —
	10. *Bassin de la Garonne*,	91000 —
	11. Versant côtier méridional (Adour, etc.),	20000 —
MÉDITERRANÉE 130000 km².	12. Versant côtier occidental (Aude, etc.),	16000 —
	13. *Bassin du Rhône*, en France,	93000 —
	14. Versant côtier oriental (Var, etc.),	13000 —
	15. Les deux versants de la Corse,	8750 —

1. RHIN (lac de Constance). Rive G. : *Aar, Ill, Lauter, Moselle,* (*Meurthe,* Sarre). R. D. : *Neckar, Main, Ruhr.* Dérivations : *Vaal, Yssel, Vecht, Leck, Vieux-Rhin.*

2. MEUSE R. D. : *Chiers, Semois, Ourthe, Roer.* R. G. : *Sambre* (Grande-Helpe).

3. ESCAUT R. D. : *Haine, Dendre, Dyle.* R. G. : *Scarpe, Lys.*

4. V. côtier (Manche) : *Canche, Authie, Somme, Bresle,* Arques (Béthune).

5. SEINE R. D. : *Aube, Marne* (Saulx et Ornain, Ourcq), *Oise* (Thérain), *Aisne* (Aire et Vesle), Epte. R. G. : *Yonne* (Cure, Armançon, Vanne), *Loing, Essonne, Eure* (Iton), *Rille.*

6. V. côtier (Manche) : *Touques, Dives, Orne, Vire, Sélune, Couesnon, Rance, Gouet.*

7. V. côtier (Océan) : *Aulne, Odet, Blavet, Vilaine* (*Ille,* Oust).

8. LOIRE R. D. : Furens, Arroux, *Nièvre, Maine,* formée de *Mayenne* et *Sarthe* (Huisne, *Loir*), Erdre. R. G. : *Allier* (Dore, Sioule), *Loiret* (Dhuys), Beuvron, *Cher* (Yèvre et Auron, Arnon, Sauldre), *Indre, Vienne* (Clain, *Creuse* et Gartempe), Thouet, *Sèvre-Nantaise,* Acheneau (lac de Grand-Lieu, Boulogne).

9. V. côtier (Océan) : Lay (Yon), *Sèvre-Niortaise* (*Vendée*), *Charente* (Boutonne), Seudre.

10. GARONNE (Gironde). R. D. : Salat, *Ariège, Tarn* (Agout, *Aveyron*), *Lot* (Truyère), *Dordogne* (Cère, Vézère et *Corrèze,* Isle et Dronne). R. G. : Neste, Save, *Gers,* Baïse.

11. V. côtier (Golfe de Gascogne) : Étangs d'Hourtins, de Lacanau, d'Arcachon, de Cazau. Riv. : Leyre, *Adour* (Midouze, Luy de France, Gaves de Pau et d'Oloron, Nive), Bidassoa.

12. V. côtier du Languedoc : Tech, Têt, *Aude,* Orb, *Hérault.* Étangs de Leucate, de Sigean, de Thau, de Vic, de Mauguio.

13. RHONE Glacier du Rhône, lac de Genève. R. D. : *Ain, Saône* (Oignon, Ouche, *Doubs,* Seille), Gier, *Ardèche, Gard* (Gardons). R. G. Dranse, Arve, Fier (lac d'Annecy), canal de Savières (lac du Bourget, Leisse), *Isère* (Arc, Drac), *Drôme,* Roubion, Aygues, Sorgue, *Durance* (Ubaye, Bléone, Verdon).

14. V. côtier de Provence : Étang de Berre, Arc, Argens, *Var,* Roya.

15. En Corse : Liamone, Gravone, Taravo, Golo, Tavignano.

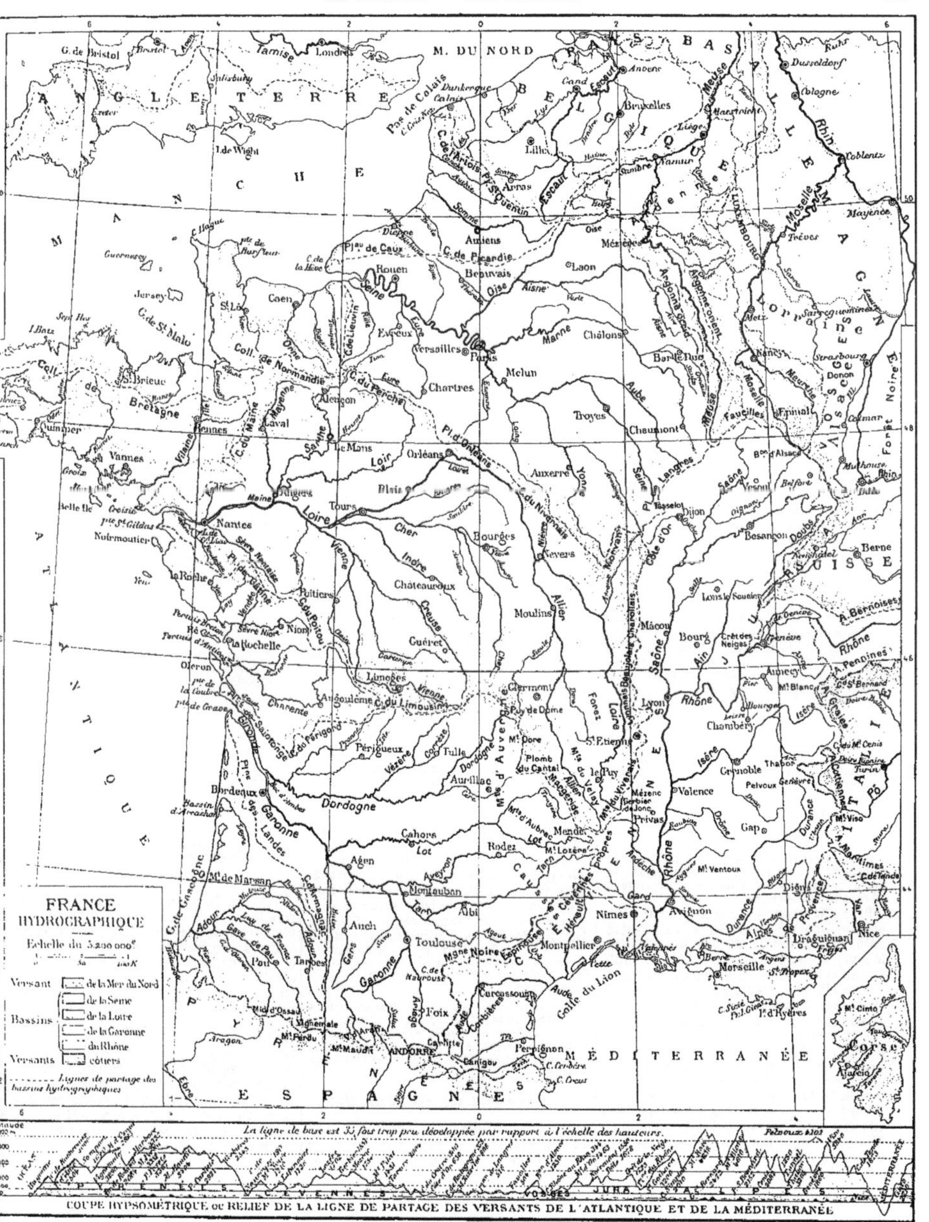
FRANCE
HYDROGRAPHIQUE
Echelle du 5.200 000e
Versant de la Mer du Nord
Bassins de la Seine
de la Loire
de la Garonne
du Rhône
Versants côtiers
Lignes de partage des bassins hydrographiques
M. DU NORD
ANGLETERRE
MANCHE
ATLANTIQUE
PAYS BAS
BELGIQUE
ALLEMAGNE
LUXEMBOURG
SUISSE
ITALIE
ESPAGNE
MÉDITERRANÉE
PYRÉNÉES
Corse
Londres
Paris
Lyon
Bordeaux
Marseille
Toulouse
Nantes
Orléans
Seine
Loire
Garonne
Rhône
Dordogne
Saône
Moselle
Rhin
Meuse
La ligne de base est 35 fois trop peu développée par rapport à l'échelle des hauteurs.
Altitude
4000 m
3000
2000
1000
500
PYRÉNÉES
CÉVENNES
VOSGES
JURA
ALPES
COUPE HYPSOMÉTRIQUE ou RELIEF DE LA LIGNE DE PARTAGE DES VERSANTS DE L'ATLANTIQUE ET DE LA MÉDITERRANÉE

voisins s'élèvent à plus de 4000 m. : la différence est d'environ de moitié.

La Garonne naît à près de 2000 m., dans un massif qui n'en a guère plus de 3000, et la Seine naît à 471 m., dans un plateau de 600 m. : différence d'un tiers. Enfin la Loire sort à 1375 m. d'un plateau de 1750 m. à peine : différence d'un quart.

IV. *Versant de la mer du Nord.*

BASSIN DU RHIN

93. La **ceinture** du bassin du Rhin est formée en France par le Jura, les Vosges, les Faucilles, les Côtes de Meuse et l'Ardenne orientale. Ce bassin égale presque la moitié de la France.

94. Le **Rhin** prend sa source au massif du Saint-Gothard, dans les Alpes suisses; il forme le *lac de Constance*, coule du S. au N. dans la plaine de l'Alsace, traverse l'Allemagne occidentale, où il reçoit la **Moselle**, et forme dans les Pays-Bas hollandais, en se jetant dans la mer du Nord, un vaste delta qui s'étend des bouches de la Meuse au Zuiderzée.

Le Rhin passe à Bâle et près de Strasbourg, à Mannheim, Mayence, Coblentz et Cologne. — Il n'arrose plus le territoire français depuis la perte de l'Alsace.

La *longueur* du Rhin est de 1300 kilom. C'est le fleuve le plus remarquable du continent par la beauté pittoresque de ses bords et par l'activité de sa navigation. — (Canaux, voir p. 134.)

95. **Affluents.** La **Moselle** (215 kilom. en France) a sa source près du ballon d'Alsace, dans les Vosges, coule au N., arrose Remiremont, Epinal, Toul, où elle communique avec le canal de la Marne au Rhin, et Frouard, où elle devient navigable; ensuite elle reçoit la **Meurthe**, qui passe à Saint-Dié, près de Lunéville et à Nancy; puis elle entre en Allemagne, arrose Metz, Trèves et finit à Coblentz.

BASSIN DE LA MEUSE

96. La **ceinture** du bassin de la Meuse est formée en France par l'Ardenne orientale, les Côtes de Meuse, les Faucilles, l'Argonne et l'Ardenne occidentale.

97. La **Meuse** prend sa source à Pouilly, près de Bourbonne-les-Bains, vers l'extrémité N. du plateau de Langres (Haute-Marne), et coule du S. au N. dans une vallée étroite et encaissée. Elle arrose le village de Meuse (H.-M.), Neufchâteau et Domremy (Vosges), Commercy et Verdun (Meuse), Sedan, après avoir reçu la *Chiers*, Mézières et Charleville, en amont du confluent de la *Semois*, et Givet (Ardennes), sur la frontière belge. La Meuse, qui traverse l'Ardenne par une vallée très profonde, reçoit ensuite la **Sambre** et arrose Namur et Liége, villes fortes. Dans la plaine des Pays-Bas elle unit ses bouches à celles du Rhin et de l'Escaut, baigne Rotterdam et se jette dans la mer du Nord.

La *longueur* de la Meuse est de 900 kilom., dont 492 en France. — Son *altitude* est de 410 m. à sa source, de 200 m. à Verdun, et de 100 m. à sa sortie de France. Sa navigation, qui commence en amont de Commercy, est très active vers la frontière. — (Canaux, voir p. 134.)

98. **Affluents.** R. D. La *Chiers* passe à Longwy et Montmédy; la *Semois*, à Bouillon (Belgique).

R. G. La Sambre passe à Landrecies et à Maubeuge, se grossit de la *Grande-Helpe*, passant à Avesnes, et finit à Namur.

BASSIN DE L'ESCAUT

99. La **ceinture** du bassin de l'Escaut français est formée par l'Ardenne occidentale et les collines de l'Artois.

100. L'**Escaut** prend sa source au nord de Saint-Quentin (Aisne) et traverse les plaines basses et fertiles de la Flandre française. Il arrose le Catelet (Aisne), Cambrai, Denain, Valenciennes, Condé, et reçoit la *Haine* et la *Scarpe* (Nord). En Belgique, il baigne Tournai, Gand, au confluent de la *Lys*, et Anvers, grande place forte; en Hollande, il se jette dans la mer du Nord par un large estuaire.

La *longueur* de l'Escaut est de 430 kilom., dont 107 en France. — Son *altitude* est de 90 m. à sa source, de 40 m. à Cambrai, où il devient navigable, et de 15 m. à sa sortie de France. Sa navigation est très active. — (Canaux, voir p. 134.)

101. **Affluents.** R. D. La *Haine* passe à Mons (Belgique) et se termine à Condé.

R. G. La *Scarpe* baigne Arras et Douai, et se termine près de la frontière belge.

La *Lys* baigne Aire, Armentières et va finir à Gand.

V. *Versant de la Manche.*

102. Le ***versant côtier***, qui s'étend du cap Gris-Nez au cap de la Hève, au nord du bassin de la Seine, est arrosé par la *Canche*, l'*Authie*, la **Somme**, la *Bresle* et l'*Arques*.

La *Canche* baigne Montreuil.

L'*Authie* baigne Doullens.

La **Somme** parcourt 245 km dans une plaine alluviale et tourbeuse, arrose Saint-Quentin (Aisne), Péronne, Amiens, Abbeville et finit au-dessous de Saint-Valery (Somme).

La *Bresle* arrose Aumale et le Tréport (S.-Inf.).

L'*Arques*, grossie de la *Béthune*, qui passe à Neufchâtel, se termine à Dieppe.

BASSIN DE LA SEINE

103. La **ceinture** du bassin de la Seine, à partir du cap de la Hève, comprend les plateaux ou collines du pays de Caux et de la Picardie, l'Ardenne occidentale, l'Argonne, le plateau de Langres, les monts du Morvan, les collines du Nivernais, le plateau d'Orléans ou plaine de la Beauce, les collines du Perche et du Lieuvin; elle finit près de Honfleur, en face du cap de la Hève.

Source de la Seine.

104. Le **bassin** de la Seine, dont le relief est peu accentué, est formé de plaines et de plateaux tertiaires, surtout crétacés, généralement perméables, où les eaux pluviales, du reste moins abondantes qu'ailleurs (63 cm), filtrent et s'égouttent lentement. De là, l'absence de violentes inondations et un débit constant des cours d'eau, rendus par là même favorables à la navigation. Aussi le bassin de la Seine, bien que le plus petit (80000 km²), est-il le plus important pour l'activité du commerce fluvial. Toutefois, en aval de Rouen, la navigation maritime est gênée par des bancs de sable et par le *mascaret* ou flot de recul, qui remonte le fleuve « avec la vitesse d'un cheval au galop ». — (Canaux, voir p. 134.)

105. La **SEINE**, qui se dirige généralement au N.-O, prend sa source au nord du mont Tasselot, dans la commune de Saint-Germain-Source-Seine (CÔTE-D'OR), où en 1867 la Ville de Paris a fait élever une fontaine monumentale. Sa vallée, étroite et en pente rapide d'abord, s'élargit considérablement en Champagne. Elle baigne 9 départements et les villes de Châtillon sur-Seine (CÔTE-D'OR), Bar-sur-Seine et Troyes (AUBE), Marcilly (MARNE), où elle devient navigable en recevant **l'Aube**; puis Nogent-sur-Seine (AUBE), Montereau, où elle se grossit de **l'Yonne**, Melun (SEINE-ET-MARNE), Corbeil (SEINE-ET-OISE) et Charenton, où conflue la **Marne**; ensuite elle traverse Paris et Saint-Denis (SEINE).

En aval de la capitale, la Seine s'est creusé par érosion une vallée plus profonde, bordée d'agréables coteaux, et elle décrit de grands méandres surtout vers son embouchure. Après avoir reçu l'**Oise**, elle baigne Mantes (S.-ET-O.), les Andelys (EURE), en amont du confluent de l'**Eure**, puis Elbeuf, Rouen, le Havre (SEINE-INFÉRIEURE) et Honfleur (CALVADOS). Elle se jette dans la Manche par un estuaire de 10 km d'ouverture.

La *longueur* de la Seine est de 776 kilom, dont 547 navigables. — Son *altitude* est de 471 m. à sa source, 100 m. à Troyes, 70 m. à Marcilly, où elle devient navigable, 25 m. à Paris.

106. **Affluents.** (V. tableau, n° 90.)

R. D. L'**Aube** (248 km) passe à Bar-sur-Aube et Arcis-sur-Aube, où commence sa navigation.

La **Marne** (525 km) passe au pied de Langres, à Chaumont, Saint-Dizier, où elle devient navigable; à Vitry-le-François, où elle reçoit par la *Saulx* les eaux de l'*Ornain*, baignant Bar-le-Duc; à Châlons-sur-Marne, Epernay et Château-Thierry; reçoit ensuite l'*Ourcq*, passe à Meaux et se termine à Charenton, près Paris.

L'**Oise** (302 km) prend sa source dans l'Ardenne belge, arrose la Fère, Chauny, où elle devient navigable, passe près de Noyon, puis reçoit l'**Aisne** (300 km), baignant Sainte-Menehould, Vouziers, Rethel et Soissons; elle arrose ensuite Compiègne, reçoit le *Thérain*, passant à Beauvais, et en aval de Pontoise s'unit à la Seine. Sa navigation est très active.

L'*Epte* passe à Gisors et à Saint-Clair.

R. G. L'**Yonne** (293 km) descend du Morvan, passe près de Château-Chinon, à Clamecy, à Auxerre; reçoit l'*Armançon*, baignant Semur et Tonnerre; arrose Joigny, Sens et finit à Montereau-Faut-Yonne. Elle flottait jadis beaucoup de bois pour Paris.

Le *Loing* passe à Montargis et finit en aval de Moret.

L'*Essonne* se jette dans la Seine à Corbeil.

L'**Eure**, venant du Perche, passe à Chartres et à Louviers; elle reçoit l'*Iton*, qui baigne Evreux. — La *Rille* passe à Pont-Audemer.

107. Le ***versant côtier*** (*normand-breton*), qui s'étend de l'embouchure de la Seine au cap Saint-Mathieu, est arrosé par la *Touques*, la *Dives*, l'**Orne**, la *Vire*, la *Sélune*, le *Couesnon*, la *Rance* et le *Gouet*.

La *Touques* passe à Lisieux et à Pont-l'Evêque.

L'**Orne** (152 km) arrose Sées, Argentan et Caen.

La *Vire* passe à Vire et à Saint-Lô.

La *Rance* baigne Dinan et, sous forme d'estuaire, Saint-Servan et Saint-Malo.

Le *Gouet* passe près de Saint-Brieuc.

VI. ***Versant de l'Atlantique.***

108. Le ***versant côtier*** (*breton*), qui s'étend du cap Saint-Mathieu à l'embouchure de la Loire (pointe du Croisic), est arrosé par les rivières maritimes suivantes : ***Aulne, Odet, Blavet, Vilaine.***

L'*Aulne* passe à Châteaulin; l'*Odet*, à Quimper; le *Blavet*, à Pontivy et à Lorient.

La **Vilaine** (225 km) baigne Vitré, Rennes, où elle reçoit l'*Ille* canalisée, et Redon, où elle reçoit l'*Oust* canalisé.

BASSIN DE LA LOIRE

109. La **ceinture** du bassin de la Loire, à partir de Saint-Nazaire, comprend les collines du Maine, de la Normandie et du Perche, le plateau d'Orléans, les collines du Nivernais, le Morvan, la Côte d'Or, les Cévennes (monts du Charolais, du Beaujolais, du Lyonnais, du Vivarais); les monts de la Margeride, d'Auvergne et du Limousin, les collines du Poitou et le plateau de Gâtine, pour finir à la pointe Saint-Gildas.

110. Le **bassin** de la Loire est le premier de nos bassins fluviaux par son étendue (122 000 km²), mais le troisième seulement pour la hauteur de son relief et le volume de ses eaux. Il est montagneux dans sa partie supérieure, au S.-E.; formé de plateaux au centre, et de vastes plaines dans sa partie inférieure, au N.-O. Les terrains primaires du Massif central étant imperméables, les eaux pluviales ruissellent rapidement à leur surface; de là, à l'époque des averses prolongées et de la fonte des neiges, les crues subites et les débordements désastreux du fleuve et de quelques-uns de ses grands affluents, dont les lits, très larges, sont en temps ordinaire presque à sec et encombrés de bancs de sable : aussi a-t-il fallu munir la Loire et le Cher de canaux latéraux dans leur cours supérieur et de digues dans leur cours inférieur.

111. La **LOIRE** prend sa source au mont Gerbier de Jonc, dans les Cévennes (ARDÈCHE). Elle parcourt le Massif central par une vallée profonde, encaissée et rapide, mais qui s'élargit successivement jusque dans l'Orléanais. Elle traverse ou touche 12 départements, passe non loin du Puy (HAUTE-LOIRE) et de Saint-Étienne, dont elle reçoit le *Furens*; elle baigne Roanne (LOIRE), où commence le canal latéral, Digoin, dans SAÔNE-ET-LOIRE, qu'elle sépare du département de l'ALLIER; Decize, Nevers, où se jette la **Nièvre**; puis elle conflue avec l'**Allier** et baigne Cosne (NIÈVRE) en longeant le département du CHER. Dans le LOIRET, elle arrose Briare, Gien, Orléans et Beaugency. D'**Orléans**, point le plus rapproché de Paris, la Loire quitte la direction générale S.-N. pour prendre celle de l'O., où elle traverse de vastes plaines par une série de courbes allongées. Elle passe à Blois (LOIR-ET-CHER), Amboise et Tours (INDRE-ET-LOIRE), se grossit du **Cher**, de l'**Indre**, de la **Vienne** et, en aval de Saumur, de la **Maine** (MAINE-ET-LOIRE). Après avoir arrosé Ancenis et Nantes, où confluent la **Sèvre-Nantaise** et l'**Erdre**, elle forme un estuaire qui baigne Paimbœuf, Saint-Nazaire (LOIRE-INFÉRIEURE) et se termine dans l'Atlantique, entre les pointes du Croisic et de Saint-Gildas, distantes de **12 kilomètres.**

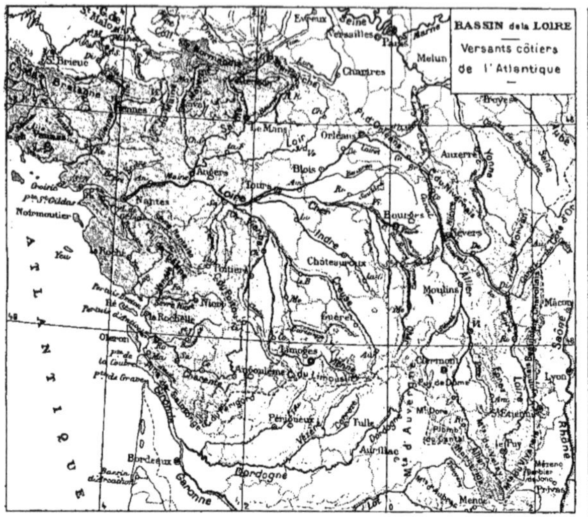
BASSIN de la LOIRE — Versants côtiers de l'Atlantique

La Loire est le premier fleuve de France par sa *longueur*, qui est de 1020 kilom, et par l'étendue de son bassin, 121 000 km². — Son *altitude* est de 1 375 m. à sa source, de 267 m. à Roanne, et de 90 m. à Orléans. — Sa navigation (825 km, depuis la Noirie, Loire) est très difficile à cause de l'inconstance de ses eaux, qui, insuffisantes en été, produisent à l'époque des pluies des inondations considérables. — (Canaux, p. 134.)

112. **Affluents.** (V. tableau n° 90.)

R. D. Le *Furens* arrose Saint-Etienne.

L'*Arroux* baigne Autun et finit près de Digoin.

La **Nièvre** se jette dans la Loire à Nevers.

La **Maine**, qui baigne Angers, n'a que 12 km; mais elle est formée par la réunion de la **Mayenne**, qui baigne Mayenne, Laval et Château-Gontier, et de la **Sarthe** (280 km), qui baigne Alençon et reçoit l'*Huisne* près du Mans, ainsi que le **Loir** (310 km), arrosant Châteaudun, Vendôme et la Flèche.

L'*Erdre* fait partie du canal de Brest à Nantes.

R. G. L'**Allier** (410 km), l'émule de la Loire supérieure, traverse la plaine de la Limagne, passe près de Brioude et d'Issoire, reçoit la *Dore*, qui baigne Ambert, passe à Vichy, recueille la *Sioule*, arrose Moulins et se termine au Bec-d'Allier, en aval de Nevers.

Le **Loiret** n'a que 12 km de cours et semble n'être que la partie inférieure de la *Dhuys*; mais il reçoit les eaux des deux sources abondantes dites le *Bouillon* et l'*Abîme*, formées près d'Olivet par les infiltrations de la Loire.

Le *Beuvron* draine les étangs de la Sologne.

Le **Cher** (350 km) passe à Montluçon, Saint-Amand, Vierzon, où il reçoit l'*Yèvre*, grossie de l'*Auron* à Bourges; recueille ensuite l'*Arnon*, la *Sauldre*, baignant Romorantin, passe au S. de Tours et va se joindre à la Loire; ses crues sont dangereuses.

L'**Indre** baigne la Châtre, Châteauroux et Loches.

La **Vienne** (350 km) arrose Limoges, Confolens, reçoit le *Clain*, baignant Poitiers, arrose Châtellerault, reçoit la **Creuse** et passe à Chinon. — La Creuse passe à Aubusson, près de Guéret, au Blanc, et se grossit de la *Gartempe*, baignant Montmorillon.

Le *Thouet* baigne Parthenay et se termine en aval de Saumur.

La **Sèvre-Nantaise** se jette dans la Loire à Nantes.

L'*Acheneau* sort du lac de Grand-Lieu et a pour cours supérieur la *Boulogne*.

113. Le ***versant côtier*** qui s'étend entre les embouchures de la Loire et de la Gironde (de la pointe Saint-Gildas à la pointe de la Coubre) est arrosé par le *Lay*, la **Sèvre-Niortaise**, la **Charente** et la *Seudre*.

Le *Lay* se grossit de l'*Yon*, baignant la Roche-sur-Yon.

La **Sèvre-Niortaise** passe à Niort et reçoit la *Vendée*, baignant Fontenay-le-Comte.

La **Charente** (360 km) passe à Civray, Angoulême, Cognac, Saintes, reçoit la *Boutonne*, baignant Saint-Jean-d'Angély, passe à Rochefort et finit en face de l'île d'Oleron.

La *Seudre* se termine au S. de Marennes.

BASSIN DE LA GARONNE

114. La **ceinture** du bassin de la Garonne, à partir de la pointe de la Coubre, comprend la plaine de la Saintonge, les collines du Périgord, les monts du Limousin, d'Auvergne et de la Margeride, les Cévennes (monts du Gévaudan, Espinouse, Montagne-Noire), les monts de Tabe, les Pyrénées centrales, les collines de l'Armagnac et la plaine des Landes jusqu'à la pointe de Grave.

115. Le **bassin** de la Garonne occupe le troisième rang parmi les bassins fluviaux français pour sa superficie (91 000 km²), le second, après le Rhône, pour la hauteur de ses montagnes, l'abondance de ses eaux et le débit de son fleuve. Les inondations sont terribles lorsque les neiges pyrénéennes fondent rapidement; en été, les eaux sont maigres : de là le peu de navigabilité. Le sol est peu fertile sur les hauteurs, de formation primaire jurassique ou triasique, très productif dans la plaine alluviale.

BASSIN de la GARONNE — Vt du Golfe de Gascogne

116. La **GARONNE** prend ses sources au val d'Aran, dans les Pyrénées espagnoles. Elle pénètre par le défilé du Pont-du-Roi dans le premier des cinq départements qu'elle baigne : la HAUTE-GARONNE, où elle passe près de Saint-Gaudens, reçoit l'**Ariège** en aval de Muret, et à Toulouse le canal du Midi. Son cours, rapide jusque-là, se ralentit dans les plaines de la Guyenne, et sa direction N.-E. oblique, en face du Massif central, vers le N.-O. Elle reçoit le **Tarn** en aval de Castelsarrasin (TARN-ET-GARONNE), le **Gers** en amont d'Agen, puis le **Lot**, et passe à Marmande (LOT-ET-GARONNE). Dans la GIRONDE, elle baigne la Réole, Bordeaux, s'unit à la **Dordogne** au bec d'Ambès, où elle se **transforme** en un estuaire de 75 km de long sur 3 à 10 de large, appelé la **Gironde**; celle-ci arrose Blaye et va finir dans l'océan Atlantique, entre les pointes de la Coubre et de Grave.

Par sa *longueur,* qui est de 575 km ou 650 avec la Gironde, dont 461 navigables, la Garonne est le plus petit des fleuves français; mais elle est le second par le volume de ses eaux, qui descendent des Pyrénées et du Massif central. — Son *altitude* est de 1872 m. à sa source la plus reculée, 367 m. près Saint-Gaudens, 130 m. à Toulouse, où se réunissent le canal latéral et le canal du Midi, 25 m. à Agen, et 0 m. à Bordeaux, où commence la navigation maritime. — (Canaux, voir p. 134.)

117. **Affluents.** (V. tableau nº 90.)

R. D. Le *Salat* passe à Saint-Girons.

L'**Ariège** baigne Foix et Pamiers.

Le **Tarn**, 375 km, traverse les gorges des Causses lozériens, passe à Millau, Albi, Gaillac, Montauban et Moissac; il reçoit à gauche l'*Agout,* baignant Castres et Lavaur, à droite l'**Aveyron**, baignant Rodez et Villefranche.

Le **Lot**, 480 km, rivière torrentueuse, passe à Mende et à Espalion, reçoit la *Truyère,* et baigne Cahors et Villeneuve-sur-Lot.

La **Dordogne**, 480 km, l'émule de la Garonne, descend des monts Dore, reçoit la *Cère,* qui passe près d'Aurillac, la *Vézère,* grossie de la **Corrèze**, baignant Tulle et Brive; passe ensuite à Bergerac et à Libourne, où elle reçoit l'*Isle,* qui arrose Périgueux et se grossit de la *Dronne,* passant près de Ribérac. Elle finit au Bec d'Ambès.

R. G. La *Neste,* abondant torrent pyrénéen, alimente en partie, par le canal de Lannemezan, les rivières sèches ci-après ; la *Save,* qui passe à Lombez; — le *Gers,* à Auch et près de Lectoure, — la *Baïse,* à Mirande, Condom et Nérac.

118. Le ***versant côtier*** qui s'étend au sud de la Gironde, entre la pointe de Grave et les Pyrénées, est arrosé par la *Leyre,* l'**Adour** et la *Bidassoa.*

La *Leyre* traverse les landes de Gascogne et finit dans le bassin d'Arcachon.

L'**Adour** (300 km) descend des Hautes-Pyrénées, passe à Bagnères-de-Bigorre, Tarbes, Aire, Saint-Sever, Dax et Bayonne. Il reçoit à droite la *Midouze,* baignant Mont-de-Marsan; — à gauche, le *Luy de France,* le *Gave de Pau,* qui baigne Argelès, Lourdes, Pau, Orthez, et se grossit du *Gave d'Oloron;* puis la *Nive,* qui vient de Saint-Jean-Pied-de-Port.

La *Bidassoa,* dans son cours inférieur, sépare la France de l'Espagne.

VII. *Vers. de la Méditerranée.*

119. Le ***versant côtier*** qui s'étend du cap Cerbère à l'embouchure du Rhône est arrosé par le *Tech,* la *Têt,* l'**Aude**, l'*Orb* et l'**Hérault.**

Le *Tech* passe à Céret; — la *Têt,* à Prades et à Perpignan.

L'**Aude** (220 km) arrose Limoux, Carcassonne et traverse la belle plaine du Bas-Languedoc.

L'*Orb* passe à Béziers, — l'**Hérault** finit à Agde.

BASSIN DU RHONE

120. La **ceinture** du bassin du Rhône, à partir de la plaine du Languedoc, aux environs d'Aigues-Mortes, comprend les Cévennes (monts du Gévaudan, du Vivarais, du Lyonnais, du Beaujolais, du Charollais), la Côte d'Or, le plateau de Langres, les monts Faucilles, les Vosges méridionales, le Jura, les Alpes dites Bernoises, Pennines, Graies, Cottiennes, Maritimes et les Alpes de Provence, jusqu'à la plaine de la Crau.

121. Le **bassin** du Rhône est le second de France pour l'étendue (93 000 km²). Il se distingue entre tous par son exposition vers le sud, alors que les autres inclinent au nord ou à l'ouest. Sa vallée, ouverte sur la Méditerranée, donne accès aux vents chauds africains, comme elle a servi autrefois de couloir par lequel se sont introduits dans la Gaule la civilisation grecque, la conquête romaine et les bienfaits du christianisme.

Son sol est de formation granitique, schisteuse ou calcaire jurassique dans les montagnes, qui sont peu productives; tertiaire et limoneuse dans les plaines et les vallées latérales, qui sont fertiles.

Le régime des eaux du Rhône est torrentiel, mais son débit est régularisé en ce que ses affluents du Jura et des Cévennes donnent en hiver, ceux des Alpes surtout en été par la fonte des glaciers. Sauf pour la Saône, qui coule en plaine, et le Doubs, qui est canalisé, la navigation est difficile et presque nulle, même sur le Rhône.

122. Le **Rhône** sort des glaciers du Saint-Gothard, dans les Alpes suisses, et coule vers l'ouest en traversant le canton du Valais et formant le *lac de Genève.* En France, où il limite 11 départements, il contourne d'abord le Jura méridional par un étroit défilé, au sortir duquel il reçoit l'**Ain**; en même temps, il sépare le département de ce nom de ceux de la HAUTE-SAVOIE, de la SAVOIE et de l'ISÈRE. A Lyon, où conflue la **Saône**, le fleuve, arrêté par le massif des Cévennes, se dirige droit au sud par une vallée étroite, qui ensuite s'élargit progressivement en plaine. En aval de Lyon, il limite par sa rive droite les départements du RHÔNE, où il baigne Givors; — de la LOIRE, qu'il touche à peine; — de l'ARDÈCHE, où il arrose Tournon, Viviers, et reçoit l'**Ardèche** ; — du GARD, où il recueille le **Gard** et baigne Beaucaire; — par sa rive gauche, il limite les départements de l'ISÈRE, où il baigne Vienne; — de la DRÔME, où il se grossit de l'**Isère**, de la **Drôme** et du *Roubion,* passe à Valence et près de Montélimar; — de VAUCLUSE, où il reçoit l'*Aygues,* la *Sorgue* et arrose Avignon. En recevant la **Durance**, le fleuve pénètre dans les BOUCHES-DU-RHÔNE, où il baigne Tarascon et Arles; de là, se divisant en deux bras, il forme du limon qu'il dépose un vaste delta, qui s'avance dans la Méditerranée d'environ un kilomètre par siècle.

La *longueur* du Rhône est de 812 kilom., dont 530 en France et 489 navigables depuis le Parc, près de Seyssel. — Son *altitude* est de 1753 m. à sa source, de 375 m. au lac de Genève, 240 m. à Seyssel, 162 m. à Lyon. — C'est le premier fleuve de France par la grande masse de ses eaux et par la hauteur des montagnes de son bassin; mais sa navigation est difficile à cause de la rapidité de son cours et de l'envasement de ses bouches : on évite celles-ci par le canal d'Arles à Bouc et le canal Saint-Louis. — (Canaux, voir p. 134.)

123. **Affluents.** (V. tableau nº 90.)

R. D. L'**Ain** (190 km), resserré entre les chaînons du Jura, est très abondant.

La **Saône** (482 km) semble être par sa direction la tête du Rhône, dont elle est le plus long tributaire. Traversant l'une des plus belles plaines de France, elle arrose Gray, reçoit l'*Oignon,* qui passe près de Lure; l'*Ouche,* baignant Dijon; le **Doubs** (430 km), rivière jurassienne qui baigne Pontarlier, Baume-les-Dames, Besançon et Dôle; — puis elle arrose Chalon-sur-Saône, recueille la *Seille,* qui baigne Louhans; passe à Mâcon, Trévoux et finit à Lyon. Son cours lent et paisible la rend facilement navigable.

Le *Gier* baigne Saint-Chamond, Rive-de-Gier et Givors.

L'**Ardèche** est un torrent cévenol, redoutable par ses crues.

Le **Gard** est formé du *Gardon d'Alais* et du *Gardon d'Anduze.*

R. G. La *Dranse* est un torrent savoisien qui se termine en delta dans le lac de Genève.

L'*Arve* sort de la mer de Glace du Mont-Blanc, baigne Chamonix, Bonneville et finit en aval de Genève.

Le *Fier* sert de déversoir au lac d'Annecy, — et la *Leisse,* qui baigne Chambéry, se jette dans le lac du Bourget.

L'**Isère** (290 km), forte rivière née dans les glaciers de l'Iseran, passe à Moutiers-en-Tarentaise, reçoit l'*Arc,* baignant Modane et Saint-

Jean-de-Maurienne; traverse la belle vallée du Graisivaudan, arrose Grenoble, reçoit le *Drac* et baigne Romans.

La **Drôme** passe à Die; — le *Roubion*, à Montélimar; — l'*Aygues*, à Nyons.

La *Sorgue* est une petite rivière qui sort de la célèbre fontaine de **Vaucluse**.

La **Durance** (380 km), grand torrent des Alpes, passe à Briançon, Embrun et Sisteron; elle reçoit l'*Ubaye*, baignant Barcelonnette; la *Bléone*, arrosant Digne, et le *Verdon*, arrosant Castellane.

124. Le ***versant côtier*** de Provence, qui s'étend entre l'embouchure du Rhône et la frontière italienne, est arrosé par l'*Arc*, l'*Argens*, le *Var* et la *Roya*.

L'*Arc* passe près d'Aix et se jette dans l'étang de Berre.

L'*Argens* se jette dans la baie de Fréjus.

Le **Var** passe à Puget-Théniers; il n'arrose plus le département qui porte son nom.

La *Roya*, qui a sa source et son embouchure en Italie, traverse en France l'extrémité orientale du département des Alpes-Maritimes.

125. L'île de **CORSE** a pour rivières torrentielles principales, sur le versant occidental, le *Liamone*, le *Gravone*, qui se termine dans la baie d'Ajaccio, et le *Taravo*; — sur le versant oriental, le *Golo* et le *Tavignano*, qui passe à Corte.

VIII. LACS

126. La France a peu de lacs, et, sauf le Léman, ils ont peu d'étendue.

Le **Léman** ou **lac de Genève**, qui a la forme d'un croissant, est traversé par le Rhône; il appartient à la Suisse par toute sa rive septentrionale, qui est la plus longue (83 km), et par ses deux extrémités. Sa surface est de 578 km², dont 250 sont attribués à la Savoie. Son niveau est à 375 mètres d'altitude, et sa profondeur normale varie de 100 à 335 mètres. Sa navigation par vapeurs est très active.

Deux autres lacs de la Savoie sont tributaires du Rhône :

Le lac d'**Annecy**, de 25 km² d'étendue, s'écoulant par le *Fier*, et celui du **Bourget**, de 41 km², qui reçoit la *Leisse* et s'écoule par le *canal de Savières*.

127. Signalons dans le Jura les lacs de *Nantua*, 3 km², et de *Saint-Point*; dans les Vosges, celui de *Gérardmer*; dans les Pyrénées, celui de *Lanoux*, au pied du Carlitte; à l'embouchure de la Loire, le lac de **Grand-Lieu** (37 km²).

128. Parmi les *lagunes* ou *étangs* côtiers, enfermés par des barres sablonneuses, citons : en Guyenne et Gascogne, l'étang d'**Arcachon**, le plus grand de tous (155 km²), ceux de *Hourtins*, de *Lacanau* et de *Cazau*; en Languedoc, les étangs de *Sigean*, de *Thau* et de *Mauguio*; en Provence, les étangs de *Vaccarès*, dans la Camargue, et de *Berre*, dans la plaine de la Crau.

Des *étangs* peu étendus, mais nombreux, se trouvent dans la Bresse, la Dombes, la Sologne, la Brenne et le Forez.

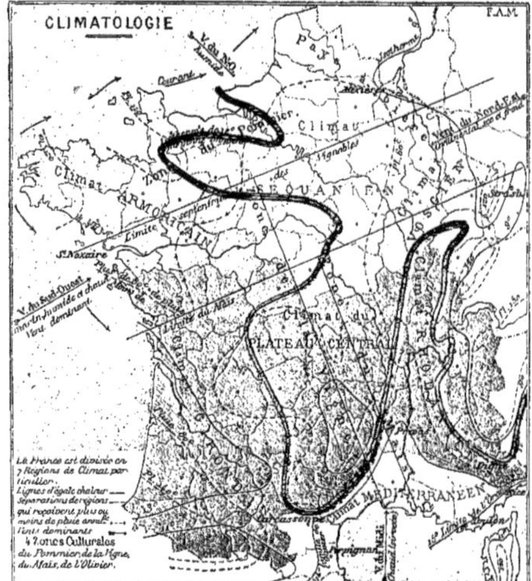

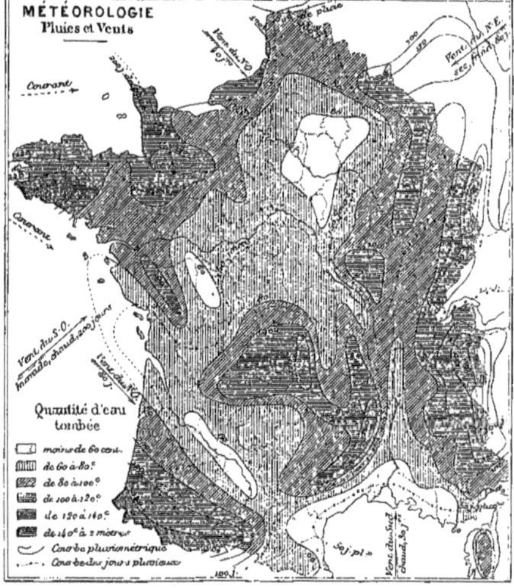

CHAPITRE V

LE CLIMAT

129. **Climat**. Grâce à la configuration très variée de son territoire, à l'influence combinée de ses mers, de ses montagnes, de ses plaines et de ses vallées, qui présentent une infinité de dispositions locales, *la France réunit les diverses espèces de climats* observés sur le Globe. Toutefois elle n'a pas les extrêmes de froid et de chaud, de sécheresse et d'insalubrité qu'offrent les contrées polaires ou équatoriales, voire même les pays septentrionaux ou méridionaux de l'Europe; de sorte qu'en dernière analyse, le climat de la France est très heureusement *tempéré, très salubre, et l'un des plus agréables* du monde.

Poids de l'air. La pression barométrique varie de 730 à 780 mm., avec une moyenne de 763 mm. Les lignes isobares (d'égale pression) s'inclinent du S.-O. au N.-E.

Magnétisme. L'aiguille aimantée fait à Paris, avec le méridien, un angle de *déclinaison* de 16° vers l'ouest, et avec l'horizon un angle d'*inclinaison* de 65°.

130. **Température**. En France, la moyenne annuelle de la **température** (ou degré de chaleur) est de 11° centigr. (9°5 dans le nord, 10°7 à Paris, 14°5 dans le sud).

La **ligne isotherme** (d'égale chaleur) de 11° se dirige, non pas de l'O. à l'E., mais du N.-O. au S.-E., depuis le Cotentin jusqu'aux Basses-Alpes; l'obliquité de cette direction par rapport aux parallèles s'explique par l'influence réchauffante des eaux de l'Atlantique à l'O., et l'action réfrigérante des massifs montagneux à l'E.

Ainsi qu'on le voit par la carte ci-jointe, dressée pour 1888 à 1892, au lieu de se diriger en droite ligne, cette isotherme de 11°, après avoir enveloppé une partie de la vallée de la Basse-Seine, contourne le plateau de Normandie qu'elle laisse dans la partie froide, emplète au contraire dans la vallée de la Loire, redescend brusquement vers le S., et, tout en formant une sorte de presqu'île du froid de tout le Plateau central, elle remonte du S. au N. jusqu'en Bourgogne, pour donner à la partie chaude toute la vallée de la Saône et du Rhône, laissant à la région froide le massif du Jura et des Alpes.

131. **Vents**. Les deux *vents dominants*, en France, sont ceux du S.-O. et du N.-E.

Le **vent du S.-O.**, qui est un *contre-alizé* (n° 83), est chaud, parce qu'il vient du Midi; humide, parce qu'il traverse l'Océan, où il se charge de vapeurs et de nuages; il produit le *climat* dit *marin*, qui est moins chaud en été, moins froid en hiver que le climat continental.

Le **vent du N.-E.** est froid, parce qu'il vient des contrées polaires, et sec, parce qu'il traverse le continent; il produit le *climat* dit *continental*, qui est sec et excessif, très froid en hiver, très chaud en été.

Le *mistral*, vent froid et violent des Cévennes, et le *sirocco*, vent brûlant d'Afrique, soufflent dans le bassin du Rhône, principalement dans la Provence et le bas Languedoc.

C'est ainsi que, selon leur origine, les vents sont plus ou moins secs ou humides, chauds ou froids.

132. **Pluies.** La *quantité* moyenne d'**eau pluviale** tombée en un an représente une couche de 80 centimètres d'épaisseur répandue sur toute la France (moins de 60 c. sur divers points du pays; plus d'un mètre sur le bord de l'Océan, de la Manche et sur le Massif central; 1 m. 50 dans les autres montagnes, et même plus de 2 m. dans les Alpes).

D'après M. Delesse, la moyenne d'eau tombée dans chaque bassin fluvial donne 63 centim. pour la Seine, 72 pour le Rhin, 79 pour la Loire, 82 pour la Gironde, 95 pour le Rhône, et 100 pour l'Adour.

En règle générale, les côtes reçoivent plus d'eau que l'intérieur du pays, à cause de leur proximité de la mer; les montagnes, plus que les plaines, à cause du froid qui y règne et qui provoque la condensation des nuages.

Théoriquement et sommairement, la ligne moyenne de 80 centim. de pluie pourrait être figurée par un trait droit allant de Bayonne à Nancy, et coupant obliquement la France en deux parties égales : l'une au N.-O., où les pluies donnent généralement moins de 80 centim. d'eau; l'autre au S.-E., pays des montagnes, où les pluies sont copieuses et donnent de 80 centim. à plus de 2 m. d'eau.

Les sept climats français

133. En réunissant les conditions climatologiques de chaleur, de pluies, etc., imposées par les circonstances locales ou régionales, on est convenu de diviser le territoire français en **sept climats** agricoles ou **régions climatériques**, comprenant chacun de dix à quinze départements. Leurs limites sont d'ailleurs nécessairement très vagues, car la nature ne se soumet jamais absolument à nos classifications méthodiques.

De ces sept climats, quatre : le *séquanien*, l'*armoricain*, le *girondin*, le *méditerranéen*, sont **maritimes**; l'influence de la mer y modère plus ou moins les excès de chaud ou de froid, ce qui en fait des climats dits **constants**.

Les trois autres : le *vosgien*, le *rhodanien* et celui du *Plateau central*, sont **continentaux** : plus secs, bien qu'ils reçoivent plus d'eau, par grandes averses, ils s'échauffent plus en été et pendant le jour, se refroidissent davantage en hiver et pendant la nuit : ce sont des climats **excessifs**.

134. I. Le **climat vosgien**, ou du N.-E., comprend la région des Vosges et le bassin de la Meuse. Il est continental, sec et excessif. Sa température moyenne est de 9°5. Les hivers sont rigoureux, les étés courts, mais beaux.

II. Le **climat séquanien** comprend les bassins de l'Escaut, de la Seine (en latin *Sequana*) et de la Loire centrale. Il est marin, constant, doux et pluvieux; il convient aux céréales et aux herbages. Moyenne, 10°7.

III. Le **climat armoricain** comprend la Bretagne (ancienne *Armorique*) et les provinces voisines. Essentiellement marin, doux et pluvieux, il profite surtout aux herbages. Les plantes provençales : grenadier, figuier, aloès, croissent sur les côtes réchauffées par le *Gulf-Stream*. Moyenne, 11°.

IV. Le **climat girondin** comprend le bassin de la Gironde et de la Garonne jusqu'aux Pyrénées. Il est chaud en été dans la plaine, froid en hiver dans les montagnes, mais attiédi par l'Océan; c'est le plus riant de nos climats. Moyenne, 12°.

V. Le **climat du Plateau central** (Auvergne, haut Languedoc, etc.) est froid, neigeux, venteux et pluvieux; il fait contraste avec le précédent. Cependant les vallées et la plaine de la Limagne sont plus favorisées. Moyenne, 9°5.

VI. Le **climat rhodanien** comprend le bassin du Rhône, excepté la partie maritime. Il est continental, très froid en hiver dans les montagnes, où les pluies et les neiges sont abondantes. Il est sujet à de brusques variations. Moyenne, 11°. — Lyon souffre des brouillards.

VII. Le **climat méditerranéen** règne sur les côtes de la Méditerranée et comprend la basse Provence, le bas Languedoc, le Roussillon et la Corse. C'est le plus chaud de France : 14°5 en moyenne; il a une végétation spéciale caractérisée par l'oranger, le figuier, l'olivier, le mûrier, l'amandier, etc.; mais le sol est dénudé, pierreux, sans herbages permanents. Le *mistral* et le *sirocco* s'y font sentir.

135. **Productions naturelles.** La France possède d'assez nombreuses richesses *minérales* : houille, marbres, pierres, ardoises, fer, eaux minérales.

Elle produit spontanément la plupart des *végétaux* de l'Europe, car le Midi possède des espèces propres aux pays chauds, tandis que sur les Alpes se trouvent des espèces analogues à celles des régions polaires.

Parmi les *animaux sauvages*, on doit citer : l'ours brun, le lynx, la marmotte, le chamois et le bouquetin, dans les Alpes et les Pyrénées; le mouflon, en Corse; le loup, le renard, le sanglier, le cerf, le lièvre; l'aigle royal, le faucon, l'outarde, la perdrix. La vipère, l'aspic et le scorpion, espèces venimeuses, se trouvent dans le sud.

Dans deux chapitres spéciaux (ch. X et XI), il sera traité des animaux domestiques, des productions agricoles et industrielles.

CHAPITRE VI

FRANCE HISTORIQUE

I. SYNTHÈSE HISTORIQUE

136. La FRANCE, qui ne prit son nom qu'au IXe siècle, correspond à la plus grande partie de l'ancienne Celtique, ou de la **Gaule transalpine**, qui s'étendait entre les Pyrénées, les Alpes, le Rhin et l'Océan.

I. Dans les **temps préhistoriques**, c'est-à-dire antérieurs à l'histoire écrite, notre pays était habité par des peuplades dont l'existence est révélée par des restes d'armes, d'outils en silex ou en os et de poteries trouvés dans les cavernes; elles vivaient apparemment de chasse et de pêche, comme le font encore tant d'autres populations sauvages en Afrique et ailleurs. On ne sait s'il faut attribuer à ces peuplades inconnues ou aux Gaulois les habitations lacustres sur pilotis (Pyrénées, Savoie) et les monuments *mégalithiques* (grandes pierres) : menhirs, dolmens, etc., qui subsistent encore, notamment dans la partie occidentale et sud-ouest du territoire.

II. **Les Gaulois.** Avec la conquête romaine, commencent les *temps historiques*. La Gaule était alors habitée par les **Belges** ou *Kymris*, au nord de la Seine; par les **Celtes**, *Galls* ou *Gaulois*, entre la Seine et la Garonne; par les **Aquitains** ou *Ibères*, au pied des Pyrénées, et par les **Ligures**, au sud des Alpes. Ces peuples, qui vivaient par tribus isolées, ne se réunissaient qu'accidentellement pour leur défense mutuelle. Aussi Jules César, conquérant et historien, les confond-il sous le nom de **Gaulois**.

III. **Les Romains.** Après quelques irruptions en Germanie, en Italie et en Grèce, les Gaulois furent subjugués par Jules César, l'an 51 avant Jésus-Christ. Pendant cinq siècles ils firent partie de l'empire romain, dont ils adoptèrent la langue, les mœurs, la religion, au point qu'ils seront plus tard désignés sous le nom de *Gallo-Romains*. Vinrent ensuite les invasions des Barbares : Westgoths, Burgondes, Francs, etc.

IV. **Les Francs.** Au VIe siècle, la Gaule forma plusieurs *royaumes francs*, sous les successeurs de Clovis, et se divisa bientôt en quatre parties : la **Neustrie**, au N.-O.; l'**Austrasie** (Ostrasie), au N.-E.; la **Bourgogne**, au S.-E., et l'**Aquitaine**, au S.-O.

Au IXe siècle, **Charlemagne**, le grand organisateur de l'Europe chrétienne, étendit l'empire franc jusqu'à l'Oder, la Theiss, le Garigliano et l'Èbre. Mais après lui l'empire se divisa en trois royaumes, dont l'un, comprenant la partie située à l'ouest de l'Escaut, de la Meuse, de la Saône et du Rhône jusqu'à l'Océan, fut donné à Charles le Chauve, et prit le nom de FRANCE.

V. **Régime féodal.** Sous les descendants de ce prince, le pouvoir royal s'affaiblit de plus en plus, tandis que les *vassaux* : ducs, comtes, barons, investis par le roi suzerain de l'hérédité de leurs titres, exerçaient dans leurs domaines les droits souverains les plus étendus.

De là, le morcellement du royaume de France en **fiefs** ou seigneuries **héréditaires**. Les principaux vassaux de la couronne furent les ducs de **France**, de **Normandie**, de **Bretagne**, de **Bourgogne** et d'**Aquitaine** (Guyenne, etc.), les comtes de **Flandre**, de **Champagne** et de **Toulouse**.

Au XIe siècle, par l'avènement des ducs de Normandie au trône d'Angleterre, plusieurs provinces du nord-ouest furent réunies à ce royaume, qui les détint à diverses reprises jusqu'à la fin de la guerre de Cent ans. Les rois anglais possédèrent même constamment, de 1154 à 1450, la Guyenne et les pays voisins, par suite du mariage d'Éléonore d'Aquitaine avec Henri Plantagenet.

II. FORMATION DU DOMAINE ROYAL

137. La période de démembrement du pouvoir royal avait duré deux siècles. Il fallut, jusqu'à la révolution de 1789, six siècles aux rois de France pour reconstituer l'unité monarchique et ressaisir partout l'exercice du pouvoir souverain.

Non seulement ils reprirent les provinces assignées à la France par le traité de Verdun, notamment les parties occupées par les Anglais, mais encore ils réussirent, par de longues et fréquentes guerres, à enlever à l'empire d'Allemagne les provinces des frontières orientale et septentrionale qui avaient fait partie de la Lotharingie (bassins de la Meuse, du Rhin, de la Saône et du Rhône).

I. Sous les Capétiens directs

Au xe siècle, à l'avènement de Hugues Capet à la couronne de France, le domaine royal comprenait seulement l'*Ile-de-France*, l'*Orléanais* et la *Picardie*, apanage particulier de ce prince.

Au xiie siècle, — Philippe Ier acheta le *Berry*.

Au xiiie siècle, — Philippe-Auguste conquit la *Touraine*, et confisqua la *Normandie* sur Jean sans Terre.

Saint Louis et Philippe le Hardi héritèrent du *Languedoc*.

Philippe le Bel acquit le *Lyonnais* et prépara la réunion de la *Champagne* par son mariage avec Jeanne de Navarre.

II. Sous les Valois

Au xive siècle, — Philippe VI réunit la *Champagne;* il obtint le *Dauphiné* par don du dernier de ses dauphins, et acheta le comté de *Montpellier*.

Charles V reprit aux Anglais le *Poitou*, l'*Aunis* et la *Saintonge*.

Au xve siècle, — Charles VII conquit sur les Anglais la *Guyenne* et la *Gascogne*.

Louis XI hérita, de René d'Anjou, du *Maine*, de l'*Anjou* et de la *Provence;* il confisqua la *Bourgogne* et la *Picardie*, après la mort de Charles le Téméraire, ainsi que l'*Armagnac*.

Au xvie siècle, — François Ier confisqua, sur le connétable de Bourbon, le *Bourbonnais*, une partie de l'*Auvergne* et la *Marche*. — Il réunit par apanage l'*Angoumois*, et par mariage la *Bretagne*.

III. Sous les Bourbons

Henri IV réunit par apanage le *Béarn*, le *comté de Foix* et le *Limousin*.

Au xviie siècle, — Louis XIII et Louis XIV conquirent sur l'empire d'Allemagne l'*Artois*, le *Roussillon*, la *Flandre française*, la *Franche-Comté* et l'*Alsace*.

Louis XIV acheta en outre le *Nivernais*.

Au xviiie siècle, — Louis XV hérita de la *Lorraine*, à la mort de Stanislas Leczinski, et acheta la *Corse* aux Génois.

La Révolution annexa, en 1791, le *comtat Venaissin* et *Avignon*, enlevés au pape.

Au xixe siècle, — Napoléon III annexa la *Savoie* et le *comté de Nice*, cédés par l'Italie.

138. A dater du xvie siècle, la *monarchie française* unifiée jouit d'une grande influence en Europe, et y devint, sous *Louis XIV*, la puissance prépondérante, en même temps qu'elle se créait de nombreuses colonies à l'étranger.

Sous la *république* de 1792 et sous l'empire de *Napoléon Ier*, la France, par la conquête de la Belgique, de la Hollande, de l'Allemagne rhénane, de la Suisse et de l'Italie septentrionale, compta 132 départements et dicta la loi à presque toute l'Europe ; mais en même temps l'Angleterre lui enlevait son commerce maritime, et bientôt l'Empire tombait sous la coalition européenne : en 1814, la France fut réduite à ses limites de 1789. Si, sous Napoléon III, elle acquit en 1860 la Savoie et le comté de Nice, la funeste guerre de 1870-1871 lui a fait perdre l'Alsace et une partie de la Lorraine.

Depuis 1830, surtout après 1880, la France s'est créé un *empire colonial* immense, le second pour l'importance après l'empire britannique.

III. LES ANCIENNES PROVINCES

139. **Les anciens pays : pagi et provinces.** Quel que soit le mode actuel de division administrative, l'étude de notre histoire nationale implique nécessairement la connaissance des *provinces* anciennes, résultant des *fiefs* du moyen âge, mais organisées en divisions administratives, surtout depuis Louis XIV.

Il est même nécessaire d'y ajouter la connaissance des *pays* particuliers (*pagi*), simples territoires, tels que la Beauce, la Sologne, le Marquenterre, qui, sans avoir, dans plusieurs cas, marqué une division administrative bien déterminée, se distinguent par des *particularités tellement constantes de climat, de nature du sol, de produits, de mœurs*, que leurs désignations spéciales ont subsisté à travers les âges depuis les Gaulois jusqu'à nous.

En effet, ces appellations anciennes, *basées sur l'ethnographie*, l'*histoire*, la géologie et l'agriculture, se maintiennent dans le langage ordinaire, en dépit des efforts faits pour les remplacer par d'autres plus ou moins bizarrement choisies, telles que le sont en général les noms des départements, « simples fictions, » qu'un décret peut faire mourir sans laisser de traces dans la mémoire des peuples.

« Les noms des provinces, dit M. O. Reclus, sont bien plus vrais; ils sortent du fond de l'histoire, de la vie de la France pendant mille ans, des entrailles du sol quand la France n'était pas encore née, lorsque des sauvages vêtus de peaux rodaient, l'oreille au guet, dans les forêts et dans les fondrières. Officiellement, ces provinces sont mortes depuis cent ans passés; mais elles vivent toujours dans la mémoire de la nation. Nous disons encore : je reste en Touraine, je vais en Bourgogne, je viens du Limousin. Suivant notre pays d'origine, nous nous traitons de Normands, de Bretons, de Béarnais, etc. La plupart de nos départements ont des noms tels, qu'on n'en peut tirer que des dérivés ridicules : *Seine-et-Marnois! Côtes-du-Nordiens!* »

140. **Provinces et gouvernements.** Avant 1790, la France comprenait 35 **provinces**, qui étaient des divisions territoriales administrées par des *intendants* et séparées entre elles par des lignes de douanes. Leur administration n'était pas uniforme; chacune d'elles jouissait de privilèges particuliers, résultant de leur ancienne autonomie féodale.

Les **gouvernements militaires**, qu'il ne faut pas confondre avec les provinces, sont d'origine plus moderne. François Ier en institua 9 : Ile-de-France, Picardie, Champagne-et-Brie, Languedoc, Bourgogne, Dauphiné, Provence. — Sous Henri III, il y en eut 12, par l'addition de la Bretagne, de l'Orléanais et du Lyonnais. C'est Louis XIV qui porta le nombre des gouvernements à 40, dont 33 grands et 7 petits.

Les 33 *grands* gouvernements correspondaient à peu près aux provinces données dans le tableau ci-dessous, sauf que la Guyenne n'en formait qu'un avec la Gascogne, la Saintonge, un avec l'Angoumois, et que le Comtat, la Savoie et Nice ne furent annexés que plus tard. Les 7 *petits* gouvernements, enclavés dans les grands, étaient : *Paris* (ville et prévôté), *Boulogne* et le Boulonnais, *le Havre*, *Sedan*, *Metz* et *Verdun*, *Toul*, *Saumur*, avec leurs dépendances.

141. **Tableau des provinces.** Les anciennes provinces sont au nombre de 37, en y comprenant la Corse, achetée en 1768; le comtat Venaissin, la Savoie et le comté de Nice, acquis depuis 1789, et en déduisant l'Alsace, perdue en 1871.

Les voici, rangées en neuf régions et par ordre de position géographique :

I. Au Nord :	
l'Ile-de-France,	cap. *Paris;*
la Picardie,	— *Amiens;*
l'Artois,	— *Arras;*
la Flandre *française*,	— *Lille.*
II. Au nord-est :	
la Champagne,	cap. *Troyes;*
la Lorraine,	— *Nancy.*
III. Au nord-ouest :	
la Normandie,	cap. *Rouen;*
le Maine,	— *le Mans.*
IV. A l'ouest :	
la Bretagne,	cap. *Rennes;*
l'Anjou,	— *Angers;*
le Poitou,	— *Poitiers.*
V. Au centre :	
l'Orléanais,	cap. *Orléans;*
la Touraine,	— *Tours;*
le Berry,	— *Bourges;*
le Nivernais,	— *Nevers;*
le Bourbonnais,	— *Moulins;*
la Marche,	— *Guéret;*
le Limousin,	— *Limoges;*
l'Auvergne,	— *Clermont.*
VI. Au sud-ouest :	
l'Angoumois,	cap. *Angoulême;*
la Saintonge,	— *Saintes;*
l'Aunis,	— *la Rochelle;*
la Guyenne,	— *Bordeaux;*
la Gascogne,	— *Auch;*
le Béarn,	— *Pau.*
VII. Au sud :	
le *comté de* Foix,	cap. *Foix;*
le Roussillon,	— *Perpignan;*
le Languedoc,	— *Toulouse.*
VIII. A l'est :	
le Lyonnais,	cap. *Lyon;*
la Bourgogne,	— *Dijon;*
la Franche-Comté,	— *Besançon.*
IX. Au sud-est :	
la Savoie,	cap. *Chambéry;*
le Dauphiné,	— *Grenoble;*
le Comtat,	— *Avignon;*
la Provence,	— *Aix;*
le *comté de* Nice,	— *Nice;*
la Corse,	— *Bastia.*

IV. LES DÉPARTEMENTS

142. **Origine et but de la division en départements.** La division de la France en départements fut établie par l'Assemblée constituante en 1790, dans le but de rendre uniforme l'administration du pays, en faisant disparaître les traditions et les privilèges des provinces (voir page 117).

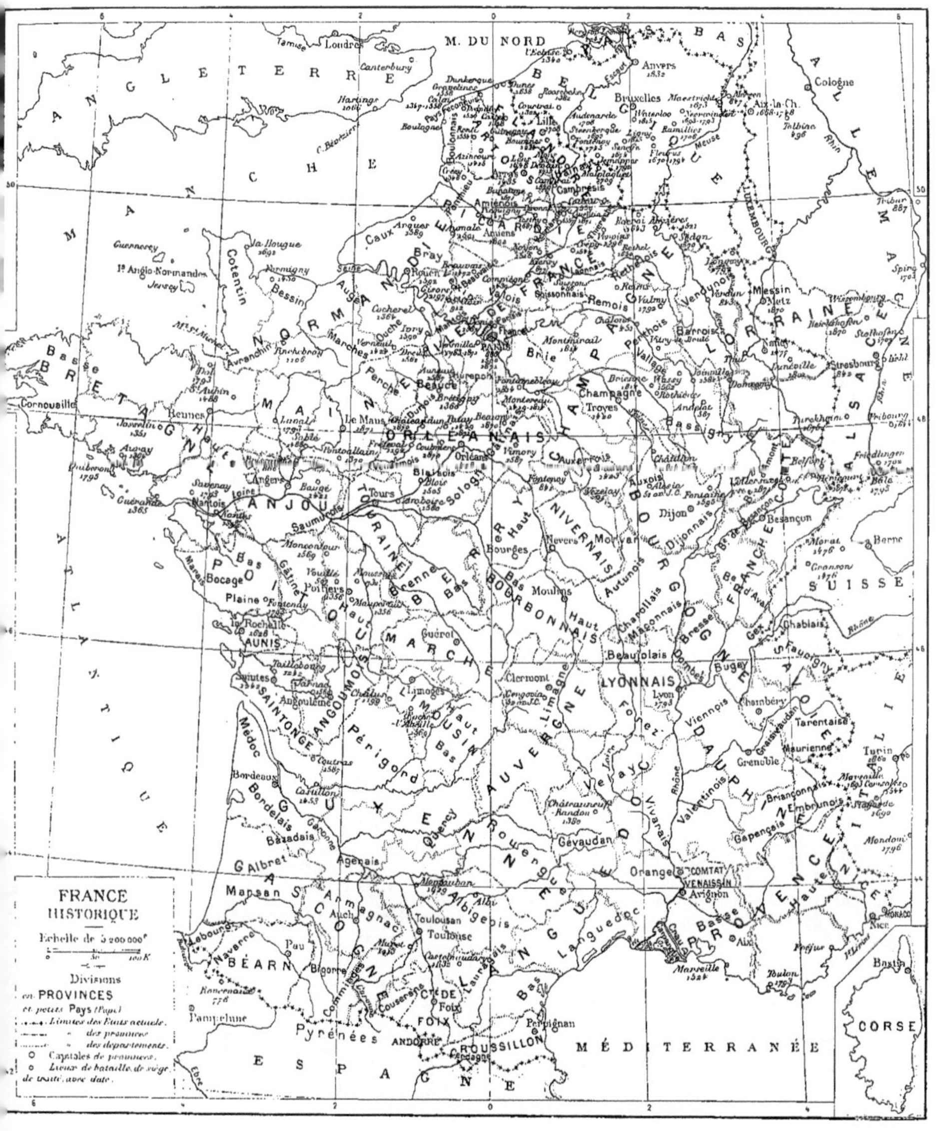
FRANCE
HISTORIQUE
Echelle de 5 200 000e
Divisions
en PROVINCES
et petits Pays
Limites des Etats actuels
des provinces
des départements
Capitales de provinces
Lieux de bataille, de siège, de traité, avec date
M. DU NORD
ANGLETERRE
MANCHE
BELGIQUE
ALLEMAGNE
SUISSE
ITALIE
ESPAGNE
MÉDITERRANÉE
ATLANTIQUE
CORSE
NORMANDIE
BRETAGNE
PICARDIE
CHAMPAGNE
LORRAINE
ALSACE
ORLÉANAIS
ANJOU
TOURAINE
POITOU
AUNIS
SAINTONGE
ANGOUMOIS
MARCHE
LIMOUSIN
AUVERGNE
LYONNAIS
BOURBONNAIS
NIVERNAIS
BOURGOGNE
DAUPHINÉ
PROVENCE
LANGUEDOC
GASCOGNE
GUYENNE
BÉARN
ROUSSILLON
FOIX
COMTAT VENAISSIN
Paris
Lyon
Marseille
Bordeaux
Toulouse
Rennes
Nantes
Rouen
Dijon
Grenoble
Besançon
Orléans
Tours
Limoges
Clermont
Pau
Aix
Avignon
Metz
Nancy
Strasbourg
Troyes
Bourges
Moulins
Poitiers
Angers
Amiens
Lille

143. TABLEAU DES PROVINCES ET DES DÉPARTEMENTS FRANÇAIS (GROUPÉS EN 9 RÉGIONS)

I. RÉGION DU NORD

Ile-de-France (6 départ.)
- **SEINE**, chef-lieu **PARIS**. (V. pr. **Saint-Denis**.)
- **SEINE-ET-OISE**, ch-l. **Versailles**, sous-préfectures Corbeil, Étampes, Pontoise, Mantes, Rambouillet.
- **Seine-et-Marne**, ch.-l. Melun, s.-pr. Fontainebleau, Meaux, Provins, Coulommiers.
- **OISE**, ch.-l. *Beauvais*, s.-pr. Compiègne, Senlis, Clermont.
- **AISNE**, ch.-l. Laon, s.-pr. **St-Quentin**, Soissons, Château-Thierry, Vervins.

Picardie
- **SOMME**, ch.-l. **Amiens**, s.-pr. *Abbeville*, Doullens, Péronne, Montdidier.

Artois
- **PAS-DE-CALAIS**, ch.-l. *Arras*, s.-pr. **Boulogne**, *Saint-Omer*, Béthune, Saint-Pol, Montreuil. (V. pr. **Calais**.)

Flandre
- **NORD**, ch.-l. **Lille**, s.-pr. *Dunkerque, Douai, Valenciennes, Cambrai*, Hazebrouck, Avesnes. (V. pr. **Roubaix** et **Tourcoing**).

II. RÉGION DU NORD-EST

Champagne (4 départ.)
- **Aube**, ch.-l. **Troyes**, s.-pr. Bar-sur-Aube, Nogent-sur-Seine, Bar-sur-Seine, Arcis-sur-Aube.
- **Haute-Marne**, ch.-l. Chaumont, s.-pr. Langres, Wassy.
- **MARNE**, ch.-l. *Châlons-sur-Marne*, s.-pr. **Reims**, *Epernay*, Vitry-le-François, Sainte-Menehould.
- **Ardennes**, ch.-l. Mézières, s.-pr. Sedan, Rethel, Vouziers, Rocroi.

Lorraine (3 départ.)
- **Meuse**, ch.-l. Bar-le-Duc, s.-pr. *Verdun*, Commercy, Montmedy.
- **VOSGES**, ch.-l. *Épinal*, s.-pr. *Saint-Dié*, Remiremont, Mirecourt, Neufchâteau.
- **MEURTHE-ET-MOSELLE**, ch.-l. **Nancy**, s.-pr. *Lunéville*, Toul, Briey.

Alsace
- Territoire de Belfort, ch.-l. *Belfort*.

III. RÉGION DU NORD-OUEST

Normandie (5 départ.)
- **SEINE-INFÉRIEURE**, ch.-l. **Rouen**, s.-pr. **le Havre**, *Dieppe*, Yvetot, Neufchâtel.
- **Eure**, ch.-l. Évreux, s.-pr. Louviers, Bernay, Pont-Audemer, Les Andelys.
- Calvados, ch.-l. *Caen*, s.-pr. Lisieux, Bayeux, Falaise, Vire, Pont-l'Evêque.
- **MANCHE**, ch.-l. Saint-Lô, s.-pr. *Cherbourg*, Avranches, Coutances, Valognes, Mortain.
- **Orne**, ch.-l. Alençon, s.-pr. Argentan, Domfront, Mortagne.

Maine (2 départ.)
- **SARTHE**, ch.-l. **le Mans**, s.-pr. la Flèche, Mamers, Saint-Calais.
- **Mayenne**, ch.-l. *Laval*, s.-pr. Mayenne, Château-Gontier.

IV. RÉGION DE L'OUEST

Bretagne (5 départ.)
- **ILLE-ET-VILAINE**, ch.-l. **Rennes**, s.-pr. *Fougère*, Saint-Malo, Vitré, Redon, Montfort.
- **COTES-DU-NORD**, ch.-l. *Saint-Brieuc*, s.-pr. Dinan, Guingamp, Lannion, Loudéac.
- **FINISTÈRE**, ch.-l. Quimper, s.-pr. **Brest**, Morlaix, Quimperlé, Châteaulin.
- **MORBIHAN**, ch.-l. *Vannes*, s.-pr. *Lorient*, Pontivy, Ploërmel.
- **LOIRE-INFÉRIEURE**, ch.-l. **Nantes**, s.-pr. *Saint-Nazaire*, Châteaubriant, Ancenis, Paimbœuf.

Anjou
- **MAINE-ET-LOIRE**, ch.-l. **Angers**, s.-pr. Cholet, Saumur, Segré, Baugé.

Poitou (3 départ.)
- **VENDÉE**, ch.-l. La Roche-sur-Yon, s.-pr. les Sables-d'Olonne, Fontenay-le-Comte.
- **Deux-Sèvres**, ch.-l. *Niort*, s.-pr. Parthenay, Bressuire, Melle.
- **Vienne**, ch.-l. *Poitiers*, s.-pr. *Châtellerault*, Montmorillon, Loudun, Civray.

V. RÉGION DU CENTRE

Orléanais (3 départ.)
- **Loiret**, ch.-l. **Orléans**, s.-pr. Montargis, Gien, Pithiviers.
- **Eure-et-Loir**, ch.-l. *Chartres*, s.-pr. Dreux, Nogent-le-Rotrou, Châteaudun.
- **Loir-et-Cher**, ch.-l. *Blois*, s.-pr. Vendôme, Romorantin.

Touraine
- **Indre-et-Loire**, ch.-l. **Tours**, s.-pr. Chinon, Loches.

Berry (2 départ.)
- **Indre**, ch.-l. *Châteauroux*, s.-pr. Issoudun, le Blanc, la Châtre.
- **Cher**, ch.-l. *Bourges*, s.-pr. Saint-Amand, Sancerre.

Nivernais
- **Nièvre**, ch.-l. *Nevers*, s.-pr. Cosne, Clamecy, Château-Chinon.

Bourbonnais
- **ALLIER**, ch.-l. *Moulins*, s.-pr. *Montluçon*, Gannat, Lapalisse.

Marche
- **Creuse**, ch.-l. Guéret, s.-pr. Aubusson, Bourganeuf, Boussac.

Limousin (2 départ.)
- **Haute-Vienne**, ch.-l. **Limoges**, s.-pr. Saint-Yrieix, Bellac, Rochechouart.
- Corrèze, ch.-l. Tulle, s.-pr. Brive, Ussel.

Auvergne (2 départ.)
- **PUY-DE-DOME**, ch.-l. **Clermont-Ferrand**, s.-pr. Thiers, Riom, Ambert, Issoire.
- **Cantal**, ch.-l. Aurillac, s.-pr. Saint-Flour, Mauriac, Murat.

VI. RÉGION DU SUD-OUEST

Angoumois
- **Charente**, ch.-l. *Angoulême*, s.-pr. Cognac, Barbezieux, Ruffec, Confolens.

Aunis et Saintonge
- **CHARENTE-INFÉRIEURE**, ch.-l. *la Rochelle*, s.-pr. *Rochefort*, Saintes, Saint-Jean-d'Angely, Marennes, Jonzac.

Guyenne (6 départ.)
- **GIRONDE**, ch.-l. **Bordeaux**, s.-pr. Libourne, Blaye, Bazas, la Réole, Lesparre.
- **DORDOGNE**, ch.-l. *Périgueux*, s.-pr. Bergerac, Sarlat, Nontron, Ribérac.
- **Lot**, ch.-l. Cahors, s.-pr. Figeac, Gourdon.
- **Aveyron**, ch.-l. Rodez, s.-pr. Millau, Villefranche, Saint-Affrique, Espalion.
- **Lot-et-Garonne**, ch.-l. *Agen*, s.-pr. Villeneuve-sur-Lot, Marmande, Nerac.
- **Tarn-et-Garonne**, ch.-l. *Montauban*, s.-pr. Moissac, Castelsarrasin.

Gascogne (3 départ.)
- **Gers**, ch.-l. Auch, s.-pr. Condom, Lectoure, Mirande, Lombez.
- **Landes**, ch.-l. Mont-de-Marsan, s.-pr. Dax, Saint-Sever.
- **Hautes-Pyrénées**, ch.-l. *Tarbes*, s.-pr. Bagnères-de-Bigorre, Argelès.

Béarn
- **BASSES-PYRÉNÉES**, ch.-l. *Pau*, s.-pr. *Bayonne*, Oloron, Orthez, Mauléon.

VII. RÉGION DU SUD

Foix
- **Ariège**, ch.-l. Foix, s.-pr. Pamiers, Saint-Girons.

Roussillon
- **Pyrénées-Orientales**, ch.-l. *Perpignan*, s.-pr. Céret, Prades.

Languedoc (8 départ.)
- **HAUTE-GARONNE**, ch.-l. **Toulouse**, s.-pr. Saint-Gaudens, Muret, Villefranche.
- **Tarn**, ch.-l. *Albi*, s.-pr. *Castres*, Gaillac, Lavaur.
- **Aude**, ch.-l. *Carcassonne*, s.-pr. *Narbonne*, Castelnaudary, Limoux.
- **HÉRAULT**, ch.-l. **Montpellier**, s.-pr. **Béziers**, Lodève, Saint-Pons.
- **GARD**, ch.-l. **Nîmes**, s.-pr. *Alais*, le Vigan, Uzès.
- **Ardèche**, ch.-l. Privas, s.-pr. Tournon, Largentière.
- **Lozère**, ch.-l. Mende, s.-pr. Marvejols, Florac.
- **Haute-Loire**, ch.-l. *Le Puy*, s.-pr. Brioude, Yssingeaux.

VIII. RÉGION DE L'EST

Lyonnais (2 départ.)
- **RHONE**, ch.-l. **Lyon**, s.-pr. Villefranche.
- **LOIRE**, ch.-l. **Saint-Étienne**, s.-pr. *Roanne*, Montbrison.

Bourgogne (4 départ.)
- **Ain**, ch.-l. Bourg, s.-pr. Belley, Nantua, Gex, Trévoux.
- **SAONE-ET-LOIRE**, ch.-l. Mâcon, s.-pr. *Chalon-sur-Saône*, Autun, Louhans, Charolles.
- **Côte-d'Or**, ch.-l. **Dijon**, s.-pr. Beaune, Châtillon-sur-Seine, Semur.
- **Yonne**, ch.-l. Auxerre, s.-pr. Sens, Joigny, Avallon, Tonnerre.

Franche-Comté (3 départ.)
- **Haute-Saône**, ch.-l. Vesoul, s.-pr. Gray, Lure.
- **Doubs**, ch.-l. **Besançon**, s.-pr. Montbéliard, Pontarlier, Baume.
- **Jura**, ch.-l. Lons-le-Saunier, s.-pr. Dôle, Saint-Claude, Poligny.

IX. RÉGION DU SUD-EST

Savoie (2 départ.)
- **Haute-Savoie**, ch.-l. Annecy, s.-pr. Thonon, Bonneville, Saint-Julien.
- **Savoie**, ch.-l. *Chambéry*, s.-pr. Albertville, Saint-Jean-de-Maurienne, Moutiers.

Dauphiné (3 départ.)
- **ISÈRE**, ch.-l. **Grenoble**, s.-pr. *Vienne*, la Tour-du-Pin, Saint-Marcellin.
- **Drôme**, ch.-l. *Valence*, s.-pr. Montélimar, Die, Nyons.
- **Hautes-Alpes**, ch.-l. Gap, s.-pr. Briançon, Embrun.

Comtat
- **Vaucluse**, ch.-l. *Avignon*, s.-pr. Carpentras, Orange, Apt.

Provence et Nice (4 départ.)
- **BOUCHES-DU-RHONE**, ch.-l. **Marseille**, s.-pr. *Aix, Arles*.
- **Var**, ch.-l. Draguignan, s.-pr. **Toulon**, Brignoles.
- **Basses-Alpes**, ch.-l. Digne, s.-pr. Sisteron, Forcalquier, Barcelonnette, Castellane.
- **Alpes-Maritimes**, ch.-l. **Nice**, s.-pr. Grasse, Puget-Théniers.

Corse
- **Corse**, ch.-l. *Ajaccio*, s.-pr. *Bastia*, Sartène, Corte, Calvi.

Algérie, 3 départements (au nord) et 4 territoires militaires (au sud). (Voir p. 150.)

NOTA. — 1. Les **DÉPARTEMENTS** écrits en capitales ont plus de 400000 habitants.
2. Les sous-préfectures sont rangées d'après le chiffre de la population.
3. Les **villes en romain gras** ont plus de 50000 habitants.
4. Les *villes en italique* ont de 20 à 50000 habitants.

142 (*suite*). **Leurs noms**. Parmi les 86 départements actuels, 61 tirent leurs noms des *cours d'eau* qui les arrosent; c'est le cas le plus ordinaire : *Seine*, *Seine-et-Oise* et autres ;

13, des *montagnes* qui s'y trouvent : *Hautes-Pyrénées*, etc. ;

3, des *mers* qui les baignent : *Pas-de-Calais*, *Manche*, *Morbihan ;*

1, de rochers sous-marins : *Calvados ;*

1, d'une fontaine : *Vaucluse ;*

1, de la nature du sol : les *Landes ;*

3, de leur situation : *Nord*, *Côtes-du-Nord*, *Finistère*, ou mieux *Finisterre*.

3 ont conservé leurs noms historiques : *Corse*, *Savoie*, *Haute-Savoie*.

Leur nombre. Les 83 départements primitifs de 1790 furent portés à 84, par la formation en 1791 de celui de *Vaucluse ;* à 85 par la division en deux du département de *Rhône-et-Loire* (1794) ; à 86 par la formation, en 1808, de celui de *Tarn-et-Garonne ;* à 89 sous Napoléon III (1860), pour être ramené après sa chute (1871) à 86, outre le petit territoire de Belfort.

On ne parle pas ici des nombreux départements formés aux dépens des Pays-Bas, de l'Allemagne rhénane et de l'Italie, dont l'annexion violente à la France, sous la Révolution et l'Empire, ne pouvait être qu'éphémère.

Nota. Le tableau n° 143 indique les 86 départements actuels avec leur chef-lieu et leurs sous-préfectures ; il donne en même temps la concordance de cette nouvelle division avec les anciennes grandes provinces.

La carte historique (p. 115) rectifie d'ailleurs les écarts du texte ou les défauts de concordance des limites des deux genres de divisions.

Le classement par régions et provinces est le plus utile, non seulement au point de vue de l'*usage* et de l'*histoire*, mais encore au point de vue de la géographie physique, agricole et industrielle.

Il concorde, du reste, avec la division adoptée dans les programmes officiels.

CHAPITRE VII

LA NATIONALITÉ FRANÇAISE

I. STATISTIQUE

144. Population absolue. La population totale de la France est, d'après le recensement de 1911, d'environ 39 600 000 habitants, y compris plus de 1 100 000 étrangers.

La France tient le 5e rang en Europe, pour la *population absolue*, après la Russie, l'Allemagne, l'Autriche et l'Angleterre; elle tombe au 9e pour la *densité* et au dernier pour la *rapidité* de l'accroissement.

145. Accroissement de la population. Le tableau ci-après donne la marche progressive de la population sur notre territoire actuel, décomptes faits des annexions ou des pertes qui se sont produites depuis un siècle.

ANNÉES	POPULATION totale.	AUGMENTATION annuelle.	DENSITÉ
1801	27 000 000	125 000	51
1821	29 900 000	145 000	56
1841	33 400 000	175 000	62
1861	35 850 000	122 500	66
1881	37 670 000	91 000	70
1901	38 962 000	62 000	73
1911	39 600 000	64 000	74

On voit que l'accroissement annuel, qui s'était élevé de 125 000 en 1801 à 175 000 en 1841, est descendu à moins de 70 000 depuis trente ans, et même de 1890 à 1895, il y a eu un déficit annuel de 9 000 naissances, et celui de 1911 a été de 35 000; — tandis que la petite Belgique gagne annuellement 70 000 âmes, l'Angleterre 230 000, nonobstant une émigration supérieure, l'Allemagne 900 000 et la Russie d'Europe près de 3 000 000.

146. Doublement de la population. Dans les deux derniers siècles, de Louis XIV à nos jours, la population de la France n'a pas *doublé*, tandis que celle des pays britannique, allemand et autrichien, a *triplé* en Europe, nonobstant les millions d'émigrants qu'ils ont envoyés en Amérique; la Russie d'Europe a *quadruplé* la sienne.

En d'autres termes, alors que, d'après l'accroissement normal actuel, *il faudrait plus de 600 ans à la France pour doubler sa population*, la Russie double la sienne en 45 ans, l'Allemagne en 65 ans, l'Italie en 120 ans, la Grande-Bretagne et l'Autriche-Hongrie en 150 ans.

Cette situation défavorable, qui est un danger pour nous dans l'avenir, tient surtout à la faiblesse de la *natalité*, qui compense à peine les *décès*. La France, avec sa race si bien douée et son sol si fertile, pourrait nourrir aujourd'hui 140 habitants par km². Une population de 75 millions d'âmes lui eût garanti pour longtemps encore la suprématie en Europe.

147. Densité de la population. La population totale (39 600 000 h.), divisée par la superficie (537 000 km²), donne une densité de 74 habitants par km² de territoire.

Comparée à l'Europe entière, la densité française est presque le double de la moyenne; mais, comparée aux pays limitrophes, elle n'occupe qu'un rang inférieur.

En effet, si la densité de la population en Russie n'est que de 24, celle de l'Espagne de 40 (moyenne de l'Europe), l'Italie compte 121, l'Allemagne 124, les Iles Britanniques 146, les Pays-Bas 182, la Belgique 254 habitants par km².

148. Émigration. Les Français, naturellement très attachés à leur beau pays, émigrent moins que tout autre peuple. Remarquons toutefois que l'émigration, non seulement n'appauvrirait pas la mère patrie, mais lui donnerait au dehors une influence plus grande, comme on le constate de nos jours pour l'Angleterre et l'Allemagne.

Tout au plus 5 000 Français émigrent chaque année, la plupart quittant les Basses et les Hautes-Pyrénées, la Gironde, le Gers et la Haute-Garonne, la Savoie, la Haute-Savoie, les Basses-Alpes.

Les émigrants du S.-O. vont généralement aux Etats-Unis, en Argentine et Uruguay; ceux du S.-E. en Algérie-Tunisie et surtout au Mexique. Très peu se dirigent vers nos colonies lointaines, qui manquent cependant de l'élément national.

149. Immigration. Si la France émigre peu, par compensation elle immigre considérablement, car 25 000 étrangers viennent chaque année s'installer chez elle pour un temps plus ou moins long.

Le recensement de 1911 portait le nombre d'étrangers en France à 1 124 000, dont 432 000 Belges, 240 000 Italiens, 82 000 Allemands, 74 000 Espagnols, 66 000 Suisses, 37 000 Anglais, etc. Ce qui donne la proportion de 1 étranger pour 34 Français.

II. ETHNOGRAPHIE

150. La Race française. Quelle que soit l'incertitude historique des origines, dans l'état actuel des choses les Français appartiennent tous à la RACE *blanche*, et s'y rattachent par deux RAMEAUX (*européen* et *araméen*), cinq FAMILLES et huit ou neuf PEUPLES différents, ainsi qu'on le voit dans le tableau ci-joint :

	RAMEAUX	FAMILLES	PEUPLES
RACE BLANCHE	EUROPÉEN	*latine*	Français.
			Wallons (Belges immigrés)
			Italiens (Corses et Niçois).
		teutonne	Flamands (Nord),
		ou *germaine*	Allem. (Nord-Est, Paris).
		kymrique ou *celtique* :	Bas-Bretons.
	ARAMÉEN	*basque*	Basques.
		sémite	Juifs, Arabes.

151. La nation française, comme les autres nations de l'Europe, est un mélange plus ou moins intime des peuples qui ont successivement habité la contrée : *Ibères* (Basques), *Celtes* ou Kymris (Bas-Bretons), *Gaulois, Grecs, Romains, Germains, Normands* (Scandinaves), etc.

Malgré cette diversité d'origine, le peuple français peut être considéré comme *le plus homogène* de l'Europe, celui où les nuances provinciales sont le moins saillantes. *Pour le caractériser physiquement*, pris en masse, on peut dire, avec Roget de Belloguet et Elisée Reclus, que « les Français sont un peuple aux cheveux bruns ou châtains, à tête plutôt ronde qu'ovale (brachicéphale plutôt que dolychocéphale), dont les yeux varient du noir au brun clair; leur taille et leur force musculaire sont un peu au-dessous de la moyenne, mais ils sont de constitution solide, et savent au besoin résister aux fatigues et aux privations. »

Toutefois on peut distinguer trois types principaux : 1o les BASQUES ou *Ibères* et les PROVENÇAUX ou *Ligures*, ainsi que les descendants des Romains, constituent les races *ibéro-insulaire* et *littorale* : de taille petite, tête allongée, yeux et cheveux noirs, teint basané; 2o les CELTES, ou la race *cévenole*, qui peuple la Bretagne, le Massif central, la Savoie : taille moyenne, corps trapu, cheveux châtains, yeux brun clair; 3o les GERMAINS et les NORMANDS, ou la race *nordique*, de taille élevée, tête longue, yeux bleus, cheveux blonds, peau blanche. Quant aux SÉMITES ou *israélites*, ils sont peu nombreux.

Caractère français. Profondément attaché au sol natal, le Français possède l'amour du travail agricole et de l'économie, l'amour de la patrie, d'où naît parfois le chauvinisme. Il est généreux, poli, éminemment sociable; il a de la gaieté, de l'entrain; il se plaît aux conceptions nettes et claires; il a le goût des lettres, des sciences, des arts, de la guerre, mais il est d'humeur assez mobile.

152. La langue française dérive du latin. Elle rachète la pauvreté de son vocabulaire par la clarté, la précision, la grâce. Aussi est-elle très cultivée à l'étranger.

Au moyen âge la féodalité donna lieu à de nombreux dialectes locaux : *picard, normand, lorrain, auvergnat, limousin, gascon, languedocien, provençal*, etc. Ils se rangeaient en deux groupes, d'après le mot usité pour dire *oui* : le Nord était le domaine de la *langue d'oïl*, plus dure, plus sourde; le Sud, celui de la *langue d'oc*, plus sonore, plus vive. La ligne de démarcation allait de la Gironde à Gannat, Vienne, Saint-Claude. La royauté capétienne propagea dans ses domaines le dialecte de l'Ile-de-France, qui devint la langue littéraire, le *français*; les autres dialectes tombèrent au rang de *patois*, lesquels sont encore usités au moins dans les campagnes.

Enfin aux extrémités du pays, le *flamand* est parlé par 150 000 nationaux, le *bas-breton* par 1 200 000, le *basque* par 120 000, le *catalan* (Pyrénées-Orientales) et l'*italien* (Niçois, Corses) par 500 000. Quoi qu'il en soit, l'unité de la langue est un fait accompli.

III. RELIGION

153. La France catholique. La France, avec les autres nations latines, a le glorieux privilège d'avoir reçu et conservé, depuis dix-huit siècles, **la foi catholique, apostolique et romaine**, celle qui vient en droite ligne de *Notre-Seigneur Jésus-Christ*, par les Apôtres, les Papes et les Évêques, la seule qui se soit universellement répandue dans le monde, celle enfin qui reconnaît le Pape, successeur de saint Pierre, comme son chef unique et infaillible en matière de foi.

La France compte 38 000 000 de catholiques. Viennent après elle : l'Autriche-Hongrie, qui en a 37 millions; l'Italie, 34 1/2 millions; l'Allemagne, 23 millions; l'Espagne, 20 millions; la Russie avec la Pologne, 14 millions; l'Angleterre avec l'Irlande, 7 millions; la Belgique, 7 1/2 millions.

Le **protestantisme**, né des erreurs et de l'orgueil de Luther et de Calvin, qui, au XVIe siècle, *protestèrent* contre la primauté papale, comprend les *calvinistes* et les *luthériens*, avec environ 700 000 adhérents en France.

On compte 120 000 **calvinistes** dans le Gard, 45 000 dans l'Ardèche, 36 000 dans la Drôme; les autres sont dans les départements voisins et aussi dans les Deux-Sèvres (40 000), les Charentes (20 000) et à Paris (50 000).

Les **luthériens**, au nord-est, sont peu nombreux depuis la perte de l'Alsace. Il en reste 35 000 à Montbéliard et dans le Doubs, et un nombre égal à Paris.

Les **juifs**, ou *israélites*, sont environ 100 000, la plupart à Paris et dans les départements voisins. Ils nous sont venus de l'Orient, surtout par l'Allemagne, la Pologne et la Russie.

CHAPITRE VIII

FRANCE ADMINISTRATIVE

I. GOUVERNEMENT CENTRAL

154. Forme du gouvernement. Après avoir été longtemps une *monarchie*, la France est depuis 1870 une *république*; elle est gouvernée par un *président* non responsable, avec le concours de *ministres* responsables, et sous le contrôle souverain de deux *Chambres législatives*.

En d'autres termes, c'est un gouvernement *constitutionnel, représentatif, unitaire, électif* : *constitutionnel*, parce qu'il est basé sur une Constitution ou règle fondamentale qui établit la manière de gouverner ; — *représentatif*, parce que les lois ne peuvent se faire qu'avec le concours des députés et des sénateurs, qui représentent le peuple souverain ; — *unitaire* et fortement *centralisé*, parce que la loi et l'administration, parties de Paris, sont les mêmes pour les diverses parties du pays, comme pour les diverses classes de citoyens : — *électif*, parce que les députés, les sénateurs et le président de la République lui-même sont soumis à l'élection, qui repose sur le suffrage universel.

155. **Les grands pouvoirs de l'État.** Trois pouvoirs se divisent le gouvernement du pays : le pouvoir *législatif*, qui confectionne les lois, les modifie ou les remplace ; le pouvoir *exécutif*, qui veille à l'exécution des lois ; le pouvoir *judiciaire*, qui applique les peines dues aux infractions de la loi.

La **capitale** de la France est Paris, siège du gouvernement et des pouvoirs centraux.

156. Le **pouvoir exécutif** appartient au **président** de la République, élu pour sept ans par les deux Chambres réunies en *Assemblée nationale*. Il l'exerce par les *ministres* solidaires entre eux. Le *chef du Cabinet*, ou président du *Conseil des ministres*, choisi par le Parlement, nomme ses collaborateurs.

Les divers **ministères**, ou grandes administrations centrales, sont au nombre de 10 ou 11, savoir ceux des *affaires étrangères*, de l'*intérieur* et des *cultes*, de la *justice*, de l'*instruction publique* et des *beaux-arts*, des *finances*, de la *guerre*, de la *marine*, des *colonies*, du *commerce* et des *postes et télégraphes*, de l'*agriculture*, des *travaux publics*.

157. Le **pouvoir législatif**, ou celui de faire les lois, est exercé par le *Sénat* et la *Chambre des députés*, dont la réunion constitue le *Parlement*.

Le **Sénat** comprend 300 *membres*, élus pour *neuf ans* et renouvelables par tiers tous les trois ans. Les sénateurs sont élus par un corps électoral restreint.

La **Chambre des députés** comprend près de 600 *membres*, élus pour *quatre ans* par le *suffrage universel*, au scrutin uninominal.

Tout Français âgé de 21 ans, et jouissant de tous ses droits civils et politiques, est électeur, aussi bien pour les élections des *députés* que pour les *conseils généraux* des départements, les conseils d'*arrondissement* et les conseils *municipaux*. Il doit *voter* en choisissant le candidat le plus digne, le plus capable de soigner les intérêts politiques, moraux et religieux de la patrie.

On appelle **Conseil d'État** un corps spécial composé de 116 membres, nommés par le gouvernement, auquel il donne son avis sur certains projets de lois et sur les projets de décrets et règlements d'administration publique. — Il statue souverainement sur les recours en matière contentieuse administrative, et sur les demandes d'annulation, pour excès de pouvoir, formées contre les actes des diverses autorités administratives.

158. **Divisions administratives.** Pour faciliter l'administration du pays, on a établi diverses sortes de *divisions territoriales*, dont les principales sont : 1° les divisions *administratives* proprement dites ou *civiles* ; 2° les divisions *judiciaires* ; 3° les divisions *financières* ; 4° les divisions *académiques* ; 5° les divisions *ecclésiastiques* ; 6° les régions *militaires* ; 7° les arrondissements *maritimes*.

II. ADMINISTRATION CIVILE

159. Sous le rapport de l'administration civile, la France est divisée en 86 *départements* (87 avec Belfort), subdivisés en 362 *arrondissements*, 2 911 *cantons* et 36 222 *communes* (en 1906).

160. Le **département** est une circonscription territoriale administrée par un *préfet*, assisté d'un *conseil général* élu et d'un *conseil de préfecture* nommé.

Le **préfet**, nommé par le chef de l'État, dépend du ministre de l'intérieur. Il est l'agent du pouvoir central, l'administrateur des intérêts du département et le tuteur des communes. — Ses arrêtés peuvent toujours être déférés au ministre que la matière concerne.

Le **conseil général** est électif, et se compose ordinairement d'autant de membres qu'il y a de cantons dans le département. C'est le pouvoir délibératif du département, et il vote le budget départemental, présenté par le préfet ; il tient deux sessions par an, en dehors desquelles siège une *Commission départementale*, nommée par lui auprès du préfet.

Le **conseil de préfecture**, dont les membres sont nommés par le chef de l'État, est institué dans chaque département pour remplir les fonctions de tribunal administratif du premier degré et pour éclairer le préfet de ses avis.

161. **L'arrondissement** est la première division du département, ayant un administrateur particulier appelé *sous-préfet*, aidé d'un *conseil d'arrondissement*. — (L'arrondissement de la préfecture est administré directement par le préfet.)

Le **sous-préfet** est subordonné au préfet. Il est surtout considéré comme un agent de transmission, d'information, de surveillance et d'exécution, sous la direction immédiate du préfet. Il a cependant certaines attributions qu'il remplit sous sa propre responsabilité, comme d'autoriser ou de prescrire les réunions extraordinaires des conseils municipaux, de délivrer les permis de chasse, etc.

Le **conseil d'arrondissement** se compose d'autant de membres qu'il y a de cantons dans l'arrondissement, avec un minimum de 9. Ses attributions sont peu nombreuses : il répartit les impôts directs entre les communes, délibère sur certaines réductions d'impôts, etc.

162. Le **canton** est une division de l'arrondissement et comprend un certain nombre de communes.

Le canton n'a pas d'administrateur civil particulier ; il sert de base à l'élection des membres du conseil général et du conseil d'arrondissement, mais avant tout il est une division judiciaire.

163. La **commune** est une portion du territoire français administrée par un *maire*, assisté d'un ou de plusieurs *adjoints* et d'un *conseil municipal*.

La commune, bien que la plus petite des divisions administratives, en est l'une des plus importantes par sa stabilité et l'intérêt particulier des familles qui la composent.

On distingue les *communes urbaines* ou villes, et les *communes rurales*, bourgs ou villages.

Le **maire**, choisi par le conseil municipal parmi ses membres, est à la fois le délégué du gouvernement et le représentant de la commune. Ses principales fonctions sont administratives. Comme agent du gouvernement, le maire est chargé de la publication et de l'exécution des lois et règlements. Comme agent et représentant de la commune, il est chargé de la police municipale, de la proposition du budget, de l'ordonnancement des dépenses, etc. Les **adjoints** remplacent le maire en cas d'empêchement.

Le **conseil municipal** se compose de 10 à 36 membres, suivant l'importance de la commune. Il est élu pour 4 ans par les électeurs de la commune et présidé par le maire. — Il a pour principales attributions : le vote du budget, des centimes extraordinaires autorisés, des emprunts, l'acquisition ou la vente des biens communaux, etc.

164. Paris et Lyon ont une administration spéciale. A **Paris** le *préfet de la Seine* et le *préfet de police* remplissent conjointement les *fonctions de maire* pour toute la ville ; mais celle-ci est divisée en 20 *arrondissements*, ayant chacun un maire aux attributions restreintes : de plus, chaque arrondissement est divisé en 4 *quartiers*, dont chacun élit un membre du conseil municipal de Paris. **Lyon** est divisé en 6 arrondissements et subdivisé en 36 quartiers : à sa tête est un *maire*, avec un conseil municipal.

Statistique. Les 36 222 *communes* françaises ont une moyenne de 1 083 habitants, sur un territoire de 1 483 hectares ; mais il y a d'énormes variantes.

120 communes possèdent de 10 000 à 25 000 hectares et plus : la plus étendue (Arles, avec la Camargue) en a 103 000 ; la plus petite (Castelmoron, Gironde) n'a que 4 hectares.

1223 communes ont chacune moins de 100 hab., tandis que 129 *villes* en ont de 20 000 à 100 000. 15 *grandes villes* dépassent ce chiffre : les voici, rangées par ordre d'importance, avec l'accroissement périodique de leur population, donnée en milliers d'hab. :

	En 1789,	1821,	1851,	1881,	1911
1. Paris,	580.	750.	1 053.	2 300.	2 888.
2. Marseille,	76.	109.	195.	360.	551.
3. Lyon,	139.	149.	177.	380.	524.
4. Bordeaux,	83.	89.	131.	215.	262.
5. Lille,	50.	64.	76.	180.	218.
6. Nantes,	65.	68.	96.	122.	171.
7. Toulouse,	55.	52.	93.	140.	150.
8. Saint-Étienne,	9.	26.	36.	130.	149.
9. Nice,	»	»	»	65.	143.
10. Le Havre,	15.	17.	29.	110.	136.
11. Rouen,	65.	87.	100.	109.	125.
12. Roubaix,	5.	10.	30.	95.	123.
13. Reims,	16.	25.	65.	95.	115.
14. Nancy,	»	»	»	75.	120.
15. Toulon,	»	»	»	70.	105.

III. LA JUSTICE

165. Le **POUVOIR JUDICIAIRE** est exercé par les *cours* et *tribunaux*, composés de magistrats nommés par le chef de l'Etat. — Les jugements sont rendus au nom du président de la République.

Magistrats. On distingue : 1° Les *magistrats assis*, qui sont : les *juges* des tribunaux ordinaires, les *conseillers* des cours d'appel et de la cour de cassation. Ils sont inamovibles, c'est-à-dire nommés à vie, et ne peuvent être déplacés sans leur consentement ;

2° Les *magistrats debout*, qui sont : les *procureurs de la République* et leurs *substituts*, les *procureurs généraux* et les *avocats généraux*, formant le *parquet* ou ministère public ;

3° Les *auxiliaires*, qui sont : les *greffiers*, les *avoués*, les *avocats*, les *huissiers*, les *notaires*.

166. Tribunaux. Sous le rapport judiciaire, on distingue la *justice civile*, qui règle les contestations entre particuliers, et la *justice criminelle*, qui juge les contraventions, les délits et les crimes.

DIVISIONS JUDICIAIRES

167. Le tribunal de **justice de paix**, établi au chef-lieu de chaque canton, prononce sur les affaires civiles peu importantes : il concilie les parties, apaise les différends, préside les conseils de famille, etc. — Comme tribunal de simple police, il juge les contraventions.

168. Le **tribunal de première instance**, établi dans chaque arrondissement, et généralement au chef-lieu, prononce sur les matières civiles importantes et sur les délits, ou affaires de police correctionnelle. Il statue sur toutes les affaires dont la connaissance n'a pas été attribuée à d'autres juges par des lois particulières.

Le **tribunal de commerce** et le **conseil de prud'hommes**, établis dans les villes industrielles ou commerçantes, prononcent sur les contestations qui s'élèvent entre les commerçants ou entre les patrons et les ouvriers.

Le tribunal de première instance et le tribunal de commerce forment le deuxième degré de juridiction. On peut référer de leurs jugements à la cour d'appel.

169. La **cour d'appel** est un tribunal supérieur qui prononce sur les oppositions formées contre les jugements rendus par les tribunaux de justice de paix, de première instance et de commerce.

Il y a 26 *cours d'appel* pour toute la France : **Agen, Aix, Amiens, Angers, Bastia, Besançon, Bordeaux, Bourges, Caen, Chambéry, Dijon, Douai, Grenoble, Limoges, Lyon, Montpellier, Nancy, Nîmes, Orléans, Paris, Pau, Poitiers, Rennes, Riom, Rouen, Toulouse.** — Pour l'Algérie, **Alger.**

170. La **cour d'assises** est un tribunal temporaire qui prononce sur les affaires criminelles, avec le concours d'un jury de citoyens. — Elle se tient quatre fois l'année, ordinairement au chef-lieu du département. (En permanence à Paris.)

Le jury se prononce sur la culpabilité ou l'innocence de l'accusé : il décide le point de *fait ;* les magistrats, qui dirigent le débat, décident le point de *droit* et appliquent la loi, s'il y a culpabilité.

Les membres du jury se nomment *jurés.* Pour être juré, il faut avoir 30 ans, savoir lire et écrire, et n'être dans aucun des cas d'incapacité prévus par la loi. Pour chaque affaire, le jury se compose de 12 jurés tirés au sort.

171. La **cour de cassation**, siégeant à Paris, est le tribunal suprême, chargé de maintenir l'uniformité de jurisprudence dans toute la France.

La cour de cassation examine *seulement* si le jugement qui lui est soumis est conforme ou non à la loi : dans le premier cas, elle rejette le pourvoi ; dans le dernier cas, elle *casse* le jugement, qui est alors considéré comme non avenu, et l'affaire est jugée à nouveau devant un autre tribunal désigné par la cour.

Tribunaux spéciaux. On appelle ainsi, outre les *conseils de prud'hommes* et les *tribunaux de commerce*, les *conseils de guerre*, pour les militaires ; les *conseils de préfecture* et le *conseil d'Etat*, qui jugent en matière contentieuse administrative.

IV. L'INSTRUCTION PUBLIQUE

172. L'**Université.** L'instruction publique est donnée officiellement par l'*Université de France*, ou le corps enseignant français, dont le ministre de l'instruction publique est le grand-maître. Celui-ci est assisté d'un conseil supérieur, ayant sous ses ordres les *inspecteurs généraux* des trois degrés d'enseignement : primaire, secondaire et supérieur.

Cependant, à côté de cet enseignement *officiel*, existe l'*enseignement libre*, donné dans les écoles *libres* ou *privées*, aux frais des particuliers ou d'associations. Cet enseignement compte environ un sixième de la population scolaire du pays.

173. **Académies.** Pour l'administration de l'instruction publique, le pays est divisé en 16 académies, ou circonscriptions territoriales confiées à un *recteur*, assisté d'un *conseil académique.*

Le recteur a sous ses ordres, dans chaque département, un *inspecteur d'académie*, et, dans la plupart des arrondissements, un ou plusieurs *inspecteurs de l'enseignement primaire.* Il y a en outre des *conseils départementaux* de l'instruction publique, présidés par le préfet.

Les sièges des 16 académies sont :

Aix-Marseille, **Chambéry, Lille, Paris, Besançon, Clermont, Lyon, Poitiers, Bordeaux, Dijon, Montpellier, Rennes, Caen, Grenoble, Nancy, Toulouse,** Pour l'Algérie, **Alger.**

(Voir, sur la carte, les départements compris dans chaque académie.)

174. L'**enseignement** se divise en trois degrés : *primaire, secondaire* et *supérieur.*

L'enseignement **primaire** comprend les premiers éléments des connaissances : religion, lecture, écriture, langue française, histoire, géographie, arithmétique, dessin, etc. (Écoles primaires, communales ou libres, salles d'asile, cours d'adultes, pensionnats.) On décerne un *certificat d'études primaires.* Il y a aussi des écoles primaires supérieures.

L'enseignement **secondaire**, qui conduit au *baccalauréat*, se divise en deux sections : l'enseignement **secondaire moderne**, qui comprend la littérature française, les langues étrangères, les mathématiques appliquées, les sciences physiques et naturelles ; l'enseignement **secondaire classique**, qui embrasse les langues anciennes, la rhétorique, les éléments des mathématiques et de la philosophie. (*Lycées, collèges, petits séminaires*, etc.)

L'enseignement **supérieur**, qui prépare aux grades de *licencié* et de *docteur*, comprend dans toute leur étendue les connaissances humaines. Il se donne dans les *Universités de l'État*, corps de Facultés siégeant aux chefs-lieux d'académie (sauf Chambéry) : dans les *Facultés libres* ou *catholiques*, à Paris, Lille, Angers, Lyon et Toulouse, ainsi que dans certains grands établissements littéraires ou scientifiques, tels que le *Collège de France*, le *Muséum d'histoire naturelle.* On distingue les facultés de théologie, de droit, de médecine, des sciences et des lettres. Parmi les écoles spéciales, citons : l'Ecole normale supérieure, les Ecoles polytechnique, navale, centrale, militaire, de Saint-Cyr, des beaux-arts, d'arts-et-métiers, des chartes, des mines, etc.

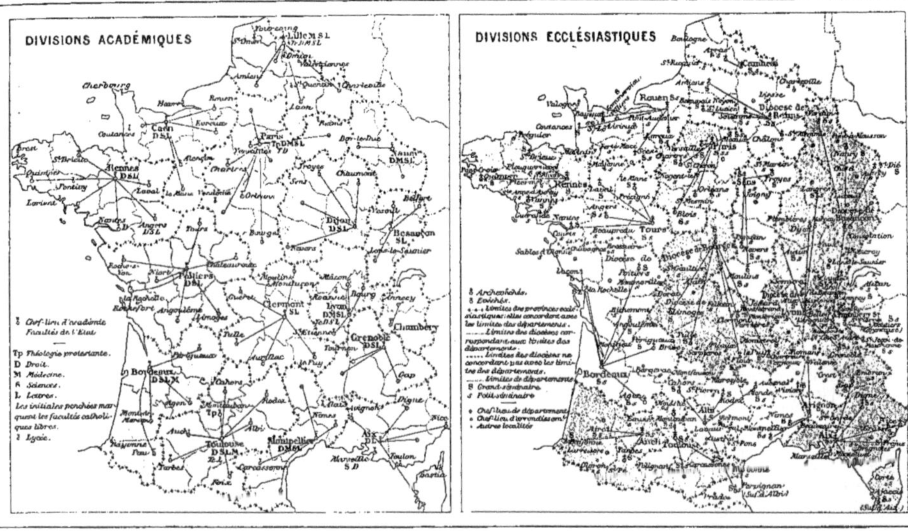

Au-dessus des écoles se trouve l'Institut de France, corps honorifique de savants, divisé en cinq ACADÉMIES (*Française*, des *Inscriptions et belles-lettres*, des *Sciences*, des *Beaux-Arts*, des *Sciences morales et politiques*). L'Académie de *médecine* est à part.

V. LES CULTES

175. **Diocèses.** Pour l'administration du culte catholique, la France est divisée en 84 *diocèses*, ou portions de territoire soumises à la juridiction spirituelle d'un archevêque ou d'un évêque, indépendants de l'État depuis l'abrogation du Concordat en 1905.

Il y a 17 archevêchés et 67 évêchés.

L'Algérie et les colonies comptent en outre 7 diocèses, dont 2 archevêchés et 5 évêchés.

Aix, archevêché, a pour *suffragants* les évêchés d'*Ajaccio*, *Digne*, *Fréjus* (Var), *Gap*, *Marseille* et *Nice*.

Albi, suffr. : *Cahors*, *Mende*, *Perpignan*, *Rodez*.

Alger, suffr. : *Oran*, *Constantine*.

Auch, suffr. : *Aire* (Landes), *Bayonne*, *Tarbes*.

Avignon, suffr. : *Montpellier*, *Nîmes*, *Valence*, *Viviers* (Ardèche).

Besançon, suffr. : *Belley*, *Nancy*, *Saint-Dié* et *Verdun*.

Bordeaux, suffr. : *Agen*, *Angoulême*, *la Rochelle*, *Luçon* (Vendée), *Périgueux*, *Poitiers*, *Basse-Terre* (Guadeloupe), *Saint-Pierre* (Martinique) et *Saint-Denis* (île de la Réunion).

Bourges, suffr. : *Clermont*, *Saint-Flour*, *Limoges*, *le Puy* et *Tulle*.

Cambrai, suffr. : *Arras*.

Carthage et *Tunis*.

Chambéry, suffr. : *Annecy*, *Moutiers-en-Tarentaise* et *Saint-Jean-de-Maurienne*.

Lyon, suffr. : *Autun*, *Dijon*, *Grenoble*, *Langres* et *Saint-Claude*.

Paris, suffr. : *Blois*, *Chartres*, *Meaux*, *Orléans* et *Versailles*.

Reims, suffr. : *Amiens*, *Beauvais*, *Châlons-sur-Marne* et *Soissons*.

Rennes, suffr. : *Quimper*, *Saint-Brieuc* et *Vannes*.

Rouen, suffr. : *Bayeux*, *Coutances*, *Évreux* et *Sées* (Orne).

Sens, suffr. : *Moulins*, *Nevers* et *Troyes*.

Toulouse, suffr. : *Carcassonne*, *Montauban* et *Pamiers*.

Tours, suffr. : *Angers*, *Laval*, *le Mans* et *Nantes*.

176. Chaque diocèse ou *évêché* correspond en général à un département. Chaque archevêché ou archidiocèse constitue une *province ecclésiastique*, dont l'étendue rappelle les anciennes provinces romaines.

Les évêques, archevêques et cardinaux sont nommés par le Pape.

Leurs auxiliaires ou conseillers sont les *vicaires généraux* et les *chanoines*. Les prêtres sont formés dans les *petits* et les *grands séminaires*, et ordonnés par les évêques.

Les diocèses sont divisés en *paroisses*, dont les plus importantes sont des *cures*, y compris celles des chefs-lieux de canton, dites doyennés; les autres sont des *succursales*, administrées par les desservants. Les prêtres reçoivent leur juridiction de l'évêque du diocèse.

177. Outre le culte catholique, il y a le culte protestant, luthérien ou calviniste, qui tient ses assemblées dans les *temples*, sous la présidence de *pasteurs* ou *ministres*, — et le culte israélite, qui a ses *synagogues* et ses *rabbins*. Les circonscriptions et les conseils directeurs de ces cultes sont appelés *consistoires*. Il existe à Paris un consistoire central pour les israélites, avec grand rabbin, et un consistoire supérieur pour les luthériens.

VI. LES FINANCES

178. **Finances.** Tout service public nécessite des dépenses; l'État a donc besoin de *revenu*; il le demande aux contribuables, c'est-à-dire aux membres de la communauté, qui doivent en fournir chacun selon ses moyens.

179. **Divisions financières.** Pour la perception des revenus publics, chaque canton a un *bureau de perception*, chaque arrondissement forme une *recette particulière*, et chaque département une *recette générale*, en rapport avec la caisse centrale du **Trésor public à Paris**.

Une **Cour des comptes**, siégeant à Paris, vérifie l'emploi des fonds du gouvernement, et contrôle la gestion de tous les comptables des deniers publics.

180. Le **budget**, ou l'état annuel des finances publiques, comprend : 1° la fixation des dépenses et la formation du revenu, qui sont de la compétence du pouvoir législatif; 2° la perception et la comptabilité, qui appartiennent à l'ordre administratif.

Le budget de l'État est préparé chaque année par le ministre compétent, et présenté aux Chambres, qui l'examinent, le discutent et le votent. En bonne pratique, *les recettes doivent équilibrer les dépenses*.

Les **recettes publiques** comprennent les contributions directes, les contributions indirectes, les droits d'enregistrement, de timbres et de douane, les produits des domaines, des postes, etc.

Les contributions *directes* sont celles qui se perçoivent *directement*, d'après un rôle nominatif, sur les personnes qui en sont passibles, ainsi que sur les propriétés bâties ou non bâties, etc.

Les contributions *indirectes* sont celles qui ne portent sur personne nominativement; cependant elles atteignent tout le monde, mais *indirectement*, car elles frappent certaines denrées servant à la consommation, telles que les boissons, le sel, le sucre.

En outre, l'État retire 600 millions du *monopole* des tabacs, des poudres, des allumettes, du service des postes et télégraphes, des monnaies, et 50 millions du revenu des *domaines*, eaux et forêts.

181. Dépenses. Les dépenses publiques se sont élevées, en 1910, à plus de **4 200 millions de francs**, qui se répartissent approximativement comme suit :

Intérêt de la dette publique.	1 300 000 000
Ministère de la guerre. . .	900 000 000
» marine	400 000 000
» finances (perception et régie). .	300 000 000
» travaux publics. .	300 000 000
» instruction publique.	250 000 000
Autres ministères, ensemble	800 000 000
Budget de l'État.	4 200 000 000
Budget particulier des communes et des départements.	1 000 000 000
TOTAL. . . .	5 200 000 000

182. Dette publique. Les ressources ne suffisant pas à solder les budgets annuels, la dette publique, qui en 1870 était de 12 milliards, s'est élevée à 22 milliards après la guerre franco-allemande, et atteint aujourd'hui **34 milliards de francs** ! somme dont les intérêts, portés au « Grand Livre national », pèsent si lourdement sur notre budget.

En résumé, après l'Allemand, qui paie 133 fr. (en 1910), le citoyen français est le plus imposé de tous : il verse au Trésor 107 fr.; tandis que l'Austro-Hongrois verse 97 fr., l'Anglais 84, l'Italien 71, le Russe 52.

FORCES MILITAIRES DES SIX GRANDES PUISSANCES

ARMÉES

Russie, *pied de paix*,	1384 000 h.,	*de guerre*,	8 000 000 h.
Allemagne,	640 000 h.,	»	5 000 000 h.
France et colonies,	712 000 h.,	»	4 400 000 h.
Autriche-Hongrie,	400 000 h.,	»	2 200 000 h.
Italie,	300 000 h.,	»	3 400 000 h.
Angleterre et colonies,	430 000 h.,	»	1 100 000 h.

MARINES DE GUERRE

Angleterre,	1 980 000 *ton.*,	70 *cuir.*,	110 *sous-marins.*
Allemagne,	715 000 »	45 »	00 »
France,	630 000 »	25 »	80 »
Russie,	625 000 »	15 »	40 »
Italie,	540 000 »	14 »	20 »
Autr.-Hong.,	240 000 »	16 »	6 »

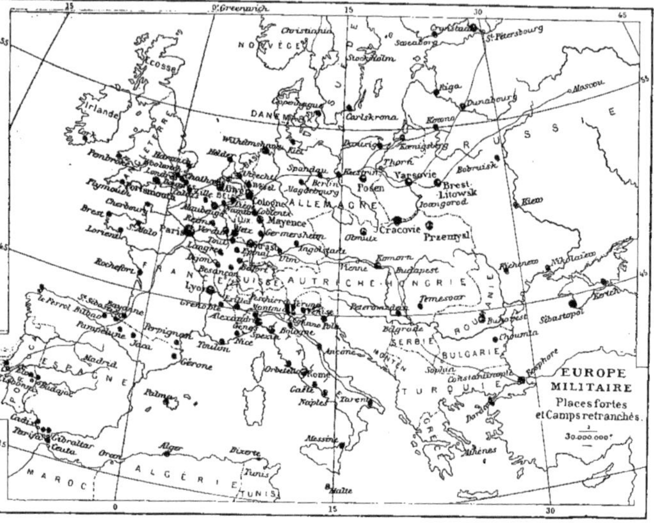

EUROPE MILITAIRE
Places fortes et Camps retranchés.
1/30.000.000

CHAPITRE IX

FRANCE MILITAIRE

I. L'ARMÉE

183. Tout Français valide doit à sa patrie le **service militaire personnel**, de 20 à 45 ans.

La *durée du service* est de 25 ans, savoir : 2 ans dans l'*armée active*, 11 ans dans la *réserve* de l'armée active, 6 ans dans l'*armée territoriale*, et 6 ans dans la *réserve* de l'armée territoriale.

Le **recrutement** se fait par voie de *recensement*. Sont *exemptés* les jeunes gens que leurs infirmités rendent impropres au service.

Le *patriotisme*, la *bravoure*, l'*ardeur* au combat sont des qualités naturelles du soldat français; en y joignant l'esprit de discipline et la science militaire, notre armée vaut plus que les forteresses pour l'indépendance et la grandeur de la patrie.

184. **Les écoles militaires principales sont** : le *Prytanée militaire* de la Flèche, pour les fils d'officiers pauvres; l'*école spéciale militaire* de Saint-Cyr, préparant au grade de sous-lieutenant; l'*école d'application de cavalerie* de Saumur; l'*école des sous-officiers d'infanterie* de Saint-Maixent; l'*école d'application de l'artillerie et du génie*, à Fontainebleau; l'*école supérieure de guerre*, à Paris, pour la préparation au service de l'état-major; l'*école polytechnique*, qui a un caractère militaire et civil.

Grades. En commençant par les plus élevés, il y a les *officiers généraux* : généraux de division et de brigade; les *officiers supérieurs* : colonel lieutenant-colonel, commandant ou chef de bataillon (chef d'escadrons dans la cavalerie); les *officiers subalternes* : capitaine, lieutenant, sous-lieutenant : les *sous-officiers* : adjudant, sergent-major (maréchal des logis chef), sergent (maréchal des logis); enfin le caporal (brigadier).

185. L'ensemble des **forces militaires** de la France, en temps de guerre, est évalué à 4 400 000 *hommes*.

Sur le pied de paix, l'*armée active*, en comprenant l'Algérie-Tunisie, est de 640 000 h. Sa *réserve* en compte 1 800 000, et l'*armée territoriale* avec sa réserve, 2 millions.

L'effectif de paix compte environ 350 000 *fantassins* : 163 régiments d'infanterie, 30 bataillons de chasseurs, 4 régiments de zouaves, 4 de tirailleurs algériens, 2 régiments étrangers et 5 bataillons d'infanterie légère d'Afrique; — 71 000 *cavaliers* (79 régiments) : cuirassiers, dragons, chasseurs, hussards, chasseurs d'Afrique, spahis; — 77 000 *artilleurs* : 40 régiments d'artillerie de campagne et 18 bataillons d'artillerie de forteresse. En outre, les troupes du génie (7 régiments), le train des équipages, l'intendance, l'état-major, etc., — avec 120 000 chevaux et 3 000 canons de campagne ou 500 batteries de 6 pièces. La *gendarmerie* (28 légions) est chargée d'assurer la tranquillité publique et l'exécution des lois.

Les *troupes coloniales* forment un corps distinct d'environ 75 000 hommes. Elles comprennent des *troupes européennes* qui séjournent alternativement en France et dans les colonies; puis des *troupes indigènes*, encadrées par des officiers français : tirailleurs sénégalais, malgaches, tonkinois, etc.

186. **Régions militaires.** Le territoire de la France, y compris l'Algérie, est divisé, pour l'organisation de l'armée active et de l'armée territoriale, en **20 régions** et en *subdivisions de régions*.

Chaque région comprend 8 *subdivisions* pour les opérations du recrutement; elle est occupée par un corps d'armée, y tenant garnison, et commandée par un général de division appelé *chef de corps*. Chaque corps d'armée comprend deux divisions; chaque division, deux brigades d'infanterie de deux régiments chacune, un régiment de cavalerie, un régiment d'artillerie, deux compagnies de chasseurs, un peloton du génie, deux pelotons du train; en outre, les ambulances, l'intendance, l'état-major.

187. **Tableau des 20 régions**, désignées par leurs *quartiers généraux*, ou chefs-lieux, avec les *départements* qu'elles renferment (Voir la carte p. 125) :

1. **Lille** : Nord, Pas-de-Calais.
2. **Amiens** : Aisne, Oise, Somme, partie de Seine et Seine-et-Oise.
3. **Rouen** : Calvados, Eure, Seine-Inférieure, partie de Seine et Seine-et-Oise.
4. **Le Mans** : Eure-et-Loir, Mayenne, Orne, Sarthe, partie de Seine et Seine-et-Oise.
5. **Orléans** : Loiret, Loir-et-Cher, Seine-et-Marne, Yonne, partie de Seine et Seine-et-Oise.
6. **Châlons-sur-Marne** : Ardennes, Marne, Meuse, Meurthe-et-Moselle (en partie). — 20. **Nancy** : Aube, M.-et-M. (en partie), Vosges.
7. **Besançon** : Ain, Doubs, Belfort, Jura, Haute Marne, Haute-Saône, Rhône (en partie).
8. **Bourges** : Cher, Côte-d'Or, Nièvre, Saône-et-Loire, Rhône (en partie).
9. **Tours** : Indre, Indre-et-Loire, Maine-et-Loire, Deux-Sèvres, Vienne.
10. **Rennes** : Côtes-du-Nord, Manche, Ille-et-Vilaine.

11. **Nantes** : Finistère, Loire-Inférieure, Morbihan, Vendée.
12. **Limoges** : Charente, Corrèze, Creuse, Dordogne, Haute-Vienne.
13. **Clermont** : Allier, Cantal, Loire, Haute-Loire, Puy-de-Dôme, Rhône (en partie).
14. **Grenoble** : Hᵗᵉˢ-Alpes, Drôme, Isère, Savoie, Haute-Savoie, Rhône (en partie).
15. **Marseille** : Basses-Alpes, Alpes-Maritimes, Ardèche, Bouches-du-Rhône, Corse, Gard, Var, Vaucluse.
16. **Montpellier** : Aude, Aveyron, Hérault, Lozère, Pyrénées-Orientales, Tarn.
17. **Toulouse** : Ariège, Haute-Garonne, Gers, Lot, Lot-et-Garonne, Tarn-et-Garonne.
18. **Bordeaux** : Charente-Inférieure, Gironde, Landes, Basses et Hautes-Pyrénées.

L'**Algérie-Tunisie** forme la 19ᵉ région.

Paris et **Lyon** forment deux *gouvernements militaires*, lesquels empruntent les troupes de leurs garnisons aux corps d'armée voisins.

188. **Places fortes.** Les frontières continentales de la France sont défendues par des places fortes, dont les principales sont :

Au nord, Calais, Dunkerque, Lille, Maubeuge, la Fère, Laon, Reims et Givet.

A l'est, Verdun, Toul, Epinal, Belfort, Langres, Besançon, Dijon, Lyon, Albertville, Grenoble et Briançon.

Au sud, Nice, Perpignan et Bayonne.

II. LA MARINE

189. La **marine de guerre**, comme l'armée de terre, est appelée à défendre le territoire, du moins en ce qui concerne les côtes; en outre, sa mission spéciale est de protéger au loin nos colonies, nos nationaux et leur commerce.

La marine militaire comprend :

1° Le **personnel**, qui se compose de 46000 hommes d'équipages. Le recrutement se fait parmi les *inscrits maritimes* du littoral, qui seuls ont droit de pêche et de navigation sur les côtes. Cette inscription dure de 18 à 50 ans; il y a 160000 inscrits mobilisables.

Grades. Les officiers sont les *vice-amiraux*, les *contre-amiraux*, les capitaines de vaisseau et de frégate, les lieutenants et les enseignes de vaisseau, les aspirants.

2° Le **matériel**, qui se compose non seulement de la *flotte*, mais encore des *ports fortifiés*, avec leurs *arsenaux* de construction.

Notre **flotte** comprend plus de 500 bâtiments de guerre : cuirassés d'escadre et croiseurs cuirassés, gardes-côtes, torpilleurs, sous-marins, etc. C'est l'une des plus fortes du monde après la flotte anglaise.

Elle comprend l'escadre de la Manche, celle de la Méditerranée, celle de l'Extrême-Orient et des divisions navales dans l'Atlantique (Antilles), l'océan Indien (Madagascar) et le Pacifique.

190. **Arrondissements maritimes.** Les côtes de la France forment 5 *arrondissements maritimes*, dont les chefs-lieux sont les grands ports militaires de *Cherbourg, Brest, Lorient, Rochefort* et *Toulon.*

Chaque arrondissement est commandé par un vice-amiral, *préfet maritime*, et se divise en *sous-arrondissements*, qui sont au nombre de 12, et ceux-ci en 86 quartiers et sous-quartiers.

Cherbourg commande la côte depuis la Belgique jusque près de Granville. — Sous-arrondissements : *Dunkerque, le Havre* et *Cherbourg.*

Brest commande depuis Granville jusqu'au delà de Concarneau. — Sous-arr. : *Saint-Servan* et *Brest.*

Lorient commande depuis près de Concarneau jusqu'à Noirmoutier. — Sous-arr. : *Lorient* et *Nantes.*

Rochefort commande depuis l'île d'Yeu jusqu'aux Pyrénées. — Sous-arr. : *Rochefort* et *Bordeaux.*

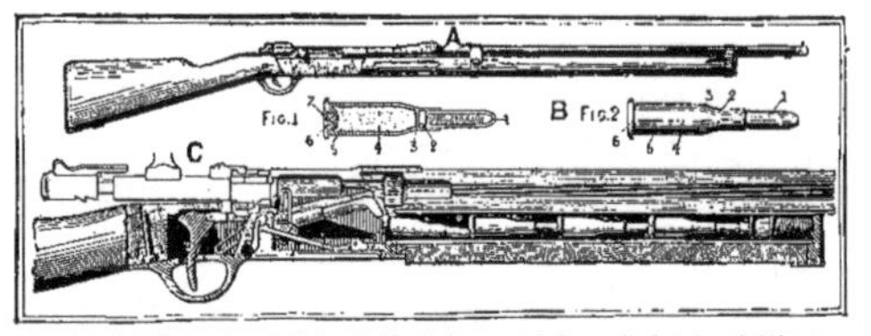

A. Fusil à répétition système Lebel. — B. Fig. 1. Coupe, et 2. Cartouche Lebel. — C. Mécanisme du fusil. Tonnerre fermé, auget relevé, la cartouche pénétrant dans le canon.

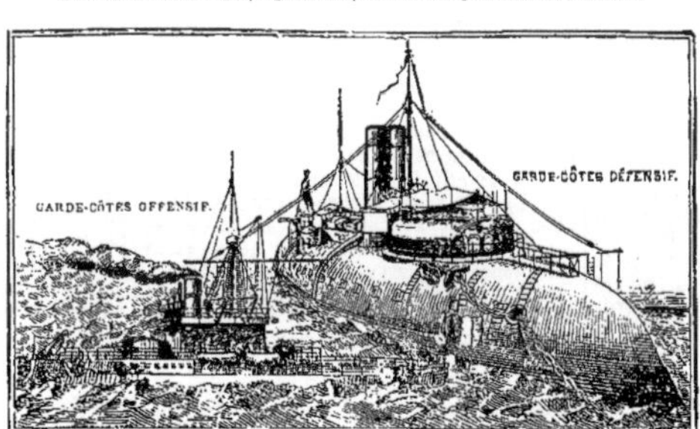

Marine de guerre moderne. Vaisseaux cuirassés, avec tourelles pour les canons.

Toulon commande toute la côte de la Méditerranée. — Sous-arr. : *Marseille, Toulon, Bastia.*

III. DÉFENSE DES FRONTIÈRES

191. **Système de défense.** Aux armées de terre et de mer, soutenues par des fortifications permanentes, incombe la tâche de défendre la patrie contre les envahissements de l'étranger, et, au besoin, de défendre au dehors les intérêts de la nation.

192. Les règles qui ont été suivies dans l'organisation de la défense des frontières et des côtes sont les suivantes :

1° Renoncer aux places *isolées*, qui n'ont plus grande valeur aujourd'hui;

2° Les remplacer par des *forts d'arrêt*, surveillant les principaux débouchés et les points stratégiques importants, et par des groupes de places ou de forts constituant des *régions fortifiées ;*

3° Disposer ces régions fortifiées le long de la frontière, de manière à couvrir la mobilisation et la concentration des armées françaises, et laisser entre elles des *trouées* par où l'ennemi devra s'engager, dévoilant ainsi ses plans d'attaque ;

4° Organiser en *seconde ligne* et sur les principales routes d'invasion, à égale distance à peu près entre la frontière et Paris, des régions fortifiées pour arrêter l'ennemi et, en cas de malheur, assurer la retraite des Français ;

5° *Constituer Paris* et sa banlieue, objectif capital des invasions, en *un immense camp retranché* presque impossible à investir et à prendre, de manière à ôter aux armées françaises en campagne toute préoccupation de nature à gêner leurs mouvements ;

6° Du *côté de la mer*, appliquer les mêmes principes selon les circonstances, et entourer même plusieurs ports d'une ceinture de forts qui en fassent des *camps retranchés* pour des armées nombreuses.

Nous allons voir l'application qui a été faite de ces principes de défense.

193. **Défense de Paris.** Dans un pays de centralisation comme le nôtre, où une énorme partie des forces vives nationales sont concentrées dans une capitale telle que Paris, là se trouve le point important pour nous à défendre, pour l'ennemi à conquérir. L'histoire de la dernière guerre nous l'a fait assez connaître.

C'est donc **Paris** *qu'il faut essentiellement protéger*, surtout contre un investissement. Il l'est d'abord par de *nombreux forts* qui l'entourent; en outre, **ses approches** sont sauvegardées par une double ligne de *camps retranchés situés* particulièrement *sur les frontières du nord et du nord-est*, d'où le danger le plus pressant peut venir et où les défenses naturelles font le plus défaut, tandis qu'ailleurs les chaînes montagneuses des Pyrénées, des Alpes et du Jura protègent déjà le pays par elles-mêmes.

194. **La place de Paris.** Paris, ville immense, se trouve à l'étroit dans son *enceinte continue* de 36 km de tour, exécutée en 1846 sous l'inspiration de M. Thiers. 20 **anciens forts** détachés ou redoutes occupent les points dominants à 2 ou 3 km de l'enceinte, distance malheureusement trop faible pour l'artillerie actuelle. Citons, rive gauche : le *Mont-Valérien*, les forts d'*Issy*, de *Vanves*, de *Montrouge*, d'*Ivry*, etc.; — rive droite : les forts de *Vincennes*, de *Saint-Denis*, etc.

Après la guerre de 1870, pour mettre complètement Paris à l'abri d'un bombardement, on établit une ligne avancée de **nouveaux forts**, dont les principaux sont : ceux de *Montmorency, Ecouen, Stains, Vaujours, Chelles, Champigny, Palaiseau, Saint-Cyr, Marly*, sans compter un nombre plus grand de batteries, de redoutes et autres ouvrages de ce genre.

Le chemin de fer de grande ceinture est sous la protection des forts nouveaux, et permet d'effectuer rapidement des concentrations à l'intérieur ou des sorties à l'extérieur.

Tel qu'il est gardé, Paris est donc presque à l'abri d'un siège, ou tout au moins d'un désastre analogue à celui de 1870, d'autant plus qu'avant de l'atteindre, l'ennemi aurait à forcer des lignes de forteresses autrement solides que celles de cette époque. Son investissement exigerait 400000 hommes.

195. **Les frontières de terre.** Nos frontières continentales peuvent se diviser en cinq parties, d'après les divisions politiques limitrophes. Ce sont les *cinq fronts* ou *frontières :* du *Nord*, ou de Belgique et

Luxembourg; du *Nord-Est*, ou d'Allemagne; de l'*Est*, ou de Suisse; du *Sud-Est*, ou d'Italie; du *Sud-Ouest*, ou d'Espagne.

196. I. Frontière du Nord ou belge. La frontière belge, formée de plaines et de collines peu élevées, est naturellement la plus vulnérable. Aussi, comme il se peut que la neutralité de la Belgique soit violée, la France a dû garnir sa frontière d'une PREMIÈRE LIGNE de fortifications comprenant **Dunkerque**, **Lille**, **Maubeuge**, *Givet*, *Montmédy*, *Longwy* et des forts isolés, s'appuyant sur une SECONDE LIGNE formée surtout des places de **Calais**, **la Fère**, **Laon** et **Reims**. Celle-ci surveille les vallées de la Marne et de l'Aisne et protège les falaises de l'Ile-de-France.

En face de ces lignes, la Belgique a pour forteresses **Anvers**, grand camp retranché sur le bas Escaut, avec **Namur** et **Liége**, couvrant les vallées de la Sambre et de la Meuse. — En arrière, se développe la ligne des forteresses allemandes de **Cologne**, **Coblentz** et **Mayence**, sur le Rhin.

197. II. Frontière du Nord-Est ou allemande. La frontière de l'Alsace-Lorraine est la seule qui soit commune entre la France et l'Allemagne, notre adversaire le plus redoutable. C'est donc la principale à garder.

Metz, camp retranché, est aujourd'hui le poste avancé de la Prusse vers Paris, dont il n'est éloigné que de 60 lieues. En arrière, s'allonge l'important *relief des Vosges*, et au delà la grande *ligne du Rhin*, avec ses forteresses de **Germersheim**, **Rastatt**, **Strasbourg**.

La frontière alsacienne, marquée par les hautes Vosges, étant difficilement accessible, c'est donc au nord, par la TROUÉE DE LORRAINE ou de Metz, et au sud par la TROUÉE DE BELFORT, que l'ennemi devrait arriver. Il trouverait le chemin de Paris barré d'abord par les *grands fossés de la Moselle et de la Meuse*, placés en travers comme obstacles; en outre, par les rebords montueux des *Côtes de Meuse*, de l'*Argonne* boisée, des *Faucilles*, et défendus par les grands camps retranchés de **Verdun** et **Toul**, reliés par les *forts de la Meuse*, **Epinal** et **Belfort**, reliés par les *forts de la Moselle*.

198. III. Frontière de l'Est ou suisse. Pays libre, dont la neutralité est garantie par le traité de 1815, la Suisse n'a pas établi de forteresses sur son territoire. La France n'aurait donc pas à redouter d'agression de ce côté, n'était la prévision d'une violation du territoire suisse par les troupes allemandes, combinées peut-être avec celles de l'Italie.

PREMIÈRE LIGNE. La crête frontière du *Jura* et la profonde *vallée du Doubs* constituent une double ligne de défense naturelle, que complètent les forts de *Montbéliard*, du mont Bard et du *Lomont*, se reliant avec ceux de Belfort; plus au sud, les forts du *Larmont* et de *Joux* couvrent Pontarlier et, avec ceux de *Salins*, tiennent la clef du chemin de fer de Neuchâtel à Dijon. Les forts des *Rousses* et du *Risoux* défendent deux cols, ceux de l'*Ecluse* et autres barrent, sur le Rhône, le chemin de Genève à Lyon.

Comme POSITIONS DE SECONDE LIGNE, **Besançon** et **Dijon** constituent deux grands camps retranchés, formant avec **Langres** et **Belfort** un formidable quadrilatère.

199. IV. Frontière du Sud-Est ou italienne. La chaîne alpine, dont nous possédons heureusement les crêtes principales, est une frontière naturelle de premier ordre, que l'ennemi ne peut franchir que par des cols assez rares, d'où il devrait nécessairement descendre les longues vallées divergentes du Rhône, de l'Isère, de la Durance et autres.

1° LE DÉFILÉ DU RHÔNE EST DÉFENDU par le fort de l'*Écluse*, déjà cité; plus bas, par les forts de *Pierre-Châtel* et des *Barres*; mais sa grande défense est **Lyon**, bien que cette ville soit une position de seconde ligne.

Lyon, ville riche et populeuse, est pour l'ennemi l'objectif dans le sud, comme Paris l'est dans le nord. Ce serait le point de mire des armées italo-allemandes combinées; aussi l'a-t-on formidablement protégée par une cinquantaine de forts et batteries, formant une ceinture de 70 km; c'est le 2e *réduit* de la défense nationale.

2° LA VALLÉE DE L'ISÈRE, aboutissant par celle de l'Arc au tunnel du mont Cenis, est fortement gardée par les deux camps retranchés d'**Albertville** et de **Grenoble**.

3° LA VALLÉE DE LA HAUTE DURANCE et le col du Montgenèvre sont défendus par **Briançon**, située à 1 326 mètres d'altitude et dominée par plusieurs forts.

Dans le bassin du Var, on trouve les forts d'*Entrevaux* et de *Sospel*; mais sa véritable défense consiste dans les camps retranchés de **Nice** et de **Toulon**, qui commandent les avenues du col de Tende, ainsi que la route et le chemin de fer de la Corniche, seules voies praticables du littoral franco-italien.

200. V. Frontière du Sud-Ouest ou espagnole. De toutes nos frontières, celle qui nous donne le moins d'inquiétude est la frontière continentale du sud-ouest, constituée par la gigantesque *muraille des Pyrénées*. En effet, la rareté et la hauteur des cols praticables (2000 à 3000 m.), rendent inaccessibles à une armée nombreuse les deux tiers de la grande chaîne, depuis le col de Somport jusqu'au col de la Perche, de sorte que les seuls passages à défendre se trouvent vers les parties extrêmes, dans le Roussillon, gardé par les places de **Perpignan**, Montlouis, etc., et dans le pays Basque, défendu par **Bayonne**, *Saint-Jean-Pied-de-Port*, etc.

201. Défense des côtes. Les ports. — Le littoral constitue une frontière maritime qu'il est nécessaire de garantir et de défendre comme la frontière terrestre. Il importe d'empêcher les flottes ennemies d'y débarquer des troupes d'envahissement, de bombarder les ports de commerce; il importe encore d'offrir à nos flottes des lieux de retraite, qui sont surtout les ports militaires de *Cherbourg*, *Brest*, *Lorient*, *Rochefort* et *Toulon*.

Des 2 700 km de côtes françaises, la plus grande partie est défendue naturellement par les dunes, les falaises, les bancs de sable, joints au manque de profondeur d'eau. On en a complété au besoin la défense par des batteries de côtes. Les endroits les plus accessibles sont ceux mêmes marqués par les grands ports de commerce, qu'on a dû entourer d'une ceinture d'ouvrages plus ou moins nombreux, selon l'importance des lieux.

I. Les CÔTES DE LA MER DU NORD, peu étendues, mais d'une grande importance stratégique à cause du voisinage de la Belgique et de l'Angleterre, sont défendues par trois ports ayant enceintes et forts détachés : **Dunkerque**, *Gravelines* et **Calais**.

II. Sur les CÔTES DE LA MANCHE se trouvent **Boulogne**, les forts de *Dieppe*, du *Havre*, de la *Hougue*, surtout **Cherbourg**, grand arsenal, et *Saint-Malo*.

III. Sur l'ATLANTIQUE, **Brest**, à la pointe du Finistère, **Lorient** et **Rochefort** avec *la Rochelle*, sont des places de premier ordre. En outre, de nombreux forts sont établis sur toutes les îles côtières, telles que : *Ouessant*, *Belle-Ile*, *Ré*, *Oléron*, de même qu'aux embouchures de la Loire et de la Gironde, à *Bayonne* et au fond du golfe de Gascogne.

IV. Les CÔTES MÉDITERRANÉENNES sont protégées par les forts de *Port-Vendres*, d'*Agde*, de *Cette*, de *Marseille* (avec les flots), mais surtout par la grande place de **Toulon** et par les nombreux forts de **Nice**.

La Corse est défendue, mais insuffisamment, par les places de *Bastia*, *Saint-Florent*, *Calvi* et *Bonifacio*.

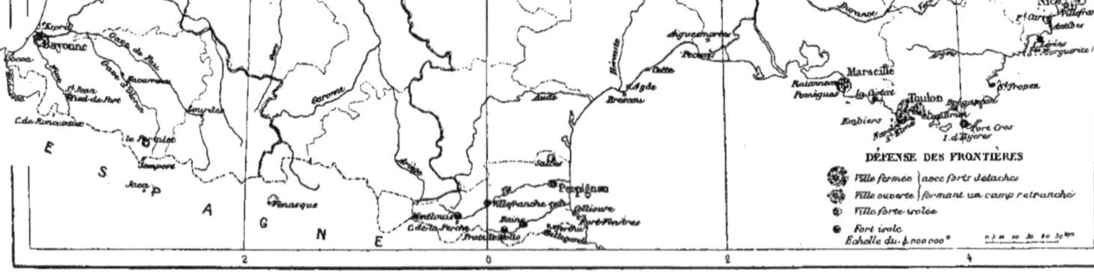

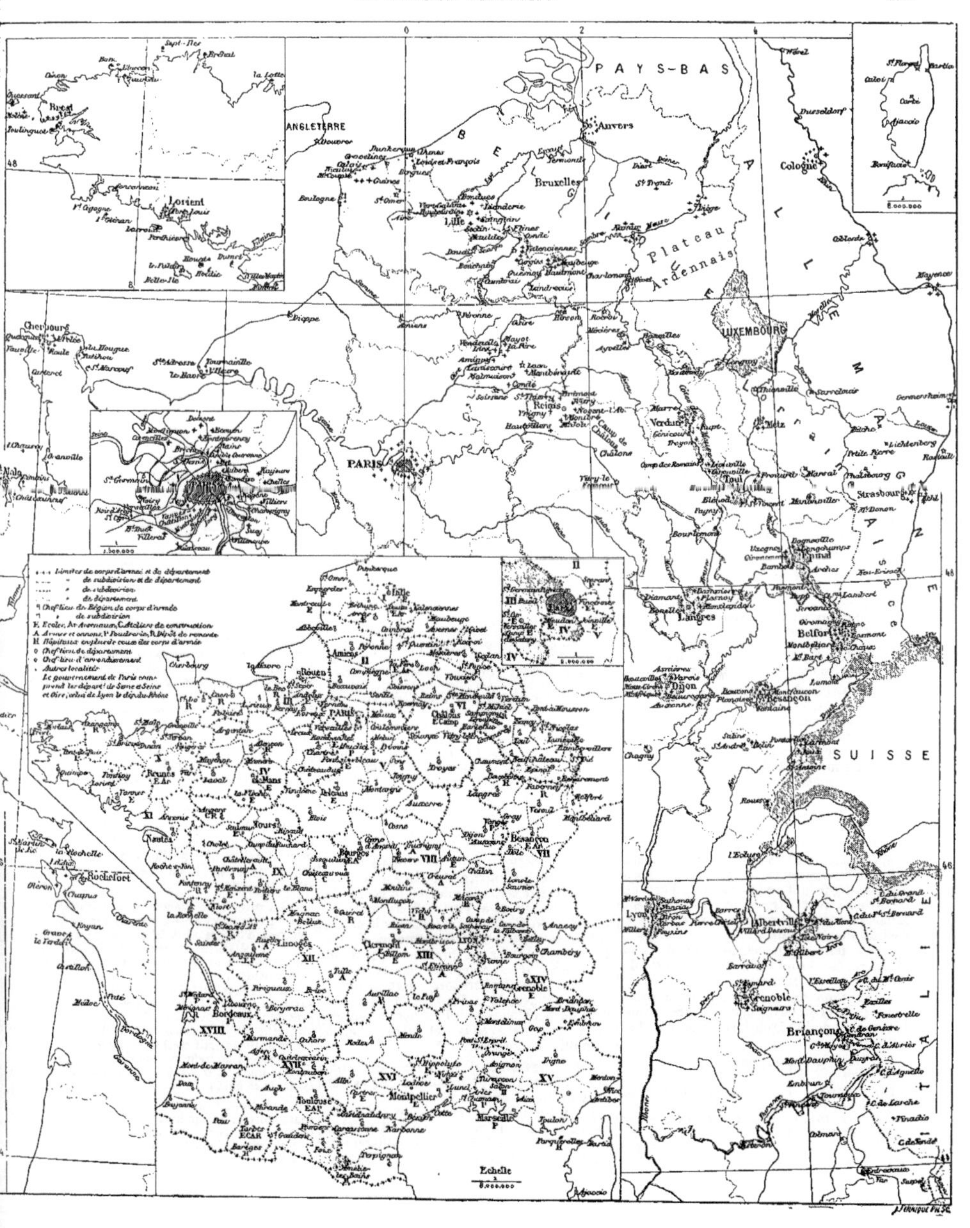
PAYS-BAS
ANGLETERRE
BELGIQUE
ALLEMAGNE
Plateau Ardennais
LUXEMBOURG
SUISSE
PARIS
Anvers
Bruxelles
Cologne
Lille
Lorient
Brest
Cherbourg
Reims
Verdun
Metz
Toul
Strasbourg
Langres
Belfort
Dijon
Besançon
Lyon
Grenoble
Briançon
Albertville
Epinal
Echelle

CHAPITRE X

FRANCE AGRICOLE

§ I. DIVISIONS AGRICOLES

202. **Régions et pays agricoles**. Le sol de la France n'a pas partout la même composition minérale, ni par conséquent la même fertilité. Et comme les végétaux ne demandent pas tous le même sol ni le même climat, il en résulte que certaines parties du pays sont caractérisées par des productions spéciales, et ont reçu de tout temps un nom propre que l'usage conserve indépendamment des divisions administratives actuelles.

Parmi ces *régions agricoles*, les unes correspondent, au moins en partie, à nos anciennes **grandes provinces**, telles que la *Normandie*, la *Bourgogne*, la *Provence*; — les autres à des **pays agricoles** moins étendus, tels que le *Boulonnais*, le *Pays de Bray*, le *Perche*, le *Charollais*, connus par leurs herbages, leurs chevaux ou bestiaux; la *Brie*, la *Beauce*, la *Limagne*, par leurs blés; la *Champagne pouilleuse*, par son aridité et ses moutons; la *Dombes*, la *Sologne* et la *Brenne*, par leurs étangs poissonneux; les *Landes*, par leurs sables et leurs pins; la *Bretagne*, par ses bruyères; la *Crau*, par ses cailloux roulés, etc.

Du reste, les amendements, le drainage ou le colmatage ont corrigé ou bonifié bien des terrains et, avec l'outillage mécanique, ont développé la *culture intensive*.

— Les **12 régions agricoles** officielles. (Voir page 136.)

203. **Régions altitudinales**. Les diverses régions de la France se résument, d'après l'altitude, en trois catégories :

1° Les *régions de* **montagnes**, où dominent les roches nues, les forêts et les pâturages secs;

2° Les *régions de* **plateaux**, où les pâturages et les bruyères alternent avec les cultures de seigle et de sarrasin;

3° Les *régions de* **plaines** et de vallées, où dominent les prairies abondantes et les riches cultures de froment et de plantes industrielles.

204. **Zones de culture**. On divise la France en *quatre zones* spéciales, d'après les cultures de l'olivier, du maïs, de la vigne et du pommier à cidre. Leurs limites sont orientées du S.-O. au N.-E.

1° La **zone de l'olivier**, correspondant au climat méditerranéen, a pour limite septentrionale une ligne qui va de Perpignan à Carcassonne, Privas et Digne. — Elle renferme la petite *zone de l'oranger*, située entre Toulon et Nice.

2° La **zone du maïs** commence également à la Méditerranée et se termine au nord par une ligne qui va de l'embouchure de la Gironde vers Strasbourg. — Elle renferme la **zone du mûrier**, qui s'arrête à l'est du Plateau central.

3° La **zone de la vigne** s'étend de la Méditerranée jusqu'à une ligne dirigée de Saint-Nazaire à Mézières.

4° La **zone du pommier** à cidre comprend le reste du pays, depuis la limite septentrionale de la vigne jusqu'à la Manche.

§ II. LES VÉGÉTAUX

205. **Cultures**. Les principaux végétaux de l'agriculture française sont : **la** *vigne*, le *froment*, le seigle, le maïs, l'orge, l'avoine, la pomme de terre, la betterave, le *tabac*, les plantes textiles, oléagineuses, tinctoriales, potagères ou maraîchères, les arbres fruitiers.

L'ensemble des propriétés agricoles représente un *capital d'environ* **100 milliards de francs**, et donne un **produit annuel de 16 milliards**.

La MOITIÉ du territoire français, soit 26 *millions d'hectares, se compose de terres de labour*, dont 15 millions d'hectares sont affectés aux céréales. Un CINQUIÈME, ou 12000000 d'hectares, est en prairies naturelles, pâturages secs ou landes et terres improductives; un autre CINQUIÈME, ou 11000000 d'hectares, en vergers, bois et forêts; un VINGT-CINQUIÈME, ou 1700000 hectares, en vignes; le reste, ou 2000000 d'hectares, en routes, surfaces d'eau, maisons, etc.

La Fortune publique, ou *richesse nationale* résultant de l'économie, du travail, du commerce, est évaluée pour la France à **250 milliards** de francs, pour l'Angleterre à 300 et pour les États-Unis à 350. L'évaluation est de 200 milliards pour l'Allemagne, 120 pour l'Autriche, 100 pour l'Italie et la Russie, 25 pour la Belgique, 20 pour la Hollande et 12 pour la Suisse.

206. Les **vignobles**. La **vigne** est la richesse agricole caractéristique du sol français. A elle seule, la France produit près du tiers des vins du globe. Malgré l'invasion du phylloxera, la production moyenne est actuellement de 56000000 d'hectolitres, **valant un milliard de francs**.

La production des vins comprend six groupes principaux : la *Bourgogne*, la *Champagne*, le *Bordelais*, les *Charentes*, le *Midi* et le *Rhône*, le *Centre*.

1° La **Bourgogne** produit des vins très estimés. Ses riches vignobles ont fait donner le nom de *Côte d'Or* à l'une de ses collines. — Les principaux crus sont ceux de Pommard, Volnay, Corton, Beaune, Nuits, Clos-Vougeot, Chambertin, Romanée, etc.

2° La **Champagne** est surtout connue pour ses vins blancs, que l'industrie transforme en *vins mousseux*, recherchés du monde entier. — Vins d'Epernay, Ay, Sillery, etc.

3° Le **Bordelais** produit d'excellents vins que l'on désigne sous le nom de *vins de Bordeaux* (*Médoc*, *Graves*, etc.). — Crus de Château-Lafitte, Château-Margaux, Château-Latour, Saint-Émilion, Sauternes, etc.

4° Les **Charentes** produisent des vins qui donnent par la distillation les eaux-de-vie dites *de Cognac;* celles dites *d'Armagnac* se fabriquent surtout dans le Gers.

5° La vallée du **Rhône** et le **Midi** fournissent des vins de liqueurs très appréciés et des vins ordinaires en grande quantité. — Crus de l'Ermitage (Dr.), Saint-Péray (Ard.), Châteauneuf-du-Pape (Vau.), Lunel et Frontignan (Hér.), Rivesaltes (Pyr.-Or.), Limoux, etc.

6° Le **Centre** produit des vins, dont les uns sont utilisés pour les coupages, et les autres, surtout à Orléans, convertis en vinaigre.

207. Les **boissons**. Le vin est la boisson ordinaire dans le midi et le centre de la France, jusqu'à Paris. Dans les provinces du N.-O., il est remplacé par le **cidre**, qui est le produit de la fermentation du jus de pommes. Dans les provinces du N. et du N.-E., il est remplacé par la **bière**, boisson fermentée préparée avec la farine d'orge germée, et à laquelle on ajoute la fleur du houblon pour lui donner son arome et la conserver. (*Cidre* et *bière*, chacun 14 millions d'hectolitres.)

208. **Céréales**. Production : 300 *millions d'hectolitres de grains*, d'une **valeur de 4 milliards de francs**.

Le **froment** est la céréale qui nous donne le meilleur pain; il est cultivé dans presque toute la France, particulièrement dans la *région du nord*, dans la *Beauce*, la *Brie*, le Graisivaudan, la Limagne, etc. (117 millions d'hectolitres, valant plus de 2 milliards.)

Le **seigle** et le *sarrasin* suppléent au froment dans les pays peu fertiles, surtout en Bretagne et dans le Massif central. (15 et 7 millions d'hectol.)

Le **maïs**, excellent pour le bétail, est très cultivé surtout dans les bassins de la Garonne et de la Saône. (8 millions d'hectol.)

L'**orge**, dont on fait la bière, et l'**avoine**, qui constitue la meilleure nourriture des chevaux, se cultivent surtout dans le nord et le nord-est. (15 et 100 millions d'hectol.)

209. **Autres plantes alimentaires**. La **pomme de terre**, produit comestible qui sert aussi à la fabrication de la fécule et de l'alcool, se cultive partout, particulièrement dans le nord-est. (125 millions de quintaux.)

Les **légumes** : *pois*, *haricots*, *choux*, *carottes*, *asperges*, *artichauts*, etc., se cultivent partout, spécialement dans les jardins maraîchers situés aux abords des grandes villes. (Valeur, 300 millions.)

La **betterave** sert à la nourriture du bétail. On la cultive aussi en grand dans les départements du nord pour la fabrication du sucre et de l'alcool. (Produits valant 560 millions de fr.)

210. Les **plantes textiles** sont, en France, le **lin** et le **chanvre**, dont l'écorce fournit la filasse ou les fibres propres à la filature. Le lin se cultive surtout dans le nord, et le chanvre dans l'ouest, mais toujours en moindre quantité. (25 millions de francs.)

211. Les graines **oléagineuses** sont celles de lin et de chanvre, de **colza**, de *navette*, de *cameline*, d'*œillette* ou pavot noir. On les cultive surtout dans le nord et le nord-ouest, aussi de moins en moins. (25 millions de fr.)

Quant aux *plantes tinctoriales : garance* (teinture rouge), *safran* et *gaude* (teinture jaune), *pastel* (teinture bleue), leur culture est presque abandonnée (Loiret, Vaucluse, etc.), par suite de la concurrence des couleurs d'aniline extraites de la houille.

Le **tabac** réussit partout, mais la culture en grand n'en est autorisée que dans un certain nombre de départements (16000 hectares). Le gouvernement conserve le monopole de la vente du tabac, dont il retire 500 millions de francs pour 40 millions de kilos, plus de la moitié étant importée.

212. **Fourrages**. (Valeur totale, 2,7 milliards.)

Les **pâturages**, c'est-à-dire les terres qui se couvrent d'herbes sans labour et où l'on fait paître le bétail, se trouvent surtout dans les parties hautes ou moyennes des Alpes et du Massif central.

Les **prairies naturelles**, plus abondantes parce qu'elles sont mieux arrosées, se trouvent près de la mer et des cours d'eau; les meilleures sont celles de la Normandie et de la Flandre.

Les **prairies artificielles**, ou terres de labour ensemencées de trèfle, de sainfoin, de luzerne, de lupuline, se trouvent notamment dans le N.-O. et le bassin de la Seine.

213. **Arbres fruitiers**. Les plus importants sont : l'**olivier** (15 millions de francs d'huile), le *citronnier*, l'*oranger*, le *figuier*, l'**amandier**, le *grenadier*, dans le Languedoc et la Provence;

Le **châtaignier**, en Corse, dans le Midi et sur le Massif central, où la châtaigne forme l'aliment du pauvre (6 millions d'hectol.). Les *marrons* dits de Lyon sont renommés;

Le **pommier** et le *poirier*, cultivés dans le N.-O. pour la fabrication du cidre et du poiré. Les poires de table se recueillent surtout dans la Touraine et l'Anjou;

Le prunier de l'Agenais et de la Touraine; — le *pêcher* de Montreuil-sous-Bois (Seine) et du Roussillon; — l'*abricotier* et le *noyer* de la Limagne et du Graisivaudan; — le *cerisier* de Montmorency (S.-et-O.) et des Vosges;

Le **mûrier**, dont la feuille nourrit les vers à soie, dans le bassin inférieur du Rhône;

Le raisin de table est cultivé surtout à Thomery, près Fontainebleau (*chasselas*), à Montauban et à Narbonne.

214. Les **forêts** occupent un sixième du territoire français et se trouvent surtout dans les Vosges, l'Argonne, l'Ardenne, le Morvan, le Jura, les Alpes, les Pyrénées et les Landes.

Elles se composent de *pins* et de *sapins*, dans les terres sablonneuses et sur les hautes montagnes; de *chênes*, de *hêtres*, de *bouleaux* et de *châtaigniers*, dans les autres parties.

Les plus belles forêts des environs de Paris sont celles de Fontainebleau, de Compiègne, de Chantilly et de Saint-Germain; celle d'Orléans est la plus vaste de France (40000 hectares). Produit total, 200 millions.

§ III. LES ANIMAUX

215. **Élevage.** Les principaux animaux domestiques sont, en France: le *cheval*, l'âne, le mulet, le *bœuf* et la vache, le *mouton*, la chèvre, le *porc*, le lapin, la poule, le dindon, l'oie et le canard, les abeilles et le *ver à soie* (valeur totale, 5 milliards).

Les *animaux domestiques* aident à l'homme dans son travail; ils lui donnent la viande, le lait, le beurre, le fromage, la graisse, le cuir, la laine, les plumes. En outre, ils fertilisent la terre par leur fumier : les régions du nord, les mieux cultivées et les plus herbagères, sont aussi les plus riches en bétail.

216. Le **cheval** est d'un entretien coûteux, mais il rend de nombreux services. Les races principales sont : les chevaux *flamands, boulonnais, normands, percherons*, bretons, limousins, francs-comtois, ardennais, tarbesans, etc. (3240000 têtes.)

Les **ânes** et les **mulets** les plus estimés sont ceux des Pyrénées et du Poitou. (555000 têtes.)

217. Le **bœuf** et la **vache** donnent les produits les plus variés (15000000 de têtes). Les *races de trait* sont surtout dans les montagnes du centre : races auvergnate ou de Salers, limousine, d'Aubrac, etc.

Les *races laitières* et de *boucherie* sont celles des prairies grasses du N.-O. et de l'E. : races *normande, flamande, bretonne, charollaise*, franc-comtoise, etc.

Paris offre un important débouché à cette production.

218. Le **mouton**, qui donne sa chair et sa laine, s'élève en troupeaux nombreux dans le nord et le centre; les races mérinos, à laine fine, se trouvent surtout dans le bassin de la Seine. On cite les races *flamande, berrichonne*, solognote, du Larzac, et les races *anglaises* introduites : Dishley et South-Downs. (17000000 de têtes, produisant 42000 tonnes de laine.)

Beaucoup de **chèvres** (1400000) et de *brebis* sont élevées pour le lait et le fromage dans les pays de montagnes.

Le **porc**, facile à nourrir, fournit le tiers de notre alimentation animale. Il s'élève partout, notamment en Lorraine, en Normandie, en Bretagne, dans le Périgord, etc. La race craonnaise (Mayenne) est la meilleure des races indigènes. On a introduit les races anglaises Windsor, Yorkshire, etc. (7300000 têtes).

219. La **volaille** française est très estimée. On cite les *poules* de la Normandie (races de Crèvecœur, de Gournay), de Houdan (Seine-et-Oise), du Maine (chapons) et de la Bresse (poulardes); — les *oies* du Toulousain, les dindons du Berry et de la Sologne, les canards du Roumois (valeur 250 millions.)

— Les **abeilles** nous donnent deux produits extraits du suc des fleurs : la cire et le miel. On connaît le miel blanc de Narbonne, le miel jaune de Bretagne, du Gâtinais, de la Savoie, etc. (valeur 20 millions).

— Le **ver à soie** est une grosse chenille non velue, qui se nourrit de la feuille du mûrier et produit la soie en cocons. L'élevage dans la vallée du Rhône a beaucoup diminué (8 millions de kg de cocons).

220. La **pêche** occupe de nombreux marins et fournit le thon, le maquereau, la sardine, le turbot, la raie, pêchés sur nos côtes; le **hareng**, dans la Manche et les mers du nord; la **morue**, de Terre-Neuve, etc. (valeur 130 millions).

Les **huîtres** de Marennes, d'Arcachon (Gironde) et de Cancale (Ille-et-Vilaine) sont très connues, ainsi que les *moules* de la baie d'Aiguillon (à l'embouchure de la Sèvre-Niortaise).

Les marchés agricoles.

221. Les **grands marchés agricoles** sont généralement situés au centre des pays de production, ou dans les villes importantes par leur consommation. — Paris et ses environs ont des marchés pour tous les genres de produits.

Pour les **grains**, les principaux marchés sont: *Lille, Arras*, Rouen, *Corbeil*, Chartres, Meaux, Melun, Dijon, Gray, Lyon, Limoges, Toulouse, et la plupart des grandes villes. — *Marseille*, Cette, le Havre, importent des blés de Russie, de Roumanie, d'Algérie, des États-Unis, etc.

Pour les **graines oléagineuses**, Cambrai, Douai, Arras, Lille, Saint-Quentin.

Pour les **huiles**, Paris, Lille (huiles de colza et de lin), Marseille, Aix et Nice (huile d'olive).

Pour le **lin** et le **chanvre**, Lille, le Mans, Angers, Briançon.

Pour les **chevaux**, Caen, Falaise et Tarbes.

Pour les **mulets**, Pau, Poitiers, Niort, Melle.

Pour les **bœufs**, Paris, Lille, Rouen, Cholet.

Pour les **moutons**, le Blanc, Cholet, Montargis.

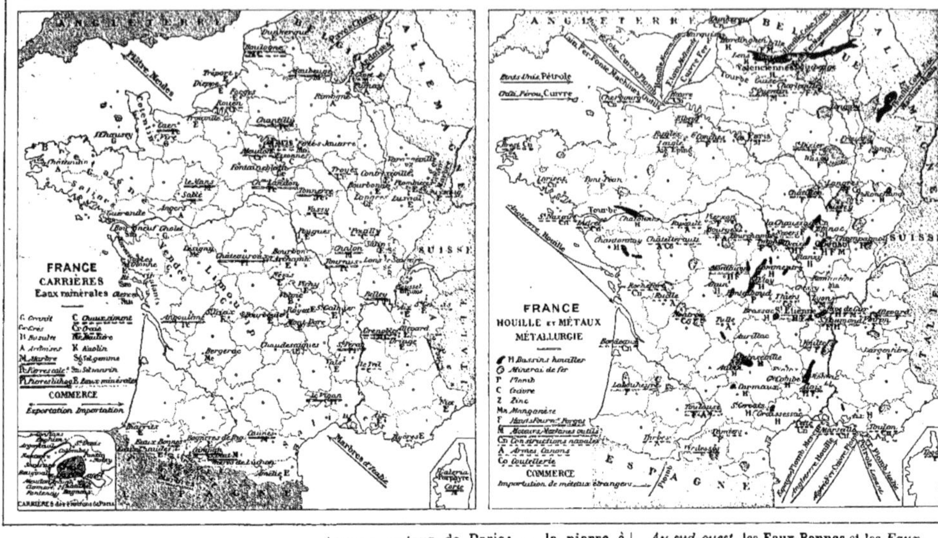

CHAPITRE XI

FRANCE INDUSTRIELLE

222. La France est, après l'Angleterre, les Etats-Unis et l'Allemagne, rangée parmi les plus grands Etats industriels du globe, auxquels il faut ajouter la Belgique et la Suisse, pour la quantité proportionnelle des produits.

Elle occupe aujourd'hui **80000 machines**, dont la force motrice équivaut à celle de 2200 millions de chevaux-vapeur, Cette force quadruple les efforts des 3500000 hommes qui travaillent dans nos ateliers, et leur permet de *transformer les matières premières en* **objets** *fabriqués* de tous genres (**12 milliards de fr.**).

On distingue les industries *extractives* (carrières et mines), *métallurgique* et *mécanique* (fabrication et emploi des métaux), *manufacturière* (fabrication des tissus, vêtements, meubles), *chimiques* ou préparatoires, *alimentaires*, etc.

§ I. CARRIÈRES

223. La France est riche en **carrières**, dont les produits, évalués à 250 millions de francs, sont principalement :

Le **granit** de la Bretagne, des îles Chausey et des Vosges; — le *grès* de Fontainebleau et des Vosges, — la *pierre à aiguiser* de Langres, — le *basalte* de Volvic (Puy-de-D.); — les **ardoises** de Trélazé (M.-et-L.), de Rimogne et Fumay (Ardennes); — les **marbres** du nord (Boulogne, Givet), de l'ouest (Sablé), des Vosges, des Alpes (Grenoble), de Corte, de Caunes (Aude), des Pyrénées (Campan, Sarrancolin, Saint-Béat); — la **pierre de taille** de Caen, de Chantilly (Oise), des environs de Paris, de Château-Landon (S.-et-M.), d'Angoulême, de la Lorraine, de la Bourgogne, etc.; — le **gypse**, autour de Paris; — la **pierre à chaux** ou à **ciment** de Boulogne-sur-Mer, de Grenoble, de Vassy (Yonne), de Pouilly (C.-d'Or), du Teil (Ardèche); — la **craie** de Meudon (S.-et-O.), Rouen, Troyes; — la **meulière**, de la Ferté-sous-Jouarre (S.-et-M.), Lésigny (Vienne) et Bergerac; — le **kaolin**, ou argile blanche à porcelaine, de Saint-Yrieix.

224. Le **sel** existe : 1° à l'état solide, dans le sein de la terre, où il forme souvent des amas considérables: c'est le *sel gemme*, exploité surtout en Meurthe-et-Moselle; — 2° en dissolution dans l'eau de mer (17 millions de francs).

Le **sel marin** est exploité dans les *salins* ou *marais salants*, qui sont des bassins vastes et peu profonds où l'eau de mer s'évapore et dépose un sel gris que l'on purifie pour avoir le sel blanc. Les salins se trouvent principalement sur les rivages des Bouches-du-Rhône, de l'Aude, de l'Hérault, du Var, du Gard; — de la Loire-Inférieure, de la Vendée et de la Charente-Inférieure.

225. Les **eaux minérales** sont des eaux tenant en dissolution certaines substances qui leur donnent des propriétés médicales; on les utilise sous forme de boisson ou de bain pour la guérison des maladies, tant internes qu'externes.

Les principales sources minérales de France sont :

Au nord-est, **Plombières**, Bussang et *Contrexéville* (Vosges), — Luxeuil (H.-Saône), — Bourbonne-les-Bains (H.-Marne);

Dans le centre, Bourbon-l'Archambault et **Vichy** (Allier), — le **Mont-Dore** et la Bourboule (P.-de-D.), Saint-Galmier (Loire), Vals (Ard.);

A l'est, Salins (Jura), — **Aix-les-Bains** (Savoie), Saint-Gervais (H.-Sav.), — Uriage et Allevard (Isère);

Au sud-ouest, les **Eaux-Bonnes** et les *Eaux-Chaudes* (B.-Pyr.), — **Cauterets**, Saint-Sauveur, Bagnères-de-Bigorre et Barèges (H.-Pyr.), — **Bagnères-de-Luchon** (H.-Gar.), — Amélie-les-Bains (Pyr.-Or.).

L'eau de la *mer* elle-même est minérale, et les établissements de *bains* sont en grand nombre sur nos côtes, particulièrement à Dunkerque, au Tréport, à Dieppe, Trouville (Calv.), aux Sables-d'Olonne, à Royan (Gironde), Biarritz (Basses-Pyr.), Hyères (Var) et Nice.

§ II. MINES ET MÉTAUX

226. Les **mines** sont les lieux d'extraction de la houille et des minerais de fer, de cuivre, de plomb, etc.

Par **usines métallurgiques** on entend : 1° les *hauts fourneaux*, où l'on traite les minerais pour en extraire le métal; 2° les *forges* et les *laminoirs*, où le métal est réduit en barres, en lames ou feuilles; 3° les *fonderies* et les *ateliers de construction*, où la fonte, le fer, l'acier et les autres métaux sont fabriqués et convertis en machines, outils et objets de tous genres.

La houille et le fer sont les deux minéraux les plus utiles à l'industrie. Les pays les plus prospères sont ceux qui produisent et consomment le plus de houille, qui fabriquent le plus de fer, aujourd'hui d'acier, qui font mouvoir le plus de machines de tous genres. Les *chutes d'eau* (*houille blanche*) suppléent en partie au charbon dans les régions de montagnes.

La quantité de houille exploitée actuellement en France est de 38000000 de tonnes En Belgique, elle est de 25000000; en Allemagne, de 220000000; en Angleterre, de 270000000; aux Etats-Unis, de 450000000 de tonnes.

Les Etats-Unis ont produit, en 1910, 27 millions de tonnes de fonte; l'Allemagne, 13 m.; l'Angleterre, 10 m.; la France, 4 m.; la Russie, 3 m.

Valeur des métaux : Etats-Unis, 4 milliards; Allemagne, 1,2 m.; Angleterre, 1 m.; France, 400 millions.

227. La **houille** est un combustible formé de végétaux enfouis sous terre en couches superposées, ayant de 30 centimètres à 2 mètres d'épaisseur. Elle se trouve en France dans

vingt départements. Sur 38000000 de tonnes, valant 575 millions de francs, le Pas-de-Calais en produit 19 millions et le Nord 6,5 m.; la Loire, 4 m.; Saône-et-Loire, 2 m.; le Gard, 2 m.; l'Aveyron, 1 m. — Importation, 19 m.

228. Les principaux **bassins houillers** sont :

1° *Dans le Nord*, le bassin de **Valenciennes** (Nord et Pas-de-Calais), prolongement du grand bassin belge de Sambre et Meuse;

2° *Dans le Centre*, le bassin de **Saint-Etienne**, ceux du **Creusot-et-Blanzy** (S.-et-L.), d'Ahun (Creuse), de Decize (Nièvre), de Ronchamp (H.-S.); de Saint-Eloy, Brassac, Champagnac (Auvergne); de Commentry (Allier).

3° *Dans le Sud*, les bassins **d'Alais** (Gard), **d'Aix** en Provence (lignite), **d'Aubin** (Aveyron), de **Carmaux** et d'Albi (Tarn), de Graissessac (Hérault), du Drac (Isère).

Les houillères de l'Ouest (Chantonnay, etc.) ont peu d'importance.

La tourbe, matière brune ou noirâtre qui provient de l'altération sous les eaux de certaines plantes aquatiques, se trouve surtout dans les terrains marécageux de la Somme, de la Loire-Inférieure et de l'Isère. On l'exploite pour des usages locaux (50000 t.).

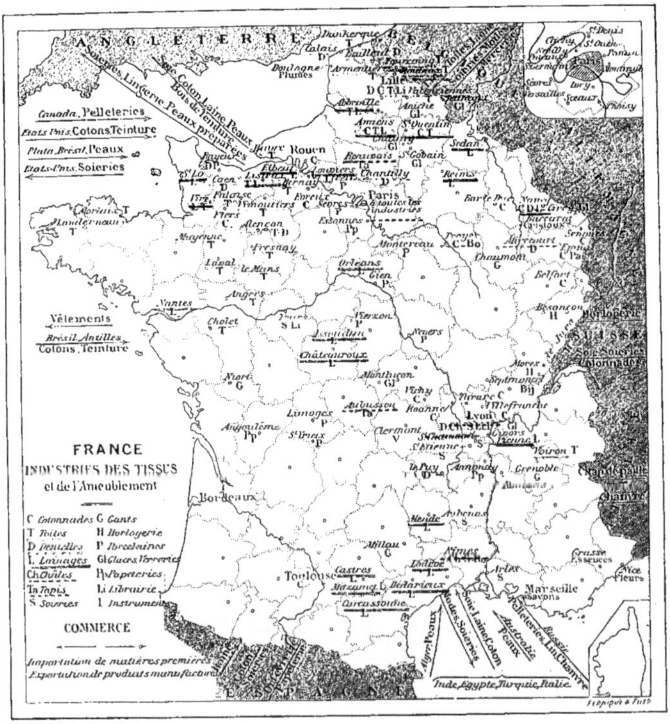

229. **Minerais.** Le minerai de **fer** est très commun en France, qui en extrait 15 millions de tonnes et en exporte 3,5 millions.

Les $^7/_8$ sont fournis par la **Meurthe-et-Moselle** (Longwy, Nancy, Briey), le reste est produit par les Pyrénées-Orientales, le Calvados, l'Orne, la Haute-Marne, la Loire-Inférieure, Saône-et-Loire, le Gard, l'Ariège.

La France est pauvre en métaux autres que le fer, et elle tire de l'étranger la presque totalité de ceux qu'elle travaille.

Elle extrait du *plomb argentifère* à Chassezac (Ardèche), Poutgibaud (P.-de-D.), Pont-Péan (I.-et-V.); de l'*or*, à la Lucette (May.), St-Pierre-Montlimart (M.-et-L.), Châtelet (Creuse).

Le *cuivre* est exploité à Chessy (Rhône); le *manganèse*, à Romanèche (S.-et-L.); le *zinc*, dans les Hautes-Pyrénées, le Gard; l'*antimoine*, dans la Mayenne, la Hte-Loire; les *pyrites de fer*, à Sain-Bel (Rhône). — Le *nickel* de la Nouvelle-Calédonie est traité dans la Seine-Inf. et l'*aluminium* en Maurienne.

§ III. MÉTALLURGIE

230. **Métallurgie.** Les **fonderies**, les **usines** et **ateliers** les plus importants se sont établis près des lieux de production du fer et de la houille, ainsi que dans les villes populeuses ou industrielles (Paris, Lyon), et dans les ports de mer (Marseille, le Havre, etc.).

Les **groupes** les plus importants sont ceux du **Nord** (de Lille à Charleville et Paris), du **Nord-Est** (Meurthe-et-Moselle, etc.), du **Centre** (le Creusot, Rive-de-Gier, Saint-Etienne), du **Sud** (Aubin, Decazeville, Bessèges, Pamiers).

231. Les principaux *produits en fer* sont les **machines à vapeur**, les **métiers** à filer et à tisser, les **locomotives**, les **machines-outils** de tous genres, sortant des usines de **Paris**, **Lyon**, **Saint-Étienne**, Rive-de-Gier, Saint-Chamond (Loire), **le Creusot**, **Lille**, Saint-Quentin, Elbeuf;

Les **navires** en fer et en acier des usines de l'État, à **Indret** (Loire-Inf.), la Chaussade (Nièvre) et des chantiers des cinq ports de guerre; en outre, ceux de l'industrie privée, au **Havre**, à St-Nazaire, à **Marseille** et la Ciotat, à la Seyne, près Toulon, etc.

Les **canons** du Creusot, de Saint-Chamond, **Bourges**, Ruelle (Charente); — les *fusils* de **Saint-Etienne**, Tulle, Châtellerault; — les *armes blanches* de Châtellerault; — les *couteaux* de Langres, Châtellerault, Thiers et Nontron.

Citons encore la *chaudronnerie* et la *quincaillerie*, exercées un peu partout, notamment à Paris, Aurillac, Guise (Aisne); la *clouterie* et la *boulonnerie* (Charleville), la *taillanderie* (Saint-Étienne), la *serrurerie* (en Picardie), la *tréfilerie:* aiguilles de Laigle (Orne), épingles de Rugles (Eure), les usines *électriques* des montagnes, les fabriques de *cycles*, d'*automobiles*, d'*aéroplanes*.

§ IV. INDUSTRIES TEXTILES

232. Les **tissus** ou **étoffes**, qui constituent, avec l'agriculture, la principale branche de l'industrie humaine, se font avec des *filaments végétaux :* coton, lin, chanvre, jute, ramie; des *filaments animaux :* laines de mouton, de chèvre, de lama, soie; des *produits chimiques :* soie artificielle.

La **filature** produit les fils, le *tissage* façonne le tissu, composé de fils entre-croisés formant *chaîne* et *trame*.

Nos principales industries textiles sont celles de la soie, de la laine et du coton; celles de lin, chanvre, jute, sont moins importantes. La valeur des produits est d'environ **3 milliards** de francs, dont **1 milliard** pour l'exportation.

233. **Cotonnades.** Les tissus de coton comprennent une foule d'étoffes blanches, peintes ou imprimées : calicots, tapis, couvertures, indiennes, etc. Centres de fabrication :

1° *En Normandie*, **Rouen**, Évreux, Flers (Orne); — 2° *Dans le Nord*, **Saint-Quentin**, Amiens et **Lille**; — 3° *Dans l'Est*, Nancy, Bar-le-Duc, Epinal, St-Dié, Senones, Belfort; — 4° *Dans le Centre*, Tarare et Villefranche (Rhône), **Roanne**, Vichy; — 5° En outre Toulouse, *Paris* ou sa banlieue, qui apprête et teint les étoffes.

234. **Toiles.** Les toiles sont les tissus

de lin, de chanvre, de jute, linge de corps et de table, toiles à voiles, etc. Centres de fabrication :

1° *Dans le nord :* **Lille**, Armentières, Valenciennes, Cambrai, Dunkerque, qui travaille surtout le jute, Amiens, Abbeville et Saint-Quentin; — 2° *Dans l'ouest :* Lisieux, Bernay, Alençon et Vimoutiers (Orne), le Havre, Rennes, Cholet; Flers et Laval, qui ont la spécialité des coutils; le Mans et Angers, principaux centres de l'industrie du chanvre; — 3° *Dans l'Isère :* Voiron.

235. **Lainages**. Les tissus de laine comprennent **les draps, casimirs, serges, flanelles, mérinos, châles**, etc. Centres de fabrication :

1° *Dans le Nord-Ouest,* **Elbeuf** (S.-Inf.), **Louviers** et Vire; — 2° *Dans le Nord,* **Roubaix** et **Tourcoing** (N.). Amiens; — 3° *Dans le Nord-Est,* **Sedan**, **Reims**, Nancy; — 4° *Dans le Sud,* Mende, Lodève et Bédarieux (Hérault). **Castres** et **Mazamet** (Tarn), **Vienne**; — *Dans le centre,* Châteauroux.

On remarque les *châles* de Paris, de Lyon et de Nîmes; — les *tapisseries* des Gobelins (Paris) et de Beauvais; — les *tapis* de Tourcoing, d'Aubusson, de Nîmes.

236. **Soieries**. Les soieries sont une fabrication de luxe concentrée dans la *région lyonnaise :* le bassin méridional du Rhône élève le ver à soie du mûrier; Besançon, Givet (Ardennes), Arques (S.-Inf.) produisent de la *soie artificielle.*

Les *soieries façonnées* ou à dessins, les étoffes brochées d'or et d'argent de **Lyon**, les *rubans* et les *velours* de **Saint-Etienne**, les *lacets* de Saint-Chamond sont renommés dans le monde entier; Nîmes, Voiron, Tours, Paris sont d'autres centres de production.

Les **dentelles** se fabriquent surtout à Lille et Bailleul, Alençon, Bayeux, Caen, Chantilly (Oise), à Mirecourt et au Puy; le *tulle*, à Lyon, Saint-Quentin et Calais; les *broderies*, en Lorraine; la *bonneterie*, en Picardie (Santerre), à **Troyes** et Romilly, à **Nîmes**.

§ V. AUTRES INDUSTRIES

237. Les **articles de toilette** comprennent les **vêtements** confectionnés à *Paris* et *Lyon*, qui sont également les centres principaux des autres produits; les *chapeaux* de Bordeaux, Nîmes; les *chaussures* de Romans (Isère), Fougères, Blois; les **gants** de Grenoble, Chaumont, Millau, Niort; les *bijoux* de Septmoncel (Jura); les **savons** de Marseille, les **essences** de Grasse, Nice, etc.

238. Les **objets d'ameublement** comprennent : les **meubles**, les *bronzes*, l'*orfèvrerie* et les *articles de Paris;*

L'horlogerie fabriquée dans le *Jura* (Besançon, Morez) et en *Savoie* (Cluses); la tabletterie de Saint-Claude, Nantua;

Les **glaces** de *Saint-Gobain* (Aisne), de Jeumont, Aniche, Maubeuge (Nord), de Cirey (M.-et-M.), de Montluçon; — les **cristaux** de Baccarat (M.-et-M.); — les *vitraux peints* de Paris, Clermont-Ferrand et Tours; — les *faïences* de Nevers, Gien, Creil (Oise), Montereau (S.-et-M.), Lunéville; — les **porcelaines** de Sèvres (S.-et-O.), Limoges, Bayeux, Nevers;

Les *papiers peints* de Paris et d'Épinal.

239. Parmi les produits relatifs aux **besoins intellectuels**, on cite les **papiers** d'Angoulême, d'Annonay, d'*Essonnes* (S.-et-O.), des Vosges et de l'Isère; — les **articles de librairie** de Paris, Tours, Lyon, Lille; — les **instruments** de précision, de musique et autres, de *Paris*, Lyon, etc.; — les *plumes métalliques* de Boulogne-sur-Mer.

240. Les **produits chimiques** comprennent les acides, les soudes, les potasses, les sels fabriqués à Javel (Paris) et dans les centres manufacturiers; les *allumettes*, monopolisées par l'État, les *engrais chimiques*, les *couleurs*, etc.

241. **Alimentation. Meunerie** : Corbeil, Gray, Chartres, Arras, Toulouse, pour les blés indigènes; Marseille, le Havre, Nantes, Bordeaux, pour les blés importés.

Pâtes alimentaires : Paris, Marseille, Lyon, Clermont-Ferrand, Bastia.

Beurre : de Normandie (Gournay, Isigny), de la Bretagne (Prévalaye).

Fromages : dits marolles (Nord), de Brie, bondons ou de Neufchâtel, pont-l'évêque, livarot (Calvados) camembert (Orne), *géromé* (Vosges), du Mont-d'Or, près de Lyon; du Cantal, de Roquefort (Aveyron), gruyère (Jura), etc.

Charcuterie : de Troyes; saucissons de Lyon et d'Arles, jambons de Bayonne et de la Lorraine; conserves de sardines de Bretagne.

Le sucre et l'alcool de betterave, fabriqués dans le Nord, le Pas-de-Calais, l'Aisne, la Somme, l'Oise.

Le *sucre de canne*, venant des colonies, et raffiné à Paris, à Nantes, au Havre, à Marseille et autres ports.

Les centres industriels.

242. En général, l'*importance industrielle d'une localité ou d'une région est proportionnelle à l'agglomération des habitants* — Si l'*agriculture* a pour effet de maintenir les populations dispersées dans les campagnes, la *grande industrie* qui emploie les machines réunit, au contraire, les hommes sur certains points où ils trouvent, soit un travail abondant et lucratif, soit un débouché pour leurs produits.

1° **Paris** est le centre de production et de consommation le plus actif du continent; sa fabrication embrasse tous les genres d'industrie.

2° **Lille**, *Roubaix*, *Tourcoing*, par leurs tissus; les nombreuses localités régionales par leurs industries alimentaires; le bassin de *Valenciennes*. par sa houille et ses fers, forment le second centre.

3° **Lyon**, par ses soieries, et *Saint-Etienne*, par sa houille et ses produits métallurgiques, forment le troisième centre industriel de la France.

4° **Rouen**, *Elbeuf* et leurs environs, par leurs tissus; le *Havre*, par son industrie navale, forment notre quatrième centre depuis la perte de l'Alsace.

5° **Marseille** forme le cinquième centre.

6° Viennent ensuite, sans ordre bien déterminé : *Bordeaux, Toulouse, Nantes, Amiens, Reims, Sedan* avec *Charleville, Nancy, Besançon, le Creusot, Alais* et *la Grand'Combe, Toulon*, etc.

CHAPITRE XII

FRANCE COMMERCIALE

§ I. OBJET DU COMMERCE

243. Le **commerce intérieur** de la France, alimenté par une foule de produits de toute nature, est très considérable, surtout dans les grandes villes. Il se fait en *gros* ou en *détail*, d'une manière permanente dans les magasins et les boutiques, et d'une manière périodique dans les *foires* et les *marchés*.

244. Le **commerce extérieur** de la France, le plus important après celui de l'Angleterre, de l'Allemagne et des Etats-Unis, s'est élevé en 1909 à **12 milliards de fr.**, dont 6 300 m. à l'importation et 5 700 millions à l'exportation, non compris le transit (**3.5 m.**).

Les pays qui font **le plus d'échanges** avec la France sont : l'**Angleterre** (2 200 millions de fr.), les **Colonies françaises**, l'**Allemagne** (1 400 m.), la **Belgique** (1 300 m.), les **Etats-Unis** (1 200 m.), la Suisse (470 m.), l'**Argentine** (420 m.), l'Italie (360 m.), la Russie (350 m.), les Indes anglaises (300 m.), l'Espagne (300 m.), la Chine (200 m.).

245. **IMPORTATION**. Les principaux articles d'importation sont les **matières premières** pour l'industrie (4 115 m.), les **objets fabriqués** (1 180 m.) et les substances **alimentaires** (950 m.).

1° Les FIBRES TEXTILES importées sont : la **soie**, provenant surtout de la **Chine** et du **Japon**, des Indes anglaises et de l'Italie (pour 330 millions de fr.);

Le **coton**, des **États-Unis**, de l'Inde, de l'Égypte (500 m.);

La **laine brute**, de l'**Australie** et du Cap (par l'Angleterre), de la **Plata** (670 m.).

Le **lin**, de la **Russie** (80 m.); le *chanvre*, de l'Italie (20 m.); le *jute*, de l'Inde (45 m.); l'*alfa*, de l'Algérie (10 m.);

En outre, divers **tissus** et **fils** de coton, de soie, de laine, de lin, d'Allemagne, d'Angleterre, de Suisse (200 m.).

Il faut ajouter les **peaux de la Plata**, du Brésil, de l'Australie, et les *pelleteries* de la **Russie**, du Canada (200 m.);

2° Les COMBUSTIBLES, MINERAIS et MÉTAUX comprennent la **houille** et le *coke*, provenant de l'**Angleterre**, de la **Belgique** et de la Prusse (pour 400 m.); le **pétrole**, du Caucase, des **Etats-Unis** (100 m.).

Le **cuivre**, des **Etats-Unis**, de l'Espagne, de l'Angleterre, du Chili (90 m.); — le *plomb*, de l'Espagne, de l'Italie (40 m.); — le *zinc*, de la Belgique, de l'Espagne, de la Prusse (15 m.); — l'*étain*, de Banca et d'Angleterre (20 m.); — la *fonte*, le *fer* et l'*acier*, de l'Angleterre, de l'Allemagne (40 m.);

Les **machines**, outils et ouvrages en *métaux*, de l'**Angleterre**, de la Prusse, de la Belgique (150 m.);

En outre, les **bois** *de construction*, de la **Suède**, de la **Russie**, des Etats-Unis (170 m.).

3° Les SUBSTANCES ALIMENTAIRES importées comprennent les **céréales** : *avoine*, *froment*, orge, maïs de l'**Algérie-Tunisie**, de la Russie, des Etats-Unis; *riz* de l'Indo-Chine, de l'Italie (200 m.).

Les **bestiaux** de l'**Allemagne**, de l'Algérie et autres pays (120 m.), la *viande de conserve*, de la Plata et des Etats-Unis (50 m.).

Les *poissons*, les *beurres* et *fromages*, les *oléagineux* et les *huiles* (300 m.).

Les **denrées coloniales** : *café* (100 m.) et *cacao* (35 m.) du **Brésil**, *sucre de canne* (30 m.), *tabac* (45 m.), *vanille*, *thé* (10 m.), *épices*, etc.

Les **vins** et les *raisins secs* (270 m.) d'**Algérie**, de Tunisie, d'Espagne, d'Italie, de Grèce.

246. **EXPORTATION**. Les principaux articles exportés sont les **produits manufacturés** (3 200 m.), les **produits agricoles** ou **alimentaires** (825 m.) et les **matières premières** (1 700 m.).

1° Les PRODUITS MANUFACTURÉS comprennent : les **soieries**, qui sont expédiées en **Angleterre**, aux **Etats-Unis**, en Belgique, etc. (pour 330 m.);

Les **lainages** (280 m.), pour l'Angleterre, la Belgique; les **cotonnades** (340 m.), pour nos colonies; les *toiles* de lin et autres.

Les *articles* de **toilette** et de **mode**, les **vêtements** (280 m.); les articles de **tabletterie** (200 m.) et de mercerie; les ouvrages en **cuir** et en **métaux** (200 m.), l'horlogerie, les papiers; les **peaux** *préparées* (120 m.); les poteries, verres et cristaux, les objets d'art; les **articles de Paris** (170 m.), les automobiles (145 m.), les produits chimiques (110 m.), en destination des divers pays d'**Europe** et d'**Amérique**, de la Chine, etc.

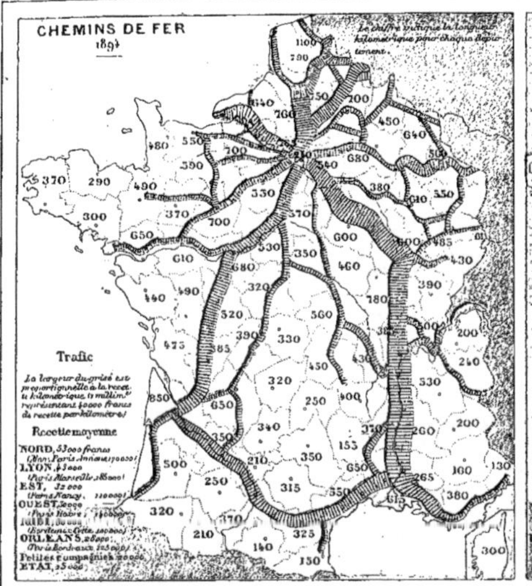

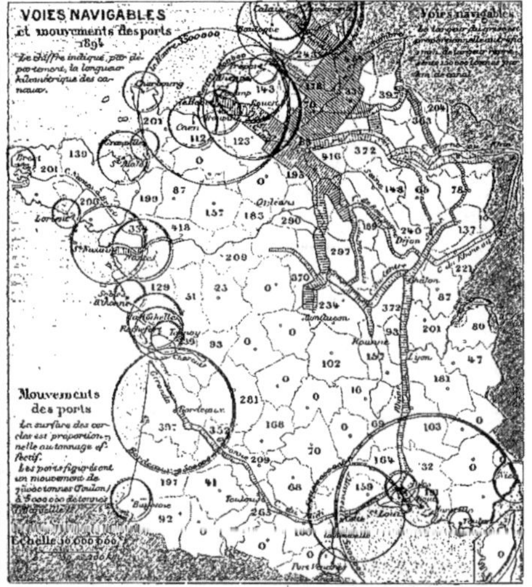

2° Les produits agricoles exportés sont : les **vins** (250 m.), les *eaux-de-vie* et **liqueurs** (55 m.), pour l'**Angleterre**, la **Russie**, la Belgique, les États-Unis, etc.

La **volaille**, les *œufs*, le *beurre*, le *fromage*, les *fruits*, pour l'**Angleterre**, la Belgique, etc. (200 m.);

Les *bestiaux*, *chevaux* et *mulets*, pour l'Angleterre, l'Espagne.

3° Les matières premières : *coton* (100 m.), *soies grèges* (165 m.), **laines brutes** (340 m.), *peaux brutes* et *bois de construction* (150 m.), etc., réexportées en Suisse, en Allemagne, en Belgique, en Angleterre, etc.

§ II. MOYENS DE TRANSPORT

Routes.

247. Les **moyens de communication** servant au transport des marchandises sont : les *routes*, les *chemins de fer*, les *rivières* et *canaux navigables*, la *navigation maritime*.

Routes. On distingue les routes nationales, les routes départementales, les chemins de grande communication et les chemins vicinaux.

Les *routes* **nationales** sont de grandes voies de communication entretenues aux frais de l'État. Elles ont une longueur d'environ 38 000 kilomètres.

Les *chemins* de **grande communication** mesurent 165 000 km.

Les *routes* **départementales** sont entretenues par les départements qu'elles traversent (15000 kilom.).

Les *chemins* **vicinaux** sont établis et entretenus par les communes intéressées (74000 kilom.).

Chemins de fer.

248. Les **six grands réseaux ferrés**, qui se partagent le territoire français, appartiennent à autant de Compagnies, sauf celui de l'Ouest-Etat. Ce sont les réseaux du **Nord**, de l'**Est**, de **Paris-Lyon-Méditerranée**, d'**Orléans**, de l'**Ouest-Etat**, lesquels ont leurs têtes de lignes à Paris, et celui du **Midi**, qui part de Bordeaux.

Ces chemins de fer d'intérêt général ont un développement de 40000 kilomètres, ceux d'intérêt local en mesurent 8000, soit un réseau total de 48000 km, auquel s'ajoutent 8000 km de tramways.

Le réseau le plus développé est celui de *Paris-Lyon-Méditerranée*, qui compte (en 1908) 9520 km de lignes; puis viennent l'Ouest-Etat, 8850 km; l'Orléans, 7730 km; l'Est, 4900 km; le Midi, 3830 km; le Nord, 3750 km.

Mais l'importance du trafic n'est pas en rapport avec le développement des lignes. — Ainsi, le *Nord* vient en tête avec 31200 fr. de recette kilométrique nette; puis Lyon, avec 25300 fr. : l'Est, 19200; l'Orléans, 16400; le Midi, 16200; l'Ouest-Etat, 9200 fr. seulement.

On juge par là de l'activité commerciale, qui est la plus grande dans le Nord, puis au Sud-Est et à l'Est, enfin au Sud-Ouest et à l'Ouest.

249. STATISTIQUE DES CHEMINS DE FER (1908)

RÉSEAUX	LONGUEUR des réseaux (kilomètres)	MARCHANDISES à 100 km petite vitesse (millions de tonnes)	RECETTES kilométriques nettes (totales) (francs)
NORD	3750	42	31200
EST	4900	32	19200
OUEST-ETAT	8850	22	9200
ORLÉANS	7730	31	16400
P.-L.-M.	9520	63	25300
MIDI	3850	15	16200

Voies navigables.

250. **Importance de la navigation intérieure.** Grâce au bon marché relatif du *fret*, quatre fois inférieur à la taxe par voie ferrée, la navigation intérieure est en progrès, du moins dans nos régions industrielles; elle transporte annuellement à 100 kilomètres de distance moyenne 50000000 de tonnes de houille, minerais, matériaux de construction, produits agricoles et autres marchandises lourdes et encombrantes qui n'exigent pas une grande vitesse.

Officiellement, la France compte 12200 km de voies navigables, dont 8000 pour les fleuves et rivières, et 4200 pour les canaux proprement dits. Mais le batelage n'utilise guère que la moitié des voies naturelles, et les trois quarts du trafic se font sur les 3000 km navigables des régions du Nord et de l'Est.

251. Le **cartogramme** ci-dessus fait voir l'importance prépondérante du **système du Nord**, formé de l'Oise, de la Sambre, de l'Escaut qui, avec les canaux de **Sambre-et-Oise**, de **Saint-Quentin** et des **Flandres**, mettent la Seine et Paris en communication avec les régions industrielles du nord et de la **Belgique**. Plus de la moitié du trafic total se fait dans cette région.

En second lieu vient le groupe de la **Seine centrale**, reliée vers l'est avec la *Meuse* et le *Rhin*, par la *Marne*, les *canaux de la Marne au Rhin* et des *Ardennes*; — et vers le sud-est avec la *Loire* et la *Saône* par les canaux de *Bourgogne*, du *Nivernais*, du *Loing* et d'*Orléans*.

Le canal *latéral à la Loire* se rattache par le canal du *Centre* à la *Saône* et au *Rhône*, et le système est complété par le canal du *Rhône au Rhin*. Les régions traversées sont également minières et industrielles.

Au contraire, le trafic est faible sur le Rhône, trop rapide, et sur les canaux du Midi, où l'industrie ne domine pas; il est insignifiant sur le canal de Nantes à Brest, et presque nul sur la Loire et les rivières du centre, de l'ouest et du sud.

252. § III. CHEMINS DE FER. — Tableau synoptique des lignes principales des chemins de fer français.

Notes. 1° Ces tableaux peuvent se lire de gauche à droite ou de droite à gauche ; ex. : De *Paris à Angers*, par Versailles, etc. ; — ou d'*Angers à Paris*, par le Mans. 2° Les accolades marquent les bifurcations. 3° Les principales destinations sont en lettres CAPITALES ; les chefs-lieux de dép., en romain, et les autres villes, en *italique*. 4° Chacun peut faire, au point de vue local, des tableaux analogues.

OUEST-ÉTAT Lignes de PARIS à
- Chartres, *Saumur* ou de Tours, Nantes, *Chinon*
  - Niort
    - *Saintes*, Bordeaux (*réseau du Midi*).
    - *Rochefort* ou la Rochelle.
  - *Bressuire*, Roche-sur-Yon, *Sables-d'Olonne*.
- Versailles, *Saint-Cyr*
  - Chartres, le Mans
    - Angers (*réseau d'Orléans*).
    - Laval, Rennes
      - Saint-Brieuc, BREST (*paquebots pour New-York*).
      - Saint-Malo (*paquebots pour Jersey*).
    - Alençon, *Mézidon* (*ligne de Cherbourg*).
  - *Dreux*, *Argentan*, *Vire*, GRANVILLE (*port de mer*).
- *Mantes*
  - Evreux, *Lisieux*, Caen, *Bayeux*, CHERBOURG (*paquebots pour Southampton*).
  - Rouen, *Malaunay*
    - *Yvetot*, LE HAVRE (*paquebots pour l'Angleterre et l'Amérique*).
    - Dieppe (*paquebots pour Newhaven, Angleterre*).

NORD Lignes de PARIS à
- *Creil*
  - Beauvais, *Abancourt*, *le Tréport*.
  - Amiens
    - *Abbeville*, *Boulogne* (*paquebots pour Folkestone*), CALAIS (*paquebots pour Douvres*).
    - Arras
      - *Béthune*, *Hazebrouck*, DUNKERQUE (*paquebots pour Londres*).
      - *Douai*, Lille, Gand (Belgique).
  - *Compiègne*, *Saint-Quentin*, *Hautmont*
    - Mons, BRUXELLES, Anvers, LA HAYE, Amsterdam.
    - *Maubeuge*, *Charleroy*, Namur, Liège, Cologne, BERLIN, St-Pétersbourg.
- *Soissons*, Laon, *Vervins*, *Avesnes*, *Aulnoye*.

EST Lignes de PARIS à
- *Meaux*, *Épernay*
  - Reims, Mézières
    - *Givet*, *Dinant*, Namur (Belgique).
    - *Sedan*, *Thionville*, Luxembourg, Trèves, Coblentz et l'Allemagne du nord.
  - Châlons-sur-Marne
    - *Sainte-Menehould*, *Verdun*, METZ
      - *Thionville*, Luxembourg.
      - Mayence (Allemagne).
    - Bar-le-Duc, NANCY, *Avricourt*, (frontière), STRASBOURG, etc.
- *Nogent-sur-Seine*, Troyes, Chaumont, *Langres*, Vesoul, Belfort, MULHOUSE, Bâle, le Saint-Gothard (Suisse).

PARIS-LYON-MÉDITERRANÉE Lignes de Paris à
- Melun, *Fontainebleau*, *Sens*, Dijon
  - *Dôle*
    - BESANÇON, *Montbéliard*, Belfort (*ligne de Mulhouse*).
    - Lons-le-Saunier ou *Pontarlier*, BERNE (Suisse).
  - Mâcon
    - Bourg, *Culoz*
      - *Genève* et la Suisse.
      - Chambéry, le Mont-Cenis, TURIN (Italie).
    - LYON, Marseille (*paquebots pour Alger et l'Orient*).
- *Moret*, *Corbeil*
  - Nevers, Moulins
    - *Digoin*, *Paray-le-Monial*, LYON
      - *Roanne*, SAINT-ETIENNE (ou *Tarare*), Lyon.
      - Clermont, *Arvant*, Nîmes, MONTPELLIER, *Cette* (*réseau du Midi*).
    - *Saint-Germain-des-Fossés*

de LYON à
- *La Tour-du-Pin*, Grenoble (Gap, *Briançon*), (Digne, *Puget-Théniers*, Nice), *Aix*, Marseille.
- Valence, Avignon, *Arles*, MARSEILLE, *Toulon*, (*embranchement de* Draguignan), NICE, Gênes et l'Italie.
- Saint-Etienne, Le Puy, *Langeac* (*ligne de Clermont à Nîmes*).

ORLÉANS Lignes de PARIS à
- Orléans
  - *Vierzon*
    - Bourges, *Saincaize* ou *Montluçon*, *Gannat*, Clermont (*réseau de Lyon*).
    - Châteauroux, *Saint-Sulpice-Laurière*
      - Guéret, *Aubusson*.
      - Limoges
        - *Saint-Yrieix*, *Brive*
          - Tulle, Clermont (*réseau de Lyon*).
          - *Figeac*
            - Aurillac, *Arvant* ou Rodez.
            - *Gaillac*, Albi ou Toulouse (*Midi*).
          - Cahors, Montauban (*Midi*).
        - Périgueux, Agen (*réseau du Midi*), Tarbes, *Lourdes*.
  - Blois, *Amboise*
    - Tours
      - Angers, NANTES, *Savenay*
        - Vannes, Quimper, Brest (*Ouest*).
        - Saint-Nazaire (*paquebots pour l'Amérique*).
      - Poitiers
        - Niort (*État*), la Rochelle, *port*.
        - Angoulême, *Libourne*, BORDEAUX (*paquebots pour le Brésil*, etc.).
- *Châteaudun*, *Vendôme*

MIDI Lignes de BORDEAUX à
- Agen
  - Montauban, Toulouse
    - Carcassonne, *Narbonne*
      - *Béziers*
        - CETTE, Montpellier (*réseau de Lyon*).
        - *Millau*, Mende, *Arvant* (P.-L.-M.).
      - Perpignan et Barcelone (Espagne).
    - *Pamiers*, Foix.
  - Auch, *Lectoure*, *Mirande*, Tarbes, etc.
- *Morcenx*
  - Mont-de-Marsan, Tarbes, *Bagnères-de-Bigorre*.
  - *Dax*
    - *Orthez*, Pau, *Lourdes* et *Pierrefitte*.
    - BAYONNE, Madrid (Espagne) et Lisbonne (Portugal).

253. **Statistique.** **Longueur totale** des chemins de fer français en 1842 : 400 km ; en 1875 : 20000 km ; en 1895 : 40000 km ; en 1909 : 48000 ; ayant coûté en moyenne 400000 fr. par kilom.

Nombre de **voyageurs** transportés en 1850 : 50 millions ; en 1909 : 500 millions, sur un parcours moyen de 33 km.

Marchandises par petite vitesse en 1850 : 4500000 tonnes ; en 1909 : 150000000, chaque tonne faisant un parcours moyen de 100 km ; soit un transport de 15 milliards de tonnes kilométriques.

Recette totale en 1908 : 1735 *millions de fr.*, dont 730 m. de bénéfice net, et résultant pour 2/5 du transport des voyageurs, pour 3/5 de celui des marchandises.

254. **Les chemins de fer** sont des voies nivelées et munies de rails, où la traction des voitures se fait généralement par la vapeur. *L'horizontalité plus ou moins nécessaire pour les voies ferrées* s'obtient en *suivant les plaines et les vallées*, ou, en pays accidenté, en construisant des *remblais*, des *viaducs*, des *ponts*, et en creusant des *tranchées* et des *tunnels*.

Une locomotive sur rails peut traîner à petite vitesse la charge de 1000 chevaux qui seraient attelés à des voitures ordinaires ; à grande vitesse, elle fait dix fois plus de chemin que la poste à cheval : ce qui explique la préférence accordée aux chemins de fer, *qui sont d'autant plus nombreux dans un pays, que ce pays est plus populeux, plus industriel*, et partant, plus riche.

Les tramways électriques, à vapeur, etc., et, dans Paris, le Métropolitain, sont d'intérêt local et pour voyageurs.

255. **Postes et télégraphes.** Le service des **postes** se fait aujourd'hui surtout par le chemin de fer ; il transporte environ cinq milliards de lettres, journaux et autres imprimés, échantillons, etc.

Les *lignes* **télégraphiques**, d'une longueur de 180000 km, ont transmis 55 millions de dépêches.

Huit *câbles sous-marins* relient la France à l'Angleterre : de Calais et de Boulogne à Douvres, de Dieppe à Newhaven, du Havre à l'Irlande, etc. Un *câble* relie Calais au Danemark. D'autres vont de Marseille à Barcelone, en Corse, en Algérie et Tunisie.

Deux *câbles transatlantiques* partent de Brest : l'un va à l'île Saint-Pierre et au Canada, l'autre directement à New-York ; un troisième câble se rend à Dakar (40000 km).

Le **téléphone**, pour la transmission à distance de la parole, compte 130000 kilomètres de lignes.

On doit aujourd'hui ajouter la *télégraphie sans fil*.

§ IV. NAVIGATION MARITIME

256. Des **services réguliers de paquebots** à vapeur sont établis entre nos principaux ports et l'étranger, par les *Compagnies* marseillaises, havraises et autres : *Messageries maritimes, Transatlantique, Chargeurs-Réunis, Transports maritimes, Fraissinet, Cyprien Fabre,* etc.

Marseille est le point de départ de tous les grands services français de la Méditerranée et de la mer Noire (Gênes, Livourne, Naples, Trieste, Smyrne, Constantinople, Odessa, Alexandrie, Tunis, Alger, etc.) et, par l'isthme de Suez, de l'océan Indien et de l'océan Pacifique. Lignes de *Saïgon* et du *Japon,* d'*Australie* et de *Nouvelle-Calédonie,* etc. (V. page 18.)

Le Havre est notre principal port d'expédition pour New-York et l'Amérique; il fait surtout le commerce avec les États-Unis, le Canada; en outre, avec le nord de l'Europe (Londres, Anvers, Hambourg, Saint-Pétersbourg, etc.).

Saint-Nazaire a des relations directes avec les Antilles (la Havane) et le Mexique (Vera-Cruz), — et, par le chemin de fer de Panama, avec la Californie, le Pérou, le Chili et l'île Taïti.

Bordeaux a des relations avec l'Espagne, Lisbonne, le Sénégal et l'île de la Réunion, le Brésil, le Mexique et la Havane (Cuba, dans les grandes Antilles).

Dunkerque est en relation avec Londres, Rotterdam et Saint-Pétersbourg ; — ***Calais,*** avec Londres et Douvres ; — ***Boulogne,*** avec Folkestone ; — ***Dieppe,*** avec Newhaven ; — ***Cherbourg,*** avec Southampton ; — ***Saint-Malo,*** avec Jersey et Southampton ; — ***Brest,*** avec New-York ; — ***Bayonne,*** avec

Santander; — *Cette*, avec Alger; — *Nice*, avec Gênes.

257. Des *lignes régulières de* **cabotage** à vapeur sont organisées notamment : de *Dunkerque* au Havre et à Bordeaux; — du *Havre* à Cherbourg, à Morlaix, à Brest; — de *Brest* à Lorient, à Nantes, à Bordeaux; — de *Marseille* à Nice, à Cette, à Agde, à Ajaccio et à Bastia, etc.

258. La *navigation maritime* comprend le *cabotage*, qui se fait d'un port français à un autre, et la navigation au *long cours*, qui s'étend à tous les pays hors de France.

259. Les **ports marchands** de la France sont, par ordre de *position géographique*, avec l'indication du chiffre de tonnes de **jauge** des navires, entrées et sorties réunies (1) :

Sur la mer du Nord : **Dunkerque** (4 600 000 t.) et Calais (1 600 000 t.).

Sur la Manche : **Boulogne** (4 900 000 t.), St-Valery-sur-Somme, le Tréport (200 000 t.), *Dieppe* (900000 t.), Fécamp, **le Havre** (9 300 000 t.), **Rouen** (3 900 000 t.), Honfleur (300000 t.), Trouville, *Caen* (500000 t.), *Cherbourg* (8 000 000 t.), Granville, *la Houle-Cancale*, *Saint-Malo* (600000 t.), Saint-Servan et Saint-Brieuc.

Sur l'Océan : *Brest* (400000 t.), Lorient, **Saint-Nazaire** (2 000 000 t.), *Nantes* (1 800 000 t.), les Sables-d'Olonne, *la Pallice* (1 700 000 t.), *la Rochelle* (400 000 t.), *Rochefort* (300 000 t.), *Pauillac* (300 000 t.), **Bordeaux** (5 300 000 t.), *Bayonne* (700 000 t.).

Sur la Méditerranée : Port-Vendres (500000 t.), *Cette* (2 300 000 t.), Saint-Louis-du-Rhône (1 000 000 t.), **Marseille** (18 000 000 t.), Toulon (300 000 t.), Nice (800000 t.), Bastia (600000 t.), Ajaccio (400 000 t.).

260. **Tonnage des marchandises** : **Marseille** est notre premier port, tant pour la valeur de son commerce (3 milliards) que pour le tonnage des marchandises (7 500 000), et le tonnage de sa marine spéciale (350 000 t.).

Le Havre est au second rang pour la valeur du trafic (2 800 millions de fr.) et pour sa marine (200 000 t.), mais le poids de ses marchandises (3 670 000 t.) est inférieur à celui de Rouen (4 200 000) et de **Bordeaux** (3 740 000 t.). — Viennent ensuite **Dunkerque** (3 400 000 t.), *Nantes* (1 500 000 t.), *Saint-Nazaire* (1 435 000 t.), *Bayonne, Boulogne, la Rochelle, Caen, Cette, Dieppe*, avec plus de 500 000 tonnes.

261. La **marine marchande** française comprenait, en 1909, 17 500 navires, jaugeant environ 1 450 000 tonnes, dont 1 670 navires *à vapeur* avec 810 000 tonnes. Elle n'est que la 5e du globe, après les marines *anglaise* (12 000 000 de t.), *américaine*, *allemande* (3 000 000 t.), *norvégienne*.

On sait qu'à tonnage égal un vapeur fait trois fois plus de service qu'un voilier.

Le **mouvement** *de la navigation*, entrées et sorties réunies, est de 48 000 navires jaugeant 48 millions de tonnes non compris le cabotage; un quart seulement de ces navires étant sous pavillon français, le reste sous pavillon *anglais*, allemand, hollandais, espagnol, italien, norvégien, américain, etc.

§ V. RIVIÈRES NAVIGABLES

262. **Cours d'eau navigables**. Les cours d'eau français réellement navigables et activement pratiqués sont signalés ci-après, avec le chiffre du *tonnage* des marchandises transportées. La longueur des voies navigables est de 12 000 km, dont 7 200 pour les rivières et 4 800 pour les canaux.

1° Versant de la mer du Nord : la *Moselle*, navigable depuis le confluent de la Meurthe (100 000 tonnes);

La **Sambre**, depuis Landrecies (800 000 t.);

L'**Escaut**, depuis Cambrai (de 6 à 1 million de t.); la **Scarpe**, depuis Arras (130 000 t.); la **Lys**, depuis Aire (700000 t.).

2° Versant de la Manche : la *Somme*, depuis Amiens (40000 t.);

La **Seine**, navigable depuis Marcilly : de Corbeil à l'Oise (2 à 6 millions de t.); puis 3 millions jusqu'à Rouen; l'*Yonne*, depuis Auxerre (400000 t.); la *Marne*, depuis Saint-Dizier (300000 t.); l'**Oise**, depuis Chauny (4 000 000 de t.); l'*Aisne*, depuis Château-Porcien (320 000 t.).

3° Versant de la Méditerranée : le **Rhône**, navigable depuis le Parc (près Seyssel), surtout depuis Lyon (650 000 t.); la **Saône**, depuis Corre (1 000 000 de t.).

II. Les cours d'eau ci-après, réputés navigables, le sont peu ou point. Leur tonnage est souvent inférieur à 200 000, même 30 000 tonnes.

4° Versant de l'Atlantique : le *Blavet*, canalisé depuis sa jonction avec le canal de Brest; — la *Vilaine*, navigable depuis Rennes;

La *Loire* l'est officiellement depuis la Noirie (près Saint-Étienne); — le *Cher*, depuis Vierzon; — la *Vienne*, depuis Châtellerault; — le *Loir*, depuis Château-du-Loir; — la *Sarthe*, depuis le Mans; — la *Mayenne*, depuis Brives (près Mayenne); — la *Maine*, entièrement.

La *Sèvre-Niortaise*, depuis Niort; — la *Vendée*, depuis Fontenay;

La *Charente*, depuis Angoulême;

La *Garonne*, soi-disant navigable depuis Roquefort (au confluent du Salat); — l'*Ariège*, depuis Cintegabelle; — le *Tarn*, depuis Albi; — le *Lot*, depuis Bouquiès, près Decazeville; — la *Dordogne*, depuis Meyronne; — la *Vézère*, depuis Terrasson, — l'*Isle*, depuis Périgueux;

L'*Adour*, depuis Saint-Sever.

§ VI. CANAUX

263. **Canaux de jonction** unissant les bassins fluviaux et les mers de France. Ce sont :

Entre Seine et Escaut. Les nombreux **canaux de Flandre**, reliant Dunkerque à Lille et Valenciennes par les rivières rectifiées : l'*Aa*, la *Colme*, la *Lys*, la *Deule*, la *Scarpe*, la *Sensée*, l'*Escaut* et leurs embranchements (tonnage, de 1 à 5 000 000 de tonnes);

Le **canal de Saint-Quentin** va de la Fère, sur l'Oise, à Saint-Quentin, sur la Somme, et à Cambrai, sur l'Escaut (5 500 000 t.).

Entre Seine et Meuse. Le canal de la **Sambre** à l'**Oise** va de la Fère à Landrecies, (800 000 t.); il continue le canal **latéral à l'Oise** (4 400 000 t.).

Le canal des **Ardennes**, qui prolonge le canal **latéral à l'Aisne** (1 100 000 t.), part de Vieux-lès-Asfeld, passe à Rethel et se termine à Pont-à-Bar, sur la Meuse (700 000 t.).

Le canal de l'**Oise** à l'**Aisne**, de Chauny à Bourg (2 000 000 t.).

Le canal de l'**Aisne** à la **Marne**, qui dessert Reims (1 700 000 t.).

Entre Meuse et Rhône. Le canal de l'**Est** comprend une *branche nord*, ou la Meuse canalisée de Givet à Troussey (1 100 000 t.), et une *branche sud*, qui, de Toul, sur la Moselle, va franchir les Faucilles et aboutir à Corre, sur la Saône (500 000 t.).

Entre Seine et Rhin. Le canal de la **Marne au Rhin** prolonge le canal latéral à la Marne; il va de Vitry-le-François à Bar-le-Duc, Toul, Nancy, traverse les Vosges par le tunnel de Saverne et aboutit à Strasbourg (3 900 000 t.).

Entre Seine et Rhône. Le canal de la *Marne à la Saône* continue celui de la *Hte-Marne* et va de Rouvray à Pontailler, en traversant le plateau de Langres (200 000 t.).

Le canal de **Bourgogne** part de la Roche, près Joigny, sur l'Yonne, remonte l'Armançon, et, par le tunnel de Pouilly, aboutit à Saint-Jean-de-Losne, sur la Saône (600 000 t.).

Entre Seine et Loire. Le canal du *Nivernais* va d'Auxerre, sur l'Yonne, à Decize, sur la Loire (250 000 t.).

Le canal du **Loing** (1 450 000 t.) va de Saint-Mammès, sur la Seine, à Buges, près Montargis, et se continue jusqu'à la Loire par le *canal de* **Briare** (1 400 000 t.) et par le *canal d'Orléans* (50 000 t.).

Entre Rhône et Loire. Le **canal du Centre** part de Digoin, sur la Loire, remonte la Bourbince et traverse le faîte près Montchanin en desservant le Creusot; il descend ensuite la vallée de la Dheune supérieure pour aboutir à Chalon-sur-Saône (1 500 000 t.).

Entre Rhône et Rhin. Le canal du *Rhône au Rhin* commence à Saint-Symphorien, sur la Saône, et gagne Dôle, où il emprunte le lit du Doubs; il passe à Besançon, traverse la trouée de Belfort, dessert Mulhouse et se termine dans l'Ill à Strasbourg (230 000 t.).

Entre Rhône et Garonne. Le *canal du Midi*, ou du Languedoc, va de Toulouse à Carcassonne et à Cette (350 000 t.); il se continue par le canal de *Cette au Rhône*.

264. **Autres canaux** de jonction ou de dérivation :

Le canal de la *Somme*, ou la Somme canalisée, va d'Abbeville à Amiens (40 000 t.) et à Saint-Simon (200 000 t.), où il joint le canal de Saint-Quentin.

Le canal de la *Haute-Seine*, de Bar à Marcilly (30 000 t.), et le canal de *Tancarville au Havre*.

Le canal **latéral à la Loire** va de Roanne à Briare (1 700 000 t.), et le canal de la *Loire maritime* (450 000 t.), de Nantes à Paimbœuf.

Le canal du **Berry** relie la Loire au Cher et remonte jusqu'à Montluçon (500 000 t.).

Le canal *latéral à la Garonne* suit la rive droite du fleuve, de Toulouse à Agen, où il le franchit sur un pont-aqueduc; il se continue sur la rive gauche jusqu'à Castets (100 000 t.).

Le canal de *Nantes à Brest* (250 000 t.) remonte l'*Erdre*, affluent de la Loire, puis l'*Oust*, affluent de la Vilaine, communique avec le *Blavet*, canalisé jusqu'à Hennebont, et descend l'*Aulne* pour finir dans la baie de Brest.

Le canal d'*Ille-et-Rance* va de Rennes en aval de Dinan (50 000 t.).

Le canal d'*Arles à Bouc*, avec le canal *Saint-Louis*, permet à la navigation d'éviter la barre et les ensablements du Rhône (150 000 t.).

265. **Canalisation.** Une rivière est navigable lorsque son courant *n'est pas trop rapide* et qu'elle offre une profondeur d'eau *constante* et *suffisante* pour le passage des bateaux. — Nos rivières ne réalisant pas naturellement ces trois conditions, on a dû les *canaliser* en partie, en établissant de distance en distance des **barrages** pour la retenue des eaux, avec écluses à chaque barrage pour le passage des bateaux.

La section d'un canal, d'une écluse à l'autre, s'appelle *bief*. — La différence du niveau de l'eau entre deux biefs successifs est de 2 à 3 mètres, de sorte que les biefs se suivent comme les marches d'un escalier.

Mais, soit pour cause de canalisation incomplète, soit pour défaut de produits à transporter, les cours

(1) La *tonne de jauge*, ou tonne Moorsom, est une mesure de capacité (2 m³ 83); la *tonne de marchandises* représente 1 000 kg. Le tonnage de jauge d'un port ne correspond pas toujours au poids des marchandises débarquées et embarquées, loin de là; c'est ainsi que Cherbourg tombe du 3e au 23e rang parmi nos ports.

FRANCE

VOIES NAVIGABLES

Echelle de $\frac{1}{5\,760\,000}$

0 50 100 150 Kil.

Limites des bassins hydrographiques.
Partie navigable des cours d'eau.
Les localités indiquent le point de départ de la navigation.
Partie non navigable des cours d'eau.
Canal navigable.
Les flèches marquent la direction de l'eau.
G^{ds} Ports de Commerce. La surface des cercles est proportionnelle au tonnage effectif.

Gravé par E. Hausermann.

d'eau navigables ne sont pas toujours utilisés depuis le point de départ indiqué officiellement. Parfois, dans leur partie supérieure, ils ne sont que *flottables*, ou bien ils sont remplacés par un canal latéral, plus praticable que la rivière naturelle.

266. Un canal proprement dit est entièrement creusé de main d'homme. — On distingue : 1° les *canaux latéraux*, établis le long des rivières dont le lit est trop difficile à canaliser, et 2° les *canaux de jonction*, établis dans une direction quelconque pour réunir deux rivières ou deux bassins différents. — Le canal de jonction est ordinairement à *double pente* et possède un *bief de partage*, situé sur la partie la plus élevée du terrain, et dans lequel on fait arriver l'eau d'alimentation.

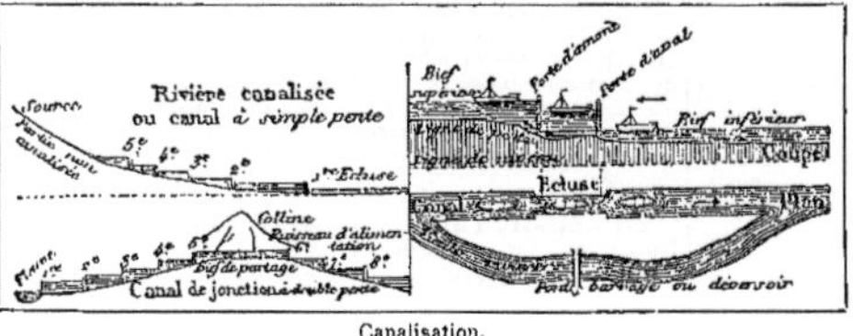

Canalisation.

Le canal du Midi franchit ainsi la ligne de partage qui sépare les versants de l'Océan et de la Méditerranée. Le bief de partage est situé en travers du col de Naurouse, à 190 mètres d'altitude ; la pente du canal jusqu'à Cette (190 m.) est rachetée par 73 écluses, de 2 m. 50 de chute en moyenne ; la pente sur Toulouse (190 — 130 = 60) est rachetée par 26 écluses. (Voir le cahier cartographique n° 2.)

CHAPITRE XIII

GRANDES RÉGIONS NATURELLES

267. **Régions naturelles.** PROGRAMME. *Etude de la France par grandes régions naturelles et par provinces : traits caractéristiques de l'orographie, de l'hydrographie, de la géographie économique. Mœurs, traditions, grands souvenirs historiques.*

Ce programme ne déterminant pas ce qu'il entend par *régions naturelles*, nous choisirons les neuf divisions établies ci-après.

Nous donnerons dans ce chapitre XIII, sous forme de sommaires, quelques détails, la plupart géologiques, qui compléteront pour chaque région et chaque province les notions orographiques, hydrographiques, climatologiques et économiques exposées dans le chapitre XIV; celui-ci traitant des provinces, départements et villes, nous y rattacherons les *souvenirs historiques*, en ce qui concerne les faits principaux et les lieux de batailles ou de traités.

Faute d'espace, nous ne parlerons pas ici des *mœurs* et des *traditions*, nous les réserverons pour un ouvrage spécial.

Les 12 Régions agricoles — Déterminées administrativement pour les concours régionaux

268. Les **12 régions agricoles**, adoptées par le ministère de l'agriculture pour les concours régionaux annuels, sont formées d'un certain nombre de départements contigus qui présentent, autant que possible, les mêmes productions.

Ce sont : 1re région, NORD-OUEST (ville centrale, Caen). 2e, OUEST (Rennes). 3e, NORD (Paris, Lille). 4e, CENTRE (Orléans). 5e, NORD-EST (Reims). 6e, EST (Dijon). 7e, OUEST-CENTRAL (Bordeaux). 8e, SUD-OUEST (Toulouse). 9e, SUD-CENTRAL (Clermont). 10e, EST-CENTRAL (Lyon). 11e, SUD (Marseille). 12e, SUD-EST (Grenoble).

LES PROVINCES — Les anciennes seigneuries et les pagi (petits pays) — Les 9 grandes RÉGIONS — Echelle de 1/12 000 000

269. Les principales **divisions géologiques** de la France sont : 1° le vaste **bassin secondaire et tertiaire de Paris** ou de la *Neustrie*, dépression qui s'étend dans le nord, depuis les frontières belges jusqu'au delà de la Loire; 2° le **Massif central**, formé de terrains granitiques ou volcaniques, et caractérisé par son relief étendu en tous sens.

Autour de ces deux centres, que l'on a appelés, l'un *pôle attractif* ou de concentration (Paris), et l'autre *pôle répulsif* ou d'émigration (Auvergne), se rangent les autres régions primordiales, savoir :

3° A l'ouest, le *massif archéen* dit *armoricain*, ou *de la Bretagne* avec ses prolongements;

4° Au sud-ouest, la *plaine sédimentaire d'Aquitaine*, bordée par les Pyrénées;

5° Au sud-est, la *vallée du Rhône* avec la région des *Alpes;*

6° A l'est, la *vallée de la Saône* et la *région du Jura et des Vosges*.

270. Les **9 régions naturelles et historiques**, telles que nous les avons constituées en groupant dans chacune 3, 4 ou 5 provinces, sont dénommées *d'après leur orientation* autour d'une région centrale, dont Bourges semble être le point milieu : NORD, NORD-EST, NORD-OUEST, OUEST, CENTRE, SUD-OUEST, SUD, EST et SUD-EST.

Du reste, *ces groupes historiques* concordent assez bien avec les *régions géologiques*, car on sait que les provinces et les anciens petits *pays* (pagi) sont des divisions qui s'imposent par des particularités physiques constantes : *nature du sol, relief, climat* et *productions, dont l'influence a subsisté à travers les âges*, ce qui explique la persistance de leurs dénominations.

271. I. **Région du Nord :** ILE-DE-FRANCE, PICARDIE, ARTOIS et FLANDRE. — Plaines basses ou ondulées, quelques collines, terrains crétacés ou tertiaires, argiles sableuses. C'est la partie centrale du bassin géologique parisien ou *neustrien*.

Riches cultures de céréales et plantes industrielles dans le nord : houblon, lin, colza, betteraves à sucre, pâturages, nombreux bestiaux et chevaux. Industrie active en tous genres à Paris et dans la banlieue, minière (houille), métallurgique et manufacturière au N.

272. II. **Région du Nord-Est:** CHAMPAGNE, au centre, plaine crayeuse et sèche (pouilleuse, moutons); vignes. Draps, lainages, bonneterie, fers. — LORRAINE, plateau ondulé, de formation jurassique et triasique : céréales et pâtures, métallurgie, cotonnades, broderies. — Forêts de l'Ardenne, de l'Argonne et des Vosges.

273. III. **Région du Nord-Ouest:** NORMANDIE, MAINE et PERCHE. Au nord-est (*Caux, Lieuvin*), plaines ondulées de formation tertiaire et jurassique, faisant partie du bassin parisien; — à l'ouest (*Cotentin, Maine occidental*), plateaux bas, formés de terrains primitifs, granitiques ou de transition, se rattachant à la Bretagne. Climat humide et doux. Cultures herbagères : chevaux, bêtes à cornes. Céréales. Pommiers à cidre. Tissage de draps, cotonnades, toiles. Pêche.

274. IV. **Région de l'Ouest:** BRETAGNE. Plateaux bas ou montueux, composés de terrains archéens, granitiques ou de transition et schisteux, peu fertiles : landes et bruyères au centre; plus fertile ailleurs. — ANJOU et POITOU. Mêmes terrains granitiques à l'ouest, mais jurassiques et tertiaires à l'est. — Granits, ardoises. Bétail, cultures de chanvre, pommiers à cidre. Toiles. Pêche.

275. V. **Région du Centre** (Partie nord) : ORLÉANAIS et TOURAINE. Plaines crétacées du bassin de Paris, fertiles en blé dans la Beauce, stériles et marécageuses dans la Sologne. Vins de la Loire.

BERRY, NIVERNAIS et BOURBONNAIS. Hautes plaines tertiaires et jurassiques à l'ouest; plateaux granitiques à l'est et au sud (*Morvan*). Pâturages et forêts, bœufs, moutons. Eaux thermales. Vins du Cher. Houille, métallurgie, céramique.

(Partie sud.) MARCHE, LIMOUSIN et AUVERGNE. Plateaux et montagnes; terrains archéens granitiques, parfois couverts de dépôts volcaniques; basalte. Climat froid. Châtaigneraies, pâturages, cultures maigres. Belle plaine tertiaire de la *Limagne*, très fertile. Porcelaine, tapis, eaux thermales.

276. VI. **Région du Sud-Ouest :** ANGOUMOIS et SAINTONGE, GUYENNE centrale et occidentale, GASCOGNE septentrionale. Vaste plaine, basse et tertiaire, argilo-

sablonneuse au centre, jurassique à l'est, formant le grand bassin de Bordeaux ou de l'*Aquitaine*. Climat maritime. Froment, maïs et vignes. Marais salants. Huîtres. Landes sablonneuses et sapinières à l'ouest. Vins de Bordeaux. Eaux-de-vie de Cognac et d'Armagnac.

La GUYENNE orientale fait partie du *Massif central*, granitique ou jurassique et calcaire : *Quercy, Rouergue, Larzac, Causses*. Climat froid. Moutons, châtaigneraies, seigle, vignes, houille, métallurgie.

BÉARN et GASCOGNE, parties sud. Montagnes des Pyrénées, terrains de transition, schisteux ou jurassiques; maïs, pâturages, forêts; marbres, eaux thermales, métallurgie.

277. VII. **Région du Sud :** LANGUEDOC. Partie nord, comprise dans le Massif central : terrains primitifs, granitiques et volcaniques (*Velay, Vivarais, Gévaudan, Aubrac*), ou jurassiques et calcaires (*Causses, Cévennes méridionales*). Châtaigneraies et pâturages. Houille, métallurgie, lainages. — Sur le *littoral*, plaine crétacée, tertiaire et quaternaire, riche en vignobles, mûriers (vers à soie), oliviers, tabac; soieries.

LANGUEDOC du sud, FOIX et ROUSSILLON. Les Pyrénées, roches primitives ou de transition, granitiques, schisteuses ou calcaires. Marbres, eaux minérales, céréales et vignes, oliviers. Métallurgie, verrerie. Climat chaud, dit méditerranéen.

278. VIII. **Région de l'Est :** LYONNAIS avec *Saône-et-Loire*. Pays montagneux du Massif central. Terrains primitifs ou de transition, avec mines de houille (Saint-Étienne, Creusot, Morvan). Métallurgie, verreries, armurerie, soieries et cotonnades.

BOURGOGNE. Collines jurassiques, riches en vignes (Côte d'Or), séparant la plaine crétacée de l'Yonne inférieure, à l'ouest, de la fertile plaine tertiaire et quaternaire de la Saône, à l'est et au sud (*Bresse*). Maïs, bétail, volailles. Étangs de la Dombes.

FRANCHE-COMTÉ. Montagnes et plateaux du Jura, terrain jurassique et tertiaire, de nature calcaire : grottes nombreuses, cluses (vals transversaux). Forêts de sapins, herbages et fromageries. Salines. Horlogerie.

279. IX. **Région du Sud-Est :** SAVOIE, DAUPHINÉ, PROVENCE, couverte à l'est et au centre par le puissant massif des Alpes, soulèvement de roches granitiques, schisteuses, jurassiques ou crétacées; — s'abaissant vers le Rhône en collines crétacées, plaines tertiaires et quaternaires : du Graisivaudan, du Comtat, de la basse Provence, etc. — Climats rhodanien et méditerranéen; cultures variées : vignes, céréales, amandiers, mûriers, oliviers dans les vallées; pâturages dans les montagnes. Au sud, orangers, etc.

CORSE, montagnes granitiques à l'ouest, crétacées à l'est, fertiles mais incultes. Littoral oriental bas et marécageux. Châtaignes, vins, oranges, tabac, fromages. Moutons et chèvres.

Les exercices cartographiques.

« *En France, nous ne connaissons pas de meilleur système cartographique que celui des Frères*, » dit le DICTIONNAIRE DE PÉDAGOGIE de M. Buisson.

Les élèves ont à *compléter* et à colorier d'abord les cartes semi-muettes des cahiers, puis à les reproduire *à vue*, enfin *par cœur*. C'est le moyen de se les graver dans la mémoire par l'imagination et le travail de la main.

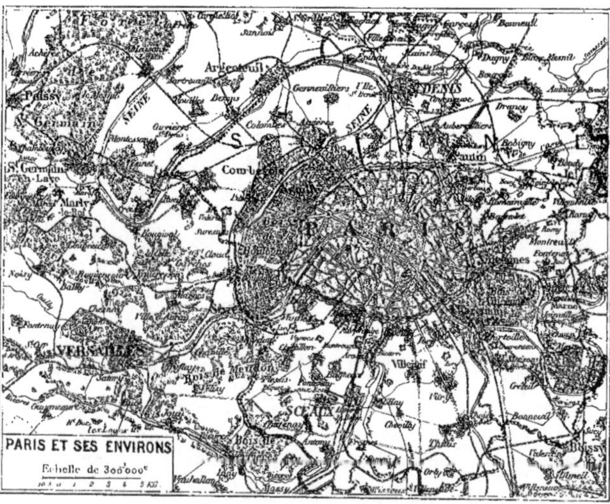

CH. XIV. — PROVINCES, DÉPARTEMENTS ET VILLES

I. RÉGION DU NORD

I. ILE-DE-FRANCE, cap. Paris. 5 départ[ts].

280. **Historique**[1]. Le territoire de l'*Ile-de-France* fit successivement partie de la Gaule celtique, de la Lyonnaise romaine et de la Neustrie. Au Xe siècle se forma le duché de France, *apanage de Hugues Capet* à son avènement à la couronne royale, et autour duquel vinrent se grouper les autres provinces de la France actuelle.

Divisions. Le *Pays de France*, chef-lieu Saint-Denis, et le *Parisis* (Seine); le *Vexin français*, le *Mantois*, le *Hurepoix* (Seine-et-Oise); la *Brie* et le *Gâtinais français* (Seine-et-Marne); le *Beauvaisis* et le *Valois* (Oise); le *Laonnais* et le *Soissonnais* (Aisne).

281. **Généralités**. Pays de plaines ondulées, de vallées élargies, de plateaux bas et de *collines* d'une altitude moyenne de 100 à 200 mètres. — *Versant de la Manche :* Seine, Yonne, Essonne, Marne, Ourcq, Oise, Aisne, Vesle, Thérain. — *Canaux* de Saint-Quentin, de Sambre à Oise et des Flandres.

Agriculture progressive : Produits variés : les **céréales**, notamment les *blés* de la Brie, l'orge, le colza, la betterave à sucre. *Culture* **maraîchère** dans les environs de Paris. Vaches laitières et moutons.

Industrie très active, dont le siège principal est à Paris, pour tous les genres de **produits de luxe**, **de mode**, d'ameublement et d'instruction. Tissus de Saint-Quentin, tapisseries des Gobelins (Paris), porcelaine (Sèvres), glaces (Saint-Gobain). Meunerie. **Carrières** très nombreuses de pierres à bâtir, de *plâtre*, de craie (Meudon), de pierres meulières (la Ferté-sous-Jouarre).

282. **SEINE**, ch.-l. **Paris** ‡, sur la Seine, capitale de la France, l'une des **premières villes de l'Europe** *pour les lettres, les sciences, les arts*, la beauté des monuments publics, *et la seconde* pour la population, avec 2 890 000 habitants. Elle est sur le continent le **plus grand centre d'industrie**, de *commerce*, d'opérations **financières**; possédant des *manufactures*, des fabriques et des magasins de toute espèce. Les **modes** et les **articles de Paris** sont connus du monde entier.

Paris est divisé en 20 *arrondissements* ou mairies. Vaste **camp retranché**, ses fortifications comprennent plus de 40 *forts* détachés et un mur d'enceinte bastionné ayant 36 km. de tour.

Parmi les *monuments*, on cite la cathédrale Notre-Dame, Saint-Sulpice, la Sainte-Chapelle, le Panthéon, la Madeleine, le Sacré-Cœur; — le Louvre, le Luxembourg, le Palais-Royal, l'hôtel de ville, l'hôtel des Invalides; — l'arc de triomphe de l'Étoile, la colonne de la place Vendôme, la colonne de Juillet, la tour Eiffel.

Lutèce, sous les Romains, **Paris**, la ville des *Parisii*, devint capitale des rois francs sous Clovis, mais fut délaissée sous Charlemagne; Hugues Capet en fit la capitale du royaume de France. Au XIIIe siècle, son Université fut la première école de l'Europe. Paris subit toutes les vicissitudes de notre histoire. Outre son occupation par les Anglais de 1420 à 1436, il fut assiégé notamment par les Normands en 885, par Henri IV en 1590, et par les Allemands en 1870-71, époque où des batailles se sont données sous ses murs, au *Bourget*, à *Champigny*, à *Buzenval*.

283. **Saint-Denis**, 72000 h., sur la Seine, ch.-l. d'arr. (sans sous-préf.); *métallurgie, cuirs* et *produits chimiques*. — L'ancienne abbaye, dont l'église renferme des tombeaux de rois de France, est aujourd'hui une maison d'éducation pour les jeunes filles des membres de la Légion d'honneur.

Boulogne-s/-Seine, 57000 h., bois de plaisance des Parisiens. — **Sceaux**, 5.5, ch.-l. d'arr. (sans s.-préf.). — **Vincennes**, 39000 h., bois et château historique. — *Alfortville*, 16., possède l'une des trois écoles vétérinaires de France (les deux autres sont à Lyon et à Toulouse). — *Saint-Maur*, 34000 h., et *Conflans*, traités de 1465.

284. **SEINE-ET-OISE**, ch.-l. **Ver-**

[1] La population des localités, conforme au *recensement de 1911*, est donnée en abrégé, lorsqu'elle est inférieure à 20000 hab.
Ex. : Pontoise (9.), pour 9000 hab.

sailles †, 60000 h.; **château**, parc et jets d'eau, merveilles du règne de Louis XIV; le château, séjour habituel des rois de France de 1682 à 1789, est aujourd'hui un musée historique. — Traité de 1783, où fut reconnue l'indépendance des États-Unis.

S.-pr. : **Corbeil**, 11., et **Étampes**, 9.5, moulins; **Mantes**, 9., belle église; **Pontoise**, 9., commerce de grains et farines.

Rambouillet, 6 5, belle forêt et château.

Sèvres, 8., sur la Seine, célèbre manufacture de *porcelaine*. — *Saint-Cloud*, 7., où Henri III fut assassiné en 1589. Le château fut brûlé en 1871. — **Saint-Germain-en-Laye**, 17.5, belle forêt; château transformé en musée d'antiquités celtiques. — *Poissy*, 7.5, où naquit saint Louis. — *Saint-Cyr*, 4., près de Versailles, *école militaire*. — *Essonnes*, 10., près Corbeil, la plus grande papeterie de France. — *Saint-Clair-sur-Epte*, traité de 912.

285. **SEINE-ET-MARNE**, ch.-l. **Melun**, 15., sur la Seine, commerce de blé et farine.

S.-pr. : **Coulommiers**, 7., grains.

Fontainebleau, 15., près de la Seine, forêt; *château* où Napoléon Ier emprisonna Pie VII et où il abdiqua en 1814. École d'artillerie et du génie. Chasselas.

Meaux †, 13.7, sur la Marne, illustré par Bossuet. Commerce de grains et de fromages de Brie. — **Provins**, 9., roses.

Montereau, 8., sur la Seine, *faïence*. Assassinat de Jean sans Peur, en 1419; bataille de 1814. — *La Ferté-sous-Jouarre*, 5., sur la Marne, carrières de *pierres meulières*.

286. **OISE**, ch.-l. **Beauvais** †, 20000 h., sur le Thérain, belle cathédrale inachevée; lainages, manufacture nationale de *tapisseries*. — Défense héroïque de Jeanne Hachette en 1472.

S.-pr. : **Clermont**, 6., grains.

Compiègne, 17., sur l'Oise, *château* et forêt. En 1430, Jeanne d'Arc y fut prise et vendue aux Anglais. — **Senlis**, 7., scieries.

Noyon, 7.5, rappelle le couronnement de Charlemagne, en 768; l'élection de Hugues Capet, en 987, et le traité de paix du 1516. — Creil, 9., sur l'Oise, carrières, *faïence*, usines à fer. — *Chantilly*, 5., *dentelles* de soie appelées *blondes*. Forêt et château remarquables.

287. **AISNE**, ch.-l. **Laon**, 16., **ville forte** sur une colline escarpée, fut la capitale des derniers rois carolingiens.

S.-pr. : **Saint-Quentin**, 56000 h., sur la Somme, *centre industriel* pour les **cotonnades**, les toiles et le sucre. Victoire des Espagnols, en 1557. Bataille de 1871.

Soissons †, 14.5, sur l'Aisne, *haricots* dits *de Soissons*. Victoire de Clovis en 486; déposition de Louis le Débonnaire en 833.

Château-Thierry, 8., sur la Marne, instruments de musique, patrie de La Fontaine.

Vervins, 3.3, traité de 1598.

La Fère, 5., sur l'Oise, ville forte, arsenal, école d'artillerie. — *Saint-Gobain*, 2., et *Chauny*, 10., glaces et *produits chimiques*. — *Quierzy-sur-Oise*, édit de Charles le Chauve en 877. — *Notre-Dame-de-Liesse*, pèlerinage.

II. PICARDIE, 1 département.

288. **Historique**. La *Picardie*, portion du domaine des ducs de Bourgogne, fut réunie à la couronne par *Louis XI en* 1477, à la mort de Charles le Téméraire.

Divisions. La *Thiérache* et le *Vermandois* (Aisne); l'*Amiénois* et le *Ponthieu* (Somme); le *Boulonnais* et le *Pays Reconquis* (Pas-de-Calais).

289. **Généralités**. Pays de plaine, basse au centre, un peu relevée au N. et à l'O. (collines de Picardie). — *Versant de la Manche* : Somme, Authie, Bresle.

Agriculture très soignée : **céréales**, **plantes industrielles**; nombreux bestiaux et chevaux, pommes à cidre.

Industrie active : filatures, cotonnades, bonneterie, **toiles**, velours, tapis et **sucre de betterave**; exploitation de **tourbières**; serrurerie.

290. **SOMME** ch.-l. **Amiens** †, 93000 h., sur la Somme, fabrique des *velours de coton*, de la bonneterie, des toiles et tapis. Belle cathédrale. Traité de 1802 avec l'Angleterre.

S.-pr. **Abbeville**, 20000 h., sur la Somme, port, toiles et tapis. **Doullens**, 6.

Montdidier, 4.5, patrie de Parmentier, qui a propagé en France la culture de la pomme de terre. — **Péronne**, 4.7, et *Ham*, châteaux historiques.

Tertry, bataille de 687. — *Crécy*, défaite de 1346. — *Picquigny*, traité de 1475.

III. ARTOIS, 1 département.

291. **Historique**. L'*Artois*, ancienne province belge, fit partie du domaine des comtes de Flandre, des ducs de Bourgogne et des Pays-Bas espagnols, puis autrichiens; il fut conquis par Louis XIII et Louis XIV, et réuni par le traité des Pyrénées, en 1659.

Divisions. L'*Artois wallon* ou *français*, au sud, et l'*Artois flamand*, au nord (Pas-de-Calais).

292. **Généralités**. **Plaine accidentée** par les collines de l'Artois. — *Versants de la mer du Nord* : Scarpe, Sensée, Deûle, Lys; *de la Manche* : Canche et Authie.

Agriculture progressive, analogue à celle de la Flandre; production des **céréales** et des **plantes industrielles**. Excellents *chevaux* **boulonnais**.

Industrie. Fabrication active de *tulle*, de **sucre de betterave**. Extraction de **houille**, de calcaires, de **marbre**; **métallurgie**; pêche maritime.

293. **PAS-DE-CALAIS**, ch.-l. **Arras** †, 26000 h., commerce de **grains** et d'huiles. Traité de 1435 entre Philippe le Bon et Charles VII.

S.-pr. : **Béthune**, 15., houille, lin.

Boulogne-sur-Mer, 53000 h., port, passagers pour Folkestone (Angleterre), *pêche* du hareng et de la morue; ciment, plumes métalliques. Forts. Église Notre-Dame. Camp de 1805.

Montreuil, 3.6. **Saint-Omer**, 21000 h., cuirs et pipes. **Saint-Pol**, 4., lin.

Calais, 72000 h., ville forte et port, passagers pour Douvres (Angleterre), grande fabrication de *tulle*. Aux Anglais de 1347 à 1558. — Lens, 25., centre houiller important; victoire de 1648. — *Azincourt*, désastre de 1415. — *Guinegate*, défaites de 1479 et de 1513. — *Ardres*, camp du *Drap d'or*, 1520.

IV. FLANDRE, 1 département

294. **Historique**. La *Flandre* et le *Hainaut* français, partie méridionale des anciens comtés belges de Flandre et de Hainaut, passèrent aux maisons de Bourgogne et d'Espagne avant d'être conquis sous Louis XIV, de 1659 à 1678.

Divisions. La *Flandre flamingante*, chef-lieu Dunkerque; la *Flandre gallicante* ou wallonne, ch.-l. Lille; le *Hainaut français*, ch.-l. Valenciennes; le *Cambrésis*, ch.-l. Cambrai (Nord).

295. **Généralités**. **Plaine basse** et unie à l'ouest et au centre (Flandre), un peu relevée au S.-E. par l'Ardenne (Hainaut). — *Versant de la mer du Nord* : Sambre, Escaut, Sensée, Scarpe, Deûle, Lys, Aa. — Nombreux canaux de Flandre.

Cette province est **la mieux cultivée**, la **plus industrielle** et relativement **la plus** populeuse de France.

Agriculture produisant les **céréales** : froment, orge, avoine; les **plantes industrielles** : betterave, lin, chanvre, colza, tabac. *Vaches laitières, chevaux* de gros trait.

Industrie très active. Exploitation de **houille**; **métallurgie**, hauts fourneaux, fonderies, verreries. Fabrication importante de **toiles** de lin et de chanvre, cotonnades et **lainages**, tapis, dentelles, **sucre de betterave**. Distilleries, brasseries. Pêche maritime.

296. **NORD**, ch.-l. **Lille**, 218000 hab., grande place forte, centre très important pour la **filature** du **lin**, du **chanvre**, du **coton**, la fabrication des **toiles**, des huiles, du sucre, des **machines** (Fives).

S.-pr. : **Avesnes**, 6., filatures.

Cambrai †, 28000 h., sur l'Escaut, *batistes*. Traité de 1529, appelé la *Paix des Dames*. Épiscopat de Fénelon.

Douai, 36000 h., sur la Scarpe, houillères, usines métallurgiques.

Dunkerque, 39000 h., ville forte, **port** très actif sur la mer du Nord; industrie du jute. Patrie de Jean Bart. Bataille *des Dunes*, 1658.

Hazebrouck, 13., houblons.

Valenciennes, 35000 h., sur l'Escaut, au centre d'une région sucrière, houillère et métallurgique.

Roubaix, 123000 h., — **Tourcoing**, 83000 h., — *Wattrelos*, 28000 h., ont de nombreuses fabriques de tissus de laine mélangés de coton ou de soie. — **Armentières**, 29000 h., toiles et linge damassé. — *Bailleul*, 13.5, dentelles dites valenciennes.

Anzin, 15.; **Denain**, 25., houille et métallurgie. — **Maubeuge**, 22000 h., **camp retranché**, métallurgie, glaces, produits chimiques. — **Fourmies**, 14., mines de fer, filatures. — *Saint-Amand*, 14., bains de boues.

Bouvines, victoire de 1214. — *Cassel*, victoire de 1328. — *Gravelines*, défaite de 1558. — *Cateau-Cambrésis*, traité de 1559. — *Malplaquet*, défaite de 1709. — *Denain*, victoire de 1712.

II. RÉGION DU NORD-EST

V. CHAMPAGNE, 4 départements.

297. **Historique.** Le territoire de la *Champagne* fit successivement partie de la Gaule-Belgique, de l'Austrasie, forma le comté de Champagne, qui, par suite du mariage de Jeanne de Navarre avec Philippe le Bel, en 1284, *fut réuni* à la couronne par Philippe VI en 1328, et Jean le Bon en 1361.

Divisions. *Champagne propre* ou *Champagne pouilleuse* (Aube); la *Brie*, le Perthois, le *Rémois* (Marne); le *Bassigny* et le *Vallage* (Haute-Marne); le *Rethélois* et la principauté de *Sedan* (Ardennes).

298. **Généralités.** Pays de **plaines** unies au centre, relevées au N. et à l'E. par les *collines* de l'Ardenne et de l'Argonne, au S. par le *plateau* de Langres. — *Versants de la mer du Nord:* Meuse; *de la Manche:* **Seine**, **Aube**, Yonne, Marne, Aisne et Vesle. — *Canaux* des Ardennes, de l'Est, de l'Aisne à la Marne, de la Marne au Rhin et latéral à la Marne.

Agriculture. **Céréales** de la Brie champenoise; **vins mousseux** de Champagne; céréales, pâturages et sapinières de la Champagne pouilleuse ou crayeuse. Elevage des *moutons.*

Industrie. Ardoises; fonderies, forges, clouteries; *couteaux; draps*, **lainages**, bonneterie.

299. **AUBE**, chef-lieu **Troyes**†, 54000 h., sur la Seine, *bonneterie* de coton et de laine, *charcuterie*. Traité de 1420, qui rendait le roi d'Angleterre héritier de la couronne de France. Cathédrale ogivale.

S.-pr. : **Arcis-sur-Aube**, 3.; **Bar-sur-Aube**, 4.5; **Bar-sur-Seine**, 3.; **Nogent-sur-Seine**, 4., commerce agricole. *Romilly*, 9., bonneterie de laine et de coton. — *Clairvaux*, abbaye de saint Bernard devenue pénitencier. — *Brienne*, où étudia le jeune Bonaparte. *Arcis-sur-Aube, la Rothière*, combats de 1814.

300. **HAUTE-MARNE**, ch.-l. **Chaumont**, 15., sur la Marne. Fabriques de gants. Beau viaduc du chemin de fer.

S.-pr.: **Langres**‡, 9.4, place forte importante, sur un plateau dominant la Marne à 473 mètres d'altitude, est renommée pour ses pierres à émoudre et sa coutellerie (fabriquée surtout à *Nogent-en-Bassigny*).

Wassy, 3.7, où commencèrent en 1562 les guerres de religion. Forges.

Saint-Dizier, 14.6, sur la Marne, a des *forges* et *fonderies* et fait le commerce de bois. — *Bourbonne-les-Bains*, 4., eaux minérales. — *Joinville*, 4. — *Andelot*, traité de 587.

301. **MARNE**, ch.-l. **Châlons-sur-Marne**†, 31000 h., école des arts et métiers, commerce de céréales et de *vins de Champagne*. Défaite d'Attila en 451. A 20 km N., près de *Mourmelon*, camp dit de Châlons.

S.-pr. : **Epernay**, 22000 h., et **Ay**, 7., sur la Marne, **vins** mousseux dits *de Champagne*. Caves magnifiques d'Epernay.

Reims‡, 115000 h., place forte, grande fabrication de **lainages**, commerce de **vins** *de Champagne*, biscuits et pains d'épice. Clovis y fut baptisé par saint Remi. Belle *cathédrale*, où l'on sacrait les rois de France. Patrie de Colbert et de saint J.-B. de la Salle.

Sainte-Menehould, 5., asperges et charcuterie. **Vitry-le-François**, 8.6, fondée par François Ier, près de Vitry-le-Brûlé.

Valmy, village où les Prussiens furent défaits en 1792, ainsi qu'à *Champaubert* et à *Montmirail* en 1814.

302. **ARDENNES**, ch.-l. **Mézières**, 10.5, sur la Meuse, rappelle la défense de Bayard contre les Impériaux en 1521.

S.-pr. : **Rethel**, 5., fabrique des lainages. **Rocroi**, 2.3, place forte, victoire de Condé sur les Espagnols en 1643.

Sedan, 20000 h., sur la Meuse, draps fins. Patrie de Turenne. Désastre du 1er septembre 1870.

Vouziers, 3.6, vannerie.

Charleville, 20., sur la Meuse, en face de Mézières, *clouteries* et ferronneries. — *Nouzon*, 8., métallurgie. — *Fumay*, 5.7, sur la Meuse, **ardoises**. — *Givet*, 7., *place forte* sur la Meuse, cuivrerie et marbre. — *Attigny*, sur l'Aisne, où le Saxon Witikind fut baptisé.

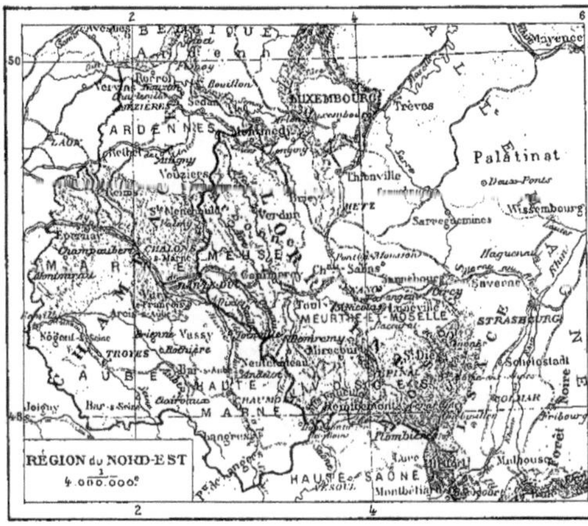

RÉGION du NORD-EST 1/4.000.000

VI. LORRAINE, 3 départements.

303. **Historique.** La Lorraine forma le centre de la Lotharingie, et plus tard les duchés de Lorraine et de Bar, fiefs de l'empire d'Allemagne. Elle fut conquise en partie par Henri II (les Trois-Evêchés), apanagée à Stanislas Leczinski en 1738, et réunie à la France en 1766 par Louis XV.

Divisions. La *Lorraine propre*, le *Toulois* (Meurthe-et-Moselle et Vosges); le *Barrois*, le *Verdunois* (Meuse). — Le *pays Messin* et la *Lorraine allemande* (Moselle et Meurthe) ne sont plus à la France depuis 1871

304. **Généralités.** Pays de **plaines** assez élevées, accidentées par les *collines* de l'Argonne et les *montagnes* des Vosges et des Faucilles. — *Versants de la mer du Nord :* Moselle, Meurthe, MEUSE et Chiers; — *de la Manche :* Saulx et Ornain (Marne), Aire (Aisne). — *Canaux* de la Marne au Rhin et de l'Est.

Agriculture. **Céréales**, vins, chevaux, vaches et *porcs*. Les **forêts** des Vosges sont les **plus** belles de France. Eaux minérales.

Industrie. Marbres et grès, *sel gemme*, **minerai** de fer, **hauts fourneaux**, **fonderies**, **aciéries**, *broderies, dentelles, fils* et *tissus de coton, papiers, verrerie.*

305. **MEUSE**, ch.-l. **Bar-le-Duc**, 17., sur le canal de la Marne au Rhin. *Confitures* de groseilles et cotonnades dites *de Bar*.

S.-pr. : **Commercy**, 9., pâtisseries dites madeleines. **Montmédy**, 2.8, petite place forte.

Verdun†, 22000 h., place très forte sur la Meuse; liqueurs et *dragées*. Traité de 843.

Varennes-en-Argonne, où Louis XVI fut arrêté en 1791.

306. **VOSGES**, ch.-l. **Épinal**, 30000 h., place forte sur la Moselle, fabriques de cotonnades et d'*images populaires.*

S.-pr. : **Mirecourt**, 6., *dentelles* et instruments de musique. **Neufchâteau**, 4., clouteries.

Remiremont, 11., sur la Moselle, et **Saint-Dié**†, 23000 h., sur la Meurthe, cotonnades.

Gérardmer, 9., fromages dits *géromés*. — *Senones*, 4., cotonnades. — *Domremy*, où est née Jeanne d'Arc en 1409. — *Plombières, Contrexéville*, eaux minérales.

307. **MEURTHE-ET-MOSELLE**, ch.-l. **Nancy**†, 120000 h., sur la Meurthe, grande et belle ville, centre de la fabrication des *broderies* de Lorraine. Tissus; minerai, fonte et acier; école forestière nationale. Siège de 1477, par Charles le Téméraire.

S.-pr. : **Briey**, 3., et **Longwy**, 9., villes de l'ancien département de la Moselle; mines de fer, centres métallurgiques.

Lunéville, 26000 h., sur la Meurthe, faïences; ancien palais des ducs de Lorraine. Traité de 1801, entre la France et l'Autriche.

Toul, 16., sur la Moselle, *ville forte*. L'un des Trois-Evêchés (avec Verdun et Metz).

Pont-à-Mousson, 13., sur la Moselle, hauts fourneaux. — *Baccarat*, 7., sur la Meurthe, manufacture de cristaux. — *Cirey, glaces*. — *Saint-Nicolas-du-Port*, 6., et *Varangéville, salines* importantes.

308. **Le territoire de Belfort**, seule partie conservée de l'Alsace, forme un district spécial, tout en ayant les mêmes ressorts administratifs que la Haute-Saône. Ch.-l. **Belfort**, 39000 h., **place forte** défendant le col de Valdieu, entre le Jura et les Vosges. Belle défense en 1870-71; cotonnades. — *Beaucourt*, 4.5, serrurerie et horlogerie.

309. **ALSACE-LORRAINE.** — Par le traité de Francfort du 10 mai 1871, la France a cédé à l'empire allemand : 1° les deux départements du **Haut-Rhin** et du **Bas-Rhin**, ou l'ALSACE, moins Belfort; 2° en LORRAINE, le département de la **Moselle**, moins Briey et Longwy; 3° deux arrondissements de la Meurthe : *Château-Salins* et *Sarrebourg;* 4° quelques communes des Vosges.

Superficie, 14500 kilomètres carrés; population, 1000000 habitants.

VILLES CÉDÉES. Dans la Moselle : **Metz**, 70000 h.; *Thionville, Sarreguemines.*

Haut-Rhin : **Colmar**, 50000 h., **Mulhouse**, 100000 h.; *Sainte-Marie-aux-Mines.*

Bas-Rhin : **Strasbourg**, 185000 hab.; *Saverne, Schlestadt, Wissembourg.*

III. RÉGION DU NORD-OUEST

VII. NORMANDIE, 5 départements.

310. **Historique.** Le territoire de la *Normandie* fit successivement partie de la Gaule Celtique, de la Lyonnaise et de la Neustrie; il fut cédé aux Normands, dont il prit le nom, par le traité de Saint-Clair-sur-Epte, en 912, et passa à la couronne d'Angleterre en 1066; il fut reconquis une première fois sous Philippe-Auguste en 1204, et définitivement sous Charles VII en 1450.

Divisions. Les pays de *Caux* et de *Bray* (Seine-Inférieure); le *Lieuvin*, l'*Ouche* et le *Vexin* (Eure); le *Bessin* et l'*Auge* (Calvados); le *Cotentin* et l'*Avranchin* (Manche); les *Marches* (Orne).

311. **Généralités.** Pays de plaines *accidentées* au N. et à l'O., de plateaux et de *collines*, dites de Normandie, au S. — *Versant de la Manche:* Bresle, Arques, SEINE, Eure, Rille, Touques, Orne, Vire, etc.

Agriculture soignée; culture des **céréales**, du colza, du lin et du chanvre; **prairies** grasses où l'on élève d'excellents **chevaux**, **vaches laitières et bœufs** normands; beurre et fromage; poules de Gournay et de Crèvecœur. *Pommiers à cidre.*

Industrie prospère : forges, constructions navales; *épingles* et *aiguilles;* fabrication très active de **cotonnades**, draps et toiles; pêche et bains de mer.

312. **SEINE-INFÉRIEURE**, chef-lieu **Rouen** ✝, 125000 h., **grand port marchand** sur la Seine, et centre manufacturier très actif, surtout pour les cotonnades (**rouenneries**). Beaux *monuments* gothiques : la cathédrale, Saint-Ouen, etc. Patrie de Corneille; Jeanne d'Arc y fut brûlée vive par les Anglais en 1431.

S.-pr. : **Dieppe**, 24000 h., port, bains de mer, objets d'ivoire.

Le Havre, 136000 h., à l'embouchure de la Seine, **second port** de France, desservant Paris et en relation surtout avec les États-Unis; entrepôt pour le **coton**, le caoutchouc et le café; constructions navales.

Neufchâtel, 4., fromages. **Yvetot**, 7., royauté légendaire.

Elbeuf, 19., sur la Seine, **draps** fins. — **Bolbec**, 12., rouenneries. — *Fécamp*, 16., pêche de la morue et du hareng. — *Le Tréport*, bains de mer. — *Arques*, bataille de 1589.

313. **EURE**, ch.-l. **Évreux** ✝, 19., sur l'Iton, fabriques de coutils.

S.-pr. : **Les Andelys**, 5.5; **Bernay**, 8., chevaux.

Louviers, 10., forme avec Elbeuf un grand centre manufacturier pour les **draps fins**.

Pont-Audemer, 6., tanneries.

Vernon, 9., équipages militaires. — *Rugles*, épingles. — *Gisors*, *Cocherel*, *Verneuil*, *Ivry-la-Bataille*, lieux historiques.

314. **CALVADOS**, ch.-l. **Caen**, 47000 h., port sur l'Orne et sur un canal maritime; commerce de **chevaux**, huiles, pierres de taille, dentelles appelées *blondes*.

S.-pr. : **Bayeux** ✝, 8., porcelaine et *dentelles*.

Falaise, 7., bonneterie de coton; foire aux *chevaux*, au faubourg de Guibray.

Lisieux, 16., toiles dites *cretonnes*.

Pont-l'Évêque, 3., fromages et cidre de la vallée d'Auge. **Vire**, 6.3, lainages.

Honfleur, 10., port. — *Trouville*, 6., bains de mer. — *Isigny*, beurre. — *Condé-sur-Noireau*, 6.6, cotonnades. — *Formigny*, victoire de 1450.

315. **MANCHE**, ch.-l. **Saint-Lô**, 12., sur la Vire, haras, gros draps.

S.-pr.: **Avranches**, 7.; **Cherbourg**, 44000 h., **port militaire** sur la Manche, chef-lieu d'une préfecture maritime. Digue défensive de 3712 m. de longueur. Arsenal de construction.

Coutances ✝, 7., a donné son nom au Cotentin.

Mortain, 2.; **Valognes**, 5.6.

Granville, 12., port de pêche. — *La Hougue*, bataille navale de 1692.

Le mont Saint-Michel est un rocher isolé, surmonté d'une abbaye superbe dominant une bourgade de

250 habitants. Deux fois par jour, la marée fait une île du mont Saint-Michel, et le flot s'avance sur la plage avec « une vitesse qui surpasse celle d'un cheval au galop ».

316. **ORNE**, ch.-l. **Alençon**, 17.5, sur la Sarthe, coutils, dentelles dites *point d'Alençon*.

S.-pr.: **Argentan**, 7., tanneries. **Domfront**, 5.; **Mortagne**, 3.7, toiles, chevaux percherons. Aux environs, célèbre abbaye de la Trappe.

Flers, 14., *coutils*. — **Sées** ✝, 4.2, sur l'Orne supérieure, belle cathédrale. — *Laigle*, 5., *aiguilles* et épingles. — *Vimoutiers*, 3.6, toiles cretonnes, fromages dits camembert.

VIII. MAINE, 2 départements.

317. **Historique.** Le *Maine*, qui passa à la couronne d'Angleterre avec les Plantagenets, fut reconquis par Philippe-Auguste, donné depuis en apanage et enfin réuni à la couronne de France par héritage, sous Louis XI, en 1481.

Divisions. Le *Maine* (Mayenne et Sarthe); le *Perche* (parties de Sarthe, Orne et Eure-et-Loir).

318. **Généralités.** Pays de *plaines* basses au S.; ailleurs *collines* dites du Maine, du Perche et de Normandie. — *Versant de l'Atlantique :* Mayenne, Sarthe, Huisne et Loir.

Agriculture et industrie. Culture des céréales et du chanvre; pommiers à cidre; élevage de *bœufs* manceaux, de *chevaux* percherons, de porcs craonnais; *volaille* estimée; marbre, toiles et coutils.

319. **SARTHE**, ch.-l. **le Mans** ✝, 69000 h., sur la Sarthe, *toiles de chanvre, grains et volailles*. Batailles de 1793 et 1871.

S.-pr. : **la Flèche**, 10.8, sur le Loir, *prytanée* militaire; *poulardes* et chapons dits *du Mans*.

Mamers, 6., et **Saint-Calais**, 3.7, toiles. *Sablé*, 5.6, marbre, traité de 1488. À 2 km N.-E., abbaye de Solesmes. — *Pontvallain*, victoire de 1370.

320. **MAYENNE**, ch.-l. **Laval** ✝, 30000 h., sur la Mayenne, coutils-nouveautés.

S.-pr. : **Château-Gontier**, 7., et **Mayenne**, 10., sur la Mayenne, toiles.

Craon, 4., dénomme une race de *porcs*.

Pontmain, belle église Notre-Dame-d'Espérance et pèlerinage depuis 1871.

IV. RÉGION DE L'OUEST

IX. BRETAGNE, 5 départements.

321. **Historique.** Le territoire de la *Bretagne* fut habité par les Celtes, dont les Bas-Bretons paraissent avoir conservé la langue; il forma l'*Armorique* (pays sur mer), qui fit partie de la Lyonnaise romaine. Durant le moyen âge, ses comtes ou ducs furent à peu près indépendants. La Bretagne fut réunie à la France en 1532, par les mariages successifs d'Anne de Bretagne avec Charles VIII et Louis XII, et de Claude de France avec *François Ier*. Cependant cette province conserva jusqu'en 1789 ses états particuliers.

Divisions. La *Basse-Bretagne : Cornouaille, Léonais*, etc. (Finistère, Morbihan); la *Haute-Bretagne : Penthièvre, Nantais*, etc. (Côtes-du-Nord, Ille-et-Vilaine, Loire-Inférieure).

322. **Généralités.** Pays de **plaines** basses au S.-O. sur la Loire, de plateaux ailleurs; traversé par les *collines* du Menez, d'Arrée et les Montagues Noires. — *Versants de la Manche :* Couesnon, Rance, Gouet et Trieux; — *de l'Atlantique :* Aulne, Odet, Blavet, Vilaine, Ille, Oust, LOIRE, Erdre, Sèvre-Nantaise et Acheneau, lac de Grand-Lieu. — *Canaux* de Nantes à Brest, d'Ille-et-Rance.

Agriculture. Sol médiocrement fertile, produisant seigle, sarrasin, *chanvre;* landes et prairies, où l'on élève de nombreux **bestiaux** et **chevaux** de petite taille; grande quantité d'abeilles; huîtres; pommiers à cidre.

Industrie. Granit de Bretagne et des îles Chausey, ardoises; sel marin; tourbe, houille et fer des bords de la Loire; constructions navales, *toiles, pêche de la sardine* et de la *morue*.

323. **ILLE-ET-VILAINE**, ch.-l. **Rennes** ✝, 79000 h., au confluent de l'Ille et de la Vilaine. Toiles à voiles, bâches, cuirs; commerce de beurre de la Prévalaye, de miel et de volailles.

S.-pr. : **Fougères**, 22000 h., cordonnerie. **Montfort**, 2.5. **Redon**, 6.7, port fluvial.

Saint-Malo, 12.5, qui, avec *Saint-Servan*, 12., à l'embouchure de la Rance, pêche *la morue* sur les bancs de Terre-Neuve; toiles. Patrie de Jacques Cartier, qui découvrit le Canada; de Duguay-Trouin et de Chateaubriand.

Vitré, 11., ville d'aspect du moyen âge.

Cancale, 6.6, huîtres, et *la Houle*, port. — *Dol*, 4.7, au milieu d'une plaine alluviale endiguée.

324. **COTES-DU-NORD**, ch.-l. **Saint-Brieuc** ✝, 24000 h., sur le Gouet, à 3 km de la mer, où il possède un port. Exploitation de granit.

S.-pr. : **Dinan**, 11.6, port sur la Rance, *toiles*. Du Guesclin est né aux environs.

Guingamp, 9.5, pèlerinage à Notre-Dame. **Lannion**, 6, port. **Loudéac**, 6.

325. **FINISTÈRE**, ch.-l. **Quimper** †, 19.5, port sur l'Odet; belle cathédrale ogivale de Saint-Corentin.

S.-pr. : **Brest**, 91 000 h., **port militaire**, sur une *magnifique rade* communiquant avec l'Océan par l'étroit passage du Goulet; 3 câbles transatlantiques, qui relient la France à l'Amérique. *École navale*, arsenal, pont tournant. **Châteaulin**, 4., *ardoises*. **Morlaix**, 15., port, *toiles* et tabacs; viaduc remarquable. **Quimperlé**, 9.

Lambézellec, 19., près de Brest. — **Landerneau**, 7., toiles. — **Concarneau**, 7.7, *huîtres* et *sardines*. — *Douarnenez*, 13., sardines. — Iles : *Ouessant*, 3., victoire navale de 1778. — *Sein*, 1.

326. **MORBIHAN**, ch.-l. **Vannes** †, 23500 h., port de pêche près du Morbihan.

S.-pr. : **Lorient**, 49000 h., à l'embouchure du Blavet, **port militaire**, constructions navales.

Ploermel, 5.4; **Pontivy**, 9.5, toiles.

Auray, 6.5, pèlerinage à sainte Anne, patronne de la Bretagne; bataille de 1364. — *Port-Louis*, 4., à l'entrée de la rade de Lorient, pêche de la sardine. — *Quiberon*, sur la presqu'île de ce nom, désastre des émigrés en 1795. — *Carnac*, monuments celtiques. — Les îles *Groix*, 5., et **Belle-Ile**, 10.

327. **LOIRE-INFÉRIEURE**, chef-lieu **Nantes** †, 171 000 hab., **port marchand** à 60 km de l'embouchure de la Loire. Raffineries de *sucre*; *conserves alimentaires*, lainages, navires. Edit de 1598, en faveur des protestants, et que révoqua Louis XIV.

S.-pr. : **Ancenis**, 5. **Châteaubriant**, 7.5; **Paimbœuf**, 2.3, port.

Saint-Nazaire, 38000 h., à l'embouchure de la Loire, port actif et **avant-port de Nantes** pour les vaisseaux du plus gros tonnage; en relation avec l'Amérique centrale.

Chantenay, 21., près de Nantes, industrie active. — *Indret*, 3.8, dans une île, construction de machines à vapeur pour la marine de l'Etat. — *Guérande*, 7., *marais salants*; traité de 1365. — *Savenay*, 3.2, défaite des Vendéens en 1793.

X. ANJOU, 1 département.

328. **Historique.** L'*Anjou*, transmis à la couronne d'Angleterre par Henri Plantagenet en 1154, fut reconquis par Philippe-Auguste en 1204, apanagé ensuite, et réuni définitivement par héritage sous *Louis XI*, en 1481.

Divisions. L'*Anjou* et le *Saumurois* (Maine-et-Loire).

329. **Généralités.** Pays de *plaines* basses au centre, se relevant un peu vers le S. — — *Versant de l'Atlantique :* LOIRE, *Maine*, Mayenne, Sarthe, Loir. — Culture des céréales; bœufs choletais; vins de la Loire; *pépinières* d'arbres fruitiers. — Houille de Chalonnes, ardoises.

330. **MAINE-ET-LOIRE**, ch.-l. **Angers** †, 84 000 h., sur la Maine, école des arts et métiers; facultés catholiques; **toiles** et cordages pour la marine. Aux environs, carrières d'ardoises de *Trélazé*, 6., et grandes *pépinières* d'arbres fruitiers.

S.-pr. : **Baugé** 3.; **Cholet**, 21 000 h., centre manufacturier, *mouchoirs*, *bœufs* renommés; **Saumur**, 16., sur la Loire, école de cavalerie, vin mousseux; **Segré**, 4., toiles.

Ponts-de-Cé, *Brissarthe* et *Baugé*, batailles. — *Fontevrault*, ancienne abbaye.

XI. POITOU, 3 départements.

331. **Historique.** Le territoire du *Poitou*, partie de l'ancienne Aquitaine, fut soumis aux Romains, aux Westgoths, aux Francs, aux Anglais et reconquis par *Charles V* en 1372.

Divisions. Le *Haut-Poitou* (Vienne); le *Bas-Poitou* avec la *Gâtine* (Deux-Sèvres), le *Bocage vendéen*, la *Plaine* et le *Marais poitevin* (Vendée).

332. **Généralités.** Pays de *plaines* basses et unies à l'O., un peu relevées à l'E., entourant au centre les *collines* du Poitou et le plateau de Gâtine. — *Versant de l'Atlantique :* Vienne, Clain, Creuse et Gartempe; Sèvre-Niortaise, Vendée, Charente.

Agriculture. Prairies et pâturages où l'on élève des **mulets** renommés, des *chevaux* et des *bœufs*.

Industrie. Granit du plateau de Gâtine, *sel* des marais salants; houille de Chantonnay (Vendée); armes et couteaux; gants; pêche.

333. **VENDÉE**, ch.-l. **La Roche-sur-Yon**, 15., bâtie par Napoléon Ier.

S.-pr. : **Fontenay-le-Comte**, 10.5. **Les Sables-d'Olonne**, 14., port, pêche de la sardine et bains de mer.

Luçon †, 7., Richelieu en fut évêque. — Iles de **Noirmoutier**, 8., *salines*, et d'*Yeu*, 4., pêcheries.

334. **DEUX-SÈVRES**, ch.-l. **Niort**, 24 000 h., sur la Sèvre-Niortaise, fabriques de *gants* et de confitures d'angélique.

S.-pr. : **Bressuire**, 5. **Melle**, 2.7, commerce de *mulets*. **Parthenay**, 7.5, bœufs.

Saint-Maixent, 5.3, école de sous-officiers d'infanterie. *Thouars*, 6., château féodal.

335. **VIENNE**, ch.-l. **Poitiers** †, 41 000 h., ancienne ville près de laquelle eurent lieu trois batailles : *Vouillé*, où Clovis défit les Westgoths en 507; *Poitiers*, où Charles Martel écrasa les Sarrasins en 732; *Maupertuis*, où le prince Noir fit prisonnier Jean le Bon en 1356. Eglises romanes. Saint Hilaire en fut évêque.

S.-pr. : **Châtellerault**, 18., sur la Vienne, coutellerie renommée et manufacture nationale d'*armes de guerre*.

Civray, 2.5. **Loudun**, 5. **Montmorillon**, 5.

FRANCE EN 9 RÉGIONS

RÉGION de L'OUEST

V. RÉGION DU CENTRE

XII. ORLÉANAIS, 3 départements.

336. **Historique.** Le territoire de l'*Orléanais* fut compris dans la Gaule Celtique, la Lyonnaise romaine, la Neustrie, et forma le centre du royaume d'Orléans sous les Mérovingiens. Il faisait partie du domaine de *Hugues Capet*, lors de l'avènement de ce prince à la couronne de France, en 987.

Divisions. L'*Orléanais propre* et le *Gâtinais* (Loiret); la *Beauce* et le *Dunois* (Eure-et-Loir); le *Vendômois*, le *Blaisois* et la *Sologne* (Loir-et-Cher).

337. **Généralités.** Pays de plaines ondulées ou de plateaux bas, coupés au S. par la *vallée* de la Loire, se relevant au N.-O. par les *collines* du Perche. — *Versants de la Manche :* Loing, Essonne, Eure; — *de l'Atlantique :* LOIRE, Loir, Loiret, Beuvron, Cher, Sauldre. — *Canaux* d'Orléans, de Briare, du Loing.

Agriculture. Blé de la Beauce, *vins* de la Loire; élevage des **chevaux** percherons et de nombreux moutons; miel. Forêt d'Orléans; étangs poissonneux et pins de la Sologne. — *Industrie.* Vinaigre, lainages et chapellerie. Meunerie.

338. **LOIRET**, ch.-l. **Orléans** †, 72000 h., sur la Loire, **couvertures**, chapellerie et *vinaigre*. Belle cathédrale. Orléans, assiégé par les Anglais, fut délivré par *Jeanne d'Arc* en 1429. Bataille de 1870.

S.-pr. : **Gien**, 8., sur la Loire, faïence.

Montargis, 13., sur le Loing, miel et safran.

Pithiviers, 6.6, *pâtés* d'alouettes et miel du Gâtinais.

Briare, 6., boutons de nacre et porcelaine.

Patay, où Jeanne d'Arc défit les Anglais en 1429. Bataille de 1870, où s'illustrèrent les zouaves pontificaux.

339. **EURE-ET-LOIR**, ch.-l. **Chartres** †, 24000 h., sur l'Eure, commerce de **grains** et farines. Belle *cathédrale* gothique de Notre-Dame. Henri IV y fut sacré en **1594**. Patrie du général Marceau.

S.-pr. : **Châteaudun**, 7., sur le Loir; défense héroïque en 1870.

Dreux, 11., près de l'Eure, victoire des catholiques en 1562. Sépultures de la famille d'Orléans. — **Nogent-le-Rotrou**, 8.5, sur l'Huisne; commerce de chevaux percherons.

Brétigny, traité humiliant de 1360.

340. **LOIR-ET-CHER**, ch.-l. **Blois** †, 24000 h., sur la Loire, cordonnerie; château où résidèrent les rois de France au XVIe siècle. Le duc Henri de Guise et le cardinal de Lorraine y furent assassinés en 1588.

S.-pr. : **Romorantin**, 8., lainages. **Vendôme**, 9.7, sur le Loir; ganterie; belle église.

Chambord, le plus beau *château* de style renaissance, lequel fut bâti par François Ier.

XIII. TOURAINE, 1 département.

341. **Historique.** Le territoire de la *Touraine* fit partie du comté d'Anjou, passa à la couronne d'Angleterre en 1154, et fut reconquis sur Jean sans Terre par Philippe-Auguste en 1203.

Divisions. La *Touraine* et une partie de la *Brenne* (Indre-et-Loire).

342. **Généralités.** Pays de *plaines* ondulées, coupé au centre par le Val de Loire.— *Versant de l'Atlantique :* Loire, Cher, Indre, Vienne et Creuse.

Agriculture. Le Val de Loire est très bien cultivé en *plantes potagères*, arbres fruitiers et vignobles, ce qui a fait surnommer la Touraine le *jardin de la France;* mais le reste du pays est moins riche. Pruneaux dits de Tours.

Industrie. Soieries, *imprimerie*, poudrerie, tanneries.

343. **INDRE-ET-LOIRE**, ch.-l. **Tours** ‡, 73000 h., sur la Loire; **imprimerie Mame**, soieries. Belle cathédrale. Restes du monastère de *Marmoutier*, fondé par saint Martin, et du château du *Plessis-lez-Tours*, où mourut Louis XI.

S.-pr. : **Chinon**, 6., sur la Vienne, et **Loches**, 5., sur l'Indre, châteaux historiques.

Amboise, 4.5, sur la Loire, château rappelant la conjuration de 1560. — *Le Ripault* (près Tours), *poudrerie*. — *Mettray*, colonie pénitentiaire agricole. — *Châteaurenault*, tanneries.

XIV. BERRY, 2 départements.

344. **Historique.** Le territoire du *Berry* fit successivement partie de l'Aquitaine, des royaumes west-goth et franc et de la Neustrie. Le comté de Bourges fut acheté par *Philippe Ier* en 1101, et plusieurs fois apanagé depuis.

Divisions. Le *Haut-Berry* (Cher); le *Bas-Berry*, avec la *Brenne* (Indre).

345. **Généralités.** Pays de **plaines** accidentées à l'O., de plateaux bas et de *collines* à l'E. et au S. — *Versant de l'Atlantique :* LOIRE, Allier, Cher, Yèvre, Arnon, Sauldre, Indre, Creuse. — *Canaux* du Berry et latéral à la Loire.

Agriculture. Céréales, vins du Cher; élevage des **moutons** dits berrichons; poissons des étangs de la *Brenne* et de la Sologne.

Industrie. Minerai de fer abondant; forges, fonderie de canons, porcelaine; lainages, peausserie.

346. **INDRE**, ch.-l. **Châteauroux**, 26000 h., sur l'Indre, **draps** pour la troupe, tabac; pierres lithographiques.

S.-pr. : **le Blanc**, 6.7, taillanderies. **La Châtre**, 5., tanneries. **Issoudun**, 14., parcheminerie et mégisseries. Eglise N.-D. du Sacré-Cœur.

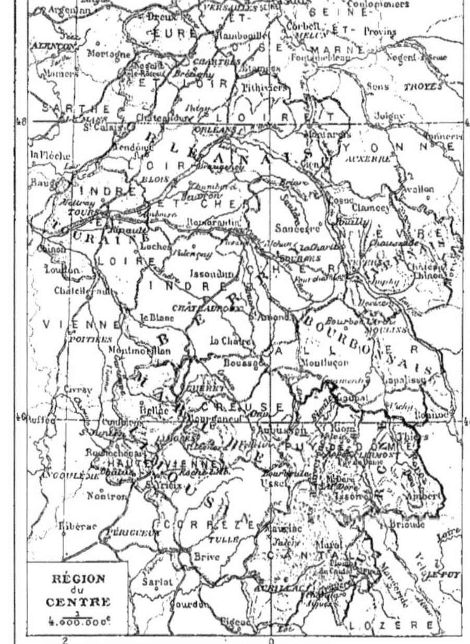

347. **CHER**, ch.-l. **Bourges** ‡, 46000 h., magasins d'approvisionnements militaires, *ateliers d'artillerie*, fonderie de **canons**. Belle cathédrale; palais de Jacques Cœur.

S.-pr. : **Saint-Amand**, 8.5; **Sancerre**, 3., sur une colline, vins.

Vierzon, 12., sur le Cher, *porcelaine*, verrerie, machines agricoles. — *Mehun*, 6.5, porcelaine.

XV, XVI. NIVERNAIS et BOURBONNAIS 2 départements.

348. **Historique.** Le *Nivernais*, détaché de la Bourgogne, forma le comté de Nevers, qui *fut acheté par Mazarin* à Charles, duc de Mantoue, *en* 1659; il fut érigé en un duché-pairie qui existait encore en 1789.

Le *Bourbonnais*, portion de l'Aquitaine, fut confisqué par *François Ier* sur le connétable de Bourbon *en* 1523, puis apanagé aux princes de Condé jusqu'en 1789.

Divisions. *Vaux de Nevers*, d'*Yonne*, partie du *Morvan* (Nièvre). Le *Haut* et le *Bas-Bourbonnais* (Allier).

349. **Généralités.** Pays de *plateaux accidentés*, relevés à l'E. par les *monts du Morvan*, au N. par les collines du *Nivernais*, au S. par les monts de la *Madeleine*. — *Versants de la Manche :* Yonne; — *de l'Atlantique :* Loire, Allier, Nièvre, Cher. — *Canaux* du Nivernais et du Berry.

Agriculture. Prairies nourrissant des bœufs morvandeaux renommés; **forêts** du Morvan, qui approvisionnent Paris de bois de chauffage; *vins* du Bourbonnais.

Industrie. Houille, **métallurgie** active, glaces, faïence et porcelaine, *eaux minérales.*

350. **NIÈVRE**, ch.-l. **Nevers** †, 28000 h., au confluent de la Nièvre et de la Loire, *forges*, céramique, école nationale de chaudronnerie.

S.-pr.: **Château-Chinon**, 2., *bois* et *bestiaux*.

Clamecy, 5., sur l'Yonne, flottage de *bois*.

Cosne, 8.6, sur la Loire, fabrique de limes.

Fourchambault, 6., *la Chaussade, Imphy*, près de Nevers, *métallurgie* très active. — *La Charité*, 5. — *Decize*, 5., *houille*. — *Pouilly*, vins blancs.

351. **ALLIER**, ch.-l. **Moulins** †, 22000 h., sur l'Allier, marché aux bestiaux. Belles églises et tombeau de Montmorency. Patrie de Villars.

S.-pr. : **Gannat**, 5.; **Lapalisse**, 3., marchés agricoles.

Montluçon, 34000 h., sur le Cher, *forges* et *glaces*.

Commentry, 11., *forges; houille* aux environs. — **Vichy**, 15., sur l'Allier, **eaux minérales**, ainsi qu'à *Cusset*, 6.6, *Néris*, 3., et *Bourbon-l'Archambault*, berceau de la famille royale des Bourbons.

XVII, XVIII. MARCHE, LIMOUSIN, 3 départements.

352. **Historique.** Ces territoires firent partie de l'Aquitaine et passèrent momentanément aux Anglais. La Marche fut confisquée par *François Ier* sur le connétable de Bourbon *en* 1523. Le Limousin revint à la couronne par héritage, à l'avènement d'*Henri IV*.

Divisions. La *Marche* (Creuse et partie de la Haute-Vienne); le *Haut-Limousin* (Haute-Vienne); le *Bas-Limousin* (Corrèze).

353. **Généralités.** Pays de plateaux bosselés, plus élevés à l'E.; *monts du Limousin* et *de la Marche*. — *Versant de l'Atlantique :* Cher, Vienne, Creuse, Gartempe; Dordogne, Vézère, Corrèze, Isle.

Agriculture. Pâturages et élevage de chevaux dits *limousins* et de nombreux bestiaux; *châtaigniers*.

Industrie. Granit, kaolin, porcelaine, houille, armes et tapis, lainages, papier de paille.

354. **CREUSE**, ch.-l. **Guéret**, 8., à 5 km de la Creuse, bestiaux et fruits.

S.-pr. : **Aubusson**, 7., sur la Creuse, tapis. **Bourganeuf**, 4.; **Boussac**, 1.4.

Ahun, 2.3, houille. — *Felletin*, 3., tapis.

355. **HAUTE-VIENNE**, ch.-l. **Limoges** †, 92000 h., sur la Vienne, grande fabrication de porcelaine et de lainages. Commerce de grains.

S.-pr. : **Bellac**, 5; **Rochechouart**, 4.6; **Saint-Yrieix**, 8.4, exploitation de **kaolin** et manufacture de *porcelaine*.

Saint-Junien, 11.5, papeterie, mégisserie, porcelaine. — *Saint-Léonard*, 6., porcelaine. — *Châlus, la Roche-l'Abeille*, lieux historiques.

356. **CORRÈZE**, chef-lieu **Tulle** †, 16., sur la Corrèze, manufacture nationale d'armes à feu.

S.-pr. : **Brive**, 21500 h., sur la Corrèze, pâtés truffés. **Ussel**, 5.

XIX. AUVERGNE, 2 départements.

357. **Historique**. Le territoire de l'*Auvergne* fit partie de l'Aquitaine sous les Romains, passa successivement aux Wisigoths, aux Francs, aux Anglais, et forma enfin le Dauphiné d'Auvergne et autres fiefs, qui furent en partie confisqués par *François Ier* sur le connétable de Bourbon en 1523.

Divisions. *Basse-Auvergne* avec la *Limagne* (Puy-de-Dôme et partie de la H.-Loire); *H.-Auvergne* (Cantal).

358. **Généralités**. Pays de montagnes et de volcans éteints (monts d'Auvergne), coupé du sud au nord par la large vallée de l'Allier ou la Limagne. — *Versant de l'Atlantique :* Allier, Dore, Sioule; Dordogne, Cère, Truyère.

Agriculture. Fruits et *froment* dans la riche plaine de la **Limagne**; sur les plateaux, seigle, sarrasin, *pâturages* nourrissant un bétail rustique, race de Salers; fromages, *châtaigneraie*

Industrie. Lave et basalte, asphalte, houille, plomb; *chaudronnerie*, coutellerie, dentelles; pâtes alimentaires et fruits confits; eaux minérales et thermales.

359. **PUY-DE-DOME**, ch.-l. **Clermont-Ferrand** †, 65000 h., *pâtes alimentaires*, pâtés d'abricots et confitures. Fontaine pétrifiante de *Saint-Allyre*. Patrie de saint Grégoire de Tours et de Pascal. La première croisade y fut prêchée par le pape Urbain II en 1095. Dans les environs était *Gergovia*, où César fut battu par Vercingétorix.

S.-pr. : **Ambert**, 7.7, fromages. **Issoire**, 5.5. **Riom**, 10.5, *cour d'appel*; **Thiers**, 17.5, *coutellerie*.

Pontgibaud, plomb argentifère. — *Volvic*, basalte. — *Royat, le Mont-Dore* et *la Bourboule, eaux minérales*.

360. **CANTAL**, ch.-l. **Aurillac**, 18., chaudronnerie; commerce de fromages et de bœufs.

S.-pr. : **Mauriac**, 3.6. — **Murat**, 3., au pied du Plomb du Cantal, près des deux tunnels du Lioran, superposés à environ 1200 m. d'altitude. **Saint-Flour** †, 5.8, étoffes et colle forte.

Chaudesaigues, eaux thermales les plus chaudes de France (80° centigrades).

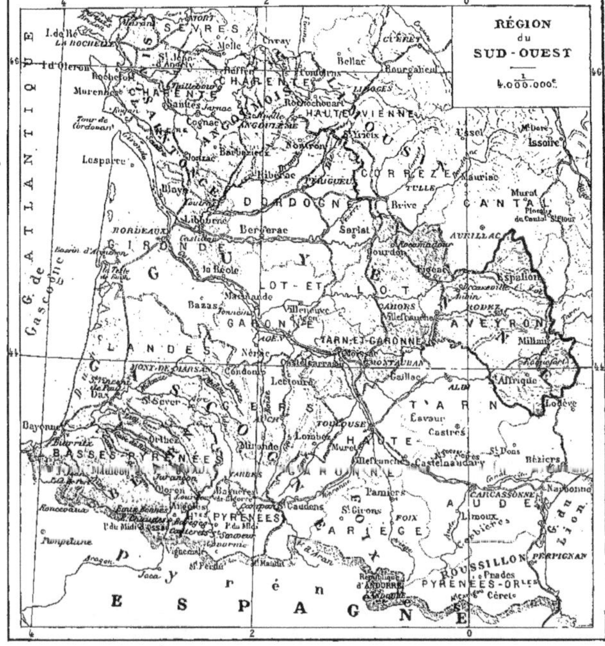

VI. RÉGION DU SUD-OUEST

XX, XXI. ANGOUMOIS, SAINTONGE et AUNIS, 2 départements.

361. **Historique**. Ces provinces passèrent aux Anglais au XIIe s., et revinrent à la couronne par conquête sous *Charles V*, en 1372-1375. L'Angoumois, apanagé plus tard, fut réuni à l'avènement de *François Ier* en 1515.

Divisions. L'*Aunis* et la *Saintonge* (Charente-Inférieure); l'*Angoumois* (Charente).

362. **Généralités**. Pays de plaines basses à l'O., un peu relevées à l'E. par le Massif central et les *collines* de l'Angoumois. — *Versant de l'Atlantique :* Sèvre-Niortaise, Charente, Seudre; Gironde; Vienne et Clain.

Agriculture. Culture de céréales, prairies naturelles et artificielles; **vignobles** pour *eaux-de-vie; huîtrières*.

Industrie. Marais salants; pierres de taille; *papeteries;* constructions navales, canons.

363. **CHARENTE**, ch.-l. **Angoulême** †, 38000 h., sur la Charente, papeteries, pierres de taille.

S.-pr. : **Barbezieux**, 4.3, truffes et volailles. **Cognac**, 19., sur la Charente, entrepôt des eaux-de-vie dites de Cognac.

Confolens, 3., bœufs gras. **Ruffec**, 3.5, pâtés truffés.

Ruelle, 4., fonderie de canons pour la marine. — *Jarnac*, 5., eaux-de-vie; bataille de 1569.

364. **CHARENTE-INFÉRIEURE**, ch.-l. **la Rochelle** †, 36000 h., port marchand (avec le *port de la Pallice*) sur l'Océan; **eaux-de-vie**. Enlevée par Richelieu aux protestants en 1628, après un siège mémorable.

S.-pr. : **Jonzac**, 3.3, eaux-de-vie. **Marennes**, 4.5, huîtres vertes.

Rochefort, 35000 h., **port militaire** sur la Charente, à 15 km de l'Océan; constructions navales.

Saint-Jean-d'Angély, 7., vins. **Saintes**, 21000 h., eaux-de-vie; victoire de saint Louis en 1242, ainsi qu'à *Taillebourg*. — *Marans*, 4.5, céréales.

Iles de **Ré**, 15., et d'**Oleron**, 17., sel et huîtres.

XXII. GUYENNE, 5 départements.

365. **Historique**. Le territoire de la *Guyenne* forma le centre de l'Aquitaine et fut soumis successivement aux Romains, aux Westgoths, aux Francs et, en partie, aux Anglais (sous la maison d'Anjou). Après trois siècles, la *Guyenne* fut conquise définitivement par *Charles VII* en 1453. Le *Périgord* et le *Rouergue* ne furent réunis qu'à l'avènement d'*Henri IV*, en 1589.

Divisions. Le *Bordelais* (avec le *Médoc*) et le *Bazadais* (Gironde), le *Périgord* (Dordogne), l'*Agenais* (Lot-et-Garonne), le *Rouergue* (Aveyron), le *Quercy* (Lot et partie de Tarn-et-Garonne).

366. **Généralités**. Pays de plaines basses à l'O., sur la Gironde, accidentées au centre, se relevant au N. et à l'E. en *montagnes* granitiques (Aubrac) ou plateaux calcaires (Causses), coupés de vallées profondes. — *Versant de l'Atlantique :* GARONNE, Tarn et Aveyron, Lot et Truyère, Dordogne, Cère, Vézère, Isle et Dronne; Gers, Baïse. — *Canal* latéral à la Garonne.

Agriculture. Culture du maïs, du blé, du tabac; **vins très renommés dits de Bordeaux**, pâturages et châtaigneraies du Plateau central; élevage des moutons, porcs et bêtes à cornes; fromages de Roquefort, prunes d'ente de l'Agenais; noix et truffes du Périgord et du Quercy.

Industrie. Pierres meulières, minerai de fer, houille, forges, constructions navales.

367. **GIRONDE**, ch.-l. **Bordeaux** †, 262000 h., belle ville sur la Garonne, à 100 km de l'Océan, **troisième port de France**, grand commerce de **vins** et *liqueurs;* industrie active, construction de navires.

S.-pr. : **Bazas**, 5., tanneries. **Blaye**, 5., vins. **Lesparre**, 4., près des vignobles du Médoc.

Libourne, 20., port au confluent de la Dordogne et de l'Isle, *vins* et farines. **La Réole**, 4.

Pauillac, 6., avant-port de Bordeaux, hauts fourneaux. — *Arcachon*, 8., sur une baie, *huîtres*, sanatorium, bains de mer. — *La Teste-de-Buch*, 7. — *Castillon* et *Coutras*, batailles de 1453 et 1587.

368. **DORDOGNE**, ch.-l. **Périgueux** †, 33500 h., sur l'Isle, commerce de porcs, **truffes** et *pâtés* **truffés**. Cathédrale byzantine de Saint-Front.

S.-pr. : **Bergerac**, 16., sur la Dordogne, *vins*, pierres meulières. **Nontron**, 3.5, coutellerie.

Ribérac, 3.6. **Sarlat**, 6.5, huile de noix, truffes.

369. **LOT**, ch.-l. **Cahors** †, 14., dans une presqu'île du Lot. *Vins*, huiles et truffes.

S.-pr. : **Figeac**, 6., et **Gourdon**, 4.5, prunes et noix.

Rocamadour, antique pèlerinage à N.-D.

370. **AVEYRON**, ch.-l. **Rodez** †, 15., tricots et couvertures de *laine*. Belle cathédrale.

S.-pr. : **Espalion**, 4., tanneries. **Millau**, 18., sur le Tarn, mégisseries, gants de peau. **Saint-Affrique**, 6.7, commerce de **fromage** estimé, fabriqué dans les caves de *Roquefort*, avec le lait des brebis et chèvres du Larzac. **Villefranche-de-Rouergue**, 8.5, toiles. **Aubin**, 10., et **Decazeville**, 12., houille, hauts fourneaux et forges.

371. **LOT-ET-GARONNE**, ch.-l. **Agen** †, 23000 h., sur la Garonne, *prunes d'ente*. Patrie de Lacépède.

S.-pr. : **Marmande**, 10., sur la Garonne, prunes d'ente. **Nérac**, 6.5, sur la Baïse, pâtés truffés. **Villeneuve-sur-Lot**, 13., prunes d'ente.

Tonneins, 7., importante manufacture de tabac.

372. **TARN-ET-GARONNE**, ch.-l. **Montauban** †, 30000 h., sur le Tarn, minoteries, *soie* pour tamis. Ancienne place forte des protestants, prise en 1629 et démantelée par Richelieu.

S.-pr. : **Castelsarrasin**, 7., usine à fer. **Moissac**, 8., sur le Tarn, *grains* et farines.

XXIII. GASCOGNE, 3 départements.

373. **Historique.** La *Gascogne*, qui doit son nom aux Basques ou Vascons, Ibériens venus des Pyrénées espagnoles, fit partie de l'Aquitaine romaine et passa aux Wisigoths, aux Francs et aux Anglais. Elle fut reconquise par Charles VII, qui réunit le Comminges; Louis XI confisqua l'Armagnac; Henri IV annexa le Bigorre et l'Albret.

Divisions. L'*Albret* et le *Marsan* (Landes); l'*Armagnac* (Gers); le *Bigorre* (H^{tes}-Pyrénées); le *Comminges* et le *Couserans* (parties de H^{te}-Garonne et Ariège).

374. **Généralités.** Pays de **plaines** au N.-O., dans les Landes, de plateaux ou collines au centre et de **hautes montagnes** au S., dans les Pyrénées. — *Versant de l'Atlantique :* Save, Gers et Baïse, Adour, Douze, Midouze, Luy et Gave de Pau.

Agriculture et industrie. Culture du **maïs** et de la vigne; *eaux-de-vie* d'Armagnac; pâturages nourrissant des **mulets**, des chevaux tarbesans, des moutons, des chèvres et un bétail rustique; **pins des Landes** donnant bois et résine; chênes-liège. Marbres; **eaux thermales**; métallurgie.

375. **GERS**, ch.-l. **Auch** †, 14., sur une pente escarpée de la rive gauche du Gers. Belle cathédrale. Eau-de-vie.

S.-pr. : **Condom**, 6.4, *eau-de-vie d'Armagnac*. **Lectoure**, 4. **Lombez**, 1.5. **Mirande**, 3.4.

376. **LANDES**, ch.-l. **Mont-de-Marsan**, 12., *liège* et résine; chevaux.

S.-pr. : **Dax**, 11.4, sur l'Adour, eaux thermales, bouchons de liège, résine, goudron, bois des Landes. **Saint-Sever**, 4.5, commerce agricole.

Aire †, 4.5, sur l'Adour. — Près de Dax, *Saint-Vincent-de-Paul* (autrefois Pouy), où naquit le saint de ce nom. — *Pontenx* et *Labouheyre*, hauts fourneaux, forges et fonderies.

Les Landes forment une plaine alluviale et sablonneuse couverte de fougères et de bois de pins, dont on retire la résine, des planches, poteaux, pavés, etc. De nombreux marais et *étangs* s'étalent surtout au pied des **dunes**, collines de sable bordant la mer, et hautes de 20 à 90 mètres, que Brémontier, à l'exemple de l'abbé Desbiey, fixa par des plantations de pins.

377. **HAUTES-PYRÉNÉES**, chef-lieu **Tarbes** †, 29000 h., sur l'Adour; commerce de *chevaux* et de mulets, arsenal d'*artillerie*.

S.-pr. : **Argelès**, 1.7, sur le Gave de Pau. **Bagnères-de-Bigorre**, 8.5, sur l'Adour, dans la vallée de Campan; marbreries, eaux thermales.

Barèges, *Cauterets* et *Saint-Sauveur*, eaux minérales. — *Gavarnie*, village bâti près d'un vaste cirque de rochers, où naît le Gave de Pau en formant une cascade de 422 mètres d'élévation.

Lourdes, 9., sur le Gave de Pau, grotte de Massabielle, où apparut la très sainte Vierge en 1858, et devenue un lieu de pèlerinage très fréquenté, où s'opèrent des miracles aussi nombreux qu'incontestables.

XXIV. BÉARN, 1 département.

378. **Historique.** Le *Béarn* fut reconquis sur les Anglais par Charles VII en 1453, et fit partie des domaines patrimoniaux d'*Henri IV;* il fut définitivement réuni à la couronne de France en 1620.

Divisions. Le *Béarn propre*, la *Navarre française* et le *Labourd* ou pays basques (Basses-Pyrénées).

379. **Généralités.** Pays pyrénéen, **montagneux**, très élevé au S., s'abaissant vers le N. en collines et en plateaux — *Versant de l'Atlantique :* Adour et affluents : gave de Pau, gave d'Oloron; Nive; Bidassoa.

Agriculture et industrie. **Maïs et vignobles**; élevage de mulets, de chevaux navarrais et de moutons. Calcaires et marbres; chocolats et **jambons; eaux minérales**; aciéries.

380. **BASSES-PYRÉNÉES**, ch.-l. **Pau**, 37000 h., sur le Gave de ce nom, commerce de *chevaux, mulets* et moutons. Château où naquit Henri IV. Station hivernale.

S.-pr. **Bayonne** †, 28000 h., sur l'Adour, port marchand et place forte. *Chocolat* renommé et commerce d'excellents *jambons*.

Mauléon, 5. **Oloron**, 9.5, ceintures, bérets. **Orthez**, 6., centre de la préparation des jambons dits *de Bayonne;* pierres de taille.

Saint-Jean-Pied-de-Port, petite place forte. — *Jurançon*, vins. — *Biarritz*, 15., près de Bayonne, bains de mer très fréquentés. — *Eaux-Bonnes* et *Eaux-Chaudes*, villages renommés pour leurs **eaux minérales**. — *Salies*, sources salées. — *Le Boucau*, aciéries.

VII. RÉGION DU SUD

XXV, XXVI. COMTÉ DE FOIX et ROUSSILLON, 2 départements.

381. **Historique.** Le *Pays de Foix* fut érigé en *comté* en 1035, et réuni à la couronne par *Henri IV en* 1607.

Le *Roussillon* releva pendant longtemps du royaume d'Aragon, fut conquis sur les Espagnols par Louis XIII en 1642, et cédé définitivement à la France par le traité des Pyrénées en 1659.

Divisions. *Haut et Bas-Comté, Donezan* (Ariège).

Le *Roussillon propre* et la *Cerdagne française* (Pyrénées-Orientales).

382. **Généralités.** Pays *pyrénéens* **montagneux**. — *Versants de l'Atlantique :* Ariège, Salat; — *de la Méditerranée :* Têt, Tech.

Agriculture. Pâturages; bêtes à cornes et moutons; miel excellent; culture des céréales, de la vigne, de l'olivier, du mûrier; chêne-liège. — *Industrie.* **Marbres** des Pyrénées; minerai de **fer**, métallurgie.

383. **ARIÈGE**, ch.-l. **Foix**, 7., sur l'Ariège, forges et *aciéries*.

S.-pr. : **Pamiers** †, 10., fers et aciers.

Saint-Girons, 6., laines.

Vicdessos, mines de fer. — *Ax-les-Thermes*, dans les Pyrénées.

384. **PYRÉNÉES-ORIENTALES**, ch.-l. **Perpignan** †, 40000 h., place forte sur la Têt; miel, *vins* et bouchons **de liège**.

S.-pr. : **Céret**, 4., manches de fouet. **Prades**, 4.

Port-Vendres, 3., port en relation avec l'Algérie. — *Rivesaltes*, 6., et *Banyuls*, *vins* muscats. — *Bellegarde*, fort, et *Montlouis*, place forte. — *Amélie-les-Bains*.

XXVII. LANGUEDOC, 8 départements.

385. **Historique.** Le territoire du *Languedoc* fit partie de la Gaule Celtique, de la Narbonnaise romaine, fut soumis aux Wisigoths, aux Sarrasins, et conquis sur ces derniers par Charles Martel; il forma ensuite plusieurs fiefs indépendants. Après la guerre des Albigeois, le *Vivarais*, le *Gévaudan* et presque tout le *bas Languedoc* furent cédés à *saint Louis en* 1229; le *comté de Toulouse* fut acquis par héritage sous *Philippe le Hardi en* 1271.

Divisions. Le *haut* et le *bas Languedoc : Toulousain* (Haute-Garonne); *Albigeois* (Tarn), *Lauragais*, *Carcassès*, *Narbonnais* (Aude); *diocèses* de Montpellier et de Nîmes; *Gévaudan* (Lozère), *Velay* (Haute-Loire), *Vivarais* (Ardèche).

386. **Généralités.** Pays généralement **montagneux**, excepté au sud, sur les côtes de la Méditerranée, qui sont *basses* et bordées de lagunes.

Il est formé au S.-O. par le massif des *Pyrénées*, au centre par la Montagne-Noire et les Garrigues, au N. par le haut *Plateau central*, les *Cévennes* et les *Causses*. — *Versants de l'Atlantique :* Loire et Allier supérieurs; Garonne, Ariège, Tarn et Agout, Save; — *de la Méditerranée :* Aude, Orb, Hérault; Rhône, Ardèche et Gard. — *Canaux :* latéral à la Garonne, du Midi, de Cette au Rhône.

Agriculture. Culture du **maïs**, du **blé**, du tabac, surtout de la **vigne** : le bas Languedoc est le pays de France qui produit *le plus de vins*, lesquels sont en partie convertis en alcools ou *eaux-de-vie*. Culture du **mûrier** et élève du **ver à soie**; culture de l'olivier, de l'*amandier*, du figuier, dans la plaine; *châtaignier* sur le Plateau central; pâturages, élevage des moutons et des abeilles.

Industrie. Marbres; production importante de sel dans les *salines* qui bordent la Méditerranée. Houille, zinc, fer. Dentelles, cotonnades, *lainages*, *soieries*; papiers.

387. **HAUTE-GARONNE**, ch.-l. **Toulouse** ‡, 150 000 h., à la jonction de la Garonne et du canal du Midi; **grand marché** pour les vins, *blés*, volailles; fabriques de faux et de limes; tissage du coton, minoteries. Vaste église romane de Saint-Sernin; capitole ou hôtel de ville. Académie des Jeux Floraux; école vétérinaire.

S.-pr. : **Muret**, 4., victoire de Simon de Montfort sur les Albigeois, en 1213.

Saint-Gaudens, 7., tricots. **Villefranche-de-Lauragais**, 2.3, grains.

Bagnères-de-Luchon, 3.3, eaux sulfureuses. — *Saint-Béat*, marbre blanc.

388. **TARN**, ch.-l. **Albi** ‡, 25000 hab., sur le Tarn, tissus et faïences. Belle cathédrale d'aspect féodal. Patrie de La Pérouse.

S.-pr. : **Castres**, 28 000 h., sur l'Agout, et **Mazamet**, 14., grande fabrication de lainages.

Gaillac, 7., vins. **Lavaur**, 6., soie. *Carmaux*, 10., houille et *verrerie*. — *Graulhet*, 8., mégisseries.

389. **AUDE**, ch.-l. **Carcassonne** †, 31 000 h., sur l'Aude, confiseries. La *Cité*, ou ville haute, est un curieux ensemble de constructions féodales.

S.-pr. : **Castelnaudary**, 9 5, faïences; bataille de 1632.

Limoux, 7., sur l'Aude, vin blanc dit *blanquette de Limoux*.

Narbonne, 28 000 h., vins et **miel** renommé. *Caunes*, 2.2, marbres. — *La Nouvelle*, petit port.

390. **HÉRAULT**, ch.-l. **Montpellier** †, 80 000 h., facultés, école de médecine; **vins** et *eaux de-vie* dites *de Montpellier*. Patrie de saint Roch, pèlerin.

S.-pr. : **Béziers**, 51 000 h., commerce de *vins* et *eaux-de-vie*. Patrie de Paul Riquet, à qui l'on doit le canal du Midi.

Lodève, 8., *draps* pour l'armée. **Saint-Pons**, 3., draps.

Cette, 33000 h., port marchand actif sur la Méditerranée. — *Agde*, 9.6, petit port. — **Lunel**, 7.6, et *Frontignan*, 4.5, *vins* muscats. — *Pézénas*, 7.7, marché régulateur des vins et spiritueux français. — *Bédarieux*, 6., draps. — *Graissessac*, 2., houille.

391. **GARD**, ch.-l. **Nîmes** †, 80 000 h., *châles* et autres articles en soie, vins et eaux-de-vie. Antiquités romaines : les Arènes, la Maison-Carrée, la tour Magne, le temple de Diane; aux environs, le Pont-du-Gard.

S.-pr. : **Alais**, 30 000 h., mines de *houille* et de fer, *forges* et fonderies. **Uzès**, 5., truffes noires. **Le Vigan**, 5., bonneterie de soie, pierres lithographiques.

La Grand'Combe, 11.5, et *Bessèges*, 9., *houille*, *fers* et aciers. — *Beaucaire*, 9., sur le Rhône, foire autrefois célèbre. — *Aigues-Mortes*, 4.5, où saint Louis s'embarqua pour ses croisades. Enceinte du moyen âge.

392. **ARDÈCHE**, ch.-l. **Privas**, 7.3, commerce de cuirs et de *soie*; forges.

S.-pr. : **Largentière**, 2., dans la montagne, et **Tournon**, 5., sur le Rhône; filatures de soie.

Annonay, 17.5, *papiers*, peaux de chevreau pour la *ganterie*. Patrie des frères Montgolfier, inventeurs des aérostats. — *Aubenas*, 8.4, sur l'Ardèche, marché de *soie*. — *Viviers* †, 3.5, sur le Rhône. — *Le Teil*, 5.6, chaux hydraulique. — *La voulte*, minerai de fer. — *Vals*, eaux minérales.

393. **LOZÈRE**, ch.-l. **Mende** † 7., sur le Lot, serges et cadis.

S.-pr. : **Florac**, 2. **Marvejols**, 4., serges. *Châteauneuf-Randon*, où mourut du Guesclin. — *Langogne*, 4., marché aux grains et bestiaux.

394. **HAUTE-LOIRE**, ch.-l. **Le Puy** †, 21 000 h., près de la Loire, bâti en amphithéâtre sur la pente du mont Corneille, que surmonte la statue colossale de *Notre-Dame de France;* centre de fabrication de *dentelles*.

S.-pr. : **Brioude**, 5., dans une plaine fertile de l'Allier. **Yssingeaux**, 7.7, *dentelles*, rubans.

Langeac, 4.6, petit bassin houiller. — *La Chaise-Dieu*, magnifique église d'une ancienne abbaye.

VIII. RÉGION DE L'EST

XXVIII. LYONNAIS, 2 départements.

395. **Historique.** Cette province fit partie de la *Lyonnaise romaine*, puis du royaume des Bourguignons, qui releva longtemps de l'empire d'Allemagne. Le *Lyonnais* proprement dit fut réuni à la France par *Philippe le Bel* en 1312; le *Beaujolais* et le *Forez*, sous *François Ier* en 1523, par suite de la confiscation des biens du connétable de Bourbon.

Divisions. Le *Lyonnais propre* et le *Beaujolais* (Rhône); le *Forez* (Loire).

396. **Généralités.** Pays **montueux**, formé à l'O. par le Forez (monts et plaine), à l'est par la chaîne du Lyonnais et du Beaujolais. — *Versants de l'Atlantique :* Loire et Furens; — *de la Méditerranée :* Rhône, Saône et Gier.

Agriculture. Peu de céréales. **Vins**; pâturages, moutons et chèvres; *fromages* du Mont-d'Or.

Industrie. **Houille** du bassin de Saint-Étienne. — Métallurgie, forges, ateliers de construction; *verreries;* cotonnades, **riches soieries**, *chapellerie*, rubans et velours, eaux minérales.

397. **RHONE**, ch.-l. **Lyon** ‡, 524000 h., au confluent du Rhône et de la Saône, grande **place forte, troisième ville de France** par sa population et son commerce; c'est, après Milan, le centre principal de l'industrie de **la soie en Europe**, *soieries brochées d'or et d'argent*. Patrie de Jacquart, inventeur du métier à tisser. Cathédrale Saint-Jean; église Notre-Dame de Fourvière. Siège de 1793.

S.-pr. : **Villefranche-sur-Saône**, 16.5, cotonnades, marché aux bestiaux.

Tarare, 12., important centre industriel, *mousselines*, etc. — *Beaujeu*, 3.5, vins. — *Saint-Cyr*, près de Lyon, *fromages* de chèvre dits du *Mont-d'Or*. — *Givors*, 12., forges et *verreries*.

398. **LOIRE**, ch.-l. **Saint-Étienne**, 149000 h., sur le Furens, grande ville industrielle : **charbon de terre, métallurgie**, *armes* et **rubans**. École des mines.

S.-pr. : **Montbrison**, 7.5, ancienne préfecture. **Roanne**, 37000 h., sur la Loire, *cotonnades*.

Rive-de-Gier, 16., et *Firminy*, 17., *houille*, usines à fer, verreries. — **Saint-Chamond**, 15., houille et métallurgie, lacets de soie. — *Saint-Galmier*, 3., eaux minérales.

XXIX. BOURGOGNE, 4 départements.

399. **Historique.** Le territoire de la *Bourgogne* fit partie de la Celtique, de la Lyonnaise romaine, du royaume des Burgondes ou Bourguignons, et forma ensuite le duché de Bourgogne, qui releva toujours de la France. Le roi Jean le Bon le donna en fief à l'un de ses fils, dont les descendants furent les puissants *ducs de Bourgogne*, qui possédèrent aussi les Pays-Bas. La *Bourgogne* fut enlevée par *Louis XI* à la princesse Marie, héritière de Charles le Téméraire, en 1477. La *Bresse*, le *Bugey*, le *pays de Gex* ne furent réunis qu'en 1601, et la Dombes en 1762.

Divisions. L'*Auxerrois* (Yonne); le *Dijonnais*, l'*Auxois* (Côte-d'Or); l'*Autunois*, le *Mâconnais* et le *Charollais* (Saône-et-Loire); la *Bresse*, la *Dombes*, le *Bugey* et le *pays de Gex* (Ain).

400. **Généralités.** Pays de **collines**, monts et *plateaux* au N., à l'O. et au centre; *plaine* de la Saône à l'E.; plateaux et montagnes du *Jura*

au S.-E. — *Versants de la Manche :* SEINE, Yonne, Armançon; — *de l'Atlantique :* LOIRE et Arroux; — *de la Méditerranée :* RHÔNE, Ain, Saône, Ouche, Doubs et Seille. — *Canaux* de Bourgogne, du Nivernais et du Centre.

Agriculture. **Céréales**, maïs, **vins** dits de Bourgogne, moutarde. Élevage de bœufs charolais, de moutons, de poulardes bressanes; **forêts** dans les montagnes; étangs poissonneux, mais insalubres, dans la Dombes.

Industrie. Pierres lithographiques, chaux et ciment, pierres de taille, asphalte, minerai de **fer**, **houille**, **métallurgie**, verreries, tuileries.

401. **AIN**, ch.-l. **Bourg**, 20500 h., *poulardes;* belle église de *Brou.*

S.-pr. : **Belley** †, 6., pierres lithographiques. **Gex**, 2.2, fromages. **Nantua**, 3., bois, tabletterie, ainsi qu'à *Oyonnax*, 6.

Trévoux, 3., dans la Dombes (village d'*Ars*).

Seyssel, sur le Rhône, asphalte. — *Bellegarde*, où se trouvait la *perte du Rhône.*

402. **SAONE-ET-LOIRE**, ch.-l. **Mâcon**, 19.8, sur la Saône. Vins dits *du Mâconnais.* Patrie de Lamartine.

S.-pr. : **Autun** †, 16., dans le Morvan, antiquités gallo-romaines.

Chalon-sur-Saône, 21600 h., chantiers du Creusot, commerce de *vins* et de blé.

Charolles, 3.7, *bœufs* renommés.

Louhans, 4.5, dans la Bresse; volailles.

Le Creusot, 36000 h., possède l'**établissement métallurgique** le plus important de France; *bassin houiller* s'étendant à *Montceau-les-Mines*, 27000 h., métallurgie, *Blanzy*, 5.4, verreries, et *Montchanin*, 4.5, tuileries.

Tournus, 5., pierres de taille. — *Paray-le-Monial*, 4.4, pèlerinage au Sacré-Cœur. — *Digoin*, 6., faïence. — *Cluny*, 4.3, ancienne abbaye de bénédictins, aujourd'hui école nationale de contremaîtres.

403. **COTE-D'OR**, ch.-l. **Dijon** †, 77000 h., place forte sur le canal de Bourgogne; *vins*, vinaigres, pains d'épice et *moutarde.* Patrie de Bossuet; saint Bernard est né aux environs.

S.-pr. : **Beaune**, 13.5, centre de production des meilleurs **vins de Bourgogne** (*Clos-Vougeot, Nuits, Pommard, Volnay,* etc.).

Châtillon-sur-Seine, 5., forges; congrès de 1814. **Semur**, 3.4, sur une presqu'île de l'Armançon.

Auxonne, 6., place forte. — *Citeaux*, ancienne abbaye devenue colonie pénitentiaire. — *Alise* (Alésia), au pied du mont Auxois; statue de Vercingétorix, qui s'y rendit à César en 52 av. J.-C. — *Fontaine-Française*, victoire d'Henri IV en 1595.

404. **YONNE**, ch.-l. **Auxerre**, 22000 h., sur l'Yonne, commerce de *vins* et de bois de chauffage. Belle cathédrale gothique.

S.-pr. : **Avallon**, 6., et **Joigny**, 6., vins. **Sens** †, 15., sur l'Yonne, belle cathédrale.

Tonnerre, 4.4, vins et pierre statuaire.

Chablis, 2.3, *vins blancs* renommés. *Fontenay-en-Puisaye* et *Cravant*, batailles de 841 et de 1423. — *Vézelay*, où saint Bernard prêcha la deuxième croisade, en 1146.

XXX. FRANCHE-COMTÉ, 3 départements.

405. **Historique.** Le territoire de la *Franche-Comté* fit longtemps partie des royaumes bourguignons, puis de l'empire d'Allemagne, sous lequel il fut à peu près indépendant : d'où son nom. La Comté passa aux puissants ducs de Bourgogne et aux maisons d'Autriche et d'Espagne; elle fut conquise par *Louis XIV* et cédée à la France par le traité de Nimègue en 1678.

Divisions. Le *bailliage d'Amont* (Haute-Saône); le *bailliage du Milieu* (Doubs); le *bailliage d'Aval* (Jura).

406. **Généralités.** Pays de plaines unies à l'O., sur la Saône, accidentées et se relevant à l'E. par les **montagnes** du Jura, au N. par les Vosges. — *Versant de la Méditerranée :* Ain, Saône, Oignon, Doubs, Seille. — *Canal* du Rhône au Rhin.

Agriculture. Blé, maïs et vigne; vins; pâturages et excellents bestiaux comtois; **fromages** façon gruyère; forêts des Vosges et du Jura.

Industrie. Sel gemme; eaux minérales; houille; forges; fabrication active d'**horlogerie** de Besançon et du Jura; tabletterie.

407. **HAUTE-SAONE**, ch.-l. **Vesoul**, 10.5, ville d'entrepôt au pied d'une butte conique, dont les pentes sont couvertes de **vignes.**

S.-pr. : **Gray**, 6.7, nombreux moulins à farine. **Lure**, 7., tissus.

Ronchamp, 3.6, houille. — *Luxeuil*, 5.3, bel établissement thermal, dans l'ancienne abbaye. — *Fougerolles*, 5.7, kirsch des Vosges. — *Villersexel* et *Héricourt*, batailles de 1871.

408. **DOUBS**, ch.-l. **Besançon** †, 58000 h., place forte sur le Doubs. Centre de notre fabrication **d'horlogerie** fine et commune.

S.-pr. : **Baume-les-Dames**, 3.3, ainsi nommée d'une grotte (baume) et d'une abbaye.

Montbéliard, 10., sur le Doubs, horlogerie; patrie de Cuvier. — Forges d'*Audincourt*, 5.5.

Pontarlier, 9.5, sur le Doubs, est défendu par les *forts de Joux* et du *Larmont.* Absinthe, fromages, bois de sapin.

409. **JURA**, ch.-l. **Lons-le-Saunier**, 14., qui doit son surnom à ses sources salées.

S.-pr. : **Dôle**, 16.3, sur le Doubs, moulins, scieries, métallurgie; patrie de Pasteur.

Saint-Claude †, 12., tabletterie et ouvrages au tour appelés *articles de Saint-Claude.*

Poligny, 4., et *Arbois*, 4.3, vins blancs.

Salins, 5.6, *sel gemme;* forts. — *Morez*, 5.5, horlogerie. — *Septmoncel*, lapidairerie, fromages.

IX. RÉGION DU SUD-EST

XXXI. SAVOIE, 2 départements.

410. **Historique.** La *Savoie* fit successivement partie de la Gaule celtique, de la Narbonnaise, des divers royaumes des Burgondes, de l'empire d'Allemagne, du royaume de Sardaigne. La maison de Savoie, qui devint puissante dès le XVe siècle, et qui occupe actuellement le trône d'Italie, céda en 1860 la province de Savoie à la France en retour de la Lombardie.

Divisions. La *Savoie propre*, la *Haute-Savoie*, la *Tarentaise* et la *Maurienne* (Savoie); le *Faucigny*, le *Chablais* et le *Genevois* (Haute-Savoie).

411. **Généralités.** Pays **alpestre**, ou entièrement couvert par les ramifications des grandes Alpes, qui sont surmontées de glaciers et de neiges perpétuelles, et entrecoupées de vallées profondes. — *Versant de la Méditerranée :* lacs de Genève, d'Annecy et du Bourget; RHÔNE, Arve, Fier, Isère et Arc.

Agriculture. Peu de céréales; *alpages* ou pâturages des montagnes; élève de bestiaux, de chèvres, de moutons, de vers à soie et d'abeilles; fabrication de fromages.

Industrie peu développée : soieries, eaux minérales, horlogerie, aluminium, scieries, etc.

412. **HAUTE-SAVOIE**, ch.-l. **Annecy** †, 15.6, sur le lac de ce nom, évêché illustré par saint François de Sales. Fonderies de cloches, tanneries.

S.-pr. : **Bonneville**, 2.2. **Saint-Julien**, 1.4. **Thonon**, 7.3, sur le lac de Genève, fromages.

Évian-les-Bains, 3., et *Saint-Gervais-les-Bains.* — *Chamonix*, 2.8, ascension du mont Blanc. — *Cluses*, école d'horlogerie.

413. **SAVOIE**, ch.-l. **Chambéry** †, 23000 h., chamoiseries, soieries.

S.-pr. : **Albertville** 6., place forte; ardoises. **Moutiers-en-Tarentaise** †, 2.6, sur l'Isère. **Saint-Jean-de-Maurienne** †, 3., sur l'Arc.

Aix-les-Bains, 8., près du lac du Bourget, eaux sulfureuses. — *Modane*, sur l'Arc, village où commence le grand tunnel dit du *Mont-Cenis*, long de 12 km, et traversant les Alpes pour déboucher en Italie à la Bardonnèche, sur la Riparia et la route de Turin.

XXXII. DAUPHINÉ, 3 départements.

414. **Historique.** Le *Dauphiné* fit partie de la Gaule celtique, de la Narbonnaise romaine, des royaumes bourguignons et de l'empire d'Allemagne jusqu'au XIIe siècle. Le Dauphin Humbert II légua ses domaines à *Philippe VI*, en 1349, à condition qu'ils seraient l'apanage du fils aîné des rois de France, lequel porterait le titre de *Dauphin.*

Divisions. Le *Graisivaudan* et le *Viennois* (Isère); le *Gapençais*, l'*Embrunois*, le *Briançonnais* (Hautes-Alpes); le *Valentinois*, le *Diois* (Drôme).

415. **Généralités.** Pays **alpestre**, presque entièrement couvert par les ramifications des Alpes, dont les hauts sommets sont couronnés de glaciers et de neiges perpétuelles. Il s'abaisse vers le Rhône, où se trouvent des plaines alluviales. — *Versant de la Méditerranée :* RHÔNE, Isère et Drac; Drôme, Roubion, Aygues et Durance.

Agriculture. **Céréales**, chanvre, mûriers, vignes et arbres fruitiers, surtout dans la vallée du Graisivaudan; alpages : moutons, chèvres et vaches; vers à soie, abeilles.

Industrie. Forges; papiers, toiles, lainages, soieries, gants et liqueurs; marbres, fromages.

416. **ISÈRE**, ch.-l. **Grenoble** †, 77000 h., place forte sur l'Isère. Fabrication de *gants*, de liqueurs et de *ciment;* marbres des Alpes. Bayard est né à *Pontcharra*, en amont.

S.-pr. : **Saint-Marcellin**, 3.3. **La Tour-du-Pin**, 4.; **Vienne**, 25000 h., sur le Rhône, ville ancienne; fabriques de *draps.*

Voiron, 12.7, toiles et soieries. — *Bourgoin*, 7.3, soieries, tourbe. — *Allevard* (forges) et *Uriage*, eaux minérales.

La *Grande-Chartreuse*, célèbre monastère situé dans une vallée agreste et sauvage appelée *le Désert;* (autrefois) *liqueur* très estimée. — *Notre-Dame-de-la-Salette*, près de Corps, sanctuaire très fréquenté à 1800 m. d'altitude.

417. **DROME**, ch.-l. **Valence** †, 29000 h., sur le Rhône, soie et vins. Pie VI y mourut en 1799.

S.-pr. : **Die**, 3.7, sur la Drôme, vin blanc appelé *clairette de Die.*

Montélimar, 13.4, *soie; nougats* renommés (gâteaux de noix ou d'amandes).

Nyons, 3.6, olives et truffes.

Romans, 17., sur l'Isère, peausserie, *cordonnerie.* — *Crest*, 5 6, et *Dieulefit*, tissus et faïence. — *Tain*, vin de l'Ermitage.

418. **HAUTES-ALPES**, ch.-l. **Gap** †, 11., près de la Durance, à 740 m. d'altitude; commerce de produits agricoles.

S.-pr. : **Briançon**, 8., à 1320 m. d'altitude, place forte qui défend, avec *Mont-Dauphin*, la vallée de la haute Durance.

Embrun, 3.5, autrefois archevêché et place forte.

XXXIII, XXXIV. PROVENCE, COMTAT et NICE, 5 départements.

419. **Historique.** Cette partie de la Gaule méridionale fut colonisée par les Grecs et par les Romains. Ceux-ci en formèrent une *province* (d'où le nom de *Provence*), qui dépendit ensuite de la Narbonnaise. Elle fut subjuguée par les Westgoths et par les Sarrasins, fit partie des royaumes de Bourgogne ou d'Arles, de l'empire d'Allemagne, et forma plus tard le *comté de Provence*, qui fut légué à *Louis XI* en 1481, et réuni par Charles VIII en 1487.

Le *comtat* (ou comté) *Venaissin*, capitale *Carpentras*, cédé aux papes en 1229 et 1274, et l'*Etat d'Avignon*, acheté par eux en 1348, furent réunis à la France en 1791. La principauté d'Orange fut réunie par Louis XIV en 1713.

Le *comté de Nice* fut cédé par l'Italie à la France en 1860, *sous Napoléon III.*

Divisions. La *haute Provence* (Basses-Alpes), avec le *Comtat*, etc. (Vaucluse). La *basse Provence*, avec : la *Crau* et la *Camargue* (Bouches-du-Rhône), le *Toulonnais* (Var) et le *comté de Nice* (Alpes-Maritimes).

420. **Généralités.** Pays **alpestre**, très élevé dans les parties orientales, s'abaissant en montagnes moyennes au centre et en légères collines à l'O., pour se terminer par la *plaine* et le *delta* du Rhône. — *Versant de la Méditerranée :* RHÔNE, Sorgue, Durance (Ubaye, Bléone et Verdon); Arc, Argens, Var et Roya. — *Canaux* d'Arles à Bouc et de Saint-Louis.

Agriculture. Vigne, **mûrier**, *olivier*, oranger, tabac; culture des *fleurs odoriférantes* à Nice; forêts, pâturages et élevage de *moutons* dans les Alpes. Chevaux et bœufs de la Camargue.

Industrie. Peu développée dans les montagnes; plus active dans le Comtat et sur la côte; lignite, forges et constructions navales; lainages, chapellerie, soieries; huiles d'olive, savons et parfums; marais salants; stations d'hiver de la « Côte d'Azur ».

421. **VAUCLUSE**, ch.-l. **Avignon** †, 49000 h., sur le Rhône : séjour des papes de 1309 à 1376. Château, cathédrale et remparts de cette époque. Filatures de *soie*.

S.-pr. : **Apt**, 6., et **Carpentras**, 11.5, confiserie.

Orange, 11., arc de triomphe et théâtre gallo-romains. Soieries. Ancienne principauté dont le titre a passé dans la famille de Nassau, qui règne en Hollande et en Luxembourg.

Cavaillon, 10., fruits, melons. — *Vaucluse*, très abondante fontaine, source de la Sorgue.

422. **BOUCHES-DU-RHONE**, ch.-l. **Marseille** †, 551000 h., sur la Méditerranée, fondée par les Grecs, 600 ans av. J.-C.; c'est la **première ville maritime** de la France et la 2e pour la population. En rapport avec les pays méditerranéens, l'Afrique occid., l'Inde, la Chine, elle importe des matières premières, surtout de la soie pour Lyon, des oléagineux pour ses nombreuses **huileries** et **savonneries**; industries alimentaires, constructions navales. Siège glorieux de 1524. Dévouement de Belsunce, son évêque, pendant la peste de 1720. Sanctuaire de Notre-Dame de la Garde.

S.-pr. : **Aix** †, 30000 h., école des arts et métiers. Eaux sulfureuses, commerce d'*amandes* et d'huile d'*olive*.

Arles, 31000 h., port sur le Rhône, à l'entrée de l'île de la Camargue, antiquités romaines.

Tarascon, 9., sur le Rhône, commerce de *saucissons d'Arles*. — **La Ciotat**, 12., constructions navales. — *Salon*, 13., huile d'olives. — *Saint-Louis-du-Rhône*, *Port-de-Bouc* et *Martigues*, 6.3, ports.

423. **VAR**, ch.-l. **Draguignan**, 10., huile d'olive, corroieries.

S.-pr. : **Brignoles**, 4.5, cuirs et fruits.

Toulon, 105000 h., **premier port militaire** de France, sur une double rade fermée. Il fut repris aux Anglais en 1793, après un siège où se révéla le génie militaire de Bonaparte. Arsenal.

La Seyne, 20., sur la rade de Toulon, constructions navales. — **Hyères**, 18., près d'une vaste rade fermée par les *îles d'Hyères*, jouit d'un climat délicieux, qui en fait une station d'hiver; oranges, citrons, huile; salins. Patrie de Massillon. — *Fréjus* †, 4.2, près de la baie de Fréjus, dite aussi de Saint-Raphaël, où Bonaparte débarqua en 1799. Nombreuses ruines romaines.

424. **BASSES-ALPES**, ch.-l. **Digne** †, sur la Bléone, 7.3, commerce de *fruits* secs et confits; prunes dites *brignoles*.

S.-pr. : **Barcelonnette**, 2.4, sur l'Ubaye, à 1133 m. d'altitude.

Castellane, 1.5. — **Forcalquier**, 3., et *Manosque*, 5., lignite, fruits, huile d'olives.

Sisteron, 3.6, place forte dans un défilé de la Durance.

425. **ALPES-MARITIMES**, ch.-l. **Nice** †, 143000 h., **place forte et port** sur la Méditerranée; commerce des *parfumeries*, huiles, *fleurs* et fruits de son riche territoire. Reine des stations hivernales. Patrie de l'astronome Cassini et du maréchal Masséna.

S.-pr. : **Grasse**, 19.8, parfums et *huiles d'olives*. **Puget-Théniers**, 1.2.

Cannes, 30000 h., port, rappelle le débarquement de Napoléon à son retour de l'île d'Elbe. Station hivernale. — *Antibes*, 11., petit port fortifié. — *Menton*, 10., port, station d'hiver, citrons. — **Iles Lérins** : *Saint-Honorat*, ancien monastère; *Sainte-Marguerite*, prison d'État.

426. **MONACO**, 4., est la capitale d'une petite principauté indépendante de 15000 h., enclavée dans le département des Alpes-Maritimes.

XXXV. CORSE, 1 département.

427. **Historique.** La *Corse*, qui appartient à la région italienne, fut soumise aux Carthaginois, aux Romains et, depuis 1347, à la république de Gênes, qui la vendit à la France en 1768.

Divisions. — La *Bande orientale* ou l'*En deçà des Monts*, et la *Bande occidentale* ou l'*Au delà des Monts*.

428. **Généralités.** La Corse est une **île haute**, presque entièrement couverte de montagnes, très élevées au centre et s'abaissant à l'E. sur une côte basse et bordée de lagunes. — *Versant occidental :* Liamone, Gravone et Taravo; — *versant oriental :* Golo et Tavignano.

Agriculture arriérée : tabac, vigne, olivier, châtaignier, oranger, cédratier; exploitation des *forêts;* élevage des moutons et chèvres.

Industrie presque nulle. Exploitation du *marbre* de Corte, du porphyre de Galéria; eaux minérales; fromages, etc.

429. **CORSE**, ch.-l. **Ajaccio** †, 19., ville maritime fortifiée, fait le commerce de corail, vins et fruits. Patrie de Napoléon Ier.

S.-pr. : **Bastia**, 29500 h., port fortifié au N.-E. de l'île; pâtes alimentaires dites *pâtes d'Italie*, marbreries, fonderies du Toga.

Calvi, 2.3, place forte, port.

Corte, 5., statue du patriote Pascal Paoli; **Sartène**, 5., grains et vins.

Bonifacio, 4., sur le détroit qui sépare la Corse de la Sardaigne. — *Porto-Vecchio*, 3.4, sur une magnifique baie, au S.-E. — *Ile-Rousse*, 2., petit port, au N.-O. de l'île.

430a. VOIES NATURELLES ET HISTORIQUES DE COMMUNICATION (Résumé)

Les grandes villes de *Paris*, *Lyon*, *Marseille*, *Bordeaux*, *centres attractifs* situés dans les plaines, sur des fleuves ou sur la mer, ont de tout temps été reliées entre elles : d'abord par les *fleuves* et par des *routes*, plus tard par des *canaux*, et de nos jours par des *chemins de fer*. Toutes ces voies, évitant les hautes montagnes, ont suivi les mêmes directions, qui sont marquées par des *dépressions du sol*.

En effet, ces directions principales sont celles que suivent les lignes de chemins de fer de *Paris à Bordeaux* par Orléans, Tours, Poitiers; — de *Bordeaux* à Cette et *Marseille* par la vallée de la Garonne, le seuil de Naurouse et les plaines du Languedoc et de Provence; — de *Marseille à Paris* par Lyon, Dijon, les vallées du Rhône, de la Saône et de la Seine.

Elles contournent ainsi le massif du *Plateau central*, *pôle répulsif* de la France, laissant en dehors le plateau de Bretagne, les chaînes des Pyrénées, des Alpes et du Jura.

De plus, à ce grand *chemin de ronde* viennent se rattacher : au sud, les routes qui pénètrent en Espagne et en Italie, par le littoral ou par les cols des montagnes; au nord et à l'est, les routes de Paris vers la Belgique, l'Allemagne et la Suisse, si souvent parcourues par les armées.

Heureusement que de nos jours ces routes historiques voient circuler moins souvent les engins de guerre que les produits plus enviables de la paix.

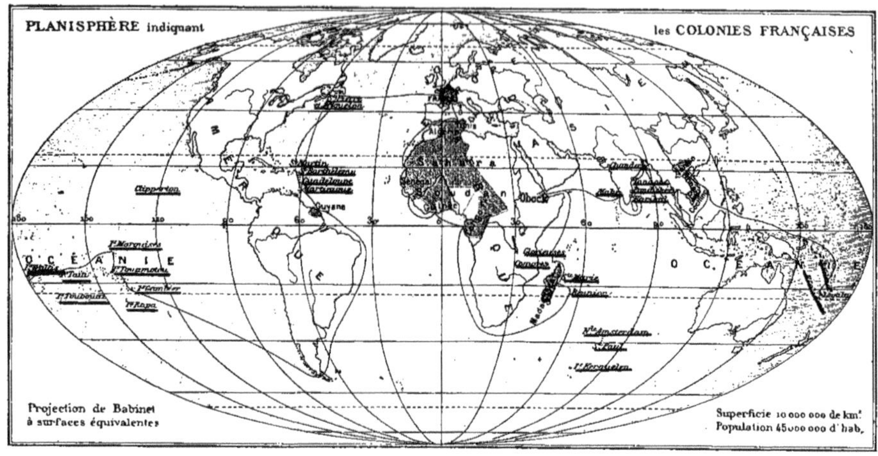

CHAPITRE XV

LES COLONIES FRANÇAISES

§ I. GÉNÉRALITÉS

430. **Résumé chronologique de la colonisation française.** Sans parler des émigrations gauloises vers l'Asie Mineure, ni des Croisades, expéditions militaires et religieuses des XIIe et XIIIe siècles, ni même des tentatives commerciales des Dieppois sur les côtes du Sénégal, aux XIVe et XVe siècles, il faut arriver à François Ier pour trouver nos premières colonies officielles, établies en 1524 à *Terre-Neuve* par le marin florentin Verazzano, et en 1535 au **Canada** par le malouin Jacques Cartier. Au XVIIe siècle, Henri IV fait prendre possession de la **Guyane**; Champlain fonde Québec en 1608; Richelieu enlève à l'Espagne plusieurs Antilles et dispute au Portugal Madagascar (1642). Sous Louis XIV, des colons canadiens descendent le Mississipi et fondent la Louisiane; les îles Bourbon et de France sont annexées, et Colbert fait établir des comptoirs dans l'Inde, à Pondichéry, Chandernagor, etc.

Le XVIIIe siècle débute par des revers : le traité d'Utrecht cède à l'Angleterre les territoires de la baie d'Hudson, Terre-Neuve et l'Acadie; plus tard, le **Dékan**, conquis par Dupleix, est cédé par le traité de Paris (1763), ainsi que tout le Canada, la Louisiane, les Antilles et le Sénégal, etc.; de telle sorte qu'en 1814 la France ne possède plus rien en dehors de l'Europe.

431. **Reconstitution.** Tout dès lors est à recommencer.

1° D'abord, par le traité de 1815, l'Angleterre nous restitue les *comptoirs de l'Inde, Bourbon*, le *Sénégal*, la *Guyane*, la *Martinique* et la *Guadeloupe*, *Saint-Pierre* et *Miquelon*. Avec des droits sur Madagascar, c'était là tout notre actif, soit un ensemble de territoires de 160000 kilomètres carrés environ, avec une population de 3 à 400000 sujets.

2° Mais, à partir de 1830, la conquête d'**Alger**, sous Charles X, ouvre une ère nouvelle, qui se continue en 1842-1843, sous Louis-Philippe, par les acquisitions pacifiques de *Grand-Bassam*, d'*Assinie*, du *Gabon*, de *Nossi-Bé* et de *Mayotte*, des *Marquises* et de *Taïti*.

432. COLONIES	SUPERFICIE	POPULATION 1912	COMMERCE 1910
AFRIQUE	kil. carr.	habitants.	millions
Algérie	530000	5563000	1000
Sahara	2400000	450000	»
Tunisie	120000	1925000	225
Maroc	440000	7000000	»
Sénégal	190000	1170000	145
Mauritanie	900000	225000	»
Haut-Sénégal et Niger	300000	6200000	16
Territ. milit. du Niger	1400000		
Guinée	2[illegible]0000	1740000	50
Côte de l'Ivoire	325000	1220000	30
Dahomey	110000	880000	35
Afrique équat. franç.	1500000	9000000	38
Réunion	2510	175000	30
Mayotte et Comores	2000	98000	4
Madagascar	585000	3050000	80
Somalie française	120000	210000	55
ASIE			
Territoires indiens	510	282000	45
Cochinchine	66000	3050000	530
Cambodge, protectorat	175000	1500000	
Annam, protectorat	160000	5600000	
Tonkin	120000	6100000	
Laos	290000	630000	
Quang-Tchéou	900	160000	
OCÉANIE			
Nouvelle-Calédonie	20000	50000	23
Taïti, *Marquises*, etc.	4000	30000	12
AMÉRIQUE			
Guyane	78000	50000	24
Martinique	987	183000	47
Guadeloupe et dépend.	1870	190000	39
St-Pierre et *Miquelon*	245	4000	15
Totaux, environ	11000000	56000000	2445

3° Napoléon III nous donne la **Nouvelle-Calédonie** (1853) et les îles *Touamotou* (1859); il achève la conquête de l'Algérie, agrandit le Sénégal, achète la côte N.-O. de la *Somalie*, conquiert la **Cochinchine** (1862) et soumet le *Cambodge* à notre protectorat; l'empire des Indes se renouvelle. Notre inventaire colonial donne, en **1870**, un million de kilomètres carrés de territoires, avec environ six millions de sujets.

4° La troisième République a plus de chances encore : *Saint-Barthélemy* des Antilles est rachetée à la Suède en 1877; le protectorat de Taïti devient une annexion (1874); la précieuse **Tunisie** s'ajoute à l'Algérie (1881); le *Haut-Niger* est joint au Sénégal; le *Popo* et *Porto-Novo* sont acquis; le Gabon devient le vaste **Congo français**; la *Somalie* s'agrandit; l'**Annam** et le **Tonkin** nous sont soumis, ainsi que les îles *Comores* et *Wallis;* la fin de 1885 voit le protectorat français établi sur toute l'île de **Madagascar**, annexée en 1895 et destinée à reprendre son titre de « France orientale ».

5° En 1890, l'accord diplomatique conclu avec l'Angleterre nous réserve le droit d'occuper le *Sahara* central, le *Soudan* occidental, ainsi que le *Dahomey*. En 1893, l'Annam porte sa frontière à la rive droite du *Mékong;* ensuite la France se fait céder par le roi de Siam le *Laos*, et par la *Chine* des concessions à bail (n° 496). La convention anglo-française de 1898 nous livre le bassin oriental du Tchad, celle de 1899 le Sahara jusqu'aux monts du Tibesti, celle de 1904 la tutelle du Maroc, confirmée par l'accord franco-allemand de 1911 et devenue protectorat par le traité signé avec le sultan en 1912.

En somme, **onze millions de kilomètres carrés de territoires peuplés de cinquante-six millions d'habitants**, en nombres ronds, c'est un domaine digne de la France, d'autant plus que les divers éléments en sont avantageusement distribués dans les quatre parties du monde. Tels sont notamment le *Maroc*, l'*Algérie*, la *Tunisie*, l'*Afrique occidentale* et *équatoriale*, *Madagascar* et l'*Indo-Chine :* riche patrimoine qu'il importe désormais de développer aux points de vue de la paix sociale, de la civilisation et du progrès économique : améliorations qui sont en voie de se réaliser, plus ou moins, suivant les régions.

Les **ports militaires**, appuis de la marine dans la défense des colonies, sont : *Bizerte, Dakar, Diégo-Suarez, Saïgon, Port-Courbet* (près d'Haï-Phong) et *Fort-de-France*.

§ II. AFRIQUE FRANÇAISE

ALGÉRIE

433. **Historique.** L'Algérie, ainsi nommée de la ville d'Alger, était la partie centrale de la BERBÉRIE, pays des Berbères, autrefois appelé les *États barbaresques*. Depuis la conquête des Turcs, ce pays était un repaire

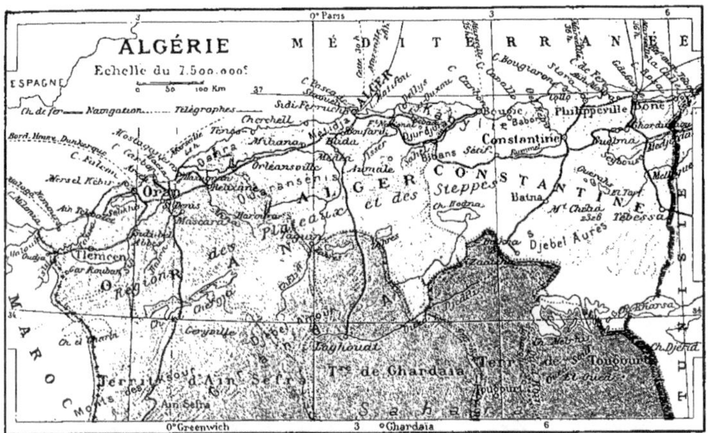

de hardis pirates musulmans, qui assaillaient dans la Méditerranée les flottes des nations chrétiennes, imposaient à celles-ci un tribut humiliant et emmenaient en esclavage de nombreux prisonniers.

En 1827, le dey Hussein-Pacha, ayant insulté le consul français « en le frappant de trois coups de chasse-mouches », donna lieu en 1830 à une expédition militaire qui s'empara d'Alger, prélude de longues guerres qui coûtèrent à la France « six milliards de francs et plusieurs centaines de milliers d'hommes ».

Oran fut occupé en 1831, Bône en 1832, Bougie en 1833. Mais dans l'intérieur, après 1834 et pendant douze ans, l'héroïque résistance d'Abd-el-Kader fournit la période la plus brillante de la conquête, qui fut mêlée de succès et de revers, jusqu'à la reddition de l'émir en 1847.

Constantine avait été pris en 1837, Miliana en 1840; le sultan du Maroc fut battu sur l'Isly en 1844; la Kabylie, conquise de 1850 à 1857. La répression des diverses insurrections porta notre drapeau jusqu'à Laghouat en 1852, Ouargla en 1860, et El-Goléa en 1872. Le massacre du colonel Flatters en 1881, dans la région d'Idelès, n'est pas vengé: mais les accords intervenus avec l'Angleterre déterminent, comme *zone d'influence* exclusivement française, les territoires sahariens au sud de l'Algérie et de la Tunisie, jusqu'au Niger, au lac Tchad et aux monts du Tibesti.

434. **L'Algérie** est la plus belle colonie de la France, qu'elle prolonge par delà la Méditerranée, à 24 heures de Marseille.

Comprise entre la Méditerranée au nord, la Tunisie à l'est, le Maroc à l'ouest, l'*Algérie* couvre 530000 kilom. carrés, égalant ainsi la métropole. Le *Sahara algérien* est une zone d'influence complémentaire de 2400000 kilom. carrés.

435. **Littoral.** Orientée d'ouest en est, la côte algérienne (1100 km) est peu hospitalière : rocheuse en général sans être découpée, elle n'a que des rades trop ouvertes au vent; c'est à l'abri de leur pointe N.-O. que se blottissent les ports. Les principales *baies* sont : celle d'*Oran*, derrière le cap Falcon, avec la bonne rade de *Mers-el-Kébir*; celles: d'*Arzeu*, précédée par le cap Carbon; d'*Alger*, entre les caps Pescade et Matifou; de *Bougie*, bien protégée par le cap Carbon oriental; de *Stora*, avec le port de Philippeville, entre les caps Bougiarone et de Fer; enfin la rade de *Bône*, derrière le cap de Garde.

436. **Montagnes.** L'Algérie est couverte par le massif montagneux de l'*Atlas*, composé de deux chaînes sensiblement parallèles au littoral, très ramifiées et que sépare une région déprimée dite les *Hauts-Plateaux*.

La chaîne du N., ou l'Atlas tellien, comprend le *Dahra*, au N. du Chéliff; l'*Ouarsénis*, dans la courbe de ce fleuve; le *Djurdjura* (2308 m.), dans la Grande-Kabylie; les *Bibans*, avec la gorge des Portes de Fer, au S.; les monts *Babor*, en Petite-Kabylie; les *monts de Constantine*.

La chaîne du sud, ou l'Atlas saharien, renferme les monts des *Ksour*; le *Djebel Amour* et le *Djebel Aurès* avec le *Chélia* (2328 m.), point culminant de l'Algérie.

437. **Hydrographie.** Les cours d'eau de l'Algérie (*oueds*) sont torrentiels et la plupart tarissent dans la saison sèche; on les fait servir à l'agriculture par de nombreux barrages, qui facilitent l'irrigation du sol.

Les oueds *telliens* sont, de l'O. à l'E. : la *Tafna*, la *Macta*, le *Chéliff*, qui seul traverse les Hauts-Plateaux, l'*Isser*, le *Sébaou*, le *Sahel*, le *Rummel* et la *Seybouse*, tous tributaires de la Méditerranée.

La *Tafna* reçoit l'*Isly*, rivière du Maroc qui rappelle la victoire de Bugeaud en 1844. — La *Macta*, formée de l'*Habra* et du *Sig*, se termine dans la baie d'Arzeu.

Le **Chéliff**, 650 km, le plus long de tous, naît au Djebel Amour, passe à Taguin, au S. de Miliana, à Orléansville et reçoit la *Mina*, qui arrose les cultures industrielles de Relizane.

L'*Isser* limite à l'ouest et le *Sahel* à l'est la Grande-Kabylie, que traverse le *Sébaou*.

Le *Rummel*, 235 km, coule dans les gorges de Constantine et, sous le nom d'*Oued-el-Kébir* (la grande Rivière), limite à l'est la Petite-Kabylie.

La *Seybouse* passe à Guelma et finit à Bône.

Les oueds des *Hauts-Plateaux* se terminent dans les bassins fermés des chotts.

Le *Sahara* n'a que des lits de rivière à sec, conduisant à la dépression du Touat : oued *Saoura*, ou au chott Melrhir : *Djeddi*, oued *Rhir*, formé de l'*Igharghar* et de l'oued *Mya*.

438. L'Algérie n'a pas de lac, mais des chotts, nappes saumâtres, qui se dessèchent la plupart pendant l'été en déposant une croûte saline.

Tels sont : sur la côte, la *sebkha d'Oran* et celle de *Fezzara*, près de Bône; sur les Hauts-Plateaux, les *chotts Gharbi* et *Chergui*, les deux *Zahrès*, les chotts *Hodna* et *Tharf;* dans le Sahara, le grand *chott Melrhir*, dont le niveau est inférieur de 27 m. à celui de l'Océan.

439. **Régions naturelles.** L'Algérie se divise en trois régions au point de vue physique, climatérique et économique : le Tell, les Hauts-Plateaux et le Sahara.

1° **Le Tell** proprement dit est la partie nord de l'Atlas tellien, où s'encadrent les *plaines* et *vallées sublittorales*, basses et très fertiles; il jouit d'un climat *tempéré*, avec des étés chauds et secs, des hivers doux et pluvieux; c'est le pays des arbres fruitiers et des cultures.

2° Les **Hauts-Plateaux**, entre les deux chaînes de l'Atlas, constituent un vaste bassin qui s'abaisse et se rétrécit de l'ouest à l'est: de climat plus sec et plus *continental* que le Tell, c'est en été le pays des steppes de graminées et de la vie pastorale.

3° Le **Sahara algérien** est une vaste contrée composée de plaines, de dunes sablonneuses (*erg*) et de plateaux pierreux (*hamada*), avec les deux *dépressions* du Touat au S.-O. et des chotts au N.-E.; tout au sud s'élève le massif montagneux du *Ahaggar*. D'une sécheresse extrême, torride le jour et glacial la nuit, il est aride et parcouru par des nomades Touareg. Les *oasis*, parties arrosées, sont cultivées (dattiers) et habitées : celles de Laghouat, Zaatcha, Biskra, Ouargla, Tougourt, El-Goléa, Insalah.

440. **Ethnographie.** L'Algérie, colonie de peuplement, compte 5563000 habitants, dont 495000 dans le Sahara : Berbères, en majorité, Arabes et Maures, tous mahométans et parlant le berbère ou l'arabe; Européens, au nombre de 700000, dont 450000 Français, y compris les nombreux naturalisés, juifs et autres. Les étrangers sont des Espagnols à l'O., des Italiens et des Maltais ailleurs.

441. **Administration.** L'Algérie est administrée par un gouverneur général civil.

Elle comprend les **trois départements** d'*Alger*, d'*Oran* et de *Constantine*, divisés chacun en territoire civil et en territoire de commandement. En outre, au sud, une partie séparée des *territoires* militaires d'*Aïn-Sefra*, des *Oasis*, de *Ghardaïa* et de *Tougourt*. (V. 458.)

Le **territoire civil** de chaque *département* est administré par un préfet et divisé en *arrondissements*, parfois avec *cantons*. Les *communes* sont, ou de *plein exercice*, c'est-à-dire assimilées aux communes de la métropole, ou *mixtes :* ce sont celles où domine l'élément indigène.

L'administration de la *justice* est analogue à celle de la France, sauf que les indigènes sont parfois jugés par leurs *cadis*. Il y a douze tribunaux de première instance, quatre cours d'assises et une cour d'appel (Alger).

Le territoire de commandement, administré par un général de division, comprend des communes *mixtes* et des communes *indigènes*.

Chez les indigènes, la base de la constitution sociale est le *douar* (village), réunion de tentes et de *gourbis* (huttes). En se groupant, les douars forment successivement des *ferkas* (communes obéissant à un cheik); — des *tribus*, commandées par un caïd (on en compte plus de mille); — des *aghaliks*, soumis à un agha, chef de la milice, et à un cadi, juge civil et religieux, tous agissant sous le contrôle d'un officier français.

442. L'Algérie forme avec la Tunisie notre **19e région de corps d'armée**, dont le quartier général est à Alger. Les troupes sont composées de corps spéciaux : chasseurs d'Afrique et zouaves (français), tirailleurs et spahis (indigènes), etc.

Elle est divisée en **trois diocèses**, dont un archevêché, Alger, et deux évêchés, Oran et Constantine.

Pour l'instruction publique, elle forme l'*académie d'Alger*. Les musulmans ont des écoles coraniques.

443. **Département d'Alger**, ch.-l. **Alger**; sous-préfectures *Médéa*, *Miliana*, *Orléansville*, *Tizi-Ouzou*.

Alger ✝, 150 000 hab., ville forte, bâtie en amphithéâtre sur la Méditerranée, est la capitale de l'Algérie et le centre principal du commerce et de la navigation.

Depuis le XVIe siècle cette ville avait été un repaire de pirates qui infestaient les côtes de la Méditerranée; elle fut prise par les Français en 1830.

Staouéli, près d'Alger, où nos troupes remportèrent leur première victoire. Le gouvernement y établit une colonie pénitentiaire, sous la direction des Trappistes.

Boufarik, 9., centre agricole dans la plaine de la Metidja.

Blida, 35., jolie ville dans une forêt d'orangers.

Médéa, 16., est un important marché, ainsi que *Aumale*, 6., position militaire aux sources du Sahel.

Miliana, 9., et **Orléansville**, 12., dans la vallée du Chéliff, sont des marchés agricoles. — **Tizi-Ouzou** et *Fort-National* surveillent la Grande-Kabylie. — *Ténès*, 4.5, *Cherchell*, 9., *Dellys*, 14., petits ports.

444. **Département d'Oran**, ch.-l. *Oran*; sous-préfectures *Mascara*, *Mostaganem*, *Sidi-bel-Abbès*, *Tlemcen*.

Oran ✝, 100 000 h., est le 2e port de l'Algérie et le 6e de France; il est fortifié.

De 1509 à 1792, il a été soumis aux Espagnols, qui sont plus de 150 000 (en partie naturalisés) dans la province. — La rade de *Mers-el-Kébir* est une station de pêche.

Tlemcen, 40 000 h., sur un plateau, fut le siège d'une sultanie; belles cultures et sources abondantes.

Sidi-bel-Abbès, 27.; **Mascara**, 22., ancienne capitale d'Abd-el-Kader, et *Saint-Denis-du-Sig*, 12., sont des centres agricoles florissants.

Mostaganem, 22., port près de l'embouchure du Chéliff.

Mazagran, belle défense de 123 Français contre les Arabes en 1840. — *Arzeu*, 6., port, exporte grains, bestiaux, alfa.

445. **Département de Constantine**, ch.-l. *Constantine*; sous-préfectures *Batna*, *Bône*, *Bougie*, *Guelma*, *Philippeville*, *Sétif*.

Constantine ✝, 57 000 h., l'ancienne *Cirta* des Romains, est une ville forte située sur un plateau rocheux et en partie entourée par les gorges profondes du Rummel. Elle fut prise d'assaut en 1837. — Céréales.

Philippeville, 25., bâtie par les Français en 1838, est un port qui fait le commerce des denrées de la province.

Bougie, 17., ancienne capitale des *Vandales*, est un petit port fortifié; huiles et fruits.

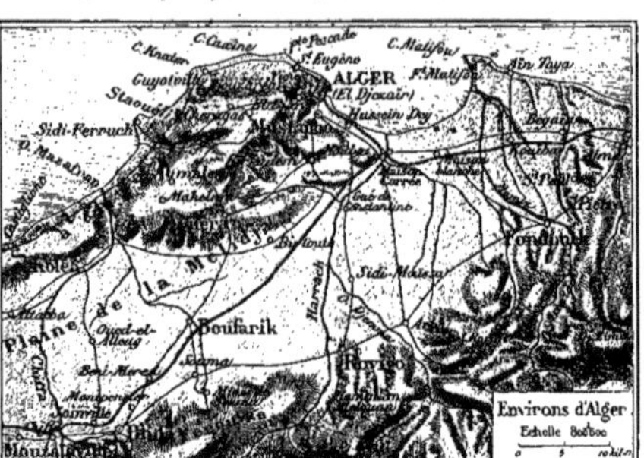

Environs d'Alger
Echelle 800 000

Bône, 40., près des ruines d'Hippone, illustrée par saint Augustin; port très actif.

La Calle, 5., ville maritime, sur la frontière tunisienne, exporte du corail et du liège.

Guelma, 8., et **Sétif**, 20., dans l'intérieur, font le commerce de bestiaux. — **Batna**, 7., place militaire. — *Tébessa*, centre d'exploitation des phosphates. — *Biskra*, 7., ville d'hiver; dattes, olives.

446. **Agriculture**. L'Algérie est essentiellement agricole. Le Tell produit les *céréales* : froment, orge, avoine; le *vin*, les *olives*, le *tabac*, les *primeurs*, les *oranges* et *figues*, le *liège*; les Hauts-Plateaux donnent l'*alfa* (textile); les oasis, des *dattes*, grâce surtout aux puits artésiens. L'*élevage* des animaux domestiques est également prospère : *bœufs* dans le Tell, *moutons* et *chèvres* sur les Hauts-Plateaux, *chameaux* dans le Sahara, *mulets* et *ânes* porteurs, enfin le célèbre *cheval* arabe, qui diminue.

Industrie. L'exploitation des mines et carrières, qui va progressant, fournit le *fer* des environs d'Oran (Béni-Saf); d'Alger, de Bône (Aïn-Mokra); du plomb, du zinc, des *marbres*; des *phosphates* à Tébessa, du *pétrole* sur le Chéliff, le *sel* des chotts et des mines; il y a de nombreuses *sources thermales*. Mais, faute de houille noire ou blanche, la grande industrie manufacturière ne peut se développer; les Européens traitent quelques produits agricoles dans les minoteries, distilleries, huileries, fabriques de vins et de liège.

447. **Commerce**. Le *commerce intérieur* possède de bonnes *routes*, mais il n'a aucune rivière navigable. Une artère centrale de *chemins de fer*, parallèle à la côte, va de la frontière marocaine à Tunis, par Alger et Constantine, tandis que des lignes perpendiculaires, dites de *pénétration*, vont d'Arzeu à Colomb-Béchar, de Philippeville à Biskra, de Bône à Tébessa, etc.

Le *commerce extérieur* a dépassé, en 1910, un milliard de francs, dont plus des trois quarts avec la France, le reste avec l'Angleterre, l'Espagne, l'Italie, etc.

Importation de *tissus* de coton et de laine, vêtements et autres objets *manufacturés*, vins, sucres, café, houille.

Exportation de *produits agricoles : céréales* et farines, fruits et primeurs, *vins*, *huile* d'olive; tabac, crin végétal, *liège*, *alfa*; de *bestiaux*, peaux, laines; de *minerais* de fer, zinc, plomb, de phosphates.

Le **transit** pour le Sahara et le Soudan est très faible et se fait par caravanes.

Les **ports** principaux sont Alger, Oran, Philippeville et Bône, en relation surtout avec Marseille.

Des *télégraphes* relient les principales villes. Des câbles sous-marins rattachent Alger, Oran, Bône à Marseille; un autre, Bône à Bizerte, Tunis et la Sicile.

TUNISIE

448. **Historique**. La Tunisie ou régence de Tunis, qui rappelle la dernière croisade et la mort de saint Louis, comme aussi la captivité de saint Vincent de Paul, était depuis le XVIe siècle sous la dépendance des Turcs, lorsqu'en 1881 quelques cas de maraudage des tribus kroumires sur la frontière algérienne amenèrent une expédition française, qui prit Tunis et Kairouan, bombarda Sousse, Sfax, etc. Le bey de Tunis dut signer le traité du Bardo, qui, malgré la protestation de la Turquie et de l'Italie, plaça la Tunisie sous le protectorat français, tout en lui conservant son autonomie administrative. L'Angleterre s'était désistée de ses droits de protectorat établis en 1873.

449. **Bornes**. La Tunisie est *bornée* au N. et à l'E. par la Méditerranée, au S. par la Tripolitaine et le Sahara, à l'O. par l'Algérie, dont elle est le prolongement physique, aussi bien que l'annexe politique. Sa **superficie** est de 120 000 km².

Le **littoral** tunisien, plus découpé que celui de l'Algérie, est élevé et rocheux au nord, bas et sablonneux à l'est. On y remarque la *baie de Bizerte*, les golfes de *Tunis* et d'*Hammamet*, celui de *Gabès*, ou petite Syrte; les *îles Kerkennah* et l'île *Djerba*; le *cap Blanc*, le plus septentrional de l'Afrique, et le cap *Bon*, qui termine la presqu'île de *Dakhéla*.

450. Le **relief** du sol est marqué par l'*Atlas* oriental. Il présente, au nord de la Medjerda, les *monts de Kroumirie*; au sud, les *monts de Zeugitane*, avec les *djebels Zaghouan* et *Serdj*; au sud-ouest, le *djebel Chambi*, 1 600 m., point culminant. La *Steppe*, au sud, est un plateau mamelonné. La zone côtière de l'E. est plate.

451. **Hydrographie**. Le versant méditerranéen est arrosé par la *Medjerda* et la *Miliana*, qui se jettent dans le golfe de Tunis. Des oueds débouchent dans les chotts.

La *Medjerda*, 375 km, seul fleuve tunisien important, vient, ainsi que son grand affluent le *Mellègue*, de la province de Constantine (Algérie); elle reçoit, en outre, le *Khaled*, « rivière jaune, » et le *Siliana*, baigne Ghardimaou, Testour, Tebourba, et va finir dans la baie de Porto-Farina, au N.-O. du golfe de Tunis.

Les principaux **chotts** sont : le chott *Kelbia*,

la sebkha *Sidi-el-Hani*, les chotts *Rharsa* et *Djérid;* celui-ci est la plus grande nappe salée de toute l'Afrique; son niveau est inférieur à celui de la Méditerranée.

452. **Climat et productions**. Il n'y a en Tunisie que deux régions : le **Tell** et le **Sahara**. Le **Tell** est montueux et jouit d'un climat supportable pour les Européens; sa plaine médiane est très fertile, ainsi que le *Sahel*, zone plate de l'est, se rattachant au sud à la Steppe d'alfa. Le **Sahara**, au climat torride, possède de nombreuses oasis. Les productions naturelles sont analogues à celles de l'Algérie.

453. **Ethnographie**. La Tunisie renferme près de 2000000 d'hab., la plupart de race berbère, plus ou moins mêlée d'Arabes. Ils sont mahométans et parlent l'arabe.

On compte 75000 Juifs, en partie naturalisés français, et environ 135000 Européens : Italiens, Français et Maltais.

454. **Administration**. Bien que soumise à la France, la Tunisie est une monarchie héréditaire. Mais, à côté du *bey* ou souverain, est le *résident général de la République*, chargé des affaires étrangères et de la haute surveillance de l'administration intérieure. De même, les 13 circonscriptions administratives de la Tunisie ont à leur tête un *contrôleur civil français*, qui surveille et conseille les *caïds* et les autres chefs indigènes, dont le code civil est le Coran. — L'archevêché de Carthage, joint à Tunis, a été rétabli en 1883.

455. **Villes. Tunis** ✝, 230000 hab., est l'une des plus grandes villes de l'Afrique. Située au fond d'une lagune presque fermée, elle a aujourd'hui un port accessible aux plus grands navires, lesquels s'arrêtaient jadis dans l'ex-avant-port de *la Goulette*. Elle fabrique quelques tissus, des bijoux, selles, maroquins, tapis, essences de fleurs; elle expédie des phosphates et minerais, des céréales, fruits, vins et huiles.

Tunis doit son importance à la seconde destruction de Carthage par les Arabes au VIIe siècle. Elle fut assiégée en 1270 par saint Louis, qui mourut de la peste sous ses murs. On a élevé un monument à la mémoire du pieux roi sur les ruines de Carthage, situées à 15 kilomètres au N.-E.

Bizerte, 20., au débouché d'un lac profond, a un port marchand et surtout un vaste port militaire. — *Le Kef*, 5., s'élève sur un rocher, dans une région de phosphates. — *Béja* est le principal marché aux grains du pays.

Kairouan, 25000 hab., autrefois siège d'un khalifat puissant, est encore la cité sainte des musulmans tunisiens. Elle fabrique des vêtements et des tapis de luxe.

Sousse, 20., est le port de Kairouan et une ville forte. Ses environs, riches en oliviers, produisent beaucoup d'huile. — *Monastir*, 9., et *Mahédia*, 8., autres ports assez fréquentés.

Sfax, 50000 hab., est devenu le premier port tunisien pour l'expédition des marchandises, grâce surtout aux phosphates.

Gabès, petit port sur le golfe de ce nom, est moins une ville qu'un groupe de villages d'une oasis comptant 12000 habitants.

Gafsa est dans le Beled-Djérid, ou pays des Palmes, aux excellentes dattes, et près des grandes carrières de phosphates de *Metlaoui*.

L'île **Djerba**, ou Gerbi, compte 40000 habitants d'origine berbère : jardiniers, tisserands, pêcheurs, ils passent pour les indigènes les plus industrieux de la Régence.

456. **Industrie et commerce**. En pleine et active transformation économique, la Tunisie produit les mêmes *végétaux* et *animaux* que l'Algérie, et elle exploite les mêmes minéraux : *phosphates* de l'ouest, *fer* de la Kroumirie, riche aussi en liège; zinc, *marbre*, etc. Mais aussi la houille manque, et la grande industrie manufacturière ne peut se développer. Les Européens s'occupent de vinification, huilerie, distillerie de fleurs, etc. L'industrie indigène décline naturellement, ne pouvant lutter contre les produits similaires d'Europe : tissus et objets divers.

Des *chemins de fer* relient Tunis à l'Algérie, ainsi qu'à la Goulette, Bizerte, le Kef, Sousse, Kairouan, Sfax, Gafsa. Le réseau télégraphique intérieur se rattache, par câbles sous-marins, avec Bône, la Sicile, la Corse et la France.

Le *commerce extérieur* atteint une valeur de 225 millions de francs; il consiste pour la moitié dans l'exportation des céréales, huiles, fruits, minerais, phosphates, etc., et pour l'autre moitié dans l'importation de marchandises venant de France, d'Angleterre par Malte, d'Italie, d'Algérie, etc.

Les *transports* se font par caravanes vers le Sahara, par chemins de fer vers Bône et l'Algérie, par les ports de Tunis, Sfax, Sousse, Bizerte, vers Malte, l'Italie, la France, etc.

Pour le **Maroc**, *voir page* 59.

SAHARA

457. **Sphère d'influence française**. Par les traités de 1890, 1898 et 1899, le gouvernement britannique reconnaît la zone d'influence de la France au sud de ses possessions méditerranéennes (Algérie-Tunisie) jusqu'au Niger, au lac Tchad et aux monts du Tibesti.

En conséquence, le Sahara français, s'étendant à l'ouest jusqu'à l'Atlantique et au sud jusqu'au Sénégal-Niger-Tchad, embrasse une étendue qui égale huit fois celle de la France.

La population est évaluée à deux millions d'habitants, Berbères plus ou moins mêlés d'Arabes et de Nègres, appelés *Maures* à l'ouest, *Touareg* au centre, *Tibbous* à l'est.

458. Le **Sahara français** renferme : 1° au centre, le *massif montagneux du Ahaggar*, d'où descendent, au N., la vallée de l'*Igharghar* vers le chott *Melrir;* au sud, des ouaddis du *Taderret* vers le Niger; 2° au S.-E., les monts de l'*Aïr* et du *Tibesti*.

On y distingue 6 régions administratives, dont 4 au nord du tropique (Sahara algérien) et 2 au sud (Afrique occidentale).

Au sud du département de Constantine, le *territoire militaire de* **Tougourt** comprend le bassin du chott Melrir, la vallée de l'oued Igharghar et les villes de *Biskra* et *Tougourt*.

Au sud du département d'Alger, le *territoire militaire de* **Ghardaïa** comprend les villes de *Laghouat* et *Ghardaïa*.

Au sud du département d'Oran, le *territoire militaire d'***Aïn-Sefra** comprend les bourgs de Géryville et d'*Aïn-Sefra*, les oasis de *Figuig* et d'*Igli*. — A l'ouest, oasis du *Tafilelt* marocain.

En plein Sahara s'étend le vaste *territoire militaire des* **Oasis**, comprenant le Touat avec *Insalah*, le Gourara, le Tidikelt, *El Goléa*, *Ouargla*, *Temassinin* et *Idelès*.

Pour les territoires du sud, voir ci-après.

Dans un but stratégique autant que commercial, on vient d'étudier le tracé d'un *transsaharien* qui, du Sud-Algérien, se dirige d'une part sur le lac Tchad, de l'autre vers la vallée du Moyen-Niger.

AFRIQUE OCCIDENTALE FRANÇAISE

459. Sous ce titre, l'administration coloniale range les 5 *colonies* du **Sénégal**, du **Haut-Sénégal et Niger**, de la **Guinée**, de la **Côte de l'Ivoire** et du **Dahomey**, le *territoire militaire du* **Niger** et le *territoire civil de la* **Mauritanie**.

Le gouverneur général, résidant à *Dakar*, correspond avec les chefs de ces colonies et territoires, qui, physiquement, font partie du *Soudan*, de la *Guinée* ou du *Sahara*.

La *superficie* de cette immense région

est d'environ 4 millions de km², avec une *population* de 9 000 000 d'habitants.

COLONIE DU SÉNÉGAL

460. **Historique.** Le Sénégal est la plus ancienne de nos colonies. Des marins dieppois paraissent y avoir abordé dès le XIVe siècle, mais sans y rien fonder de stable avant l'année 1626. Gorée et Rufisque furent enlevés en 1677 aux Hollandais, et le fort de Podor construit en 1743. Mais le vrai progrès colonial date seulement de l'administration de Faidherbe, qui, en 1857, refoula les conquérants arabes.

461. La **colonie du Sénégal**, formée de plateaux à l'intérieur, s'étend sur le *littoral*, depuis le nord du fleuve jusqu'au delà du cap *Vert;* elle comprend le *bassin du bas* et *moyen Sénégal* jusqu'à Bakel, et ceux de la *Gambie* centrale et de la *Casamance.*

Le fleuve **Sénégal** (1200 km) est formé par le *Bafing* et le *Bakoï*, se réunissant à Bafoulabé; il se grossit de la *Falémé*, baigne Kayes, Bakel, Podor, et se divise dans son cours inférieur en plusieurs branches ou marigots, qui se réunissent vers Saint-Louis pour gagner la mer.

Le **climat** sénégalien, très chaud, fiévreux, est pernicieux pour les Européens. — Les richesses naturelles sont remarquables, mais encore peu exploitées.

462. La *colonie* du Sénégal renferme, outre 4000 blancs, 1 170 000 nègres, la plupart régis par des roitelets ou chefs indigènes, soumis à notre protectorat.

463. **Villes.** Le chef-lieu est **Saint-Louis** (25 000 hab.), bâti sur un îlot du Sénégal, à 15 kilom. de son embouchure, dont l'accès est assez difficile. Son commerce est actif.

En remontant le fleuve on trouve : *Dagana, Podor, Saldé, Matam* et *Bakel.*

Dakar, 26., port militaire et marchand, à l'extrémité du cap Vert, est la résidence du gouverneur de l'Afrique occidentale. — *Rufisque*, 12., est le port d'exportation des arachides du Cayor.

Le territoire civil de la **Mauritanie**, au nord du Sénégal, est peuplé de Maures; on y exploite, près de la côte, le banc poissonneux d'*Arguin* et, au sud, des forêts de gommiers. — Ch.-l. *Tidjikdja*, dans le Tagant.

COLONIE DU HAUT-SÉNÉGAL ET NIGER

464. **Historique.** Le Niger fut découvert vers l'an 1800 par l'Écossais Mungo Park. En 1826, le Français René Caillié parvint à Tombouctou. Depuis 1880, la guerre contre les chefs arabes : Ahmadou, roi de Ségou-Sikoro; Thiéba, roi de Sikasso, et surtout Samori, roi des Malinkés, sur le haut Niger, a agrandi successivement le champ d'action de la France, de même que le voyage de *Binger*, puis ceux de *Monteil*, Toutée, Decœur, dans la « boucle du Niger », où ils signèrent des traités d'alliance avec un grand nombre de chefs (1887-96). En 1894, Tombouctou, occupé par le colonel Bonnier, est devenu un centre d'opérations. En 1904, un accord anglo-français a délimité les territoires d'accès au lac Tchad.

464. La **colonie du Niger** (officiellement HAUT-SÉNÉGAL ET NIGER) comprend la partie du Soudan qui s'étend depuis le Sénégal jusques et y compris la boucle du Niger.

Le **relief** du sol y accuse un vaste plateau de 600 mètres d'altitude, traversé ou circonscrit par la vallée du Niger et surmonté par les monts *Hombori*, 800 m., et ceux du *Mossi*, 1800 m., situés dans la boucle nigérienne.

Le **Niger**, l'un des quatre grands fleuves africains (4000 km), décrit une vaste courbe N.-E. S.-E. Il descend du Kouranko, baigne Bammako et Ségou, reçoit le *Bani* dans un bassin deltaïque et lacustre, passe au S. de Tombouctou et se dirige vers le golfe de Guinée par le Soudan anglais.

Les *Volta noire* et *blanche* forment la *Volta*, qui se dirige au sud vers la Côte de l'Or.

Le **climat** du Soudan est très chaud et ses productions naturelles, très variées, sont toutes celles propres aux contrées intertropicales : bananes, arachides, gomme, caoutchouc, ivoire, riz, coton, céréales, bois d'ébénisterie.

466. La **population** est évaluée à 5 millions d'hab.. qui sont de races *nègre : Mandingues* indigènes, ou *rougeâtre : Peuls* ou *Fellatas*, conquérants musulmans venus de l'est; il y a des *Touareg* nomades vers le Sahara. Ces peuples sont pasteurs, agriculteurs, tisserands (de coton), forgerons, bijoutiers même et commerçants.

Villes. La colonie du Haut-Sénégal et Niger a pour chef-lieu *Bammako*, sur le Niger, relié par chemin de fer avec *Kita*, sur le plateau, *Bafoulabé* et *Kayes*, sur le haut Sénégal. — Sur ou non loin du Niger, se trouvent *Koulikoro, Ségou, Mopti*, port actif, *Tombouctou*, grand marché soudano-saharien. *Djenné* est sur le Bani, affluent de droite ; *Ouagadagou*, dans le Mossi.

Le **territoire militaire du Niger**, à l'est du fleuve, a pour chef-lieu *Zinder*, place forte et commerçante, sur la route du Tchad. *Agadès*, dans l'AÏR, et *Bilma* en font partie, ainsi que le TIBESTI.

467. **Commerce.** Les colonies du Sénégal et du Niger font un commerce de 160 millions, dont les $^2/_3$ avec la France; elles exportent, pour Marseille principalement, des arachides (graines oléagineuses), de la gomme (pour Bordeaux), du caoutchouc, des peaux, de l'ivoire, de l'or.

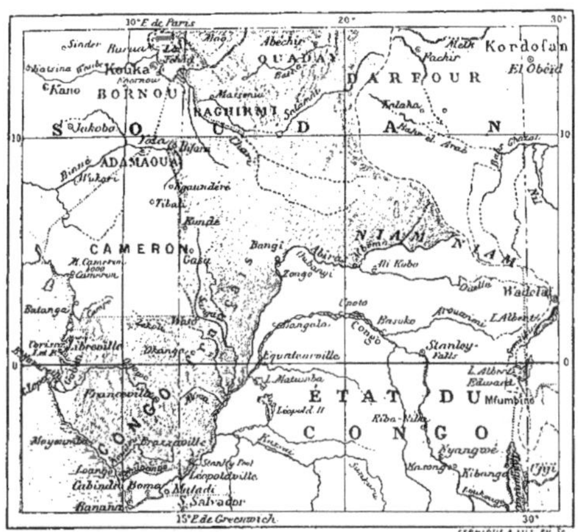

Le fleuve *Sénégal* est navigable depuis Kayes; le *Niger*, depuis Koulikoro (grande batellerie). Un chemin de fer relie Saint-Louis à Thiès et Dakar; un autre, Thiès à Kayes, et un 3e, Kayes à Bammako et Koulikoro.

COTES DE GUINÉE

468. **Historique.** Les marins dieppois visitèrent la Guinée au xve siècle. En 1842, Louis-Philippe chargea le lieutenant de vaisseau, plus tard amiral Bouët-Willaumez, de prendre possession des territoires de *Grand-Bassam*, d'*Assinie* et du *Gabon*.

Le petit royaume de *Porto-Novo* fut placé en 1863 sous notre protectorat. En 1889 et 1890 par suite de délimitations tracées d'accord avec l'Angleterre et l'Allemagne, le *Dahomey* fut acquis à notre influence; il a été conquis en 1892 sur le tyran Behanzin.

Colonie de la Guinée.

469. La colonie de Guinée, au nord du Sierra-Leone, comprend les massifs du *Fouta-Djalon*, du *Kouranko* et de *Konian*, les bassins supérieurs du *Sénégal*, du *Niger*, de la *Gambie*, et les rivières dites du *Sud: Cogon, Rio Nunez, Rio Pongo, Dubréka, Mellacorée*. — C'est la partie de notre Afrique occidentale la plus favorable à la colonisation.

Konacry, 17., chef-lieu, port florissant, d'où part une voie ferrée vers *Timbo*, puis *Kouroussa*, sur le Niger navigable.

Colonie de la Côte de l'Ivoire.

470. Cette colonie, située entre Libéria et la Côte de l'Or, a pour chef-lieu *Bingerville*, tête de ligne ferrée, au nord de la lagune d'*Ebrié*. Elle renferme les anciens comptoirs de *Grand-Bassam* et d'*Assinie*, sur le littoral bas et insalubre, les bassins du *Comoé* et autres, le pays montueux de Kong, avec les marchés de *Kong*, 15., et *Bondoukou*.

Colonie du Dahomey.

471. Le Dahomey, longtemps désolé par la cruauté de ses mœurs, avait pour capitale *Abomey*. La colonie de ce nom a pour ch.-lieu *Porto-Novo*, 50; limitée par le Togo et la Nigéria, elle comprend: 1o sur la côte des Esclaves, les ports de *Porto-Novo*, *Kotonou*, tête d'un chemin de fer, et *Ouidah*, 15.; — 2o dans l'arrière-pays, outre *Abomey*, 20., le poste de *Carnotville* et, sur le Niger, *Say*.

AFRIQUE ÉQUATORIALE FRANÇAISE

472. **Historique.** Bien que fondé depuis 1842, l'établissement du Gabon n'eut d'importance qu'après la découverte du Congo par Stanley, en 1877. Pierre de Brazza planta le drapeau français sur la rive nord du Stanley-Pool en 1880. Le roi des Belges céda en 1885 à la France la rive droite du Congo moyen, et en 1887 celle de l'Oubangui, de manière que les explorateurs Cholet, Crampel, Dibowsky, Mizon, Maistre, Gentil, Liotard, Marchand, Lamy, purent successivement reporter les limites de notre Afrique équatoriale jusqu'au lac Tchad et au bassin du Nil.

473. Cette vaste possession est située entre le Cameroun allemand, qui la traverse en deux endroits, et le Congo belge. Au S.-O., son territoire est montueux (*monts de Cristal*, 1500 m.) et bordé par une côte marécageuse. On y remarque les baies du *Gabon* et de *Nazareth*, le cap *Lopez*, le fleuve *Ogooué*, comparable à la Seine; le *Kouilou*, dont le bassin est très fertile; le *Chiloango*, qui forme la limite méridionale; le *Congo* moyen et son grand affluent de droite, l'*Oubangui*; enfin le *Chari* et le lac *Tchad*.

Le fleuve Congo, l'un des plus considérables du globe (4500 km), parcourt toute l'Afrique centrale en recueillant les eaux de plusieurs grands lacs et de puissants affluents. Sur notre frontière, il forme l'expansion du Stanley-Pool, qui baigne Brazzaville. Ensuite il franchit une série de cataractes et va finir à Banana dans l'Atlantique. Sauf dans les cataractes, il est partout navigable et forme la grande artère de commerce de l'Afrique centrale.

Le **Chari** navigable naît sur un plateau de 700 mètres d'altitude, traverse le Baguirmi et finit par un delta dans le lac Tchad, dont les deux tiers des rives sont à la France, mais qui se dessèche.

474. **Divisions**. L'Afrique équatoriale française est administrée par un gouverneur général, résidant à Brazzaville; elle comprend : 1o à l'ouest, la colonie du **Gabon**, ch.-l. *Libreville*, port; 2o la colonie du **Moyen-Congo**, ch.-l. *Brazzaville*, sur le Stanley-Pool, avec *Loango*, port au sud, et quelques postes sur l'Oubangui; 3o la colonie de l'**Oubangui-Chari**, ch.-l. *Bangui*, avec le territoire militaire du **Tchad** (ch.-l. *Fort-Lamy*), celui-ci comprenant le Baguirmi, cap. *Tchekna;* le Ouadaï, cap. *Abécher*, et le Kanem, au N.-E. du Tchad.

La population comprend, outre un millier de blancs, plusieurs millions de nègres sauvages, et idolâtres, souvent anthropophages, sans industrie ni commerce; il s'agit de les amener à la civilisation. Le bassin du Tchad renferme des indigènes blancs ou métis musulmans et quelques villes semi-arabes.

Le *commerce* exporte du caoutchouc, des défenses d'éléphants, du bois d'ébénisterie, des huiles de palme et d'arachide, de l'or, que l'on troque contre des cotonnades, de l'eau-de-vie, du tabac, du sel, de la poudre, des fusils, des articles de ménage.

Les bassins du Congo et du Kouilou font partie de la zone commerciale libre, qui comprend toute l'Afrique centrale.

RÉUNION ET COMORES

475. **Historique.** L'île de la *Réunion* (autrefois Bourbon), découverte par les Portugais en 1508, fut occupée par les Français en 1630, et l'île *Maurice* (île de France) en 1721. Ces deux îles furent prises par les Anglais en 1810, mais Bourbon nous fut rendue en 1815.

Parmi les satellites de Madagascar, l'île *Sainte-Marie* fut achetée en 1750, *Nossi-Bé* en 1840, *Mayotte* en 1843; les îles *Comores* furent annexées en 1885, et les îles *Glorieuses* en 1892.

Au sud, dans les eaux glacées de l'Océan austral, se trouvent les îles *Kerguélen*, *Saint-Paul* et *Amsterdam*, placées en 1892 sous notre pavillon. Volcaniques et inhabitées, elles peuvent cependant servir de stations de pêche et de dépôts de charbon.

476. La **Réunion** (175000 hab.) a une superficie d'environ 2500 kilomètres carrés. Elle est très montagneuse, volcanique (*Piton des Neiges*, 3069 m., volcan de la *Fournaise*) et très fertile en cannes à sucre.

Cette ancienne colonie est peuplée d'environ 120000 nationaux français: blancs, créoles, noirs affranchis, ayant les mœurs, la langue et la religion de la mère patrie; le reste de la population se compose de Malgaches, de Cafres, d'Hindous, ceux-ci engagés comme travailleurs aux plantations.

Villes : **Saint-Denis** ✝, 33000 habitants, chef-lieu de l'arrondissement du Vent, résidence du gouverneur, sur la côte N. de l'île, mais n'ayant qu'une rade mal abritée.

Saint-Pierre, 24000 hab., chef-lieu de l'arrondissement Sous-le-Vent, sur la côte S.-O., principale place de commerce.

Autres localités : *Saint-Paul*, 25000 h., avec un port à la pointe des Galets; *Sainte-Marie*, 6.; *Saint-Benoît*, 10.; *Saint-Joseph*, *Saint-Louis*, toutes situées sur la côte.

La Réunion *exporte* en France du sucre de canne (en grande diminution), de la vanille, du rhum, etc.; elle *importe* des bestiaux de Madagascar, du riz de Saïgon, des tissus, modes, meubles, vins, etc., de France. Un chemin de fer fait presque le tour de l'île.

477. Les îles **Comores**, comprenant la *Grande-Comore*, *Anjouan* et **Mayotte**, situées dans le canal de Mozambique, sont peuplées de Malgaches et d'Arabes. Elles relèvent administrativement du gouverneur de Madagascar.

Elles exportent du rhum, de la vanille, du sucre, en échange de produits européens et malgaches.

MADAGASCAR

478. **Historique.** Madagascar, découverte par les Portugais vers l'an 1500, reçut en 1643 (avec l'île Sainte-Marie), par ordre de Richelieu, les premiers établissements français : Fénérive, Foulepointe, Fort-Dauphin, etc. Mais l'influence anglaise s'y développa dès 1817, sous le roi Radama et ses successeurs, jusqu'à ce que la guerre de 1883, contre les Hovas dominateurs, y établit notre protectorat, lequel fut reconnu par l'Angleterre en 1890. Par suite de quelques difficultés administratives, l'expédition du général Duchesne prit Tananarive le 1er octobre 1895, et l'île fut déclarée possession française (août 1896). La reine fut dépossédée et exilée en 1897.

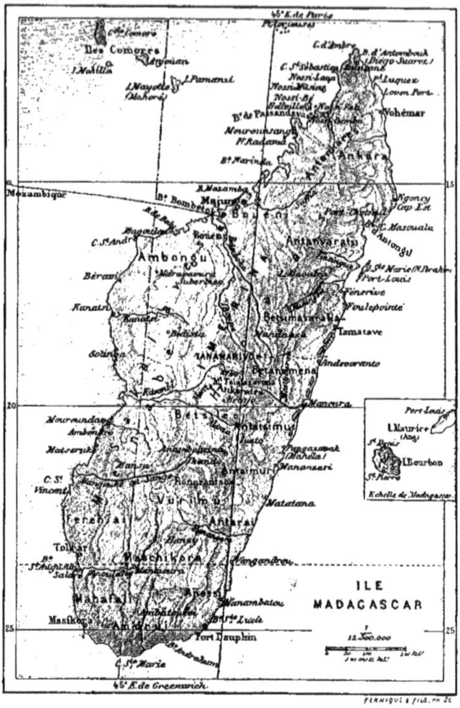

479. **Madagascar**. Cette île, la quatrième du globe en grandeur (600 000 km²), est située dans l'océan Indien, au S.-E. de l'Afrique, dont elle est séparée par le canal de Mozambique.

Dans sa forme ovalaire, qui rappelle assez bien celle de la Corse, Madagascar présente 1600 kilomètres de longueur, du cap d'*Ambre* au cap Sainte-Marie. Son *littoral*, régulier, bas et sablonneux à l'E. et au S., est plus accidenté à l'O. et au N., où s'ouvrent les *baies* d'*Antongil*, de *Diégo-Suarez*, de *Passandava* et de *Majunga*.

L'intérieur forme un haut plateau surmonté du massif d'*Ankaratra*, qui atteint 2 700 mètres au mont *Tsiafazavona*; la partie occidentale forme une plaine se relevant en terrasses.

Les principaux fleuves sont : à l'E., le *Maningory* et le *Mangourou*; à l'O., le *Betsiboka*, l'*Ikoupa* et le *Kitsambi*, qui descendent du plateau de l'Imérina.

Le **climat**, très chaud, est malsain sur les côtes, mais plus salubre sur les plateaux de l'intérieur.

L'île est riche en mines et forêts. Les singes makis et ayes-ayes abondent; sauf les crocodiles, les grands quadrupèdes africains n'existent pas. On cultive surtout le riz, puis la canne à sucre, le caféier, le cotonnier, les lianes à caoutchouc, le mûrier, etc.; l'élevage du bœuf à bosse et des vers à soie est important.

480. **Ethnographie**. Madagascar renferme plus de 3000000 d'indigènes : Hovas, de race malaise; Sakalaves et autres Malgaches, de race nègre; en outre, des Arabes et 10000 blancs. On y compte 350000 catholiques et de nombreux protestants.

481. La colonie, administrée par un gouverneur général, est divisée en provinces civiles et cercles militaires, correspondant aux anciennes divisions de peuplades : l'*Imérina*, pays des Hovas, et le *Betsiléo*, au centre; le *Betsimisaraka*, à l'E.; l'*Antankarana*, au N.; le pays des *Sakalaves*, à l'O., etc.

Villes : Tananarive, 65000 habitants, chef-lieu de l'Imérina et de toute l'île, situé à 1400 mètres d'altitude sur le plateau central, ainsi que *Fianarantsoa*, 6., marché principal des Betsiléos; — **Tamatave**, 12., port principal, *Vohémar* et *Fort-Dauphin*, autres ports sur la côte orientale.

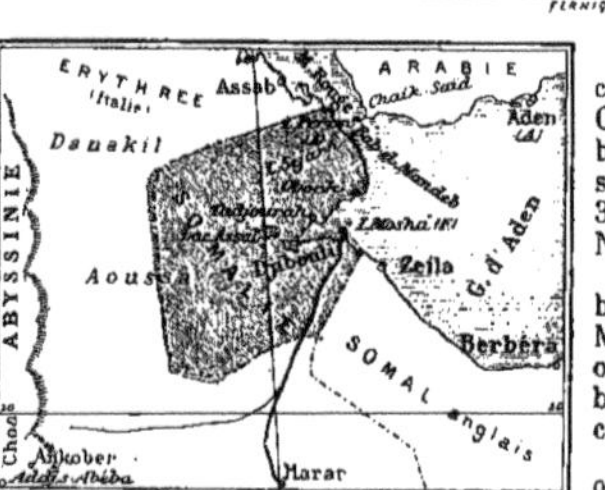

Diégo-Suarez, ou *Antsirane*, importante station navale, tout au nord; — **Majunga**, 5., et *Tulléar*, ports de la côte occidentale.

L'île de *Nossi-Bé*, 10., au N.-O., et celle de *Sainte-Marie*, 6., à l'est, dépendent de Madagascar.

482. **Industrie**. Les indigènes s'adonnent principalement à la culture et à l'élevage; ils sont très adroits pour les petites industries : chapeaux en paille de riz, tissus en raphia, dentelles, broderies, bibelots en bois, etc., perfectionnées par des écoles professionnelles. Les colons se portent surtout vers l'exploitation de l'*or*, du fer, du cuivre, de l'étain, des bois d'ébénisterie.

Le **commerce** extérieur de l'île consiste dans l'exportation de riz et de bœufs, pour Maurice, Bourbon et le Cap, de chapeaux de paille, de l'or et du caoutchouc, pour l'Europe; — et dans l'importation de cotonnades, faïence, outils et ustensiles de ménage, spiritueux, de provenance européenne, principalement française. — Outre les ports et des routes carrossables, un chemin de fer « du riz » existe de Tamatave à Tananarive.

483. La **Côte française des Somalis**, située au fond du golfe d'Aden, est l'ancien territoire d'Obock, acheté en 1858 au sultan de Zeila. — Ch.-l. *Djibouti*, 15., port excellent sur la baie de Tadjoura, station militaire, escale des Messageries maritimes et dépôt de charbon pour la marine. — 200000 hab. de races arabe et abyssine mélangées.

Le commerce est en progrès, car Djibouti, tête du chemin de fer qui le relie à Harar et aboutira à Addis-Abéba, est déjà le débouché des produits de l'Abyssinie : bétail, peaux, café, ivoire, etc.

II. ASIE FRANÇAISE

INDE FRANÇAISE

484. **Historique.** L'arrivée des Portugais aux Indes, en 1498, fut suivie de celle des Hollandais et des Anglais. Ceux-ci fondèrent leur Compagnie des Indes en 1599. La première Compagnie française fut tentée en 1604, sous Henri IV, et réorganisée en 1664 par Colbert. Au XVIIIe siècle, grâce aux exploits de la Bourdonnais et de Dupleix (1745-1756), l'empire de l'Inde faillit devenir français : mais en 1761 les Anglais étaient vainqueurs. Toutefois le traité de 1763, comme plus tard celui de 1815, nous rendit cinq villes, mais avec interdiction de les transformer en places fortes.

485. L'**Inde française** (282000 hab.) comprend cinq villes avec leurs territoires. Ce sont : *Mahé*, port sur la côte de Malabar; *Karikal*, *Pondichéry* et *Yanaon*, ports sur la côte de Coromandel; **Chandernagor**, 33., port sur l'Ougly, bras du Gange, au N. de Calcutta.

Pondichéry ✝, 50., chef-lieu de nos établissements de l'Inde, à 143 km sud de Madras, se compose d'une « ville blanche » ou européenne, quartier commerçant, bien bâti, et d'une « ville noire », formée de cases ou paillotes indiennes.

La France conserve en outre des « loges » ou comptoirs dans plusieurs villes anglaises de l'Inde : à *Balassore*, *Dacca*, *Patna* et *Jaugdia*, dans le Bengale; à *Mazulipatam*, au S. de Yanaon; à *Calicut*, au S. de Mahé, et à *Surate*, grande ville au N. de Bombay.

Le *commerce* se fait principalement avec l'Inde anglaise; il comprend l'exportation de guinées, arachides, indigo, épices, huiles de coco, — et l'importation de cotonnades indiennes, de vins, liqueurs et articles de lingerie venant de France.

INDO-CHINE FRANÇAISE

486. **Historique.** Dès 1687, les missionnaires français avaient su établir de bons rapports entre la cour d'Annam et celle de Louis XIV. En 1802, le roi Gia-Long se servit d'officiers français pour l'organisation

de ses troupes; mais l'un de ses successeurs, Tu-Duc, chassa les étrangers et persécuta les chrétiens. En 1858, une escadre franco-espagnole s'empara de la ville de *Saïgon*, qui, avec la *Cochinchine*, nous fut cédée en 1862 et 1867; tandis qu'en 1863, le royaume de *Cambodge* acceptait notre protectorat. En 1866, deux officiers de marine, de Lagrée et Francis Garnier, explorèrent le Mékong jusqu'en Chine.

En 1873, après une nouvelle guerre avec l'Annam, la province du Tonkin était occupée par nos troupes. En 1885, une troisième victoire sur l'Annam et la Chine consacrait notre protectorat sur le royaume tout entier.

En 1893, par suite de quelques démêlés avec le royaume de *Siam*, cet État nous a cédé la rive gauche du *Mékong* moyen. En 1896, un accord anglo-français a établi le haut Mékong comme limite, et la *neutralité* du royaume de *Siam*, réduit au bassin du Ménam, ce qui nous donnait en plus le Laos de la rive droite. Ledit Laos a été restitué en 1907 au Siam, qui nous a cédé trois provinces cambodgiennes.

487. **L'Indo-Chine française**, ou partie orientale de la grande presqu'île de ce nom, comprend : la COCHINCHINE et le TONKIN, administrés directement par la France; le CAMBODGE, l'ANNAM et le LAOS oriental, placés sous notre protectorat.

L'ensemble de ces territoires, d'une superficie d'environ 800 000 kilom. carrés, est borné au nord par l'empire Chinois, à l'est et au sud par la mer de Chine, à l'ouest par le Siam et la Birmanie anglaise.

Le **littoral**, recourbé en forme d'S, a environ 3000 km. Il présente : au S., le *golfe de Siam*, les baies de *Hatien* et de *Ganh-ray;* les îles *Phu-quoc* et *Poulo Condor*, les *caps Camau* et *Saint-Jacques*; — à l'E., dans l'Annam, les *baies de Qui-nhon* et de *Tourane*, le *cap Varella;* — au N., dans le Tonkin, le grand *golfe du Tonkin*. — Marécageux dans les deltas, il est rocheux ailleurs.

488. **Relief.** On distingue : 1° les *plateaux montagneux* du Haut-Tonkin et du Haut-Laos, au nord; la *Cordillère annamitique*, qui serre de près la côte, à l'est (3000 m. au mont Koa); 3° les *plaines* du Bas-Laos et du Cambodge, ainsi que les *deltas*, surpeuplés et très fertiles en riz.

Les **fleuves** sont : en Cochinchine, le *Mékong*, les *deux Vaïco*, le *Saïgon* et le *Donnaï;* en Annam, le *Song-ca;* au Tonkin, le *Song-ma*, le *Song-koï* et le *Thaï-Binh*.

Le **Mékong**, l'un des plus grands fleuves d'Asie (environ 4000 km), descend du Tibet, limite généralement le Laos oriental et traverse le Cambodge, où il communique avec le grand lac *Tonlé-sap;* là aussi il se divise en deux bras principaux, qui se subdivisent eux-mêmes en de nombreux canaux, auxquels s'unissent les deux *Vaïco*, la rivière de *Saïgon* et le *Donnaï*, pour former le vaste delta péninsulaire de la Cochinchine.

Le **Song-koï**, ou **fleuve Rouge** (1200 km), vient du Yun-nan chinois, se grossit de la *Rivière-Claire* et de la *Rivière-Noire*, s'unit par des bras au *Thaï-binh* et forme le grand delta du Tonkin oriental.

Climat. L'Indo-Chine est soumise au *climat de moussons:* mousson sèche du nord-est en hiver (octobre-mars), mousson pluvieuse du sud-est en été (avril-septembre). Ce climat, chaud, humide, débilitant, surtout au sud, en Cochinchine, sera toujours un grand obstacle au séjour des Européens. Toutefois, le Tonkin, au nord, a « sept bons mois d'Europe » (hiver).

La *végétation* est d'une luxuriance extraordinaire : *forêts* d'arbres à bois dur ou d'ébénisterie, sans oublier le bambou, aux multiples usages, et le cocotier (fruit : copra); *plantes coloniales :* cotonnier, poivrier, cannelier, caféier, canne à sucre et surtout le *riz*, base de l'alimentation et principal article d'exportation. — Parmi les *animaux domestiques*, citons le buffle, dans les rizières, le bœuf, l'éléphant, le porc, les oiseaux de basse-cour, le ver à soie. Le poisson abonde, et dans les bois pullulent oiseaux, insectes, serpents; le tigre est justement redouté. — Quant aux *minéraux*, la houille et le zinc sont déjà exploités activement au Tonkin et en Annam.

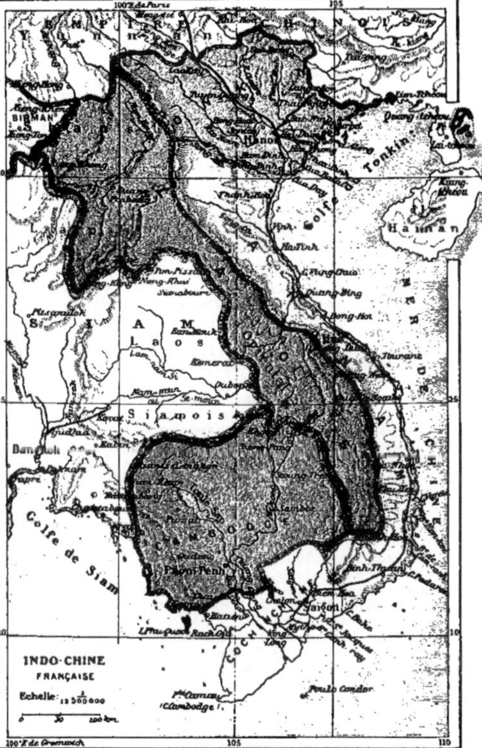

489. **Ethnographie.** La population totale est évaluée à 17 millions d'habitants, de race jaune en général : 1° les *Annamites* et les *Laotiens*, d'origine tibétaine, et les *Cambodgiens*, de race hindoue; 2° les *Moïs*, ou « Sauvages », dans les montagnes; 3° les *Chinois*, intermédiaires obligés du commerce entre indigènes et Européens; 4° les *colons* (13000 Français). — Les Annamites, qui forment la grosse majorité, sont doux, actifs, intelligents; ils habitent les deltas et la côte d'Annam. Comme leurs voisins, ce sont des païens bouddhistes, qui pratiquent surtout le culte des ancêtres. On compte parmi eux 600 000 catholiques, convertis par les missionnaires.

Administration. L'Indo-Chine française est administrée par un *gouverneur général civil*, ayant sous ses ordres le *lieutenant-gouverneur* de la Cochinchine et les quatre *résidents supérieurs* du Cambodge, de l'Annam, du Tonkin et du Laos oriental.

490. La **Cochinchine** (3050000 hab.), que nous possédons depuis 1867, forme quatre *circonscriptions :* celles de SAÏGON, MYTHO, VINH-LONG, au N.-E. du Mékong, et celle de BASSAC, au S.-O.

Villes : **Saïgon**, 65000 hab., ch.-l. de la Cochinchine, ville florissante et fortifiée, est située à 55 km de la mer sur la rivière de même nom, qui est profonde et navigable; c'est un port de guerre et le principal port d'importation.

Cholon, 190., peuplée surtout de Chinois, à 5 km de Saïgon, décortique et exporte le riz, dont elle est le grand entrepôt. — *Bien-hoa, Mytho, Vinh-long* et *Chaudoc* sont les autres villes importantes.

Les *Poulo-Condor*, ou « îles des Calebasses », sont une station navale et une colonie pénitentiaire pour nos sujets asiatiques.

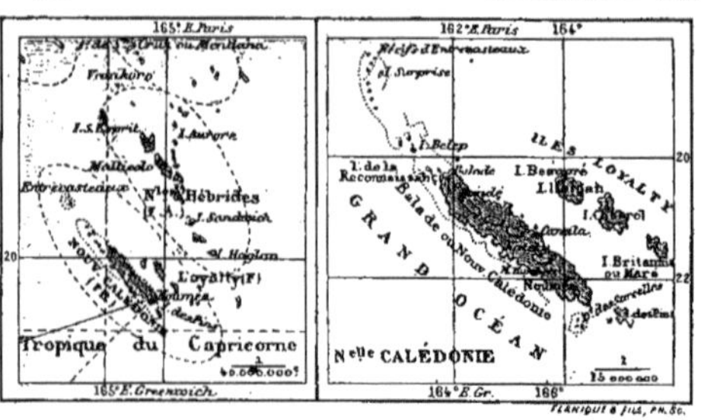

491. Le **Cambodge** (1 500 000 h.), situé entre la Cochinchine, le Laos et la mer, est un royaume conservant son souverain national, mais administré par un résident supérieur français.

La capitale, **Pnom-Penh**, 50 000 hab., est située à la bifurcation du Mékong, position commerciale excellente. — *Oudong*, ville voisine, est l'ancienne capitale. — *Battambang*, 50., et les majestueuses ruines d'*Angkor*, cité des anciens Kmers, sont dans les provinces annexées en 1907.

492. L'**Annam**, qui compte 5 600 000 hab., forme un royaume « protégé », dont le roi gouverne sous la surveillance d'un résident supérieur français. On conserve toutefois les fonctionnaires indigènes, mandarins ou lettrés.

L'Annam, longue et étroite zone maritime, est divisé en 12 provinces, portant généralement le même nom que leurs chefs-lieux.

Villes : **Hué**, 55 000 hab., capitale du royaume, est située dans une vallée encaissée, à trois lieues de la mer, et reliée par voie ferrée au port de *Tourane*.

Qui-nhon, Phu-yen, Binh-thuan, sur la côte S.-E., sont des chefs-lieux de provinces et des marchés importants, de même que *Dong-hoi, Vinh, Thanh-hoa*, etc., sur la côte septentrionale.

Les villes annamites ou chinoises ne sont que des agglomérations de villages, composées d'habitations chétives en charpente et en pisé, ou de chaumières appelées paillotes; les quartiers des Européens et des Chinois sont mieux bâtis.

493. Le **Tonkin** (6 000 000 d'h.) est administré par un résident supérieur. Divisé en 20 provinces, il comprend le delta du Fleuve Rouge, fertile en riz et très populeux, et une région montagneuse peu habitée.

Villes : **Hanoï**, 150 000 hab., capitale de l'Indo-Chine et ch.-lieu du Tonkin, est situé à la tête du delta, sur le Fleuve Rouge.

Les autres villes chefs-lieux sont : *Nam-dinh*, 30., dans le S. du delta ; — *Haïphong*, port principal, avec *Port-Courbet*, port militaire, dans le N.-E.; — *Bac-ninh*, sur le Thaï-Binh; — *Sontay*, près d'Hanoï; *Laokay*, sur le fleuve Rouge central; — *Langson*, sur la frontière chinoise, au N.-E.

494. Le **Laos** *oriental* (630 000 hab.), à l'est du Mékong, est la cinquième de nos colonies indo-chinoises, administrée par un résident supérieur français, lequel est établi à *Vientiane*, sur le moyen Mékong. *Louang-Prabang*, sur le haut fleuve, est la capitale d'un petit royaume.

495. **L'industrie des Annamites**, y compris Tonkinois et Cochinchinois, consiste dans la culture du *riz*, du coton, de la canne à sucre, l'élève du bétail, des vers à soie, la fabrication des tissus, vêtements, objets de ménage et même de luxe. Les Cambodgiens récoltent aussi beaucoup de poivre et font une pêche très abondante dans le lac Tonlé-sap. Enfin, des établissements industriels européens se multiplient un peu partout.

Le *commerce* est actif (530 millions de fr.); il se fait par les fleuves, les arroyos ou canaux naturels des deltas, et aussi par les voies ferrées : lignes de Haïphong-Laokay et Yunnan, Hanoï-Langson, Hanoï-Vinh, Hué-Tourane, etc. Le trafic a lieu surtout avec la Chine et Hong-kong, les Indes et Singapour, la France. Exportation de *riz* principalement, de poisson, maïs, poivre, houille; importation de filé de coton des Indes, de cotonnades anglaises et françaises, soieries chinoises, boissons, mercerie de France, combustibles, rails, machines et ouvrages en métal.

Des steamers anglais, français, allemands, hollandais font le service des ports de Haïphong, Hanoï, Tourane, Saïgon, Cholon.

Le réseau télégraphique intérieur se rattache, au cap Saint-Jacques, à des câbles sous-marins qui communiquent avec Hanoï, Hong-kong, Singapour et la France.

496. **Concessions en Chine**. En 1898, la France a obtenu la *concession à bail* du port de *Quang-tchéou*, à l'est de la presqu'île chinoise de Laï-tchéou, ainsi que l'autorisation de prolonger les chemins de fer du Tonkin dans le bassin du Si-kiang. Le territoire de Quang-tchéou compte 160 000 Chinois.

§ IV. OCÉANIE FRANÇAISE

497. **Océanie**. La première possession d'îles océaniennes par la France date de 1842, par l'établissement de notre protectorat sur les îles *Taïti*, lequel, devenu effectif en 1847, fut transformé en annexion pure et simple en 1880, par l'abdication du dernier roi, Pomaré V.

Les îles *Gambier* furent annexées en 1844, les îles *Marquises* et *Touamotou* en 1859, les îles *Toubouaï* en 1874, les îles *Wallis* et *Foutouna* en 1888. La plupart de ces îles avaient été découvertes par les Espagnols au XVIe siècle.

La *Nouvelle-Calédonie* fut annexée en 1851, et les îles *Loyalty* en 1864. Les *Nouvelles-Hébrides* appartiennent par indivis à la France et à l'Angleterre depuis 1887.

498. La **Nouvelle-Calédonie** (55 000 hab.) est une île de forme très allongée et d'une étendue double de celle de la Corse. Elle est entourée de récifs de coraux. L'intérieur est montueux et s'élève à 1 650 mètres au mont *Humboldt;* la rivière principale est le *Diahot*, au N.-O.; le climat est tropical; on y trouve la houille, l'or, le nickel et d'autres métaux. L'île des *Pins* et les îles *Loyalty* en dépendent.

La *population* est formée de 30 000 Kanaks, indigènes noirs, la plupart sauvages et païens, et de 20 000 Européens, y compris environ 7 000 forçats internés dans l'île Nou, ou simplement surveillés; la déportation a cessé depuis 1896.

Nouméa, 7., chef-lieu, est au S.-O. de l'île, sur une baie abritée par la petite île Nou et la presqu'île Ducos.

Le *commerce* se fait avec la France et l'Australie; il consiste en vêtements, bestiaux et denrées alimentaires, importés en échange d'huile de coco, de minerais, surtout de nickel.

L'archipel anglo-français des **Nouvelles-Hébrides** comprend six grandes îles et plusieurs petites, peuplées de 50 000 hab., il fournit des travailleurs aux colonies voisines.

499. **Polynésie orientale** (30 000 hab.). Les **îles de la Société**, dont la plus grande est *Taïti*, ont pour chef-lieu *Papéiti*, 3., petit port qui exporte des oranges, des cocos, et importe des étoffes et des outils.

Les îles **Marquises**, montagneuses et volcaniques comme Taïti, et dont la principale est Nouka-Hiva, n'ont pas grande importance commerciale. Il en est de même de l'archipel des îles **Basses** : *Touamotou* et *Gambier*, de formation corallienne. Elles dépendent administrativement du gouverneur de Taïti. On y pêche des perles.

§ V. AMÉRIQUE FRANÇAISE

GUYANE

500. **Historique**. En 1637, des marchands de Rouen tentèrent de s'établir à Cayenne. En 1652, se forma la Compagnie de la *France équinoxiale*, pour l'exploitation de la Guyane, que le traité de 1713 réduisit à la portion située entre le Maroni et « la rivière de *Iapoc*, découverte par Vincent Pinçon en 1500 ». L'incertitude de l'identité de cette rivière donna lieu à une contestation, qui s'est terminée en 1900 en faveur du Brésil. En 1797, la République, et en 1851 Napoléon III, firent de Cayenne un lieu de déportation, ce qui n'était pas de nature à attirer les colons ordinaires dans cette contrée, dont l'insalubrité est d'ailleurs notoire.

501. La **Guyane française**, située au N. du Brésil, entre les deux petits fleuves Maroni et Oyapock, est une contrée basse, fertile, mais insalubre sur la côte. Elle se relève en terrasses vers le sud jusqu'aux monts Tumucumaque.

Peuplée de 35000 h., elle est la moins florissante de nos colonies, bien que les parties étrangères voisines soient prospères. Il y a des établissements pénitentiaires.

Cayenne, 12., la capitale, située dans un îlot côtier, exporte du rocou (teinture rouge), des bois précieux, du tafia, des clous de girofle, de l'*or;* elle importe des vivres et des tissus.

ANTILLES

502. **Historique.** Découvertes par Christophe Colomb en 1492-1493, les Antilles furent colonisées d'abord par les Espagnols. En 1625, Richelieu fonda la *Compagnie des Indes occidentales*, qui s'empara des îles de Guadeloupe, Martinique, Dominique, Grenade, Saint-Vincent, ainsi que de la partie occidentale d'Haïti. La compagnie employait des esclaves nègres aux cultures. En 1674, la Couronne racheta les Antilles, qui plus d'une fois, de 1759 à 1814, nous furent enlevées par l'Angleterre. En 1790, les nègres de Saint-Domingue (Haïti) se rendirent indépendants. En 1815, les Anglais nous restituèrent les îles qui nous restent aujourd'hui et qui, peuplées de colons semi-européens, sont assimilées administrativement à nos départements. En 1877, la Suède nous rétrocéda l'île *Saint-Barthélemy*, qu'elle nous avait achetée en 1784.

503. Les **Antilles françaises** (370000 habitants) comprennent deux îles importantes formant deux gouvernements : la *Martinique* et la *Guadeloupe;* à celle-ci se rattachent plusieurs petites îles, savoir : la *Désirade, Marie-Galante*, les *Saintes, Saint-Barthélemy* et la moitié de l'île *Saint-Martin* (l'autre moitié est hollandaise).

Par leur situation entre les tropiques, leur superficie totale, leur nature volcanique, leur climat chaud et humide, leurs produits végétaux, les Antilles ont beaucoup d'analogie avec l'île de la Réunion; mais elles sont plus peuplées. Le cinquième des habitants se compose de créoles français et de blancs venus d'Europe; le reste est formé de nègres et de mulâtres ou « gens de couleur »; tous parlent le français et professent le catholicisme.

1° La **Martinique** est une île montueuse, dominée par la montagne Pelée, 1350 m., volcan dont une éruption en 1902 détruisit la ville maritime de *Saint-Pierre* et fit périr 35000 habitants. Son chef-lieu est *Fort-de-France*, 15., sur une vaste baie à l'O., *port militaire* et relâche des paquebots transatlantiques.

2° La **Guadeloupe** est formée de deux îles : la Basse-Terre, à l'O., et la Grande-Terre, à l'E., séparées par un long détroit nommé la *Rivière-Salée*. — La *Basse-Terre*, montagneuse, dominée par le volcan de la *Soufrière*, 1484 mètres, doit son nom à son chef-lieu la *Basse-Terre* ✝, 8., port sur la côte S.-O. — La *Grande-Terre*, moins étendue et plus basse que sa voisine, renferme la ville principale, *Pointe-à-Pitre*, 17., sur la Rivière-Salée.

Les Antilles sont, comme la Réunion, de riches colonies à cultures, qui produisent et *exportent* du sucre de canne, du rhum, du manioc, du café, du cacao, des ananas. Elles *importent* de la houille, de la farine et des viandes salées, des vins, du tabac, des meubles et des vêtements.

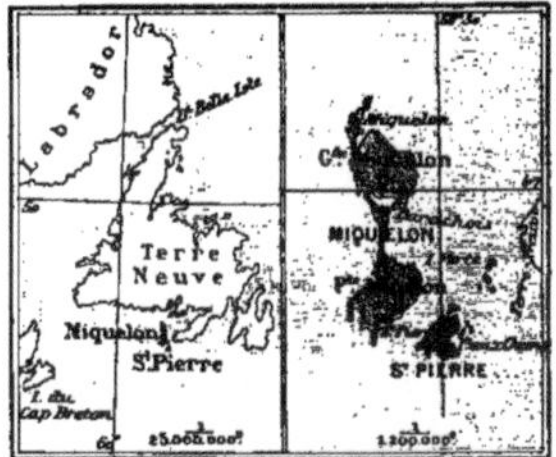

SAINT-PIERRE ET MIQUELON

504. **Historique.** Deux îles presque stériles et le droit d'exploiter les pêcheries de Terre-Neuve, voilà ce qui nous reste de notre empire colonial du Mississipi, de la Louisiane et du Canada. En 1524, le Florentin Verazzano, envoyé par François Ier, s'emparait de Terre-Neuve, et, dix ans plus tard, Jacques Cartier, de Saint-Malo, remontait le fleuve Saint-Laurent au Canada. En 1713, le traité d'Utrecht nous enlevait Terre-Neuve et la baie d'Hudson; en 1763, tout le reste du Canada fut cédé à l'Angleterre, tandis qu'en 1803 Napoléon vendit la Louisiane aux États-Unis pour une somme dérisoire.

La petite île **Saint-Pierre** et l'île double de **Miquelon** (6500 hab.), situées au S. de Terre-Neuve, sont un rendez-vous de pêche pour les bâtiments français de Saint-Malo, Granville, Fécamp, Dieppe et autres ports de la Manche, qui viennent chaque printemps faire la pêche de la morue, très abondante dans les parages de l'île anglaise de Terre-Neuve.

La France conserve des droits de pêche à l'ouest de cette île, mais depuis 1904 elle a abandonné ses droits de « sècherie » de poissons sur la côte voisine, connue sous le nom de *French Shore*, « côte française ».

505. **L'EMPIRE COLONIAL FRANÇAIS**, actuellement beaucoup plus vaste qu'il ne le fut au XVIIIe siècle, tient *le troisième rang* pour l'étendue, après l'empire britannique et l'empire russe. Il est le second pour la *population* et pour la valeur du *commerce général*.

506. Productions. — A part le Maroc, l'Algérie et la Tunisie, contrées tempérées qui donnent le *blé*, le *vin*, le tabac, la laine et la viande, ainsi que les îlots voisins de Terre-Neuve, lieux de pêche, notre empire colonial se compose de *territoires intertropicaux*, dont les productions, différant essentiellement des nôtres, les complètent très heureusement. Telles sont : la *canne à sucre*, le *café*, les épices, le cacao, le riz, le *coton*, la *soie*, les graines oléagineuses. Ces produits nous sont fournis par les Antilles, Bourbon, l'Indo-Chine, les îles océaniennes, en attendant qu'ils le soient par nos nouvelles colonies de l'ouest africain et de Madagascar, qui déjà nous donnent le caoutchouc, la gomme, l'huile de palme et d'arachides, l'ivoire.

Ces denrées donnent lieu aux échanges commerciaux avec la métropole et à une navigation qui occupe nos marins et nos commerçants.

507. **Les populations.** — La densité de population de ces territoires, pris dans leur ensemble, est peu considérable : cinq habitants par kilomètre carré; il n'en est pas moins vrai qu'il y a là un total de *cinquante-six millions d'âmes*, bien supérieur à la population de la métropole, et dont les rapports avec nous se développeront et se fortifieront par le commerce, par un régime administratif rationnel et surtout par les bienfaits que *notre civilisation, basée sur le christianisme*, leur apportera. En effet, le meilleur moyen de nous attacher les indigènes, quels qu'ils soient, c'est de les christianiser, de les imprégner de sentiments religieux, qui sont les seuls efficaces pour procurer le bonheur et la paix au milieu des labeurs incessants de la vie présente, en attendant la récompense de la vie éternelle.

Par là nous gagnerons l'estime, la confiance, le cœur de ces nombreux sujets, et leur destinée se solidarisera avec la nôtre par les moyens que la persuasion inspire, bien mieux que par la force des armes.

Et ainsi, la France trouvera au besoin partout sur le globe des appuis à ses armées, des lieux de refuge et de ravitaillement pour ses flottes; notre situation coloniale et politique n'aura rien à envier à celle de l'Angleterre, qui, de fait, nous a montré l'exemple dans cette voie, en constituant, par un siècle d'efforts persévérants, le plus vaste, le plus riche et le plus puissant empire du monde.

CHAPITRE FINAL

LA FRANCE COMPARÉE

Programme. — *Comparaison de la* puissance économique, militaire, etc., de la France *avec celle d'autres États.*

508. La **statistique** (du latin *status*, état ou situation) est une science mathématique qui a pour objet de faire connaître par *des chiffres* l'étendue, la population des États, ainsi que les ressources agricoles, industrielles, financières, militaires et autres, dont ils peuvent disposer.

509. Principes. — Les *éléments d'évaluation* de l'importance relative des pays sont de deux ordres :

1° Les éléments de la puissance intellectuelle et morale, qui ne peuvent généralement pas se traduire en chiffres : l'*homogénéité* de race; le *patriotisme;* la *stabilité* des pouvoirs établis; le respect de l'autorité et de la *religion;* l'*instruction;* la *moralité;* les *aptitudes* aux arts, aux sciences, à l'industrie.

2° Les éléments de la puissance matérielle, qui sont : l'étendue du *territoire;* les chiffres de la *population* absolue et de la population relative, et leur *accroissement;* la richesse des *colonies;* l'*effectif militaire;* les ressources *financières;* les *productions* naturelles, la facilité des *communications;* le développement des *chemins de fer*, l'étendue des côtes, l'excellence des ports, le tonnage des *vaisseaux*, la valeur des produits industriels et commerciaux, surtout l'excédent des produits manufacturés à exporter.

510. **Superficies comparées.** Avec son territoire de 537 000 kilomètres carrés, la **France** occupe le **quatrième rang** en Europe, après la **Russie**, dix fois plus étendue (5 500 000), l'**Autriche-Hongrie** (675 000), l'**Allemagne** (540 000).

Elle dépasse de $^1/_{15}$ à peine l'Espagne, mais de $^1/_5$ la Suède, de $^2/_5$ la Norvège (325 000) et les Iles Britanniques (315 000), l'Italie (287 000), la Turquie (170 000), la Roumanie (130 000). Elle est plus étendue que tous les autres petits États réunis (Belgique, 30 000 kilomètres carrés, Pays-Bas, Suisse, Bulgarie, Portugal, etc.).

Hors d'Europe, les *Etats-Unis de Chine* sont 20 fois *plus vastes* que la France; le *Canada* et le *Brésil*, chacun 16 fois; les *Etats-Unis*, 15 fois; l'empire anglo-indien, 9 fois; l'Argentine, 5 fois; le Mexique, 3 fois et demie.

511. **Population.** Avec ses 39 600 000 habitants, la **France occupe le cinquième rang** en Europe, après la **Russie**, qui en a 135 millions; l'**Allemagne**, 66 millions; l'**Autriche-Hongrie**, 52 millions, et les **Iles Britanniques**, 46 millions; l'Italie la suit avec près de 35 millions d'âmes.

Mais l'Espagne n'en compte que 20 millions; la Belgique et la Roumanie, chacune environ 7 millions.

Hors d'Europe, il faut citer les *Etats de Chine* avec leurs 375 millions d'âmes, l'empire *indo-anglais*, qui en compte 316 millions; les Etats-Unis, 95 millions; le Japon, 69 millions.

512. **Densité.** La densité de la population **française**, qui est de 74 habitants par kilomètre carré, vient au **huitième rang** en Europe, après celle de la **Belgique**, qui en compte 254, soit plus du triple; celle des **Pays-Bas**, 182; des **Iles Britanniques**, 146; de l'**Allemagne**, 122; de l'**Italie**, 121; de la Suisse, 92; de l'Autriche-Hongrie, 77.

513. **Accroissement.** Pour l'accroissement de la population, la **France** occupe malheureusement **le dernier rang**; il lui faudrait *plus de six siècles pour doubler* le nombre de ses habitants, tandis que l'**Angleterre** propre double la sienne en 140 ans, l'**Allemagne** en 65 ans, la **Russie** et les **Etats-Unis** en moins d'un *demi-siècle*. (Voir p. 118.)

514. Les **empires coloniaux comparés.** L'empire colonial français occupe :

1° Pour la **superficie**, le **troisième rang** avec 11 millions de kilomètres carrés[1], après l'**empire Britannique**, qui est trois fois plus étendu (30 millions de km carrés), et les possessions **russes** en Asie (17 millions de km carrés).

2° Pour la **population**, le **deuxième rang** avec 56 millions d'habitants, après l'**empire anglais**, sept fois et demie plus peuplé (376 millions), et avant les *Indes néerlandaises* (40 millions), l'*Asie russe* (33 millions), l'*Allemagne coloniale* (15 millions), le *Congo belge* (15 millions).

3° Pour la **densité**, le **quatrième rang** (avec 5 habitants par km carré), après les colonies *hollandaises* (20), *anglaises* (12), turques (10), et belges (6).

[1] Dans les 11 millions de km², nous comptons les déserts du Sahara français, au même titre que l'on compte les déserts du Canada, de l'Australie ou de la Sibérie, dans les possessions anglaises et russes.

515. **Puissances industrielles.** La France occupe dans le monde :

Pour la valeur des *productions industrielles en général*, le **quatrième rang** après les **Etats-Unis**, **l'Angleterre** et l'Allemagne.

Et en particulier :

Le **premier rang** pour la production *des vins*, des soieries riches, des objets d'art, de luxe et de mode;

Le **quatrième** pour les *céréales* (après les **Etats-Unis**, la **Russie**, l'**Allemagne**), et pour le *sucre de betteraves* (après l'Allemagne, l'Autriche-Hongrie, la Russie);

Le **septième** pour les *animaux domestiques* (après les **Etats-Unis**, l'**Argentine**, la **Russie**, l'**Australie**, l'**Allemagne**, l'**Autriche-H.**);

Le **quatrième** pour les productions de *lainages*, *cotonnades* et papiers, ainsi que pour la houille et le fer, matières indispensables à la *grande industrie* (après les **Etats-Unis**, **l'Angleterre** et l'**Allemagne**).

516. **Puissances commerciales** :

(*a*). La France occupe le **quatrième rang** dans le monde pour la valeur du **commerce spécial** (14,5 milliards), après l'**Angleterre** (32 milliards), l'**Allemagne** (23 milliards) et les Etats-Unis (20 milliards).

Mais, *eu égard à la population*, la **Belgique**, la **Hollande** et la **Suisse** la dépassent pour l'importance *relative* de l'industrie et du commerce.

(*b*). La France obtient en Europe, pour le développement des **chemins de fer**, le **troisième rang** avec 49 000 km de lignes, après l'**Allemagne** et la **Russie**, qui en comptent 60 000. Suivent l'Autriche-Hongrie et l'Angleterre, avec environ 40 000 kilomètres.

Mais, *eu égard à la superficie*, la **Belgique** tient le premier rang, l'Angleterre le second et la France le sixième.

(*c*). D'autre part, les **Etats-Unis** ont, à eux seuls, plus de voies ferrées que toute l'Europe (400 000 km contre 340 000).

Pour les **télégraphes**, on remarque les mêmes proportions.

(*d*). Quant à la longueur *relative* des **voies navigables**, la France est au **cinquième rang**, après la Hollande, la Belgique, l'Angleterre et l'Allemagne.

517. La **marine marchande** française (1 500 000 tonnes) est de **beaucoup inférieure à la marine anglaise** (14 millions de tonnes), qui à elle seule égale celle de toute l'Europe.

Elle vient au **sixième rang** pour le tonnage, après celles de l'**Angleterre**, des **Etats-Unis**, de l'**Allemagne**, de la **Norvège** et du **Japon**.

Elle prend aussi le **quatrième rang** pour le **mouvement de la navigation** (entrées et sorties des ports) : 50 millions de tonnes, contre 200 millions pour l'**Angleterre**, 75 millions pour les **Etats-Unis** et 70 millions pour l'**Allemagne**.

518. Pour la **marine de guerre**, la **France suit, mais de loin, l'Angleterre**; elle est même devancée par l'Allemagne, le Japon et les Etats-Unis, sinon pour le *nombre* des vaisseaux, du moins pour la *puissance* de leur armement. De fait, ces Etats construisent activement de grands cuirassés (dreadnoughts); or, il est assez difficile d'estimer globalement la *valeur des bâtiments* de guerre et de leurs canons. (Voir p. 122.)

519. Comme **puissance militaire**, la France ne peut naturellement mettre en ligne autant de soldats que la Russie et l'Allemagne, dont les populations sont plus considérables; mais ses *ressources financières*, plus grandes, lui permettent de produire un effort plus puissant, plus prolongé que l'un quelconque de ses adversaires.

Sur pied de guerre, **l'armée française** peut compter près de *quatre millions* d'hommes, dont la moitié suffit pour défendre le pays, grâce au système des **places fortes** sur lesquelles elle s'appuie, et dont l'autre moitié peut être lancée sur le territoire de l'ennemi.

D'ailleurs, *en restant sagement sur la défensive, la France ne redoute aucun* de ses adversaires, et il est peu probable qu'elle soit attaquée.

520. En résumé, la **place que la France occupe en Europe** et dans le monde est considérable. Si elle est dépassée par l'*Angleterre* pour la puissance coloniale, et aussi par les *Etats-Unis* et l'*Allemagne*, pour l'industrie et le commerce; par la *Russie* et l'*Allemagne*, pour le nombre des soldats, etc., elle reprend *un rang supérieur* pour les ressources financières, pour les aptitudes militaires, plus encore pour l'influence morale qu'elle exerce dans le monde par la littérature, les arts et les sciences.

Elle excelle surtout pour la propagation de la religion catholique, qui ferait sa plus grande force au dehors, si le gouvernement savait reconnaître et protéger l'action des missionnaires catholiques français.

Le rôle de notre patrie a été très considérable dans l'histoire depuis quinze siècles, et malgré l'amoindrissement de territoire qui a été le résultat de la dernière guerre, nous avons le droit de bien augurer de l'avenir.

Que les Etats « cherchent avant tout le règne de Dieu » sur la terre : les prospérités temporelles leur seront données par surcroît.

FIN

QUESTIONS D'EXAMEN SUR LA FRANCE

Ire Série. Questions posées dans l'ordre du texte de ce livre.

1. Dites la situation de la France en Europe, ses *limites* astronomiques, ses frontières physiques et leur développement. Dressez-en la *carte*.
2. Quel *aspect* présente le territoire français? Faites-en ressortir les harmonies et les avantages, en les comparant avec ceux des pays voisins.
3. Quelle est la *superficie* de notre pays, et par quelles contrées européennes est-il dépassé sous ce rapport?
4. Etablissez par des *courbes de niveau* la différence de profondeur des mers françaises, et rappelez quelques caractères d'utilité de ces mers.
5. Décrivez la *côte de la Manche* avec ses principaux ports et stations balnéaires. Faites-en le tracé.
6. Faites de même pour le littoral de l'*Atlantique*. Parlez du golfe du Lion, de la Camargue, de la Corse au même point de vue.
7. Dressez le *tableau* des accidents géographiques de ces mers et de ces côtes : golfes, îles, caps, fleuves, etc.
8. Caractères *géologiques* du sol français. — En indiquant leur composition, dites où règnent les terrains granitiques, volcaniques, jurassiques, crétacés, tertiaires.
9. Parlez de l'influence qu'exerce le relief du sol sur les populations, et faites-en l'application surtout aux régions appelées les « pôles de la France ».
10. Quel est le *relief général* du sol français? Tracez la ligne de séparation des plaines et des montagnes; nommez ces dernières d'après leur position frontière ou intérieure.
11. La *chaîne pyrénéenne :* ses dimensions, son aspect en France et en Espagne, ses divisions, avec leurs principaux pics et les cols à routes carrossables.
12. Signalez les voies ferrées et les forteresses françaises dans les Pyrénées, ainsi que les cours d'eau qui y prennent naissance. Montagnes de la Corse.
13. Les *Alpes :* leur aspect général; décrivez le mont Blanc et les Alpes Pennines; détails sur les glaciers.
14. Le *Jura* et les *Vosges :* description, tableau des divisions et des rivières qui en descendent.
15. Qu'entend-on par Plateau ou *Massif central?* dites les chaînes de montagnes qui s'y trouvent.
16. Qu'entend-on par Plomb du Cantal, puy de Sancy, Causses, avens, Gâtine?
17. Que reste-t-il des volcans en France? Décrivez les parties basses de notre pays.
18. Quels rapports existent entre l'Océan et les eaux continentales? Effets physiques des eaux courantes sur le sol.
19. Distinction entre la ligne de partage des eaux et la ligne de faîte d'une contrée. Décrire la principale ligne de partage en France.
20. Les bassins du *Rhin* et de la *Meuse* dans leurs rapports avec la France.
21. Bassin de la *Seine :* ligne de ceinture, caractères physiques, description du cours de la Seine.
22. Bassin de la *Loire :* ses caractères physiques; décrire le cours de la Loire en citant les départements et villes arrosés.
23. Différence entre *Garonne* et Gironde; parlez des cours d'eau de ce bassin.
24. Faire le tableau des rivières maritimes des versants de la Manche et de l'Atlantique, qui n'appartiennent pas aux bassins de la Seine, de la Loire et de la Garonne.
25. Decrire le cours de la Saône, du Gard, de l'Isère, de la Durance et de l'Aude. Comparer le Rhône aux autres fleuves pour les caractères du bassin, la masse des eaux et l'utilité commerciale.
26. *Climat.* — Quelles sont les conditions de température, des vents dominants et de pluie qui régissent le climat de la France?
27. Caractères distinctifs entre climat *maritime* et climat *continental;* nommez et caractérisez les sept climats français; comparez spécialement le climat séquanien avec le climat méditerranéen.
28. Comparez les chiffres de *population* absolue et relative de la France avec ceux des autres grandes puissances européennes. Emigrations et immigrations.
29. De quelles races et familles ethnographiques dérive la nation française? Comment peut-on la caractériser physiquement? Nuances provinciales. Cultes religieux.
30. Faites la synthèse historique de la *formation de la France* jusqu'au XIe siècle. Comment le domaine royal s'est-il reconstitué depuis le XIe siècle?
31. Qu'entend-on par *pagi*, et montrez l'importance de la connaissance de ces anciens petits pays? Qu'entendait-on par *provinces* et par *gouvernements* avant 1790? Rappelez l'origine et le but de la division par départements.
32. Quels sont les trois *grands pouvoirs* de l'Etat, et montrez leurs attributions? Conditions pour être électeur.
33. Caractériser le *département*, l'*arrondissement* et la *commune*, avec les autorités qui y sont constituées.
34. Qu'est-ce que le pouvoir *judiciaire?* un mot sur la magistrature et les attributions des différents tribunaux; en quoi la cour d'assises se distingue-t-elle des autres?
35. Comment se constitue le *budget* de l'Etat : recettes et dépenses? Qu'est-ce que la dette publique?
36. Organisation de l'instruction publique; nommez les seize *académies*. Que comprend l'enseignement supérieur? Organisation générale des cultes.
37. Qu'entend-on par *service militaire personnel?* quelle est sa durée et comment se fait le recrutement? Quel est l'ensemble des forces militaires de la France? Comparaison avec celles des grandes puissances européennes.
38. Quelles sont les dix-neuf *régions militaires* et les cinq arrondissements maritimes? Que comprend la marine militaire?
39. Sur quelles règles se base le *système de défense* de la France? Importance de Paris à ce point de vue.
40. Comment Paris est-il défendu militairement : 1° en lui-même; 2° par les places de la frontière du Nord?
41. Quelles sont les places fortes de la frontière franco-allemande, de part et d'autre? Comment la frontière franco-suisse est-elle défendue? Quelles sont nos places fortes du côté de l'Italie et de l'Espagne?
42. Dans quels cas d'attaque serviraient les places de Dunkerque, Maubeuge, Reims, Verdun, Dijon et Briançon?
43. Comment est organisée la défense des côtes?
44. Comment la France est-elle divisée au point de vue de l'*agriculture*, et faites connaître les produits spéciaux de quelques provinces ou pays agricoles? Quelle idée doit-on se faire du Perche, de la Brie, de la Dombes, de la Sologne?
45. Distinguez les quatre *zones spéciales de cultures* et nommez les principaux végétaux de l'agriculture française avec la valeur de la production annuelle. Un mot de la fortune publique de la France et des autres pays.
46. Dites quelle est l'importance des *vignobles* français et déterminez les *six* principaux groupes de production.
47. Quelle est la valeur annuelle de la production du cidre, de la biere, des céréales, spécialement du froment, de la pomme de terre, de la betterave?
48. Où se cultivent particulièrement le seigle, le maïs, les plantes textiles, le tabac? Un mot de la production des fourrages et de celle des arbres fruitiers.
49. Indiquez les principales races de chevaux, de bœufs, de moutons, de porcs. Quelle est la valeur de la volaille française?
50. Quels sont les grands marchés pour les grains, les huiles et les chevaux?
51. *Industrie.* — Quelle place occupe la France parmi les puissances industrielles, et quelle est la valeur totale de ses produits?
52. Citez les principales carrières, ainsi que les sources d'eaux minérales.
53. Montrez l'importance de la *houille* et du *fer* dans l'industrie. Déterminez les principaux bassins houillers. Où se trouvent les mines de fer?
54. Qu'est-ce que la *métallurgie?* Enumérez ses principaux produits de toute nature. Où se fabriquent les fusils, les canons, les couteaux, les navires en fer, les locomotives, la grosse chaudronnerie?
55. Quels sont les centres de fabrication des cotonnades, des toiles, des lainages, des soieries?
56. Quels tissus fabrique-t-on spécialement à Rouen, Lille, Roanne, Lisieux, au Mans, à Troyes, Roubaix, Mazamet, Saint-Etienne?
57. Où se fabriquent particulièrement les chapeaux, les gants, les montres, les glaces, les cristaux, la faïence, les papiers, les produits chimiques?
58. Quels sont les principaux *centres industriels* de la France?
59. *Commerce.* — Quelle est la valeur du *commerce extérieur* français, et avec quels pays faisons-nous *le plus d'échanges?*
60. D'où proviennent la soie, le coton, les laines, le lin, les peaux importées en France? Indiquez la valeur de ces importations.
61. Quels sont les minerais et les substances alimentaires que nous *importons*, et les principaux produits français qui sont *exportés?*
62. Comparez les six grands réseaux de *chemins de fer* sous le rapport de l'extension et du trafic.
63. Nommez les principaux *cours d'eau navigables* en indiquant le chiffre de leur tonnage.
64. Citez les *canaux* de jonction, particulièrement ceux qui relient le bassin de la Seine *à ses voisins.*
65. Faites ressortir l'importance de la navigation intérieure et la prééminence des canaux de la région septentrionale.
66. Comparez la *marine marchande* française avec celle des autres pays; indiquez les *ports* dont le trafic est le plus considérable.
67. Signalez les principaux services réguliers de paquebots se rattachant à Marseille, au Havre, à Saint-Nazaire, à Bordeaux.
68. Qu'entend-on par grandes *régions naturelles*, et comment la France peut-elle se partager en neuf régions géologiques et historiques?
69. Caractérisez au point de vue géologique

et productif les régions du Nord, du Sud-Ouest, du Sud-Est, etc.

70. *Questions pour chaque province.* — Où est située la province de...? quelle était sa capitale? quels sont l'aspect et la nature de son sol, le caractère de son agriculture, ses produits industriels marquants? Comment et par qui cette province a-t-elle été rattachée à la couronne? Quels départements forme-t-elle aujourd'hui?

71. *Questions pour chaque département.* — De quelle province est formé le département de...? quelles sont ses bornes, quelles sont ses montagnes? Nommez les préfectures et sous-préfectures, en disant sur quelle rivière elles sont situées. Citez les villes avec leurs industries. Indiquez deux ou trois chemins de fer, et, s'il y a lieu, les voies navigables. Rappelez les faits historiques.

72. Dites ce que vous savez (département, position, population, industrie, commerce, faits historiques, etc.) des villes suivantes : Soissons, Douai, Saint-Cloud, Corbeil, Lille.

73. Quels sont les départements formés par la Champagne, par la Lorraine? Que savez-vous de Sedan, Langres, Troyes, Rocroi, Valmy, Toul, Domremy, Baccarat? Dites les sous-préfectures de la Marne et des Ardennes.

74. *Colonies.* — Dressez le tableau des *colonies françaises.* Dans quelle partie du monde et dans quel océan se trouvent la Martinique, Madagascar, Saïgon, le Sénégal, la Nouvelle-Calédonie, Taïti, la Guadeloupe? Qu'est-ce que la Cochinchine, le Tonkin, la Réunion?

75. Décrivez un voyage aux colonies en allant de l'ouest à l'est, puis un autre de l'est à l'ouest, en consultant le planisphère.

76. Qu'est-ce que l'*Algérie?* Comment est-elle divisée? Nommez-en les préfectures et les sous-préfectures. Quels sont ses ports, ses montagnes, son fleuve principal? Que savez-vous de la *Tunisie?* Faites la carte de l'Algérie avec la Tunisie, en indiquant les chemins de fer.

77. Que comprend l'*Afrique occidentale française?* Et notre *Afrique équatoriale?* Qu'entend-t-on par Libreville, Mayotte, Dahomey, Gabès, Tlemcen, Orléansville, Tananarive.

78. De quoi se compose l'*Indo-Chine* française? Quelle est sa population, son importance commerciale? Qu'entend-on par Loyalty, Marquises, Antilles, Miquelon, Guyane, Cambodge, Yanaon?

79. Quelles sont, de nos colonies, celles qui peuvent être peuplées par les Européens, et pourquoi? Quelles sont celles dont le climat est trop chaud pour les blancs? Quels sont les inconvénients du climat de l'Indo-Chine?

80. Quelles denrées trouve-t-on à la Réunion, aux Antilles, que l'Algérie ne produit pas, et pourquoi? Dans quel voisinage se trouve l'Indo-Chine, et d'où vient son importance coloniale?

81. Faire ressortir l'utilité des colonies pour la métropole : 1° au point de vue des productions; 2° au point de vue social.

82. *France comparée.* — De quoi s'occupe la statistique, et quels sont ses éléments?

83. Quel rang occupe la France en Europe sous le rapport de la superficie territoriale?

84. de la population absolue?

85. de la densité de population?

86. de l'accroissement de population?

87. de l'importance des colonies : superficie, population et commerce?

88. des productions industrielles, agricoles et minérales?

89. du commerce général?

90. des chemins de fer et des voies navigables?

91. de la marine marchande et du mouvement de la navigation?

92. de la marine de guerre?

93. de la puissance militaire et des places fortes?

94. Appréciation générale de la place occupée par la France en Europe et dans le monde.

IIe Série. Questions variées.

95. Indiquez les rivières traversées par la ligne de partage des eaux à vol d'oiseau, de Poitiers à Avallon. Qu'est-ce que l'impôt? Différentes sortes d'impôts.

96. Quelle est l'organisation communale? Par qui sont nommés le maire et les adjoints? Quelles sont les attributions du maire? Par qui est nommé le conseil municipal?

97. Tracez les départements limitrophes aux Pyrénées. Placez Pau, Bayonne, Orthez, Tarbes, Argelès, Luchon, Bagnères-de-Bigorre, Toulouse, Muret, Saint-Gaudens, Villefranche.

98. Nommez les départements sur la mer de France. Complétez la province de Gascogne. Placez Bordeaux, Libourne, Mont-de-Marsan, Saint-Sever.

99. Tracez le Poitou. Combien a-t-il formé de départements? Tracez le département de la Charente. Dans quelle province se trouve-t-il? Quelle est la rivière qui passe à Poitiers? Quelle est celle qui passe à Rochefort?

100. Allez de Paris à Nantes en chemin de fer. Par quelles villes passez-vous? dites quelques mots sur chacune. Nommez dix villes françaises rappelant des souvenirs historiques, et dites par quoi elles se sont rappelées à votre mémoire.

101. Allez de Paris à Nice en chemin de fer. Par quelles villes passez-vous? Évitez les sèches nomenclatures.

102. Allez de Bordeaux à Toulouse en chemin de fer. Quelles villes traversez-vous? Un mot sur chacune d'elles. Grandes villes du Midi au point de vue historique et commercial.

103. En descendant le cours de la Loire, dites un mot sur chacun des départements au point de vue commercial et industriel, et sur chacune des villes au titre que vous croirez le plus intéressant à signaler.

104. Tracez le département du Nord. Placez le chef-lieu et les sous-préfectures. Historique de la Provence et du Dauphiné.

105. Quels sont les produits de l'île Bourbon? N'y-a-t-il pas à l'est une île qui nous appartint longtemps? Qu'est-ce que les ingénieurs des ponts et chaussées? Comment divise-t-on les routes?

106. Quels sont les peuples qui se sont superposés dans notre pays jusqu'à la formation de la nation française? Nommez les départements baignés par la Manche et la Méditerranée. Quels grands ports y trouvez-vous?

107. Quelle est la mission du conseil de préfecture? Qu'est-ce que le conseil général?

108. Quel est le chef-lieu de la Côte-d'Or? de Saône-et-Loire? de l'Yonne? Quelles sont les villes principales situées sur la Saône et la Loire? Quels sont les départements formés par la Franche-Comté? Qu'est-ce que le Jura? Quelle est son altitude moyenne? Dans quel département se trouve la plus haute montagne de France?

109. Quelles sont les différentes lignes du chemin de fer de l'Ouest-État? Dites le parcours de ces lignes.

110. Dans quelles villes passent les principales lignes des chemins de fer de l'Est et de Paris-Lyon-Méditerranée?

111. Faites le tracé du bassin de la Seine : ceinture, fleuve et principaux affluents avec les villes importantes qu'ils arrosent et les départements qu'ils traversent.

112. Allez de Mézières en Savoie en énumérant les départements traversés et les villes rencontrées.

113. Ports de France; les principaux fleuves; les canaux du Nord et du Centre. Dites tout ce que vous savez sur nos possessions d'Asie.

114. Combien la Normandie a-t-elle formé de départements? Son historique. Quel a été son nom jusqu'en 912? Qu'est-ce que le traité de Saint-Clair-sur-Epte?

115. Quand la Lorraine a-t-elle été rendue à la France? Quand l'avons-nous en partie perdue? Dans quelles circonstances? où eurent lieu les principales batailles de cette guerre? Qu'avons-nous gardé de la Lorraine? Combien formait-elle de départements avant 1871? Comparez son étendue d'alors à celle d'aujourd'hui.

116. Combien la Champagne a-t-elle formé de départements? Son historique. Son aspect. Quelle est la ville importante située à côté de Mézières? Comment est administré un département au point de vue civil?

117. Historique de la Bretagne. Aspect du pays. Caractère de ses habitants. Productions du sol. Description détaillée du littoral. Quelle différence entre la côte nord et la côte ouest? Qu'était-ce que le *pays* de Léon, en France? Est-ce la même chose que le *royaume* de Léon?

118. Quelle différence existe entre la Bretagne et la Normandie comme aspect, productions, races d'hommes, côtes? Dites ce que vous savez sur les villes bretonnes ci-après : Rennes, Nantes, Brest, Saint-Malo, Cancale et sa baie.

119. Historique du Languedoc. Aspect du pays. D'où provient ce nom? Ce pays n'a-t-il pas marqué tout particulièrement dans l'histoire de la langue et de l'administration de la France? Productions du sol.

120. Les fleuves qui se jettent dans les mers de l'Ouest et du N.-O. ont-ils, à leur embouchure, le même aspect que le Rhône? Pourquoi cette différence? Qu'appelle-t-on terrains d'*alluvion?* Comment est la Camargue? Est-elle fertile?

121. Quels sont les départements du Languedoc? Nommez-en les chefs-lieux, en disant un mot sur chacun d'eux. Cours d'eau principaux qui arrosent cette province. Montagnes qui la traversent.

122. Quels sont, avec leurs préfectures et sous-préfectures, les départements limitrophes du département de l'Indre? Quelles sont les sept principales rivières qui se jettent dans le Rhône en France?

123. Quelles sont les principales villes situées sur la voie ferrée de Paris à Arras? Quelles sont les préfecture et sous-préfectures de l'Eure?

124. Les provinces françaises comprises entre le Rhône, les Alpes et la Méditerranée : leurs caractères physiques et leurs grandes villes.

125. Le réseau du Nord. Quels sont les cours d'eau qui traversent ce réseau? Quels sont les ports d'où partent les paquebots pour se rendre en Angleterre?

126. Département de l'Aisne : ses sous-préfectures. Quelle est la plus remarquable? Industrie de Saint-Quentin. Vervins : son importance historique. Qu'est-ce qu'un canton? Quel fonctionnaire avez-vous par canton?

127. Quels sont les deux arrondissements qui n'ont ni préfet, ni sous-préfet? Combien y a-t-il de membres au conseil d'arrondissement? Quelles sont les départements qui se partagent la Beauce?

128. Quels sont les canaux qui font communiquer le bassin de la Loire avec le bassin du Rhône? Dessinez le Massif central, les Cévennes. Dites ce que vous savez de ces montagnes.

129. Les Pyrénées, dessinez-les. Placez les principaux pics; les cours d'eau qui y prennent leur source. Tracez les côtes françaises de la Manche, celles de la Méditerranée.

130. Quels sont les départements compris dans le bassin de la Garonne? Dans quels départements et sur quelles rivières se trouvent : Argelès, Confolens, Chauny? Quelle est la situation du Blanc par rapport à Châteauroux? de la Flèche par rapport au Mans?

131. Nommer dans l'ordre les départements qui forment les limites de la France, de Briançon à Belfort, avec leurs préfectures et sous-préfectures. Itinéraire suivi par un bâtiment allant du Havre à la Réunion.

132. Géographie économique du bassin du Rhône : productions et exportation. Moyens de transport.

133. Quels seraient, avec leurs chefs-lieux d'arrondissements, les départements traversés par une ligne droite tirée de Bordeaux à Privas? Situation des villes ci-après : Antibes, Lourdes, Mazamet, la Charité, Vichy, Bessèges.

134. D'où la Bourgogne tire-t-elle son nom? Quels départements a-t-elle formés? Décrivez ces départements. Montrez-en les richesses agricoles, industrielles, commerciales.

135. Bassin de la Garonne : montagnes, cours d'eau, départements et villes principales avec croquis.

136. Villes de France qui ont 100000 habitants et plus. A quoi Paris doit-il d'être la capitale de la France? Qu'est-ce qui faisait naguère donner à Lyon le deuxième rang? En quoi l'importance de Marseille a-t-elle grandi dans ces dernières années?

137. La Provence : grands traits de la géographie physique, politique et économique de cette province.

138. Sur quelle rivière est situé Grenoble? Quelle en est l'industrie? Quel est le célèbre monastère situé aux environs? Quand et comment le Dauphiné a-t-il été réuni à la France?

139. Quels sont les départements qui ont été formés par la Guyenne et la Gascogne? Productions de cette région. Connaissez-vous quelques crus célèbres? Quelle est la maladie qui attaque la vigne? Que savez-vous de Lourdes? Quel est le gouvernement de la France? Qu'est-ce que le Corps législatif? le Sénat?

140. Déterminer les points vulnérables de nos frontières de terre, et montrer comment on s'est efforcé de les protéger.

35941. — TOURS, IMPR. MAME.

www.ingramcontent.com/pod-product-compliance
Ingram Content Group UK Ltd.
Pitfield, Milton Keynes, MK11 3LW, UK
UKHW020835120726
13693UKWH00002B/672

9 782014 452716